DICTIONNAIRE
HISTORIQUE
DES
MŒURS, USAGES ET COUTUMES
DES FRANÇOIS.

CONTENANT aussi les établissemens, fondations, époques, anecdotes, progrès dans les sciences & dans les arts, & les faits les plus remarquables & intéressans, arrivés depuis l'origine de la Monarchie jusqu'à nos jours.

..... *Facta patrum, series longissima rerum,*
.... *Antiquæ ab origine gentis.*
    VIRG. Æneid. lib. I.

TOME SECOND.

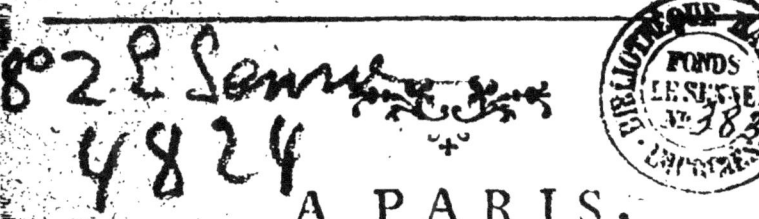

A PARIS,
Chez VINCENT, rue Saint Severin.

M. DCC. LXVII.
AVEC APPROBATION, ET PRIVILEGE DU ROI.

DICTIONNAIRE
HISTORIQUE
DES
MŒURS, USAGES ET COUTUMES
DES FRANÇOIS.

✿ [E A U] ✿

EAU: ÉPREUVE DE L'EAU. Le jugement de *l'eau froide* & de *l'eau chaude* a été long-tems en usage en France; & il a duré jusqu'au quinzieme siécle; & même, dans ce tems-là, *l'eau* cessant de devenir une *épreuve* pour ceux qui étoient accusés de quelque chose, devint presque le supplice ordinaire des criminels, c'est-à-dire qu'on les jettoit, pieds & mains liés, enfermés dans un sac, dans la Seine. Le parlement, par ordre de *Philippe de Valois*, fit noyer, en 1338, un chevalier convaincu d'homicide, appellé *du Houssoi*. En 1344, on fit encore noyer, sous le Pont-au-Change, un nommé *le chevalier de Rigni*, pour avoir tué & violé. En 1388, on punit encore du même supplice les *Maillotins*, & en 1411, quelques soldats qui pilloient & tuoient impitoyablement. S'il en faut

Tom. II.   *A

croire le Journal de *Charles VI*, ce supplice étoit si ordinaire, qu'en 1418, les *Armagnacs* enleverent par force, sans payer, les toiles des marchands, sous prétexte d'en faire des tentes & des pavillons pour le roi; mais ce ne fut que pour en faire des sacs pour noyer les femmes de Paris, qui tenoient le parti des *Bourguignons*. Voyez la *Chronique* de *Louis XI*, le *Journal* de *Henri III*; les *Antiquités de Paris* par *Sauval*, tom. ij, p. 597, &c.

Ceux qui étoient condamnés à faire l'épreuve de l'*eau froide* ou de l'*eau chaude*, assistoient auparavant, avec leurs parens & amis, à la messe. Ils y communioient; mais avant, le prêtre exhortoit les accusés à ne pas recevoir la communion, s'ils se sentoient coupables, ou s'ils avoient connoissance de ceux qui l'étoient; ensuite le prêtre faisoit l'*eau bénite*, & leur en donnoit à boire, en prononçant des prieres; puis il conjuroit l'*eau froide* ou l'*eau chaude*, qui devoit servir à la condamnation ou à la justification: cela fait, on deshabilloit ceux qu'on exposoit au jugement de l'*eau froide*; & après leur avoir fait baiser l'évangile & la croix, on les arrosoit d'*eau bénite*; on leur lioit la main droite avec le pied gauche, & on les faisoit jetter, tantôt dans une riviere, tantôt dans une grande cuve pleine d'*eau froide*, & en présence de tout le monde. S'ils alloient au fond, (ce qui n'étoit qu'un effet purement naturel,) ils passoient pour *innocens*; s'ils venoient sur l'*eau*, on les tenoient pour *criminels* & convaincus.

A l'égard du jugement de l'*eau chaude*, on faisoit bouillir de l'*eau* dans une grande chaudiere; on attachoit une corde au-dessus, d'où pendoit une boucle, qu'on faisoit descendre dans cette *eau* bouillante, de la longueur de la main, à la premiere épreuve; à la seconde, de la longueur de la moitié du bras, c'est-à-dire jusqu'au coude; à la troisieme, de la longueur du bras: lorsque l'*eau* bouilloit à gros bouillons, on obligeoit les accusés d'aller chercher dans la cuve la *boucle*, & de l'en tirer avec la main ou le bras nud; l'ayant tirée, on leur enveloppoit le bras ou la main, & l'on y mettoit une espece de scellé, qu'on ne levoit que trois jours après; & alors si les moindres marques de brûlure paroissoient sur la main ou sur le bras, ils passoient pour convaincus; s'il n'y paroissoit rien, ils étoient renvoyés absous.

La loi *Salique* appelle ce jugement, *mallare ad œnum*. C'est de cette épreuve qu'entend parler *Grégoire de Tours*, lorsqu'il dit: *Conspicio eminere œneum super ignem positum fervere vehementer*; & c'est encore de-là que vient, *se purger par eau & par ignise*, qu'on lit dans la Coutume de Normandie, aussi-bien que le proverbe si commun en France: *J'en mettrois ma main au feu*, quand on veut assurer une chose, & marquer qu'on n'en doute pas. Nos anciens disoient: *J'en ferois un jugement d'eau chaude & de fer chaud*. C'est ce qui est exprimé, en vieux langage, dans le Roman manuscrit du poëte *Renard*, cité par *Du-Cange*, p. 281:

> *Si que j'en feroie un juise* (a)
> *De chaude yave* (b) *& de fer chaud.*

(a) Jugement. (b) Eau.

Voyez le *Glossaire* de *Du-Cange*, & l'Extrait de l'Instruction prescrite à cet égard, qu'on lit dans les *Anecdotes historiques de la France*, sous l'année 835, qui se vendent chez *Vincent*, rue S. Severin, le même qui a le débit de ce *Dictionnaire*.

EAUX ET FORÊTS: sous les deux premieres races de nos rois, la France étoit si remplie de bois & de *forêts*, qu'ils n'en faisoient prendre soin que par rapport à la chasse. Ils avoient établi, pour cela, des *gardes* ou *forestiers*, qui n'étoient chargés que de la garde des bêtes & des garennes, & n'avoient aucune jurisdiction; ils rendoient compte de leurs charges au grand veneur, ou aux commissaires généraux, que les rois envoyoient, tous les ans, dans les provinces.

Ce fut sous *Philippe-Auguste*, qu'on commença à conserver les *bois* & les *forêts*. L'on continua, sous *Philippe III*, *Charles V* & *Charles VI*, qui firent des ordonnances pour la conservation des *bois & forêts* de leur domaine. Ils établirent des *maîtres des eaux & forêts*, & autres officiers, pour les faire exécuter. Sous *François I*, les *forêts* furent conservées avec plus de soin que jamais.

Depuis *Etienne Benfaite*, qui étoit *maître des eaux & forêts du roi*, en 1294, jusqu'au régne de *Henri III*, cette charge a été unique, & toujours remplie par des personnes des maisons les plus distinguées, comme de *Montmorency*, de *Châtillon*, d'*Harcourt*, d'*Estouteville*, de *Levis*, d'*Alegre*, &c.

Henri III, par *son édit de l'an* 1575, la supprima dans la personne de *Henri Clausse*, seigneur de Fleury. Il créa six conseillers, *grands-maîtres enquêteurs, & généraux réformateurs des eaux & forêts*. Il y a eu depuis plusieurs augmentations & suppressions d'offices, faites en différens temps.

Aujourd'hui les *eaux & forêts* du royaume sont distribuées en dix-huit grandes maîtrises, dans chacune desquelles il y a des grands-maîtres, anciens, alternatifs & triennaux, qui ont été créés par édits de 1689, 1703 & 1706. Ces grandes maîtrises sont, 1. celle de Paris; 2. celles de Soissons, de Valois, de Senlis; 3. celle de Picardie; 4. celle de Champagne; 5. celle de Haynaut; 6. celle d'Alsace; 7. celle des duché & comté de Bourgogne; 8. celles du Lyonnois, du Forez, du Beaujolois, d'Auvergne, de la Provence & du Dauphiné; 9. celle du Languedoc; 10. celle de la Guienne; 11. celles du Poitou, d'Aunis, de la Saintonge, de l'Angoumois, du Limousin, de la haute & basse Marche, du Bourbonnois & du Nivernois; 12. celle de la Touraine; 13. celle de la Bretagne; 14. celle de Rouen; 15. celle de Caen; 16. celle d'Alençon; 17. celles de Blois & du Berry; 18. celle de Pau en Bearn.

La jurisdiction des *eaux & forêts* établie à la table de marbre du palais, est fort ancienne, & d'une grande étendue. Son institution a été pour connoitre des abus & malversations qui se commettent dans les *bois & forêts* appartenans au roi, aux communauués, ou aux particuliers ; des entreprises sur les rivieres, isles, ou islots ; & de tous procès pour raison des moulins ou autres bâtimens sur la riviere ; de la pêche, de la chasse, & de droits de grueries & tiers-danger, tant au civil qu'au criminel, entre toutes personnes, de quelque qualité & condition qu'elles soient.

Son ressort s'étend plus loin que celui du parlement de Paris ; car, outre l'appellation des maîtrises & des justices particulieres des seigneurs pour le fait des *eaux & forêts*, qui sont dans l'étendue du ressort du parlement, elle reçoit encore celles des autres parlemens, où il n'y a point de table de marbre, comme de Grenoble, de Bordeaux, de Dijon, d'Aix, de Pau & de Metz.

Elle a le droit de prévention sur les officiers des *eaux & forêts* des autres parlemens.

Les principaux officiers des maîtrises des *eaux & forêts*, & les capitaines des chasses & de louveterie y sont reçus.

Les ducs & pairs y procedent, par privilége à toute autre chambre des *eaux & forêts* des autres parlemens, encore que les choses contentieuses soient situées dans leur étendue ; ils ne peuvent se pourvoir à la grand-chambre sur ces matieres, les ordonnances en attribuant la connoissance à la chambre des *eaux & forêts*, privativement à tous autres juges, nonobstant le droit de *committimus*, ou autre privilége.

Cette jurisdiction est *ordinaire* & *extraordinaire*. Les appellations de l'ordinaire ressortissent au parlement ; & les grands-maîtres des *eaux & forêts* ont droit d'aller présider à cette jurisdiction ; & les jugemens qui s'y rendent en leur présence, sont intitulés de leurs noms, en ces termes : *Les grands-maîtres, chefs, enquêteurs & généraux réformateurs des eaux & forêts de France, au siége général de la table de marbre du palais à Paris.*

Quant à la jurisdiction extraordinaire, elle juge en dernier ressort ; & c'est le premier président du parlement de Paris, qui y préside, & est assisté de sept conseillers de la grand-chambre, & de quatre officiers de la jurisdiction des *eaux & forêts*. Ce sont aussi les gens du roi de cette jurisdiction, qui pour lors donnent les conclusions. Les jugemens sont intitulés: *Les juges ordonnés par le roi, pour juger en dernier ressort & sans appel, les procès des réformateurs des eaux & forêts de France, au siége de la table de marbre du palais, à Paris.*

Lorsqu'il n'y avoit qu'un *grand-maître des eaux & forêts du royaume*, il n'y avoit qu'un lieutenant dans cette jurisdiction.

Le roi *François I* y établit des conseillers; & les rois *Henri II* & *François II* déléguerent des juges, suivant qu'il est porté par les édits du mois de Mars 1550, & 17 Juillet 1554.

Cette jurisdiction est composée à présent d'un lieutenant général, d'un lieutenant particulier, de six conseillers, d'un procureur général, d'un avocat général, de deux greffiers, d'un premier huissier-audiencier, & autres huissiers.

La chambre des *eaux & forêts* est dans la grande salle du palais, proche le parquet des gens du roi du parlement.

Outre cette jurisdiction des *eaux & forêts*, il y a encore celle de la maîtrise particuliere des *eaux & forêts de Paris*, qui se tient dans la cour du palais: elle connoit des procès & des différends concernant les rivieres, la pêche, la chasse, dans l'étendue de la prévôté & vicomté de Paris; l'appel de ses jugemens est porté dans la chambre des *eaux & forêts* de France: elle est composée d'un maître, d'un lieutenant, d'un procureur du roi, & autres officiers. Voyez le *Dictionnaire des Eaux & Forêts*, in-8°, chez *Vincent*.

ECCLÉSIASTIQUES: sous la fin du régne de *Clovis*, il étoit défendu, par le sixieme canon du concile d'Orléans, à tout séculier de se présenter pour être d'église, sans la permission du roi ou du juge. *Charlemagne* renouvella cette défense dans ses Capitulaires ; il en explique le motif en ces termes : *Ne regâle obsequium minuatur*, c'est-à-dire, de peur que le service du roi n'en souffre. Un homme, quoique marié, pouvoit être promu au *diaconat* & à la prêtrise, & devenir *évêque*, mais en déclarant & en promettant qu'à l'avenir il ne vivroit plus avec sa femme, que comme avec sa sœur : les fils des évêques obtenoient quelquefois la survivance de l'évêché ; il y en a peu d'exemples. La femme d'un prêtre ou d'un diacre ne pouvoit passer à de secondes nôces ; & il n'étoit pas permis d'épouser la délaissée d'un diacre & d'un prêtre qui étoit marié. Voyez *Clergé*.

ECHANSON : (grand) le *grand échanson* est qualifié par les auteurs anciens & modernes, *officier de la couronne*. Son nom étoit autrefois regardé avec distinction par les rois d'Egypte & de Perse, comme nous l'apprennent les livres sacrés. Ce nom est encore en si grand crédit en Allemagne, qu'il est attaché au premier électorat affecté au *roi de Bohême*, lequel, dit *Du-Tillet*, assistoit en France au jugement des pairs. Il étoit appellé à la signature des anciennes *chartres*, comme l'un des quatre principaux officiers du royaume ; & cependant il se trouve privé de cette premiere & ancienne prérogative d'officier de la couronne, puisqu'il n'est pas compris dans le nombre que *Henri III* en a fixé ; ce ne peut être par autre raison que celle du défaut de jurisdiction.

Le *grand échanson* n'a pas succédé au *grand bouteillier* ; ils étoient l'un & l'autre un des quatre grands officiers de la couronne, qui signoient tous les actes & les patentes de la cour, sous *Hugues Capet* jusqu'à *S. Louis*.

Dans le plus grand brillant de la charge de *grand-bouteillier*, ceux qui en étoient revêtus, étoient si occupés, que nos rois, pour les soulager dans leurs fonctions, voulurent avoir un homme pour leur présenter la *coupe* ; & cet officier fut appellé *échanson*. Présentement le *grand échanson* n'a de rang & de fonction qu'aux grandes cérémonies, comme au sacre du roi, &c. Aux jours ordinaires, ce sont les gentilshommes qui servent à boire au roi. L'*échansonnerie* de bouche fait partie de l'office qu'on appelle *gobelet*; & les officiers y ont soin du vin & de l'eau qui sont pour la bouche du roi.

Un certain *Adam* étoit *échanson* de France, en 1067. *Jean* ou *Charles de Savoisy*, seigneur de Seignelay, fut *grand échanson de France*, depuis 1397, jusqu'en 1413. *André de Gironde*, comte de Buron, a été pourvu de la charge de *grand échanson*, sur la démission du marquis de *Lanmari*, le 28 Mai 1731; il n'a été qualifié, dans son brevet, que *premier échanson du roi*, ainsi que ses deux prédécesseurs immédiats.

ECHARPE: c'étoit une grande piéce de taffetas large, que portoient les gens de guerre, tantôt en guise de ceinture, tantôt à la maniere d'un baudrier. On s'en servoit souvent pour marquer & distinguer la différence des parties. La mode des *écharpes* est passée en France depuis plus d'un siécle; & les représentations de nos tragédies françoises nous rappellent le souvenir de cet ornement militaire de nos anciens chevaliers.

Les *François* portoient l'*écharpe blanche*; les *Espagnols*, l'*écharpe rouge*; les *Anglois* & les *Piémontois*, l'*écharpe bleue*; & les *Hollandois*, l'*écharpe orangée*. Nous croyons qu'il y a encore quelques-uns de ces peuples, comme, par exemple, les Hollandois, qui portent l'*écharpe*.

Dans la guerre civile des ducs d'*Orléans* & de *Bourgogne*, les gens du comte d'*Armagnac*, qui tenoient pour le duc d'*Orléans*, portoient une *écharpe de linge* pour enseigne; & de-là quelques historiens ont cru que sont venues nos *écharpes blanches*; mais ils se trompent; on les croit plus anciennes.

ECHECS: jeu inventé dans les Indes, au commencement du cinquieme siécle, & qui peut bien avoir été connu en France, vers 605, ou 606, où l'on avoit depuis long-temps un commerce établi à Constantinople, qui étoit en grande relation avec les Indiens. *Mém. de l'académie des belles-lettres*, tom. v, p. 252.

Eudes de Sully, évêque de Paris, sous *Philippe-Auguste*, défendit aux *clercs* de jouer aux *échecs*, & d'en avoir dans leurs maisons ; c'est sans doute parce qu'ils s'en faisoient plutôt une occupation qu'un amusement, ou parce qu'ils y perdoient un nécessaire, du moins un superflu, qui, dans les principes de la religion, ne doit être que pour les pauvres.

Quelques auteurs disent que pour trouver l'origine des *échecs*, il faut remonter jusqu'au siége de Troye. La princesse *Anne Comnene*, dans son *Alexia*, en attribue l'invention aux *Assyriens* ; & les Persans & les Chinois conviennent qu'ils le tiennent des *Indiens*, qui l'inventerent, comme on l'a dit, au commencement du cinquieme siécle ; ce fut, disent les *Mémoires de l'Académie des belles-lettres*, un *Bramine* ou *philosophe*, qui imagina ce jeu, pour un jeune prince très-puissant, mais d'une fierté que rien n'égaloit. Dans ce jeu, le *roi*, quoique la plus importante de toutes les piéces, est impuissant pour attaquer, & même pour se défendre contre ses ennemis, sans le secours de ses sujets & de ses soldats ; & les jeunes princes devroient s'amuser, beaucoup plus qu'ils ne font, de ce jeu honnête, combiné & sçavant ; ils auroient souvent cette importante vérité sous les yeux.

A l'occasion du jeu des *échecs*, nous rapporterons un trait de *Louis le Gros*, qui caractérise bien la véritable valeur.

Dans le combat de *Brenneville* contre *Henri I*, roi d'Angleterre, en 1117, un chevalier Anglois prit les rênes du cheval sur lequel le roi étoit monté, & cria : *Le roi est pris*. Louis lui déchargea un coup de la masse d'armes dont il étoit armé, & le renversa par terre, en disant, avec un sang froid admirable : *Sçache qu'on ne prend jamais le roi, pas même au jeu des échecs.*

On garde dans le trésor de Saint-Denis les *échecs*

de *Charlemagne*, qui sont figurés. Les *échecs* sont le plus beau & le plus raisonnable de tous les jeux. Le hazard n'y a point de part ; on a son bonheur dans sa tête. Comme, ailleurs, on apprend à danser & à chanter aux filles, à la Chine on leur apprend à jouer aux *échecs*, pour les rendre *agréables*. *Tamerlan* fut un grand joueur d'*échecs*.

ÉCHELLE : *Du-Cange*, au mot *Scala*, dit que l'*échelle* étoit autrefois la marque de la haute justice. C'étoit un endroit élevé par degrés en forme d'échellons où l'on exposoit à la vue du public, ceux qu'on vouloit noter d'infamie. On voit par un canon du concile de Tours, en 1236, que cette ignominie étoit presque toujours suivie de la peine du fouet : on y mettoit aussi les *polygames*, les *parjures* & les *blasphémateurs*.

Au marché du fauxbourg S. Germain, & à la Barriere des sergens, outre un pilori, il y avoit une *échelle* à l'un & à l'autre endroit où l'abbé de Saint Germain faisoit exécuter ceux que ses juges avoient condamnés à mort, ou à quelques peines afflictives. L'évêque de Paris, l'abbé de sainte Genevieve, les prieurs de S. Eloy & de S. Martin des Champs, le chapitre de Notre-Dame avoient tous chacun une *échelle* sur leur terrein, où ils faisoient faire leurs exécutions.

Celle de l'évêque de Paris étoit dans le Parvis.

Celle du prieuré de S. Eloy, à la porte Baudet, aujourd'hui Baudoyer.

Celle du prieur de S. Martin des Champs, dans le cloître de S. Nicolas, entre la porte de l'église & la rue Au-Maire.

Celle du chapitre Notre-Dame, près le port Saint-Landri.

Si tous ces hauts-justiciers ont eu une *échelle*, il ne faut pas aussi douter que les abbés de S. Magloire & de S. Victor, le prieur de S. Lazare, & les autres, n'aient eu chacun la leur.

Présentement toutes ces *échelles* sont abolies ; mais il nous reste encore un monument de cette prérogative de ces hauts-justiciers dans ce qu'on appelle, à Paris, l'*échelle* du Temple. Voyez *Sauval*, *Histoire des antiquités de Paris*.

ÉCHEVINS : quelques auteurs veulent que ce mot vient de *chef*, parce que ce sont les *échevins* qui mettent à *chef* les affaires de la ville. Il y a bien d'autres étymologies, dont *Ménage* parle. On les trouve dans le *Dictionnaire de Trévoux*, & nous y renvoyons.

Suivant *le Gendre*, il y avoit, sous la premiere race de nos rois des anciens officiers de leur maison, nommés *échevins du palais* ; c'étoient des conseillers d'épée, qui servoient sous le comte du palais.

Nos *échevins* sont à-peu-près ce qu'étoient les *édiles* à Rome, & ce qu'on appelle dans les petites villes d'Italie *podestat*, du latin *potestas*.

Les *échevins* sont élus par les habitans des villes pour avoir soin de leurs affaires communes, de l'entretien & de la décoration des villes, comme des bâtimens publics, des quais, des cours, des ponts, &c.

Il y a, à Paris, un prévôt des marchands & quatre *échevins*, dont la jurisdiction s'étend sur tous les ports, sur toutes les marchandises qui y abordent par eau, & sur la navigation des rivieres, qui se rendent à Paris. Ils connoissent aussi des rentes constituées sur l'hôtel de ville, & des différends qui naissent sur les rentes : ce sont eux encore qui mettent les taux sur les marchandises & les denrées. Les appellations de leurs jugemens ressortissent au parlement.

Dans les autres villes du royaume, il y a un *maire* & des *échevins*. Dans le Languedoc, en Provence, en Dauphiné, dans le Limousin, en Lorraine, &c. on les appelle *consuls* ; à Toulouse, *capitouls* ; à Bordeaux, *jurats*. L'*échevinage* annoblit à Paris & à Lyon.

Du-Cange dit que quelques auteurs ont appellé les *échevins*, *paciurii*, parce que leur jurisdiction entretenoit la paix dans leur ville & dans la banlieue qu'on appelloit *pax villæ*. Voyez *Loyseau* sur les

Juges, *Echevins*, *Assesseurs*, ou *Conseillers de ville*.

ÉCHIQUIER : c'étoit un tribunal supérieur en Normandie, composé de juges ecclésiastiques & de juges laïcs, pour juger sur les appellations des inférieurs. Ce tribunal fut créé par le duc *Raoul*, après que la Normandie lui eut été cédée par *Charles le Simple*, vers le commencement du dixieme siécle.

L'*échiquier* étoit ambulatoire : il s'assembloit vers la fête de Pâque, & vers celle de S. Michel, tantôt à Rouen, tantôt à Caën, quelquefois à Falaise. Ce fut aussi le duc *Raoul*, qui créa un grand sénéchal, dont la fonction étoit, quand l'*échiquier* n'étoit point assemblé, de réformer les jugemens des juges inférieurs. *Louis XII* rendit ce tribunal perpétuel & sédentaire dans la ville de Rouen l'an 1499, & le composa de quatre présidens & de vingt-huit conseillers. *François I* lui donna le nom de *parlement*, l'an 1515. Les rois de France ont augmenté, dans la suite, le nombre des officiers ; & depuis on y a établi une seconde chambre des enquêtes. Ce *parlement* fut transféré à Caën, par lettres-patentes du roi *Henri III*, données à Blois au mois de Février de l'an 1589, & il ne fut rétabli à Rouen, qu'en 1594, par lettres-patentes du roi *Henri IV*. Sa jurisdiction s'étend sur toute la Normandie, divisée en sept bailliages, & autant de sièges présidiaux.

On appelle, en Angleterre, *cour de l'échiquier*, celle où l'on juge les causes touchant le trésor & le revenu du roi, les comptes, les déboursemens, les impôts, la douane, les amendes, &c.

Ménage, & plusieurs autres disent que le mot d'*échiquier* dérive de l'allemand *schichen*, qui signifie *envoyer*, parce que cette assemblée succéda à ces commissaires appellés, dans les anciens titres, *missi dominici*. Mais *Du-Cange* croit avec plus d'apparence que ce mot vient du pavé de cette chambre fait en forme d'*échiquier*, ou du bureau, autour duquel on mettoit un tapis distingué en plusieurs carreaux ; c'est aussi le sentiment de *Larrey*.

ÉCOLE BUISSONNIERE : on appelloit ainsi, à

Paris, des *écoles* que les *Luthériens* tenoient dans la campagne à l'ombre des *buissons* par la crainte d'être decouverts par le chantre de l'église de Paris, qui présidoit aux *écoles*, & qui y préside toujours. Le parlement de Paris, par un arrêt du 9 Août 1552, défendit ces *écoles buissonnieres*, dont le nom a passé en proverbe; car quand on s'apperçoit qu'un enfant s'est absenté de *l'école*, où il est envoyé par ses parens pour être instruit, on dit qu'il a fait l'*école buissonniere*.

ÉCOLE PUBLIQUE : c'est *Charlemagne* qui, le premier, en établit dans les églises cathédrales & dans les monasteres; on y apprenoit aux enfans la grammaire, l'arithmétique & le chant de l'église. On y donnoit aussi des leçons de théologie aux ecclésiastiques.

Alcuin établit une école célebre dans l'abbaye de S. Martin, & lui seul y enseignoit. Voici le compte qu'il rendit à *Charlemagne* de ses occupations.

Je fais couler aux uns le miel des saintes écritures; j'enivre les autres du vin vieux des histoires anciennes; je nourris ceux-ci des fruits de la grammaire que je leur cueille; & j'éclaire ceux-là, en leur découvrant les étoiles, comme des lumieres attachées à la voûte d'un grand palais; &, en un mot, je fais plusieurs personnages différens pour me rendre utile à plusieurs.

ÉCOLE ROYALE-MILITAIRE: établissement fondé en 1751, par le roi *Louis XV*, *le Bien-aimé*, pour procurer une éducation militaire gratuite aux enfans de la noblesse françoise, dont les peres ont consacré leurs jours, & sacrifié leurs biens & leur vie au service de l'état.

Ce projet, si digne de l'humanité du monarque, lui a été présenté par un citoyen respectable, (M. *Paris du Verney*,) qui, dans un âge où d'autres se livreroient au repos, ne cesse de veiller avec un soin infatigable à tout ce qui peut maintenir cet établissement dans l'ordre & le perfectionner.

Cette maison est située au couchant d'hiver de

Paris, à une petite distance de cette ville, dans la plaine de Grenelle, sur la rive gauche de la Seine, à laquelle les bâtimens sont joints par le champ de Mars, presque vis-à-vis Passy, & près de l'hôtel royal des Invalides.

Les motifs & l'objet de cet établissement ne sçauroient être mieux présentés, qu'en rapportant les propres termes de l'édit de fondation.

» Après l'expérience, dit le roi, dans le préam-
» bule de cet édit, » que nos prédécesseurs & nous-
» mêmes avons faite de ce que peuvent sur la no-
» blesse françoise les seuls principes de l'honneur,
» que n'en devrions-nous pas attendre, si tous ceux
» qui la composent, y joignoient des lumieres ac-
» quises par une heureuse éducation? Mais nous
» n'avons pu envisager, sans attendrissement, que
» plusieurs d'entr'eux, après avoir consommé leurs
» biens à la défense de l'état, se trouvassent réduits
» à laisser sans éducation des enfans qui auroient
» pu servir un jour d'appui à leur famille, & qu'ils
» éprouvassent le sort de périr ou de vieillir dans
» nos armées, avec la douleur de prévoir l'avilisse-
» ment de leur nom dans une postérité hors d'état
» d'en soutenir le lustre . . . . . Nous avons résolu
» de fonder une *école royale-militaire*, & d'y faire
» élever sous nos yeux cinq cens jeunes gentils-
» hommes nés sans bien, dans le choix desquels nous
» préférerons ceux qui, en perdant leur pere à la
» guerre, sont devenus les enfans de l'état; nous
» espérons même que le plan qui sera suivi dans
» l'éducation de cinq cens gentilshommes que nous
» adoptons, servira de modele aux peres, qui seront
» en état de la procurer à leurs enfans; ensorte que
» l'ancien préjugé, qui a fait croire que la valeur
» seule fait l'homme de guerre, cede insensiblement
» au goût des études militaires que nous aurons in-
» troduites. Enfin nous avons considéré que, si le
» feu roi a fait construire l'hôtel des Invalides, pour
» être le terme honorable où viendroient finir paisi-
» blement leurs jours ceux qui auroient vieilli dans

» la profession des armes, nous ne pouvions seconder ses vues, qu'en fondant une *école* où la jeunesse, qui doit entrer dans cette carriere, pût apprendre les principes de l'art de la guerre....
» C'est sur des motifs si pressans, que nous sommes déterminés à faire bâtir auprès de notre bonne ville de Paris, & sous le titre d'*école royale-militaire*, un hôtel assez grand & assez spacieux, pour recevoir non-seulement les cinq cens gentilshommes nés sans bien, pour lesquels nous le destinons, mais encore pour loger les officiers de nos troupes auxquels nous en confierons le commandement, les maîtres en tout genre qui y seront préposés aux instructions & aux exercices, & tous ceux qui auront une part nécessaire à l'administration spirituelle & temporelle de cette maison. A ces causes.... le roi (par des vues & des considérations aussi sages que bien prévues) partage les prétendans en huit classes, dont la premiere doit être préférée à la seconde, & la seconde à la troisieme, & ainsi des autres.

La premiere classe est celle des orphelins, dont les peres auront été tués, soit au service, soit après s'en être retirés à cause de leurs blessures.

La seconde, les orphelins dont les peres sont morts au service, d'une mort naturelle, ou qui ne s'en seront retirés qu'après trente ans de commission, de quelque espece que ce soit.

La troisieme, celle des enfans qui seront à la charge de leurs meres, leurs peres ayant été tués au service, ou étant morts de leurs blessures, soit au service, soit après s'en être retirés à cause de leurs blessures.

La quatrieme, celle des enfans qui seront à la charge de leurs meres, leurs peres étant morts au service d'une mort naturelle, ou s'étant retirés du service après trente ans de commission.

La cinquieme, des enfans dont les peres se trouveront actuellement au service.

La sixieme, des enfans dont les peres auront

quitté le service, par rapport à leur âge, à leurs infirmités, ou pour quelques causes légitimes.

La septieme, des enfans, dont les peres n'auront pas servi.

La huitieme enfin, des enfans de tout le reste de la noblesse, qui, par son indigence, se trouvera dans le cas d'avoir besoin de ce secours.

Les prétendans sont tenus de faire preuve de quatre degrés de noblesse du côté paternel. Ils sont reçus depuis huit à neuf ans, jusqu'à dix à douze, à l'exception des orphelins, qui peuvent être reçus jusqu'à treize ans. Ils doivent sçavoir lire & écrire, de façon qu'on puisse les appliquer aussi-tôt à l'étude des langues.

Leur éducation comprend toutes les sciences qui ont rapport à la guerre, & toutes celles qui doivent entrer dans l'éducation d'un gentilhomme.

Les différens objets de cette éducation sont, en 1766, l'écriture, l'étude de la grammaire, celle des langues françoise, latine, allemande & italienne; celle des mathématiques, de la géométrie, du dessein, de la fortification, de la géographie, de l'histoire; la tactique. A toutes ces parties on joint les évolutions militaires, la connoissance anatomique du cheval, les exercices du voltiger, du manege, de l'escrime & de la danse.

Depuis l'âge de seize ans, ou plutôt lorsque leur éducation est assez perfectionnée pour qu'ils puissent commencer à servir utilement l'état, ils sont employés dans les troupes du roi, suivant leurs talens & leurs dispositions; & ils jouissent alors d'une pension de 200 liv. sur les fonds de *l'école royale-militaire*, jusqu'à ce qu'ils reçoivent 1200 livres d'appointement.

Si l'on est en temps de guerre, l'hôtel les équipe, & leur fournit ce qui est nécessaire pour se rendre au lieu de leur destination.

Le roi, pour leur remettre sans cesse, & partout où ils seront, sous les yeux, les obligations qu'ils auront contractées envers lui & l'état, en re-

connoissance

ÉCO

...occasionnée de la protection singulière, qu'il a résolu de leur accorder, veut qu'ils reçoivent, sans frais pour marque distinctive, la croix de *minimité* des ordres royaux militaires hospitaliers de Notre-Dame du Mont-Carmel & de S. Lazare de Jérusalem, à moins que des raisons particulières n'engagent pas les supérieurs du conseil à les en faire priver.

Ceux qui quitteront le service, seront tenus de renvoyer la croix de l'ordre au grand trésorier, à moins qu'ils n'aient été contraints de se retirer pour cause de blessures, ou autres équivalentes.

Par la même ordonnance du 4 Mars 1761, il est enjoint aux parens des élèves qui décéderont avec la croix, de la renvoyer, & aux majors de se conformer au même règlement, à l'égard des élèves qui mourront à la suite de leurs corps.

L'ordonnance du 30 Janvier 1761, règle la manière dont les élèves de *l'école militaire* doivent être examinés dans *l'école de Mézières*, pour y être reçus ingénieurs, après les examens ordinaires.

Ceux en qui on reconnoîtra de l'aptitude & du goût pour l'artillerie, seront placés dans un des sept régimens qui composent le *corps royal de l'artillerie*, en qualité de sous-lieutenans, après avoir subi l'examen à l'école de Bapaume, & y avoir demeuré le temps réglé par les ordonnances, avant d'être promus à une place de sous-lieutenant.

Les autres seront répartis dans les troupes, suivant leurs talens. Cette répartition se fera à tour de rôle, en commençant par la tête, & à proportion de la composition de chaque régiment, à raison d'un par bataillon, & d'un par deux escadrons, sans cependant interdire aux parens des élèves de leur solliciter des emplois dans des corps qu'ils préféreront, ni aux colonels de demander ceux auxquels ils s'intéresseront, & qui leur seront accordés; par-là les régimens de ces colonels seront exempts d'en recevoir d'autres jusqu'à ce que leur tour vienne.

Les élèves seront privés de la pension de 400 liv. que la majesté leur accorde, en sortant de l'hôtel...

quand ils quitteront le service, sans y être obligés par des blessures, ou autres causes équivalentes.

Pour les frais de construction & l'entretien de cet établissement digne de toute la grandeur du monarque, & dans lequel la postérité verra un monument toujours subsistant de sa bienfaisance & de son humanité, sa majesté lui a accordé les droits qui se levent sur les cartes, que l'on fabrique dans tout le royaume; lui a fait pour trente années consécutives la concession d'une loterie composée, dans les mêmes principes, que celles qui sont établies à Rome, à Geneve, à Venise, à Milan, &c; lui a attribué deux deniers pour livre sur le montant des dépenses des marches concernant la subsistance, l'entretien & le service, tant des troupes de sa majesté, que de ses places, & a réuni à la chapelle de cette *école*, la manse abbatiale de l'abbaye de S. Jean de Laon, & celle de l'abbaye ou dommerie d'Aubrac.

Feu M. le maréchal *de Belle-Isle*, ministre & secrétaire d'état, ayant le département de la guerre, a fait don à *l'école royale-militaire*, du produit des six offices d'affineurs de Paris & de Lyon, pour lui appartenir en propriété, jusqu'à ce qu'il plaise au roi reprendre ces offices, en y substituant un autre objet d'un égal revenu.

Quant à ce qui concerne l'administration œconomique de *l'école royale-militaire*, & l'ordre qui doit y être gardé, tant à l'égard des exercices militaires, que de toutes les parties de l'éducation des jeunes gentilshommes, qu'il plaira à sa majesté d'y admettre, le roi y a établi trois conseils.

Le premier, sous le titre de *conseil d'administration*.

Le deuxieme, sous le titre de *conseil d'œconomie*.

Le troisieme, sous le titre de *conseil de police*.

Le premier doit se tenir tous les mois; le second se tient toutes les semaines; & le troisieme, tous les jours. Ils sont composés du secrétaire d'état, ayant le département de la guerre, qui en est surintentant du Maire & du trésorier. Le secrétaire du conseil, garde des archives, y tient la plume.

On ne peut arrêter aucune délibération dans les deux derniers conseils, à moins que le surintendant n'y soit présent; c'est pourquoi on rend compte au conseil d'administration, de toutes les matières qui sont été traitées dans ces deux derniers, toutes les fois que le surintendant de l'hôtel n'y a pas assisté.

On voit par ce détail, quels sont les premiers supérieurs préposés pour l'administration de l'hôtel.

Le ministre, qui a le département de la guerre, est surintendant né de cet établissement, comme nous venons de le dire.

Il y a sous ses ordres un intendant, chargé de l'administration générale des biens de l'*école royale-militaire*. Celui-ci a sous lui un controlleur inspecteur général, & un sous-controlleur, qui lui rend compte; ces derniers sont chargés du détail, & ont sous eux un nombre suffisant d'employés.

L'*école militaire* est un gouvernement particulier. Son état-major est composé d'un gouverneur, d'un lieutenant de roi, d'un major, de trois aides-majors, de trois sous-aides majors, & de deux écuyers.

La conduite des élèves est confiée aux inspecteurs dans tous les momens de la journée, excepté le temps des classes & des exercices militaires. Ils rendent continuellement compte de leurs fonctions au commandant en chef dans l'hôtel.

La place de directeur général des études ayant été supprimée par le roi, sa majesté lui a substitué un inspecteur des études, qui est chargé de veiller sur toutes les parties de l'enseignement.

Pour ce qui regarde le spirituel, M. l'archevêque de Paris donne le service divin de l'hôtel à cinq docteurs de la maison & société de Sorbonne, & à un chapelain, qui n'est que pour le commun.

Des sœurs de la charité desservent l'infirmerie, ayant sous elles un nombre suffisant de domestiques.

B ij

[E·CO]

Les malades font visités & soignés par des personnes habiles, & qui ont fait preuve de leurs talens.

Une compagnie d'invalides est chargée de la garde extérieure de l'hôtel. La garde intérieure est confiée à une compagnie de bas officiers détachée de l'hôtel des Invalides.

Depuis l'expulsion des Jésuites, le roi a remis le collége de la Flèche à l'*école militaire*.

La moitié des cinq cens gentilshommes, qui doivent recevoir l'éducation à l'*école militaire*, y seront élevés jusqu'à quatorze ans, après lesquels ils seront admis à l'*école royale-militaire* à Paris, excepté ceux qui, n'ayant point de disposition ou de goût pour le militaire, y acheveront leurs études, & seront ensuite rendus à leurs familles.

ÉCOLE DE GÉNIE. Voyez *Génie*.

ÉCOLE DE MARINE : c'est une académie établie à Brest, pour apprendre aux jeunes officiers, & aux gardes marines, ce qu'il faut qu'ils sçachent.

ÉCOLE DE L'UNIVERSITÉ DE PARIS. Voyez *Collége*, *Théologie*, *Médecine*, & *Droit*.

ÉCOLE DE PEINTURE. Voyez *Peinture*.

ÉCOLE D'ARCHITECTURE. Voyez *Architecture*.

ÉCOLE DE MANEGE. Voyez *Manege*.

ÉCOLES D'ARTILLERIE. Voyez *Artillerie*.

ÉCONOMAT : c'est la régie & le gouvernement d'un bien ecclésiastique. Les *économats* prennent leur origine de ce qu'il y avoit autrefois des ecclésiastiques, commis dans les cathédrales pour recevoir tout le revenu de l'église, tant celui de l'évêque, que celui du chapitre. Voyez ci-après *Econome*.

ÉCONOME : se dit, en général, d'un homme prudent, qui ne laisse rien perdre, ni dissiper chez lui.

Les *économes* étoient, sous la premiere & seconde race de nos rois, des hommes chargés, après la mort d'un évêque, de mettre les biens de l'église en réserve.

De l'abus qu'il y avoit alors de piller les biens & les meubles d'un évêque après fa mort, nous eft venu le proverbe, *disputer de la chape à l'évêque*, pour fignifier que deux perfonnes fe difputent une chofe qui ne leur appartient pas.

Les *économes*, dans les communautés, font ceux qui font chargés de faire la dépenfe de la bouche.

On nommoit autrefois *économes*, ceux qui défendoient les droits & les biens des églifes, des abbayes & des monafteres; tels étoient les *avoués* de l'abbaye de S. Denis. *Voyez ce mot.*

Henri IV eft un de nos rois qui ait le mieux entendu l'*économie* ; ce prince vifoit toujours à l'utile. Un homme, qui mangeoit autant que fix, fe préfenta devant lui, dans l'efpérance que fa majefté lui donneroit à entretenir un fi grand talent. *Henri IV* ayant entendu parler de cet illuftre mangeur, lui demanda, *fi ce qu'on difoit de lui étoit vrai, qu'il mangeoit autant que fix?*

Oui, SIRE, répondit-il.

Et tu travailles à proportion, reprit le roi?

SIRE, dit ce particulier, *je travaille autant qu'un autre homme de ma force & de mon âge*.

Ventre-faint-gris, ajoûta *Henri IV*, *fi j'avois fix hommes, comme toi, dans mon royaume, je les ferois pendre ; de tels coquins l'auroient bientôt affamé*.

L'amour de *Henri IV* pour fon peuple, & comme avoit fait avant lui *Louis XII*, le rendit extrêmement *économe*. L'utile lui parut toujours préférable à l'agréable, purement agréable.

ÉCOSSOIS, & COMPAGNIE ÉCOSSOISE : *Charles VII*, comme plufieurs de fes prédéceffeurs, eut dans fes armées des troupes auxiliaires de cette nation. Il fut fi content de leur fervice, qu'il choifit parmi ces étrangers un certain nombre des plus braves, dont il compofa une compagnie d'ordonnance, deftinée à la garde de fa perfonne. C'eft à cet établiffement que la premiere compagnie des gardes de nos rois rapporte fon inftitution ; elle en a retenu le nom de *compagnie Ecossoise*. La premiere compagnie de la gendarmerie, composée, sous le même monarque, des gendarmes *Ecossois*, n'a point aussi cessé de porter le nom de *compagnie Ecossoise* ; & c'est la plus ancienne des troupes du roi. Elle monte la garde à l'armée, chez le roi, avant les deux compagnies des Mousquetaires. Voyez le *Dictionnaire militaire*, & l'*Histoire de la Milice françoise*, par le P. Daniel.

ÉCRITURE : on dit de *Charlemagne*, qui étoit un des plus sçavans de son siécle, qu'il ne sçavoit pas *écrire* ; il seroit plus vrai de dire qu'il n'écrivoit pas bien, puisqu'il étudia sous le fameux *Alcuin*. D'ailleurs il existe encore, en France, une infinité d'actes authentiques, & même bien postérieurs au siécle de *Charlemagne*, dans lesquels on trouve ces mots, qui semblent avoir été une formule usitée pour les nobles : *Et ledit seigneur..... a déclaré ne sçavoir pas écrire, attendu sa qualité de gentilhomme*. Encore bien avant sous la troisieme race, les nobles se piquoient de ne sçavoir pas *écrire* ; & aujourd'hui, depuis les progrès rapides des sciences & des arts en France, il y a bien peu de gens de condition, qui n'aient pas quelque teinture de belles-lettres.

ÉCRIVAIN : la découverte de l'imprimerie a fait tomber l'*écriture* dans le seizieme siécle. Cet art qui faisoit subsister plus de dix mille *écrivains* dans les seules villes de Paris & d'Orléans, fut insensiblement négligé, les manuscrits de ce temps-là sont à peine lisibles, tandis que ceux des siécles précédens sont tracés avec une précision & une délicatesse qui égalent la beauté de nos éditions les plus recherchées.

Ces *écrivains* jouissoient en partie des *immunités de l'université* ; & en même temps ils étoient peintres & enlumineurs. On admire encore dans les mignatures, qui ornent nos vieux manuscrits, la legéreté du pinceau, la fraîcheur & la richesse des couleurs variées avec des couches d'un or bruni qui, pendant une longue suite de siécles, ne paroît pas avoir reçu la moindre altération. Le secret d'appliquer l'or d'une maniere si durable, est enseveli avec ces anciens *écrivains*. On a en vain essayé de le renouveller; les ouvrages modernes n'ont ni le même éclat ni la même solidité.

Il y a, à Paris, une communauté de maîtres experts-jurés *écrivains*. Leurs statuts sont de 1648. Elle est gouvernée par un syndic & vingt-quatre anciens maîtres; c'est à ceux d'entr'eux, qui ont acquis l'âge, le temps & la capacité prescrite par les réglemens, que sont renvoyées les vérifications d'*écritures* & *signatures*, ordonnées par justice.

Par ces statuts, l'âge des aspirans est fixé à vingt ans accomplis; les fils de maîtres peuvent être reçus à dix-huit ans, & ont le privilége d'être reçus *gratis*.

Les aspirans sont examinés, pendant trois jours, sur l'art de toutes sortes d'écritures pratiquées en France, sur l'orthographe, l'arithmétique, & sur le fait des vérifications des écritures & signatures, auxquelles vérifications les maîtres ne peuvent assister, qu'ils n'aient vingt ans accomplis.

Les veuves peuvent conserver leur tableau & l'école d'écriture, orthographe & arithmétique, & faire tenir ladite école par gens habiles dans l'art, sans pouvoir assister aux vérifications. L'élection du syndic se fait tous les deux ans par la communauté; il ne peut être continué sous aucun prétexte. Cette communauté prend, depuis quelque temps, sans lettres-patentes du roi, le titre d'*académie royale d'écriture*, & fait frapper tous les ans quatre médailles qui sont présentées à sa majesté par M. le comte de *Saint-Florentin* : ils prenoient aussi le titre d'*écrivains secrétaires du roi;* titre qu'ils ont perdu à la création de ces charges.

Il y a, à Paris, la rue des *écrivains*. La maison où demeuroit *Nicolas Flamel* fait le coin de cette rue, & de la rue de Marivaux; ce célebre alchymiste étoit *écrivain* de profession. L'histoire de cet homme est singuliere, *nous en avons parlé au mot Alchymie.* Voyez encore les *Essais historiques sur Paris, tome 1, page 138.*

ECROUELLES : on prétend que *Robert* est le premier de nos rois, à qui Dieu ait accordé le don de guérir des *écrouelles.* Le vénérable *Guibert*, qui écrivoit, il y a six cens ans, dit que *Louis le Gros* touchoit les *écrouelles* ; que *Philippe I*, son pere, avoit usé de ce privilége, mais que quelque crime le lui avoit fait perdre. Il ajoûte aussi que les rois d'Angleterre de son temps touchoient les *écrouelles* ; & aujourd'hui ils prétendent encore avoir le même droit, comme ils prétendent avoir celui de se dire *rois de France.*

Raoul de Presles, en parlant au roi *Charles V*, auquel il dédia sa traduction de la *Cité de Dieu*, lui dit :

Vos devanciers, & vous, avez telle vertu & puissance, qui vous est donnée & attribuée de Dieu, que vous faites miracles en votre vie, telles, si grandes & si appertes, que vous garissiez d'une très-horrible maladie, qui s'appelle les écrouelles ; de laquelle nul autre prince terrien ne peut garir hors vous.

Etienne de Conti, religieux de Corbie, vivant en 1400, auteur d'une histoire manuscrite de France, qui se trouve dans la bibliotheque de S. Germain des Prés, sous le *numero* 520, rapporte les cérémonies que *Charles VI* observoit en touchant les *écrouelles.*

Après que le roi, dit-il, *avoit entendu la messe, on apportoit un vase plein d'eau ; & sa majesté ayant fait ses prieres devant l'autel, touchoit le mal de la main droite, & se lavoit dans cette eau ; & les malades en portoient pendant neuf jours de jeûne qu'ils observoient.*

Nous avons dit que le roi *Robert* est le premier de nos rois de France, à qui Dieu ait accordé le privilége de guérir les *écrouelles*, en touchant les malades ; cependant *Matthieu Paris* rapporte que la bénédiction, que le roi fait en cette occafion, a été introduite par S. *Louis*. Le P. *Daniel*, dans fon *Hiſtoire de France*, tom. j, p. 1032, dit auſſi qu'il n'eſt fait nulle mention de cette prérogative de nos rois, avant l'onzieme ſiécle; temps ou régnoit le roi *Robert*.

Le peuple, mais fauſſement, attribue auſſi le privilége de guérir les *écrouelles* au ſeptieme fils, né de ſuite, & ſans qu'il ſoit venu de fille entr'eux ſept, & à l'aîné de la maiſon d'*Aumont*, en Bourgogne.

Le continuateur de *Monſtrelet* remarque auſſi que *Charles VIII* toucha des malades à Rome, & les guérit ; *Dont ceux des Italies*, dit-il, *voyant ce myſtere, ne furent onques ſi émerveillés*.

Voyez l'*Hiſtoire de Navarre*, liv. xvij, p. 1059-1062, par *Favyn* ; l'*Hiſtoire d'Angleterre*, liv. viij, par *Polydore Virgile*, qui s'efforce, mais inutilement, de prouver que les rois d'Angleterre avoient la même puiſſance.

ECU : c'eſt le champ, où l'on poſe les piéces & les meubles des armoiries. Il eſt aujourd'hui rond, ou un peu alongé. Celui des filles eſt poſé en loſange.

Dans le temps des tournois, tandis qu'on préparoit les lieux deſtinés pour ces exercices, on étaloit, le long des cloitres de quelques monaſteres, les *écus* ou *armoiries* de ceux qui prétendoient entrer dans la lice ; & ils y reſtoient pluſieurs jours expoſés à la curioſité & à l'examen des ſeigneurs, des dames & demoiſelles.

Un *héraut* ou *pourſuivant d'armes* nommoit aux dames ceux à qui ils appartenoient. S'il arrivoit qu'une dame ou une demoiſelle eût à ſe plaindre d'un chevalier, & qu'elle prouvât qu'il lui eût eſſentiellement manqué, on détachoit l'*écu* de ce *chevalier* ; & il n'étoit point reçu au combat du tournois, qu'il n'eût juſtifié de ſon innocence ; & s'il étoit prouvé qu'il eût mal parlé de la dame ou de la demoiselle plaignante, & déchiré son honneur & sa réputation, il étoit honteusement renvoyé.

L'*écu* de ces anciens chevaliers étoit une arme défensive faite en forme de bouclier léger, sur laquelle on peignoit des *armoiries*, des *devises*, ou des *chifres*. Ce mot vient du grec σχυτος en latin *scutum*, qui signifie *cuir*, parce que les premiers boucliers étoient faits de *cuir*. Voyez *Armoiries*.

ÉCU : c'est une piéce de monnoie, ainsi appellée, parce qu'elle est chargée de l'*écu* de France, ou de l'*écu* des armoiries de nos rois. Par-tout, où il est parlé d'*écu*, avant 1641, il faut l'entendre de l'*écu* d'or.

L'*écu* d'argent de France vaut d'ordinaire soixante sols, & il est, à quelque chose près, ce qu'on appelle un *patagon*, une *réale* ou *piéce de huit*, & une *richedalle*.

Louis XIV, en 1641, ordonna la fabrication d'une nouvelle monnoie d'argent, sous le nom de *louis d'argent*; c'est ce qu'on nomme ordinairement *écu blanc*. On trouve, dans le *Traité historique des monnoies de France*, par *Le Blanc*, les divers changemens du poids, de la valeur & de la fabrique de ces *écus d'argent*. En 1615, notre *écu blanc* étoit du poids d'une once, & valoit cent sols. Aujourd'hui il est du même poids, & il vaut six livres. Il y a encore des *demi-écus*, ou des petits *écus* de trois livres.

Quant aux *écus d'or*, ils ont eu, suivant les temps, diverse valeur. Il y a eu l'*écu d'or* ou le *denier d'or à l'écu* : c'étoit une monnoie qui eut cours, sous *Philippe de Valois* & le roi *Jean*; elle étoit semée de fleurs de lys sans nombre; on a cru que *Philippe de Valois* en étoit l'auteur. *Le Blanc* a fait voir que cette monnoie avoit commencé avant ce prince. On nomma, dans la suite, ces *écus d'or*, *écus vieux*, pour les distinguer des *écus d'or à la couronne*, & des *écus d'or au soleil*.

Sous *Charles VI*, on fit les *écus d'or couronnés*

ou *à la couronne*; on les appelloit ainsi, parce qu'il y avoit une couronne empreinte sur l'*écu*. Charles VI en fit faire beaucoup: ils étoient d'or fin, & de soixante au marc; dans la suite, ils changerent souvent de poids; & sous la derniere année du règne de ce prince, en 1421, ces *ecus d'or*, d'or fin, étoient de soixante-six au marc.

Sous *Charles VII*, ils changerent encore de poids & de titre; on en fit, qui n'étoient qu'à seize carats. En 1436, on les fit, d'or fin, & de soixante-dix au marc, valant vingt-cinq sols pièce. En 1455, ils étoient de soixante & onze au marc, & valoient vingt-sept sols pièce. Enfin *Louis XI* les fit faire de soixante & douze au marc.

Ce fut encore *Charles VI* qui fit faire des *écus heaumes*, ainsi nommés à cause du *heaume* ou *casque*, qui étoit empreint sur l'*écu*. Cette monnoie, plus pesante que les *écus d'or couronnés*, étoit de quarante-huit au marc; mais on en fit peu.

Pour les *écus d'or au soleil*, ce fut *Louis XI*, qui les fit fabriquer, en 1475; on les nomma *écus d'or au soleil*, parce qu'au-dessus de la *couronne*, il y avoit un petit soleil à huit rais. Ils étoient de même titre, que ceux que l'on appelloit simplement *à la couronne*, mais un peu plus pesans, & de soixante-dix au marc.

Charles VIII fit faire des *écus d'or à la couronne & au soleil*, du même titre & du même poids que son pere; mais après son régne on ne vit plus que des *écus d'or au soleil*. *François I* en affoiblit un peu le poids & le titre; mais ils furent presque toujours de soixante & onze, un sixieme au marc.

Sous *Louis XII*, on frappa des *écus d'or au porc-épi*. Il y en avoit deux qui servoient de support à l'*écu*; c'est ce qui leur fit donner le nom d'*ecu au porc-épi*; & ils ne différoient qu'en cela des *écus d'or au soleil*. *François I* en fit fabriquer où il y avoit deux *salamandres* à côté de l'*écu*; c'est ce qui les fit appeller *écus d'or à la salamandre*. Cette monnoie varia, suivant les diverses conjonctures. Le même monarque fit auſſi frapper *des écus d'or à la croiſette* ainſi nommés, parce qu'ils étoient empreints d'une *petite croix quarrée*.

Enfin le prince de *Condé*, pendant la guerre des Huguenots, fit frapper un *écu d'or*, ſur lequel il fit mettre cette inſcription : *Ludovicus XIII Dei gratiâ Francorum rex, primus Chriſtianus*. Cette monnoie eſt très-rare. On a diſcontinué en France de faire des *écus d'or*, depuis 1655. Voyez le *Traité des monnoies*, par *Le Blanc*.) On a commencé à frapper des *louis d'or*, ſur la fin du régne de *Louis XIII*, en 1640. Voyez *Louis d'or*.

ECUYER : c'eſt un titre de nobleſſe, qui n'appartient qu'à ceux, qui ont droit de porter des *écus* & des *armoiries*.

Paſquier, dans ſes *Recherches*, liv. ij, c. 15, dit que le titre d'*écuyer* eſt très-ancien ; que dès le temps de la décadence de l'empire Romain, il y avoit deux ſortes de gens de guerre, dont les uns furent appellés *gentils*, & les autres *écuyers*. Au rapport d'*Ammien Marcellin*, liv. xiv, c. 7 ; & liv. xvj, c. 4, ils étoient regardés comme des gens invincibles & qu'on craignoit. *Julien*, pendant ſon ſéjour dans les Gaules, fit beaucoup de cas de ces troupes ; & de-là vint peut-être que les *Gaulois*, ou ſeulement les *François*, ayant vu que les plus braves des troupes Romaines s'appelloient *gentils* & *écuyers*, en latin *gentiles* & *ſcutarii*, ils donnerent auſſi ces deux noms aux plus braves de leurs troupes.

On nommoit *écuyer*, du temps de l'ancienne chevalerie, un jeune gentilhomme ſorti de *page* ; ce qui arrivoit à l'âge de quatorze ans ; alors il étoit préſenté à l'autel, par ſon pere & ſa mere, qui, chacun un cierge à la main, alloient à l'offrande ; le prêtre célébrant prenoit deſſus l'autel une épée, ſur laquelle il faiſoit pluſieurs bénédictions, & l'attachoit à côté du *candidat*, qui, dès ce moment, commençoit à la porter ; & après cette cérémonie, il étoit mis au rang des *écuyers*.

M. de Sainte-Palaye dit, dans ses *Mém. sur l'anc. chev.* qu'on divisoit les *écuyers* en plusieurs classes, suivant les différens emplois auxquels ils étoient destinés. Les plus distingués étoient *l'écuyer du corps*, *l'écuyer de la chambre*, *l'écuyer tranchant*, & *l'écuyer de l'écurie*, qui étoit chargé de dresser les chevaux à tous les usages de la guerre; il avoit sous lui d'autres *écuyers* plus jeunes, auxquels il faisoit faire l'apprentissage de cet exercice.

L'*écuyer tranchant*, toujours debout dans les festins & dans les repas, étoit occupé à couper les viandes avec la propreté, l'adresse & l'élégance convenables, & à les faire distribuer aux nobles convives; cette fonction fait partie de celle des maîtres d'hôtel d'aujourd'hui, à qui la garde des offices & des buffets est confiée.

L'*écuyer de la chambre* ou *chambellan* avoit inspection sur la vaisselle d'or & d'argent destinée au service de la table.

L'*écuyer du corps* étoit attaché particuliérement à la personne du maître; il l'accompagnoit presque par-tout, portoit sa banniere à l'armée, crioit le *cri d'armes* du même seigneur, & faisoit les honneurs de sa maison dans les cérémonies d'éclat.

On appelloit *écuyers d'honneur*, ceux à qui les chevaliers donnoient en garde, pendant le combat, les prisonniers de guerre qu'ils faisoient. Ces *écuyers d'honneur* défendoient leur maître; c'est ce que fit *Saint-Severin* à la bataille de Pavie, en combattant vaillamment devant *François I*. Cet usage, qui depuis s'est restreint aux *écuyers* de nos rois, ne subsistoit plus, même à leur égard, du temps de *Brantome*; à peine les anciens en avoient conservé la tradition.

D'autres *écuyers* veilloient à la *panneterie* & à l'*échansonnerie*: ils avoient soin de préparer les tables, de donner à laver devant & après le repas, de disposer tout ce qui étoit nécessaire pour les divertissemens qui suivoient les festins, de servir ensuite les *épices* ou *dragées*, les *confitures*, les *li-*

queurs, qui, sous *Philippe-Auguste* & ses successeurs, étoient les *clairets*, le *piment*, le *vin cuit*, l'*hypocras* & les autres boissons, qu'on appelloit *le vin du coucher*. Ces sortes d'*écuyers* enfin conduisoient les étrangers dans les chambres, qui leur étoient destinées, & qu'ils avoient eux-mêmes préparées.

Les chasseurs emploient le nom d'*écuyer* dans une signification qui s'accorde parfaitement avec l'idée qu'on doit avoir de l'attachement & de la subordination des *écuyers* à l'égard des *chevaliers*, dont ils suivoient tous les pas, & observoient toutes les démarches ; car ils donnent ce nom à un jeune *cerf*, qui suit & accompagne un vieux *cerf*.

ECUYER : (GRAND-ECUYER) officier de la couronne, qu'on nommoit *le maître écuyer du roi*. Cet office ne remonte pas plus haut que le règne de *Philippe le Bel*. Cependant dès le commencement de la troisieme race, on voit des *écuyers* à la cour de nos rois ; mais leur chef étoit subordonné d'abord au *sénéchal*, ensuite au *connétable* : ce n'est que sur la fin du treizieme siecle, qu'il a commencé à ne recevoir l'ordre que du prince ; & dans les registres de la chambre des comptes on trouve que d'abord il n'eut que le titre de *maître de l'écurie*, sous *Philippe le Long*. Il y joignit celui de *premier écuyer du corps* ; *Philippe de Gerence* dit *le Cordelier*, sous *Charles VI*, ajoûta à cette derniere qualité celle de *grand-maître de l'écurie*. *Alain Goyon*, seigneur de Villiers, favori de *Louis XI*, est le premier qui ait été qualifié *grand-écuyer de France*.

Les prérogatives de cet officier sont d'avoir la surintendance sur tous les autres *écuyers*, d'ordonner de tout ce qui regarde la *grande écurie*, de disposer de tous les fonds destinés pour sa dépense, de commander aux rois & aux hérauts d'armes, de porter aux entrées & aux autres cérémonies l'*épée royale* dans le fourreau semé de fleurs de lys, & de la mettre avec le baudrier à chaque côté de l'écu de ses armes. Les dais, qu'on présente aux rois, à leur entrée solemnelle dans les villes, sont à lui.

Il disputoit autrefois la puissance & l'autorité d'asseoir les postes, & de pourvoir aux états des maitres d'icelles; mais le controlleur général a obtenu ce privilége sur lui.

Le *grand écuyer* donne permission de tenir *académie* pour instruire les jeunes gens dans l'exercice de monter à cheval. Il ordonne de toute la livrée du roi. Personne ne la peut porter sans sa permission.

Dans son absence, le premier *écuyer de la grande écurie* y commande; il y a de plus trois *écuyers ordinaires*, & trois *écuyers cavalcadours* qui servent avec les *ordinaires*, un *gouverneur des pages*, deux *sous-gouverneurs*, un *précepteur*, un *aumônier*, & tous les maîtres nécessaires pour les instruire dans toutes sortes d'exercices. Les chevaux de manege & les chevaux de guerre sont à la *grande écurie*.

Il n'y avoit autrefois qu'une *écurie du roi*. La petite écurie est un démembrement de la *grande*. Elle est aussi commandée par un *premier écuyer du roi*, dont la charge est différente de celle du *premier écuyer* de la grande écurie. Ce *premier écuyer* a aussi sous lui plusieurs *écuyers ordinaires*, un *gouverneur des pages*, un *précepteur* un *aumônier*, & dix-neuf *pages*, & quelquefois un plus grand nombre. Ces *pages* de l'une & de l'autre écurie servent, à l'armée, d'*aides de camp* aux *aides de camp* de sa majesté.

M. le comte de *Brionne* est *grand écuyer de France*; mais jusqu'à ce qu'il soit parvenu à l'âge de majorité, requis pour exercer cette grande charge de la couronne, elle l'est par M. le prince de *Pons*.

On trouve dans l'Histoire des grands officiers de la couronne & dans *Moreri*, la liste des *grands écuyers de France*. Ils commencerent à *Roger*, surnommé l'*Ecuyer*, à cause de son emploi. Il étoit maître de l'écurie de *Philippe le Bel*, en 1295.

ÉDIT: ce sont des lettres de chancellerie que le roi signe, & fait sceller pour servir de loi à ses sujets. Les *édits* quelquefois contiennent des loix & des réglemens, comme l'*édit* de Melun, des secondes nôces ; l'*édit* des meres, l'*édit* des duels, &c. Il y a aussi des *édits* contenant des créations d'offices, des établissemens de droits, des créations de rentes, des *édits* de pacifications, comme l'*édit* de Nantes, &c.

Les *édits* & déclarations du roi sont vérifiés par les cours souveraines. Ils sont scellés de *cire verte* pour marquer par cette couleur qu'ils sont perpétuels & irrévocables de leur nature, & les autres lettres sont scellées en *cire jaune*; mais tout ce qui s'expédie pour le Dauphiné a un sceau particulier, & est scellé en *cire rouge*.

Ce qu'on appelle l'*édit* des meres, est un *édit* qui fut donné, en 1567, à S. Maur par *Charles IX*, à la sollicitation du maréchal de *Montluc*. Ce seigneur très-connu par son courage, & par les excellens Mémoires qu'il a laissés, venoit de perdre son fils aîné au siége d'Ostie ; son second fils, dit le *capitaine Perrot*, tué à la surprise de l'isle de Madere, ne laissoit qu'un fils mal-sain, & duquel la succession devoit échoir, en pays de droit écrit, à sa mere, (*Marguerite de Caupene*,) l'ayeul & l'évêque de Valence, son frere, pour obvier à cet événement qui eût dépouillé la maison de Montluc d'une partie de ses biens, obtinrent l'*édit* de S. Maur.

L'*édit* appelé l'*édit de Nantes* fut donné en faveur des Protestans, par *Henri IV*, en 1598, dressé sur les mémoires faits par les présidens de *Thou*, & *Calignon*, chancelier de Navarre. Les *Mémoires de Sully* disent que ce furent MM. de *Schomberg*; Jeannin & *Harlas* disent que ce fut *Daniel Chaunier*, le plus habile ministre du parti Protestant.

En vertu de cet *édit*, les Protestans eurent permission de s'assembler pour l'exercice de leur religion, à cinq lieues de distance de Paris. Ils choisirent le village de Grini-sur-Seine ; mais l'éloignement ne leur permettant pas d'aller & de revenir par eau dans un jour, ils demanderent à être rapprochés de Paris, & la permission d'avoir un temple à deux lieues.

Sur

Sur leur requête, le roi mit cette réponse de sa main : *Défenses à toutes personnes de compter dorénavant plus de deux lieues de Paris à Grini*. Ce sage prince, dit *Pasquier*, ne voulut pas contrevenir si promptement à l'*édit* qu'il venoit de publier ; il falloit *apprivoiser* les Catholiques avec les Protestans, avant que de les rejoindre : dans la suite, le roi permit à ses sujets de la *religion prétendue-réformée*, de faire leur prêche à Ablon, à trois lieues de Paris, & enfin à Charenton, où ils ont demeuré jusqu'en 1685, que fut revoqué l'*édit de Nantes*, par celui du 22 Octobre.

A l'occasion de cet *édit de Nantes*, nous croyons devoir rapporter, d'après tous les historiens, que le parlement de Paris refusant d'en faire la vérification, *Henri IV* manda les chefs de cette compagnie, & leur dit : *Je suis Catholique, roi Catholique & Catholique Romain ; mais je ressemble au berger, qui veut ramener ses brebis à la bergerie avec douceur ; je sçais bien que mon royaume ne se peut sauver que par la conservation de la religion Catholique ; mais la religion & l'état ne peuvent se sauver que par ma personne : je tiens une maxime, qu'il ne faut pas diviser l'état & la religion.*

Le parlement le rejetta & en refusa la vérification ; le président *Séguier* alla le trouver pour lui faire part des motifs de sa compagnie.

Je ne vous demande que celui-là, lui répondit le roi ; *ne me refusez pas, sinon vous m'obligerez d'aller moi-même le vérifier, & peut-être en porterois-je une demi-douzaine d'autres. Eh !* MM. continua-t-il avec ce badinage naïf & plein de bonté qui lui étoit ordinaire, *traitez-moi au moins comme on traite les moines ; ne me refusez pas* victum & vestitum : *vous sçavez que je suis sobre ; & quant à mes habillemens, regardez, M. le président, comme je suis accoutré.* Personne de sa cour n'étoit vêtu si simplement que lui.

Les *édits* les plus célébres portent le nom des lieux ou des mois où ils ont été rendus ; tels sont l'*édit*

Tome II. C

de Château-Briant, celui de Romorantin, & beaucoup d'autres qui ont été faits au sujet des Huguenots.

ÉDUCATION : c'est, à proprement parler, l'art de manier & de façonner les esprits, & de toutes les sciences la plus difficile, & en même temps la plus importante, mais qu'on n'étudie pas assez. En matiere d'*éducation*, la souveraine habileté consiste à sçavoir allier par un sage tempérament, une force qui retienne les enfans sans les rebuter, & une douceur qui les gagne sans les amollir. L'*éducation* ne donne pas les talens, elle ne fait que les développer; & comme les talens sont différens, il seroit raisonnable que l'*éducation* variât pareillement.

Que des parens seroient louables, s'ils vouloient se donner la peine, (n'importe de quelle condition ils fussent,) d'être eux-mêmes les premiers professeurs de leurs enfans, ou de veiller sans cesse à leur *éducation*.

En voici un bel exemple pour les meres, qui, dans le siécle où nous vivons, (pour la plûpart,) gâtent plutôt leurs enfans, qu'elles ne les élevent.

Adelaïde de Savoie, femme de *Louis VI*, prenoit elle-même soin d'élever ses enfans, & veilloit à leur *éducation*. Chaque jour, ils se rendoient dans son appartement, le soir & le matin, à une heure indiquée pour recevoir ses leçons. Elle les formoit surtout à la piété & aux vertus propres de leur âge & de leur état.

C'est ce qu'avoit fait avant elle, *Clotilde*, femme de *Clovis*, & dans la suite plusieurs grandes reines; telle que *Blanche*, mere de S. Louis, qui présida à son *éducation*, & à celle de ses autres enfans. Comme *Louis IX* étoit plus en état de profiter de ses leçons, elle lui disoit souvent : *Vous sçavez, mon fils, que j'ai pour vous toute la tendresse d'une mere. J'aimerois mieux cependant vous voir mort que souillé d'un péché mortel.*

Depuis *Quintilien* il y a des traités sans nombre sur l'*éducation*; & on en donne sans cesse de nouveaux. Il en est de ces *ouvrages*, comme des régles données de nos jours, sur le *poëme épique* & sur l'*art dramatique*, par différens poëtes, qui n'ont aucune célébrité.

Henri IV dut beaucoup à son heureux naturel, & à des dispositions toujours propres à former les héros ; mais il dut aussi quelque chose aux circonstances, à son *éducation*, & aux maîtres qui formerent sa jeunesse.

A peine vit-il le jour que *Henri d'Albret*, roi de Navarre, son ayeul, pensa à l'accoutumer à la fatigue, comme s'il eût prévu tous les travaux auxquels il devoit être exposé.

Ce prince vint au monde sans crier : le premier mets qu'il goûta fut une gousse d'ail, dont son ayeul lui frotta les lévres. Il y ajoûta une goutte de vin qu'il lui fit avaler. La suite de son *éducation* répondit à ces commencemens. Le jeune prince fut accoutumé à manger chaud ou froid, à aller nuds pieds & nuë tête, comme le moindre paysan, à gravir les montagnes, & à tous les autres exercices qui pouvoient lui former un bon tempérament.

La Gaucherie, & après lui *Florent Chrétien*, furent ses précepteurs. Le premier, qui étoit très-sçavant dans les langues, lui apprit par usage & sans livres, les plus belles pensées des auteurs Grecs.

Ce fut à la cour des Valois qu'il étudia la politique ; & ce fut sous son pere, sous le prince *de Condé*, son oncle, & sous l'amiral *de Coligni*, qu'il apprit le grand art de la guerre. Si ce prince fut d'un caractere si gai, c'est, dit-on, parce que la princesse de Navarre accoucha de lui, en chantant une *chanson gasconne*, ou plutôt un *cantique* en langue béarnoise.

Le grand objet de l'*éducation* nationale tient un rang distingué dans les *Ephémérides du citoyen*, ouvrage périodique, qui se vend chez *Delalain*, libraire, rue S. Jacques. Nous y renvoyons le lecteur.

ÉGLISE : c'est l'assemblée des personnes unies par la profession de la même foi chrétienne, & par la participation des mêmes sacremens, sous la conduite des pasteurs légitimes, & sur-tout du pape, le seul souverain pontife de *Jesus-Christ* en terre. C'est la définition de *Bellarmin*.

L'*église* de France se croit redevable à *S. Fabien*, pape & martyr, en 250. des lumieres de l'évangile par la mission apostolique des saints évêques qui vinrent, sous son pontificat, apporter la foi en France.

Dès le premier établissement du Christianisme, on désigna l'*église* de France, par le nom de l'*église Gallicane*, pour distinguer le diocèse des *Gaules*: par cette dénomination, les priviléges de l'*église Gallicane*, ont été à l'abri de plusieurs entreprises qu'on vouloit faire sur elle.

Le nom d'*église Gallicane* est fort ancien. On le trouve dans un concile de Paris tenu en 362, & dans un concile tenu en Illyrie, en 367. Le pape *Hilaire* fait mention de l'*église Gallicane*. Sur la fin du sixieme siécle, *S. Grégoire le Grand* écrivant à *Augustin*, qu'il avoit envoyé en Angleterre, lui mande: *Je trouve bon que vous choisissiez ce que vous croirez être le plus agréable à Dieu, soit que vous l'ayez trouvé dans l'église Romaine*, ou *dans l'église Gallicane, ou dans quelqu'autre.*

Ce nom se trouve fort souvent dans les actes du différend entre *Philippe le Bel* & *Boniface VIII*; & tous les auteurs anciens, comme *Fulbert*, évêque de Chartres, *Yves* aussi évêque de Chartres, *Suger*, abbé de S. Denis, *Arnoul* évêque de Lizieux; parmi les étrangers, *Thomas* de Cantorbery, *Matthieu Paris*, *Alexandre III* & *Innocent III*, & beaucoup d'autres, en parlant de même, n'ont pas cru par-là diviser l'*église Gallicane*, du corps de l'*église universelle*, non plus que l'*église d'Afrique* n'a pas voulu s'en séparer, lorsqu'elle a pris ce nom en écrivant au pape *Célestin*. On en peut dire autant de l'ancienne *église Anglicane*, ainsi appellée en plusieurs actes, où il est parlé, *de libertatibus ecclesiæ Anglicanæ*.

Ce ne font pas feulement les eccléfiaftiques François qui compofent l'*églife Gallicane*, ce font tous les Catholiques François, fous la direction des évêques; c'eft ce qui fe voit dans le Réglement de l'empereur *Charlemagne*, touchant les prêtres accufés de crimes, inféré dans le cinquieme livre de fes *Capitulaires*, & dans un autre concernant le pouvoir des chorévêques.

Ces deux réglemens furent faits dans des fynodes généraux, compofés des évêques & des autres fideles.

Dans une affemblée générale, tenue à Etampes en 1130, pour réfoudre fi l'on reconnoîtroit le pape *Innocent II*, ou *Anaclet*, le roi & les princes y donnerent leurs avis, avec les évêques

Quand *Charles VI* voulut fe déterminer fur le fait du fchifme entre le pape *Boniface IX* & *Benoît XI*, il affembla l'*églife Gallicane*, & il préfida à cette affemblée, accompagné des princes de fon fang, des grands du royaume, de fon confeil d'état, & d'un grand nombre de féculiers; & tous les évêques s'y trouverent avec les abbés, les docteurs, & les députés des univerfités.

Pour la *pragmatique-fanction* dreffée à Bourges, qui eft un des plus beaux réglemens, qui aient jamais été faits en France, *Charles VII* fe trouva à cette fameufe affemblée avec les prélats & les gens d'églife, accompagné des princes & des feigneurs de fon confeil.

C'eft ce qui fait dire à *Pierre de Marca*, dans fon livre intitulé, *de concordiá facerdotii & imperii*, que ceux-là fe trompent, qui n'entendent que le clergé par le mot d'*églife Gallicane*, laquelle comprend auffi le roi & les laïcs.

Cette *églife Gallicane* a confervé certains droits anciens, qu'on appelle les libertés de l'*églife Gallicane*. Elle en jouit depuis un temps immémorial. Ce ne font point des priviléges accordés par les papes, mais des franchifes & des immunités qu'elle a eues dès fa premiere origine, & dans lefquelles elle s'est toujours maintenue. Ces libertés ne répugnent point à la dignité du saint siége, & n'empêchent point que l'*église Gallicane* ne soit parfaitement unie à l'*église Romaine*. Voyez *Libertés de l'église Gallicane.*

EGOUTS : se dit de l'écoulement des eaux qui tombent d'en-haut ; il se dit aussi des canaux par où se déchargent les immondices des villes.

On lit, dans *Sauval, tome j* de ses *Antiquités de Paris*, que ce fut *Hugues Aubriot*, prévôt de cette ville, qui entreprit, sous les régnes de *Charles V & de Charles VI*, d'y faire faire des *égouts* en plusieurs endroits, pour faire écouler les eaux & les immondices dans les prés des environs. Cet auteur marque qu'il n'y a jamais eu d'*égout* dans la *Cité* ; que les eaux ne s'écoulent dans la riviere, que par les ruisseaux des rues, par des éviers disposés le long des quais, le long du Palais, & par des décharges ou gargouilles couvertes de voûtes courtes & étroites ; & encore ces gargouilles ou décharges ne se trouvent-elles qu'au Marché-neuf, proche la fontaine du Palais, près de l'hôtel du premier président, contre S. Barthelemi, au bout de la rue de la Barillerie, & en peu d'autres endroits.

L'ancien grand *égout* environnoit presqu'entiérement la ville ; ce grand *égout*, qui n'étoit formé que par une tranchée, a été commencé en pierre, en 1737, sous la quatrieme prévôté de M. *Turgot*, dans un nouveau terrein, depuis la rue du Calvaire, au Marais, jusqu'à la riviere, près Chaillot, ainsi que ses embranchemens, les pompes, & le réservoir, qui a été achévé, en 1740. Cet ouvrage a été exécuté sur les desseins & sous la conduite de M. *Beausire*, architecte du roi. Voyez-en le détail dans la *Description de la ville de Paris*, tom. iv, p. 181 & *suiv.*

EGUILLETTES : c'étoit anciennement une peine décernée contre les femmes de mauvaise vie ; on voulut anciennement, dit *Pasquier, Recherches de la France, tom. j, chap.* 35, *p.* 815, « que telles

» bonnes dames eussent quelque signal sur elles,
» pour les distinguer & reconnoître d'avec le reste
» des prudes, qui fut de porter une *éguillette sur
» l'épaule* ; coutume, ajoûte *PASQUIER, que j'ai
» vue encore se pratiquer à Toulouse* ; d'où est venu,
» entre nous, ce proverbe, par lequel nous disons
» qu'une femme court l'*éguillette*, pour exprimer
» qu'elle prostitue son corps à l'abandon d'un chacun.

ELECTEURS : les premiers que l'on trouve dans l'histoire, c'est en 1138; l'empereur *Henri V* étant mort sans postérité, les Allemands, au nombre de soixante mille, s'assemblerent pour lui donner un successeur. La diète partagée choisit dix *électeurs*, qui élurent *Lothaire*, duc de Saxe. On fait remonter au milieu du onzieme siécle l'institution des sept *électeurs* ; mais l'élection de l'empereur *Conrad* dit le *Salique*, parce qu'il étoit né sur la riviere de la *Sale*, démontre la fausseté de ce systême. On y voit un nombre prodigieux de ducs, de comtes, d'évêques & d'abbés, qui tous donnent leur voix.

Ce ne fut qu'à la diète assemblée, où *Rodolphe* dit *le Roux* fut élu empereur, que le nombre des *électeurs* fut réduit à sept, en 1273, sçavoir, trois ecclésiastiques, qui sont les archevêques de Mayence, de Treves, & de Cologne ; & quatre séculiers, sçavoir, le roi de Bohême, le duc de Baviere, le duc de Saxe, & le marquis de Brandebourg, qui est le roi de Prusse.

L'*électeur* de Mayence est chancelier de Germanie, convoque les états, & porte son suffrage avant les autres.

L'*électeur* de Cologne est grand chancelier d'Italie, & sacre l'empereur.

Celui de Treves est grand chancelier des Gaules, & donne à l'empereur l'imposition des mains.

Le duc de Baviere est grand-maître du palais impérial, & présente un globe représentant un monde à l'empereur dans son couronnement.

Le roi de Prusse, comme grand-chambellan de l'empire, met l'anneau au doigt de l'empereur.

L'*électeur* de Saxe, comme grand maréchal, donne l'épée à l'empereur.

Le roi de Bohême, qui ne portoit autrefois que le titre de *duc*, est grand-échanson de l'empereur, & lui met la couronne de *Charlemagne* sur la tête.

En 1623, *Ferdinand II* dépouilla *Frédéric V*, *électeur* Palatin, de son électorat, & en revêtit *Maximilien I*, duc de Baviere.

En 1648, le Palatin fut rétabli *électeur*, sans que le duc de Baviere perdît le sien; ainsi il y eut alors huit *électeurs*, parce qu'on en créa un huitieme en faveur de *Charles-Louis*, fils aîné de *Frédéric*; & il fut réglé que si la branche *Guillelmine* de Baviere venoit à manquer, l'*électorat*, avec tous les honneurs y attachés, reviendroit à la branche *Rodolphine* ou *Palatine*, & que le nouvel électorat seroit supprimé.

En 1692, l'empereur *Léopold* en créa un neuvieme en faveur du duc d'*Hanovre*. Cette érection trouva d'abord beaucoup d'opposition; mais à la fin elle passa.

Le comte Palatin est grand-trésorier, & le duc d'Hanovre grand-enseigne ou grand-porte-enseigne.

La France n'a reconnu le duc d'Hanovre en qualité d'*électeur*, qu'en 1714, par la paix de Rastad.

C'est depuis 1617, que les rois de France traitent les *électeurs* de *freres*.

ELECTION : il y a cette différence entre *choix* & *élection*, que le *choix* ne se dit guères que d'une personne qui le fait; & que l'*élection* se dit par rapport à un corps ou à une communauté qui choisit.

L'*élection* la plus solemnelle est celle du *pape*, qui se fait par les *cardinaux*, en quatre manieres;

L'une par la voie du S. Esprit, quand le premier cardinal qui parle, ayant donné sa voix à quelqu'un, va à l'adoration, & le proclame *pape*, comme par une inspiration subite du S. Esprit. Alors il est élu, si tous les autres y applaudissent, ou du moins les deux tiers de l'assemblée;

La seconde, par celle du compromis, quand tout

le collége convient de trois cardinaux, auxquels il donne pouvoir de nommer le *pape*; & cette puissance cesse à la chandelle éteinte;

La troisieme, par la voie des scrutins, & c'est la plus ordinaire: alors les cardinaux portent des billets cachetés, où sont écrits leurs suffrages, dans un calice qui est sur l'autel. Il faut les deux tiers des voix pour l'*élection* par scrutin.

La quatrieme est par la voie d'accès, quand les voix étant toujours trop partagées pour élire le *pape*, quelques-uns des cardinaux se désistent de leur premier suffrage & *accedent*, c'est-à-dire joignent leurs voix pour les donner à celui qui en a déja plusieurs par scrutin. L'accès même est toujours joint au scrutin, parce que les cardinaux ne manquent jamais de donner leur voix, après le dernier scrutin, à celui qu'ils voient avoir déja la pluralité, & par conséquent être reconnu *pape*, indépendamment de leurs suffrages. Ainsi les *élections* des *papes* se font toujours du consentement unanime de tous les cardinaux. Voyez *Conclave* & *Pape*.

Pour l'*élection des évêques*, elle se faisoit, dans les premiers siécles de l'église, en présence du *peuple*; & le *clergé* étoit bien-aise d'avoir son consentement. Le concile de Latran, tenu en 1215, sous le pape *Innocent III*, ayant reconnu que ces sortes d'*élections* avoient des inconvéniens, défendit aux laïques d'y être présens.

L'*élection des évêques*, pour nous, est de la plus haute antiquité: elle remonte jusqu'à l'établissement de la monarchie françoise. Les régles prescrites à cet égard prouvent les précautions que l'on prenoit pour ne donner aux églises particulieres que de bons *peres*; car cette qualité de *peres* est la plus ancienne qu'on ait donné aux évêques.

Aussi-tôt qu'un *évêque* étoit mort, on en donnoit avis au métropolitain, qui prenoit l'agrément du roi, pour nommer un *évêque* visiteur, à l'effet de présider à l'*élection*, sans quoi elle étoit nulle.

Ce n'étoit pas seulement les *chanoines* de la cathédrale, qui avoient droit de suffrage, mais encore les *chanoines* des autres églises du diocèse, les *prêtres* des paroisses, les *moines* des différens monasteres, & les *principaux* d'entre les laïques, suivant cette maxime si souvent répétée dans ces sortes d'actes : *Il est juste que celui qui doit commander à tous, soit élu par tous.* On tenoit les suffrages secrets ; & on ne publioit l'*élection* qu'après avoir eu l'agrément du roi.

L'*élu* étoit conduit au métropolitain, pour subir un examen, qui n'étoit pas une simple formalité. On trouve, dans l'histoire, beaucoup d'exemples de sujets déclarés, par leurs examinateurs, indignes de l'*épiscopat* pour leur incapacité. Alors le clergé & le peuple procédoient à une nouvelle *élection*. Tous les évêques de la province étoient obligés d'assister en personne, ou par leurs députés, à l'ordination du nouvel *évêque*, & d'y donner leur consentement. Ils s'assembloient, la veille de cette ordination, dans l'église métropolitaine. On lisoit au peuple le décret d'*élection* ; on demandoit si tout le monde y consentoit, & si l'*élu* avoit toutes les qualités, dont il étoit fait mention dans ce décret. Cette simple exposition suffira pour faire juger des abus, qui ne pouvoient manquer de se glisser dans ces *élections*, & combien devoient être fondées les plaintes, si souvent réitérées sur ce point.

Si le droit des *élections des évêques*, sous la premiere race, résidoit dans le clergé & dans le peuple, cependant le droit de nomination & de confirmation qu'avoient nos rois, dépendoit tellement d'eux, qu'on peut dire qu'ils disposoient absolument des évêchés & des abbayes.

Jérôme Bignon, dans ses Notes sur *Marculfe*, a rassemblé un grand nombre d'autorités, qui le prouvent aussi-bien que le texte même de la formule de *Marculfe*.

» Tâchez d'atteindre à la perfection, disoit *Char-*
» *lemagne* à ceux qui s'appliquoient aux lettres
» & je vous donnerai de beaux évêchés & de riches

» abbayes ; & *dabo vobis episcopia & monasteria*
» *permagnifica.* »

Il n'y a point eu de prince, qui ait plus respecté les ecclésiastiques dans la dignité de leur caractere ; mais il exigeoit aussi qu'ils s'y conformassent.

Sous la seconde race, les rois entreprirent davantage sur le clergé, & donnoient, dit *Pasquier*, quelquefois des évêchés à des laïques, de leur propre autorité ; (c'est ce qu'a fait *Charlemagne*, nous venons de le dire,) & quelquefois ils avoient égard aux *élections*.

Comme souvent les brigues, les divisions & le tumulte arrivoient dans ces assemblées ecclésiastiques, ce fut un juste motif à nos rois pour nommer eux-mêmes aux prélatures : cependant on voit qu'au commencement de la troisieme race, les rois rétablirent la liberté des *élections*, & qu'ils ne se réserverent que le pouvoir d'accorder la permission d'élire, & d'agréer les personnes *élues*.

S. *Louis*, en 1248, ordonna les *élections* avoir cours dans son royaume, dit *Pasquier*. Ce monarque depuis publia sa *pragmatique-sanction*, pour établir plus solemnellement le droit des *élections*, à condition que ceux qui seroient *élus*, ne seroient point consacrés sans la permission du roi.

Charles VII confirma aussi la liberté des *élections*, par une autre *pragmatique-sanction*, qui fut dressée à Bourges, en 1438.

Le concordat entre *François I* & *Léon X* a supprimé les *élections*. Voyez *Concordat*.

Aujourd'hui la nomination aux évêchés, aux abbayes, aux prieurés électifs, à toutes les prélatures & aux bénéfices consistoriaux, appartient au roi.

Il n'y a plus que les chapitres des cathédrales, des collégiales & des monasteres, qui ont un privilége spécial, comme l'abbaye de Cluny, Citeaux, & les autres chefs d'ordres, à qui *Louis XIII*, par son ordonnance de 1629, a confirmé le droit d'élection.

Il y a eu un temps que les *élections* des *présidens* & des *conseillers* appartenoient au parlement. Le roi les confirmoit, dit *Pasquier*. En 1403, le parlement procéda à l'*élection* d'un premier président, quoique le roi y eût déja pourvu. Les *élections* se faisoient par le parlement, en préfence du chancelier, pour les charges du parlement; & celles des comptes, par la chambre des comptes. Cela s'eft particuliérement pratiqué fous *Charles VII*, & a duré jufqu'à l'invafion des Anglois, qui dispoferent abfolument des charges, pour y placer ceux dont ils étoient affurés.

Après leur expulfion par *Charles VII*, nos rois voulurent continuer la libre collation des *offices*; & de fon côté, le parlement voulut reprendre les *élections*. On trouva un milieu, qui fut de nommer trois perfonnes, entre lefquelles le roi choifiroit celle qu'il jugeroit à propos. Par une ordonnance de *Louis XII*, en 1599, il fut enjoint aux juges fubalternes de faire l'*élection* des lieutenans, des baillifs & des fénéchaux, chacun dans leur fiége. La venalité des charges commença, fous *Charles VII*, qui a aboli l'ufage des *élections*; mais elle ne fut bien établie que fous *François I*.

ÉLECTION : *tribunal* ou *jurifdiction*, qui connoit de l'affiette des tailles, du jugement des procès & des différends, qui naiffent pour le fait des tailles, & autres impofitions & levées des deniers du roi, dans toutes les villes, bourgs & bourgades du royaume.

Jufqu'au régne du roi *Jean*, on ne trouve point qu'il y ait eu de juges établis pour connoître des différends qui pouvoient naître au fujet des impofitions faites fur les peuples. Ces impofitions étoient momentanées, & ne fe faifoient qu'à l'occafion des befoins de l'état; & elles ceffoient à l'inftant que les néceffités publiques finiffoient.

Ce fut ce prince, qui, dans une affemblée des états généraux du royaume, fit une ordonnance datée du 28 Décembre 1355, pour une levée fixe des droits fur le fel, & d'autres droits d'aides fur les marchandises & denrées qui seroient vendues, à raison du huitieme denier pour livre, qu'il ordonna être payés, sans exception de personne.

Par cette même ordonnance il établit des juges pour connoître des différends, qui pouroient naître à l'occasion de ces impositions; les uns pour juger en premiere instance, & les autres en dernier ressort. Pour cet effet, on choisit, dans chaque bailliage, trois élus; le premier dans le clergé, le second dans la noblesse, le troisieme dans le tiers-état; & neuf généraux, pour avoir autorité sur tous ces juges, tirés aussi des trois états. Ces généraux jugeoient, en dernier ressort, les appellations des premiers juges: leurs jugemens valoient, & avoient autant de force que les arrêts du parlement; & l'on n'en pouvoit appeler. Voilà l'origine & le premier établissement des *élections* & de la *cour des aides*.

La jurisdiction des *élections* ne connoît que de l'assiette des tailles, aides & autres impositions & levées des deniers du roi, ainsi que des cinq grosses fermes, & non des domaines, droits domaniaux, & droits de gabelle.

L'*élection* de Paris est composée d'un premier président, d'un lieutenant, d'un assesseur, de vingt conseillers élus, d'un avocat & d'un procureur du roi; d'un substitut, d'un greffier, d'un premier huissier, de trois huissiers-audienciers, de huit procureurs des tailles, de huit huissiers, & de huit receveurs des tailles. Le siége de cette *élection* est dans la cour du Palais.

Chaque généralité a plus ou moins d'*élections*; par exemple, celle de Paris en a vingt-deux; celle d'Amiens six, & ainsi des autres. Outre les généralités, il y a encore des provinces dans le royaume, où les deniers sont levés par les impositions que font les intendans; & quelques autres font au roi un *don gratuit*.

ELEPHANT: le plus grand, le plus gros & le plus fort de tous les animaux terrestres à quatre pieds. Le premier qu'on ait vu en France, est celui qu'un roi de Perse, nommé *Aaron*, envoya, en 802, à *Charlemagne*, qui le lui avoit fait demander par deux ſambaſſadeurs François. Voyez ſur l'*Eléphant*, notre *Dictionnaire raiſonné & univerſel des animaux*.

ELOGES FUNEBRES : le premier qui ait été prononcé dans nos égliſes, pour les rois & les grands hommes de la nation, eſt celui qui fut fait, diſent nos hiſtoriens, dans l'égliſe de l'abbaye de Saint-Denis, en France, à la mémoire du grand connétable DU GUESCLIN. On peut dire des bons princes & des héros qui ont illuſtré la France, ce qu'on a dit de GERMANICUS : *Funus, ſine pompâ, per laudes, & memoriam virtutum ejus, celebre fuit.*

L'*éloge* & le ſouvenir de leurs belles qualités ont fait l'ornement le plus beau de leur pompe funèbre.

ELOY : (ſaint) c'eſt un évêque de Noyon, qui excelloit en toutes ſortes d'ouvrages d'orfévrerie, & employoit ce talent à faire des châſſes, pour enfermer les corps des ſaints. Il mourut en 659. On célebre ſa fête le premier de Décembre. On voit, dans la chapelle des orfévres, à Paris, qui eſt dédiée à S. *Eloy*, un vitrage, où ce ſaint eſt repréſenté ferrant, ſur ſon genou, le pied du cheval, qu'il avoit ſéparé de la jambe, & qu'il y rejoint enſuite. Cette extravagante peinture a produit une autre erreur du peuple, qui s'eſt imaginé que S. *Eloy* avoit été maréchal.

Le prieuré de S. *Eloy*, dont les revenus ont été unis à l'archevêché de Paris, étoit ſitué à l'endroit où ſont à préſent les *Barnabites*, qui poſſedent un bras & une partie du crâne de ce ſaint évêque, dont le chef eſt dans l'abbaye de Chelles, & le reſte du corps dans la cathédrale de Noyon.

EMAIL : c'eſt proprement une peinture qui ſe fait avec des *émaux* broyés & réduits en poudre, employés comme les autres couleurs, & enſuite fondus, recuits & vitrifiés par la force du feu.

En France & en Italie, la peinture en *émail* fut beaucoup perfectionnée, du temps de *François I*. En France, on faisoit à Limoges ces beaux *émaux*, qu'on appelloit *émaux de Limoges*; en Italie, on faisoit de fort beaux vases à Fayance & à Castel-Durante, du temps de *Michel-Ange* & de *Raphaël*.

La *peinture en émail* passe pour être très-ancienne; on l'a employée, dit-on, dès les premiers temps, sur les métaux & sur la terre, comme on fait encore aujourd'hui. Si l'on en croit les anciens historiens, les briques, dont furent construits les murs de Babylone, étoient de briques *émaillées*; & ces *émaux* représentoient différentes figures; & du temps de *Porsenna*, on faisoit, dans ses états, des vases *émaillés*.

La porcelaine, tant celle qui vient de la Chine, du Japon, & de Saxe, que celle qui se fait en France, à Séve proche Paris, la fayance, les pots vernissés de terre, toutes ces choses sont autant d'espèces d'*émaux*.

Il y a à Paris une communauté d'*émailleurs*, qui ne font que des patenôtriers & des boutonniers en *émail* : elle a été érigée en corps de jurande, par *Charles IX*, en 1566.

Les orfevres, les jouailliers, les lapidaires, qui montent les pierres précieuses avec des *émaux*, & les peintres qui travaillent en mignature sur l'*émail*, n'y sont pas compris.

En termes de blason, on appelle *émaux* les *couleurs* & les *métaux* dont un écu est chargé, qui sont, l'*or*, l'*argent*, les *gueules*, l'*azur*, le *sable*, le *sinople* & le *pourpre*. Ces *émaux* sont venus des anciens jeux du cirque, & ont passé d'abord aux *tournois*; car les factions & les quadrilles s'y distinguoient par le *blanc*, le *rouge*, le *bleu* & le *verd*. Le *sable* nous est venu des chevaliers, qui portoient le deuil.

EMANCIPATION : c'est la liberté de gérer ses affaires, & de gouverner son revenu, sans l'assistance d'un tuteur. Autrefois l'*émancipation* se faisoit en jugement par les peres; & il n'étoit pas nécessaire, pourvu qu'elle fût demandée par l'enfant qui devoit être *émancipé* ; mais, l'enfant étant mineur, le pere ne pouvoit l'*émanciper* sans des lettres du roi ; c'est ce qui arriva à *Charles de Valois*, qui voulut *émanciper* son fils *Louis*, âgé de sept ans ; il ne put l'obtenir qu'avec les lettres du roi.

Aujourd'hui, pour être *émancipé*, il faut obtenir des lettres de chancellerie, qui ne peuvent être entérinées que du consentement des parens ; & l'effet de ces lettres d'*émancipation*, est que le *mineur émancipé* peut disposer de ses meubles, faire les baux de ses immeubles, & en toucher les revenus ; mais il ne peut ni vendre ni hypothéquer ses immeubles, ni en transiger, si ce n'est du consentement d'un curateur, que d'ordinaire on lui donne.

En France, l'*émancipation* par mariage porte la liberté de se remarier sans le consentement du pere, quoique celui ou celle qui veut se remarier, n'ait pas atteint l'âge de vingt-cinq ans. Voyez *Ragueau* & *Lauriere* sur cet auteur.

EMBALLEURS : les *emballeurs* sont en titre d'offices dans la ville & fauxbourgs de Paris, payent colette au roi, ont des droits réglés par un tarif, font bourse commune, sont érigés en corps, &, comme tels, ont un bureau, un syndic, d'autres officiers, & une confrérie. La création de ces *emballeurs* officiers est du régne de *Louis XIV* ; & du nombre de quatre-vingt qu'ils étoient alors, ils furent réduits à celui de soixante qui se partagent ordinairement en deux ; trente servant une semaine à la douane ; trente autres à leur bureau.

ÉMINENCE : un décret d'un consistoire du 10 Janvier 1630, donne aux cardinaux, aux électeurs ecclésiastiques, & aux grands maîtres de Malthe, le titre d'*eminence*.

Les cardinaux n'avoient auparavant que le titre de *révérendissimes* & d'*illustrissimes*.

EMPALEMENT : *Frédégonde* ne se seroit fait connoître qu'à demi, si elle n'avoit fait voir à la France cet horrible spectacle, sur-tout dans la personne

sonne d'une jeune demoiselle de condition, belle par excellence & innocente, dit *Sauval*, d'après tous nos historiens. Il n'y a que cette cruelle reine qui ait mis ce supplice en usage en France. Il ne s'en trouve point d'autre exemple.

Il n'y a que celui de *Cachan*, roi des Avarrois, encore étoit-ce au-delà des Monts : en voici l'histoire. Ce prince assiégeoit une ville de Lombardie, que défendoit *Gisulphe*, vaillant capitaine ; comme il fut tué, *Romilde*, sa femme, offrit au roi de se rendre, pourvu qu'il voulût l'épouser. Le cruel *Cachan* la prit au mot, & elle passa avec lui la nuit de ses noces. Le lendemain, par son ordre, douze Avarrois se saisirent d'elle & l'empalerent.

Il est vrai que ce supplice n'étoit pas nouveau dans le monde, puisque plusieurs siecles auparavant chez les Perses, à remonter jusqu'aux regnes de *Xuxes* & de *Darius* on s'en servoit, & depuis encore à Rome, contre les martyrs. Mais entre les Chrétiens, la chose étoit inouïe, & n'a point eu de suite. Si l'on *empale* encore aujourd'hui, ce n'est qu'en Turquie & chez les infideles ; & ce supplice commence à devenir rare parmi eux.

EMPEREUR : ce mot, chez les anciens Romains, n'a signifié seulement qu'un général d'armée. *Auguste* résolut de retenir toujours la puissance souveraine, mais sans prendre le titre de *roi*, si odieux aux Romains. Il rejetta par la même raison celui de *dictateur perpétuel*, qui avoit causé la mort à son grand-oncle ; & il se contenta de la qualité ordinaire d'*empereur*, que les soldats, pendant le temps de la république, donnoient à leurs généraux, & qu'il ne prit que pour accoutumer les Romains, sous un nom connu, à une autorité nouvelle, & jusqu'alors inconnue.

Depuis, ce mot a signifié un monarque, un chef qui commande à un empire, qui tient le premier rang entre les souverains.

Charlemagne reçut du pape *Léon III,* le titre d'*empereur,* dont il avoit déja toute la puissance.

Les rois de France se sont dits *empereurs*, dans le temps qu'ils régnoient avec leurs fils, qu'ils avoient associés à leur couronne. *Hugues Capet* associa *Robert*, son fils, & prit le titre d'*empereur*; & *Robert* se nommoit *roi*. *Louis le Gros*, qui associa son fils à l'empire, en usa de même: dans le premier registre des chartres du roi, *fol.* 166, il se trouve des lettres de l'an 1116, en faveur de *Raimond*, évêque de Maguelonne, (aujourd'hui Montpellier,) dans lesquelles ce prince se qualifie: *Ludovicus, Dei ordinante providentiâ, Francorum imperator Augustus*. *Eudes* est aussi appellé *empereur* dans un vieux document rapporté par M. *de Marca*.

Présentement le roi de France est appellé, surtout dans les pays étrangers, *empereur de France*, ou *des François*, parce qu'il est souverain indépendant, & le prince de tout l'Occident qui a le plus d'autorité, le plus d'empire, & qui est le plus absolument maître.

Les *empereurs* ont quelquefois érigé des royaumes; c'est ainsi que les royaumes de Bohême & de Pologne ont été érigés par les *empereurs* d'Allemagne; c'est ainsi que l'*empereur Léopold* érigea, en 1701, la Prusse ducale en royaume, en faveur de *Frédéric I*, électeur de Brandebourg.

D'abord la France, l'Espagne, & quelques autres puissances, leurs alliées, s'y opposèrent; mais en 1703, au traité d'Utrecht, la disposition, qu'avoit faite l'*empereur*, fut ratifiée. Le Czar, *Pierre le Grand*, ne prit le titre d'*empereur* qu'en 1721, après ses grands succès contre la Suède. Ce titre a passé à ses successeurs. On donne aussi la qualité d'*impératrice de toutes les Russies*, à la femme ou veuve du Czar, ou à celle qui, comme aujourd'hui, occupe le trône de Moscovie.

Les *empereurs* d'Allemagne prétendent que la dignité impériale est plus éminente que celle des rois; on ne convient pas de cette prérogative. Les monarques les plus absolus, comme ceux de Babylone, de Perse, d'Assyrie, n'ont eu dans toutes les langues anciennes & modernes; ou plutôt n'ont voulu porter que le nom de *roi*, quoiqu'ils régnassent sur de vastes empires. On ne connoît, dans ces belles contrées de l'Asie, que les *empereurs* de la Chine & du Japon.

En Occident, le titre d'*empereur* est particulièrement restreint à celui, qui commande en Allemagne. Son autorité consiste à présider aux diètes impériales, comme chef de l'empire; sa voix seule peut arrêter toutes les résolutions de la diète. Les princes & états de l'empire sont obligés de lui faire foi & hommage, & de lui prêter serment de fidélité. Il a droit encore de donner à ses généraux le commandement des troupes des souverains d'Allemagne, lorsqu'elles sont réunies ensemble. Il ne reçoit de tous les princes & états de l'empire qu'une espèce de tribut nommé le *mois Romain*; mais d'ailleurs il n'a ni terre ni domaine, que ceux de son patrimoine.

EMPIRE D'OCCIDENT : *Charlemagne*, en 800, alla à Rome pour venger un attentat horrible commis contre le pape *Léon III*; & le jour de Noël, il se rendit à la Basilique de S. Pierre pour assister à la messe & y faire sa prière. Il fut fort surpris, lorsque se levant, après l'avoir faite, le pape lui mit sur la tête la couronne impériale, aux acclamations de tout le peuple qui répéta trois fois : *Vie & victoire à Charles très-pieux Auguste, couronné de Dieu, grand & pacifique empereur*.

Au retour de la cérémonie, le roi protesta à ses favoris que s'il avoit sçu ce que le pape & le peuple Romain vouloient faire, il se seroit abstenu d'aller à l'église, malgré la solemnité du jour.

C'est ainsi que l'*empire* d'Occident passa à *Charlemagne*; le titre seul lui manquoit, puisqu'il en avoit conquis la plus grande partie. Cet empire avoit fini en 476, dans *Augustule*, le dernier empereur Romain; après lui, il fut rempli par le règne des *Erules*, des *Ostrogoths* & des *Lombards*.

Charlemagne fut couronné empereur d'Occident

D ij

en 800, par *Léon III*. *Arnould*, roi de Germanie, mort en 896, fut le dernier du sang de *Charlemagne*, qui porta la couronne impériale.

Cet *empire* subsiste encore aujourd'hui, & a eu beaucoup d'empereurs de la maison d'Autriche. L'empereur régnant, *Joseph II*, qui vient de succéder à son pere *François I*, est le second de la maison de Lorraine, monté sur le trône impérial.

ENCEINTE DE PARIS: la premiere, selon *Sauval*, fut achevée en 1211; & celle commencée sous *Charles V*, en 1367, fut achevée sous *Charles VI*, en 1383. La premiere *enceinte* commençoit du côté de la riviere au nord, près du Louvre, (qui étoit moins étendu de moitié qu'aujourd'hui,) le laissoit en dehors; traversoit les rues *S. Honoré*, *des Deux-Ecus*, l'emplacement de l'hôtel de Soissons, (aujourd'hui le marché au bled,) les rues Coquiliere, Montmartre, Montorgueil, le terrein où est à présent la Comédie italienne, les rues Françoise, S. Denis, Bourg-l'abbé, S. Martin; continuoit le long de la rue Grenier S. Lazare; traversoit la rue Beaubourg, la rue Sainte-Avoye, à l'endroit où est l'hôtel de Mesme; passoit sur le terrein où sont les Blancs-Manteaux, ensuite dans la rue des Francs-Bourgeois; alloit aboutir au bord de la riviere, à travers les bâtimens de la maison professe des Jésuites, & le couvent de l'*Ave Maria*, où l'on voit encore des restes de ses murailles.

Cette *enceinte*, du côté du nord, avoit huit principales portes; la premiere près du Louvre, au bord de la riviere; la seconde, à l'endroit où sont à présent les prêtres de l'Oratoire; la troisieme vis-à-vis S. Eustache, entre la rue Platriere & la rue du Jour; la quatrieme rue S. Denis, appellée la *Porte-aux-Peintres*, à l'endroit où est un cul-de-sac, qui en a retenu le nom; la cinquieme, rue S. Martin, au coin de la rue Grenier S. Lazare; la sixieme, appellée la *Porte Barbette*, (du nom d'une famille de Paris,) entre le couvent des Blancs-Manteaux & la rue des Francs-Bourgeois; la septieme, près la maifon profeſſe des Jéſuites ; & la huitieme au bord de la riviere, entre le Port *Saint-Paul* & *le Pont-Marie*.

Du côté de la riviere, au midi ; l'autre moitié de cette *enceinte*, qui commençoit à la Porte Saint-Bernard, eſt à-peu-près tracée par les rues des Foſſés S. Bernard, des Foſſés S. Victor, des Foſſés Saint-Michel, ou rue S. Hyacinthe, des Foſſés de M. le Prince, des Foſſés S. Germain, ou rue de la Comédie françoiſe & des Foſſés de Neſle, à préſent Mazarine.

Il y avoit ſept portes dans ce circuit ; les Portes S. Victor, S. Michel & S. Jacques, abbatues en 1684 ; les Portes Gibard, d'Enfer, ou de S. Michel, au haut de la rue de la Harpe ; la Porte de Bucy, au haut de la rue S. André des Arts, (vis-à-vis la rue Contreſcarpe, ainſi nommée de *Simon Bucy*, le premier qui a porté le titre de *premier préſident*, mort en 1369,) abbatue en 1672 ; & la Porte de Neſle, où eſt à préſent le collége des Quatre-Nations. Dans la rue des Cordeliers, à l'endroit de la fontaine, il y eut encore une porte appellée *ſaint Germain* ; & lorſque la rue Dauphine fut bâtie, on en fit une vis-à-vis de l'autre bout de la rue Contreſcarpe, & que l'on appella la *Porte-Dauphine*.

Charles V, du côté du midi, ne changea rien à l'*enceinte* de *Philippe-Auguſte*, il fit ſeulement creuſer autour des murailles. Ces murailles étoient flanquées de tours, de diſtance en diſtance ; elles ne furent abbatues qu'en 1646. Du côté du nord, elles aboutiſſoient entre le port S. Paul & le Pont-Marie, vis-à-vis la rue de l'Etoile ; il les fit reculer juſqu'à l'endroit, où eſt l'arſenal ; & les Portes S. Antoine, S. Martin & S. Denis furent placées, où nous les voyons. Depuis la Porte S. Denis, ces murs continuoient le long de la rue de Bourbon, traverſoient les rues du Petit-Carreau & Montmartre, la Place des Victoires, l'hôtel de Toulouſe, le jardin du Palais-Royal, la rue S. Honoré, près des Quinze-

Vingt, & alloient finir au bout de la rue S. Nicaise.

Aux quatre extrémités de cette enceinte, il y avoit quatre grosses tours; la tour *Dubois*, près du Louvre; la tour de *Nesle*, où est le collége des Quatre-Nations; la tour de la *Tournelle*, dont une partie subsiste encore près la Porte S. Bernard; & & la tour de *Billy*, près des Célestins.

Ces tours défendoient des deux côtes de la riviere, l'entrée & la sortie de Paris, par de grosses chaînes attachées d'une tour à l'autre, qui traversoient la Seine, & étoient portées sur des bateaux placés de distance en distance.

Les bâtimens du Palais-Royal, que le cardinal de *Richelieu* fit commencer en 1629, occasionnerent une nouvelle enceinte. La Porte S. Honoré, où sont actuellement les boucheries & le marché des Quinze-Vingt, fut reculée en 1631, jusqu'à l'endroit où on l'a vue; & depuis cette porte jusqu'à la Porte S. Denis, les nouveaux remparts qu'on fit élever, & que *Louis XIV* fit abbatre, (parce qu'il pensa que la capitale d'un grand roi & d'un grand royaume n'en doit point avoir,) formoit le circuit que nous trace aujourd'hui le Boulevard. Ce nouveau côté de la ville fut bientôt couvert des rues de Clery, du Mail, S. Augustin, sainte Anne, des rues Neuves S. Eustache, des Petits-Champs & autres adjacentes. Il y avoit cependant encore des moulins sur la butte S. Roch, en 1670, & la rue des Moulins en a retenu le nom; voilà une idée des différens accroissemens de Paris.

Sous *S. Louis*, petit-fils de *Philippe-Auguste*, un tiers au moins du terrain, qui fut renfermé dans l'enceinte, commencée en 1190, étoit encore vague, ou en marais ou en culture. *Voyez* Culture.

ENCYCLOPÉDIE: enchaînement de toutes les sciences ensemble, du grec ἐν κύκλος *cercle* & de παιδεία *science*. Plusieurs ouvrages portent le titre d'*encyclopédie*, pour marquer l'universalité des matieres dont ils traitent. La plûpart ne font que des fatras. Quelques-uns cependant ne font pas à méprifer ; & il y en a d'autres qui doivent être recherchés ; telle est la *Nouvelle Encyclopédie*, ou *Tableau général des connoissances humaines*, (chez *Vincent* 1766 ;) ouvrage dont les Journaux ont parlé avec éloge, & qui est digne d'être lu : mais qui mérite mieux le titre d'*Encyclopédie*, ou *Enchaînement des sciences*, que le *Dictionnaire universel des arts & des sciences*, &c. d'*Ephraïm Chombert*, sçavant Anglois.

On proposa en 1745, par souscription, l'ouvrage traduit en françois, par *Millo*, en cinq volumes *in-folio*. Au commencement de 1751, une société de gens de lettres proposa à Paris, par souscription, une nouvelle *Encyclopédie* d'une toute autre étendue, qui ne devoit être que de dix volumes *in-folio*, huit pour les matieres, & deux pour les planches. Les deux premiers volumes parurent la même année. L'ouvrage aussi-tôt fut arrêté pour quelques propositions hardies : on mit des *cartons* ; la défense fut levée : deux autres volumes parurent. L'ouvrage devoit être complet à la fin de 1754. Le ministere y a porté ses attentions, & a cru devoir en casser le privilége. Il est cependant fini sans son aveu, & porté à vingt-deux volumes *in-folio*, y compris ceux des planches, & ainsi augmenté de plus du double de ce qu'il devoit être d'abord. L'étranger & les provinces, dit-on, se fournissent de cet immense ouvrage, qui n'est encore connu dans Paris, que par ses premiers volumes, & par les censures & les critiques qu'ils ont essuyés.

ENFANS : dans les premiers siécles de l'église, les chapitres des églises cathédrales & les monasteres se trouvoient quelquefois chargés d'un grand nombre d'*enfans*, qui dès l'âge le plus tendre, avoient été offerts par leurs parens.

Quand on offroit un *enfant* pour être *moine* ou *chanoine*, on lui faisoit une couronne, & on le présentoit au prêtre après l'évangile, portant le pain & le vin pour le sacrifice. Le prêtre recevoit l'offrande, & aussi-tôt les parens prenoient la main de l'*enfant*, la lui enveloppoient avec la nappe de l'autel, & promettoient que ni par eux, ni par d'autres personnes, ils ne le porteroient jamais à quitter l'ordre où il entroit.

Ensuite ils mettoient sur l'autel un écrit, qui contenoit cette promesse, avec le legs qu'ils faisoient au monastere, en faveur de l'*enfant* qu'on y recevoit.

Cette sorte d'engagement, que l'on prenoit pour eux, étoit irrévocable; & ce ne fut que sous *Charlemagne*, environ vers 789, qu'on leur permit de sortir des monasteres & de se marier.

On ne donne le nom d'*enfans*, dans la Guienne, qu'aux *enfans* mâles. Anciennement, dans le cas de séparation entre *mari* & *femme*, les *enfans* au-dessous de sept ans, demeuroient sous la garde de leur mere, suivant la coutume de Beauvoisis. La loi qui ordonne de laisser les *enfans* entre les mains des *femmes* jusqu'à l'âge de sept ans, remonte à l'empereur *Julien*. Ce prince nous apprend, dans son *Misopogon*, qu'on l'avoit mis à cet âge entre les mains d'un gouverneur. Cet usage s'observe communément à l'égard des *enfans* de nos rois & de nos princes.

Louis XIV, qui étoit persuadé que la force & l'avantage d'une monarchie consistent dans la multitude des *sujets*, assigna en 1666, deux mille livres de pension sur les deniers publics, aux *nobles* qui auroient douze *enfans*, en tant qu'ils ne se seroient point faits *religieux* ou *religieuses*; & il ordonna que les *roturiers*, qui auroient le même nombre d'*enfans*, & qui ne se feroient point *religieux* ou *religieuses*, jouiroient de l'exemption de toute taille, impôts & logement de gens de guerre.

Une si sage ordonnance n'a point eu lieu, non plus que celles qui ont été tant de fois renouvellées sous les rois de la premiere, seconde & troisieme races, de ne point recevoir de *religieux* ou *religieuses* avant l'âge de vingt-cinq ans.

ENFANS PERDUS : c'étoient anciennement des soldats résolus & déterminés, tirés des compagnies, & employés pour forcer quelque poste, pour faire quelque attaque, ou pour donner quelque assaut, à la tête des troupes commandées pour les soutenir. Ce sont aujourd'hui communément nos grenadiers, qui commencent ces sortes d'attaques.

ENFANS SANS SOUCI : nom d'une société fort en vogue du temps de *Louis XII*. Des gens d'esprit, ou des philosophes enjoués, firent naître l'idée badine, mais morale d'une principauté établie sur les défauts du genre humain, que ces MM. appelloient *sotties* ou *sottises*, dont l'un d'eux portoit la qualité de *prince des sots*.

ENFANS. BONS-ENFANS : Il y a à Paris le séminaire des *bons-enfans*. C'étoit autrefois un collége, que quelques-uns prétendent avoir été fondé, en 1250, par *Gauthier de Château-Thierry*, évêque de Paris. Nous n'avons cependant rien de plus ancien, sur son sujet, que la permission que *Regnaud*, évêque de Paris, accorda, en 1257, aux boursiers qui l'occupoient, d'avoir une chapelle intérieure, sans préjudice des droits du curé de S. Nicolas du Chardonnet. *Matthieu de Vendôme*, abbé de Saint-Denis, en qualité d'exécuteur testamentaire de *Guy Renart*, médecin du roi *Philippe le Hardi*, assigna à ce collége *quinze livres parisis* de revenu, pour l'entretien d'un chapelain, sur la prévôté de Paris. S. Louis légua, par son testament, 60 livres à ce collége des *bons-enfans*. Le comte d'*Alençon*, un de ses fils, donna au même collége quarante sols ; & plusieurs autres, à leur exemple, lui firent des libéralités. Le désordre s'étant mis dans le temporel de ce collége, il étoit presque abandonné, lorsque *Jean-François de Gondi*, archevêque de Paris, le donna à M. *Vincent de Paule*, par acte du 17 Avril 1625. Ce saint homme s'y retira, sur la fin de cette même année, & y commença l'établissement de la congrégation de la mission, dont cette maison doit être regardée comme le berceau. *Vincent* ayant été obligé d'aller faire sa demeure à S. Lazare, il établit au collége des *bons-enfans* un séminaire, qui est dirigé par des prêtres de la congrégation de la mission. Il est toujours rempli d'un grand nombre d'ecclésiastiques, qu'on y éleve dans l'esprit & la science de leur état.

La bibliotheque est plus distinguée par la qualité que par la quantité des livres qui la composent. *Julien Barbé*, mort supérieur de cette maison, est celui, qui a le plus travaillé à ramasser & à choisir les livres qu'on y voit. Ce séminaire est sous l'invocation de *S. Firmin*; mais, quoiqu'il y ait sur la porte cette inscription, *Séminaire de S. Firmin*, le public s'est toujours obstiné à le nommer *le séminaire des bons-enfans*.

ENFANS-TROUVÉS : voici un abrégé historique de l'hôpital des *enfans-trouvés de Paris*, tel qu'il a été imprimé, en 1746, chez *Thiboust*, imprimeur du roi, Place de Cambray.

Dans tous les temps, les *enfans* exposés ont paru mériter l'attention de MM. les magistrats. Le parlement a rendu différens arrêts pour pourvoir à la subsistance des *enfans* abandonnés; leur nourriture & leur éducation étoient, dans la ville de Paris, comme dans tout le royaume, une des charges de la haute-justice des seigneurs. Le parlement, toujours attentif à l'ordre public, a bien des fois étendu sa vigilance à la subsistance des *enfans exposés*; & cette auguste compagnie a fait plusieurs réglemens à ce sujet; mais, nonobstant toutes ces sages précautions, il manquoit un lieu de retraite pour les *enfans exposés*; & cet établissement d'un lieu pour les recevoir, n'est pas fort ancien : il est dû aux soins charitables de *S. Vincent de Paule*, instituteur de la congrégation de S. Lazare. Il fut touché, en homme chrétien & en bon citoyen, de l'abandon des *enfans exposés*, dont l'ame étoit en grand danger, par le défaut du baptême, & la vie naturelle, par l'abandon des peres & meres, ou inhumains, ou dans l'impuissance de les nourrir & de les élever. La perte de ces jeunes sujets, pour la religion & pour l'état, toucha le cœur de S. *Vincent*, si disposé aux œuvres de la charité.

L'époque de ce germe de l'hôpital des *enfans-trouvés* est de l'année 1638. Une dame veuve & charitable fut touchée de leur état : elle voulut bien se charger de les recevoir ; & MM. les commissaires du Châtelet, après avoir fait leur procès-verbal de l'*enfant exposé*, l'envoyoient chez cette veuve : elle demeuroit près S. Landry ; & sa maison fut nommée la *maison de la couche*, comme on nomme aujourd'hui la maison des *enfans-trouvés*, près de l'église de Notre-Dame.

Ce premier établissement des *enfans-trouvés* ne dura pas long-temps : la charge devint trop forte pour la personne qui avoit bien voulu la prendre ; ses servantes ennuyées & fatiguées par les cris des *enfans*, en firent un commerce scandaleux, dont la religion & l'humanité furent également effrayées.

Ces ames viles & mercénaires vendoient ces *jeunes enfans* à des mendiantes, qui s'en servoient pour exciter les charités du public, en le trompant.

Des nourrices, dont les enfans étoient morts, achetoient de ceux-là pour se faire tetter ; plusieurs d'entr'elles leur donnoient un lait corrompu ; & au lieu de procurer la vie à ces *jeunes enfans*, elles leur donnoient la mort par la maladie qu'elles leur communiquoient. On achetoit de ces *enfans*, pour en remplacer & pour en supposer dans les familles ; & de-là on s'en servoit pour causer un grand trouble dans la société.

On en achetoit aussi pour servir à des opérations magiques ; le prix de ces *enfans* étoit fixé à vingt sols ; & les personnes capables d'un si horrible commerce, n'étoient pas fort attentives à faire donner le baptême à ces *enfans* nouveaux-nés : ils étoient à la fois sacrifiés par rapport à la nature, & par rapport à la religion.

Ces abus & ces désordres furent bientôt connus; on cessa d'envoyer les *enfans* dans un hospice si dangereux pour eux.

Dans la même année 1638, l'hospice de ces *enfans* fut changé; & il fut transporté près S. Victor, sous la conduite d'une personne de piété. Les fonds destinés à la subsistance de ces *enfans*, n'étoient pas suffisans; le nombre en étoit trop grand : on tira au sort ceux qui seroient élevés ; les autres étoient abandonnés : si le sort prévenoit l'inconvénient de la prédilection, il remplissoit d'une maniere bien imparfaite les devoirs de l'humanité; il falloit un arrangement plus digne de la grandeur du ROI & du zéle de ses sujets.

En 1640, *S. Vincent de Paule* convoqua une assemblée des dames de piété, qui avoient bien voulu prendre le soin des *enfans-trouvés*. Le choix du sort des *enfans* à élever fut aboli ; la vie fut conservée à tous. Le ROI entra dans ces vues charitables ; & SA MAJESTÉ eut la bonté d'accorder le château de Bicêtre pour retirer les *enfans abandonnés*.

Tous les grands établissemens éprouvent des difficultés de différente nature : la vivacité de l'air de Bicêtre s'opposa à la conservation des *enfans* ; on les ramena dans le fauxbourg S. Lazare : ils y furent nourris & élevés jusqu'en 1670 ; alors on les transféra dans la rue-Neuve-Notre-Dame.

Ces premiers temps de l'établissement des *enfans-trouvés* doivent être regardés comme des tentatives pour parvenir à un établissement solide; jusques-là il avoit été errant en différens endroits.

En 1670, il fut fixé où il subsiste encore aujourd'hui.

Aussi-tôt que ce nouvel établissement fut formé, on acheta une maison destinée à recevoir les *enfans exposés*.

Le ROI mit ce nouvel hôpital sous sa singuliere protection ; SA MAJESTÉ lui fit part de ses aumônes : elle lui accorda des lettres-patentes ; & la reine *Marie-Thérese* d'Autriche voulut bien poser la premiere pierre de la chapelle des *enfans-trouvés*.

C'est à compter de ce temps-là, qu'on peut voir l'utilité de cet hôpital ; plus le nombre des *enfans-trouvés* a augmenté, plus leur asyle est devenu utile : on voit cette augmentation, d'année en année, par les registres qui sont au dépôt des *enfans-trouvés*, depuis 1670 jusqu'à présent.

Par l'édit de 1670, portant établissement de l'hôpital des *enfans-trouvés*, il a été arrêté un état des sommes qui lui seroient annuellement payées par les seigneurs hauts-justiciers de la ville de Paris, pour la nourriture des *enfans-exposés*, comme une charge de leurs hautes-justices ; & on y a suivi les dispositions de l'arrêt du parlement de 1667, & celui du conseil de 1668.

En 1675, le roi, par ses lettres-patentes, ayant réuni au Châtelet de Paris toutes les justices des seigneurs, eut la bonté d'ordonner qu'il seroit pris, tous les ans, sur son domaine, une somme de 20000 livres pour aider (à la décharge des seigneurs,) à la subsistance des *enfans-trouvés*. Le nombre des habitans de la ville de Paris, s'étant multiplié, celui des *enfans-trouvés* a augmenté ; & c'est une premiere cause de l'augmentation.

La justice a pendant long-temps regardé l'exposition des *enfans* comme un crime ; mais la rigueur de la justice est toujours tempérée par la sagesse & par la prudence ; & MM. les magistrats ont bientôt reconnu que leur sévérité, à cet égard, étoit sujette à de grands inconvéniens ; & c'est une seconde cause de l'augmentation du nombre des *enfans-trouvés*.

Parmi ces malheureux *enfans*, les uns, victimes du faux honneur de leurs peres & de leurs meres, étoient souvent sacrifiés à une honte, juste à la vérité dans son origine, mais bien condamnable dans son effet : à peine ces *enfans* avoient-ils reçu la vie, qu'on leur donnoit la mort, ou parce que les peres & les meres craignoient ces témoins innocens de leur mauvaise conduite, ou parce que l'état de leur fortune ne leur permettoit pas de les nourrir ; les autres, nés d'un mariage légitime, (& ceux-là même n'étoient pas exempts de ces inconvéniens ;) les cris de la nature ne pouvoient l'emporter sur la misere & sur l'indigence, quelquefois aussi sur une prédilection blâmable, dont les effets funestes retomboient sur des *enfans*, qui, en naissant, n'ont pas encore eu, ni l'avantage de plaire, ni le malheur d'avoir déplu.

Cette condescendance de MM. les magistrats pour fermer, en quelque façon, les yeux au genre de crime de l'exposition des *enfans*, en a augmenté le nombre dans l'hôpital des *enfans-trouvés* ; les peres & les meres n'ont plus eu de prétexte pour s'en défaire d'une maniere inhumaine & cruelle. La nature a repris ses droits dans leur cœur ; & ils ont porté toute leur attention à leur conserver la vie qu'ils leur avoient donnée.

Les sentimens naturels, la religion, l'état & la société, tout s'est trouvé d'accord pour concourir à la conservation des *enfans*. La nature répugne toujours à sa destruction ; la religion s'y oppose par des vues supérieures & par des motifs plus élevés : l'état ne peut avoir un trop grand nombre de sujets ; ils font sa force & sa gloire ; & la société demande, pour son intérêt propre, la conservation des citoyens : c'est aussi l'objet principal de l'établissement des *enfans-trouvés* ; & c'est à le remplir, que ceux qui sont chargés d'en prendre soin, portent leur singuliere attention.

C'est pour parvenir à un objet si important, que, dans différens temps, à mesure que le nombre des *enfans-trouvés* a augmenté, il a fallu chercher des moyens pour augmenter le logement qui leur est destiné, en attendant l'arrivée des nourrices de la campagne, qui se chargent de les nourrir & de les élever jusqu'à l'âge de cinq ans.

Ces nourrices viennent des provinces de Normandie & de Picardie ; mais elles sont arrêtées par le temps & par les saisons. En hiver, la gelée & la pluie ; en été, la récolte ; toutes ces causes retardent leur arrivée ; & de jour à autre le nombre des *enfans* augmente.

Il y a dans l'hôpital des *enfans-trouvés*, des nourrices à gages pour alaiter les *enfans*, & pour suppléer au défaut de celles de la campagne. Plus le nombre des *enfans* est grand, plus il faut de nourrices à gages, & de celles de la campagne ; mais plus il faut de place & pour les *enfans* & pour les nourrices, plus il faut de magasins pour les hardes des *enfans*, plus il faut de personnes pour les servir, & plus il faut aussi de place pour les provisions.

Ces motifs déterminerent MM. les administrateurs de l'Hôtel-Dieu, qui connoissent mieux que d'autres les devoirs de l'humanité & ceux de la société, à donner à loyer à l'hôpital des *enfans-trouvés* trois petites maisons appartenantes à l'Hôtel-Dieu.

Ces maisons sont devenues insuffisantes par le nombre des *enfans-trouvés*, qui, depuis 1739, passe trois mille par an.

On a vu, avec une extrême douleur, ces *enfans* périr en très-grand nombre : en 1739, ils furent attaqués d'une maladie qu'ils se communiquoient, & dont plusieurs mouroient, après avoir langui pendant quelques jours.

Les administrateurs de l'hôpital des *enfans-trouvés* ont cherché tous les moyens de remédier à un si grand mal.

Ils firent, de concert avec MM. leurs chefs, M. le premier président, & M. le procureur général, une délibération pour augmenter le salaire des nourrices de la campagne, afin de les engager, par l'intérêt, à venir prendre soin des *enfans-trouvés*.

Ils inviterent plusieurs de MM. les médecins & de MM. les chirurgiens les plus versés dans la connoissance de l'état des *enfans*, à venir visiter les *enfans-trouvés*, & à examiner la cause de leur maladie.

Ces MM. firent cet examen avec toute la charité & toute l'attention possibles. Tous furent d'avis que la cause de la maladie des *enfans-trouvés* venoit du défaut d'air, & du défaut de place pour les loger pendant leur séjour dans l'hôpital.

Les administrateurs de l'hôpital des *enfans-trouvés*, munis de ces suffrages respectables, ont cherché tous les moyens de procurer aux *enfans-trouvés* de l'air & du logement.

L'hôpital des *enfans-trouvés* est entouré, de toutes parts, de maisons appartenantes à l'Hôtel-Dieu; & il en tenoit déja plusieurs à loyer; les administrateurs de l'hôpital des *enfans-trouvés* n'ont pu s'adresser qu'à MM. les administrateurs de l'Hôtel-Dieu : ils ont d'abord représenté que, n'étant que simples locataires des maisons de l'Hôtel Dieu, il ne leur étoit pas permis d'en changer la disposition, & que si l'Hôtel-Dieu vouloit bien vendre ces maisons, on pourroit, par la distribution qui en seroit faite, procurer plus de logement.

Ils ont aussi représenté tous les motifs qui exigeoient plus d'air & plus de logement pour la conservation des *enfans-trouvés* ; ils ont demandé à MM. les administrateurs de l'Hôtel-Dieu de vouloir bien concourir, avec eux, à la conservation de ces jeunes citoyens, en leur vendant des maisons voisines.

Messieurs les administrateurs de l'Hôtel-Dieu sont entrés dans toutes ces considérations de l'intérêt public ; & ils ont bien voulu vendre à l'hôpital des *enfans-trouvés*, & les maisons qu'il tenoit à loyer, & les maisons voisines, pour augmenter leur logement.

Le prix de ces acquisitions n'est pas la seule dépense dans laquelle la conservation des *enfans-trouvés* oblige les administrateurs d'entrer.

Ces maisons nouvellement acquises étoient vieilles,
&

& d'une construction qui ne pouvoit convenir à un hôpital tel que celui des *enfans-trouvés* ; on n'a pu se dispenser de rebâtir ces maisons ; & c'est une seconde dépense qu'il a fallu faire.

Les revenus ordinaires des *enfans-trouvés*, déja insuffisans par eux-mêmes, sur-tout depuis l'augmentation du salaire des nourrices, n'ont pu fournir à une dépense aussi considérable. L'emprunt a été une ressource, mais en même temps il a été une charge ; il a fallu le faire, pour ne pas laisser périr les *enfans* ; & les administrateurs en sont venus heureusement à bout. Outre cet hôpital nouvellement rebâti, il y a une autre grande maison des *enfans-trouvés* dans le fauxbourg S. Antoine, destinée pour loger tous ceux qui reviennent de nourrice. C'est dans cette maison qu'on les instruit & qu'on les éleve jusqu'à ce qu'on les mette en métier.

L'emplacement de la maison des *enfans-trouvés* du fauxbourg S. Antoine est très-grand. La reine *Marie-Thérese* d'Autriche mit la premiere pierre de l'église. *Etienne d'Aligre*, chancelier de France, *Elisabeth Luillier*, sa troisieme femme, & le président *de Bercy* donnerent des sommes très-considérables pour cet établissement. La chanceliere *d'Aligre* continuant ses bienfaits à cette maison, vint s'y retirer après la mort du chancelier son mari, & fit construire un caveau dans l'église de cet hôpital, où elle ordonna qu'on l'enterrât après sa mort. Cette maison & celle des *enfans-trouvés* vis-à-vis de l'Hôtel-Dieu, sont desservies par des Sœurs-Grises.

ENFANS-DIEU, *ou* ENFANS-ROUGES : hôpital à Paris, au bout de la rue à laquelle il donne son nom, & au coin de la rue Porte-foin, fondé par *François I*, à la sollicitation de *Marguerite*, sa sœur unique, femme de *Henri d'Albret*, roi de Navarre. *François I* donna pour cet établissement la somme de trois mille six cens livres tournois, provenue de la taxe qu'on avoit imposée sur les usuriers. Cet argent fut remis entre les mains de *Jean Briçonnet*,

Tome II. E

[E N F]

président de la chambre des comptes, qui charge *Robert de Beauvais* d'acheter une maison avec cour & jardin, auprès du Temple, laquelle coûta 1200 liv. Le contrat d'acquisition est du 24 Juillet 1534.

Le roi ne donna cependant ses lettres-patentes qu'au mois de Janvier 1536, vieux style. Il dit, dans ces lettres, qu'on a oublié mal-à-propos de dire, dans le contrat d'acquisition, que l'acquêt avoit été fait des deniers du roi; & il déclare qu'il est fondateur de cette maison, où il veut qu'on reçoive tous les pauvres petits *enfans* qui seront trouvés à l'Hôtel-Dieu, orphelins de pere & de mere, pourvu qu'ils ne soient pas nés & baptisés dans la ville & fauxbourgs de Paris; car ceux qui sont dans ce cas-là, doivent être reçus à l'hôpital du S. Esprit; ni bâtards, car le doyen & le chapitre de Notre-Dame ont accoutumé de les faire nourrir pour l'amour de Dieu. Ce même prince ordonna, par ces mêmes lettres-patentes, que ces *enfans* fussent perpétuellement appellés *enfans-Dieu*, & qu'ils fussent vêtus d'étoffes rouges, pour marquer que c'étoit la charité qui les faisoit subsister.

Dans un des vitrages du chœur on voit le roi *François I*, *Marguerite* sa sœur, reine de Navarre, & *Jean Briçonnet*, tous trois peints au naturel; là le prince & la princesse caressent des *enfans-rouges*; les uns & les autres sont dans des attitudes très-convenables. Dans un autre vitrage *Jesus-Christ* y est représenté caressant des *enfans* que des femmes lui présentent. Les têtes & les attitudes des personnes peintes dans ce vitrage sont d'une bonne main; & les connoisseurs le trouvent un des mieux peints qu'il y ait à Paris.

Dans la nef de cette église, à main droite, on lit l'épitaphe d'*Antoine Briçonnet*, qui apparemment étoit fils de *Jean Briçonnet*, qui par ses soins avoit contribué à la fondation de cet hôpital.

ENFANS-BLEUS A PARIS : c'est l'hôpital du S. Esprit, situé à côté de l'hôtel de ville. Il a été fondé, en l'année 1326, des charités de diverses personnes pieuses pour des pauvres *enfans* abandonnés, & on les habilloit de bleu, d'où leur est venu le nom d'*enfans-bleus*.

Cet hôpital fut établi dans une vieille maison ruinée, qui se nommoit auparavant l'*Hôtel-Dauphin*, dont une partie fut prise, dans la suite, pour l'emplacement de la maison de ville.

L'église du S. Esprit, qui étoit fort proche, étoit, selon quelqu'apparence, la chapelle de cet ancien hôtel, que l'on fit rebâtir depuis, & où il y a un grand concours de dévotion tous les lundis de l'année.

ENFANCE : c'est proprement le bas-âge de l'homme, jusqu'à ce qu'il ait l'usage de la raison. Le caractere & le tempérament d'un *enfant* annoncent ordinairement ce qu'il doit être un jour. On commence à démêler, au milieu de ses jeux, les passions bonnes ou mauvaises qui domineront en lui. L'*enfance* des grands hommes, dans tous les genres, a toujours désigné ce qu'ils devoient être un jour.

Pascal, *Descartes*, *Newton*, *Voltaire*, & tant d'autres, ont annoncé, dès leur *enfance*, leur grandes dispositions pour les sciences. *Condé*, *Turenne*, *Montecuculli*, *Eugene*, &c. ont pareillement fait voir, dès leur bas-âge, qu'ils étoient nés pour être un jour des héros, encore plus grands que tous ceux que l'antiquité nous vante ; en un mot, les inclinations, le visage même d'un enfant, dans quelque état qu'il soit né, sont assez ordinairement l'image des vertus ou des vices qu'il fera paroître.

Louis XV, dès sa premiere *enfance*, (c'est M. *Dreux du Radier* qui parle, *tab. iij*, p. 269,) parut ce qu'il a été depuis, esprit juste & solide, né pour aimer un peuple, qui est lui-même fait pour adorer ses rois.

Il est rapporté, dans un extrait d'un Discours du P. *Porée*, prononcé, en 1717, au collége de *Louis le Grand*, qu'on lui demanda qui étoient ceux qu'il devoit aimer: *Les honnêtes gens*, répondit-il.

Et qui sont ceux, lui demanda-t-on encore, que

doit fuir *Votre Majesté ?... Les flateurs*, répondit-il. Quelle leçon pour tous les souverains dans la bouche de *Louis XV*, qui n'avoit encore que sept ans !

Un autre jour qu'on l'entretenoit des vertus de ses ancêtres, dont les uns s'étoient acquis le surnom de *Hardi*, les autres celui de *Grand*, & celui de *Juste*, &c. on lui demanda : Et vous, SIRE, quel nom voudriez-vous porter un jour ? Je voudrois, dit-il, *pouvoir acquérir*, avec raison, celui de *Louis le Parfait*.

Nous renvoyons aux Tablettes de France de M. *Dreux du Radier*, où l'on trouve une infinité d'anecdotes curieuses, tant sur le régne de *Louis XV*, que sur celui de ses prédécesseurs.

ENFOUIR : le supplice d'*enfouir* tout vivant un criminel, étoit en usage chez les Romains, sur-tout par rapport aux *Vestales*, qui étoient accusées, & même seulement soupçonnées de n'avoir pas gardé leur virginité.

On trouve dans notre histoire plusieurs exemples de ce supplice. *Prévôt* de Paris fut *enfoui & enterré tout vivant*, par ordre de *Philippe-Auguste*, pour avoir *juré faussement* qu'il avoit acheté une certaine vigne.

Par sentence du baillif de *sainte Geneviève*, *Marie de Romainville*, soupçonnée de larcin, fut, en 1295, *enfouie* publiquement à Auteuil sous les fourches.

Par une autre sentence du même baillif de 1302, *Amelotte de Chistcuil* le fut pareillement, pour avoir derobé, entr'autres choses, une *cotte*, deux *anneaux* & deux *ceintures*.

Sous *Louis XI* on fit encore subir le même supplice à *Guillemette Maugerepuis*, pour des crimes qu'on ignore ; & à *Perrette Mauger*, accusée d'avoir été *larronnesse & receleuse*. SAUVAL, *t. ij*, *p.* 594.

ENLEVEMENT : suivant les ordonnances de nos rois, les *enlevemens de filles*, quand même ils seroient volontaires, sont punis de mort. Nous nous bornerons d'en rapporter un mémorable, arrivé sous le régne de *Gontran*, roi d'Orléans, en 590.

L'histoire ne nous a point conservé le nom de la *Judith Françoise*, dont il est ici question.

Amalon, comte de Champagne, fit enlever une jeune personne noble, belle & vertueuse; il entreprit de lui faire *violence*. Cette fille, voyant ses larmes & ses prieres inutiles, se saisit de l'épée du comte, & lui porta un coup mortel. Il appella ses gens, & mourut entre leurs bras, en disant : *Ne faites point de mal à cette fille courageuse. C'est moi qui ai péché, en voulant lui ravir l'honneur ; ce qu'elle a fait mérite plutôt qu'on lui conserve la vie.*

La demoiselle qui conserva toute sa présence d'esprit s'échappa, au milieu de la confusion qu'elle venoit de causer, fit quinze lieues à pieds pour aller demander sa grace au roi *Gontran*, qui étoit à Châlons-sur-Saone. Le prince la reçut avec bonté, lui accorda la vie, la prit sous sa sauve-garde, & défendit à la famille d'*Amalon* de chercher à venger une mort qu'il n'avoit que trop méritée.

ENQUÊTES : il n'y avoit, dans l'origine, qu'une chambre des *enquêtes*. La multitude des procès obligea depuis d'en établir trois. *François I* en créa une quatrieme que l'on appelle la *chambre du domaine*, composée de vingt-quatre conseillers, dont il exposa alors les charges en vente. *Charles IX* en créa une cinquieme en 1568 ; & il supprima celle du *conseil surnuméraire* où se vuidoient les appointés, & qui avoit été établie sous *Henri II*. Un édit de 1580 porta création d'une seconde chambre des requêtes, composée de vingt-neuf conseillers. Le roi depuis quelques années a supprimé la quatrieme & la cinquieme ; & les places de présidens aux *enquêtes* & aux *requêtes* sont devenues, comme autrefois, de simples commissions.

ENQUETEURS : ce sont des officiers, qui ont le pouvoir de faire des *enquêtes*. Les offices d'*enquêteurs* ont été unis aux charges de lieutenans généraux.

Les commissaires du châtelet se qualifient *commissaires examinateurs* & *enquêteurs*.

E iij

Ceux qui étoient autrefois envoyés pour connoître des abus, qui se commettoient dans l'usage & l'exploitation des bois, furent nommés *enquêteurs des forêts*; & *Du Tillet* appelle le grand-maître des eaux & forêts, grand-maître *enquêteur*, & général *reformateur* des eaux & forêts. Il traite de cette charge, qui ne fut créée que vers le commencement du quinzieme siécle. *P. j. page* 42. *Voyez* EAUX & FORÊTS.

Lamare, *Traité de la police*, *l. j, tit. xj, s.* 3, 4, parle des *auditeurs enquêteurs*, de leur antiquité, de leurs fonctions, de leur nombre, de leur création, &c.

ENREGISTRER : on lit, dit *Lamare*, *Traité de la police*, *tome ij, page* 2601, dans un ancien manuscrit de la Vie de *S. Louis*, que ce prince fit faire plusieurs ordonnances sur le fait de la justice, & les fit *enregistrer* en la cour & châtelet de Paris, & aux auditoires des bailliages & sénéchaussées de son royaume. Ce mot d'*enregistrer* dont se sert l'auteur de cette piéce manuscrite, est très-remarquable, dit l'historien de la police; c'est la premiere fois qu'il en soit fait mention dans nos archives & ailleurs, & il étoit alors très-nouveau. Avant le règne de *S. Louis*, on écrivoit les actes sur une *peau*, ou sur plusieurs cousues ensemble: on les rouloit ensuite à la maniere des anciens; de là le nom de *volume* ou *rouleau*, du mot latin *volumen*, *à volvendo*, rouler, qu'on a donné, tant aux livres qu'aux peaux, qui contenoient ces actes.

Ainsi au lieu de dire les *registres*, on disoit les *rouleaux* du parlement, ou d'un tel tribunal. Quand on étoit obligé, pour rendre une piéce authentique, de l'apporter & de la faire insinuer dans le dépôt public de la jurisdiction, cela ne s'appelloit point la faire *enregistrer*, mais simplement la faire mettre au nombre des actes publics, *depositus apud acta*.

Boylesve donna l'exemple des collections des actes publiés. Dès que le parlement fut établi sédentaire, *Jean de Montluc*, greffier de la cour, ramassa en des cahiers reliés ensemble, les principaux arrêts qui avoient été rendus précédemment, & même de son temps; ouvrage qui fut continué, & même de beaucoup augmenté par ses successeurs; ce sont les compilations de piéces copiées & tirées d'ailleurs, qui ont donné commencement au nom de *regiſtre*, du latin *regeſtum quaſi iterum geſtum*, parce que les recueillir, c'étoit en quelque sorte leur donner une seconde existence.

On les nomma aussi les *olim* pour faire entendre que c'étoit des recueils de ce qui s'étoit passé autrefois. Le premier commence par ces mots: *Olim homines de Bayoniâ regni noſtri*; ils ne remontent pas plus haut que le règne de *S. Louis*.

Cet établissement des *regiſtres* est la véritable origine des *enregiſtremens* des ordonnances, & des lettres-patentes de nos rois, comme le dit *Lamare*.

Il y a deux sortes d'ordonnances; les unes *générales*, pour tout le royaume; les autres *particulieres*, ne regardent que certaines jurisdictions. Les premieres ont toujours été adressées au parlement, ou aux autres cours supérieures, selon les matieres; les autres ont été souvent envoyées aux prévôts, baillifs, sénéchaux. Depuis ce temps l'*enregiſtrement* a été jugé nécessaire à la notoriété des volontés du prince. Il n'est permis, dans chaque ville, qu'au juge, qui a la jurisdiction territoriale, de faire *publier & afficher*.

ENSEIGNES: appellées autrefois *connoiſſances*, c'est-à-dire signer pour se reconnoître. Ce mot a produit dans notre langue ces façons de parler, *à telles enſeignes, à bonnes enſeignes*. *Henri IV* qui conserva toujours le caractere de l'ancienne chevalerie, portoit encore dans sa parure des *enſeignes* gagnées dans les combats les plus sérieux & les plus importans.

Les *enſeignes* des Européens sont des drapeaux de tafetas de diverses figures, couleurs, armes & devises. Les Turcs ont pour *enſeignes* des queues de cheval.

E iv

Les Perses, dit *Xenophon*, portoient pour enseigne un *aigle d'or* dans un drapeau blanc. Les Athéniens avoient une *chouette*; les Messéniens, la lettre grecque M; les Lacédémoniens, le Λ; les Romains, une *louve*, un *minotaure*, un *cheval*, un *sanglier*; & sous la seconde année du consulat de *Marius*, ils s'arrêterent à l'*aigle*.

On appelle, dans l'infanterie, *enseigne*, un officier qui porte le drapeau. Dans les compagnies Suisses, il y a un *enseigne* & un *porte-enseigne*, qui est sous lui. Dans chaque bataillon du régiment des Gardes Françoises, il y a trois *enseignes* ou *drapeaux*; & on nomme ceux qui les portent, *gentilshommes à drapeau*.

ENTERREMENT: la pompe des *enterremens*, dit un auteur, regarde plus la vanité des vivans, que la pompe des morts. Les anciens n'*enterroient* point leurs morts; ils les brûloient, comme font encore les *Indiens*. La coutume de brûler les *corps morts*, chez les Romains, cessa sous l'empire des *Antonins*, long-temps avant qu'on permit aux fideles d'*enterrer* les corps dans les églises. Autrefois les rois & les empereurs n'y étoient pas même enterrés. Les *Abasses*, au lieu d'*enterrer* les morts, les enferment, dit-on, dans un tronc d'arbre creusé, qui leur sert de biere, & qu'ils attachent aux plus hautes branches d'un grand arbre.

Beaucoup d'écrivains se sont élevés contre les *enterremens précipités* en France. Entr'autres, M. *Bruhier* accumule exemples sur exemples de personnes, qu'on avoit cru mortes, & qui plusieurs heures après sont revenues à la vie; & il soutient qu'il n'y a aucun signe de vraie mort, que la *putréfaction*.

On lit dans le Journal des régnes de *Charles VI* & *Charles VII*, année 1440, *que pendant quatre mois dans le cimetiere des Innocens on n'enterra ni petits ni grands, & qu'on n'y fit recommandation pour personne, parce que maître Denis de Moulins, évêque de Paris, en vouloit avoir trop grande somme* d'argent; on publioit au prône, & l'on affichoit à la porte de la paroisse l'excommunication contre le *mort*, que sa famille avoit enterré dans un champ, ne pouvant ou ne voulant point payer la somme exorbitante que l'église demandoit *pour le laisser pourrir en terre bénite*.

En 1505, dans la rue de l'Arbre-sec, ainsi appellée d'une vieille enseigne, intitulée l'*Arbre-sec*, il y eut une espece de sédition à l'occasion d'une marchande, que le curé ne vouloit pas enterrer, qu'on ne lui eût montré, ou à l'évêque, le *testament* qu'elle avoit fait.

C'étoit depuis long-temps que les évêques, (& même du temps de S. *Louis*,) prétendoient être en droit de se faire représenter les testamens, & défendoient de donner la sépulture à ceux qui mouroient *ab intestat*, ou qui n'avoient pas fait un legs à l'église; alors les parens étoient obligés d'aller à l'official qui commettoit un prêtre, ou quelque autre personne ecclésiastique pour réparer la faute du défunt, & pour faire ce legs en son nom.

En 1535, pendant que la peste ravageoit Paris, & que l'on ne pensoit à rien moins qu'à tester, les corps d'une infinité de personnes resterent plusieurs jours sans sépulture, & acheverent d'infecter l'air. Un nomme *Desursius*, vicaire général, en l'absence de l'évêque, voulut bien se relâcher, & permettre qu'on les enterrât *sans tirer à conséquence*.

Il y eut même des curés qui, dans ces temps, s'opposoient à la profession de ceux qui vouloient se faire *moines*, jusqu'à ce qu'ils eussent payé les *droits de la sépulture*, disant que puisqu'ils mouroient au monde, en faisant profession de l'habit religieux, il étoit juste qu'ils s'acquittassent de ce qu'ils auroient dû, si on les avoit enterrés.

Mais enfin, par un arrêt du 13 Juin 1552, le parlement réprima ce scandale; quelques évêques prétendirent que c'étoit toucher à l'encensoir: leurs ordonnances furent flétries; & les contrevenans à l'arrêt furent poursuivis avec tant de vigueur, que peu-à-peu ces vexations cesserent, ou que du moins on les exerça d'une façon plus honnête. Voyez *Testament, Décones* & *Sépulture*.

ENTRÉES : c'est un privilége attaché à certaines charges d'entrer, à certaines heures, dans la chambre du roi, quand les autres n'y entrent pas.

Il y a les grandes & petites *entrées*. Les *grandes* sont le droit d'entrer dans sa chambre en même temps que les premiers gentilshommes de la chambre, dès que sa majesté est éveillée, avant qu'il sorte du lit ; car quand il se leve & qu'il prend sa robe de chambre, ses pantoufles, les *prévôts* entrent, & ensuite les officiers de la chambre & ses courtisans, pour qui les huissiers demandent d'abord, & puis tout entre pêle-mêle, pourvu que ce soit visage connu.

C'est le duc d'*Epernon* qui, sous prétexte d'incommodité, entra le premier en carrosse, en 1607, dans la cour du Louvre. *Henri IV* accorda la même distinction au duc de *Sully* ; & sous la régence de *Marie de Médicis*, cet honneur s'étendit à tous les ducs & officiers de la couronne ; & depuis ce temps il leur est demeuré. Voyez *Carrosses*.

ENTRÉE DES REINES DE FRANCE DANS PARIS : l'histoire nous a conservé le détail de celle d'*Isabelle* de Baviere, que *Charles VI* épousa en 1385. Elle fit son *entrée* dans Paris le 22 Août 1389. Le lendemain *Guillaume de Vienne*, archevêque de Rouen, assisté de deux évêques, fit la cérémonie du couronnement dans la Sainte-Chapelle.

La fête préparée pour son *entrée* étoit brillante, & offroit toute la délicatesse des mœurs de ce temps-là. On avoit élevé, à la Porte-aux-Peintres, rue Saint-Denis, un ciel nué & étoilé ; les trois personnes divines y étoient représentées, & une troupe d'enfans habillés en anges y exécutoient des concerts. *Quand la reine passa dans sa litiere découverte, sous la porte du Paradis, deux anges descendirent, tenant en leurs mains une très-riche cou-*

ronne d'or, garnie de pierres précieuses, & l'assirent moult doucement sur le chef de la reine, en chantant ces vers :

> Dame enclose entre fleurs de lys,
> Reine êtes-vous du paradis,
> De France & de tout le pays,
> Nous en rallons en paradis.

Le roi se déguisa, pour être le témoin de la pompe qui accompagnoit cette *entrée*, & dit à *Savoisy* : *Savoisy, je te prie que tu montes sur mon bon cheval, & monterai derriere toi, & nous nous habillerons tellement qu'on nous ne connoise point, & allons voir l'entrée de ma femme*. . . . . Ils allerent donc par la ville, en divers lieux, & s'avancerent pour venir au Châtelet à l'heure que la reine passoit, où il y avoit moult de peuple grand'presse, & y avoit foisson de sergens à grosses boulaies, lesquels, pour deffendre la presse, frappoient de leurs boulaies bien fort, & s'efforçoient toujours d'approcher le roi & Savoisy ; & les sergens qui cognoissoient mie le roi ne Savoisy, frappoient de leurs boulaies déssus, & en eut le roi plusieurs horions sur les épaules bien assies ; & un soir, en la présence des dames & demoiselles, fut la chose rescitée, & on commença à en bien farcer, & le roi même se farçoit des horions qu'il avoit reçus.

Le lendemain de cette entrée, la ville de Paris, selon l'usage, fit son présent au roi & à la reine. Les députés s'étant mis à genoux, dirent : *Trèschier & aimable Sire, vos bourgeois de Paris vous présentent ces joyaux* ; (c'étoient des vases d'or bien travaillés.) *Grand merci, bonnes gens*, répondit le roi, *ils sont biaux & riches*. Ils allerent ensuite chez la reine, à qui deux hommes déguisés, l'un en *ours*, & l'autre en *licorne*, offrirent des présens encore plus riches.

C'est cette *Isabelle* de Baviere, une des mauvaises reines dont il est parlé dans notre histoire, qui, liguée avec l'Angleterre pendant le long malheureux règne de *Charles VI*, a fait tant de mal à la France & à son fils depuis, *Charles VII*, qui ne put avoir son royaume qu'à la pointe de l'épée.

ENTRÉE DE CHARLES VII DANS PARIS: après le siége de Monterau-Faut-Yonne, ce prince fit son *entrée* dans Paris, en 1437, où il n'avoit point paru depuis 1418. Elle fut aussi brillante qu'elle pouvoit l'être, dans un siécle où le goût n'étoit pas encore fort délicat ; le peuple témoigna son zéle & son amour pour son prince légitime, par une infinité de théatres élevés sur la route que le roi devoit tenir, depuis la porte Saint-Denis jusqu'à Notre-Dame. On représenta, sur ces théatres, des mysteres de la religion ; (ce furent les confreres de la Passion, dont nous avons parlé à ce mot.)

D'abord le roi fut accueilli par une *mascarade de dévotion*, qui figuroit sous les *sept péchés mortels* combattus par les *trois vertus théologales* & les *quatre vertus cardinales*. A la porte de Saint-Denis, un enfant habillé en ange parut descendre du ciel tenant un *écu d'azur à trois fleurs de lys d'or*, & chanta ces vers :

> Très-excellent roi & seigneur
> Les manans de votre cité
> Vous reçoivent en tout honneur
> Et en très-grande humilité.

Charles VII mourut en 1461 ; & *Louis XI*, habile dans l'art de dissimuler, qui monta sur le trône, à l'âge de dix-neuf ans, après s'être fait sacrer à Reims, vint à Paris, accompagné du duc de *Bourgogne*, & suivi de treize à quatorze mille hommes ; & cette *entrée* parut annoncer un prince qui en venoit faire la conquête. Voyez *Entrées* & *Audiences des ambassadeurs* & *Ambassadeurs*.

ENTREMETS : *Du-Cange*, *Gloss*. aux mots *intromegsium* & *intromissum*, dit qu'*entremets* étoit autrefois employé, comme nous faisons, pour le troisieme service de la table.

Le nom d'*entremets* s'est dit, pendant long-temps, au lieu de celui d'*intermede*, dans nos piéces de théatre : *Entremets de la tragédie de Sophonisbe, par BAIF* : il signifioit une espece de spectacle muet, accompagné de machines, une représentation comme théatrale, où l'on voyoit des hommes & des bêtes exprimer une action ; quelquefois des bateleurs & autres gens de cette espece y faisoient leurs tours. Ces divertissemens avoient été imaginés pour occuper les convives dans l'intervalle du grand festin, & dans l'entre-deux d'un mets ou d'un service à un autre mets ; d'où ce mot *entremets*.

Ces *entremets* ou sortes de représentations, introduits, à ce qu'on prétend, avant le régne de *S. Louis*, puisqu'ils furent employés aux noces de son frere *Robert* à Compiegne, en 1237, furent long-temps à la mode dans nos cours. M. *de Thou* rapporte qu'on voyoit des restes de cette ancienne magnificence aux noces du prince de Navarre, en 1572, avec la sœur du roi ; & à la suite d'un festin, que la reine donna, l'année suivante, au duc d'*Anjou*, roi de Pologne ; & enfin le goût de ces anciens plaisirs s'est conservé à Florence jusqu'en 1600, suivant la description du banquet donné dans cette ville pour le mariage de *Marie de Médicis* avec *Henri IV*.

ENTREVUES DES ROIS : elles sont rares & peu ordinaires depuis un siécle ou deux. Nous avons parlé ailleurs de celle que *François I* eut avec le roi d'Angleterre, & du voyage que *Charles-Quint* fit en France, pour aller dans les Pays-Bas.

Les princes sont jaloux de leur rang & de leur préséance ; & d'ailleurs il n'est guères de la majesté des *potentats* de sortir de leurs états pour aller rendre visite à leurs voisins, du moins ce n'est plus l'usage. C'est pour cette raison que les rois de France & de Germanie faisoient leur *entre vues* sur des rivieres qui servoient de limite à leurs états.

Les plus remarquables de ces *entrevues* se sont faites sur le Rhin, sur la Meuse, sur le Cher & sur la Saône. Dans ces occasions on attachoit, avec des ancres & des cordages, un grand bateau au milieu de la riviere. Ce bateau étoit magnifiquement orné, & les deux princes s'y rendoient avec leur cour, chacun de son côté, sans être obligé de sortir de leurs états.

Louis XIV & *Philippe IV*, roi d'Espagne, ayant souhaité de se voir après la paix des Pyrénées, en 1660, l'*entrevue* se fit dans une isle de la riviere de *Bidassoa*, qui sépare les deux royaumes.

On avoit déja élevé, pour les conférences de la paix, au milieu de cette isle, un bâtiment double, avec des ponts de communication sur la riviere.

Ces appartemens étoient magnifiques, & on y ajoûta deux galeries couvertes. Les deux rois, accompagnés de leur cour, & d'une affluence extraordinaire de peuple, se virent deux jours de suite, & se donnerent des marques d'une amitié réciproque, & se promirent d'observer religieusement le traité qui venoit d'être conclu entre les deux couronnes.

Casimir, roi de Pologne, avancé en âge, & ennuyé des soins de la royauté, quitta sa couronne, & vint en France, & il y fut reçu avec tous les honneurs dûs à son rang.

Jacques II, roi d'Angleterre, ayant été obligé de se retirer en France, en 1689, *Louis XIV* envoya ses officiers & ses carrosses au-devant de ce prince, & l'a traité, pendant tout le reste de sa vie, avec les démonstrations de la plus tendre & de la plus parfaite amitié. On a vu aussi la reine *Christine* de Suéde, ainsi que le Czar *Pierre I. Introduction à la Description de la France*, tome j, p. 343.

ENVOUTER: ce terme, dans le quatorzieme siecle, étoit fort en usage pour signifier *ensorceler*. C'est le prétendu crime de magie dont la femme d'*Enguerrand de Marigny* fut accusée, & qui acheva la conviction de ce furintendant des finances, fous *Louis X*, & qui fut, fi l'on en croit quelques auteurs, le motif de l'arrêt de fa mort ; mais le reproche fait par *Enguerrand* à *Charles de Valois*, oncle de *Louis X*, d'avoir diffipé le tréfor, fut la véritable caufe du jugement rendu contre lui.

Quant à fa femme, pour la perdre auffi, on l'accufa d'avoir voulu *envoûter* le roi, & le faire périr en faifant des images de cire. C'eft ainfi que fous *Louis XIII*, l'infortunée *Eléonore Galigay*, femme du maréchal d'*Ancre*, fut condamnée au feu ; & c'étoit à l'aide de pareils moyens, que, fous le régne de *Louis XIV*, l'envie parvint jufqu'à faire enfermer le célèbre maréchal de *Luxembourg* à la Baftille. L'homme fera toujours aveugle, tant qu'il aura des paffions, dit l'auteur des *Tablettes de France*, tome j, p. 207.

ENVOYÉS : ce font des hommes députés exprès pour négocier quelque affaire avec quelque prince ou quelque république. Ceux que le roi envoie à Gènes, vers les princes d'Allemagne, & autres petits princes ou républiques, n'ont pas la qualité d'*ambaffadeurs*. Les *envoyés ordinaires* ou *extraordinaires* jouiffent, en France, de la protection du droit des gens, & de tous les priviléges des *ambaffadeurs*, excepté qu'on ne leur fait pas les mêmes honneurs. Autrefois on faifoit honneur aux *envoyés*, en France ; & on leur donnoit les caroffes du roi & de la reine, pour les conduire à l'audience ; mais, en 1639, on déclara qu'on ne feroit plus honneur à cette forte de miniftres ; & on ne l'a point fait depuis.

Les *miffi dominici* étoient des *commiffaires* que nos rois députoient dans les provinces pour faire publier leurs ordonnances. Le peuple, outre le logement, devoit leur fournir une certaine quantité de vivres. Leurs fonctions étoient d'écouter les plaintes, d'y répondre fommairement, fi cela fe pouvoit, finon d'en avertir le monarque ; de punir les comtes & les évêques qui fe trouvoient avoir prévariqué ; de réformer les jugemens iniques ; en un mot, de veiller à l'exacte observation des loix. Le nom de *missi dominici* est aussi ancien que la monarchie.

EPARGNE : autrefois c'étoit le nom qu'on donnoit au *tréſor royal* ; & c'étoit le lieu où l'on portoit toutes les finances du royaume. Aujourd'hui on nomme encore premiere partie de l'*épargne* la premiere moitié des deniers que les comptables sont obligés de porter au *tréſor royal* ; & la seconde partie de l'*épargne* est celle qui porte les charges & les gages des officiers. Voyez *Tréſor royal*.

EPÉE : c'est une arme offensive, connue & en usage chez presque toutes les nations. On dit que les Sauvages du Mexique avoient des *épées de bois*, garnies de pierres, qui n'étoient pas moins dangereuses que les nôtres. L'*épée* désigne la profession militaire. Le respect des François pour l'*épée* est aussi ancien que la nation. Les *Huns* & les autres peuples du Nord adoroient une *épée* ; & *Attila* fit courir le bruit que l'*épée de Mars*, qui avoit passé à ses prédécesseurs, & avoit été long-temps perdue, s'etoit retrouvée de son temps, & lui avoit été remise. La découverte de l'*épée*, dont s'est servi la *Pucelle*, paroît copiée sur celle de l'*épée d'Attila*, de laquelle parle *Jornandes*.

C'est d'après ces idées, que nos vieux romanciers parlent avec tant de distinction de *JOYEUSE*, épée de Charlemagne ; de *FLAMBERGE*, épée de *Brandimart* ; de *BALISARDE*, épée de *Renaud* ; de *DURANDAL*, celle de *Roland* ; de *HAUTECLERE*, celle d'*Olivier* ; de *COURTIN*, celle d'*Ogier*, &c. Tels étoient les noms que nos anciens chevaliers donnoient à leurs *épées*.

Le connétable, aux entrées de nos rois, portoit l'*épée* nue devant eux. Le grand-écuyer la porte en fourreau, avec la ceinture fleurdelisée. Nos rois, à la cérémonie de leur sacre vont prendre l'*épée* sur l'autel, pour marquer que c'est de Dieu qu'ils tiennent leur souveraineté.

En Allemagne les princes ecclésiastiques, qui ont des fiefs & des terres de haute-justice, accolent à leurs armoiries la *crosse* & l'*épée*. Quand l'évêque de Wirtzbourg officie solemnellement, on met à l'un des côtés de l'autel la *crosse*, & à l'autre l'*épée*.

Le chevalier *Bayard* fit un grand cas de son *épée*, depuis qu'il eut l'honneur de s'en servir pour faire chevalier *François I*. On ne sçait plus ce que cette *épée* est devenue. On a à Saint-Denis celle de *Charlemagne*, dit-on; celle de la *Pucelle d'Orléans*, & celle du vaillant *Talbot*, capitaine Anglois.

Pour celle du célebre chevalier *Bayard*, elle est perdue. Le duc *Charles-Emmanuel* de Savoie l'ayant long-temps cherchée, pour la placer avec les raretés de sa galerie de Turin, ne put la trouver, quelques recherches qu'il en fit faire, & fut obligé de mettre en sa place la *masse d'armes*, dont se servoit *Bayard*, que lui envoya *Charles Du Motet*, sieur de *Chichiliane*, gentilhomme du Dauphiné.

Le duc de Savoie, dans la lettre, où il prioit ce seigneur de lui en faire présent, ajoûtoit *qu'il étoit fâché que cette arme ne fût plus en d'aussi bonnes mains, qu'en celles de son premier maître, en passant dans les siennes.*

Louis XII exigea, comme une condition absolue du traité de paix avec les Vénitiens, qu'ils lui renverroient l'*épée*, qu'on portoit devant *Charles VIII*, & dont ils s'étoient emparés.

Un ambassadeur d'Espagne (c'étoit don *Pedro de Tolena*) rencontra un jour, en 1608, au Louvre un officier qui portoit l'épée d'*Henri IV*. Il s'arrêta, mit un genou en terre, & la baisa, en disant: *Rendons cet honneur à la plus glorieuse épée de la chrétienté.*

C'est ce même don *Pedro*, qui passa par Paris en allant aux Pays-Bas. *Henri IV* le reçut à Fontainebleau, dans le grande galerie; il se promena avec lui & à si grands pas, qu'il le mit hors d'haleine: il s'arrêta enfin, & lui dit: *Vous voyez, monsieur, comme je me porte bien, & quel fond vous* devez faire sur les bruits qui se sont en Espagne sur ma santé ; pour moi, ils ne m'effraient pas plus que sa puissance (du roi d'Espagne,) dont j'aime à faire comparaison avec la statue de Nabuchodonosor, composée de divers métaux, & qui a les pieds d'argille.

Don Pedro, blessé de ce discours, se répandit en reproches & en menaces. *Tout cela ne m'en impose pas*, reprit le monarque, *si le roi votre maître continue ses attentats, je porterai le feu jusques dans l'Escurial ; & on me verra bientôt à Madrid*....

François I y fut bien, répondit l'Espagnol....
C'est pour cela, repliqua Henri IV, *que j'y veux aller venger son injure, celle de la France, & les miennes*..... Il ajouta : *Monsieur l'ambassadeur, vous êtes Espagnol, & moi Gascon ; ne nous échauffons pas.*

C'est encore ce même ambassadeur qui, en 1607, avoit demandé au roi quel étoit celui de ses ministres dont il faisoit le plus de cas, afin de pouvoir traiter avec lui. Aussi-tôt le prince envoya chercher son chancelier, M. de Villeroi, & le président Jeannin, & dit à l'ambassadeur qu'il alloit lui donner lieu de les connoître par lui-même.

Le premier arriva, (c'étoit le chancelier ;) le roi lui montra quelque fente au plancher de sa chambre, & lui dit : *Monsieur le chancelier, ce bâtiment menace ruine ; on n'y est pas en sûreté ; j'ai envie de déloger au plus vîte, & de me retirer à Saint-Germain ou à Fontainebleau*..... *SIRE*, répondit le chancelier, *vous ne sçauriez mieux faire ; ce bâtiment va tomber ; & votre majesté ne peut pas y demeurer sans péril.*

M. de Villeroi vint ensuite, à qui le roi tint le même discours ; Villeroi répondit : *Il faut voir ; il faut auparavant faire venir des architectes, & prendre leurs avis.*

Enfin parut le président Jeannin : il considéra les fentes, & dit : *Je ne vois rien là, SIRE, qui doive vous allarmer ; ce bâtiment est très-bon, & il durera plus que votre majesté.*

Dès qu'ils se furent retirés, le roi dit à l'ambassadeur : *Vous connoissez maintenant mes trois ministres ; le chancelier me dit tout ce que je veux ; Villeroi ne me dit rien ; le président Jeannin me dit ce qu'il pense, & il pense toujours bien.*

ÉPERON : c'étoit la marque distinctive de la *chevalerie*. Le chevalier les portoit *dorés*, l'écuyer *argentés* ; le roturier n'en avoit point : il servoit à pied dans les armées ; une autre prérogative du *chevalier* étoit de pouvoir porter des dorures sur le harnois & sur les brides du coursier qu'il montoit : anciennement il n'y avoit que les empereurs qui pussent orner de perles & de pierreries les freins & les selles de leurs chevaux ; mais de tous ces caracteres d'honneur, le plus distingué fut toujours l'*éperon doré* ; l'ôter à quelqu'un passoit pour le plus grand des affronts : c'étoit le dégrader ; infamie qui supposoit quelque énorme forfait. Sous *Louis le Débonnaire*, en 816, une assemblée des seigneurs & des évêques défendit aux évêques & aux ecclésiastiques la mode profane de porter des *éperons*, qui étoit alors celle des gens de cour.

Charles d'Anjou, frere de *S. Louis*, institua l'ordre de l'*éperon*, après sa victoire sur *Mainfroy*, pour récompenser la noblesse, qui s'étoit rangée sous ses étendards ; on ne sçait point quelle étoit la marque de cet ordre. Voici, selon l'abbé *Velly*, comme on y étoit reçu, *tome vj*, p. 249.

Le novice ou candidat se rendoit, au jour marqué, dans l'église cathédrale de Naples, montoit sur un théatre élevé où étoit le roi avec toute sa cour, & alloit s'asseoir sur une chaise couverte d'un drap de soie verte ; l'archevêque, accompagné de ses suffragans, lui faisoit jurer, sur les saints évangiles, qu'il ne porteroit jamais les armes contre le roi, s'il n'y étoit obligé par son légitime seigneur ; qu'en ce cas, il rendroit au monarque le collier de l'ordre, sous peine d'infamie, de mort même, s'il étoit fait prisonnier de guerre ; qu'il défendroit de tout son pouvoir, quand il en seroit requis, les *dames* & les *or-*

F ij

phelins, si leur cause étoit juste ; deux anciens chevaliers le présentoient ensuite au souverain, qui lui frappoit sur l'épaule, en lui disant : *Dieu te fasse bon chevalier* ; aussi-tôt six demoiselles de la reine venoient lui ceindre l'épée ; quatre chevaliers des plus distingués lui attachoient les *éperons dorés* ; la reine le prenoit par la main droite, une des premieres dames de la cour par la gauche, & le conduisoient sur un autre siége richement paré ; le roi se plaçoit d'un côté, & la reine de l'autre, toute leur cour au-dessous ; on servoit une collation de sucrerie ; ainsi finissoit la cérémonie. Cet ordre ne subsiste plus.

Il y a à Paris une communauté d'*éperonniers*, qui étoit jointe à celle des *selliers-lormiers* ; leurs statuts sont de 1576, donnés par *Henri III*, & confirmés par *Henri IV*. Les *éperonniers* ont été séparés, en 1678, des *selliers-lormiers* ; & ce sont aujourd'hui deux corps de jurande séparés.

EPICES *des cours souveraines & autres* : voici comme *Mézeray* nous marque l'origine de ces *épices*, que les cliens, depuis bien du temps, sont obligés de donner à leurs juges. « Quelque partie, qui avoit » obtenu un arrêt à son profit, s'étant avisée, pour » remercier son rapporteur, de lui donner des boëtes » de dragées & de confitures, qu'alors on nommoit » *épices*, un second, & puis un troisieme, un qua-» trieme, & plusieurs autres ensuite, la voulurent » imiter. Ces reconnoissances volontaires furent » tirées à conséquence, & devinrent un droit né-» cessaire, qui à la fin fut converti en argent. » On voit à la marge des anciens registres du parlement, dit *Sauval*, *tome ij*, *p*. 463 : *Non deliberetur, donec solvantur species*. Ces *épices* sont aujourd'hui très-considérables. Dès le régne de *Charles VIII*, la suppression des *épices* des juges fut résolue, ainsi que la résidence des évêques, sous peine de saisie de leur temporel ; mais la mort de ce prince empêcha l'exécution de ces beaux réglemens.

EPICIERS : c'est le second des six corps marchands, dans lequel font compris les apothicaires & les confifeurs. Ce corps, comme celui de la draperie, eſt gouverné par fix maîtres & gardes, dont trois font *épiciers*, & trois apothicaires. Leurs premiers ſtatuts & réglemens font de 1484, fous *Charles VIII*; *Louis XII* leur en a auſſi donné en 1514; *François I*, en 1571; *Charles IX*, en 1583; *Henri III*, en 1594; *Louis XIII* les a confirmés, en 1611 & 1638.

EPIGRAMMES : les faifeurs d'*épigrammes* fatyriques ont été, dans tous les temps, méprifés & déteſtés. On fçait le chagrin & les peines que la plûpart de celles attribuées au célebre & grand poëte *Rouſſeau*, lui firent eſſuyer. On convient aujourd'hui qu'elles ne font pas de lui.

C'eſt une *épigramme* atroce faite contre *Henri III*, qui coûta la vie au cardinal de *Guife*, le 24 Décembre 1588, foit qu'il en fût l'auteur ou non; mais il la récitoit à tout propos.

Elle fut faite fur la devife du roi, dont le corps étoit *trois couronnes*, avec ces mots: *Manet ultima cœlo*; deux repréfentoient celle de Pologne & de France; & la troifieme, celle qui devoit le couronner dans le ciel.

L'*épigramme* étoit compoſée de ces deux vers latins :

Qui dederat binas, unam abſtulit, altera nutat,
Tertia tonforis nunc facienda manu.

Ces deux vers fignifient, que de ces trois couronnes, Dieu lui en avoit déja ôté une, (*celle de Pologne*,) que la feconde chanceloit fur fa tête, (*celle de France*,) & que la troifieme feroit l'ouvrage d'un barbier, quand on le confineroit dans un *cloître*.

Les hiſtoriens ajoûtent que ce cardinal difoit que fa joie la plus parfaite feroit de tenir la tête du roi, quand on lui feroit cette troifieme couronne chez les *Capucins*.

EPITAPHES : l'origine en eſt ancienne; nous

avons dit ailleurs que sur celle du chef de la seconde race, le vingt-troisieme de nos rois, on mit: *Cy gît Pépin, le pere de Charlemagne.*

La reine *Anne* de Bretagne mourut à Blois le 9 Février 1514, âgée de trente-six ans. *Louis XII* fit graver sur son tombeau l'épitaphe suivante:

La terre, monde & ciel ont divisé Madame
Anne, qui fut des rois *Charles* & *Louis* femme ;
La terre a pris le corps, qui gît sous cette lame ;
Le monde aussi retient sa renommée & fame
Perdurable à jamais, sans blâme être dame ;
Et le ciel pour sa part a voulu prendre l'ame.

On a changé cette épitaphe, quand on a transporté le cercueil de cette princesse dans le tombeau de *Louis XII* à S. Denis. On y marque la date de la mort d'*Anne* de Bretagne, au 20 Janvier 1515 ; c'est une double erreur ; il falloit mettre le 9 Janvier 1514, ou 1513, suivant la maniere de compter de ce temps-là, l'année commençant encore à Pâques.

On trouve dans *Sauval, tome j, page 726,* les *épitaphes* de quelques hommes illustres & sçavans auteurs, dont les monumens restent après leur mort dans plusieurs églises de Paris. Voyez *Mausolée* & *Oraison funébre*.

ÉPREUVES : l'origine en est ancienne ; on en trouve des vestiges dès le second siécle de l'église. Les principales *épreuves* étoient au nombre de sept, sçavoir, le *serment*, le *duel*, l'*eau froide*, l'*eau chaude*, le *fer chaud*, la *communion* & le jugement de la *croix*.

Voilà ce que l'ignorance & la barbarie des siécles appelloient *jugemens de Dieu*, & ce qu'ils avoient imaginé pour discerner les coupables. *Judith*, femme de *Louis le Débonnaire* s'y soumit, pour prouver son innocence.

On eut recours à ces *épreuves* sous la premiere, la seconde, & même bien avant sous la troisieme race de nos rois. Ce qui surprend, c'est qu'on voit des rois éclairés, comme *Hugues Capet*, *Philippe-Auguste*, *S. Louis*, & plusieurs autres, s'être trouvés contraints de tolérer ces sortes de cérémonies superstitieuses.

Ces *épreuves*, dont l'usage nous paroît aujourd'hui si absurde, mais qui sert à faire connoître les erreurs de l'esprit humain, étoient, comme le dit le sçavant auteur de l'*Abrégé chronologique de France*, les moyens, dont nos peres se servoient pour s'assurer de la vérité des faits. Un accusé, comme on vient de le voir, avoit plusieurs moyens de se justifier.

Le plus commode étoit le *serment*; mais si le juge n'y déféroit pas, il ordonnoit le combat; le vaincu étoit jugé coupable, & subissoit la peine du crime dont il étoit *accusé*, ou dont il avoit été *accusateur*.

Ce qu'il y a de plus singulier, c'est que quand les parties ne vouloient pas défendre leur cause elles-mêmes, il y avoit des braves de profession nommés *champions*, à qui ils remettoient leur destinée.

L'*épreuve du fer chaud*, étoit un *fer béni* & gardé soigneusement dans quelque maison religieuse; car toutes n'avoient pas ce privilége.

Pour l'*épreuve* de l'*eau bouillante* ou de l'*eau froide*, elle n'étoit que pour le peuple. Et ces *épreuves*, comme celles de la *communion* & de la *croix*, étoient pour les crimes.

Mais croira-t-on que pour les questions de jurisprudence, & pour celles de police, on eût encore recours à ces mêmes moyens? Etoit-il question en Allemagne de sçavoir si la représentation avoit lieu en ligne directe, les avis étant partagés? c'étoit un combat qui en décidoit.

S'agissoit-il, en Espagne, de sçavoir lequel étoit préféré, de l'*office Romain*, ou de l'*office Muzarabe*? il étoit ordonné qu'un combat en décideroit. Cette

[...] d'édifice [...]
que [...]

On [...]
roient jusqu'au feu, & [...]
mes, [...] la préférence [...]
l'officier [...]

Voil[...] on abrégé quelles [...]
un plus long détail, voyez [...]
[...]

ÉQUIPAGES des [...]
dans l'histoire, qu'Antiochus, [...]
l'or, la pourpre & les richesses de [...]
mise sur pied contre les Romains, lui demand[...]
sentiment sur le nombre de ses troupes, & qu'Annibal lui répondit : *Sans doute [...]
les Romains, fussent-ils plus avides de richesses qu'ils
ne le sont.* La même pensée est [...] Charles en
Germanie & à Louis le Débonnaire. Ce dernier en
parlant des gens de guerre qui marchoient avec de
superbes *équipages* & de riches montures, [...]
Quelle extravagance est la leur ! ne leur suffit-il plus
d'exposer leurs vies, sans enrichir encore l'ennemi
de leurs dépouilles, & le mettre en état de continuer
la guerre à nos dépens ? Maxime bien véritable, &
que nos généraux & officiers François ont bien de
la peine à suivre, malgré les ordonnances de nos
rois, sur-tout celle de Louis XIV, confirmée par
celle de Louis XV, qui interdisent le luxe, & la
magnificence des *équipages* dans les armées.

ÉQUITÉ : l'amour de la justice, la première
vertu des rois, étoit celle de Louis XII. Il s'appliqua
très-sérieusement à l'abbréviation des procès, & à
donner aux procédures une forme certaine & déter-
minée qu'elles n'avoient point encore [...]

L'idée que ce prince avoit de la justice lui faisoit
croire que ceux à qui il en confioit l'administration,
ne pouvoient se respecter trop eux-mêmes.

Un jour, ayant vu des conseillers au parlement
qui jouoient à la paume, il les en reprit [...],
& leur dit *que s'il les trouvoit encore une fois dans*

un pareil exercice, il les traiteroit comme ses gardes, au lieu de les regarder comme des magistrats sur lesquels il se déchargeoit de la plus importante de ses fonctions.

Un des plus grands seigneurs de sa cour ayant cassé le bras gauche à un sergent, dans le temps qu'il faisoit les fonctions de son office, il ne l'eut pas plutôt appris, qu'il alla lui-même au parlement ayant le même bras en écharpe. Il exposa à la cour, surprise de le voir en cet état, ce qui étoit arrivé au sergent, & demanda un décret de prise de corps contre le seigneur qui fut obligé de faire au sergent toute la réparation qu'il desira.

La même chose arriva à *Martigues*, colonel général, sous le régne de *François II*, pour avoir battu des huissiers, qui menoient un capitaine en prison pour dette; il fut décrété de prise de corps, arrêté dans sa maison; & quoiqu'il eût sa grace du roi, il fut obligé de *passer par le guichet*; & il lui fallut tout son crédit & toute la faveur qu'il avoit à la cour, pour n'être pas puni plus sévèrement.

Voyez ce que c'est que la justice, dit *Brantome*, qui rapporte ce fait, & comme le temps passé, on lui portoit honneur & révérence!

Ce fut la réputation d'*équité* que *Louis XII* s'étoit faite, qui détermina l'empereur *Maximilien*, & *Ferdinand*, roi d'Arragon, à soumettre au jugement du parlement de Paris la décision du différend qui s'étoit élevé entr'eux, sur la régence de Castille.

François I donna aussi de grandes preuves de son équité : *Je la dois*, disoit-il *à tous mes sujets* ; & il en a donné les plus grands exemples, tant à l'égard d'une jeune veuve qu'il fit rentrer dans les biens dont on la dépouilloit, qu'à l'égard d'une femme, qui vint lui demander justice de l'assassin de son fils. Voyez *Justice*.

ESCADRON : notre ancienne chevalerie avoit coutume de combattre en *aile* ou en haie, c'est-à-dire sur une seule file : *La Noue* & *Montluc*, qui possédoient si parfaitement la tactique, firent inutilement connoître la nécessité de réformer cet ancien usage. Les avantages remportés à la bataille de Coutras en 1587, par les troupes de *Henri IV* sur celles de *Henri III* ; & ceux de *Châtillon*, sur les ligueurs, en 1589, à la journée de Bonneval, près de Chartres, eurent plus d'effet que les représentations de la *Noue* & de *Montluc*. On comprit alors qu'il étoit plus avantageux de ranger la cavalerie en *escadrons*, que de la faire combattre suivant l'ancien usage. *Charles-Quint* est le premier, selon *La Noue*, qui ait formé la cavalerie en *escadrons*. Ce même auteur nous apprend que les Espagnols, les Italiens & les Bourguignons avoient toujours pratiqué cette coutume.

ESCHOITES : c'est le nom que nos anciens, parmi la noblesse, donnoient à toute hérédité collatérale, dévolue au premier des enfans, après la mort du pere. Les cadets ne pouvoient y prétendre que lorsqu'ils tenoient leur *parage ensemble*, c'est-à-dire par indivis, ou lorsque l'*eschoite* provenoit du frere ainé, ou du chef de la ligne, ou souche. Dans ces circonstances, l'ainé avoit toujours le tiers en avantage, avec le *vol du chapon*, comme en succession directe. Voyez *Parage*.

ESCLAVE : c'est celui qui est réduit sous la puissance d'un maître, ou par la guerre, ou par achat, ou par naissance, ou autrement. Les *esclaves* faisoient une bonne partie de la richesse du peuple Romain. Il y avoit trois manieres d'avoir des *esclaves* ; la premiere de les acheter du butin fait sur les ennemis, & de la part réservée pour le public ; la seconde de les avoir pris en guerre ; la troisieme de les acheter de ceux qui en faisoient trafic.

On vendoit les *esclaves*, ou *sub hastâ*, ou *sub coronâ*, ou *sub pileo* : *sub hastâ*, au plus offrant & dernier enchérisseur, ayant planté une javeline ; *sub coronâ*, quand on mettoit sur leurs têtes une guirlande, ou chapeau de fleurs ; *sub pileo*, quand on leur mettoit sur la tête un chapeau, afin de les faire remarquer, & le vendeur ne les garantissoit point.

Les *esclaves* portoient au cou des écritaux sur lesquels on écrivoit leurs bonnes ou mauvaises qualités, leur santé, ou leurs infirmités, leurs talens, ou leurs défauts.

Les maîtres avoient droit de vie ou de mort sur leurs *esclaves*, & pouvoient les tuer impunément ; mais des empereurs, entr'autres *Adrien*, leur ôterent ce pouvoir.

On affranchissoit les *esclaves*, par testament, ou dans quelque guerre pressante & subite, lorsqu'il falloit armer les *esclaves* pour la défense de la république ; mais cette liberté ne leur étoit acquise qu'après s'être signalés par quelque exploit considérable. Ces *esclaves* affranchis s'appelloient *liberti*, & leurs enfans *libertini*.

Les *esclaves* étoient employés à diverses choses ; on donnoit à chacun le nom qui étoit analogue à l'office dont il étoit chargé.

On nommoit celui qui devoit avertir son maître du jour des calendes, des nones, & des ides, *servus ab ephemeride* ; celui qui écrivoit sous la dictée de son maître, *servus ab epistolis* ; celui qui portoit ses ordres, *servus à pedibus* ; celui qui étoit son intendant ou son économe, *servus actor* ; celui qui avoit soin de ses vins, *servus cellarius* ; celui qui étoit chargé de la dépense, qui payoit & qui achetoit, *servus dispensator* ; celui qui trafiquoit & qui négocioit, *servus negociator* ; celui qui faisoit faire silence parmi les autres *esclaves*, *silentiarius servus* ; celui qui étoit le valet de chambre de son maître, *cubicularius servus* ; celui qui faisoit valoir les terres de son maître, *villicus servus* ; & ainsi des autres.

Les *esclaves* étoient le domaine & le bien propre de leur maître ; tout ce qu'ils acquéroient leur appartenoit ; mais si le maître usoit trop cruellement de la correction domestique, on l'obligeoit de vendre son *esclave* à prix raisonnable. La coutume d'avoir des *esclaves* a duré long-temps dans le Christianisme.

[E S C]

Du temps de *Louis le Gros* ils étoient en si grand nombre dans l'Europe, qu'on eut bien de la peine à rompre & à dissiper ceux qui s'étoient soulevés. *Barthole*, qui vivoit en 1300, dit qu'il n'y en avoit plus de son temps.

Il y en a encore en Orient, & même dans quelques pays d'Occident; mais il n'y en a plus en France; dès qu'un *esclave* peut y aborder, il est libre.

En France les *serfs*, soit des seigneurs ou des églises, n'étoient guères plus heureux que les *esclaves*; ce qui faisoit qu'ils tâchoient de le devenir de nos rois, comme on le voit dans les ordonnances des enfans de *Philippe le Bel*. Une chose étoit commune à tous les *serfs*, c'étoit de ne pouvoir tester.

Dans les anciens temps de la monarchie, il n'y avoit de personnes libres que les ecclésiastiques & les gens d'épée; les autres habitans des villes, bourgades & villages étoient plus ou moins *esclaves*; on en distinguoit de deux sortes.

Les uns appellés *serfs*, étoient attachés à la *glebe*, c'est-à-dire à l'héritage, & se vendoient avec le fonds; ils ne pouvoient se marier ni changer de demeure ou de profession, sans l'agrément du maître, ni acquérir qu'à son profit, ou du moins à condition de lui payer, à certain temps, une certaine somme, tant pour eux que pour leurs femmes & leurs enfans, dit *Du-Cange*, aux mots *Servus* & *Potestas*.

Les autres, qu'on nommoit *hommes de poëtes*, ne dépendoient pas aussi servilement du seigneur: il n'étoit maître ni de leur vie ni de leurs biens. La servitude de ces *hommes poëtes* ne se réduisoit qu'à payer au seigneur de certains droits, & à faire pour eux des corvées.

Les *serfs* & les *hommes poëtes* ne formoient point ce qu'on appelle *corps*, & n'avoient d'autre juge & d'autre loi que le seigneur du lieu; de-là tant de crimes impunis, qui se commettoient dans le royaume. Alors on avoit recours à l'autorité royale, qui faisoit sommer les seigneurs de rendre justice ; & souvent cette autorité royale n'étoit pas plus respectée que les loix.

Pour obvier à tous ces maux, *Louis le Gros* imagina une nouvelle police pour lever des troupes, indépendamment des vassaux, & une nouvelle forme de justice, pour empêcher l'impunité des crimes ; il remit aux villes de son domaine certaines redevances, que les habitans payoient par tête ; & se contentant d'un cens sur leurs maisons ou sur leurs terres, il affranchit ceux qui étoient *serfs* ou de *morte-main*, leur donna le droit de bourgeoisie, & leur permit à tous de se choisir des *maires & des echevins*. Voyez *Serfs*, *Coutumes*, *Etat* & *Condition des hommes*.

ESPION : comme *Louis XI* étoit très-méfiant, il avoit par-tout des *espions*, qui le servoient bien, & qu'il payoit bien. En voici un exemple. Le duc de *Bretagne* envoyoit, de temps en temps, lui faire sa cour, & l'assurer de sa fidélité. En 1477, *Louis XI* fit mettre en prison *Chauvin*, chancelier de Bretagne, qui étoit chargé de cette commission ; douze jours après, le chancelier parut devant le prince, qui le renvoya avec vingt-deux lettres en original, par lesquelles il étoit démontré que le duc de *Bretagne* avoit des intelligences avec le roi d'Angleterre.

Il ne paroissoit pas possible de sçavoir comment *Louis XI* avoit pu se procurer ces lettres ; il y en avoit douze du duc de *Bretagne*, & dix du roi d'Angleterre.

Enfin le *duc* découvrit que son *courier* s'étoit laissé corrompre par un *espion* du roi, auquel il remettoit toutes les dépêches dont on le chargeoit ; que cet *espion*, après les avoir copiées, les gardoit, & en rendoit seulement les copies, mais si bien contrefaites, qu'on les prenoit pour les originaux qu'il envoyoit au roi. Ce prince lui donnoit cent écus pour chaque lettre.

Il y a plusieurs sortes d'*espions* ; il s'en trouve souvent auprès des princes, dans les bureaux des ministres, parmi les officiers des armées, dans les cabinets des généraux, dans les villes ennemies, dans le plat-pays, & même dans les couvens.

Les uns s'offrent d'eux-mêmes; les autres se forment par les soins du ministre, du général, ou de ceux qui sont chargés des affaires en détail; & tous sont portés par l'avidité du gain. C'est au prince & à ses ministres à découvrir les desseins de son ennemi. C'est au général & à ceux qui concourent avec lui au bien des affaires, à s'attacher & à se former de bons *espions*. Voyez le *Dictionnaire militaire*, tome ij.

ESSORILLEMENT: dans les temps qu'il y avoit des serfs en France, s'ils étoient méchans & réfractaires aux ordres de leurs maîtres, la peine ordinaire qu'on leur faisoit souffrir, étoit de leur couper les oreilles, & quelquefois encore d'en faire des *eunuques*, pour en perdre la race; mais, pour les moindres fautes, on se contentoit de les étendre sur un banc, attaché par les pieds & des mains, & corps nud, & on les fustigeoit avec des houssines de la grosseur du petit doigt.

ESTERLING: monnoie d'Angleterre, que, dans le treizieme siecle, sous *S. Louis*, la France voulut bien adopter. C'étoit, dit *Du-Cange*, au mot *Esterlingus*, & *Lauriere*, Ordonnance, tom. ij, p. 9, 6, un *denier d'argent* du poids de trente-deux *grains de bon froment*. *S. Louis*, par une ordonnance de 1263, lui donna cours dans ses états pour quatre deniers tournois, mais seulement jusqu'au 15 du mois d'Août de la même année. Ce terme expiré, il en interdit l'usage, & défendit de le recevoir dans aucun marché de son royaume. S'il reparut en France, sous *Philippe le Bel*, M. *Le Blanc* nous apprend, page 166, que ce fut au prix fixé par *S. Louis*; on en comptoit cent soixante au marc; par conséquent il vaudroit, dit notre sçavant auteur, six sols six deniers de notre monnoie.

ESTRAPADE: le lieu qui porte ce nom à Paris, le long des fossés du fauxbourg S. Jacques, l'a porté, parce que c'étoit en cet endroit qu'on faisoit subir au coupable le supplice de l'*estrapade*, qui a été aussi un supplice militaire, mais qui n'est plus en usage, du moins parmi nous.

On lioit, à celui qui y étoit condamné, les mains derriere le dos, & on l'élevoit, avec une corde, au haut d'une longue piece de bois, & puis on le laissoit tomber jusques près de terre; ensorte que le poids de son corps lui faisoit disloquer les bras. Si on n'*estrapade* plus, on *arquebuse* les soldats ; c'est ce qui s'appelle *passer par les armes*.

ÉTABLISSEMENS DE S. LOUIS : on donne ce nom à un code composé des loix romaines, de canons & de décrétales, des coutumes du royaume & des ordonnances de nos rois, que S. Louis, l'année même de son second départ pour le voyage d'outre-mer, fit publier, en 1270.

Il est divisé en deux cens soixante-huit articles, & embrasse tous les objets de la police & de la jurisprudence françoise. Les réglemens qu'on a depuis donnés aux corps des marchands, ne font que renouveller, étendre ou expliquer ce qui est contenu dans les *établissemens de S. Louis*.

Sous *S. Louis*, la France étoit divisée en pays du domaine du roi, & en ce que l'on appelloit *pays des barons*, ou en *baronnies*. Quand les rois faisoient des ordonnances pour les pays de leurs domaines, ils n'employoient que leur seule autorité ; mais quand ils en faisoient, qui regardoient aussi les pays de leurs barons, elles étoient faites de concert avec eux, ou scellées ou souscrites d'eux ; sans cela les barons les recevoient, ou ne les recevoient pas, suivant qu'elles leur paroissoient convenir ou non. Les arriere-vassaux étoient dans les mêmes termes avec les grands vassaux.

Voyez les *Ordonnances* du commencement de la troisieme race, dans le *Recueil* de *Lauriere*, surtout celles de *Philippe-Auguste*, sur la jurisdiction ecclésiastique ; de *Louis VIII*, sur les Juifs; de

S. Louis, sur le bail & le rachat des terres, & la majorité féodale des filles.

Les *établissemens* de S. Louis ne furent pas donnés du consentement des seigneurs, quoiqu'ils statuassent sur des choses qui étoient, pour eux, d'une grande importance; ainsi ils ne furent reçus que par ceux qui crurent qu'il leur étoit avantageux de les recevoir.

Robert, fils de S. Louis, les admit dans sa comté de Clermont; & ses vassaux ne crurent pas qu'il leur convînt de les faire pratiquer chez eux. Voyez l'*Esprit des loix*, tome iij, p. 259-279.

ÉTAT ET CONDITION DES HOMMES: sous la premiere race de nos rois, il y avoit alors deux sortes de personnes, les *libres* ou *ingenus*, les *esclaves* ou *serfs*. On distinguoit deux sortes de *libres*; les *nobles*, qu'on appelloit les *grands*, ou simplement *personnes majeures*, suivant leur qualité; & les *roturiers*, que l'on appelloit *personnes mineures*. Ainsi l'*état* politique consistoit alors dans le souverain, les barons, les ducs & les comtes. Aujourd'hui ce qui compose notre *état* monarchique, gouverné par le souverain, sont le clergé, la noblesse, le tiers-état; on ne connoît plus, parmi nous, d'*affranchis*, ni de *serfs* ou *esclaves*. Voyez ces mots.

ÉTATS GÉNÉRAUX: les *états généraux* sont différens des *assemblées de la nation*, tenues sous les deux premieres races, & une partie de la troisieme.

Les *états généraux* paroissent n'avoir commencé que sous *Philippe le Bel*. Ce sont des assemblées générales des trois ordres du royaume. Les premieres qu'on ait tenues, disent des auteurs du dernier siecle, furent commencées en 422, à *Salisson*, aujourd'hui *Seltz*, dans la basse-Alsace, pour interpréter & réformer les coutumes de France, qui n'étoient pas encore écrites.

Au rapport de *Du Tillet*, quatre officiers & baillifs du pays des *Saliens* assemblerent les *états*, &, par leurs avis, arrêterent & firent écrire la *loi Salique tique*, que *Pharamond* confirma dans l'assemblée générale des *états*, tenue en 424.

Cette loi fut augmentée de quelques chapitres, sous le régne de *Clovis*, en 490, dans l'assemblée des *états*, tenue à Aix-la-Chapelle. Elle fut encore confirmée dans les *états* tenus à Thionville la même année. Le même prince assembla, en 499, les barons & le menu peuple, pour les exciter à embrasser volontairement le Christianisme.

On trouve, en 534, par *Childebert*, une convocation des *états* à Cologne, pour dresser des loix & des ordonnances.

Clotaire II, dit *Fauchet*, accompagné de *Berthier*, maire de Bourgogne, des évêques & de plusieurs autres seigneurs, tint une assemblée à *Bonneuil* en Brie, où on lui accorda tout ce qu'il demandoit.

Clovis II, pour réparer le dommage fait à l'église de Saint-Denis, dont ce prince avoit ôté la couverture d'argent pour soulager les pauvres, assembla les *états* à *Clichi*, près de Paris; il y demanda que l'abbaye de Saint-Denis fût exempte de l'ordinaire; à quoi S. *Landri*, évêque de Paris, voulut bien consentir.

Carloman, prince des François, sous *Childeric II*, tint les *états* à Ratisbonne, en 742; & *Pepin*, maire du palais, & prince aussi des François, les tint à Soissons, en 744. C'est ce même *Pepin*, qui assembla les *états* du royaume, en 750, pour faire donner la couronne à un prince plus capable de régner que *Childeric III*; & il fut lui-même couronné roi à Soissons, en 752, du consentement universel de tous les *états*. Ce prince les convoqua encore plusieurs fois en différens endroits, comme à Orléans, à Nevers, à Bourges, à Créci, en 754, pour délibérer sur le voyage de Lombardie; à Bernac, la même année; à Metz, en 753; à Compiegne, en 757 & 758; à Wormes, en 764; à Attignien, en 765; & à Bourges encore, en 767.

Charlemagne, jusqu'en 814, assembla vingt fois

les *états*, tant pour confirmer les priviléges des nobles, que pour recevoir les dons annuels, & terminer les différentes affaires de l'*état*.

Louis le Débonnaire, son fils, les assembla plusieurs fois, depuis 814 jusqu'à 840 ; & ce fut pour réformer la justice, pour régler l'*état* des églises, pour faire de nouvelles loix, pour appaiser les désordres du royaume, & enfin pour d'autres sujets importans.

Charles le Chauve ne les tint qu'en 878 ; & *Charles le Simple*, le dernier de la seconde race, en 893.

Les prélats, la noblesse & le peuple s'assemblerent, en 997, déférerent la couronne à *Hugues Capet*, qui fut proclamé roi à Noyon, puis sacré & couronné à Reims, le 3 Juillet de la même année.

Robert, son fils, convoqua les *états* à Orléans pour appaiser les troubles.

Louis le Jeune, pour le bien de la justice, les assembla à Paris, en 1145.

Philippe-Auguste, à l'occasion de son voyage de la Terre-sainte, les assembla dans la même ville, en 1188.

Louis VIII, aussi dans le même lieu, en 1220, pour la guerre contre les Albigeois.

S. Louis les assembla aussi à Paris, en 1240, pour faire la guerre à *Hugues*, comte de la Marche, qui refusoit l'hommage à *Alphonse*, comte de Poitiers, son frere, en 1255, pour la réformation de l'*état* & de la justice, & en 1269, avant son voyage d'outre-mer contre les Sarasins.

La bulle du pape *Boniface VIII*, qui prétendoit étendre sa puissance sur le temporel du royaume, força *Philippe le Bel* à assembler les trois *états* du royaume, en 1301.

Louis Hutin les fit tenir, en 1315, au sujet des tailles.

En 1316, ces mêmes *états* s'assemblerent à Paris, pour le couronnement de *Philippe le Long*.

Et, en 1327, pour celui de *Philippe de Valois*,

qui les convoqua encore, en 1329, pour retrancher les abus & le luxe des habits.

Le roi *Jean* étant fait prisonnier à la bataille de Poitiers, les *états* se tinrent à Paris, en 1355, 1356, 1357, 1358 & 1359, pour lui donner du secours, & pour sa délivrance.

Charles V les consulta, en 1369, à l'occasion de la guerre contre les Anglois.

Ces *états*, après la mort de ce prince, s'assemblerent, en 1380, pour raison de la régence, pendant la minorité de *Charles VI*. La même année, au mois de Novembre, ils lui promirent des aides; &, en 1406, ils reconnurent que le roi étoit leur souverain à l'égard du temporel. Le même *Charles VI* les assembla, en 1412, pour la réformation de la justice, & pour renouveller la guerre aux Anglois; &, en 1420, pour la même guerre.

Charles VII tint les *états généraux*, en 1439, à Orléans, pour conclure la paix avec le roi d'Angleterre; &, en 1458, pour la maintenir.

Louis XI, pour la réformation de la justice, & pour le bien du royaume, assembla les *états* à Paris, en 1466.

En 1483, les *états généraux* s'assemblerent à Tours, pour le bien de l'*état*, & pour la régence du royaume pendant la minorité de *Charles VIII*.

Louis XII les assembla dans la même ville, en 1506, pour le mariage de madame *Claude*, sa fille, avec *François de Valois*, duc d'Angoulême, depuis roi de France, sous le nom de *François I*.

François I les convoqua à Coignac en Angoumois, en 1526, pour déclarer nul le traité de Madrid, ayant été forcé, & fait au préjudice du royaume de France.

Henri II, fils & successeur de *François I*, les assembla à Paris, en 1558, & en fit quatre ordres, sçavoir, l'église, la noblesse, la justice & le tiers-état, & cela, afin de trouver moyen d'augmenter la finance qu'il demandoit au peuple.

Sous *François II*, l'ouverture des *états* se fit à

Orléans, en 1560, pour pacifier les troubles du royaume; mais ils furent interrompus par la mort de ce prince, arrivée au mois de Décembre.

Charles IX les continua à Pontoise; il les assembla de nouveau, en 1561, à S. Germain-en-Laye. Ce fut là que fut donné l'édit de Janvier, qui toléroit les *Huguenots*, afin d'appaiser les désordres du royaume: sous le même régne, il se tint encore une forme d'*état* à Moulins en 1566.

Henri III son successeur, convoqua les *états* à Blois; la guerre contre les Huguenots y fut résolue. Le même prince les y tint encore en 1588: on y lut l'édit d'union entre les Catholiques, que les trois *états* jurèrent de garder inviolablement.

Sous le régne de *Henri IV*, on tint les *états* à Paris en 1593; mais ils furent cassés par un arrêt de la cour du 30 Mai 1594.

Louis XIII manda les *états* à Sens au 10 Septembre 1614; & ce prince les remit à Paris au 10 Octobre suivant; & ils furent ouverts le 27 du même mois; & le 28 Février 1615, on présenta les cahiers au roi, séant en son lit de justice. Ce sont les derniers *états généraux* qu'on ait tenus, & qui furent assemblés par ordre de la reine *Marie de Médicis*.

Ces assemblées des *états généraux* n'étoient composées, sous la première race, disent plusieurs historiens, que de la noblesse; & sous la seconde, de la noblesse & du clergé.

Ce ne fut que sous une partie de la troisieme que le tiers-*état* y fut admis.

Elle se tenoit presque toujours par les ordres du roi, pour les affaires importantes à l'*état*.

La plus belle assemblée générale qui se soit tenue des *états* du royaume, & où, pour la premiere fois, selon quelques écrivains, les *communes*, ou le tiers-*état* aient été appellés, c'est celle que *Philippe le Bel* tint à Paris en 1302, au sujet de ses différends avec le pape *Boniface VIII*. Tous les grands & tous les prélats s'y trouverent, ainsi que deux députés des villes, des communautés, chapitres, universités, & les supérieurs des maisons religieuses.

Il y a plusieurs de ces assemblées des *états généraux*, dont nous venons de donner le détail, depuis le commencement de la monarchie jusqu'à *Louis XII*, auxquelles les historiens ne donnent que le nom de *conciles*, de *conférences* & de *plaids*, (*placita.*) N'importe le nom : il est toujours vrai qu'on y portoit des loix, qu'on y rendoit des jugemens, qu'on y publioit des ordonnances, qu'on y faisoit des réglemens, & qu'en un mot on y traitoit de tout ce qui pouvoit intéresser le bien général du royaume. Notre histoire donne encore, à quelques-unes de ces assemblées, le nom de *diète*, sans doute à cause du rapport qu'elles peuvent avoir avec celles qui se tiennent dans l'empire, & qui portent aujourd'hui ce nom.

On sçait que sous la seconde race les *assemblées* qui se tenoient le premier de Mars, furent fixées au premier de Mai. Ces *diètes* devinrent très-célebres, tant par la nature & l'importance des objets qu'on y traitoit, que par la puissance & l'autorité des monarques qui les convoquoient.

Pépin voulut qu'on assemblât les *états* deux fois l'an, au mois de Mai & au mois d'Octobre, & extraordinairement toutes les fois que, pour des cas importans, on jugeroit à propos de les convoquer. C'est dans ces assemblées que furent établies & confirmées ces loix connues sous le nom de *capitulaires*.

Outre ces assemblées, les rois de la seconde race, & une partie de la troisieme, tenoient encore leurs cours plénieres aux principales fêtes de l'année, surtout à Noël & à Pâques, & dans les occasions de réjouissances publiques ; mais ces *assemblées* n'étoient que des cérémonies d'éclat & d'appareil, où le monarque signaloit sa magnificence, soit par des présens, soit dans des festins, qu'il donnoit à ceux de ses sujets qui avoient le droit d'assister à ces fêtes, & dont on remarque des traces jusqu'après le régne de *S. Louis*.

Si les premiers rois de la troisieme race conserverent l'usage d'assembler les grands de leur royaume dans les circonstances qui paroissoient le mériter, il ne reste cependant presque point de loix, qu'on puisse attribuer à ces *diètes*, que l'on appella *parlemens* vers le commencement du treizieme siécle, soit parce que toutes les loix étoient déja faites, soit parce que toutes ces assemblées, n'ayant effectivement que *la voix de la remontrance & de la très-humble supplication*, le roi se contentoit de demander leur avis, & de *déférer à leurs doléances & à leurs prieres, suivant les régles de la prudence & de la justice*.

Nous avons dit qu'à l'occasion de la célébre assemblée des *états généraux* convoqués par *Philippe le Bel*, le *tiers-état* y avoit été appellé pour la premiere fois; mais il faut remarquer que dans l'assemblée convoquée par *Charlemagne* en 802, & dont nous avons parlé, en parcourant les assemblées des différens régnes, le peuple y fut admis avec les évêques, les prêtres & les moines, les ducs, les comtes & les officiers du palais.

D'ailleurs, comme on le remarque dans l'Histoire critique de la Monarchie françoise, *tome iij, p.* 310, pendant près de cinq cens ans, les conditions ne furent distinguées, en France, que par les charges, soit militaires, soit civiles; & la naissance n'étant point alors un titre d'exclusion, on ne peut pas dire que le *tiers-état* ait été regardé comme incapable d'assister à ces assemblées; il est seulement vrai, que ceux qui ne possédoient point de charges, n'y étoient pas ordinairement admis. C'est ce que l'on voit encore aujourd'hui en Angleterre, où pour entrer dans la chambre haute du parlement, la naissance seule n'est pas suffisante; il faut être du nombre des citoyens constitués en dignité.

Une autre remarque à faire sur ce que nous avons dit, que sous les rois de la premiere race, les assemblées n'étoient composées que de la noblesse, & sous la seconde, de la noblesse & du clergé, c'est que, si l'on regarde le champ de Mars comme le rendez-vous général des troupes, au moment qu'on alloit entrer en campagne, ce qui pourroit bien avoir été quelquefois, il est certain que le clergé ne devoit pas s'y trouver en sa qualité du premier ordre de l'*état*; mais nous avons peu de vestiges de ces assemblées; & sous les rois *Mérovingiens*, il n'est fait mention d'aucune assemblée notable qu'on y voie des évêques y prendre séance.

Dans les pays d'*état*, comme en Bourgogne, quand l'assemblée de ces *états* se tiennent, le premier président, par exemple, du parlement de Dijon, siège avec l'intendant, à côté du gouverneur de la province; & les lieutenans généraux siégent de l'autre côté entre le gouverneur & la noblesse; & le maire de Dijon, soit qu'il soit noble ou non, est toujours à la tête du *tiers-état*. Voyez la *Chronique des Etats généraux*, par *Savaron*.

ÉTENDARD : ce mot vient de la similitude de l'action à laquelle il est propre; car il est fait pour être étendu & pour être vu. Le mot d'*étendard* est toujours affecté à la cavalerie, comme celui de drapeau est affecté à l'infanterie. Il y a eu de tout temps un *étendard royal* dans les armées de France, lorsque le roi y étoit en personne; il étoit parsemé de fleurs de lys, sous les régnes de *Charles VI*, de *Charles VII*, jusqu'aux régnes de *Henri III* & de *Henri IV* : il est fait mention plusieurs fois de la cornette & de l'*étendard royal*; il ne fut pas toujours de même couleur. Sous *Philippe-Auguste* il étoit de couleur bleue, semé de fleurs de lys d'or. Sous *Charles VI*, & auparavant il avoit la croix blanche. Voyez *Cornette blanche*.

C'est environ vers la fin du mois de Mars, ou dans le courant d'Avril, que les vingt-quatre *étendards*, des quatre compagnies des Gardes du corps du roi, apportés par les officiers & accompagnés d'un grand nombre d'officiers, avec les trompettes & les tymbales, sont bénis à Notre-Dame par l'archevêque de Paris.

ETERNUEMENT : on place au siécle de *Brune-*

haut, au pontificat de S. *Grégoire le Grand*, l'usage si familier des souhaits en faveur de ceux qui *éternuent*. Mais, disent les *Mém. de l'académie des sciences & belles-lettres*, tom. iv, cette coutume subsistoit, de toute antiquité, dans toutes les parties du monde connu. La *Mythologie* même dit que le premier signe de vie que donna l'homme de *Prométhée*, fut l'*éternuement*. Les *Rabbins* parlent aussi de cet usage; & on reconnoît, au travers des fictions, la trace de la tradition & de l'histoire, qui placent, long-temps avant l'établissement du Christianisme, l'époque de cette politesse, qui est enfin devenue un des devoirs de la vie civile. Elle étoit regardée comme très-ancienne.

Télémaque, dans l'*Odyssée*, ayant dit à la reine sa mere, qu'un étranger lui apportoit des nouvelles d'*Ulysse*, « il *éternua*, aussi-tôt après, d'une si grande
» force, que tout le palais en retentit; la reine en
» marqua sa joie: Allez donc, *Eumée*, dit-elle,
» faites-moi venir cet étranger; n'entendez-vous pas
» que mon fils a *éternué* sur ce que j'ai dit? Ce signe
» ne sera pas vain; la mort menace sans doute la
» tête des poursuivans. » Sur cela madame *Dacier* fait cette remarque: « Nous voyons, par ce présage,
» que la superstition de prendre les *éternuemens* pour
» des augures, est très-ancienne. Cette superstition
» venoit de ce que la tête étant la partie la plus sacrée
» du corps, comme le siége de la raison & du senti-
» ment, l'*éternuement* venant de la tête, on le pre-
» noit pour un signe d'approbation; & non-seule-
» ment on respectoit ce signe, mais on le regardoit
» comme envoyé par *Jupiter* même, & on l'ado-
» roit. En voici une preuve bien remarquable, dans
» le troisieme livre de *Xénophon*, de l'expédition de
» *Cyrus*. *Xénophon* ayant fini un petit discours par
» ces paroles: *Nous avons plusieurs rayons d'espé-*
» *rance pour notre salut*; il ajoûte: *Sur cela quel-*
» *qu'un éternua*; *& tous les soldats l'ayant entendu,*
» *se mirent à adorer Dieu, par un mouvement aussi*
» *général que subit*; *& alors Xénophon, reprenant*

» *la parole, leur dit : Compagnons, puisqu'en par-
» lant d'espérance de salut, cet augure de Jupiter,
» sauveur de nous, est apparu*, &c. Cela explique
» fort bien l'idée que l'on avoit des *éternuemens.* »
J'ajoûterai que l'*éternuement* étoit un bon présage,
s'il se faisoit l'après-dîner, & encore meilleur, s'il
se faisoit du côté droit ; il passoit pour mauvais,
lorsqu'il se faisoit le matin.

Dès le temps d'*Aristote*, qui ignoroit l'origine de
l'*éternuement*, & chez les *Grecs* & chez les *Romains*, quand quelqu'un *éternuoit*, on lui disoit :
Vivez, portez-vous bien, que Jupiter vous conserve.

ETIENNE. (SAINT-) Douze cathédrales du
royaume sont dédiées à *S. Etienne*, premier martyr. Il y a deux églises à Paris en son honneur. La
collégiale de *S. Etienne*, dont le chapitre est composé d'une dignité de chevecier, & de douze canonicats, à la collation de deux chanoines de Notre-Dame ; & la paroisse de *S. Etienne du Mont*, où
l'abbé de Sainte-Genevieve & ses religieux, comme
curés primitifs, vont, le 26 Décembre, fête de
S. Etienne, chanter la messe & les vêpres.

Le clergé de Notre-Dame va, le 3 Août, en procession à l'église de *S. Etienne*, où il chante la
messe ; & le dimanche suivant, l'abbé & les religieux, comme curés primitifs de *S. Etienne du
Mont*, viennent y faire l'office.

ETIQUETTES DE LA COUR. Voyez *Cérémonial.*

ETOILE : l'ordre de l'*étoile* est le premier dont
notre histoire fasse mention ; le roi *Jean* le créa,
en 1351, & porta le nombre des chevaliers à cinq
cens. La marque de distinction de cet ordre fut
multipliée à l'excès ; on ne distingua personne ; &
l'ordre fut avili dans son origine. La devise étoit
une *étoile*, avec cette inscription : *Monstrant regibus astra viam.* « Les astres guident les rois. »

Cependant *Moreri* dit que cet ordre subsistoit
encore avec honneur du temps de *Louis XI*, qui,
l'an 1458, fit son gendre, *Gaston de Foix*, cheva-

lier de cet ordre, dont il célébra la fête à Paris, avec beaucoup de solemnité, en 1470. Mais, comme ce prince institua l'ordre de S. Michel, & qu'il le donna à moins de personnes, *Charles VIII*. son fils, jugea à propos de supprimer l'ordre de l'*étoile*, que le roi *Jean* avoit mis sous la protection de la *sainte Vierge*. Ces assemblées se tenoient à Notre-Dame des Vertus, dont l'église étoit appellée alors *l'église de la noble maison*.

La marque de cet ordre étoit une bague que ces chevaliers portoient; autour de la verge étoient écrits leurs noms & leurs surnoms; en dedans il y avoit un cercle d'émail, au milieu duquel étoit une *étoile*; dans cette *étoile* même il y avoit un cercle d'azur; & tout au milieu étoit enchâssé un petit soleil d'or.

Cette bague n'étoit pas la seule marque qui distinguât les chevaliers; ils en portoient une semblable sur leurs manteaux ou sur leurs cottes d'armes; & ils avoient un habillement qui leur étoit propre, & sans lequel ils ne devoient pas paroître à leurs assemblées.

Un chevalier d'un autre ordre ne pouvoit, sans y renoncer, entrer dans celui-ci; & quand on y étoit entré, on ne pouvoit, sans une expresse permission du roi, s'engager dans un autre.

L'assemblée générale de cet ordre se tenoit, la veille & le jour de l'Assomption de la sainte Vierge, à Notre-Dame des Vertus. Il y avoit dans la *noble maison* une table appellée la *table d'honneur*, autour de laquelle étoient trois princes, trois baronnets & trois bacheliers, qui s'étoient distingués dans la guerre. Ceux-ci présidoient aux assemblées; ceux qui étoient trop éloignés pour y assister, entendoient ensemble la messe & les vêpres le jour de l'Assomption.

Chaque chevalier, en mourant, devoit envoyer les marques de l'ordre à *Notre-Dame des Vertus*; on faisoit un service solemnel pour le repos de son ame. Tous leurs écussons étoient placés dans la sale des assemblées, au-dessus de la place que chacun d'eux occupoit; & si quelqu'un méritoit d'être dégradé, on renversoit son écusson sans-dessus-dessous, sans l'effacer. Voilà ce que la lettre circulaire du roi *Jean*, datée du 6 Novembre 1751, qu'on conserve dans la chambre des comptes de Paris, nous apprend touchant cet ordre dont nos rois étoient les grands-maîtres.

Quelques modernes historiens ont avancé que cet ordre avoit été abandonné au chevalier *du guet*; mais ce qu'on vient de rapporter, suffit pour détruire cette opinion, dont le public est prévenu.

ETRENNES. Voyez *Janvier*.

ETUVES : du temps que l'empereur *Julien* faisoit son séjour à Paris, on se servoit de fourneaux pour échauffer les chambres. Ces fourneaux étoient-ils des poëles, ou des cheminées ? C'est ce qu'on ignore. Ce n'est qu'au commencement du dix-septieme siècle, qu'on a cessé d'avoir à Paris des *étuves*. On ne pouvoit faire un pas sans en rencontrer; & ce n'étoient que des *étuves* dans les deux rues qui en portoient le nom. Ces *étuvistes*, je pense, sont nos baigneurs d'aujourd'hui; & s'il y en avoit, parmi eux, chez qui on n'alloit simplement que pour se chauffer & passer le temps, les caffés en ont pris la place.

EU : ville de France, en Normandie, avec titre de *comté-pairie*, à une lieue de la mer, entre Dieppe & Saint-Valery. On trouve dans cette ville deux monumens des *Romains*, conservés jusqu'à nos jours; ce qui prouve incontestablement que cette ville étoit une place importante.

Le premier est un de leurs chemins militaires, qui conduit d'Amiens, & même, à ce qu'on dit, de Soissons jusqu'à cette ville, & qui se présente encore aujourd'hui, élevé en forme de chaussée, dans les lieux où il passe.

L'autre monument est une ancienne porte de la ville, (présentement murée,) accompagnée de deux grosses tours, à laquelle on a toujours donné le nom de *porte d'empire*, comme on le donne encore à présent à la rue qui y conduit.

Cette porte, de même que la rue, a été ainsi nommée à cause du grand chemin qui venoit s'y terminer. On peut joindre à ces deux monumens un ancien temple qui subsiste encore dans la ville, & plusieurs anciens tombeaux, qui ont été découverts à une petite distance de la porte d'empire.

Ces anciens monumens, &, plus particuliérement le *chemin militaire*, démontrent sans replique, que du temps des Romains, la ville d'*Eu* & celle de *Treport*, qui ne sont presque qu'une même chose, à cause de leur proximité, étoient les lieux les plus considérables, & le port de mer le plus fameux, qu'il y eût alors sur toute la côte, depuis Boulogne jusqu'à l'embouchure de la Seine, & que les Romains regardoient ce port comme le plus propre pour y embarquer leurs troupes, toutes les fois qu'ils voudroient les faire passer en Angleterre; car le port de *Dieppe* n'a commencé à se former qu'en 1080; & S. Valery n'étoit qu'un désert au septieme siécle.

Les comtes d'*Eu* sont célebres dans notre histoire. Le premier est *Guillaume*, fils puîné, d'autres disent, fils naturel de *Richard I*, duc de Normandie. Ce *Guillaume* mourut vers l'an 1089; il est le sixieme ayeul de *Raoul*, septieme comte d'*Eu*, dont la sœur *Alix*, morte en 1227, porta le comté d'*Eu* à son mari *Raoul* de Luzignan, dit d'*Issoudun*. Raoul de Luzignan, leur fils, laissa ce comté à *Marie*, sa fille, qui épousa *Alphonse de Brienne*. D'eux descendoit au quatrieme degré, *Raoul de Brienne*, quatorzieme comte d'*Eu*, décapité le 19 Novembre 1351.

Alors le comté d'*Eu* fut confisqué & donné à *Jean d'Artois*, qui mourut en 1387, pere de *Robert d'Artois*, mort la même année, & auquel succéda *Philippe d'Artois*, son frere, connétable de

France, mort le 16 Juin de l'année 1397. C'est en faveur de *Charles I d'Artois*, fils de *Philippe*, que le roi *Charles VII* érigea le comté d'*Eu* en pairie au mois d'Août 1458.

Charles I d'Artois étant mort sans postérité en 1472, *Bonne*, sa sœur, hérita du comté d'*Eu*; elle le porta à son mari *Philippe de Bourgogne*, duc de Nevers. Leur fils *Jean*, fut le dix-neuvieme comte d'*Eu*, & mourut en 1491, laissant une fille *Elisabeth*, morte en 1483, alliée à *Jean*, duc de Cleves, mort en 1481.

François de Cleves, I du nom, duc de Nevers, & vingt-deuxieme comte d'*Eu*, arriere petit fils de *Jean*, mourut en 1562. *Jacques de Cleves*, I du nom, son deuxieme fils, vingt-quatrieme comte d'*Eu*, mourut en 1564.

Alors *Catherine de Cleves*, sœur de *Jacques I*, hérita du comté d'*Eu*, & le porta, en 1570, à son mari *Henri I*, duc de Guise, qui mourut en 1588, pere de *Charles*, comte d'*Eu*, mort en 1640.

Ce dernier eut pour fils *Henri II* de Lorraine, comte d'*Eu*, qui mourut en 1664, ayant vendu en 1660, pour la somme de deux millions cinq cens mille livres, son comté d'*Eu* à *Marie-Louise d'Orléans*, fille de *Gaston Jean-Baptiste* de France, qui en fit don, en 1682, à *Louis-Auguste*, légitimé de France, duc du Maine, en faveur duquel le roi *Louis XIV*, son pere, rétablit le titre de pairie en comté d'*Eu*, par les lettres-patentes du 5 Mai 1694. Ce prince, en qualité de comte d'*Eu*, pair de France, prit séance au parlement le 8 de Mai l'an 1694, immédiatement après les princes du sang, & avant tous les pairs ecclésiastiques & séculiers, qui s'y trouvoient en grand nombre.

Le comte d'*Eu*, fils puîné du duc *du Maine*, est né le 15 Octobre 1701.

La ville d'*Eu*, & le comté de ce nom est la patrie de plusieurs hommes illustres & personnes célebres.

Jean de Bethencourt, baron de S. Martin-le-Gaillard au comté d'*Eu*, est le premier qui ait tenté la découverte du nouveau monde, & qui ait frayé le chemin pour passer en Amérique. C'est lui qui commença le premier établissement aux isles des Canaries.

Jean de Blangy, ainsi surnommé, parce qu'il étoit né au bourg de Blangy, au comté d'*Eu*, fut docteur de la maison de Navarre, & fait évêque d'Auxerre en 1338.

Abraham Duquesne, pere du grand *Duquesne*, général des armées navales de France, né aussi au bourg de Blangy, au comté d'*Eu*, de parens pauvres, fut sçavant dans le pilotage, & commanda sous *Louis XIII*, une escadre où il donna des preuves de valeur, ayant été attaqué, à son retour de Suéde, par une escadre Espagnole beaucoup plus forte que la sienne.

Jacques Sore, né au village de Floques, au comté d'*Eu*, vivoit dans le seizieme siécle, & fut un des plus fameux corsaires de son temps. *Jeanne d'Albret*, reine de Navarre, l'établit amiral de Navarre, pour avoir droit de course sur les vaisseaux Espagnols.

EUDISTES ; c'est une congrégation de prêtres répandus dans plusieurs dioceses de France, qui a pour instituteur *Jean Eudes*, né à Rye, près d'Argentan en Normandie, diocese de Séez, le 14 Novembre 1601, & mort à Caën, le 19 Août 1680, âgé de soixante & dix-neuf ans. Cette congrégation a des maisons à Lizieux, à Evreux, à Coutance, à Bayeux, à Caën, & à Séez ; & les évêques de ces dioceses les ont chargé de la conduite de leurs séminaires. Ils ont aussi une maison à Paris dans la rue des Postes depuis 1735.

ÉVÊCHÉ : on entend par ce mot une contrée soumise à la jurisdiction d'un évêque. Les papes, sous les fils de *Clovis*, ne s'étoient point encore attribué le droit de confirmer la nomination des *évêchés*. Les rois de cette premiere race les conféroient ordinairement à l'exclusion du peuple & du clergé.

Louis le Débonnaire, en 840, rendit au clergé de son royaume la liberté des élections, & se réserva seulement le droit de les confirmer; mais cette loi ne fut exécutée ni sous ce prince, ni sous ses successeurs. Sous cette seconde race, comme sous la premiere, on envoyoit simplement une confession de foi au pape, & on lui demandoit la communion; c'étoit le seul hommage qu'on rendoit alors à la cour de Rome. Voyez *Election des évêques*, & ci-dessous *Evêque*.

Sous *Philippe le Long*, l'*évêché* de Toulouse fut érigé en métropole, & *Montauban, Saint-Papoul, Rieux, Lodeves, Lavaur, Mirepoix, Saint-Pons, Castres, Alais, Comdon, Sarlat, Tulle, Saint-Flour, Vabres, Luçon, la Meilleraie*, depuis la Rochelle, ont été érigés en *évêchés*.

Louis XIII, le 20 Octobre 1622, érigea l'*évêché* de Paris, suffragant de Sens en archevêché; il a pour suffragant, les *évêchés* de Chartres, de Meaux, & d'Orléans; l'*évêché* de Blois créé sous *Louis XIV*, y a été depuis ajoûté.

En Italie, le pape donne tous les *évêchés*; en France, il les donne depuis le concordat, mais sur la nomination du roi. Les rois d'Espagne, & quelques autres princes y nomment aussi, par des indults particuliers que le pape accorde pour la vie de chaque prince. En Allemagne, les élections se sont conservées, par le concordat germanique de 1448.

ÉVENTAIL: instrument, qui sert à éventer, & dont les dames se servent pour se rafraichir l'été. La coutume même s'est introduite parmi elles, depuis quelques années, de porter des *éventails* en hiver comme en été, mais seulement pour leur servir de contenance.

En Orient on a des *éventails de plumes* pour se garantir du chaud & des mouches; & les Italiens, dit *Balzac*, lassent le bras de quatre valets pour s'en garantir.

On lit dans *Moreri*, que dans la célebre abbaye de Tournus, ordre de S. Benoît, en Franche-Comté, & dans le monastere de Prouille, ordre de S. Dominique, on voit un *éventail* singulier, dont les diacres se servoient autrefois pour empêcher les petits animaux volans de tomber dans le calice.

Durant en parle, dans son livre de *Ritibus ecclesiasticis*; on l'appelloit en latin *flabellum*; & le même *Durant* assure que deux diacres le tenoient de chaque côté de l'autel. Cet *éventail* a à peu-près la même figure que ceux dont se servent aujourd'hui les femmes, excepté qu'il a beaucoup plus d'étendue, & que le manche en étoit fort long.

Autour de celui qui se conserve dans l'abbaye de *Tournus*, on lit ces vers latins en gros caracteres;

D'un côté:

Flaminis hoc donum, regnator summe polorum,
  Oblatum puro pectore sume libens,
Virgo parens Christi voto celebraris eodem;
  Hic coleris pariter tu, Filiberte, sacer.
Sunt duo quæ modicum conferat æstate flabellum
Infestas abigit muscas & mitigat æstum,
Et sine dat tædio munus gustare ciborum.
Propterea calidum qui vult transfire per annum,
Et tutus cupit ab atris existere muscis,
Omni se studeat æstate munire flabello.

Autour de l'*éventail* sont représentés les saints, dont voici les noms: *Sancta Lucia*, *Sancta Agnes*, *Sancta Cæcilia*, *Sancta Maria*, *Sanctus Petrus*, *Sanctus Paulus*, *Sanctus Andræas*.

De l'autre côté:

Hoc decus eximium pulchro moderamine gestum
  Condecet in sacro semper adesse loco.
Namque suo volucres infestas flamine pellit,
  Et strictim motus longius ire facit.
Hoc quoque flabellum tranquillas excitat auras
Æstum dum eructat ventum, excitatque serenam,
Fugat & obscænas importunasque volucres.

Au-deſſous des figures on lit : *Judex Sanctus Mauritius, Sanctus Dionyſus, Sanctus Philibertus, Sanctus Hilarius, Sanctus Martinus levita.*

Sur la premiere pomme du manche, au-deſſous des quatre figures en relief : *Sancta Maria, Sancta Agnes, Sanctus Philibertus, Sanctus Petrus.*

Sur la ſeconde : *Johel me ſanctæ fecit in honore Mariæ.* Ce Johel eſt le nom de celui qui a fait cet éventail.

Voyez l'*Hiſtoire de l'abbaye de Tournus*, par l'abbé *Juénin*, page 44, 45, 46. Le P. *Martenne*, *Voyage littéraire*, tome j, page 232.

ÉVÊQUE : ce nom vient du grec ἐπίσκοπος, qui ſignifie inſpecteur. Ce mot étoit fort en uſage dans la république d'Athènes, & dans les autres villes d'Aſie, ſuivant le *Scholiaſte d'Ariſtophane* ; ceux que les Athéniens envoyoient dans les villes de leurs dépendances pour avoir l'œil ſur ce qui ſe paſſoit, étoient appellés ἐπίσκοποι, *évêques*. Cicéron dans une épître à *Atticus*, dit auſſi que le nom d'*epiſcopus*, ou *évêque*, étoit en uſage chez les Romains, & qu'il avoit eu lui-même cette qualité.

Le nom d'*évêque* ſe trouve quelquefois dans la verſion grecque des Septante ; ce qui fait croire que les apôtres auroient bien pu prendre ce titre. Dans les ſynagogues, il y avoit un préſident ou un chef ; de même dans les premieres aſſemblées des Chrétiens, il y avoit un chef que quelques *peres de l'égliſe* ont nommé *préſident* ; & de-là peut-être l'origine du nom d'*évêque*.

Ce nom, dans le commencement de l'égliſe, étoit commun avec les *prêtres* ; mais cependant les *évêques* en ont toujours été diſtingués ; ils ſont, comme le *pape*, les *vicaires de Jeſus-Chriſt*, les *ſucceſſeurs des apôtres*, les *paſteurs des brebis*, & les *dépoſitaires des clefs*. *Jeſus-Chriſt* leur a dit comme au pape, en parlant de S. Pierre : *Paſce oves meas*, & non pas *oves tuas*. Pais mes brebis, & non pas tes brebis. Le *pape* & tous les *évêques* font partie du troupeau dont, ſuivant S. Auguſtin, ſur le *pseaume* 86, *Jesus-Christ* est le pasteur des pasteurs.

Les ornemens des *évêques* sont l'*anneau*, la *crosse*, la *croix pastorale* & la *mitre*.

Ils ont toujours eu la principale autorité dans l'église, quoiqu'ils ne fissent alors rien sans le conseil des *prêtres*. Chaque ville avoit son *évêque*, qui gouvernoit non seulement les églises de la ville, mais encore celles de la campagne voisine.

Nous avons dit, au mot *Election des évêques*, que dans l'antiquité ils étoient élus par le clergé & par le peuple, & ordonnés par le métropolitain & par les *évêques* de la province. Les rois les approuvoient. Dans la suite ils s'en sont mêlés, & peu-à-peu ils sont devenus totalement les maîtres de ces élections. Mais depuis le concordat entre *François I* & *Léon X*, les bulles du pape sont nécessaires pour autoriser les élections & les nominations des *évêques*.

Autrefois il n'y avoit que les *évêques*, qui étoient les seuls ministres du baptême solemnel & de la pénitence publique. L'ordination des prêtres & des diacres leur a toujours été réservée, ainsi que la consécration des autels, celle du saint chrême, la bénédiction des abbés & des abbesses, & le droit de donner la Confirmation, sur-tout en Occident; car chez les Grecs, les prêtres administroient ce sacrement.

Anciennement la jurisdiction des *évêques* étoit toute spirituelle, & s'étendoit sur le clergé & sur le peuple de chaque diocèse. Présentement un *évêque* joint à sa jurisdiction spirituelle, une jurisdiction civile qu'il fait exercer par un juge qu'il nomme *official*.

Les *évêques* ont toujours été les juges de la doctrine & de la discipline de l'église, dans les conciles, soit généraux, soit nationnaux, soit provinciaux ; & quand dans leurs diocèses ils rendoient des jugemens ou contre les clercs, ou contre les laïcs, ceux qu'ils condamnoient ne pouvoient se pourvoir qu'au concile de la province, qui avoit droit de réformer ces jugemens. Aujourd'hui on appelle de la sentence de l'*évêque*, ou de son official au métropolitain, ou à son official, & même au primat des Gaules.

C'est une loi inviolable dans l'église qu'un *évêque* ne peut faire aucune fonction épiscopale dans le diocèse d'un autre *évêque*, ni exercer aucune jurisdiction sur les clercs & sur les laïques d'un autre *évêque*, ni recevoir à sa communion ceux qu'un autre *évêque* a excommuniés, à moins que cet *évêque* n'y consente.

Le titre d'*évêque* a subsisté long-temps, avant celui d'*archevêque*. Ce dernier titre ne se donnoit, dans le septieme siécle, qu'aux *patriarches*. Depuis, le nom d'*archevêque* a été donné, & est resté au chef de chaque métropole.

Avant ce temps-là, on appelloit tous les pasteurs *papes* ou *évêques*, ou *hommes apostoliques*, *viri apostolici*; & leurs siéges, tant celui de Rome, que les autres évêchés, *sedes apostolicæ*. Le pape Grégoire VII est le premier, qui ait pris le titre de *pape*, exclusivement à tous les autres.

L'autorité des *évêques*, dès le commencement de la Monarchie, a été grande en France; ils présidoient aux délibérations des peuples & à leurs entreprises, non comme chefs de la religion, mais comme premiers citoyens; elle augmenta encore beaucoup plus sous *Charles le Chauve*, & *Louis le Germanique*. Elle fut si grande qu'ils décidoient de tout & amenoient tout à leur avantage, jusqu'au point que les princes eux-mêmes irritoient leur ambition, en les faisant les dispensateurs des couronnes, qu'ils vouloient obtenir.

En effet, sous la race des *Carlovingiens*, les *évêques* se crurent si bien en droit de décider des intérêts des princes, de donner ou d'oter des couronnes, qu'ils s'obligerent au concile de *Savonnieres* à demeurer très-étroitement unis pour corriger les loix avec les grands seigneurs du royaume François, & le peuple dont ils étoient chargés; ce sont les termes du décret.

H ij

Enfin le règne de *Charles le Chauve* fut le règne des *évêques*, & l'époque de la décadence de la race Carlovingienne. Ce qu'il y a encore digne de remarque, c'est que le premier canon du concile de Troyes, tenu en 898, par le pape *Jean VIII*, sous le règne de *Louis II*, ordonne, sous *peine d'excommunication*, à toutes les puissances du monde d'honorer les *évêques*, & défend à quelque personne que ce soit de s'asseoir en leur présence, s'ils ne commandent de le faire. Ce fut encore dans le concile de Valence, tenu en 891, que les *évêques* & les seigneurs, de leur propre autorité, proclamerent & couronnerent roi de Provence *Louis*, fils de *Boson*.

Telles étoient alors les entreprises d'*un clergé ambitieux & ignorant*; prétention qu'ils fondoient sur la puissance de *lier* & de *délier*, mais qui ne regarde que les ames, prétention encore qu'ils oserent autoriser dans l'assemblée de Compiegne, & qu'ils firent long-temps passer pour un principe, quoique généralement reconnue pour une erreur *anathématisée* par le divin Auteur de la religion, qui déclare en termes exprès, que son royaume n'est pas de ce monde.

A l'imitation des seigneurs, ils s'approprierent le domaine de quelques villes de leurs dioceses; de-là les titres de *prince*, de *duc* ou de *comte*, que plusieurs portent encore aujourd'hui. Enfin si on leur contestoit quelques droits ou leurs jurisdictions temporelles, ils commençoient par excommunier les officiers royaux, & ensuite faisoient cesser l'office divin dans toute l'étendue de leur prélature.

C'est ce que firent, sous S. *Louis*, *Milon*, évêque de Beauvais, & *Maurice*, archevêque de Rouen; mais pour remédier à de si grands désordres, le pieux monarque fit saisir leur temporel; & après quelques années de scandale, ces prélats ennuyés de ne point jouir, leverent toutes leurs censures.

La jurisdiction des *évêques* étoit parvenue, dans ces temps-là, à un si haut degré de puissance, & devenoit si fâcheuse à nos rois, que plusieurs, pour la réprimer, se virent obligés de recourir au pape, à qui par-là ils fournissoient les moyens d'augmenter son autorité déja trop redoutable.

Il faut cependant avouer, que malgré l'ambition & le pouvoir des *évêques* de France de ces temps-là, il s'en est toujours trouvé d'assez pieux, d'assez zélés pour rester dans les bornes de leur état, & d'assez fermes contre les prétentions de la cour de Rome.

Ansegise, archevêque de Sens, ayant obtenu du pape *Jean VIII*, la primatie dans les Gaules & la Germanie, les *évêques* de France, en 876, condamnerent cette entreprise; & malgré les instances du roi *Charles le Chauve*, & les sollicitations des légats du pape, en faveur de cet *Ansegise*, tous les *évêques* des Gaules, à la réserve de quelques-uns, dans le concile de Pontignon, resterent fermes dans leur résolution; & l'archevêque de Sens n'obtint rien.

Ils ont toujours été en possession de juger des questions, qui intéressent la foi & la discipline. On peut voir au long, dans l'Histoire d'*Eusebe* de *Césarée*, le jugement rendu dans les Gaules contre *Montan* & ses sectateurs, & celui que *S. Irénée*, & les autres *évêques* des Gaules rendirent, touchant la célébration de la Pâque, dans le concile de Mayence, tenu en 884; un autre jugement des mêmes *évêques*, contre *Gothescalque*; un autre dans le concile de Reims en 1148, contre les erreurs de *Gilbert La Porée*, évêque de Poitiers, & dans une infinité d'autres occasions, avant & depuis ces conciles.

Au commencement du quatorzieme siécle, le pape demanda que les *évêques* de France suspendissent leur procédure contre les Templiers, & que tout fût réservé & renvoyé à son jugement. Le pape ne fut point écouté: *Philippe le Bel* lui répondit avec vigueur, & les *évêques* en continuerent le jugement.

Un *évêque*, qui seroit mandé par le pape pour quelque cause que ce pût être, ne pourroit sortir du royaume sans permission du roi, suivant un des articles proposés au roi, à S. Germain en Laye, en 1583, qui porte qu'un prélat ne peut s'absenter du royaume, sans congé par écrit de sa majesté, sous peine de saisie de son temporel, & perte des fruits de son bénéfice pendant son absence.

Pour finir cet article, disons que les évêques jouissent tous du même honneur, & que leur dignité ne se mesure pas par la grandeur des villes & des diocèses. Quelques *évêques* en France ont le *pallium* par privilége, comme les *archevêques*; tel est l'*évêque* d'Autun.

Anciennement on les qualifioit de *très-saints* & *bienheureux*; & ce n'est que depuis le cardinal de *Richelieu* qu'ils ont pris le titre de *monseigneur*, & qu'ils ont eu la *grandeur*. Auparavant on les appelloit *révérend pere en Dieu*, ou *messire N*.

Entre les *évêques* de France, il y en a trois ducs, & trois comtes-pairs ecclésiastiques. L'*archevêque de Reims* est le premier duc & pair; l'*évêque de Langres*, le second; & l'*évêque de Laon*, est le troisieme. L'évêque de Beauvais est le premier comte & pair; l'*évêque de Noyon*, le second; & l'*évêque de Châlons*, le troisieme.

L'archevêché de Paris a été érigé en duché-pairie par *Louis XIV*, en 1674, en faveur de *François de Harlai*, archevêque de Paris, & de ses successeurs. Les lettres furent vérifiées en 1690; c'est sur la terre de S. Cloud, qu'est établi le duché.

Tous les *évêques* de France prennent la qualité de conseillers du roi en ses conseils d'état & privé, quoiqu'ils n'y aient pas séance, à moins qu'ils n'y soient appellés par une commission expresse. Ils prêtent serment entre les mains du roi.

EVREUX: comté érigé, au mois de Janvier 1316, par *Philippe le Long*, en pairie perpétuelle, avec le même rang & les mêmes prérogatives que les premieres & anciennes pairies du royaume, en faveur de *Louis* de France, tige de la branche royale d'*Evreux*. Louis mourut à Paris, le 19 Mai 1319, dans l'hôtel qu'il avoit bâti au fauxbourg

Saint-Germain, à l'endroit où font aujourd'hui les loges de la foire; il est enterré aux Freres Précheurs de la rue S. Jacques, avec la princesse *Marguerite* d'Artois, son épouse.

Le premier comte d'*Evreux* fut, en 998, *Robert*, second fils de *Richard*, duc de Normandie. *Amauri IV*, dont les enfans conserverent le comté de Montfort, vendit, en 1200, le comté d'*Evreux* au roi *Philippe-Auguste*, qui le réunit à la couronne. *Louis* de France, troisieme fils de *Philippe III*, eut en apanage les comtés d'*Evreux* & d'*Etampes*. *Philippe*, son fils ainé & son successeur, fut comte d'*Evreux* & roi de Navarre, par son mariage avec *Jeanne*, reine de Navarre, fille de *Louis X*. D. *Carlos I*, son fils & son successeur dans le royaume de Navarre & le comté d'*Evreux*, mourut à *Evreux*, en 1373, & laissa D. *Carlos II*, prince turbulent. Il fut chassé de France par le roi *Charles V*, qui confisqua sur lui l'Angoumois & le comté d'*Evreux*. Il mourut, en 1386. Son fils *Charles* dit *le Noble*, lui succéda. Il vendit au roi *Charles VI* le comté d'*Évreux*, par traité du 9 Juin 1404. *Charles IX* donna ce comté à *François*, son frere. Il fut réuni à la couronne, à la mort de ce prince, en 1583; & ce comté fut donné, en 1651, par *Louis XIV*, au duc de *Bouillon*, en échange de Sedan. Voyez *Sedan*.

EXCELLENCE: on donnoit aux rois de France de la premiere & seconde race le titre d'*excellence*, & on les appelloit *excellentissimes*: on les appelloit aussi *illustres*. Voyez ce mot. Le titre d'*excellence* est le premier qu'on ait donné aux princes du sang de France, & à ceux des autres maisons de l'Europe; mais, comme plusieurs grands seigneurs, qui n'étoient pas princes, prirent aussi le titre d'*excellence*, les princes, pour se distinguer d'eux, prirent celui d'*altesse*. *Pasquier* rapporte des lettres de *S. Grégoire* aux rois *Théodebert* & *Théodoric*, où ce pape les traite seulement d'*excellence*. C'étoit autrefois le titre le plus ordinaire des rois

& des empereurs; & *Anastase le Bibliothécaire* appellé *Charlemagne* son *excellence*.

L'origine du titre d'*excellence* qu'on donne aux ambassadeurs, vient de ce que le roi *Henri IV* ayant envoyé à Rome, en 1593, le duc de *Nevers*, en qualité de son ambassadeur, on lui donna, à cause de sa naissance, le titre d'*excellence*. Depuis, tous les ambassadeurs l'ont pris.

Les rois ne donnent point l'*excellence* aux ambassadeurs; mais les Etats-Généraux & les princes d'Italie le font: la république de Venise les traite de *votre seigneurie*.

La cour de Rome ne traite point d'*excellence* les ambassadeurs ecclésiastiques. L'évêque-duc de *Laon* y a prétendu ce titre. Les seigneurs Romains le lui ont donné; mais il l'a eu de peu de cardinaux. Cette cour l'accorde à nos ducs & pairs de France séculiers, lorsqu'ils font le voyage de Rome. Les cardinaux & les princes Romains donnent aussi le nom d'*excellence* aux personnes revêtues des grandes charges, comme au chancelier, aux ministres & secrétaires d'état, & aux premiers présidens des cours supérieures de France, comme aussi aux présidens des conseils d'Espagne, au chancelier de Pologne, & à ceux, en un mot, qui possedent les premieres dignités de l'état, pourvu qu'ils ne soient pas ecclésiastiques; car alors ils ne leur donnent que le titre de *seigneurie illustrissime*.

EXCOMMUNICATION: ce mot signifie, en général, séparation de la communion ou de commerce avec une personne avec laquelle on en avoit auparavant. En ce sens, tout homme, qui est exclus d'une société ou d'un corps, & avec lequel les membres de ce corps n'ont plus de communication, peut être dit *excommunié*. Mais on restreint l'idée de ce terme à ce qui regarde la religion, tant parmi les Payens, que parmi les Juifs & les Chrétiens.

Les *excommunications* ont été en usage chez presque tous les peuples. Les prêtres des Payens avoient des cérémonies usitées dans ces cas-là: ils défendoient à ceux qu'ils *excommunioient*, d'assister aux sacrifices, d'entrer dans les temples ; & ensuite ils les livroient aux démons & aux furies d'enfer ; c'est ce qu'ils appelloient *sacris interdicere, diris devovere, execrari*; cette peine étoit terrible ; mais ils ne s'en servoient qu'à l'extrémité, & quand le coupable étoit incorrigible.

Les *Druides*, chez les *Gaulois*, qui jugeoient tous les procès, interdisoient les sacrifices à quiconque refusoit de se soumettre à leurs sentences ; ceux qui avoient été interdits, étoient réputés *impies* & *scélérats* : ils n'étoient plus reçus à plaider, ni à témoigner en justice ; & tout le monde les fuyoit, dans la peur que leur abord & leur entretien ne portassent malheur.

La prêtresse *Theano*, dit *Plutarque*, pressée par le sénat d'Athènes, de prononcer des malédictions contre *Alcibiade*, qu'on accusoit, au sortir d'une débauche, d'avoir mutilé, la nuit, les statues de Mercure, s'excusa, en disant qu'*elle étoit ministre des dieux pour prier & bénir, & non pour détester & maudire*.

La cérémonie d'*excommunier*, chez les Grecs, étoit ancienne ; cependant, dit *Plutarque*, on s'en servoit rarement. Elle passa de chez eux chez les Romains. Leurs loix ne recevoient un *excommunié* ni à tester, ni à rendre témoignage.

Attéius, tribun du peuple Romain, n'ayant pu empêcher *Marcus Crassus* d'aller en Syrie faire la guerre aux *Parthes*, il courut vers la porte par où *Crassus* devoit sortir, & il mit au milieu un réchaut plein de feu. Quand *Crassus* fut proche, ce tribun du peuple jetta sur le feu quelques parfums, en prononçant, contre le général Romain, des malédictions, & en faisant des imprécations épouvantables.

Les loix de *Lycurgue* excluoient des emplois civils & militaires tous ceux qui s'obstinoient à vivre dans le célibat : ils étoient bannis de la société, & même exposés, tous les ans, à une petite cérémonie assez désagréable; les femmes de *Lacédémone* alloient les prendre chez eux, le premier jour du printemps, & les conduisoient au temple de *Junon*, en les accablant de plaisanteries; & elles leur donnoient le fouet aux pieds de la statue de cette déesse.

Etre chassé de la synagogue, étoit la plus grande peine chez les *Juifs*; les loix de *Moïse*, selon tous les *Rabbins*, retranchoient de la congrégation d'*Israël*, ceux qui ne se marioient pas à un certain âge. Ils *excommunioient* pour cause d'impureté & de crime. On trouve même, dans le nouveau Testament, trois sortes de leurs *excommunications*, qui étoient toujours précédées de censures ou d'avertissemens secrets.

Mais passons aux censures & *excommunications* ecclésiastiques. C'est *Jesus-Christ* qui a donné à son église le pouvoir d'*excommunier*. Les apôtres en ont usé; & les évêques, successeurs des apôtres, ont le même pouvoir de prononcer des sentences d'*excommunication* contre les hérétiques & des pécheurs impénitens; dans la primitive église, on ne s'en servoit que dans la derniere extrémité. Dans la suite, que d'*excommunications* lancées par la passion ou par l'intérêt, & même pour des choses ridicules!

Croira-t-on que *Robert*, surnommé *le Pieux*, est le premier roi qui ait été *excommunié* par un pape, & le premier qui ait été *canonisé*? Ce bon roi encourut les censures de l'église, pour avoir épousé sa cousine, & se vit abandonné de ses domestiques, même pour les choses nécessaires à la vie, lui qui est auteur de plusieurs hymnes d'église, lui dont la charité pour les pauvres étoit si grande, qu'il en avoit toujours mille à sa suite; il leur fournissoit même des voitures pour le suivre, & prier Dieu pour lui.

Toutes les fois que les papes anciennement avoient des différends avec nos rois, ils *excommunioient*, ils interdisoient; les *excommunications* & les *interdits* ne leur coûtoient rien : ils les prodiguoient.

S. Louis en fut menacé; mais il étoit trop éclairé sur sa religion, pour craindre une *excommunication* injuste. *Philippe le Bel* vit lancer sur lui les foudres du Vatican; il n'en eut pas peur. *Louis XII* eut aussi long-temps des différends avec la cour de Rome; & ayant appris que *Jules II* avoit dessein de l'*excommunier*: Eh! quoi, dit-il, *est-ce son emploi de médire*? On lui disoit que ce pape entreprenoit sur le temporel des souverains; il répondit: *Apparemment qu'il a bien du temps à perdre. S. Pierre avoit bien d'autres choses à faire que de se mêler des affaires des empereurs sous lesquels il vivoit.*

Un homme, en pénitence publique, étoit suspendu de toute fonction civile & militaire, & matrimoniale : il ne devoit ni se faire les cheveux ni la barbe, ni même changer de linge.

Dès qu'on avoit quelque intérêt civil avec les ecclésiastiques, si on les appelloit devant le juge séculier, on étoit aussi-tôt *excommunié*, ainsi que le juge qui osoit les citer à son tribunal. Il étoit permis de piller les biens d'un *excommunié* jusqu'à ce qu'il fût absous; & cette *absolution* ne se donnoit pas à bon marché. Nous avons dit le cas que *S. Louis* faisoit de ces sortes d'*excommunications*.

Des évêques, entr'autres, celui d'Auxerre, le supplierent d'ordonner aux juges de son royaume de contraindre ceux qui auront été, pendant un an & un jour, *excommuniés* par sentence, de se faire absoudre, & de satisfaire à l'église.

S. Louis répondit qu'il rendroit volontiers cette ordonnance, mais qu'il entendoit que ses juges, avant de rien statuer, examinassent la sentence qui prononçoit l'*excommunication*, & qu'eux-mêmes connussent si elle étoit à bon droit ou non.

Les prélats, après s'être consultés, repliquerent *qu'ils ne souffriroient jamais que les juges séculiers eussent connoissance sur la justice ecclésiastique:*

Et moi, dit le roi, *jamais je ne souffrirai que les ecclésiastiques prennent connoissance de ce qui appartient à ma justice.*

Le haut clergé, en France, a toujours paru avoir la vertu de continence. Il n'en étoit pas de même autrefois des chanoines & des curés. Un concile de Reims de 1119, excommunie tous les ecclésiastiques mariés, les prive de leurs bénéfices, défend d'entendre leur messe, déclare leurs enfans bâtards, & permet aux seigneurs de les réduire en servitude, & de les vendre.

Cette *excommunication* contre les ecclésiastiques mariés, fut plus efficace que celle qui fut prononcée, l'année suivante, par l'évêque de Laon, contre les *chenilles* & les *mulots*, qui faisoient beaucoup de tort à la récolte.

On a encore vu, sous le régne de *François I*, qu'on donnoit un avocat à ces insectes, & qu'on plaidoit contradictoirement leur cause & celle des fermiers. Il y a une sentence de l'official de Troyes en Champagne, du 9 Juillet 1516, qui porte: *Parties ouies, faisant droit sur la requête des habitans de Villenoce, admonestons les chenilles de se retirer dans six jours, & à faute de ce faire, les déclarons maudites & excommuniées.*

En 1243, le pape *excommunia* l'empereur *Frédéric II*, & ordonna que sa sentence fût publiée par-tout. Un curé de Paris monta en chaire; &, au lieu de faire la lecture de la bulle avec les cérémonies accoutumées, il dit à ses paroissiens:

Vous sçavez, mes freres, que j'ai ordre de fulminer une excommunication lancée contre FREDERIC; j'en ignore le motif. Tout ce que je sçais, c'est qu'il y a, entre ce prince & le pape, de grands différends & une aliénation implacable. Dieu seul connoît qui des deux a tort; c'est pourquoi, de toute ma puissance, aussi loin qu'elle peut s'étendre, j'excommunie celui qui fait injure à l'autre, & j'absous celui qui la souffre.

L'empereur instruit de cette anecdote, envoya une récompense considérable au prédicateur. Mais le pape & le roi de France blâmerent cette indiscrétion; & le mauvais plaisant fut obligé d'expier sa faute par une pénitence canonique.

Ce trait a été regardé, par quelques historiens, comme une plaisanterie, parce que le curé passoit pour un homme qui aimoit à rire de tout; mais, selon d'autres, un motif de vengeance se joignoit au penchant naturel de cet ecclésiastique; il avoit essuyé un chagrin de la part de la cour de Rome, & ne cherchoit que l'occasion de s'en venger.

Quelques papes ont prétendu qu'ils avoient droit d'*excommunier* les rois & les princes, de les priver de leurs états & de leurs biens. *Grégoire VII* est le premier qui en ait donné l'exemple. Cet usage n'a été que trop commun, & a eu des suites funestes ; mais c'est une entreprise contraire à l'esprit de *Jesus-Christ* & à l'église, à laquelle nos princes & les évêques de France se sont opposés avec raison.

On distingue deux sortes d'*excommunication*, sçavoir, la *médecinale* & la *mortelle*. La premiere est celle des *pénitens*, qui étoient séparés de la *communion* pour toute leur vie, ou pour un temps, jusqu'à ce qu'ils eussent expié leur faute. La seconde étoit celle, qui étoit portée contre des *hérétiques* ou contre des *pécheurs* impénitens & rebelles à l'église. L'Histoire ecclésiastique nous fournit des exemples d'*évêques* mêmes & d'*églises*, qui se sont mutuellement *excommuniés*, c'est-à-dire qui se sont séparés de *communion*.

C'étoit une régle générale que, quand un homme avoit été excommunié dans sa province, il n'étoit plus permis de le recevoir à la communion dans aucune église. Les conciles se sont servi du mot d'*anathême* pour prononcer l'*excommunication* contre des personnes, ou pour déclarer que ceux qui commettoient ce qu'ils défendoient, seroient *excommuniés*.

Dans la suite les *canonistes* ont distingué deux sortes d'*excommunication*, l'une que l'on encourt en commettant la chose défendue, & qu'ils appellent excommunication *ipso facto*, ou *latæ sententiæ*, & l'autre, qui doit être portée par le juge en conséquence de la loi ; c'est ce qu'on appelle *commina-toire*, ou *ferendæ sententiæ*.

Dans les premiers siécles de l'église, on ne se servoit du glaive de l'*excommunication*, que pour des choses spirituelles ; dans la suite, les conciles en ont prononcé contre ceux, qui s'emparoient des biens des églises. Des papes ont prétendu, en excommuniant des rois & des princes, avoir le droit de les priver de leurs états & de leurs biens. *Grégoire VII* en a donné l'exemple ; & il n'a été que trop suivi. Nos rois & les évêques de France se sont toujours opposés avec vigueur à cette audacieuse & injuste entreprise : nous en avons cité des exemples. Voyez *Libertés de l'église Gallicane*.

[F A I]

FABERT: ce maréchal de France, gouverneur de Sedan, fut élevé auprès de *Jean-Louis de la Valette*, duc d'Epernon; & ce fut le cardinal de *la Valette*, qui l'avança à la cour. Il servit à l'armée dans plusieurs occasions importantes: *Louis XIV* lui donna le bâton de maréchal de France en 1658. *De Cinq-Marcs* en 1642, sous le règne de *Louis XIII* lui avoit proposé d'entrer dans le complot qu'il forma de perdre le cardinal de *Richelieu*; mais *Fabert* lui répondit: *J'ai pour maxime d'entrer dans les intérêts de mes amis, & jamais dans leurs passions: quiconque me méprise assez pour exiger de moi ce que je crois contraire à mon honneur & à mon devoir, me dispense par cette insulte des égards & de la considération que je lui dois.* Bel exemple à suivre pour tous les hommes, de quelque état qu'ils soient.

FAINÉANT: c'est un homme qui ne fait rien, & qui vit dans une lâche & honteuse oisiveté. Ce mot est composé de *faire* & de *néant*, qui signifie *rien*.

Les premiers descendans de *Clovis* avoient mesuré leur bonheur sur la gloire & l'étendue de leur empire; mais les suivans, à commencer à *Clovis II*, dit *Mézeray*, dans sa grande Histoire de France, laissant empiéter l'autorité des *maires du palais*, firent consister leur dignité à passer toute leur vie dans l'exemption des soucis, & dans une molle oisiveté.

On ne les voyoit point en public, continue le même auteur, encore moins à la tête de leurs armées: on les trouvoit seulement dans le fond de leurs palais, au milieu d'une troupe de femmes, où ils ne s'entretenoient que de discours capables de les plonger dans la volupté. Si quelqu'un avoit affaire à eux, il n'étoit pas admis en leur présence, mais renvoyé au *maire du palais*.

Cependant, de peur que le peuple ne les méprisât, & pour qu'il connût à qui il rendoit obéissance, les *maires* faisoient paroître ces rois, le premier jour de Mai, parés de leur habit royal, avec les ornemens, la couronne sur la tête, le sceptre à la main, & montés sur un chariot traîné par des bœufs, au milieu de la ville.

En cet état ils recevoient les acclamations du peuple, & les présens qui leur étoient faits; & dès que le jour étoit sur son déclin, on les faisoit rentrer dans leur *palais*. Ainsi, moins ils prenoient de part aux affaires du royaume, plus les *maires* étendoient leur autorité & devenoient puissans. Cette autorité s'accrut tellement, & par le temps & par leur adresse, qu'il eût été difficile à ces rois, quand même ils l'eussent voulu, (si profondes étoient les racines,) de la renverser.

C'est ainsi qu'a pensé & écrit *Mézeray*, d'après un grand nombre d'écrivains qui l'ont précédé; & c'est ainsi, ou à-peu-près, qu'ont aussi pensé ceux qui lui ont succédé, comme *Daniel*, *Velly*, *Villaret* & beaucoup d'autres, qui ont écrit sur notre *Histoire de France*.

Mais, en examinant bien la vie & la conduite de *Clovis II*, de *Clotaire III*, de *Childeric II*, de *Thierri I*, de *Clovis III*, de *Childebert II*, de *Chilperic* dit *Daniel*, de *Clotaire IV* & de *Childeric III*, l'épithéte ou la qualification de *rois fainéans* est-elle bien fondée?

Ces princes (c'est la judicieuse remarque de M. *Dreux du Radier*,) étoient dominés par les *maires*; & peut-être n'étoient-ils que malheureux, & les victimes des circonstances, au-dessus desquelles sans doute leur grande jeunesse ne permettoit pas de s'élever.

Tous ces malheureux princes n'étoient pas sans un vrai mérite; il y en avoit même plusieurs, parmi eux, dignes du sang du *grand Clovis*, dont ils sortoient. Malgré les ombres répandues sur leur vie, on y apperçoit des traits de lumiere, de la valeur, des exploits, & enfin de nobles efforts pour se retirer des mains des *Leger*, des *Ebrouin*, des *Pepin* dit *Heristel*

Heristel (a), des *Charles Martel* & des autres, contre la foi des historiens, qui la plûpart n'ont fait que se copier les uns les autres, sans se donner la peine d'examiner & de réfléchir. M. *Dreux du Radier* le propose, en faveur du lecteur, qui ne se prévient pas, de démontrer que tous les derniers rois de la premiere race n'ont pas tous mérité le titre de *rois fainéans*.

Par exemple, *Childeric II* eut assez d'adresse & de fermeté pour se défaire de *Leger*, évêque d'Autun, & du maire *Ebrouin*. On vit, sous son régne, ces deux rivaux, qui s'étoient disputé le souverain pouvoir, tous les deux enfermés dans le monastere de Luxeuil.

Ils n'en sortirent que par la mort précipitée de *Childeric*. *Ebrouin* périt lui-même, sous le régne de *Thierri*, & peut-être par les intrigues de ce prince. Son courage parut à la bataille qu'il livra à *Pepin*, où il fit ce que l'on pouvoit attendre d'un prince de son âge.

Il ne manqua à *Dagobert II* que l'expérience; & il eût peut-être exécuté le projet de détruire le pouvoir de la maison d'*Héristel*, s'il eût vécu encore quelques années; ses exploits en Austrasie l'avoient rendu redoutable à *Charles Martel*.

Chilperic, dit *Daniel*, quoiqu'élevé dans l'obscurité du cloître, fit voir qu'il étoit né digne du trône : il poursuivit le projet d'abbatre la faction de la famille de *Pepin*; en effet il réduisit *Charles Martel* à l'extrémité, & il vit *Plectrude*, veuve de *Pepin*, à ses genoux.

Que pouvoit faire *Thierri* dans les fers de *Martel*? Sur ce simple exposé, qu'on juge si tous ces derniers rois de la premiere race ont en effet mérité le titre de *rois fainéans*, que nos historiens leur ont donné. *Tabl. de France*, tom. j, p. 59.

―――――――――――――――――――

(a) *Heristel* signifie *forestier*, du mot *heri* bois, d'où Mont-l'heri.

FALAISE: ville de la basse Normandie, diocèse de Séez, où il y a une abbaye de l'ordre de Prémontré, sous le titre de *S. Jean*. La foire de Guibray, qui s'y tient tous les ans, & s'ouvre le 15 Août, est une des plus belles & des plus riches, non-seulement de la Normandie, mais encore du royaume.

Cette ville passe pour avoir donné la naissance à *Guillaume le Conquérant*, suivant la plus commune opinion; il fut un des plus grands capitaines du onzieme siécle. Le château de cette ville est situé sur une roche escarpée, fortifiée de tours & d'un donjon, dont la maçonnerie est admirable. Il étoit autrefois un poste des plus importans.

Il fut un des derniers conquis par les Anglois; & le général *Talbot* le conserva long-temps, sous la domination de son souverain. Ce brave officier y fit bâtir une salle magnifique, ornée de belles peintures, que les voyageurs voient encore avec plaisir.

Falaise a donné la naissance à deux hommes célebres dans la république des lettres.

Le premier est *Roch de Bailli*, plus connu sous le nom de *la Riviere*, fameux médecin du seizieme siécle, premier médecin de *Henri IV*. Il sçavoit les belles-lettres & la philosophie; il suivit les principes de *Paracelse*; ce qui lui attira des critiques, & l'obligea de faire l'apologie de sa doctrine. On a de lui divers ouvrages. Il mourut à Paris le 5 Novembre 1605.

Le second est *Tanneguy Lefevre*, que quelques-uns font naître à Caen, en 1615. Il perdit beaucoup à la mort du cardinal de *Richelieu*, qui vouloit le faire principal du collége qu'il avoit dessein d'ériger sous le nom de *Richelieu*. Après la mort de ce ministre, *Tanneguy* embrassa la religion prétendue-réformée; il fut appelé à Saumur, pour y professer le grec. On a de lui des notes sur *Anacréon, Lucrece, Longin, Phedre, Justin, Térence, Virgile, Horace*, &c. Ce sçavant écrit bien en latin, & fait paroître, dans tous ses ouvrages, beaucoup de critique

& une grande connoissance de l'antiquité profane. Il mourut le 12 Septembre 1672, âgé de cinquante-sept ans. Voyez les *Antiquités des villes de France*, par *Duchesne*, qui dit qu'on remarque à *Falaise*, entr'autres particularités, une tour que l'on prétend avoir été bâtie par *César*.

FAMINE : la France a bien des fois essuyé ce terrible fléau ; mais la plus cruelle, qui étoit la troisieme depuis l'établissement de la monarchie, arriva, en 1030, sous le régne du roi *Robert*, un des plus pieux & des plus charitables de nos rois. Elle fut si cruelle, qu'on déterroit les morts pour en dévorer les restes ; on ne respectoit pas plus les vivans ; on se portoit, même à cet égard, jusqu'aux excès les plus horribles.

On fit brûler vif un boucher, qui exposoit publiquement en vente de la chair humaine ; & un aubergiste, chez lequel on trouva, près de Mâcon, quarante-huit têtes d'hommes, de femmes ou d'enfans, dont il avoit fait manger les corps.

On faisoit du pain avec une terre blanche mêlée d'un peu de farine ou de son. Cette *famine* causa bientôt une si grande mortalité, que les vivans suffisoient à peine pour enterrer les morts. Ce terrible fléau désola le royaume pendant trois ans, & ne finit qu'en 1033 ; mais la moisson fut si abondante cette année, qu'elle surpassa (disent nos historiens,) la récolte de cinq années ordinaires.

Après le grand hiver de 1709, qui désola tout, & mit la *famine* dans le royaume, on éprouva la même faveur du ciel. Voyez l'*Histoire de la Ligue*. Il y est fait mention d'une *famine* qui désola tout Paris, & qui fut des plus cruelles.

FANATIQUE & FANATISME : ces mots viennent du latin *fanum*, qui signifie un temple des payens ; & c'est de cette expression que les prêtres de *Cybele* ont été appellés *fanatiques*.

Les *fanatiques* contrefont les inspirés, & ne sont que des séditieux, capables de tout entreprendre pour exécuter leurs prétendues révélations ; c'est ainsi que l'on a vu les P. R. des Cévennes, excités par les prétendues prophéties de *Jurieu*, persécuter les Catholiques, & commettre des actions de cruauté, dont les persécutions des empereurs payens ne nous ont pas fourni d'exemple. On a écrit l'histoire du *fanatisme* de France, c'est un reste du Calvinisme. *De Brueys* nous a donné l'histoire des *fanatiques* des *Cévennes*.

Il n'y a point eu de religion ni de sectes qui n'aient eu ses *fanatiques*. Les anciens peuples, les *Egyptiens*, les *Perses*, même les *Hébreux*, les *Grecs* & les *Romains* avoient les leurs. Les *Deces*, chez ce dernier peuple, qui se dévouerent pour l'intérêt de la patrie, dont ils alloient n'être plus, n'ont passé & ne passent, chez les gens sensés, que pour de vrais *fanatiques*. Le *Mahométisme* a les siens, & les Indiens idolâtres ont aussi les leurs; est-il donc étonnant que tous les siécles de l'église en aient vu naître? Ce sont les hérésies & l'esprit de parti qui les enfantent.

FARCEURS & DANSEURS : les premiers furent amenés en France par *Constance*, fille de *Guillaume*, comte de Provence, qui épousa, en 998, le roi *Robert*. On regarde l'arrivée de cette princesse en France, comme l'époque du goût de la nation pour la poësie en langue vulgaire; goût que les *Troubadours* accréditerent depuis, & que le temps n'a fait que confirmer.

Philippe-Auguste, après son mariage avec *Isabelle* de Haynaut, donna un édit qui bannissoit de la cour & de tout le royaume, les *bateleurs* & les *farceurs*, qui ne servent qu'à corrompre la pureté des mœurs; mais ses successeurs les ont soufferts, & on les souffre encore aujourd'hui plus que jamais; c'est un amusement pour le peuple. Voyez *Comédie* & *Spectacle*.

FASTE : *Saint-Evremont* dit que les rois gênés par les regards curieux de la foule qui les environne, n'osent guères descendre de la gravité attachée au *faste* de la majesté royale.

Le *faste* ne convient qu'à des rois, à des princes souverains, à des ministres ou ambassadeurs, qui les représentent dans les cours étrangeres.

Il n'y a point eû de prince plus *fastueux* que l'empereur *Charles-Quint* : il vouloit avoir la tête chargée de couronnes, car il érigea encore en monarchie les *Pays-Bas*. *François I*, pour se moquer de lui, ne prit, dans une lettre qu'il lui écrivit, que le titre de *premier gentilhomme de France*, & la qualité de *seigneur de Vanvres & de Gentilly*, qui sont deux villages situés proche Paris.

Le *faste*, en France, étoit déja si grand dans les onzieme & douzieme siécles, que le troisieme concile de Latran fut contraint d'ordonner que les *archevêques*, dans leurs visites, n'eussent, tout au plus, que quarante ou cinquante chevaux ; les *cardinaux*, vingt-cinq ; les *évêques*, vingt ou trente & les *archidiacres*, sept ; les *doyens* & leurs inférieurs, deux.

Le même concile leur défend de mener avec eux des chiens & des oiseaux pour la chasse ; d'imposer ni taille ni exaction sur leur clergé, & de ne pas exiger de leurs curés, au-delà d'un repas frugal & modeste. Voyez *Luxe*.

FAUCONNIER : le *grand-fauconnier* de France n'étoit autrefois qualifié que *fauconnier*, en latin *falconarius unus* ; c'est ainsi qu'on le trouve parmi les officiers de la couronne, sous la seconde race. Ensuite il fut connu sous le titre de *maître de la fauconnerie du roi*. Enfin, sous le régne de *Charles VI*, il prit le titre de *grand-fauconnier*. *Eustache de Gaucourt* fut le premier qui prit la qualité de *grand-fauconnier de France*.

Cette charge a été démembrée de celle de *grand-veneur*. Le *grand-fauconnier* prête serment de fidélité entre les mains du roi. Il nomme à toutes les charges de *chefs de vol*, vacantes par mort. Les *marchands fauconniers* sont obligés, sous peine de confiscation de leurs oiseaux, de les présenter au *grand-fauconnier*, qui les peut retenir, s'il le juge à propos.

Les droits & les prérogatives du *grand-fauconnier* sont tirés d'une histoire manuscrite de *Robert de la Mark*, grand-fauconnier, sous *Louis XII* & *François I*.

Les *vols*, qui sont sous le *grand-fauconnier*, sont deux vols pour *milan*, un pour le *héron*, deux pour *corneille*, un pour les champs, c'est-à-dire pour la *perdrix*; un pour rivière, un pour *pie*, & un pour *lièvre*. Chacun de ces vols a un chef & un lieutenant, excepté le vol pour *pie*, qui n'a qu'un chef & deux piqueurs.

La charge de *grand-fauconnier de France* est très-ancienne. Le P. *Anselme*, dans son Histoire des grands officiers de la couronne, compte trente-six *grands-fauconniers* de France, depuis *Jean de Beaune*, qui fut pourvu de cette charge, en 1250, jusqu'à *François Dauvet*, comte des Marets, grand-fauconnier de France, en 1688.

François-Louis Dauvet, marquis des Marets, son fils, fut nommé en survivance, en Janvier 1717; & il en devint titulaire par la mort de son pere, le 24 Janvier 1718.

Louis-César le Blanc de la Beaune, duc de la Valiere, pair de France, chevalier des ordres du roi, &c. est le trente septieme *grand-fauconnier* de France, & il a été pourvu de cette charge, en 1748; & M. *d'Entragues*, du nom de *Crémeaux*, brigadier de 1762, enseigne de gendarmes de la garde, lieutenant général en Bourgogne, gouverneur de Mâcon, est *grand-fauconnier* de France, en survivance, depuis 1763.

On trouve, dans le *Roman* de *Guerin le Lorrain*, *fauconnier metre* ou *maître*, pour dire *grand-fauconnier*.

> Brancohier mestre en fit li rois *Pépin*;
> Les chiens li baille, eil volontiers les prinst
> Lis dus Gilbert richement enservi,
> Celui mestier li rois li retoli,
> Fauconnier mestre de ses oisiax en fit.

FAVEURS : c'étoient, dans les temps de la chevalerie, des rubans, des gands de soie, dont les dames récompensoient leurs champions. L'opiniâtreté des combattans & la nécessité de leur envoyer continuellement de *nouvelles faveurs*, faisoient quelquefois oublier aux dames l'affection qu'elles ont pour la décence extérieure de leur personne.

Perceforest, vol. j, fol. 155, col. 1, dit qu'à la fin d'un tournois, les dames *étoient si dénuées de leurs atours, que la plus grande partie étoit en pur chef (tête nue;) car elles s'en alloient les cheveux sur leurs épaules gisans, plus jaunes que fin or, & plus leurs cottes sans manches; car tout avoient donné aux chevaliers pour eux parer, & guimples & chaperons, manteaux & camises, manches & habits; mais quand elles se virent à tel point, elles en furent, ainsi comme toutes honteuses; mais si-tôt qu'elles virent que chacune étoit en tel point, elles se prirent toutes à rire de leur aventure; car elles avoient donné leurs joyaux & leurs habits de si grand cœur aux chevaliers, qu'elles ne s'appercevoient de leur dénuement & devestement.*

Dans le siècle dernier, on portoit encore publiquement les *faveurs* de cette espèce, qu'on avoit reçues des *dames*. Mais peut-être, dit M. de Sainte-Palaye, n'étoit-on pas aussi scrupuleux sur la fidélité, qui exigeoit la reconnoissance.

En 1632, madame la princesse de *Phalsebourg* avoit donné à M. *de Puylaurens* « qui étoit amou-
» reux d'elle, une marque de chevalerie. C'étoit un
» nœud traversé d'une épée; mais il la quitta depuis,
» pour prendre un gland de la couleur de mademoi-
» selle de *Chimay*, dont il étoit devenu amoureux.

Le sommet du heaume d'un chevalier étoit la place la plus éminente, où l'on pouvoit attacher les *faveurs* des dames.

FAVORI : c'est un homme qui a les bonnes grâces d'un prince, d'une personne puissante, &c. *Henri III* monta sur le trône de France, en 1514, à l'âge de vingt-quatre ans, après avoir quitté, en fugitif, la Pologne, dont il étoit roi. On ne reconnut plus en France ce prince, qui, sous le nom de *duc d'Anjou*, avant que d'être roi de Pologne, s'étoit tant de fois distingué par des qualités dignes du trône.

Son régne fut appelé le *régne des favoris*, parce que sa conduite ne fut qu'un mêlange de débauches & d'exercices publics de pénitence & de dévotion. Voyez l'*Histoire du malheureux régne de ce dernier des Valois*.

Bassompierre fut un courtisan & un *favori* de *Louis XIII*; il sçut se ménager avec le connétable de *Luynes*; mais il eut le malheur de déplaire au cardinal de *Richelieu*, qui succéda au *connétable*. Le duc d'*Epernon*, en 1631, l'avertit qu'il étoit question de l'arrêter. *Que me conseillez-vous de faire*, lui dit le maréchal de *Bassompierre*, & *que feriez-vous, si vous étiez en ma place?* Le duc d'*Epernon* lui répondit: *Si je n'avois que cinquante ans, comme vous, je ne serois pas une heure à Paris; je me retirerois au plus vîte dans un lieu de sûreté, d'où je tâcherois de faire ma paix avec la cour; mais, quand on approche de quatre-vingts ans, on n'est plus en état de courir la poste. Je me sens encore assez de force pour soutenir la fatigue d'une journée; mais le lendemain j'aurois besoin de repos, & je serois obligé de rester en chemin. Pour vous, qui êtes encore jeune, en état de servir, & d'attendre une meilleure fortune, je vous conseille de vous éloigner & de conserver votre liberté. Je vous offre cinquante mille écus, pour passer deux mauvaises années; vous me les rendrez, quand il en viendra une bonne.*

Le maréchal de *Bassompierre* préféra de se laisser mettre à la Bastille, où il composa ses Mémoires; & il n'en sortit, en 1642, que le jour même des obseques du cardinal de *Richelieu*, qui l'avoit fait emprisonner; c'est ce qui lui fit dire: *Je suis entré à la Bastille par le service de M. le cardinal, & j'en sors pour son service.* Ce ministre mourut dans la cinquante-huitieme année de son âge. Il s'étoit peint ainsi lui-même: *Je n'ose rien entreprendre sans y avoir bien pensé; mais, quand une fois j'ai pris ma résolution, je vais à mon but, je renverse tout, je fauthe tout, & ensuite je couvre tout de ma soutane rouge.*

FAUSSER LA COUR DE SON SEIGNEUR: c'étoit, avant & après les établissemens de S. Louis, appeller d'un faux jugement. Cela ne se pouvoit faire sans demander le *combat judiciaire*, contre les juges qui avoient prononcé le jugement.

Mais S. Louis introduisit l'usage de *fausser* sans combattre; changement, dit l'auteur de l'*Esprit des loix*, qui fut une espece de révolution.

Ce prince déclara qu'on ne pourroit point *fausser* les jugemens dans les seigneuries de ses domaines, parce que c'étoit un crime de *félonie*. Effectivement, si c'étoit une espece de crime de *félonie* contre les seigneurs, à plus forte raison en étoit-ce un contre le roi. Mais il voulut que l'on pût demander amendement des jugemens rendus dans ses cours, non pas parce qu'ils étoient *faussement* ou *méchamment* rendus, mais parce qu'ils faisoient quelque préjudice. Il voulut au contraire qu'on fût contraint de *fausser* les jugemens des barons, si l'on vouloit s'en plaindre.

Suivant les *établissemens* de ce monarque, pour *fausser les cours* des domaines du roi, il falloit demander amendement devant le même tribunal; &, si le baillif ne vouloit pas faire l'amendement requis, le roi permettoit d'appeller à sa cour, c'est-à-dire de lui présenter une requête ou une supplication.

A l'égard des cours des seigneurs, S. Louis, en permettant de les *fausser*, voulut que l'affaire fût portée au tribunal du roi ou du seigneur suzerain, non pas pour y être décidée par le combat, mais par témoins, suivant une forme de procédure, dont il donna des régles. Il faut remarquer que si on ne *faussoit* pas, & qu'on voulût appeller, on n'étoit point reçu.

Ainsi, soit qu'on pût *fausser*, comme dans les

cours des seigneurs, soit qu'on ne le pût pas, comme dans les cours des domaines du roi, il établit qu'on pourroit appeller, sans courir le hazard d'un *combat judiciaire*, qui étoit fort en usage avant que ce prince eût donné ce réglement.

Les *vilains* ne pouvoient *fausser* la cour de leur seigneur, & c'étoit l'usage du *combat judiciaire* qui les en avoit exclus; mais il y avoit des *vilains* différens des *vilains ordinaires*, qui ayant droit, par chartre ou par usage, de combattre, avoient aussi droit de *fausser* la cour de leur seigneur.

Quand la pratique des *combats judiciaires* commença à s'abolir, & l'usage des nouveaux appels à s'introduire, on pensa qu'il étoit déraisonnable que les personnes franches eussent un remede contre l'injustice de la cour de leurs seigneurs, & que les *vilains* ne l'eussent pas ; le parlement reçut leurs appels, comme ceux des personnes franches. Voyez *Appels & Parlement* ; & consultez le *ch. xxix & suivans, liv. xxviij de l'Esprit des loix*.

FAYENCE, *ou* FAÏENCE : espece de poterie fine, faite de terre vernissée, dont l'invention est venue de *Faenza*, ville d'Italie, près de Boulogne. On fait de fort belle *fayence* à Nevers, à Rouen, à Saint-Cloud, près de Paris, qui ont fort bien réussi. On les appelle *fausses porcelaines* ; & on a quelquefois de la peine à les distinguer des vraies. A Sevre, sur le chemin de Versailles, proche S. Cloud, il y a une manufacture royale de *porcelaine*, établie depuis plusieurs années. Bien des gens la préferent, & d'autres l'égalent, pour la beauté, aux *porcelaines* de Saxe & de la Chine.

FECAMP, *ou* FESCAMP : ancienne ville de Normandie, au pays de Caux, avec titre de baronnie ; elle est de la plus grande antiquité. On prétend que ce lieu existoit du temps de *César*, & qu'il fut nommé *fisci campus*, à cause qu'on y apportoit les tributs des lieux des environs.

Quoi qu'il en soit, *Fecamp* étoit très-connu & très-fréquenté dès le septieme siécle. En 662,

Vaneng, ou *Waning*, seigneur de ce lieu, qui vivoit du temps de *S. Ouen*, fit bâtir une superbe abbaye de filles, qu'il dota richement.

Vers l'an 931, *Guillaume Longue-Epée*, duc de Normandie, fit bâtir un château à *Fecamp*, mit des chanoines réguliers dans l'abbaye de ce nom, & transféra les religieuses à Montivilliers. D'autres attribuent cette translation à *Richard I*, dit *Sanspeur*, fils de *Guillaume Longue-Epée*. L'histoire ne dit point quelle en fut la cause. Mais, dans la suite, le duc de Normandie n'étant pas content de la conduite des chanoines réguliers, se détermina à leur substituer des religieux de l'ordre de S. Benoît.

Ce projet, formé par *Richard I*, fut effectué par *Richard II*, son fils, qui appella à *Fecamp* des religieux de l'abbaye de *S. Benigne* de Dijon. Le jour de la dédicace de cette abbaye, *Richard I* y affecta plusieurs revenus temporels, & principalement douze paroisses, avec le droit de patronage & de prévention. *Richard II* confirma la donation de son pere, & l'augmenta; il voulut encore que les douze paroisses données fussent exemptes de la jurisdiction de l'archevêque de Rouen, & de tous autres ordinaires, tant spirituels que temporels. Ces priviléges furent confirmés par le pape *Benoît VIII*, sous le régne du roi *Robert*.

Bien loin d'avoir été diminuée, cette exemption & jurisdiction spirituelle a été encore augmentée & étendue par les papes, les rois de France & les ducs de Normandie; car à présent elle s'étend sur trente-six paroisses, onze prieurés & quatorze chapelles.

Les jurisdictions *gracieuse* & la *litigieuse*, accordées aux évêques dans leurs diocéses, sont aussi accordées à l'abbé de *Fecamp*, tant dans son abbaye que dans les paroisses de son exemption. La *gracieuse* est exercée par lui ou par ses grands-vicaires. La *contentieuse* l'est par les officiers nommés par lui. Leurs sentences ressortissent, en cas d'appel, directement au saint siége, ne reconnoissant d'autre supérieur que le pape, & en cas d'appel comme d'abus, au parlement de Rouen.

L'abbé de *Fecamp* a aussi droit de haute, moyenne & basse justice, dans toutes les paroisses & dans tous les fiefs mouvans de son abbaye. C'est également à cet abbé qu'appartient la nomination du gouverneur & celle du lieutenant de roi; mais ces deux officiers sont pourvus par le roi.

Les religieux Bénédictins de la congrégation de S. Maur s'y établirent, en 1656, & y mirent la réforme. Ils y ont fait bâtir un très-beau monastere; & le prieur, comme grand-vicaire de l'abbé, approuve les confesseurs & les prédicateurs, & fait toutes les autres fonctions. La ville de *Fecamp* a un port, dont la rade est bonne, & le canal assez profond pour renfermer les bâtimens, de façon qu'ils y sont en sûreté, & qu'ils ont une très-belle eau.

Dans le temps de la ligue, *Bois-Rozé* étoit gouverneur de *Fecamp*; on lui ôta ce gouvernement; & venant, en 1594, pour s'en plaindre à la cour, il arriva à Louviers, & descendit dans la même auberge où étoit le baron de *Rosni* (le grand *Sully*;) on lui dit qu'il y avoit un seigneur de la cour fort puissant auprès du roi, mais que l'on n'en sçavoit pas le nom.

Bois-Rozé fut le trouver, implora son crédit; le baron lui répondit qu'il se faisoit un plaisir d'obliger tous les honnêtes gens, & qu'il étoit à son service.

Ma principale affaire, reprit BOIS-ROZÉ, *est contre M.* DE ROSNI; *qu'au diable soit-il donné, tant il m'a fait de mal, sans l'avoir en rien offensé. Je m'appelle* BOIS-ROZÉ, *gouverneur de Fecamp. Il m'a fait perdre mon gouvernement, & a fait bien pis encore à MM. de Montpensier & de Biron, tant il abuse de son pouvoir & de son crédit aux dépens des bons serviteurs du roi. Mais*; (continua-t-il en jurant,) *il en pourroit tant faire qu'il s'en repentiroit, & que quelqu'un aussi étourdi que lui, pourroit lui jouer un mauvais tour.*

Le baron, charmé de l'aventure, répondit qu'il

pouvoit le venir trouver à la cour, & qu'il feroit content. *Bois-Rozé* se retira, & apprit d'un page, que c'étoit au baron de *Rosni* qu'il venoit de parler; auffi-tôt il quitta l'auberge, & partit le lendemain à la pointe du jour, afin de prévenir le roi fur ce que M. *de Rosni* pourroit dire & faire contre lui. Mais toute cette aventure ne tourna qu'à l'avantage de l'ex-gouverneur.

FÉLONNIE : c'eft proprement, dit *Du-Cange*, une action violente d'un vaffal envers fon feigneur. Ce crime de *félonnie* emporte la confifcation du fief, qui eft au profit du feigneur dominant.

Jean Sans-Terre, roi d'Angleterre, accufé d'avoir fait mourir fon neveu *Artus* dans la prifon, & cité devant les pairs du royaume de France, comme grand vaffal de la couronne, n'ayant pas comparu, toutes fes terres fituées dans le royaume furent déclarées acquifes & confifquées au roi; & auffi-tôt *Philippe-Augufte* fe mit en devoir de recueillir le fruit du crime du roi fon vaffal, & il réunit à la couronne la Normandie, l'Anjou, le Maine, la Touraine, le Poitou, l'Auvergne, le Vermandois & l'Artois. On lit, dans notre Hiftoire, que plufieurs grands vaffaux, convaincus de révolte & de *félonnie*, en ont été punis par la privation de leurs états.

FEMMES : le fçavant auteur de l'*Efprit des loix*, *tom. j*, *l. vij*, *ch. ix*, en parlant de la condition des *femmes*, dans les divers gouvernemens, dit :

Les *femmes* ont peu de retenue dans les monarchies, parce que la diftinction des rangs les appellant à la cour, elles y vont prendre cet efprit de liberté, qui eft à-peu-près le feul qu'on y tolere. Chacune fe fert de fon agrément & de fes paffions pour avancer fa fortune; & comme leur foibleffe ne leur permet pas l'orgueil, mais la vanité, le luxe y régne toujours avec elles.

Dans les états defpotiques, les *femmes* n'introduifent point le luxe; mais elles font elles-mêmes un objet de luxe, & elles font extrêmement efclaves. Dans ces états, les princes se jouent de la nature humaine : ils ont plusieurs *femmes* ; & mille considérations les obligent de les renfermer.

Dans les républiques, les *femmes* sont libres par les loix, & captivées par les mœurs ; le luxe en est banni, & avec lui la corruption & les vices.

A Athènes, il y avoit un magistrat particulier qui veilloit sur la conduite des *femmes*. Leur vertu, leur simplicité, leur chasteté étoient telles, qu'on n'a guères vu de peuple qui ait eu, à cet égard, une meilleure police.

Les Romains n'avoient pas, comme les Grecs, des magistrats particuliers qui eussent inspection sur la conduite des *femmes* ; l'institution du tribunal domestique suppléa à la magistrature établie chez les Grecs. Le mari assembloit les parens de la *femme*, & la jugeoit devant eux. Ce tribunal domestique ne regardoit que la conduite générale des *femmes* ; mais il y avoit un crime, qui, outre l'animadversion de ce tribunal, étoit encore soumis à une accusation publique : c'étoit l'*adultere*. Ces belles institutions, chez les Romains, finirent avec la république. La loi *Julie* ordonna qu'on ne pourroit accuser une *femme* d'adultere, qu'après avoir accusé son mari de favoriser ses déréglemens ; ce qui restreignit beaucoup cette accusation & l'anéantit pour ainsi dire ; & elle le fut entièrement dans la suite des temps, par *Constantin le Grand*.

Nos anciennes loix permettoient aux *femmes*, lorsqu'elles se marioient, ou qu'elles étoient au lit de la mort, si toutefois elles n'avoient point d'enfans mâles, d'avantager leurs maris du tiers de leurs biens ; & ce qu'il y a de singulier, c'est que tandis qu'elles étoient sous le lien conjugal, elles ne pouvoient leur faire aucun don gratuit. La loi le déclaroit invalide, sans force, sans effet ; il auroit passé pour un excès de tendresse, ou pour un effet de la crainte des mauvais traitemens.

Dans le treizieme siecle, sous *S. Louis* & ses successeurs, la puissance, ou plutôt la tyrannie des maris étoit encore telle que, si l'on en croit *Beau-manoir*, l'usage les autorisoit à battre leurs *femmes* à loisir; on leur recommandoit seulement de ne les point tuer, mutiler ou estropier; mais d'un autre côté ces mêmes loix trop favorables aux *femmes*, leur permettoient de se remarier, lorsqu'elles avoient été sept ans sans voir leurs maris, ou sans recevoir de leurs nouvelles. Aujourd'hui, & depuis quelques siécles heureusement, autre temps & autres mœurs. Les *femmes* décentes & estimables, qui se trouveroient en bute à la tyrannie d'un mari, sont toujours sous la protection des loix, & ont droit & pouvoir d'y recourir.

Voici un fait assez singulier rapporté par *Grégoire de Tours*, au sujet des *femmes*. Dans le concile de Mâcon, un évêque ayant soutenu qu'on ne pouvoit & qu'on ne devoit qualifier les *femmes* de *créatures humaines*, la question fut agitée pendant plusieurs séances; on discuta vivement; les avis sembloient être partagés; mais enfin les partisans du beau sexe l'emporterent; on prononça solemnellement qu'il faisoit partie du genre humain, & je crois, dit M. *Saint-Foix*, que l'on doit se soumettre à cette décision, quoique ce concile ne soit pas œcuménique.

Notre histoire est féconde en Amazones, ou *femmes* courageuses : nous avons parlé de celles qui firent lever le siége de Beauvais aux Anglois.

Les *femmes* de Livron, en Dauphiné, ne firent pas voir moins de courage.

Louis de Saint-Lary, Belle-Garde, fut envoyé par *Henri III*, en 1574, avec une bonne armée, contre les Huguenots du Dauphiné. Ce favori du prince qui venoit d'être fait maréchal de France, attaqua cette petite ville de Livron, & fut repoussé à trois assauts qu'il donna. Comme il n'y avoit que peu d'habitans pour la défendre, les *femmes* de la ville trouverent sa conduite si méprisable, que pour l'insulter, elles vinrent filer leur quenouille sur la bréche. Peu de temps après, elles soutinrent seules un nouvel assaut, le repousserent avec tant de vigueur, qu'elles lui firent lever le siége.

Mais voici une autre *Amazone* qui se distingua encore bien autrement dans le même temps, & nous croyons dans la même année, c'est *Magdelaine de Senterre*, (autrefois *Saint-Nectaire*,) qui fit la guerre en monarque, avec un succès, qui répondit à son caractere d'*Amazone*; elle étoit veuve de *Guy de Saint-Exupery-Miraumont*; elle commanda soixante gentilshommes des plus braves, qui firent des prodiges de valeur pour mériter ses bonnes graces.

FEMMES, ou FILLES, dont les unes vivent publiquement dans le libertinage; les autres sont des *concubines*, comme nous l'entendons aujourd'hui, c'est-à-dire des *femmes entretenues*, & que quelques-uns appellent *femmes du monde*. Charles VI, pendant son séjour à Toulouse en 1389, leur accorda des lettres de faveur. Sous son régne, elles ne pouvoient se vêtir, suivant leur goût & leur plaisir. Elles furent asservies à une certaine forme d'habillement, & à porter des marques distinctives, qui marquoient leur profession, comme certains *chaperons* & *cordons blancs*.

Pasquier, qui vivoit dans le dix-septieme siécle, nous apprend qu'il a vu de son temps les filles du *Château-Verd* de Toulouse, (c'étoit une communauté de ces prêtresses de *Venus*,) qui n'avoient plus d'autre enseigne qu'une *aiguillette* sur l'épaule; ce qui donna lieu à l'expression vulgaire, *courir l'aiguillette*, pour désigner une *vie déréglée*.

Notre siécle plus indulgent les laisse se mettre, les unes comme elles peuvent, les autres comme elles veulent; mais leur parure singuliere, sur-tout à Paris, a toujours quelque chose qui les affiche.

L'ordonnance des Etats d'Orléans, tenus sous *Charles IX*, les avoient proscrites & bannies de tout le royaume; depuis ce temps, aucun nouveau privilége ne les a rétablies dans leurs franchises; mais la douceur du gouvernement les tolere aujourd'hui jusqu'à un certain point. Voyez *Concubines*.

FÉODAL.

FÉODAL : le gouvernement *féodal* qui dura jusqu'à *Louis le Gros*, le trente-huitieme de nos rois, avoit dégénéré en tyrannie, & fut enfin réglé par ce monarque qui, en qualité de chef & de protecteur, fe rendit réellement le maître de tous ces petits rois, qui ravageoient la France & écrafoient les peuples.

En effet, on voit un *Aubert*, *comte de Perigord*, dire à *Hugues Capet* & à *Robert* : *Qui font ceux qui vous ont fait roi ?*

Un *David*, comte du Mans, dire au même *Robert*, qu'il ne fe foumettroit jamais à la race des Bourguignons, c'est-à-dire aux enfans de *Hugues Capet*.

Un *Foulques*, comte d'Anjou, déclarer hautement à *Louis le Gros* qu'il ne le ferviroit pas dans la guerre contre *Henri*, roi d'Angleterre, fils de *Guillaume le Conquérant*, jufqu'à ce qu'on lui eût rendu la fénéchauffée de France, ou la charge de fénéchal, qu'il prétendoit être héréditaire aux comtes d'Anjou.

Un *Eudes*, comte de Corbeil, encore plus fou que tous les autres qui, en allant combattre l'armée du roi, dit à fa femme : *Comteffe, donnez avec joie l'épée à un comte, qui vous la rendra aujourd'hui n'étant plus comte, mais roi.*

Un *Bouchard de Montmorency*, ligué avec *Matthieu*, comte de Beaumont, & *Dreux de Mouchy*, qui ne céda qu'à la force des armes du roi.

Un *Hugues de Pompone*, qui ne s'humilia que quand il vit fon château de Gourné rafé.

Un *Guilleroux*, *Hugues de Crecy* fon fils, *Philippe* fon frere naturel, *Hugues* feigneur du Paifet en Beauce ; *Haynon* de Bourbon ; *Thibaut le Grand*, comte de Champagne ; & la *comteffe de Chartres*, fa mere, qui avoient dans leur parti, les feigneurs de *Dammartin*, *Montjay*, *Mont-l'Hery*, *Châteaufort*, *Crecy*, *Rochefort*, s'emparer de Corbeil, vouloir mettre le roi en tutelle, mais être obligés de céder à l'activité & à la valeur de *Louis le Gros*.

Voilà la grande époque du commencement de la

Tome II.   K

destruction du gouvernement *féodal*. *Mont-l'Hery* étoit un fort où se tramoient toutes les révoltes. *Louis le Gros* le fit raser, & il n'a pas été relevé depuis.

FER : le royaume de France a des mines de *fer* considérables ; & nos ouvriers artistes en font toutes sortes d'ouvrages recherchés de l'étranger.

Le *fer* de Senonches est doux, fort & pliant ; celui de Vuibray est plus ferme & de bonne qualité ; le *fer* de S. Dizier est plus cassant, & a le grain plus gros ; le *fer* qui vient du Nivernois, est doux, & tient beaucoup de l'acier ; il est propre à faire des épées & des canons de fusil ; le *fer* de Bourgogne est médiocrement doux, celui de Champagne est plus cassant ; le *fer* de Roche est doux & fin ; & celui de Normandie est ordinairement fort cassant.

En général, les *fers* de Suéde & d'Allemagne sont meilleurs & plus plians que ceux de France. Le *fer* d'Espagne est de même ; mais il est assez souvent rouvrain, cassant à chaud, & plein de grains d'acier, difficiles à limer.

Sans entrer dans un plus long détail, nous nous contenterons de dire que c'est en 1759 que s'est élevée une manufacture de *fer battu* blanchi à la Charité-sur-Loire.

FER CHAUD : nos ancêtres avoient deux manieres de faire subir l'épreuve du *fer chaud*. La premiere étoit de faire marcher l'accusé sur des socs de charrue rougis au feu, & que l'on multiplioit, suivant la qualité du crime, dont il s'agissoit. Ils étoient ordinairement au nombre de douze, & il falloit poser le pied sur chacun d'eux.

L'autre maniere étoit de porter un *fer rougi* au feu, plus ou moins, selon que les présomptions étoient plus ou moins fondées. Ce *fer* étoit ou un gantelet, ou une barre qu'il falloit soulever plusieurs fois. Cette épreuve étoit réservée sur-tout pour les *prêtres*, les *moines* & les *femmes*.

Le *fer* étoit béni & soigneusement gardé dans les

églises ou les monasteres assez distingués pour avoir ce privilége.

Dans le treizieme siécle, un homme accusé refusa de subir l'épreuve du feu, & dit, pour autoriser son refus, qu'il n'étoit pas un charlatan. Le juge lui faisant quelque instance pour l'engager à se soumettre à la loi, il répondit : *Je prendrai volontiers le fer ardent, pourvu que je le reçoive de votre main;* le juge étonné du propos, & n'ayant nullement envie de faire l'épreuve du *fer chaud*, décida qu'il ne falloit pas tenter Dieu.

FERDINAND : nous avons un saint de ce nom, roi de Castille & de Léon. Il étoit fils d'*Alphonse*, roi de *Léon*, & d'une sœur de la reine *Blanche*, nommée *Berengere*.

La vie de *S. Ferdinand* a été écrite & imprimée à Paris en 1759, par ordre de feue *Elisabeth* de France, infante & duchesse de Parme; c'est un présent instructif que cette princesse a voulu faire au jeune prince, son fils, qui porte le nom de *Ferdinand*, & qui est aujourd'hui (1766) l'infant duc de Parme.

FÉRIE : nom qui fut donné aux jours de la semaine dans l'usage de l'église. La premiere fête qui ait été parmi les *Chrétiens*, a été la fête de Pâques. Ce premier jour fut appellé *dimanche*, c'est-à-dire jour du *Seigneur*. Le second fut appellé la *férie* seconde, ainsi des autres. Les *Juifs* appelloient le premier jour de leur semaine *sabbatum*, c'étoit le samedi; & ils appelloient le *dimanche* le premier jour d'après le sabbat, *prima sabbati*, & ainsi des autres. Les *Payens* nommoient le premier jour de la semaine le jour du *soleil*; le second, le jour de la *lune*; le troisieme, le jour de *Mars*; le quatrieme, le jour de *Mercure*; le cinquieme, le jour de *Jupiter*; le sixieme, le jour de *Venus*; le septieme, le jour de *Saturne*; & les premiers Chrétiens, pour ne pas adopter la manie des *Juifs*, ni celle des *Payens*, donnerent, en commençant par le lundi, le nom de *férie* à tous les jours de la semaine; mais les noms que les *Payens* donnoient aux jours de la semaine, sont encore en usage parmi les écrivains latins, excepté dans les matieres ecclésiastiques ; & nous disons de même en françois *lundi, mardi, mercredi*, &c.

L'étymologie du nom de *férie* est assez incertaine. Les uns la tirent de l'immolation des victimes, *à feriendis victimis* ; mais les *féries* n'étoient pas toutes destinées pour faire des sacrifices. D'autres tirent le nom de *férie* des festins qu'on se donnoit réciproquement dans ces jours, *à feriendis epulis* ; cette opinion, quoique vraisemblable, n'a pas encore beaucoup de certitude. Si *férie*, selon quelques-uns, est aussi chez les Romains la même chose qu'un jour de *foire*, parce qu'on tenoit les foires dans des jours de *férie*, les noms de *férie* & de *foire* ont donc la même origine, & viennent du mot latin *forum*. Voyez *Fêtes*.

FERMAIL : c'étoit une grosse agraphe avec laquelle nos ancêtres attachoient leur manteau sous le col ou sur la poitrine. Les hommes & les femmes s'en servoient également. Ces *fermails* étoient ordinairement d'or ou d'argent, enrichis de pierres précieuses. La reine *Clémence*, femme de *Louis Hutin* laissa, par son testament, au comte d'Alençon, le meilleur *fermail* qu'il y eût en France. Voyez *Du-Cange*, Gloss. au mot *Fermeilletum*.

FERME GÉNÉRALE : les revenus de nos rois ont été long-temps administrés par des régisseurs, qui en étoient comptables. Dans la suite, une partie de ces mêmes revenus fut donnée à *ferme* à divers particuliers, qui en faisoient les deniers bons au trésor royal. A mesure qu'il s'établit de nouveaux droits, les *fermes* se multiplierent ; & il fut un temps que le nombre des *fermes* du roi se trouva à-peu-près égal à celui des droits ou impositions. Insensiblement les *fermes* furent réunies les unes aux autres ; & c'est pour cette raison qu'on les appelle les *fermes-royales-unies*.

Les *fermes* du roi sont les traités que le roi fait

des droits qui lui appartiennent. Ceux qui se chargent du recouvrement de ces droits, sont appellés *fermiers du roi*, & *fermiers généraux*, depuis la réunion des *fermes*.

M. *de Montesquieu*, dans le *chap. xix, liv. xiij*, de l'*Esprit des loix*, *sur ce qui est plus convenable au prince & au peuple de la ferme ou de la régie des tributs*, dit :

La régie est l'administration d'un bon pere de famille, qui leve lui-même, avec œconomie & avec ordre, ses revenus.

Par la *régie* le prince est le maître de presser ou de retarder la levée des tributs, ou suivant ses besoins, ou suivant ceux de ses peuples.

Par la *régie* il épargne à l'état les profits immenses des fermiers, qui l'appauvrissent d'une infinité de manieres.

Par la *régie* il épargne au peuple le spectacle des fortunes subites qui l'affligent.

Par la *régie*, l'argent levé passe par peu de mains : il va directement au prince, & par conséquent revient plus promptement au peuple.

Par la *régie*, le prince épargne au peuple une infinité de mauvaises loix qu'exige toujours de lui l'avarice importune des *fermiers*, qui montrent un avantage présent dans des réglemens funestes pour l'avenir.

Comme celui qui a l'argent, est toujours maître de l'autre, le *traitant* se rend despotique sur le prince même ; il n'est pas législateur, mais il le force à donner des loix.

J'avoue, continue M. *de Montesquieu*, qu'il est quelquefois utile de commencer par donner à *ferme* un droit nouvellement établi. Il y a un art & des inventions pour prévenir les fraudes, que l'intérêt des fermiers leur suggere, & que les régisseurs n'auroient sçu imaginer : or le système de la levée étant une fois fait, par le *fermier*, on peut avec succès établir la *régie*. En Angleterre, l'administration de l'*accise* & du revenu des *postes*, telle qu'elle est aujourd'hui, a été empruntée des *fermiers*.

K iij

[F E R]

Dans les républiques, les revenus de l'état sont presque toujours en régie. L'établissement contraire fut un grand vice du gouvernement dans Rome.

Dans les états despotiques où la *régie* est établie, les peuples sont infiniment plus heureux ; témoins la *Perse* & la *Chine*. Les plus malheureux sont ceux où le prince donne à *ferme* ses ports de mer & ses villes de commerce. L'histoire des monarchies est pleine des maux faits par les *traitans*.

Néron, indigné des vexations des *publicains*, dit *Tacite*, forma le projet impossible & magnanime d'abolir tous les impôts ; il n'imagina point la *régie* : il fit quatre ordonnances, que les loix faites contre les *publicains*, qui avoient été jusques-là tenues secrettes, seroient publiées ; qu'ils ne pourroient plus exiger ce qu'ils avoient négligé de demander dans l'année ; qu'il y auroit un *préteur* établi pour juger leurs prétentions sans formalité ; que les marchands ne payeroient rien pour les navires. Voilà les beaux jours de cet empereur. Voyez *Traitans*.

FERMETÉ : ce mot figurément se prend pour *courage*, *constance*, *assurance*, *résolution*. Il n'y a point de princes qui en aient plus fait voir que *saint Louis* dans les fers, chez les Sarasins ; le roi *Jean*, prisonnier de guerre chez les Anglois ; *Charles VII*, que ses ennemis, au commencement de son règne, appelloient *le petit roi de Bourges* ; *François I*, vaincu à Pavie, & fait prisonnier de guerre ; *Henri IV*, qui, comme *Charles VII*, fut obligé de conquérir son royaume à la pointe de l'épée.

Voici le discours que *François I* tint, au milieu de ses embarras, à un gentilhomme Espagnol :

Tous les princes conspirent contre moi ; mais j'ai de quoi leur répondre à tous ; je ne m'embarrasse guères de l'empereur, parce qu'il n'a point d'argent ; ni du roi d'Angleterre, parce que ma frontière de Picardie est bien fortifiée ; ni des Flamands, parce que ce sont de mauvaises troupes. Pour l'Italie, je m'en charge moi-même ; j'irai à Milan, je le prendrai, & je ne laisserai pas à mes ennemis un pouce de terre de ce qu'ils m'ont enlevé.

Il faut remarquer que ce fut avant la bataille de Pavie que *François I* tint ce discours.

FESTIN : ce mot vient de *fête*, en latin *festum* ; & l'on dit encore aujourd'hui donner une *fête*, pour donner un *régal*. Les premiers Chrétiens faisoient des *festins*, qu'ils appelloient *agapes* ; ils avoient pris cet usage des *Juifs* ; & on en voit des traces dans l'Ecriture sainte, & dans l'antiquité même profane. Les sacrifices, pour la plûpart, n'étoient que des *festins sacrés* ; jamais les *Perses* ne discouroient d'affaires sérieuses qu'au milieu des *festins*.

Les *Athéniens* & les *Romains* apportoient beaucoup de cérémonies dans leurs repas. Ceux-ci dînoient fort peu, & faisoient presque tous les jours des *festins*, qui commençoient le soir, & continuoient une bonne partie de la nuit.

Il n'y a point de nation, dit-on, qui approchât autrefois des *Anglois*, pour la magnificence & la somptuosité dans les *festins*. Ceux qu'ils donnent aujourd'hui, ne sont rien en comparaison. Ils en faisoient au sacre de leur roi, à la cérémonie des chevaliers de la Jarretiere, aux consécrations des évêques, aux traitemens des ambassadeurs, &c. Les *festins* des *lords* de Londres sont décrits dans les lettres de *Gregorio-Leti*. On y lit qu'il est nécessaire que le roi d'Angleterre gagne les Anglois par les *festins*, comme les princes d'Italie amusent leurs sujets par la comédie.

Dans les assemblées de nos premiers rois, qu'on appelloit *cours plénieres*, ce n'étoit que *festins*, *fêtes* & *divertissemens*. Le luxe & la magnificence y étoient étalés. Ces *cours plénieres* se tenoient au couronnement des rois, à leur mariage, aux baptêmes de leurs enfans, & lorsqu'ils les faisoient *chevaliers*. Ces assemblées, qui duroient sept ou huit jours, attiroient grand nombre de *charlatans*, de *bateleurs*, de *danseurs de corde*, de *plaisanteurs*, de gens qui faisoient des contes ; de *jongleurs*, gens qui jouoient de la vielle.

Le roi paroissoit à ces *fêtes*, la couronne sur la

K iv

tête, & avec tout l'appareil de la majesté. Sa cour étoit composée des pairs laïques & ecclésiastiques, du connétable & des grands officiers de la couronne; il les admettoit à sa table, où chaque service étoit apporté au son des flûtes & des hautbois. A l'*entremets*, vingt héraults d'armes s'avançoient, chacun une coupe à la main, remplie de pièces d'or & d'argent, qu'ils jettoient au peuple, en criant à haute voix: *C'est de l'argent du grand monarque.* Dans ces temps-là, comme aujourd'hui, les habitans des villes faisoient briller leur esprit & leur joie par des devises, des emblêmes, & des figures allégoriques.

Nos rois se plaisoient aussi à faire battre des bêtes féroces les unes contre les autres. Nous avons déja dit, au mot *Bravoure* & *Cirque*, que *Pepin le Bref* se donna le plaisir, dans la cour de l'abbaye de Ferrieres, du combat d'un *lion* contre un *taureau*, qu'il abbatit, l'un après l'autre, de deux coups de son sabre.

On dit aussi de *François I*, qu'étant à Amboise, & voulant donner un divertissement aux dames de sa cour, il fit prendre en vie un des plus énormes sangliers de la forêt; cet animal devenu furieux par les petits dards & les bouchons de paille qu'on lui jettoit des fenêtres, monta le grand escalier & enfonça la porte de l'appartement où étoient les dames. *François I* défendit d'en approcher; & attendant la bête, il lui enfonça son coutelas dans la tête, entre les yeux; & lorsqu'elle tomba, il la retourna de l'autre côté à force de poignet. Ce prince n'avoit alors que vingt-deux ans.

Sous le régne d'*Henri IV*, en 1602, le prévôt des marchands & les échevins de la ville de Paris demanderent à ce prince la permission de mettre un impôt sur les fontaines, afin de subvenir aux frais des *festins* qu'ils devoient donner aux députés des cantons Suisses. *Henri IV*, justement appellé le *pere du peuple*, leur répondit: *Trouvez quelque autre expédient que celui-là; il n'appartient qu'à JESUS-CHRIST de changer l'eau en vin.*

Il est plusieurs circonstances ou événemens qui occasionnent des *festins royaux*. On trouve, dans *Piganiol la Force* & dans le *Dictionnaire des Gaules* & autres ouvrages, la description du *festin royal*, qui eut lieu à Reims, le 25 Octobre de l'an 1722, immédiatement après la cérémonie du sacre du roi régnant.

Il y avoit cinq tables dans l'une des sales du palais archiépiscopal; celle du roi étoit placée devant la cheminée vis-à-vis la porte, sur une estrade élevée de quatre marches, & sous un dais de velours violet, semé de fleurs de lys d'or. Les tables des pairs ecclésiastiques & des pairs laïcs étoient dressées à la droite & à la gauche de celle du roi. Sur la même ligne, au bout de ces deux tables, on en plaça deux autres, l'une à droite, pour le nonce & les ambassadeurs; & l'autre à gauche, pour le grand chambellan & les autres seigneurs. Voyez, dans les auteurs cités, la description de ce *festin royal*.

FÊTES : en général on entend, par ce mot, des jours de réjouissance. Les *Juifs* & toutes les autres nations ont eu des *fêtes* solemnelles; & les Chrétiens en ont, même du temps des apôtres.

Quant aux Payens, ils avoient des jours de *fêtes* & des jours qui n'étoient point *fêtés*. Dans les jours de leurs *fêtes* on ne rendoit point la justice; le négoce & le travail des mains cessoient, & le peuple les passoit dans les réjouissances. Chez les Grecs, comme chez les Romains, on faisoit des *festins*; on célébroit des *jeux*. Les uns & les autres avoient des *fêtes* réglées, qui revenoient chaque mois, comme les *Néoménies*, chez les Grecs; les *Calendes*, au premier jour du mois, chez les Romains.

Parmi les Chrétiens, il y a des *fêtes*, dont quelques-unes ont été, de tout temps, pratiquées dans l'église, & les autres ont été établies dans la suite

Les *dimanches*, dès le temps des apôtres, étoient des jours de solemnité pour eux. Dans ces jours, ils s'assembloient pour prier ensemble, pour célébrer l'Eucharistie, & pour honorer Dieu d'une maniere particuliere; & c'est une tradition constante, qu'ils ont choisi ce jour de *dimanche*, parce que c'étoit celui de la Résurrection de *Jesus-Christ*. Quelques-uns de ces premiers Chrétiens observerent aussi le jour du *sabbat*; mais cet usage ne dura pas long-temps.

Les *fêtes* de *Pâques*, la *Pentecôte* & l'*Ascension* sont les plus anciennes *fêtes* parmi les *Chrétiens*; il n'y en avoit que très-peu, sous la seconde race. Les seigneurs étoient obligés de les venir célébrer dans la principale cité de leur diocèse, & les rois s'en faisoient un devoir. Ces *fêtes* étoient *Noël*, *S. Jean l'Evangéliste*, les *Innocens*, l'*octave du Seigneur*, l'*Epiphanie*, la *Purification de la sainte Vierge*, huit jours de *Pâques*, les grandes *litanies*, l'*Ascension*, la *Pentecôte*, *S. Jean-Baptiste*, *S. Pierre*, *S. Paul*, *S. Martin*, & *S. André*.

Le concile de Mayence, tenu en 813, ajoûta à ces *fêtes*, l'*Assomption de la Vierge*, la *dédicace de S. Michel*, *S. Remi*, la semaine de la *Pentecôte*, la *fête* des saints, dont on a des reliques dans les paroisses, ainsi que la dédicace de chaque église.

On peut dire, en général, que tous les peuples qui ont eu quelque religion, ont aussi eu des *fêtes*.

Passons à présent à des *fêtes* ridicules & indécentes, qui se célébroient autrefois dans plusieurs de nos églises de France, qui sont la *fête des ânes*, celle des *fous*, & la *fête* des *Innocens*.

La *fête des ânes* étoit une cérémonie qu'anciennement on faisoit dans l'église cathédrale de Rouen, le jour de Noël. *Du-Cange*, dans son *Glossaire*, *tom. iij*, p. 424, nous en donne le détail, qu'il a tiré d'un ancien manuscrit, qui se conserve dans les archives du chapitre de cette cathédrale.

C'étoit une procession où certains ecclésiastiques choisis représentoient les *prophetes* qui avoient prédit la naissance du *Messie*. Balaam y paroissoit monté sur une *ânesse* ; & c'est d'où vient le nom de cette cérémonie.

Ce faux prophete étoit accompagné de *Zacharie*, de *sainte Elisabeth*, de *S. Jean-Baptiste*, du prophete *Simeon*, de la *sibylle Erythrée*, dont parle *Virgile*, & de *Nabuchodonosor*, avec les trois enfans de la fournaise.

La procession sortoit du cloître, & étant entrée dans l'église, s'arrêtoit entre un nombre de personnes rangées des deux côtés, qui représentoient les *Juifs* & les *Gentils*. On y représentoit le miracle de la fournaise ; *Nabuchodonosor* parloit ensuite ; & la sibylle la derniere. Puis tous les prophetes chantoient un motet par où finissoit cette cérémonie ; & ensuite on commençoit la messe, le chœur chantoit : *Puer natus*, *Kyrie*, *Gloria*, &c.

Le même *Du-Cange* nous donne aussi le détail d'une autre *fête des ânes* encore plus ridicule, qui se célébroit à Beauvais le 14 Janvier de chaque année, pour retracer la mémoire de la fuite de la *sainte Vierge* en Egypte, avec l'*enfant Jesus*. On choisissoit, pour cette cérémonie, une jeune fille, la plus belle de la ville ; on la faisoit monter sur une *âne* richement harnaché ; & on lui mettoit entre les mains un joli enfant, suivi de l'évêque & du clergé : elle marchoit en procession, de l'église cathédrale à l'église paroissiale de *S. Etienne*, entroit dans le sanctuaire, alloit se placer près de l'autel, du côté de l'évangile ; & aussi-tôt la messe commençoit. L'*Introït*, le *Kyrie*, le *Gloria*, le *Credo* étoient terminés par ce joli refrain : *Hin-han, hin-han* ; & le prêtre, à la fin de la messe, au lieu de dire, *Ite, missa est*, chantoit trois fois : *Hin-han, hin-han, hin-han*.

Du-Cange nous a conservé la prose que l'on chantoit pendant cette messe : elle est tirée d'un manuscrit qui a plus de cinq cens ans ; ce qui fait juger de l'antiquité de cette *fête* ridicule.

Orientis partibus,
Adventavit asinus,
Pulcher & fortissimus,
Sarcinis aptissimus.

Hez, sire asne, car chantez,
Belle bouche rechignez,
Vous aurez du foin assez,
Et de l'avoine à plantez.

Lentus erat pedibus,
Nisi foret baculus,
Et eum in clunibus,
Pungeret aculeus.

Hez, sire asne, car chantez, &c.

Hic in collibus Sichem,
Jam nutritus sub rubem,
Transiit per Jordanem,
Saliit in Bethlehem.

Hez, sire asne, car chantez, &c.

Ecce magnis auribus
Subjugalis filius,
Asinus egregius
Asinorum dominus.

Hez, sire asne, car chantez, &c.

Saltu vincit hinnulos
Damas & capreolos,
Super dromedarios
Velox madianeos.

Hez, sire asne, car chantez, &c.

Aurum de Arabiâ
Thus & myrrham de sabâ
Tulit in ecclesiâ
Virtus asinaria.

Hez, sire asne, car chantez, &c.

[F E T] 157

Dum trahit vehicula
Multâ cum sarcinulâ,
Illius mandibula
Dura terit pabula.

 Hez, sire asne, car chantez, &c.

 Cum aristis hordeum
Comedit & carduum
Triticum à paleâ
Segregat in areâ.

 Hez, sire asne, car chantez, &c.

 Amen, dicas asine (ici on fléchissoit le genou.)
Jam satur de gramine
Amen, amen itera
Aspernare vetera.

 Hez va! hez va! hez va hez!
Bialx sire asne, car allez,
Belle bouche, car chantez.

La *fête des fous*, aussi appellée la *fête des calendes*, & en France, selon *Du-Cange*, la *fête des sous-diacres*, comme qui diroit la *fête des diacres fous & yvres*, est encore une ancienne cérémonie aussi ridicule qu'impie, tolérée jusque sur la fin du régne de *Philippe-Auguste*, non-seulement dans l'église de Paris, mais encore dans plusieurs cathédrales.

Elle se célébroit à Paris le jour de l'*Epiphanie*; dans quelques autres, le jour des *Innocens*. Les prêtres & les clercs s'assembloient, élisoient un *pape* ou un *évêque*: ils le conduisoient, en grande pompe, à l'église, où ils entroient en dansant, masqués, revêtus ou d'habits de femmes ou d'animaux.

Des bouffons chantoient des chansons infâmes, faisoient un buffet de l'autel, sur lequel ils buvoient & mangeoient, pendant la célébration des saints mysteres. Ils jouoient aux dés, brûloient, au lieu d'encens, le cuir de leurs vieilles sandales, couroient, sautoient dans le lieu saint, avec toutes les postures indécentes, dont les *bateleurs* savent amuser la populace.

Le pieux *Eudes de Sully*, évêque de Paris, touché d'un abus si horrible, rendit une ordonnance, par laquelle il défendit de solemniser cette *fête*, sous peine d'excommunication. Peut-être que cet usage fut suspendu pour quelque temps; mais il est constant qu'il dura encore plus de deux cens quarante ans après.

Voyez la lettre circulaire des docteurs en théologie de la faculté de Paris, envoyée en 1444, à tous les prélats de France, pour abolir cette détestable coutume. Suivant *Belot*, docteur en théologie de la faculté de Paris, qui vivoit en 1182, il y avoit de certaines églises, où les évêques, vers la fin du mois de Décembre, jouoient familiérement avec leur clergé & leurs diocésains, à la paume, à la boule & à d'autres jeux, ce qui étoit une imitation des *Saturnales* des Payens, pendant lesquels les maîtres faisoient des festins, & se divertissoient avec leurs valets & leurs esclaves, sans aucune différence de condition. Cette coutume se pratiquoit dans l'archevêché de Reims & dans d'autres diocèses très-considérables; mais ce n'étoit pas là ce qu'on appelle la *fête des fous*, dont les excès & les abominations, comme on vient de le voir, causoient bien d'autres désordres.

Pour en arrêter le cours, les papes & les conciles n'épargnerent rien. Nous venons de dire qu'*Eudes de Sully* fit tout ce qu'il put pour l'abolir; il établit dans l'église de Paris, l'office de la *Circoncision*; ces défenses furent renouvellées dans un concile de Paris, tenu en 1212. Le synode de Langres de 1404, le concile de Basle de 1435, le synode de Rouen de 1445, conformément à la censure de l'université de Paris de 1444, dont nous avons parlé ci-dessus; le synode de Sens de 1528, ceux de Lyon & de Tolede de 1566, défendirent ces impiétés, qui se commettoient encore en Angleterre, vers l'an 1530, suivant un inventaire des ornemens de l'églife d'Yorck, où il eft fait mention d'une petite mitre & d'un anneau pour l'évêque des enfans, &c. On croit que les *Latins* ont emprunté cette *fête* des *Grecs*; c'eft ce qu'*Anaftafe le Bibliothécaire* femble marquer dans la verfion du huitieme concile, célébré en 869.

Quoi qu'il en foit, il eft toujours vrai que la premiere origine de cette *fête des foux* fe doit prendre de la fuperftition des Payens, qui, le premier jour de l'an, fe mafquoient, & prenoient des peaux de bêtes, comme de cerfs, de biche, &c. pour repréfenter ces animaux, & les Chrétiens les imiterent.

C'eft ce qui obligea les évêques à ordonner des prieres publiques & des proceffions, & à commander des jeûnes ce jour-là, pour s'oppofer au torrent de cette mauvaife coutume. Voyez *Du-Cange*, *Gloff. latin.* au mot *Kalendæ*, fur cette ridicule *fête des fous*, à la fin de laquelle, après que le prêtre qui faifoit l'évêque, avoit donné fa bénédiction, le chœur faifoit faire filence, & difoit :

> De par moffenhor l'Evefque
> Que Dieus vos donne gran mal al bafcle (*Jecur.*)
> Avec una plena balefta de pardos
> E dos das de raycha de fot lo mento.

Pour la *fête des Innocens*, qui n'étoit pas la même que celle des *fous*, comme quelques-uns l'ont cru, elle étoit encore une autre criminelle réjouiffance, que les enfans de chœur ou les petits clercs faifoient dans l'églife, la veille & le jour de la *fête des Innocens*. Les cérémonies en étoient encore plus extravagantes, que n'étoient autrefois les folemnités des faux-dieux.

Gabriel Naudé, dans une lettre écrite à *P. Gaffendi*, dit qu'à Antibes, dans le couvent des Francifcains, le gardien & les prêtres n'alloient point au chœur le jour des *Innocens*; les freres laïcs, qui vont à la quête, & qui travaillent à la cuifine & au jardin, occupoient ce jour-là, leurs places dans l'église, & ils faisoient une sorte d'office, avec des extravagances & des impiétés horribles.

Ils se vêtoient d'ornemens sacerdotaux tout déchirés, s'ils en trouvoient, tournés à l'envers. Ils tenoient dans leurs mains des livres à rebours, où ils faisoient semblant de lire avec des lunettes, qui, au lieu de verre, avoient une écorce d'orange; ils ne chantoient ni hymnes, ni pseaumes, ni messe, mais ils marmotoient des mots confus, & ils poussoient des cris qui faisoient horreur à des gens raisonnables.

La *fête du perroquet* ou de l'*arc* est un divertissement public, que l'on renouvelle tous les ans dans la ville de Montpellier, au commencement du mois de Mai, comme celle de l'*oie*, en plusieurs autres endroits du royaume.

FEU : cet élément a été adoré des Payens comme une divinité. *Nemrod*, le premier roi des Assyriens, ordonna le culte du *feu*. Les *Chaldéens* l'adoroient, dit *Lucain*. *Hérodote* dit la même chose des *Perses* : ils ne brûloient pas les corps morts, pour ne pas nourrir leur dieu d'un cadavre.

Comme les *Gaulois*, extrêmement superstitieux, adoroient les mêmes dieux que les *Romains*, il est probable que le *feu* élémentaire & le *feu* terrestre étoient aussi compris dans le nombre de leurs divinités. D'ailleurs il n'est point extraordinaire que presque toutes les nations idolâtres aient adoré Dieu sous l'image du *feu*, puisqu'il donne le mouvement à toute la nature.

FEU GREGEOIS : c'est un *feu* d'artifice, qui brûle jusques dans la mer, & qui augmente sa violence dans l'eau. Il a un mouvement contraire à celui du *feu naturel*, parce qu'il se porte en bas, à droite & à gauche, selon qu'on le jette. Il a été appelé *feu grégeois*, parce que les Grecs s'en sont servi les premiers, vers l'an 660.

Du-Cange, dans ses observations sur *Joinville*, p. 71, 72, dit que ce *feu* funeste, invention de *Callinique*

Callinique, architecte d'*Héliopolis*, sous *Constantin le Barbu*, étoit un composé de naphte, de soufre & de bitume. L'auteur de l'Histoire de Jérusalem y met aussi de l'huile ; & *Jaques de Vitry* assure qu'en Orient on trouve quantité de fontaines, dont les eaux servent à cette composition meurtriere.

On l'appelle, tantôt *feu de Médée*, parce que ce fut celui que cette furie employa pour brûler l'épouse de *Jason*, tantôt *feu grégeois*, parce que les Grecs furent long-temps les seuls qui en conserverent l'usage ; *feu* violent, qui consumoit tout, qui brûloit jusque dans l'eau, que rien ne pouvoit éteindre que le sable, l'urine & le vinaigre. On le jettoit quelquefois avec une espece de mortier ou de pierrier, quelquefois avec des arbalêtes à tour, souvent dans des fioles & des pots ; d'autres fois avec des pieux de fer aigus, enduits de poix, d'huile & d'étoupes. On le souffloit aussi avec de grands tuyaux de cuivre. Ce fatal artifice, dont les *Croisés*, sous *S. Louis*, ignoroient le secret, & dont les *Sarrasins* se servirent contre eux, embrasa leurs tours, & désola toute l'armée.

Un particulier, il y a quelques années, en cherchant une composition pour faire des *diamans faux*, retrouva le *feu grégeois*, ou du moins un *feu dévorant*, assez semblable à celui dont les anciens avoient le secret, auquel l'eau, au lieu de l'éteindre, donnoit une nouvelle activité.

L'essai en fut fait dans une des cours de l'arsenal de Paris, & on en vit des effets prodigieux. Mais notre auguste monarque, qui eût pu se servir, avec avantage, de cette découverte désastreuse sur mer, contre ses ennemis, par une façon de penser qui lui est ordinaire, ne voulut point qu'on en fit usage ; & sçachant qu'il y a trop de fléaux pour détruire les hommes, il récompensa l'auteur de son secret, à condition qu'il ne le publieroit pas.

FEU DE LA S. JEAN A PARIS : le 22 Juin les trois compagnies des archers-gardes de l'hôtel de ville de Paris, tant infanterie que cavalerie, l'état-major & un officier à leur tête, vont au nom de MM. de l'hôtel de ville, faire les semonces à M. le chancelier, à M. le gouverneur de Paris, à MM. les chefs des cours supérieures, &c. d'assister au *feu* de la veille de S. Jean.

Et cette veille de saint Jean, (23 Juin,) vers les sept à huit heures du soir, le gouverneur de Paris, en son absence les prévôt des marchands & échevins, procureur du roi, greffier & receveur de l'hôtel de ville, avec des guirlandes de fleur en baudrier, font trois tours dans la place de Greve, puis mettent le feu avec des flambeaux à un bûcher de fagots; quelques heures après, on tire un *feu d'artifice* dans la même place. Plusieurs églises chantent le *Te Deum*, & font pareillement des *feux*.

Toutes ces réjouissances sont fondées sur ce qui est dit dans le nouveau testament, que les peuples se réjouiront à la naissance de *Jean*. Ces *feux* ont été long-temps remplis de superstitions, comme de conserver des tisons, de jetter par-dessus les flammes de certaines herbes, qu'on croyoit par-là acquérir des vertus particulieres; & la nuit de ce jour au lendemain étoit regardée comme le grand-œuvre des sorciers, & le temps destiné à la composition de leurs drogues pour les maléfices & sortiléges. Notre siécle plus éclairé est bien guéri de toutes ces erreurs populaires. La nuit de cette vigile on va en pélerinage à l'église de S. Maur-lês-Fossés, où il est dit une messe après matines, qui est un reste de l'usage des deux messes qui se disoient anciennement le jour de la Nativité de S. Jean; & autrefois, cette nuit-là, plusieurs épileptiques, ou qui contrefaisoient cette maladie, se rendoient à S. Maur.

FEUILLANS : ces religieux ont été fondés sous *Henri III*, à Paris, par *Jean de Barriere* en 1586, & ils s'y sont établis en 1587. C'est une congrégation religieuse, ou réforme de l'ordre de Cîteaux que *Sixte-Quint* approuva, & à qui *Clément VIII* s'accorderent des supérieurs particuliers. Cette congrégation n'a que vingt-quatre maisons en France. Voyez *Couvent des Feuillans*.

Il y a des religieuses du nom de *Feuillantines*, qui suivent la réforme des *Feuillans*, & qui sont sous leur direction; elles n'ont, en France, que deux couvens, l'un à Paris, fondé en 1622, l'autre établi près Toulouse, vers l'an 1590, & transféré depuis au fauxbourg de Saint-Cyprien de Toulouse.

FEZENZAC: *Guillaume Garcie* fut, en 910, le premier comte de *Fezenzac*. *Béatrix*, en 1120, fut troublée dans le comté de *Fezenzac* par les comtes d'*Armagnac*, qui prétendirent que faute d'hoirs mâles, ils étoient héritiers de ce comté. En effet il s'en emparerent. On ne dit point qui elle épousa; mais elle eut une fille, nommée *Béatrix*, mariée à *Gaston IV*, comte de Beaune, laquelle, selon quelques-uns, fut comtesse de *Fezenzac*; mais étant morte sans enfans, le comté de *Fezenzac* retourna aux comtes d'*Armagnac* en 1140. Les comtés de Pardiac & de Fezenzaguet furent aussi réunis à l'Armagnac. Sous l'empereur *Honorius*, le *Fezenzac* étoit compris dans la Novempopulanie, ou troisieme Aquitaine.

FEZENZAGUET: pays avec titre de vicomté, dont *Mauvoisin* est le chef-lieu. Vers l'an 1283, le *Fezenzaguet* fut donné en partage à *Gaston I* d'Armagnac, second fils de *Geraud V*, comte d'Armagnac. *Geraud II* d'Armagnac, vicomte de *Fezenzaguet*, arriere petit-fils de *Gaston I*, épousa *Anne de Montlezun*, morte en 1403, héritiere du comté de Pardiac. De ce mariage vinrent deux fils *Jean* & *Arnaud*; l'aîné porta le titre de comte d'*Armagnac*, après la mort de sa mere. Mais *Bernard VII*, comte d'Armagnac, connétable de France, le même, qui fut assassiné à Paris en 1418, déclara la guerre à *Geraud II*, vicomte d'Armagnac, & le fit périr inhumainement, aussi-bien que ses deux fils; & ensuite il s'empara de la vicomté de *Fezenzaguet*, & du comté de *Pardiac*, qu'il réunit à l'Armagnac.

FIACRE : (Saint) hermitage bâti par ce saint, vers le milieu du septieme siécle, à deux lieues de Meaux. Le *filz de S. Fiacre*, pour lequel on intercédoit ce saint, étoit un mal qui prenoit à l'anus, c'est pourquoi en l'église de cet hermitage, qui est à présent un prieuré de l'ordre de S. Benoît, on voit une pierre creusée sur laquelle s'asséyoient les pélerins attaqués de quelques maux à l'*anus*.

S. Fiacre, étoit fils d'*Eugene IV*, roi d'Ecosse, qui régnoit en 606. Le roi étant mort, les ordres du royaume envoyerent des ambassadeurs à *Clotaire II*, roi de France, pour le supplier d'employer son autorité afin d'obliger *S. Fiacre* de retourner en Ecosse, pour gouverner le royaume, dont il étoit l'héritier. Mais ce prince préféra sa cellule au trône, & demeura dans son hermitage jusqu'à sa mort, arrivée le 30 Août de l'an 670. Les maraîschers ou les jardiniers des environs de Paris prennent saint *Fiacre* pour leur patron.

On lit dans l'histoire que *Henri V*, roi d'Angleterre, ayant été défait à la journée de Beaugé, par l'armée de *Charles VII*, roi de France, qui avoit des troupes Ecossoises, fit piller le monastere de *S. Fiacre*, parce que ce saint étoit un prince d'Ecosse, & qu'il fut aussi-tôt attaqué de ce mal qui prend au fondement, & que l'on appelle *mal de S. Fiacre*, dont il mourut à Vincennes en 1422; ce qui lui fit dire un peu avant sa mort, que non seulement les Ecossois, qui étoient sur la terre favorisoient les François, mais aussi ceux qui étoient au ciel.

FIDÉI-COMMIS : c'est un *legs* fait à quelqu'un, à la charge de remettre ce *legs* ou la succession à une autre personne, suivant l'intention du testateur. C'est l'empereur *Auguste* qui, pour des raisons particulieres, commença à autoriser les *fidéi-commis*.

Mais parce que souvent les *fidéi-commissaires*, (qui étoient les héritiers interposés,) ne restituoient pas toujours fidélement, ce qu'on avoit commis à leur bonne foi, *Auguste* ordonna la nécessité de la contrainte pour obliger le *fidéi-commiſſaire* à exécuter ce qu'il avoit promis au teſtateur ; & on créa un préteur, dont la compétence étoit bornée à la matiere des *fidéi-commis*, qui étoient ou *univerſels*, c'eſt-à-dire de toute la ſucceſſion ou *particuliers*, c'eſt-à-dire d'une portion de la ſucceſſion ſeulement.

En France un *fidéi-commis tacite* eſt une donation faite à une perſonne interpoſée, laquelle prête ſon nom, pour faire paſſer la choſe donnée à une autre perſonne, à qui le donateur ne pouvoit donner, ſelon la diſpoſition de la loi.

Comme ces ſortes de *fidéi-commis* ſont des artifices & des fraudes pour éluder les loix, & les rendre inutiles & ſans effet, on uſe de ſévérité pour en réprimer l'abus. Mais ces déguiſemens & ces ſimulations ne ſe prouvent que par conjecture ; & parce que ce ſont des actes frauduleux, on les pratique avec beaucoup de ſecret ; on les enveloppe d'épaiſſes ténébres ; on y apporte toutes les précautions imaginables pour en cacher la vérité. Voyez *Teſtament* ; & ſur les *Fidei-commis*, établis chez les Romains, conſultez l'*Eſprit des loix*, liv. *xxvij*.

FIDELES : nos premiers hiſtoriens entendoient par le mot *fidele* & *leude*, ces volontaires qui, chez les Germains, ſuivoient les princes dans leurs entrepriſes, que *Tacite* déſigne par le nom de *compagnon* ; la *loi ſalique*, par celui d'*hommes* qui ſont ſous la *foi du roi* ; les formules de *Marculfe*, par celui d'*antruſtion du roi*, & qu'on nomme aujourd'hui *vaſſaux* & *ſeigneurs*. Voyez *Antruſtions*, *Seigneurs* & *Vaſſaux*.

FIEF : on dérive ce mot du latin *fiſcus*, nom qui ne convient proprement qu'aux terres données par le roi, mais qui a été dans la ſuite communiqué aux héritages, accordés à foi & hommage à des particuliers.

M. le préſident *Hénault* rapporte l'établiſſement des *fiefs* à l'interrégne ſous *Raoul*, qui dura depuis 923 uſqu'à 936. L'hommage rendu par *Rollon* pour la concession de la Normandie en duché, est antérieur.

Des auteurs, (sous le régne de *Louis le Débonnaire*) ont prétendu trouver l'origine des *fiefs héréditaires* dans les donations que fit ce prince des terres, des domaines aux gens de guerre.

On trouve même sous *Charlemagne* la *vassalité* & le serment de fidélité déja établis. On en cite entr'autres, deux formules célebres.

La premiere est conçue en ces termes : *Promitto me domino Carolo, & filiis ejus fidelem futurum, in totâ vitâ, sine fraude dolove malo.*

La seconde : *Juro ad hæc sancta Dei evangelia me in posterum FIDELEM EI FUTURUM UT VASSALUM DOMINO; nec id, quod, mihi, sub FIDELITATIS NOMINE, commisserit, annunciaturum in ejus detrimentum scientem.*

La différence à ces temps-là, (bien antérieurs à celui de *Charles le Simple* & de *Raoul*,) est qu'il paroît qu'avant *Charlemagne* & sous son régne, les *fiefs*, au moins ceux qu'on appelloit les *grands fiefs*, & qu'on appelle aussi *fiefs de haut parage*, étoient *à vie*, & que depuis ils sont devenus *patrimoniaux*.

Ce fut sous le régne de *Louis II*, dit *le Bégue*, que les principaux de la nation eurent sur-tout pour objet de rendre héréditaires, pour leurs enfans, les titres & les dignités qu'ils possédoient déja, ou dont ils esperoient d'être bientôt revêtus.

Avant cette époque, les terres accordées par les rois, s'appelloient *bénéfices*: sous la premiere race on ne les donnoit qu'à vie; & ceux qui les possédoient n'étoient obligés qu'au *service militaire*; & ce ne fût que vers la fin de la seconde race qu'on commença à les appeller *fiefs*.

Ce qui y donna lieu, c'est que les *ducs* & les *comtes*, profitant des troubles du royaume, commencerent à convertir leurs titres & leurs commissions, qui n'étoient qu'*à vie*, en dignités héréditaires dans leur famille : ils se firent seigneurs *propriétaires* des provinces & des villes, dont l'administration ne leur avoit été confiée que pour un *temps*.

[F I E]

Leur exemple fut bientôt suivi par la plûpart de ceux, qui se trouverent revêtus de charges moins considérables ; & voilà l'origine des *arriere-fiefs*.

C'est ainsi que les grands du royaume, augmentant insensiblement leur puissance, après avoir partagé celle du souverain, se firent des sujets, sous le nom de *vassaux*, qui étoient obligés de les suivre à la guerre, même contre le roi.

Celui qui s'étoit approprié un bourg ou une ville, faisoit serment à celui qui s'étoit emparé de toute une province, de le reconnoître pour son seigneur, à condition que de son côté il le protégeroit, & ne lui refuseroit jamais le service.

Quand *Hugues Capet* monta sur le trône, se trouvant trop foible pour rétablir les choses dans leur premier état, il se vit forcé de confirmer & l'usurpation des ducs & des comtes, & la disposition, qui avoit été faite de certains domaines de la couronne par ses prédécesseurs de la seconde race.

Il craignit qu'en y touchant, tant de gens qui avoient à soutenir ces aliénations, ne conjurassent contre lui : ainsi les grands vassaux releverent tous de la couronne, & les petits vassaux releverent des grands. Par-là fut introduit dans l'état, un nouveau genre d'autorité, auquel on donna le nom de *suzeraineté*.

La vente d'un *fief* n'étoit permise que dans une grande nécessité, c'est-à-dire pour pauvreté jurée, pour dettes connues, & prouvées en justice, & avec les proclamations usitées dans le pays, où le *fief* étoit assis. Comme dans la suite les *fiefs*, après avoir passé aux enfans, passerent aussi aux héritiers collatéraux, ils sont enfin devenus des biens patrimoniaux, sujets au commerce, par les ventes, donations, changemens, & autres dispositions que l'on en pouvoit faire.

Nos ancêtres ne vouloient cependant pas qu'un *roturier* pût acquérir un *fief*. Exclus de l'honneur de porter *lance & éperon*, qui étoient les marques distinctives du *service militaire*, on le jugeoit également incapable de posséder un *domaine noble*; on n'accordoit cette prérogative qu'aux chevaliers, ou aux fils de chevaliers & de dames en loyal mariage. Mais enfin il passa en loi que les possessions des *fiefs* continuées en ligne directe, annoblissoient l'*homme de poëte* à la troisieme génération ; mais on lui fit payer cher cette nouvelle espece de *noblesse*.

C'est ce que fit *Philippe le Hardi* ; il obligea ces *nobles du jour*, à payer au trésor royal la valeur des fruits de deux années. *Philippe le Bel* plus avide d'argent, les traita encore avec plus de rigueur. *Philippe le Long* en agit de même ; mais *Charles le Bel* fut plus favorable aux *nouveaux feudataires*.

Voici une réflexion bien sage de M. le président *Hénault*, sur l'établissement des *fiefs*. « Si l'état
» monarchique, dit-il, dans son *Abrégé chronologique de l'Histoire de France*, » est le plus propre
» à maintenir la durée des empires, & à procurer la
» tranquillité des particuliers, on doit regarder l'in-
» troduction des *fiefs* comme également fatale à l'une
» & à l'autre, puisqu'alors rien n'étoit plus opposé
» à l'autorité souveraine. Le *vassal du roi* avoit ses
» droits pour lui refuser l'obéissance, & les *arriere-
» vassaux* de la couronne, sujets à la fois du *roi* &
» de son *vassal immédiat*, étoient toujours dans une
» situation douteuse, & ne sçavoient auquel enten-
» dre. Heureusement les temps ont bien changé ; le
» nom de *fief* est resté ; mais la chose est presque
» détruite ; &, hors la prestation de foi & hommage,
» qui n'est plus qu'un vain nom, & quelques droits
» qui sont dûs au *suzerain*, on n'apperçoit plus
» guères de différence entre les *fiefs* & la *roture*. »

Le vassal faisoit hommage de son *fief*, la tête nue, à genoux, sans épée ni éperons, les mains dans celles du seigneur, qui étoit assis & couvert. L'hommage étoit *lige* ou *simple*. Par l'*hommage-lige* on s'engageoit à servir en personne le seigneur *envers &
contre tous*. Par le *simple*, on pouvoit mettre un homme en sa place ; ensuite le seigneur donnoit au

vassal l'investiture de son *fief*, en lui mettant entre les mains, ou une *épée*, ou une *bannière*, ou un *gant*, ou des *clefs*, selon l'usage du pays. A la fin de la cérémonie, le *seigneur* baisoit le *vassal*, pour marque de l'engagement réciproque qu'ils contractoient de se secourir l'un & l'autre, sous la peine, pour le refusant, de perdre son *fief*. Le principal service du feudataire étoit d'aller à la guerre, sous la bannière de son seigneur.

C'est ce qui fit que, sous la troisieme race, on donna aux *fiefs* différens noms, qui étoient pris de l'état dans lequel devoit servir le vassal. Les uns furent appellés *fiefs de banniere*, les autres, *fiefs de haubert*; les autres, *fiefs de simple écuyer*.

Le *fief banneret* obligeoit celui à qui il appartenoit, d'avoir vingt-cinq *vassaux* combattans sous son étendard, ou dix, selon quelques coutumes.

Le *fief de haubert* devoit un homme armé de pied-en-cap, monté sur un bon cheval, & accompagné de quelques valets. Ces harnois & équipage s'appelloient *armes pleines*; & cette forme de service a donné le nom au *fief de haubert*; car *haubert* ou *haubergeon* signifie une cuirasse faite d'annelets passés l'un dans l'autre & appliqués sur du cuir; c'est dans cette signification qu'on l'a donnée au *fief*, qui devoit fournir un homme armé de pied-en-cap.

Le *fief de simple écuyer* étoit celui, dont le *vassal* n'étoit tenu d'assister son seigneur, que legérement armé, ou avec l'écu seulement.

Chaque seigneur laïc gagna personnellement à la révolution qui forma le gouvernement féodal; mais les évêques & les abbés, comme le dit M. l'abbé *Mably*, dans ses *Observations sur l'Histoire de France*, tome ij, ch. iv, p. 47, en devenant souverains dans leurs terres, perdirent, au contraire, beaucoup de leur pouvoir & de leur dignité. Ils ne rendirent point hommage pour leurs *fiefs*: ils auroient cru, par cette cérémonie, dégrader *Dieu*, ou le *patron* de leur église, au nom de qui ils les possédoient : ils ne prêtoient que le *serment de fidélité* ; ce qu'ils font encore aujourd'hui.

Cependant, malgré cette distinction, qui devoit être suivie de plus grandes prérogatives, ils furent soumis à tous les devoirs du *vasselage*. Ils se rendoient à la cour de leurs *suzerains*, quand ils y étoient convoqués pour tenir des assises ; ils étoient tous obligés de fournir leur contingent pour la guerre, & quelques-uns de servir en personne ; si leur possession ne pouvoit jamais être confisquée pour cause de félonnie, c'étoit un avantage pour l'église, & non pour les ecclésiastiques, qu'on punissoit de leur forfaiture par la saisie de leur temporel.

A l'exception des prélats, qui, ayant pris ou obtenu du roi le titre de *comte* ou de *duc* de leur ville, relevoient immédiatement de la cour, tous les autres étoient devenus *vassaux* de ces mêmes comtes ou ducs, qu'ils avoient jusque-là précédés, & sur lesquels les loix leur avoient donné le pouvoir le plus étendu.

Réduits à la dignité de leurs *fiefs*, dont les forces étoient peu considérables depuis les déprédations que les biens ecclésiastiques avoient souffertes pendant les troubles de l'état, ils ne furent plus que des seigneurs du second ordre ; & ils se virent contraints, pour conserver le reste de leur fortune, de mendier la protection de leurs *suzerains* ; & l'hospitalité, qui n'avoit été jusqu'alors qu'un devoir de politesse & de bienséance, fut convertie en droit de gîte. Voyez *Gîte*.

On lit, dans *Sauval*, (*Antiquités de Paris*, tome ij, p. 418 & *suiv.*) que le *Louvre*, le *grand* & le *petit Châtelet* sont les trois *fiefs dominans* ou *suzerains* d'où relevent, sinon tous les *fiefs* de Paris, du moins la plus grande partie.

Quoique la *grosse tour du Louvre* ait été ruinée, vers le commencement du seizieme siécle, quantité de grands seigneurs ne laissent pas de lui venir faire *foi & hommage*, pour les *terres* & les *fiefs* qui relevent du roi ; mais ce qu'il y a de singulier, c'est que cette *tour* du *Louvre* relevoit autrefois du prieuré de *S. Denis de la Chartre*, & devoit, en 1204, à ce prieuré *trente sols parisis* de rente, constitués sur la prévôté, par *Philippe-Auguste*, & cinq sols d'amende, pour chaque jour de délai après la demande.

Galand, dans son traité du *Franc-aleu*, ch. ij, p. 35, rapporte le titre contenant l'acquisition faite par *Philippe-Auguste* du fonds sur lequel étoit bâtie cette *grosse tour du Louvre*, pour l'indemnité duquel ce prince constitua, au profit du prieur & des religieux de *S. Denis de la Chartre*, seigneurs fonciers de ce terrein, cette rente annuelle de trente sols.

Brodeau, sur les arrêts de *Louet*, nous apprend aussi que le *petit Châtelet* & le *Louvre* même devoient vingt sols parisis, tant à l'évêque qu'à son chapitre, & qu'en 1277, le parlement maintint ce prélat dans la possession de rendre justice à ceux qui demeuroient dans le *Louvre* ; de sorte qu'on peut assurer, dit *Sauval*, que nos rois ont vécu fort long-temps comme *particuliers* avec leurs *sujets* ; & leurs *sujets*, au contraire, avec eux, comme des *rois*.

De toutes les seigneuries de Paris, il n'y en a point, dont dépendent tant de *fiefs*, que de l'archevêché. *Sauval*, sans parler des *fiefs* qui dépendent du prieuré de *S. Eloy*, en compte neuf.

Le premier est le *fief* de *la Trimouille*, situé dans la rue des *Bourdonnois*.

Le second, le *Roulle*, compris aujourd'hui dans le fauxbourg *S. Honoré*.

Le troisieme, la *Grange-Bateliere*, au bout de la rue de *Richelieu*.

Le quatrieme, le *fief* ou l'*arriere-fief* des *Rosiers*, que l'évêque, en 1284, donna à la Sorbonne.

Le cinquieme, le *fief outre-petit-pont*, composé du précédent & de plusieurs *arriere-fiefs*.

[FIL]

Le sixieme, le *fief Tirechape*, ainsi nommé de la rue de ce nom, où il est situé.

Le septieme, le *fief Popin* ou *Thibault-aux-Dés*, qui consistent en dix maisons dans les rues de la *Saulnerie*, *Thibaut-aux-Dés*, *Bertin-Poirée* & *S. Germain l'Auxerrois*, qui conduisent à l'abbreuvoir *Popin*.

Le huitieme, le *fief des Tombes*, situé aux environs de l'*Estrapade*. C'étoit anciennement un clos de vigne, nommé le *Clos-l'Evêque*, & le *Clos de M. de Paris*.

Le neuvieme est le *fief de Poissi*, dont les *Chartreux* sont propriétaires ; c'est le dernier des *fiefs* qui relevent de l'archevêque.

Dans ces neuf *fiefs*, aussi-bien que dans ceux de *S. Magloire* & de *S. Eloy*, annexés depuis à l'archevêché, l'archevêque a droit de justice, de *fief* & de voierie ; il est fondé sur quelques lettres-patentes de nos rois, & sur quantité d'arrêts, de sentences & de jugemens.

Pour les *fiefs* qui relevent des abbayes de Sainte-Genevieve, de S. Germain des Prés, de S. Victor, du grand-prieuré de France, du prieuré de S. Martin des Champs & autres, consultez *SAUVAL*, *tome ij*, p. 420 & *suiv.* & *LAMARE*, *Traité de la Police*.

FIERTÉ, ou CHASSE DE S. ROMAIN, archevêque de Rouen. Le roi *Dagobert*, en reconnoissance de ce que ce saint prélat avoit délivré la ville de Rouen d'un affreux dragon, accorda à son église métropolitaine le droit de délivrer, tous les ans, un prisonnier, le jour de l'Ascension ; ce qui s'exécute tous les ans à pareil jour, en grande cérémonie. Le prisonnier leve la *fierte*, c'est-à-dire la *châsse* de S. Romain, qu'il porte avec un ecclésiastique jusqu'à l'église métropolitaine ; après laquelle on lui rend la liberté.

FILOU : se dit d'un coupeur de bourses, d'un homme qui vole par surprise & par adresse. En 1537, le cardinal *Jean de Lorraine* étant à la messe au roi, un *filou* de fort bonne mine entreprit de le voler ; mais s'appercevant que le roi le regardoit, il lui fit signe de la main de ne rien dire.

François I crut que ce n'étoit qu'une plaisanterie, sourit au *filou*, en admirant sa dextérité ; & après la messe, il demanda quelque argent à emprunter au cardinal, qui fut fort surpris de ne point trouver sa bourse. Après avoir joui de son embarras, le roi lui conta toute l'aventure, & ordonna que celui qui avoit fait ce tour, *rendît l'argent & gardât la bourse*. Ne voyant personne se présenter : *Monsieur le cardinal*, dit-il, *j'en suis fâché ; mais, foi de gentilhomme ; c'est la premiere fois qu'un larron m'a voulu faire compagnon de son vol*.

S'il y avoit des *filous*, sous le régne de François I., ils ont été en bien plus grand nombre, sous les régnes suivans, & il est encore beaucoup augmenté dans celui-ci, malgré toutes les attentions, la vigilance & les recherches de la police. Sous l'habit de la décence & de l'honnête homme, il s'en trouve dans les églises, à tous les spectacles & à toutes les assemblées publiques ou particulieres.

FILS, ou ENFANS DE FRANCE : depuis que le *Dauphiné* a été donné à la France, les *fils aînés* de nos rois en ont porté le nom & les armes, écartelées de celles de France, & se sont qualifiés *dauphins de Viennois*.

Le premier qui ait été qualifié *dauphin de France*, est le *dauphin*, *fils* de *Louis XIV*, mort en 1711. Le *dauphin*, comme on sçait, succede au royaume de son pere, sans entrer en aucun partage (*a*) avec ses freres cadets, à qui il donne seulement des terres en apanage, pour vivre conformément à leur naissance.

(*a*) Sous la premiere race après la mort du grand *Clovis*, ses états furent partagés entre tous ses fils. *Charlemagne* partagea de son vivant ses vastes états à ses trois fils. Ces partages ont cessé sous la troisieme race.

Les autres enfans du roi portent le surnom de *France*. La qualité du second *fils* est celle de *duc d'Orléans*; celle du troisieme, de *duc d'Anjou*; & celle du quatrieme, de *duc de Berry*: cependant cela est à la volonté du roi, comme on le voit dans ce régne-ci, Sa Majesté ayant donné le titre de *duc de Bourgogne* au feu *fils* aîné de feu M. le *dauphin*; celui de *duc de Berry* à M. le *dauphin* d'aujourd'hui; & il a fait revivre les titres de *comtes d'Artois* & *de Provence*, en faveur des deux freres cadets de M. le *dauphin*. Un quatrieme, qui est mort, portoit aussi le titre de *duc d'Aquitaine*.

C'est depuis *Philippe de Valois*, que le second *fils* de France porte la qualité de *duc d'Orléans*; car, par le partage que ce roi & la reine sa femme firent à leurs enfans, ils voulurent que *Philippe de France*, leur second *fils*, eût le *duché d'Orléans* en appanage; ce qui a presque toujours continué depuis ce temps-là, toutes les fois que ce titre s'est trouvé vacant.

Comme ces qualités demeurent à ceux à qui on les a données, & à leurs descendans en ligne masculine, il arrive souvent, & comme on le voit aujourd'hui, que les qualités affectées ne se trouvant pas vacantes, on a recours à la premiere de celles qui ne sont pas occupées.

Ainsi *Philippe de France*, frere de *Louis le Grand*, fut appellé *duc d'Anjou*, & ne porta la qualité de *duc d'Orléans* qu'après la mort de *Gaston de France*, *duc d'Orléans*, son oncle, mort sans postérité masculine.

Au commencement de la troisieme race, les *fils de France* se disoient *fils du roi*, du vivant de leur pere, & *freres de roi*, sous le régne de leur frere. Dans les lettres de rétablissement de la chambre des comptes de Tours, du 15 Octobre 1581, le *duc d'Anjou* se qualifie, *François*, *fils de France*, *frere unique du roi*.

Gaston s'est toujours qualifié *fils de France*, après la mort de *Henri IV* son pere; & feu *Monsieur* a toujours porté la même qualité depuis la mort de *Louis XIII*.

Il n'y a que les *fils* du *roi*, du *dauphin*, ou de l'héritier présomptif de la couronne, en ligne directe, qui portent le surnom de *France*. Les enfans des chefs des lignes collatérales portent le nom de l'apanage de leur pere. Le roi envoie aux *enfans de France*, dès qu'ils sont nés, le cordon & la croix de l'ordre du S. Esprit, par un des secrétaires d'état, officiers du même ordre.

On a dit de *Charles de Valois*, qu'il étoit FILS DE ROI, (*Philippe le Hardi* ;) FRERE DE ROI, (*Philippe le Bel* ;) ONCLE DE ROIS, (*Louis Hutin*, *Philippe le Long* & *Charles IV* ;) & PERE DE ROI, (*Philippe de Valois* ;) & qu'il ne fut jamais ROI.

On a dit aussi de M. le *grand dauphin*, *fils* de *Louis XIV*, & pere de *Philippe V*, roi d'Espagne, *fils de roi*, *pere de roi*, & *jamais roi*.

Une autre remarque que nos historiens ont faite, est que *Charles IV*, le dernier de la branche des *Capétiens*, laissa la reine enceinte, qui accoucha d'un prince nommé *Jean*, mort au berceau, & que ce jeune prince est le seul de tous les *rois de France*, qui soit venu au monde avec la qualité de *roi*.

Nous pouvons faire encore une quatrieme remarque, c'est que depuis la femme de *Louis XI*, il n'y a point eu de *dauphine* qui ait été *reine de France*.

FILLES DE FRANCE : les *filles* de nos rois, de même que les *fils*, portent le nom de *France*, & on les appelle *Mesdames*, quoiqu'elles ne soient pas mariées. Autrefois, en les mariant, on leur donnoit des terres considérables en dot. *Marguerite*, sœur de *Philippe-Auguste*, porta le Vexin en mariage à *Henri*, fils du roi d'Angleterre, &c.

Mais, dans la suite, on a imité *Charles V*, qui, dans son testament de 1374, ordonna que ses *filles* n'auroient qu'une somme d'argent pour leur dot. La derniere *fille de France*, qui ait été mariée, (c'est feue madame la duchesse de *Parme*, *fille* aînée du roi,) l'a été conformément à cet usage.

Childebert I, troisieme fils de *Clovis* & de *Clotilde*, ne laissa que deux *filles*, qui furent exilées avec leur mere, quand *Clotaire* surnommé *le Vieux*, le plus jeune des fils de *Clovis*, monta sur le trône, & réunit sur sa tête la monarchie françoise. C'est le premier exemple de l'exclusion des *filles de France* du trône, & du pouvoir du droit salique, sans la moindre réclamation.

Philippe V dit *le Long*, à cause de sa taille, succéda à *Louis Hutin*, son frere, qui ne laissa qu'une *fille*, (*Jeanne*,) femme de *Philippe*, comte d'Evreux, & mere de *Charles le Mauvais*, roi de Navarre, est encore un des plus célébres exemples de la force de la *loi Salique*, qui fut confirmée par les grands & les pairs assemblés en parlement, en 1316, où ils déclarerent tous d'une voix *PHILIPPE*, *roi de France, & légitime successeur de Louis, à faute d'enfans mâles, suivant la coutume inviolablement observée par les François, laquelle exclut à jamais les filles de la couronne :*

Sit procul à sceptro Francorum fæmina princeps.

Charles IV dit *le Bel*, le dernier des fils de *Philippe le Bel*, & frere de *Louis Hutin* & de *Philippe le Loug*, qui ne laissa que des *filles* de son mariage avec *Jeanne de Bourgogne*, donne encore un exemple de la *loi Salique*, dans la troisieme race.

Après tous ces exemples de l'exclusion des *filles* de la couronne, il est surprenant que le droit de *Philippe de Valois* ait occasionné de nouvelles contestations. Il étoit le plus proche du trône en ligne masculine. On ne pouvoit dire, sans absurdité, que *Philippe de Valois* ne dût pas exclure *Edouard III*, roi d'Angleterre, qui ne prétendoit à la couronne que du chef d'*Isabelle de France*, *fille* de *Philippe le Bel*.

[FIL]

Un nommé *Simon Poillet*, habitant de Compiegne, quelque temps avant la bataille de Crécy, s'avisa, ou plutôt eut l'audace & la témérité de soutenir qu'*Edouard* avoit plus de droit à la couronne de France, que *Philippe de Valois*; on l'arrêta, comme criminel de *leze-majesté*; son procès lui fut fait, & il eut les bras, les cuisses rompus, & la tête tranchée sur un échafaud. Voyez *Loi Salique*.

FILLES DE QUALITÉ: celles, qui autrefois avoient l'honneur de servir, ou d'être auprès des *reines*, s'appelloient *filles de la reine*; c'est la reine *Anne* de Bretagne, femme de *Charles VIII*, & ensuite de *Louis XII*, qui commença la premiere à leur donner le titre de *demoiselles*. Les deux reines du nom de *Médicis*, n'avoient encore que des *filles de qualité* à leur service; aujourd'hui ce sont des femmes titrées, & de la premiere condition, qui sont auprès de la reine & des dames de France, en qualité de *dames du palais*, de *dames d'atour*, &c.

On lit dans les *Observations sur les Etablissemens*, p. 174, par *Du-Cange*, qu'une *fille* héritiere présomptive ou effective d'une terre, qui devoit service de *chevalier*, ne pouvoit être mariée, sans le consentement du seigneur, & que les *filles majeures* ne pouvoient aussi se choisir un mari, sans la participation de celui, dont relevoient les domaines qui lui étoient échus.

Les loix avoient cru ces précautions nécessaires, pour empêcher que les vassaux des rois & des barons ne prissent des maris, dont la fidélité leur auroit été suspecte; ce qui auroit pu avoir des suites funestes pour le royaume ou pour la seigneurie dominante.

Cette obligation de requérir le consentement du seigneur pour le mariage des héritiers de *fief*, ne regardoient pas seulement les *filles*, mais encore les mâles.

C'étoit une maxime d'état, en France, que les barons, c'est-à-dire ceux qui relevoient immédiatement de la couronne, ne pouvoient se marier, ni marier leurs enfans, sans l'agrément du monarque.

Tome II. M

[F I N]

Nous avons dans notre histoire, entr'autres exemples, celui de *Blanche*, comtesse de Champagne, qui fut obligée de donner caution qu'elle ne marieroit point son fils, sans la permission du roi *Philippe-Auguste*. Aujourd'hui, non-seulement les princes du sang, mais encore les seigneurs titrés & en place à la cour, ne peuvent se marier, sans le consentement du roi, qui veut bien, ainsi que toute la famille royale, leur faire l'honneur de signer leur contrat de mariage.

FINANCES ET FINANCIERS : un sçavant a cru que le mot de *finance* venoit de *financia*, terme de la basse latinité; d'autres, de *finer*, vieux terme, qui signifie tirer à la fin & payer jusqu'au dernier denier. Par les *finances*, on entend des deniers publics du roi.

Les *finances* sont *ordinaires*, ou *extraordinaires*. Les *ordinaires* ne consistent que dans le domaine, qui faisoit autrefois tout le revenu de nos rois. Les *extraordinaires*, qui sont la plûpart devenues *ordinaires*, sont connues sous les noms d'aides, de gabelles, de tailles, de taillon & de parties casuelles, de capitation, de dixieme, &c. Les unes & les autres sont administrées par plusieurs personnes, à la tête desquelles est le controlleur général, qui controlle toutes les quittances des *finances* du roi.

Les ducs, les comtes, les vicaires, les centeniers, &c. sous la premiere & la seconde race, administroient les *finances*, rendoient la justice dans les provinces, y convoquoient ceux qui devoient faire la campagne, condamnoient ceux qui n'étoient pas arrivés à l'armée au jour marqué, à faire abstinence de *vin* & de *viande*, autant de temps qu'ils avoient manqué à leur service; les assembloient & les conduisoient au rendez-vous général.

L'établissement des aides & autres impositions, que les besoins de l'état rendent indispensables, ont, de tout temps, exigé des édits, soit pour la régie, soit pour la forme de la perception. L'administration des revenus publics est un des objets les plus essentiels du gouvernement. Heureux les princes qui n'ont pas eu, sous leur régne, (mais il en est peu) de ces comptables, qui, calculateurs bornés, pour la plûpart, semblent n'être doués que d'un génie inépuisable en inventions frauduleuses, & fécond en détours insidieux, pour ruiner le monarque & ses sujets.

A ne remonter qu'à nos rois de la troisième race, on découvre dans leurs ordonnances tous les mysteres d'iniquités, enfantés par les receveurs des deniers publics. Il est vrai que le crédit des grands entretenoit le vice radical qui régnoit dans les *finances*. *Charles V* en connut la cause; son régne fut trop court; il ne put qu'en suspendre les effets. *Charles le Bel*, en 1322, avoit fait faire une recherche severe des *financiers*, qui étoient alors tous *Lombards* ou *Italiens*. Leurs biens furent confisqués; tous furent renvoyés dans leur pays, aussi pauvres qu'ils en étoient venus.

Gerard La Guette, homme de basse naissance, natif de Clermont, en Auvergne, autrefois maître de la monnoie, alors receveur général des revenus de la couronne, mourut à la question, sans avouer où étoient les trésors qu'il avoit acquis dans le maniment des deniers du roi.

Sous *Philippe de Valois*, régent du royaume, en 1328, *Pierre Remy*, surintendant des *finances*, fut arrêté, convaincu de *péculat*, condamné à mort, traîné à la queue d'un cheval, & attaché au gibet de Montfaucon. Tous ses biens furent confisqués: ils montoient à douze cens mille livres; somme qui, dans ce temps-là, eût payé un quart du royaume.

En 1348, sous le même régne, on fit encore une recherche exacte des abus commis dans l'administration des *finances*. *Pierre des Essarts*, trésorier du roi, plus heureux que *Remy* & *La Guette*, fut condamné à une restitution de cent mille florins d'or, somme considérable pour ce temps-là; mais

M ij

il eut l'adresse de faire réduire cette amende à moitié.

Les usuriers *Lombards* & *Italiens* furent encore chassés du royaume, où ils n'auroient dû jamais rentrer. Les sommes par eux avancées furent confisquées au profit du roi ; & les intérêts, qui excédoient de dix sols le principal, furent remis au peuple.

Les biens de *Lecœur*, sous *Charles VII*, furent confisqués, & lui banni du royaume. Sous les règnes suivans, on n'a pas cessé de leur faire la guerre. La chambre de justice, établie sous la minorité de *Louis XV*, est la derniere recherche qui ait été faite de ces financiers enrichis aux dépens du roi & de toute la nation.

Les *finances* du royaume étoient dans un pitoyable état, quand *Henri IV* monta sur le trône. Ce prince pour engager le baron de *Rosni* à se charger de cette administration, lui fit une description du triste état où il se trouvoit ; voici la lettre qu'il lui écrivit, en 1596, à ce sujet :

Je veux bien vous dire l'état où je me trouve réduit, qui est tel que je me trouve fort près de mes ennemis, & n'ai quasi pas un cheval sur lequel je puisse combattre, un harnois complet, que je puisse endosser. Mes chemises toutes déchirées, mes pourpoints troués au coude ; ma marmite est souvent renversée ; & depuis deux jours je dîne & je soupe chez les uns & chez les autres ; mes pourvoyeurs disent n'avoir plus moyen de rien fournir pour ma table, d'autant qu'il y a plus de six mois qu'ils n'ont reçu d'argent ; partant, jugez si je mérite d'être ainsi traité, & si je dois plus long-temps souffrir que les financiers & les trésoriers, me fassent mourir de faim, & qu'eux tiennent des tables friandes & bien servies ; que ma maison soit pleine de nécessité, & les leurs de richesses & d'opulences, & si vous n'êtes pas obligé de m'en venir assister loyalement, comme je vous en prie, &c.

Il ne faut pas douter que cette lettre de *Henri IV*

M. *de Sully* n'eût tout son effet. Ce grand miniſtre ſoutint la néceſſité d'un chef unique contre les principaux Calviniſtes, qui vouloient faire de la France un état républiquain. *Henri IV* avoit une ſi grande confiance en lui, qu'un jour il le tira à quartier, & lui dit encore :

M. le baron de *Roſni*, *ce n'eſt pas tout que de bien dire, il faut encore bien faire. N'êtes-vous pas réſolu que nous mourions enſemble : il n'eſt plus temps d'être bon ménager, il faut que tous les gens d'honneur emploient la moitié de leurs biens pour ſauver l'autre*....

Non, SIRE, répondit, Sully : *Que nous vivions, mais que nous caſſions la tête à tous vos ennemis. J'ai encore pour cent mille francs de bois de haute futaie que j'emploierai à cela*....

Oh bien ! mon ami, reprit le roi, *retournez-donc chez vous ; faites diligence, & venez me trouver au plutôt avec le plus de vos amis que vous pourrez, & n'oubliez pas vos bois de haute futaie.*

Il arriva qu'au commencement du régne de *Louis XIII*, dans ſa minorité, un *financier* maria une de ſes filles. Le notaire lui demanda les qualités qu'il vouloit prendre dans le contrat de mariage; il lui répondit, vous n'avez qu'à me nommer *ſeigneur ſuzerain de dix-ſept cens mille écus*. Cette penſée eſt employée dans la comédie du *Glorieux* de *Néricault Des-Touches*.

Achevons cet article par des traits lumineux de M. de *Monteſquieu*, ſur les *financiers*, ou les *traitans*. Tout eſt perdu, dit ce grand écrivain, *Eſprit des loix, liv. xiij, ch. xx*, lorſque la profeſſion lucrative des *traitans* parvient encore par ſes richeſſes à être une profeſſion honorée. Cela peut être bon dans les états deſpotiques, où ſouvent leur emploi eſt une partie des fonctions des gouverneurs eux-mêmes. Cela n'eſt pas bon dans la république ; & une choſe pareille détruiſit la république Romaine. Cela n'eſt pas meilleur dans la monarchie; rien n'eſt plus contraire à l'eſprit de ce gouverne-

M iij

ment. Le dégoût saisit tous les autres états; l'honneur y perd toute sa considération; les moyens lents & naturels de se distinguer ne touchent plus; & le gouvernement est frappé dans son principe.

On vit bien, dans les temps passés, des fortunes scandaleuses; c'étoit une des calamités des guerres de cinquante ans; mais pour lors ces richesses furent regardées comme ridicules; & nous les admirons.

Il y a un lot pour chaque profession. Le lot de ceux qui levent les tributs & les richesses; & les récompenses de ces richesses, sont les richesses mêmes. La gloire & l'honneur sont pour cette noblesse qui ne connoît, qui ne voit, qui ne sent de vrai bien que l'honneur & la gloire. Le respect & la considération sont pour ces ministres & ces magistrats qui, ne trouvant que le travail après le travail, veillent nuit & jour pour le bonheur de l'empire.

Mais après tout ce que nous venons de recueillir sur la *finance* & les *financiers*, mettons sous les yeux de nos lecteurs une belle action d'un *financier*, qu'on lit dans notre histoire sous le règne de *Philippe-Auguste*. Cet homme nommé *Gerard* de Poissy, bien moins riche que les financiers de nos jours, voyant que le roi, (c'étoit en 1185,) n'épargnoit ni soins ni dépense pour l'embellissement de Paris, dont il vouloit faire l'ornement de ses états, se présenta pour y contribuer de sa part; il donna onze mille marcs d'argent, pour faire paver toutes les rues de la capitale du royaume; c'étoit dans ces temps-là une somme immense, & une somme que dans le maniment des *finances*, il avoit probablement gagnée, & sur le roi & sur le peuple. Quoi qu'il en soit, dit *Mézeray*, on peut dire que ce bel exemple sera toujours unique, & que l'on ne verra jamais de financier l'imiter, quelque chose que l'on fasse.

Nous ne pensons pas tout-à-fait comme *Mézeray*. Parmi les riches financiers de nos jours on en a vu

& on en voit encore, dont le zéle patriotique s'est fait connoitre plusieurs fois, & a éclaté dans des occasions les plus importantes.

FISC: on entend par ce mot, en France, tous les revenus du roi. Les seigneurs féodaux, qui ont droit de faire rendre justice, ont aussi un *fisc*. On dérive ce nom du grec φισκος, qui signifie un *grand panier*, & qui a été pris figurément pour le trésor public. Voyez *Domaine*.

FISTULE: maladie appellée, dans le quatorzieme siécle, *mal de S. Fiacre*, & dont la cure n'a été connue de nos chirurgiens, que sous le régne de *Louis XIV* ; c'est le célebre *Maréchal* qui, le premier, fit l'heureuse expérience de cette opération. Nos historiens marquent que *Henri V*, roi d'Angleterre, mourut de cette maladie, à Compiegne, le 30 Août 1422. Voyez *Fiacre*. (*Saint-*)

FIURILLI: c'étoit, sous le régne de *Louis XIII*, un comédien Italien, qui faisoit le rolle de *scaramouche*. Cet acteur se t.ouvant, en 1640, dans l'appartement de M. le *Dauphin*, (depuis *Louis XIV*,) qui poussoit des cris que l'on ne pouvoit appaiser, dit que si l'on vouloit lui permettre de prendre M. le *Dauphin* entre ses bras, il se flattoit de le calmer. La reine le permit, & *Fiurilli* fit au jeune prince les mines & les figures les plus plaisantes. Cette scène donna à M. le *Dauphin* une si grande envie de rire, qu'il satisfit un besoin qu'il eut dans le moment, sur les mains & sur l'habit de *scaramouche*. Depuis ce jour-là, *Fiurilli* eut ordre de se rendre tous les soirs dans l'appartement du jeune prince pour l'amuser. Bien des années après, *Louis XIV* prenoit plaisir à rappeller cette aventure à *scaramouche*, & rioit beaucoup des grimaces que faisoit le comédien en la racontant.

FLAGELLANS: société qu'on vit s'élever vers l'an 1260, dont la dévotion étoit un *fanatisme* d'une espece singuliere, qui commença d'abord à *Perouse*, se répandit ensuite à *Rome* & dans l'*Italie*, & s'étendit dans l'*Allemagne*, dans la *Pologne*, & dans

M iv

plusieurs autres pays. Ces *flagellans* n'offrirent rien d'abord que d'édifiant; mais comme la superstition s'y mêla, on ne leur opposa que le mépris en Allemagne; on les menaça de prison en Pologne, & on ne fut point disposé à les recevoir en France.

Ces *flagellans* se formerent sans autorité & sans raison, ils se dissiperent autant par honte & par la crainte, que par le dégoût; cette secte de *fanatiques* reparut dans le quatorzieme siécle dans une partie de l'*Allemagne*, de la *Lorraine*, de la *Flandre* & du *Haynaut*. Ils couroient les villes & les campagnes, nuds jusqu'à la ceinture, se déchirant le corps à coups de fouet, & chantant des cantiques ajustés à une dévotion si bizarre. Les femmes, dont l'imagination est plus tendre, formoient le plus grand nombre de ces extravagantes sociétés.

Philippe de Valois, en 1348, de l'avis de la faculté de théologie de Paris, fit défendre, sous des peines séveres, ces pratiques superstitieuses; & l'entrée du royaume fut défendue aux nouveaux sectaires qui, se voyant poursuivis & méprisés, renoncerent à leurs pieux enthousiasmes.

A l'occasion de ces *flagellans*, nous dirons qu'on ne trouve dans notre histoire qu'un seul homme, que *Frédegonde* fit cruellement *flageller*: il se nommoit *Mummol*; & ce qu'on auroit de la peine à croire, c'est que cet infortuné, qui peut-être n'avoit commis d'autre crime que de déplaire à la plus barbare de toutes les femmes, n'en fut pas quitte pour la *flagellation*; elle lui fit encore enfoncer des aleines entre les ongles des mains & des pieds. On ne trouve de pareils tourmens inventés que par les payens persécuteurs des Chrétiens; & il n'y a qu'une *Frédegonde* qui en ait imité la barbarie.

FLAMEL, (NICOLAS) natif de Pontoise, & bourgeois de Paris, qui vivoit sur la fin du quatorzieme & au commencement du quinzieme siécle, étoit, selon *La Croix du Maine*, poëte François, peintre, philosophe, mathématicien, & sur-tout grand alchymiste. Nous avons déja eu occasion de dire quelque chose de ce *Flamel*, au mot *Alchymiste*.

Les auteurs en parlent assez diversement; les uns croyoient qu'il avoit trouvé le secret de la transformation des métaux, & qu'à ce travail il avoit acquis plus de quinze cens mille écus de bien, somme extraordinaire pour ce temps-là.

D'autres soutiennent qu'il s'étoit enrichi des dépouilles des Juifs, & dans les finances, & que, craignant d'être recherché avec *Jean de Montaigu*, à qui le duc de *Bourgogne* fit couper la tête, en 1409, il feignit d'avoir trouvé le secret de transformer les *métaux*.

Quoiqu'il en soit, il fit plusieurs pieuses fondations à *Sainte-Genevieve des Ardens*, à *S. Jacques de la Boucherie*, où l'on voit sa statue de demi-relief, & au cimetiere des SS. Innocens, où il fut enterré avec sa femme nommée *Pernelle* ou *Petronille*. On y voit un tableau peint à l'huile, avec diverses figures énigmatiques, qui marquent les connoissances qu'il avoit de l'*alchymie*.

Il y en a, parmi les alchymistes de nos jours, qui sont assez foux pour croire que ce *Flamel* & sa femme se sont retirés dans l'Archipel, & que le secret qu'ils ont de la pierre philosophale, les fait vivre encore; & nous avons vu par hazard une de ces *adeptes*, grande brûleuse de charbon, qui croit plus fermement à l'existence réelle de *Flamel* & de sa femme, qu'elle ne croit aux saints mysteres de notre religion. Voyez *Alchymie*.

FLANDRES : les Morins, *Morini*, & les Nerviens, *Nervii*, habitoient la *Flandre*, du temps de *César*; & ils furent les derniers Gaulois qui succomberent sous l'autorité des Romains; le pays qu'ils habitoient, étoit alors couvert d'épaisses forêts; & le terrein bas, qui a été desséché depuis, ne présentoit que des marais difficiles à pénétrer pour des armées. Sous *Honorius*, la *Flandre* étoit comprise dans la *seconde Belgique*. Les Romains demeurerent maîtres des Gaules & de la *Flandre*, jusqu'au temps des irruptions des *Francs*.

Vers l'an 440, *Clodion le Chevelu*, second roi des *Francs*, prit Tournay & Cambrai; de-là poussant plus avant, il marcha contre les *Morins*, & les défit.

Mérouée, successeur de *Clodion*, reprit le projet de son prédécesseur; il pénétra dans la *seconde Belgique*, & y forma un établissement solide. Dès l'an 475, presque toute la *Flandre* étoit soumise aux *François*; & les *Romains* n'y avoient guères d'autre place que *Gand*, qui, vers l'an 489, chassa la garnison Romaine, & se livra tout-à-fait aux *François*.

Dans les premiers temps de la domination des *François* en *Flandres*, ce pays se trouvoit gouverné par des petits souverains, qui affectoient l'indépendance. *Clovis* voulut les réduire; y trouvant trop de difficulté, il les fit tous massacrer, & en tua même plusieurs de sa propre main. Dès-lors la *Flandre* fut parfaitement soumise au monarque François.

Les rois de France de la premiere & de la seconde race commirent des comtes pour le gouvernement des provinces; & l'on remarque que ceux de *Flandres* prirent le nom de *forestier*; ce qui prouve que c'étoit encore un pays de bois. La dignité de *forestier* de *Flandres*, aussi-bien que celle des *comtes* de presque toutes les autres provinces du royaume, n'étoit d'abord que bénéficiaire, c'est-à-dire simplement à vie: *Charlemagne* la rendit héréditaire; & vers l'an 800, ce prince établit, dit-on, mais rien n'est plus incertain, *Lidericq*, grand-*forestier*, & gouverneur héréditaire de *Flandres*. Comme le pays manquoit d'habitans, pour en défricher les forêts, & pour en dessécher les marais dont il étoit rempli, le même empereur y fit transporter soixante mille Saxons.

En 863, *Charles le Chauve* érigea la *Flandre* en comté relevant de la couronne de France, en faveur de *Baudouin I* surnommé *Bras-de-fer*, petit-fils de *Lidericq*; il devint le gendre de *Charles le*

Chauve, par *Judith*, sa fille, qu'il avoit enlevée, du consentement de cette princesse. C'est lui qui fit bâtir les châteaux de Bruges & de Gand; il mourut en 877.

Baudouin IV dit *le Barbu*, arriere-petit-fils de *Baudouin I*, fut le sixieme comte de *Flandres*, & mourut en 1036. *Baudouin V*, son fils, faisoit sa résidence à Lille, & y mourut, en 1067. *Baudouin VI* épousa l'héritiere du comté de Haynaut, & mourut en 1070. Il laissa deux fils, *Arnoul III* & *Baudouin*; le premier fut tué à la bataille de Montcassel, que lui livra son oncle paternel, qui se prétendoit héritier du comté de *Flandres*; pour *Baudouin*, frere d'*Arnoul*, il se retira dans le Haynaut qu'il conserva. *Robert I*, usurpateur du comté de *Flandres* & de l'*Artois*, mourut, en 1093. *Baudouin VII*, petit-fils de ce *Robert I*, fut le douzieme comte de *Flandres* & d'Artois, de la race de *Baudouin I*, après la mort de son pere *Robert II*, arrivée en 1111. Ce *Baudouin VII* mourut en 1119, sans postérité. En lui finit la premiere race des comtes de *Flandres*.

Charles de Danemarck dit *le Bon*, fils de *Canut*, roi de Danemarck, & d'*Adele* de *Flandres*, fille de *Robert I*, succéda, en 1119, au comté de *Flandres* & d'Artois. Il fut assassiné, en 1127, & ne laissa point d'enfans.

Après sa mort, *Guillaume Cliton*, fils de *Robert III*, duc de Normandie, se porta pour héritier du comté de *Flandres* & d'Artois, du chef de son aïeul *Mahaud* de *Flandres*, sœur de *Robert I*; il en fut investi par le roi *Louis VI*. Mais *Thierry* d'Alsace, fils de *Gertrude*, fille de *Robert I*, lui disputa le comté de *Flandres*, & fut appuyé de tous les *Flamands*. Il y eut entr'eux une guerre sanglante, qui ne finit que parce que *Guillaume* fut mortellement blessé au siége d'Alost, en 1128.

Thierry d'Alsace, reconnu comte de *Flandres* & d'Artois, en fut investi par le roi *Louis VI*. Il mourut en 1168. Son fils & son successeur *Phi-*

lippe I d'Alsace fut comte de *Flandres* & d'Artois. En 1180, il démembra l'Artois, & le donna en dot à *Isabelle* de Haynaut, sa niéce, qui épousa le roi *Philippe-Auguste*. Il fut tué au siége d'Acre, en 1191, sans laisser d'enfans de ses deux femmes, *Elisabeth* de Vermandois, & *Mahaut* de Portugal.

Marguerite, sa sœur, succéda au comté de *Flandres*, en 1191, & mourut en 1194: par son mariage avec *Baudouin*, *V* comte de Haynaut, & *VIII* de *Flandres*, qui mourut en 1195, les comtés de *Flandres* & de Haynaut furent de nouveau réunis. *Baudouin IX*, son fils, comte de *Flandres* & de Haynaut, fut élu empereur de Constantinople, après la prise de cette ville, en 1204; mais, l'année suivante, il fut pris par le roi des Bulgares, qui le fit mourir en 1206.

Les comtés de *Flandres* & de Haynaut tomberent à *Jeanne*, sa fille aînée, qui fonda l'abbaye de Marquette, où elle prit l'habit de religieuse, après la mort de ses deux maris, *Ferdinand*, prince de Portugal, & *Thomas II* de Savoie, comte de Maurienne, dont elle n'eut point d'enfans. *Marguerite*, sa sœur, succéda aux comtés de *Flandres* & de Haynaut; elle épousa, en premieres noces, *Bouchard*, seigneur d'Avesnes, dont le mariage fut cassé, quoiqu'ils eussent déja eu plusieurs enfans; & elle épousa, en secondes nôces, *Guillaume de Dampierre*, second fils de *Guy*, sire de Bourbon. La mort de *Marguerite* fut suivie de bien des troubles pour sa succession; les enfans du premier lit & ceux du second se prétendoient héritiers à titre égal.

S. Louis termina ce différend, & adjugea le comté de *Flandres* aux *Dampierre*, & le comté de Haynaut aux *d'Avesnes*. *Guy de Dampierre*, comte de *Flandres*, mourut prisonnier à Compiegne, en 1308, âgé de quatre-vingts ans. Son fils *Robert III* dit *de Bethune*, comte de *Flandres*, épousa *Yolande*, héritiere de Nevers, dont vint *Louis*, qui épousa, en 1296, *Jeanne* de *Rethel* & de *Donzi*; il mourut avant fon pere, en 1322; & fon fils *Louis*, comte de *Flandres*, de Nevers & de Rethel, tué à la bataille de Crecy, en 1346, laiſſa de *Marguerite* de France *Louis II* dit *de Mâlle*, qui lui fuccéda. Ce dernier époufa *Marguerite*, fille du duc de Brabant, & fœur de *Jeanne*, duchefſe de Brabant. *Louis II* hérita des comtés de Bourgogne & d'Artois, à caufe de fa mere *Marguerite* de France. Il mourut, en 1383, & laiſſa pour héritiere *Marguerite*, fa fille unique.

Marguerite, comteſſe de *Flandres*, d'Artois & de Bourgogne, époufa en premieres nôces, en 1361, *Philippe I*, duc de Bourgogne, mort la même année, fans poſtérité; &, en fecondes nôces, en 1369, *Philippe de France* dit *le Hardi*, quatrieme fils du roi *Jean*, & duc de Bourgogne. *Charles de France* dit auſſi *le Hardi*, arriere-petit-fils de *Philippe*, duc de Bourgogne, comte de *Flandres*, &c. fut tué devant Nancy, en 1477, laiſſant pour héritiere de fes vaſtes états, *Marie* de Bourgogne.

Marie de Bourgogne, morte en 1483, avoit époufé *Maximilien*, archiduc d'Autriche; de ce mariage vint *Philippe le Beau*, roi de Caſtille, comte de *Flandres*, &c. Il mourut à Burgos, en 1513. Il eut de *Jeanne*, infante d'Eſpagne, héritiere de *Ferdinand le Catholique*, & de la reine *Iſabelle*, entr'autres enfans, *Charles-Quint* & *Ferdinand I*, empereurs.

Charles-Quint unit la *Flandre* & le reſte des Pays-Bas à la couronne d'Eſpagne. Par le traité de Madrid, le roi *François I* renonça, en fa faveur, à la fouveraineté du comté de *Flandres*, dont la plus grande partie appartient aujourd'hui à l'impératrice-reine de Hongrie & de Bohême.

Louis XIII & *Louis XIV* firent long-temps la guerre à *Philippe IV*, roi d'Eſpagne, en Artois & en *Flandres*. *Louis XIII* prit Arras & preſque tout l'Artois. *Louis XIV* en acheva la conquête, auſſi-bien que celle de pluſieurs villes de *Flandres*, appellée *la Flandre Françoiſe*; l'Artois & la *Flandre*

Françoise lui furent cédés par les traités de paix des Pyrénées, en 1659., & de Nimegue, en 1678; & depuis ce temps ils ont été réunis à la couronne. *Louis XIII* étoit fondé sur d'anciens titres de souveraineté. *Louis XIV* ajoûtoit à ces titres le droit qui lui étoit dévolu par son mariage avec la princesse *Marie* d'Autriche.

Le conseil souverain de *Flandres*, établi à Tournay, reçut le titre de *parlement*, par l'édit du mois de Février 1696. Après la prise de cette ville par les alliés, en 1709, ce parlement fut d'abord transféré à Cambray, & ensuite à Douay, par édit du mois de Décembre 1713. Dans l'origine de ce parlement, les charges n'y étoient ni vénales ni héréditaires. Quand il en vaquoit une, le parlement présentoit au roi, après l'élection, trois sujets; & sa majesté en choisissoit un pour remplir la place vacante. Ce n'est que depuis 1693, que ces offices ont été érigés en titre formé & héréditaire, moyennant une finance.

FLATTERIE & FLATTEUR : Dans tous les temps, la *flatterie* a banni la sincérité des cours; cette foule de *flatteurs* qui environnent les princes, est une barriere que la *vérité* a bien de la peine à franchir.

Louis le Gros, ami de la gloire, & attaché à la vérité, se déguisoit souvent, & se mêloit dans la foule, sans en être connu, pour apprendre ce qu'on disoit de lui; c'est ce qu'ont fait plusieurs de ses successeurs, entr'autres, *François I* & *Henri IV*.

Quand *Louis XII* fut monté sur le trône, des *flatteurs* vinrent lui rappeller le danger où l'avoit exposé *Louis de la Trémoille*, qui l'avoit fait prisonnier à la bataille de *Saint-Aubin*; il leur répondit : *La Trémoille a fait ce qu'il a dû ; il a bien servi son maître ; & le roi ne doit pas se souvenir des injures faites au duc d'Orléans.*

Un bourgeois d'Orléans avoit autrefois montré une haine ouverte contre ce prince, quand il n'étoit encore que *duc d'Orléans*; & un seigneur, après son élévation au trône, osa lui demander la confiscation de ses biens: *Je n'étois pas roi, quand il m'a offensé*, lui répondit *Louis XII*; *en le devenant, je suis devenu son pere, & je suis obligé de lui pardonner*. Tels sont les beaux sentimens que ce prince fit paroître pendant tout le cours de son régne.

François I eut de grandes & belles qualités; mais il eut ses foiblesses particulieres. Les *flatteurs* lui firent commettre bien des injustices. Cependant il se trouva à sa cour quelques gens vrais, sinceres & équitables. En voici un exemple.

Le chancelier *Pojet*, qui cherchoit à plaire à ce prince, en flattant ses passions, dit un jour, en sa présence, à quelques seigneurs de la cour de ce prince, qu'il étoit surpris de l'embarras où se trouvoit Sa Majesté, puisqu'il étoit le maître absolu de ses sujets, & que tous les biens de l'état appartenoient au roi.

Personne n'osa contredire *Pojet*; il n'y eut que *Pierre du Chastel*, évêque de Mâcon, qui lui répondit qu'il étoit surpris qu'un premier magistrat osât insinuer ces principes à un prince aussi équitable que Sa Majesté; que dans les nécessités pressantes où il s'agissoit du salut public, le roi pouvoit user du bien des particuliers, comme du sien; mais que ce n'étoit que dans ces fâcheuses occasions, & de l'avis des états, qu'il étoit permis au roi d'avoir recours à des impositions extraordinaires.

François I approuva la sincérité de *du Chastel*, & ne daigna pas répondre à *Pojet*, dont il reconnut la lâche *flatterie*: *du Chastel* eut l'estime de *François I*; &, dans la suite, *Pojet* perdit son crédit: il fut disgracié, & on lui fit son procès.

Henri II, fils de *François I*, donna les espérances les mieux fondées du régne le plus brillant & le plus heureux; mais les *flatteurs* changerent totalement son caractere.

FLEURS-DE-LYS: on attribue l'origine de nos *fleurs de lys* au roi *Louis le Jeune*, le trente-neuvieme de nos rois; & ce sentiment paroît le plus certain. Le P. *Menestrier* dit que ce prince fut d'abord appellé *Florus*, parce qu'il avoit fait sa devise d'une *fleur de lys*, dont il fit son contre-scel, que *Philippe-Auguste*, son fils, adopta, & de laquelle il fit semer ses ornemens royaux. On lui donna aussi le nom de *Louis le Jeune*, parce qu'il fut sacré roi, dès l'année 1131, du vivant de *Louis le Gros*, son pere, & non pas, comme l'ont pensé quelques auteurs, parce qu'il se conduisit toute sa vie avec l'imprudence d'un jeune homme. M. *Dreux du Radier* croit que le mot *junior* se doit interpréter dans se sens qu'on lui donne dans les Notes de *Marculphe*, & comme opposé à *senior*. Voyez *Jér. Bignon*, sur *Malculphe*, l. j, c. 3, p. 443, où le mot *junior* se prend pour *sujet, successeur, aide, associé*.

Philippe de Valois est le premier de nos rois, qui réduisit les *fleurs de lys* sans nombre de l'écu de France à trois. Peut-être ne le fit-il que pour le distinguer du roi d'Angleterre, qui portoit *semé de France*. Le roi *Jean* portoit encore *semé de fleurs de lys*. Voyez *Armoiries* & *Armes de France*, tome j, p. 122.

FLORIDE: les *François* avoient établi une petite colonie dans la *Floride*, en 1562. Les Espagnols jaloux de cet établissement si près d'eux, s'en étoient emparé, & massacrerent tous les *François*.

Dominique de Gourgues, gentilhomme Gascon, apprit que le massacre des *François* n'avoit point été vengé: sensible à l'honneur de la *nation Françoise*, il forma le dessein de laver dans le sang des coupables l'affront qu'elle avoit reçu. Il vendit tout son bien, équipa trois petits navires, s'embarqua avec cent arquebusiers & quatre-vingts matelots: arrivé à la *Floride*, il attaqua & prit trois forts qu'il détruisit; de quatre cens *Espagnols* qui les défendoient, pas un seul ne lui échappa.

N'ayant plus rien à faire dans ce pays, il assembla les prisonniers, leur reprocha la barbare trahison qu'ils avoient employée, quatre ans auparavant à l'égard de sa nation, & les fit tous pendre aux mêmes

mêmes arbres où ils avoient pendu les *François*. *Pierre Malandes*, ou *Melanes*, selon d'autres, après avoir fait exécuter les *François*, & gravé le détail de cette action, y avoit ajouté ces mots: *Je n'ai fait ceci, comme à des François, mais comme à des Luthériens.*

Degourgues substitua l'inscription suivante à celle du capitaine Espagnol: *Je n'ai fait ceci comme à des Espagnols, mais comme à des traîtres & à des meurtriers.*

Degourgues remit à la voile & arriva en France, où on lui fit un crime d'avoir entrepris cette expédition sans ordre.

Il s'agissoit alors d'un traité de paix entre la France & l'Espagne, & *Degourgues* fut sacrifié. Il se tint caché à Rouen, pendant quelque temps, & mourut à Tours, en 1583, au moment qu'il alloit prendre le commandement de la flotte que la reine d'Angleterre envoyoit en Portugal.

FLORINS, ou FRANCS: un titre de 1068 prouve que c'étoit une monnoie qui existoit sous le règne de *Philippe I*. Il y en avoit d'or pur & d'argent fin. On en ignore le poids; mais nos ancêtres nommoient généralement *florins* toutes les espèces d'or, quelque part qu'elles eussent été frappées.

FOI, entre le seigneur & le vassal; *le sire*, suivant l'ancien axiome du droit féodal, *ne doit pas moins au vassal, que le vassal au sire*; on excepte seulement le respect que l'*inférieur* ne peut exiger, & que le *supérieur* a droit d'attendre.

Du reste, la *foi* est réciproque entr'eux; si elle est violée de l'un ou de l'autre côté, le *fief* est réputé cesser; il ne subsiste que par cette union mutuelle, tous deux encourant le *blâme de félonnie*; le premier, quand il manque de *fidelité* & de *reconnoissance*; le second, quand il manque de *protection* & *de justice*.

Il y avoit une liaison si étroite entre le feudataire, & celui, dont il relevoit, que les besoins de l'un devenoient ceux de l'autre. Le *seigneur* cautionnoit

Tome II. N

son *vassal*, quand il empruntoit de l'argent, jusqu'à concurrence de la valeur du *fief-servant*.

Le *vassal* réciproquement étoit obligé de cautionner son *seigneur*, de se tenir près de lui, de le défendre à son *loyal pouvoir* dans le combat, de lui donner son cheval, pour le remonter, & l'aider à *le mettre sus* ; si dans l'exécution il étoit pris, ou souffroit quelque dommage, le supérieur étoit tenu de payer la rançon, & de *lui restorer ses coûts*. Notre histoire fournit plusieurs exemples de ce cautionnement mutuel. Voyez *Hommage*.

FOIRE : c'est un lieu public où des marchands s'assemblent à certains jours pour vendre en liberté leurs marchandises. La plus ancienne *foire* établie dans le royaume, & dont on ait connoissance, est la *foire du landi* : suivant les Chroniques du neuvieme siécle, elle fut établie à Aix-la-Chapelle par *Charlemagne*, & transférée par *Charles le Chauve* à saint Denis. L'abbé *Lebœuf* veut que cette *foire* ne soit que du commencement du douzieme siécle (1109).

Quoi qu'il en soit, il y eut un grand nombre de *foires*, établies du temps de *Charlemagne* ; & les historiens rapportent que celle de S. Denis est une des plus fameuses : on y venoit non seulement de toute la France, mais encore de la Frise, de la Saxe, de l'Angleterre, de l'Espagne & de l'Italie : c'est ce qui paroît par l'acte de son établissement sous *Dagobert I*, & par une ordonnance de *Pepin le Bref*, qui confirma aux moines de cette abbaye le droit de toucher les péages sur le territoire de Paris.

Cette ancienne *foire de Saint-Denis*, différente comme on le voit, de celle du *landi*, continue de se tenir tous les ans, le 10 Octobre, & dure huit jours. L'ouverture s'en fait par le baillif de S. Denis. Les gardes des marchands merciers de Paris viennent y faire la visite des marchandises, & font saisir celles qui ne se trouvent pas conformes aux réglemens, dont la connoissance est portée devant le lieutenant général de police du châtelet de Paris

[F O I]

Quant à la *foire du landi*, *Du Tillet* dit que cette *foire*, suivant un titre de *Louis le Gros*, « fut » par autorité apostolique, confirmation des arche- » vêques & évêques, & ordonnances des rois, éta- » blie en l'honneur, révérence, & mémoire des » saints cloux & couronne de notre Rédempteur, à » tels jours, placés à l'église de saint Denis, pour » la protection des rois & du royaume; que nos » histoires s'y accordent, disant que *Charles le » Chauve* transporta à S. Denis ces saintes reliques » d'Aix-la-Chapelle, où *Charlemagne* les avoit mis, » institua le *landi*; que le premier jour de cette » *foire*, *le moine*, portier de l'abbaye de S. Denis, » avoit droit de venir armé avec ses gens, à la pro- » cession de la bénédiction du *landi*, déclaré par » arrêt du parlement, donné le 9 Avril 1334, mais » que l'abbaye a laissé perdre ce droit, parce qu'il » ne convenoit pas.

C'étoit anciennement un droit du recteur de l'u- niversité de Paris, que le *landi*, ou *leindiz* de saint Denis ne pouvoit être ouvert, qu'après avoir été béni par le recteur, qui s'y transportoit en pompe & en cérémonie. Cette *foire*, qui se tenoit à Saint- Denis en France, étoit si solemnelle, que, pour en conserver la mémoire, le *parlement* & l'*université*, prennent un jour de vacation qu'on appelle le *landi*, sous prétexte d'aller à cette *foire*.

La *foire de S. Germain* à Paris a commencé en 1482, sous *Louis XI*. Il y eut différend avec les religieux de S. Denis, pour le temps auquel elle se tiendroit; & par arrêt du parlement de Paris, du 12 Mars 1484, il fut ordonné qu'elle commence- roit le 3 Février, c'est-à-dire le lendemain de la Chandeleur, & dureroit jusqu'au samedi inclusive- ment devant le dimanche des Rameaux.

C'est sur les dix heures du matin, le 3 Février, que le lieutenant de police en fait l'ouverture, ac- compagné des commissaires du châtelet, des syndics de la *foire*, des gardes des marchands, qui crient à haute voix: *MM. ouvrez vos loges*; ce qui est précédé

N ij

& suivi de fanfares, des trompettes & des hautbois. La *foire* S. Germain cesse pour les forains, le 17 Février.

Philippe le Bon, roi de Navarre, & *Charles le Mauvais*, son fils, avoient leur hôtel, où sont à présent les loges & les boutiques de la *foire S. Germain*. *Louis* de France, pere de ce *Philippe le Bon*, & fils de *Philippe le Hardi*, avoit fait bâtir cet hôtel au milieu de quelques vignes qu'il avoit achetées de *Raoul de Presle*, avocat au parlement, & pere de ce *Raoul de Presle*, si célebre par ses ouvrages sous le régne de *Charles V*. Ce dernier prenoit, dit l'abbé *Massieu*, (*Histoire de la poësie françoise*,) le titre de *confesseur & poëte du roi*.

Nous ne parlons point ici de la *foire S. Laurent* à Paris, qui est tombée depuis la fréquentation des boulevards, & qui s'ouvroit sur la fin de Juin, avec les mêmes cérémonies que la *foire S. Germain*; elle duroit trois mois.

Les plus fameuses *foires* du royaume, sont la *foire de Guibrai* à Falaise, de Caën, de Beaucaire, de l'Orient, de Nantes, de Bordeaux, de Lyon, &c.

On trouve dans l'*Almanach royal* de chaque année une liste des principales *foires* qui se tiennent dans le royaume, & nous y renvoyons.

FOIX : province, avec titre de comté & gouvernement militaire, dont la ville de *Foix* est la capitale, & selon d'autres *Pamiers*.

Sous l'empereur *Honorius*, ce pays étoit compris dans la *premiere Lyonnoise*. De la domination des Romains, il passa sous celle des *Goths*, & ensuite sous celle des *François*. Après divers événemens, ce pays obéit, pendant quelque temps, aux premiers ducs d'Aquitaine, qui y introduisirent les Sarrasins.

Charlemagne ayant délivré la France de ces étrangers, le pays de *Foix* fut réuni à la couronne, mais bientôt après, il obéit aux comtes de Toulouse. Dans la suite, il reconnut les comtes de Carcassonne. Vers l'an 989, *Bérenger I. de Foix*, troſeme fils de *Roger II*, comte de Carcaſſonne, fut établi comte de *Foix*, par le comte ſon pere, vraiſemblablement du conſentement du comte de Toulouſe. Les comtes de *Foix* faiſoient hommage au comte de Toulouſe, d'une partie de leur comté; & ils tenoient le reſte en *franc-aleu*.

La poſtérité de *Bérenger I* a poſſédé, de mâle en mâle, le comté de *Foix*, pendant treize générations, ſous quatorze comtes. *Roger-Bernard III*, dixieme comte de *Foix*, épouſa *Marguerite*, vicomteſſe de Béarn. Par ce mariage, le Béarn fut uni au pays de *Foix* en 1290, & n'en fut plus ſéparé depuis.

Henri IV, roi de France, réunit, en 1589, à la couronne de France, celle de Navarre, les comtés de *Foix*, de Bigorre, de Périgord, &c.

Les comtes de *Foix* ne poſſédoient d'abord que le château de ce nom; & la ville appartenoit à l'abbé de *S. Voluſien*. En 1168, l'abbé *Pierre* aſſocia le comte en paréage pour la juſtice & le haut domaine de cette ville; & ce paréage ſubſiſte encore aujourd'hui.

C'eſt dans *Matthieu*, comte de *Foix* & de Périgord que finit, en 1398, la maiſon de *Foix*, iſſue de Carcaſſonne, dont l'origine va ſe perdre dans les commencemens de la Monarchie. *Iſabelle*, ſœur unique de *Matthieu*, héritiere de la principauté de Béarn & du comté de *Foix*, porta cette grande ſucceſſion dans la maiſon de *Grailli*, par ſon mariage avec *Archambaud capital de Buch*, & elle lui fut confirmée & à ſes deſcendans, par arrêt du parlement.

On place, vers l'an 889, le commencement des deux grandes maiſons de *Foix* & d'*Albret*, ſi longtemps rivales, & qui ont fait une ſi grande figure dans la Monarchie. *Roger*, comte de Carcaſſonne, eſt le premier comte de *Foix*. Il en jouit juſqu'en 1040, & ce comté paſſa dans la maiſon d'*Albret* par le mariage, en 1502, de *Catherine*, comteſſe de *Foix*, avec *Jean d'Albret*.

C'eſt de la maiſon de *Foix*, qu'eſt venu à celle

de France, le royaume de Navarre, par *Catherine de Foix*, tante de *Gaston*, & fille de *Gaston*, roi de Navarre, par *Eléonore* de Navarre sa mere, femme de *Gaston IV*, & fille unique de *Jean*, roi de Navarre. *Catherine de Foix* avoit épousé *Jean*, seigneur d'*Albret*, qui eut *Henri*, pere de *Jeanne d'Albret*, mariée à *Antoine* de Bourbon, roi de Navarre, pere de *Henri IV*, roi de France & de Navarre.

FONDEURS & FONDERIE : la méthode dont on se servoit dans le siécle dernier, pour fondre les statues équestres & colossales d'un seul jet, n'étoit rien moins qu'infaillible, dit M. *Patté* ; le dessous du cheval de la statue équestre de *Louis XIV*, Paris, avoit manqué à la fonte : il falloit rétablir ensuite cette partie, & ajoûter plusieurs piéces en différens endroits de ce monument.

Lorsqu'on voulut se servir, il y a une vingtaine d'années de ce procédé, à l'occasion de la fonte de la statue équestre de *Louis XV* pour la ville de Bordeaux, le bronze ne remplit que la moitié de l'ouvrage, à l'exception des parties inférieures, telles que les pieds, le ventre du cheval, & les jambes du roi ; tout le reste avoit manqué : la matiere s'étoit échappée du moule, & s'étoit frayée un chemin à travers des terres. Sans la hardiesse incroyable du fondeur *Varin*, qui osa entreprendre de réparer cet accident par son habileté à fondre après coup cette partie supérieure ; ensorte que l'une & l'autre se joignent parfaitement, & comme si elles avoient été coulées du même jet, il auroit fallu de toute nécessité recommencer un ouvrage aussi dispendieux.

M. *Gore*, commissaire des fontes de l'arcenal, au sujet de la fonte de la statue de *Louis XV*, à Paris, imagina un procédé plus heureux pour assurer les opérations : au lieu de faire couler le métal du haut en bas du moule, comme dans un pot, ainsi qu'on le pratiquoit précédemment, ce qui rendoit toujours la fonte mal-propre & terreuse, il la fit refluer du bas en haut, c'est-à-dire qu'il fit passer le matiere par toutes les parties inférieures de la statue, pour la faire arriver dans toutes les parties supérieures. Par ce moyen il assura le succès de sa fonte ; & en suivant cette méthode, il est presque impossible de manquer aujourd'hui ces ouvrages, quelque considérables qu'ils soient.

La statue de *Louis XV*, à Reims, a été fondue de cette maniere, & a confirmé la supériorité de cette invention. Ainsi on se souviendra à jamais, continue M. *Patte*, que le monument érigé au roi, par la ville de Paris, est l'époque de la perfection de cet art.

La fonte de nos canons a de même reçu une nouvelle perfection. Autrefois on n'avoit d'autre méthode, pour former l'ame d'un canon, que de le couler à l'aide d'un noyau, à-peu-près comme on fond une cloche. Cette méthode les rendoit sujets à crever. *Maritz*, il y a quinze ou seize ans, remédia à ce défaut, en imaginant de couler les canons pleins & massifs, sans noyau ; ensuite à l'aide d'une nouvelle machine qu'il inventa, en forme d'alézoire, il parvint à forer l'ame des canons & à égaliser leur surface intérieure parfaitement ; de sorte qu'il leur donna la forme polie & cylindrique qui leur convient, & par conséquent une solidité qu'ils n'avoient pas : on peut, avec cette machine, forer un canon en vingt-quatre heures.

Les *fondeurs* font, à Paris, une communauté qui a eu des statuts dès l'an 1281 ; ils furent renouvellés, augmentés, corrigés & approuvés, en 1573, par lettres-patentes de *Charles IX*, du 12 Janvier, enregistrées au parlement & au châtelet les mêmes mois & an. Ils n'ont éprouvé aucun changement jusqu'en 1691, que les charges de jurés, créées en titre d'office par la déclaration du roi de la même année, ayant été incorporées & réunies à cette communauté, on ajoûta à leurs statuts quelques articles, dont les principaux concernent les droits de réception des apprentifs & des maîtres

Cette communauté est gouvernée par quatre jurés,

dont deux sont élus chaque année. C'est à eux de marquer les ouvrages dans leurs visites avec leurs poinçons.

Chaque maître ne peut avoir qu'une seule boutique ou ouroir, & un seul apprentif engagé au moins pour cinq ans.

Les fils de maîtres sont aussi obligés à un apprentissage de cinq ans, chez leur pere; mais en quelque nombre qu'ils soient, ils n'excluent pas l'apprentif étranger; celui-ci doit chef-d'œuvre pour aspirer à la maîtrise; ceux-là ne sont tenus qu'à une simple expérience.

Les apprentifs des villes, où il y a maîtrise, sont reçus à celle de Paris, en apportant leurs brevets d'apprentissage, & servant quatre ans chez les maîtres.

Les veuves jouissent des mêmes priviléges que dans les autres corps.

FONTAINEBLEAU: dans le Gâtinois, bourg considérable, situé dans une plaine au milieu des bois, connu dès le régne de *Philippe-Auguste*. *Louis VII*, son pere, y fit bâtir un château, dès l'an 1169; on dit même qu'il en jetta les premiers fondemens, en 1137. *S. Louis* y fit aussi travailler & il reste encore aujourd'hui un corps de bâtiment enclavé dans les ouvrages que l'on a faits depuis, où se trouve la piéce appellée le *salon de S. Louis*. *Philippe le Bel* est né dans cet ancien château.

François I y fit bâtir le château qui subsiste à présent. *Henri IV* & *Louis XIV* l'ont fait continuer; c'est pourquoi il est de différens goûts d'architecture. On compte neuf cens chambres dans ce palais, qui est orné de jardins délicieux & d'un grand nombre de belles fontaines. *François II*, *Henri III* & *Louis XIII* y sont nés. Ce dernier prince y fit faire quelques ouvrages. *Louis XIV*, dont la famille devint très-nombreuse, fit faire, pour la loger commodément, un nouveau bâtiment du côté de la cour des offices, que l'on appelle *l'appartement des princes*; il rendit aussi les anciens plus magnifiques plus commodes; & le roi régnant a de beaucoup encore enchéri sur tous ces embellissemens; de sorte que le château de *Fontainebleau* est aujourd'hui un des plus vastes, des plus beaux & des plus commodes de l'Europe.

Nos rois ont choisi cet endroit pour un lieu de divertissement, à cause de sa situation pour la chasse, mais aussi pour l'abondance & la beauté des eaux. Voyez la *Description du château de Fontainebleau*, dans le *Dictionnaire des Gaules*, & autres ouvrages de cette nature.

FONTAINE-LEZ-BLANCHES: abbaye d'hommes, de l'ordre de Citeaux, en Touraine, diocèse de Tours, qui n'étoit d'abord qu'un simple hermitage, érigé en abbaye, en 1127, par *Regnauld*, seigneur de *Château-Regnauld*, & par quelques gentilshommes des environs. En 1240, *Isabelle de Blois*, comtesse de Chartres, donna à ce monastere un *millier de harengs & deux cruches d'huile*, tous les ans, à l'octave de Pâques, à la charge de faire un service pour le repos de son ame & de celle de son mari, comme aussi de nourrir un pauvre ce jour-là. Peu d'années après, les religieux de cette abbaye obtinrent que cette donation seroit changée en *trente sols d'argent* par an; ce qui prouve combien l'argent étoit rare, & les denrées à vil prix.

Il y a dans le Maine, au diocèse du Mans, élection de Mayenne, *Fontaine-Daniel*, qui est une abbaye d'hommes de l'ordre de Cîteaux, de la filiation de Clairvaux; & *Fontaine-Guerard*, en Normandie, diocèse de Rouen, qui est une abbaye de filles de l'ordre de Cîteaux; & *Fontaine-Jean*, abbaye d'hommes de l'ordre de Citeaux, dans le Gâtinois Orléannois, fondée par *Pierre de Courtenay*, fils de *Louis le Gros*, qui n'avoit rien oublié pour en faire une abbaye considérable.

FONTANGE: c'est un nœud de rubans que les femmes, qui se mettent proprement, portent sur le devant de leur coëffure, & un peu au-dessus du front, & qui lie la coëffure. Ce nom & cette mode

[F O N]

viennent de *Marie-Angélique de Scoraille de Rouſſille*, duchesse de *Fontanges*, fille de *Jean Rigaud de Scoraille*, comte de *Rouſſille*, & d'*Aimée-Léonore de Plas*, née en 1660, morte le 28 Juin Juin 1681, des suites d'une couche.

Ce fut elle qui, la premiere, porta ce nœud, lorsqu'elle commença de paroître à la cour, vers l'an 1679. Depuis l'introduction de ces rubans, les étages des coëffures des dames avoient multiplié, & étoient parvenus à une hauteur énorme; c'est ce qui a fait dire à un poëte, en parlant de ces coëffures déja bien rabaissées:

> Une palissade de fer
> Soutient la superbe structure
> Des hauts rayons d'une coëffure;
> Tel, en temps de calme sur mer,
> Un vaisseau porte sa mâture.

Voici ce que M. *Dreux du Radier* a rassemblé sur les coëffures de nos dames, depuis le commencement du quinzieme siécle, c'est-à-dire depuis *Charles VI*.

» Sous le régne de ce prince, dit messire *Jean-
» Juvenal des Urſins*, cité par *D'argentré*, les dames
» & demoiselles faisoient de grands excès en états,
» & portoient des cornes merveilleusement hautes
» & larges, ayant de chaque côté deux grandes
» oreilles si larges, que quand elles vouloient passer
» par un huis, (porte,) il leur étoit impossible de
» passer. En Flandre où ces cornes étoient nées, on
» les appelloit *hennins*.

Le fameux *Thomas Cenare*, moine de l'ordre des Carmes, s'exerça contre ces cornes, & en triompha; mais son triomphe fut de peu de durée; elles se rehaussèrent à un degré prodigieux. On peut consulter *Monſtrelet*, sur les effets de la prédication de frere *Thomas*. Dans nos anciennes tapisseries de Flandres, on retrouve ces coëffures gigantesques, qui alloient jusqu'à trois & quatre pieds de hauteur.

En 1467, sous le régne de *Louis XI*, « les fem-

» mes, dit *Monstrelet*, mirent sur leurs têtes, bou-
» relets à maniere de bonnet rond, qui s'amenui-
» soient par-dessus de la hauteur de demi-aulne ou
» de trois quartiers de long ; telles y avoient, &
» aucunes les portoient moindres & déliés couvre-
» chiefs par-dessus pendant par derriere jusqu'à terre,
» les uns & les autres, & prindrent aussi apporter
» leurs ceintures, &c.

Erasme, dans son dialogue intitulé *Senatulus*, dit : Il s'élevoit autrefois des cornes sur le haut de la tête des femmes, auxquelles elles attachoient des especes de voiles, (*linteamina* ;) cette coëffure distinguoit les femmes du premier rang. Toutes les femmes prirent ces *coëffures*, & arborerent les cornes & les banderolles ; les dames passerent à une autre extrémité : elles prirent des bonnets bas, garnis en-dehors de peaux tachetées de noir & de blanc ; elles furent copiées.

La *coëffure* fut changée ; les dames mirent sur leurs têtes des voiles noirs, ornés de franges rouges ou pourpres. Non-seulement les bourgeoises prirent ces voiles, mais elles en augmenterent l'éclat, en y ajoûtant des agraffes d'or, & même des perles.

C'étoit autrefois une distinction d'avoir le toupet relevé & les cheveux des tempes retapés, de faire du tout une espece de pyramide, qu'on rejettoit en arriere, comme un ornement distinctif ; la mode en devint générale. Ajoûtons ici que la mode des *toupets relevés & des cheveux retapés* vient de renaître, tant chez les hommes que chez les femmes du bel air ; & c'est ce qu'on appelle aujourd'hui *coëffure à la grecque*.

Les cornes & les voiles attachées au-dessus, sont du regne de *Charles VI*, & du commencement du regne de *Charles VII* ; les bonnets ornés de peaux parurent sous *Charles VII*. Le voile noir, sous *Louis XII* : c'étoit la coëffure d'*Anne de Bretagne*, depuis la mort de *Charles VIII*. Les cheveux relevés parurent sous *François I*.

Marguerite de Valois, sa sœur, aïeule de *Henri IV*,

prit pour *coëffure* une toile avec force dorure. *Marguerite*, femme de *Henri IV*, ne s'assujettit à aucune mode. Elle se coëffoit en cheveux ; sa coëffure favorite étoit le toupet relevé, les cheveux des tempes frisés, & sur la tête un bonnet de velours ou de satin, enrichi de filets de perles & de pierreries, avec un bouquet de plume. L'auteur (*Dreux du Radier*,) dit avoir un tableau, du temps où elle est représentée avec cette *coëffure*, qui a l'air fort galant.

Le chaperon parut aussi ; & *Scaliger* dit que c'étoit une fort *sotte coëffure*. Ce chaperon, qui a duré jusques sous *Louis XIII*, étoit, pour les dames, une piéce de velours, qui formoit le bonnet, & revenoit sur le front. Les bourgeoises ne le portoient que de drap. On les appelloit *dames à chaperon*.

Sous le régne de *Henri IV*, *Louise Bourgeois* dite *Boursier*, sage-femme accoucheuse de la reine *Marie de Médicis*, obtint du roi la permission de porter le *chaperon de velours* ; elle est peinte avec cette coëffure, à la tête de ses *Observations sur les accouchemens* ; ses cheveux sont relevés, & sa tête est couverte du chaperon ou piéce de velours en double.

Les dames ont aussi porté des perruques ; (& il y en a encore aujourd'hui qui en portent, & qui imitent les cheveux naturels.) Les anciennes perruques des dames, auxquelles on donnoit le nom de *cadenettes*, servoient le matin à celles qui n'étoient pas encore peignées. On appelloit aussi ces coëffures des *paresseuses*.

Monsieur, frere du roi (*Louis XIV*,) portoit une de ces perruques ; dans sa campagne de Flandres. Sa toilette étoit celle d'une femme ; il y employoit même le blanc & le rouge. *Tablettes de France*, tome iij, p. 250 & suivantes.

FONTDOUCE : abbaye d'hommes de l'ordre de S. Benoît, en Saintonge, diocèse de Saintes, fondée, en 1170, par *Eléonore*, duchesse d'Aquitaine, l'église, qui étoit très-belle, fut en partie ruinée dans les guerres civiles par les Calvinistes.

FONTENAY : baronnie érigée en duché, sous le nom de *Rohan-Rohan*, en 1626. Les lettres ne furent point enrégistrées ; & *Louis XIV* la créa de nouveau, en 1714.

FONTENAY-LE-COMTE : ville du Poitou, diocèse de la Rochelle, qui a donné de grands hommes à la république des lettres, comme *Rapin*, un des plus célébres poëtes, qui fut prévôt des marchands de Paris, sous *Henri III*; *André Tiraqueau*, célébre jurisconsulte du seizieme siécle, qui fut employé dans des affaires importantes, par *François I & Henri II*; *Barnabé Brisson*, célébre, & sçavant magistrat au parlement de Paris, que *Henri III* fit successivement avocat général, conseiller d'état, & président à mortier, en 1580; & *François Viette*, qui fut maître des requêtes de la reine *Marguerite*, & l'un des plus grands mathématiciens que la France ait produits.

FONTENOY : village dans les Pays-Bas, dans la Flandre, près de l'Escaut, à une lieue de Tournay, fameux par la victoire complette que les François ont remportée sur les Impériaux, Anglois, Hanovriens & Hollandois, le 11 Mai 1745. L'armée des ennemis étoit commandée par le comte de *Cumberland*, & l'armée françoise par le maréchal-comte de *Saxe*, sous les ordres de Sa Majesté, qui y étoit en personne, accompagnée de feu M. le Dauphin.

Cette victoire mémorable est la plus heureuse par ses suites que les François ayent remportées depuis *Philippe-Auguste*, & la premiere, depuis *S. Louis*, qu'un roi de France ait gagnée en personne contre les Anglois.

Louis XV, frappé de l'affreux spectacle des morts & des mourans étendus sur le champ de bataille, dit : *Qu'on ait soin des François blessés, comme de mes enfans ; & qu'on ait le même soin des ennemis.*

Les Anglois blessés & prisonniers, devinrent nos

compatriotes; & jamais tant d'humanité ne succéda à tant de valeur.

FONTENELLES: abbaye d'hommes, de l'ordre de S. Augustin & de la réforme, en Poitou, diocèse de Luçon, fondé au milieu des bois, en 1110, par *Guillaume de Mauléon*, seigneur de Talemont, & *Béatrix de Machecoul*, sa femme.

Il y a, du même nom de *Fontenelles*, une abbaye de filles de l'ordre de Cîteaux, au diocèse de Cambray, en Haynaut, fondée, en 1212, par deux saintes filles, *Jeanne* & *Agnès*, qui étoient l'une & l'autre filles de *Nelin*, seigneur d'Aunoy.

FONTEVRAULT: bourg, avec une célèbre abbaye de filles, chef de l'ordre de son nom, dans le Saumurois, en Anjou, diocèse de Poitiers, fondée, sur la fin du onzième siécle, par *Robert d'Arbrissel*, un des plus beaux génies de son temps. La solitude de *Fontevrault* lui parut un lieu propre pour y établir deux monasteres, sous la régle de S. Benoît, l'un pour les femmes, qui devoit avoir toute l'autorité; l'autre pour les hommes, qu'il obligea à dépendre entiérement de l'abbesse. Il leur en donna l'exemple, & ne s'appelloit que *l'homme d'affaires* des dames religieuses. C'est le premier ordre dont le chef fût une femme.

Fontevrault appartenoit à une dame nommée *Aramburges*, veuve de *Guyon*, fils d'*Osmond*, laquelle le donna à *Robert d'Arbrissel*, & fit ratifier cette donation par sa fille unique & héritiere, nommée *Adélaïde*, & surnommée *Riverie*, ainsi que cela se prouve par la chartre de sa donation.

Le pape *Pascal II* approuva cet institut, le 25 Avril 1106; & le 5 Avril de l'an 1113, il voulut que cette abbaye fût immédiatement soumise au saint siége. Les deux communautés de cette abbaye, chef-d'ordre, sont l'une & l'autre fort nombreuses, & l'on y compte ordinairement cent cinquante religieuses, & soixante religieux.

On voit, dans le chœur de l'église de cette abbaye, un magnifique monument; c'est le tombeau de plusieurs rois & reines d'Angleterre. On y voit six effigies représentées en ce lieu, sçavoir, de *Henri II*, roi d'Angleterre, comte d'Anjou, &c. d'*Eléonore* son épouse, duchesse d'Aquitaine, auparavant femme répudiée de *Louis VII*, roi de France; de *Richard*, leur fils, surnommé *Cœur de Lyon*, aussi roi d'Angleterre; d'*Elisabeth* de *la Marche*, veuve de *Jean*, roi d'Angleterre, qui s'y fit religieuse; de *Jeanne* d'Angleterre, sœur de ce *Richard*, femme, en premieres nôces, de *Guillaume*, roi de Sicile, &, en secondes nôces, de *Raymond VI*, comte de Toulouse, qui mariée, prit, en mourant, l'habit de cet ordre.

On y voit aussi le tombeau de *Robert d'Arbrissel*, près du grand autel, du côté de l'évangile, en marbre noir, & sa statue en marbre blanc, revêtu de ses habits sacerdotaux, & tenant un bâton pastoral. Ce monument, tel qu'on le voit aujourd'hui, fut érigé par *Louise de Bourbon-Lavedan*, abbesse de *Fontevrault*, en 1623.

FORCALQUIER : ville, avec un ancien titre de comté, dans la Provence, diocèse de Sisteron. Le comté de *Forcalquier* n'a été connu sous ce nom, que sur la fin du onzieme siécle, puisque le premier titre où il en est parlé, est de 1100.

Lors de la décadence de l'empire Romain, les divers pays, qui composoient autrefois le comté de *Forcalquier*, furent soumis la plûpart aux Bourguignons ; mais une partie obéit aux Wisigoths. Dans la suite, les François se rendirent maîtres de ces divers pays. Après divers événemens, le comte de *Forcalquier*, qui n'étoit point encore connu sous ce nom, se trouva soumis aux rois du second royaume de Bourgogne.

Lors de l'établissement des comtes de Provence, presque tous les pays, qui, dans la suite, dépendirent des comtes de *Forcalquier*, furent soumis à ceux de Provence.

Vers l'an 961, *Boson II* fut comte de toute la Provence. Après sa mort, ses états furent partagés entre ses trois fils. *Guillaume*, son aîné, fut comte de Provence ; *Pons*, le second, fut vicomte de Marseille ; *Robeaud*, le troisieme, fut comte de *Forcalquier*, qui, outre le comté de *Forcalquier*, comprenoit alors ceux de Venaissin, de Die, de Gap & d'Embrun. Ce n'est cependant pas à cette époque qu'il faut fixer l'établissement du comté de *Forcalquier* ; car *Robeaud* n'en prit point le titre : il ne s'intituloit que *marquis de Provence, par la grace de Dieu*.

Nous avons dit que le premier titre de comte de *Forcalquier* n'est que de l'an 1100 ; c'est dans ce temps-là que *Guillaume III d'Urgel* en prit le titre.

Les comtes de *Forcalquier* étant tombés dans la disgrace de *Frédéric I*, ce prince confisqua leurs terres, en 1162, à défaut d'hommage rendu ; mais comme ils n'étoient pas immédiatement de l'empire, puisqu'ils faisoient hommage aux comtes de Toulouse, d'une part, & à ceux de Provence, de l'autre, ils obtinrent main-levée, en 1164.

Béatrix, fille aînée de *Garsinde* & héritiere du comté de *Forcalquier*, épousa, en 1193, *Alphonse* comte de Provence ; &, par ce mariage, les comtés de *Forcalquier* & de Nice, & la moitié de la ville d'Avignon furent réunis au comté de Provence.

Guillaume de Sabran, qui prétendit au comté de *Forcalquier*, du chef de sa mere *Alix*, fille de *Bertrand III*, comte de *Forcalquier*, par accommodement fait, en 1220, avec *Raymond Berenger*, comte de Provence, conserva le titre de *Forcalquier* ; & sa postérité a retenu le nom & les armes de *Forcalquier*.

Le dernier de cette branche fut *Gaucher de Forcalquier*, évêque de Gap, qui, par son testament de l'an 1483, institua pour son héritier son neveu *Georges de Castellane*, avec substitution en faveur de *Gaucher I de Brancas*, son cousin germain, qui recueillit cette substitution. De lui descendent les

les *marquis de Brancas*, qui portent le titre de *comtes de Forcalquier*, & les *ducs de Villars-Brancas*.

Le roi prend aujourd'hui la qualité de *comte de Provence & de Forcalquier*.

FORCES DE LA FRANCE : les *Francs* ne furent redevables qu'à leur valeur de leur établissement dans les Gaules, sous la premiere race, & bien avant sous la seconde. Leur milice étoit composée de sujets, qui, à la premiere semonce, étoient obligés de prendre les armes, & de suivre le prince ou son général d'armée, aux expéditions de guerre.

Il y avoit, outre cela, des *appointés du roi* : c'étoient des hommes qui faisoient profession ordinaire de porter les armes, & auxquels le prince donnoit, au lieu de solde, la jouissance de quelques terres, à la charge de marcher & de combattre sous ses enseignes, toutes les fois qu'ils seroient commandés.

Les *Francs* tenoient cette police des Romains ; car les empereurs, outre la distribution d'héritages, qu'ils avoient accoutumé de faire aux vétérans, pour les récompenser des services qu'ils avoient rendus, s'aviserent de donner encore les terres frontieres à des chefs & à des soldats distingués, à condition de les défendre contre l'ennemi, & d'en jouir seulement, pendant qu'eux & leurs successeurs continueroient le service militaire.

A mesure que nos premiers rois se rendoient maîtres de quelques provinces, ils distribuoient des parties de leurs territoires aux capitaines & aux soldats qui les avoient aidés à les conquérir, mais à condition de servir l'état en temps de guerre. Ces fonds de terre qu'ils donnerent, furent appellés *honneurs* & *bénéfices*. Voyez *Bénéfices*.

C'est ainsi que *Clovis I* donna à *Aurélien* le château de Melun, par forme de *bienfait*. Ces dons n'étoient qu'à vie ou pour un temps, & retournoient au roi par la mort du *bénéficier*.

Tous ces *bénéficiers*, quand le roi vouloit faire la guerre, au premier ordre qu'on appelloit *cri public*, étoient obligés de venir en armes au rendez-vous, & d'y venir en *bon & dû équipage*, selon leur revenu, ou ils étoient privés de leurs *bénéfices*. Il y avoit même des peines contre ceux qui venoient trop tard; & cela se vérifie par les Capitulaires de *Charlemagne*. Pour ceux qui ne s'y trouvoient pas, ils étoient condamnés à une amende, à moins que leur âge, ou la maladie, ou la garde des maisons, ou la culture des terres ne les en dispensât; & cette amende étoit exigée avec tant de rigueur, que celui qui n'avoit pas le moyen de la payer sur ses meubles, étoit condamné à servir au palais du prince, jusqu'à ce que, par son travail, il eût gagné la somme à laquelle il avoit été taxé.

Sous la premiere race de nos rois, le gros des armées n'étoit que d'*infanterie*; &, sous *Charlemagne*, le nombre des *gendarmes* égaloit presque le gros d'*infanterie*; & quand les fiefs furent devenus *héréditaires*, les armées françoises ne furent presque plus que de la *cavalerie*. Le peu d'*infanterie* qu'il y avoit, étoit distribué entre les files des *gendarmes*; & d'ailleurs on ne s'en servoit qu'à remuer la terre, à aller au fourrage, &c. Ce n'est pas qu'elle ne fût armée d'*arcs* & d'*arbalêtes*, avec quoi elle lançoit des *flêches* pointues, & des *matras* qui étoient de *gros dards*, qui ne perçoient point, mais qui meurtrissoient dangereusement. Les armes offensives de la *cavalerie* étoient la *lance*, & le *sabre*. Les défensives furent la *jaque de maille*, (à laquelle succéda, vers l'an 1300, la *cuirasse*,) les *brassars*, les *cuissars*, les *jambieres* & les *gantelets*. Les chevaux avoient aussi leur armure.

Les vassaux marchoient sous leurs seigneurs, qui les commandoient à l'armée. Chaque grand seigneur faisoit une compagnie, que l'on nommoit *banniere*; & leurs féudataires, qui avoient assez d'arriere-vassaux dépendans de leurs fiefs, pour en former une compagnie, levoient aussi *banniere*, & avoient leur bande à part; mais le premier seigneur commandoit sur tout, & supérieurement, à-peu-près comme les colonels & les meſtres de camp, commandent aujourd'hui les compagnies de leurs régimens.

L'état & le dénombrement des grandes ſeigneuries portoient combien elles pouvoient lever de bannieres. C'eſt de-là que dans une cauſe plaidée au parlement le 27 Février 1447, il fut dit que le premier & le plus grand vaſſal du comté de Poitiers, étoit le vicomte de *Thouars*, qui avoit ſous lui trente-deux bannieres, comme le rapporte *Du-Tillet*, au titre de chevaliers. Les différens noms des fiefs leur furent même donnés de l'état auquel devoit ſervir le vaſſal; car les uns furent appellés *fiefs de bannieres*, ceux-ci de *haubert*, & les autres de *ſimples écuyers*.

Le fief de *banneret* obligeoit celui à qui il appartenoit, d'avoir vingt-cinq vaſſaux combattans ſous ſon étendard, ou dix, ſelon quelques coutumes. Le fief de *haubert* d'avoir un homme armé de pied-en-cap, monté ſur un bon cheval & accompagné de quelques valets. Le fief d'*écuyer* étoit celui dont le vaſſal n'étoit tenu d'aſſiſter ſon ſeigneur que légèrement armé, avec l'écu ſeulement.

Tous les différens nobles & vaſſaux étoient obligés à ſervir en perſonne. Les évêques même & les abbés, à cauſe de leur temporel, & des héritages qu'ils tenoient en fief, menoient, ſous la premiere race, leurs vaſſaux à la guerre. *Charlemagne* le leur défendit; mais comme dans ces temps-là, ils ne connoiſſoient guères les devoirs & les bienſéances de leur état, il y en eut qui crurent qu'il étoit de leur honneur de ſe trouver aux exploits de guerre; mais pluſieurs rois, ſucceſſeurs de *Charlemagne*, n'eurent pas pour les prélats la même indulgence; ils les obligerent de ſervir à l'armée. Là chacun ſuivit ſon courage. Les prélats pacifiques levoient leurs mains au ciel, pendant que les prélats belliqueux combattoient contre les ennemis.

Cependant il faut dire que ceux-ci, pour ne pas tomber dans l'irrégularité, en répandant le ſang humain, s'armoient d'une maſſue pour étourdir &

O ij

[FOR]

abbatre ceux contre qui ils combattoient; c'est a[insi] que se comporta, comme nous l'avons dit au [mot] *Bouvines*, *Philippe de Dreux*, issu de la mai[son] royale, & évêque de Beauvais, & *Jean de M[on-] taigu*, archevêque de Sens, qui se trouva à [la] malheureuse bataille d'*Azincour*; ce prélat, qui p[ou-] voit être aussi bon archevêque, qu'il étoit gra[nd] guerrier, fut tué en combattant avec une val[eur] incroyable. On a dit de lui qu'il portoit *au lieu [de mitre, un bassinet; pour dalmatique, un haut-berge[on; pour chasuble, une piéce d'acier; & pour cro[sse, une hache*. Notre histoire est remplie de par[eils] exemples depuis le commencement de la Mon[ar-] chie, jusqu'à peu-près aux régnes de *Charles V* & [de] *Charles VI*. Ce service personnel, en général, é[toit] à charge au clergé; c'est ce qui fit que les évêqu[es,] les monasteres & les églises, obtinrent d'envo[yer] leurs vassaux à la guerre, sous la conduite d[e l'] *avoué*, autrement appellé *vidame*. *Voyez* Avou[é.]

Le service militaire qui étoit dû au roi par [les] nobles, par les tenans fiefs, & anciennement [par] tous les sujets, se faisoit aux dépens de ceux [qui] étoient obligés au service. Le temps en fut f[ixé] d'abord à quarante jours, non compris l'*aller* & [le] *retour*; c'est ce que nous apprennent les Capi[tu-] laires de *Charlemagne* & de *Louis le Débonnai[re]*; mais quand, les quarante jours passés, le roi a[voit] encore besoin de leur service, il pouvoit les rete[nir] plus long-temps; & alors il étoit obligé de le[ur] fournir *vivres* & *entretien*. Sous *S. Louis*, le [ser-] vice des *nobles* duroit soixante jours, & celui [des] *communes* ou des *roturiers*, quarante.

Nous avons dit ailleurs que sous la premi[ere] race, les *rois* & les *maires* du palais commandér[ent] les armées. Les *ducs* & les *marquis* de France [suc-] céderent à l'autorité des *maires* du palais; & [les] *sénéchaux* prirent la place des *ducs* de Franc[e,] après que l'autorité de ceux-ci fut éteinte par l'av[é-] nement de *Hugues Capet* à la couronne; ensu[ite] le connétable, qui n'étoit d'abord que le ch[ef] ou le surintendant de l'écurie du roi, devint, sous *Louis VIII*, dans le commencement du treizieme siecle, après le roi, le chef des armées de France; & le maréchal de France lui a succédé. Voyez *Connétable* & *Maréchal de France*.

Le régne de *Charles VII* est une époque remarquable pour la discipline militaire. Les gens de guerre avoient pillé & ruiné le plat pays, pendant les divisions des ducs d'Orléans & de Bourgogne, & durant trente années de guerre contre les Anglois. Ce prince se voyant tranquille, réduisit toute la *gendarmerie* à quinze compagnies, & congédia tout le reste. Chaque compagnie fut composée de cent lances, ou d'hommes d'armes, & chaque homme d'armes avoit sous lui trois archers, un coutellier ou écuyer, ou un page ou valet. Pour l'entretien & la solde de ces troupes, tant en temps de guerre qu'en temps de paix, *Charles VII* rendit la taille ordinaire sur les paroisses de la campagne & sur les villes non franches, au lieu qu'auparavant la *taille* ne se levoit qu'extraordinairement, & en certaines occasions pressantes. Voyez *Taille*.

Suivant plusieurs auteurs, il n'y avoit point encore de corps réglé de cavalerie legere. *Louis XI*, outre cette gendarmerie, voulut avoir seize mille *francs-archers*, commandés par quatre capitaines généraux, subordonnés à un chef qui étoit nommé par le roi; & chacun de ces capitaines avoit sous ses ordres quatre mille francs-archers. Ce prince cassa ce corps d'infanterie, & voulut avoir six mille suisses pour les remplacer; & sur la fin de son régne, il leva encore dix mille hommes d'infanterie françoise; & pour la soudoyer, il mit de grands impôts sur le peuple. Voyez *Francs-Archers*.

Charles VIII, son fils & son successeur au trône, voulut aussi avoir un corps d'infanterie qui, dans le besoin, fût toujours prêt à marcher; & dans la conquête du royaume du Naples, il eut encore à son service de l'*infanterie françoise*. Mais c'est *Louis XII* qui, le premier, en a entretenu un corps

O iij

réglé, composé de six mille hommes, fort com[mandé] & fort vanté par tous les historiens de ce temp[s-] là, sous le nom de *bandes noires*, ainsi nommée[s à] cause de ses drapeaux bigarrés de noir. Ce cor[ps] fut détruit à la journée de *Pavie*.

Comme *François I* ne fut pas fort satisfait [de] l'infanterie *françoise*, il institua, en 1534, sept [lé-] gions, composées chacune de six mille hommes, commandées par six capitaines, dont le prem[ier] étoit appellé *colonel*, ou *chef de la légion*; elle f[ut] levée, une dans la province de *Normandie*, un[e] en *Bretagne*, une en *Picardie*, une en *Bourgog[ne]*, une en *Champagne* & *Nivernois*, une en *Dauphi[né]*, *Provence*, *Lyonnois* & *Auvergne*, une en *Langu[e-] doc*, & une en *Guienne*. Ces *légions* ne subsistère[nt] que peu d'années; & on en revint aux *bandes*, [ou] *compagnies* de trois ou quatre cens hommes ch[a-] cune.

A ces troupes réglées *Louis XII*, *François I*, *Henri II*, joignirent des *fantassins* nommés *aven- turiers*, qui étoient des especes de bandits qui n[e] voient point de solde, & se joignoient volontai[re-] ment à l'armée. Ces troupes ne valoient pas [les] *compagnies franches* de *Louis XIV*, ni tous les d[if-] férens corps de *troupes legeres* enrégimentés [sous] *Louis XV*, & connus, les uns sous le nom de [lé-] gion, & les autres sous celui de *régiment*.

L'infanterie *françoise*, selon quelques autres, [fut] distribuée par régimens sous *Henri II*, en 1558 [;] selon quelques autres, (c'est la plus commune o[pi-] nion, sous *Charles IX* en 1562.) Ces régimens [d'in-] fanterie *françoise*, depuis l'ordonnance du prem[ier] Janvier 1762, sont composés d'un, de deux, ou [de] quatre bataillons; & ils sont au nombre de ce[nt] neuf régimens, dont on peut voir la liste, ainsi q[ue] ceux de l'*infanterie étrangere*, comme *Suisse* & G[ri-] sonne, *Allemande*, *Italienne*, *Irlandoise* & *Eco[s-] soise* dans l'*état militaire* de la France de chaque a[n-] née, où l'on trouve aussi l'état des *Gardes Franço[i-] ses* & *Suisses*, du *corps royal* d'artillerie, des [

bataillons des provinces, des *Troupes Boulonnoises*, des *Grenadiers royaux*, des *Milices gardes-côtes*, &c.

Pour le reste des troupes qui composent aujourd'hui les *forces de la France*, voyez *Maison du roi*, *Cavalerie légere*, *Gendarmerie*, *Hussards*, *Dragons*, *Milice*, *Marine*, *Troupes legeres*, &c.

FOREZ: province, qui regarde au nord le Bourbonnois; au midi, le Velay; à l'orient, le Beaujolois; & à l'occident, l'Auvergne. Les peuples du *Forez* sont appellés *Segusiani* dans les Commentaires de *César*. Ce pays a trente lieues de longueur & dix-sept de largeur. Les comtes de *Forez* étoient aussi *comtes de Lyon*. Voyez *Lyon* & *Lyonnois*.

Sous *Honorius*, cette province étoit comprise dans la *premiere Lyonnoise*. De la domination des *Romains*, le *Forez* passa sous celle des *Bourguignons*, vers l'an 870. *Charles le Chauve* établit dans le *Lyonnois*, le *Forez*, *Beaujolois*, un nouveau gouverneur, qui rendit son gouvernement héréditaire vers l'an 900, & partagea ensuite le pays entre ses trois enfans. *Guillaume* son fils aîné, eut le comté de Lyon; *Artaud* fut comte de Forez, *Beraud* fut sire de Beaujeu. *Guillaume* mourut sans postérité en 920; son frere *Artaud*, déja comte de Forez, lui succéda, & ses descendans continuerent de prendre le titre de *comtes de Lyon* & de *Forez*.

Anne, dauphine d'Auvergne, comtesse de Clermont, qui avoit épousé, en 1371, *Louis II*, duc de Bourbon, réunit sur sa tête le Bourbonnois, le Dauphiné, l'Auvergne & le *Forez*. La postérité de *Louis II*, duc de Bourbon, jouit des comtés de *Forez*, de *Bourbon*, de *Beaujolois*, jusqu'en 1522 que *Louise* de Savoye se les fit adjuger. Cette princesse les remit ensuite au roi *François I*, son fils, qui réunit le *Forez* à la couronne, en 1531.

En 1566, le *Forez* fut donné à *Henri III*, alors duc d'Anjou, pour faire partie de son apanage. En 1574, il fut cédé à la reine *Elisabeth* d'Autriche, à titre de *douaire*; & depuis elle, toutes les reines veuves l'ont possédé successivement. Louis de Lorraine, en 1590; *Marie* de Médicis, en 16[..] & *Anne* d'Autriche, en 1643.

FORESTIERS: ce nom, comme nous l'avons d[it] au mot *Flandres*, fut donné à des seigneurs Franço[is] qui commandoient dans la Flandre; & ils le conser[v]erent jusqu'au commencement de la seconde race d[e] nos rois, que la Flandre fut érigée en comté.

Lidéric fut établi *forestier* & gouverneur de Fla[n]dres par *Charlemagne*. Nous avons dit que ce pay[s] étoit rempli de bois & de forêts; c'est apparemme[nt] à cause de cela qu'on donnoit le titre de *forestie[r]* aux premiers gouverneurs qui y furent établis p[ar] nos rois: on donnoit aussi, en France, le nom d[e] *forestier* à certains officiers, qui avoient quelque[s] charges ou fonctions dans les forêts; & ils étoient sous les deux premieres races de nos rois, ce qu[e] l'on nomme aujourd'hui les *gardes des bois* & d[es] *forêts du royaume*. Voyez E[a]ux & Forêts, & Mai[tres] des *Eaux & Forêts*.

FORGES: c'est un bourg dans le Bray en No[r]mandie, diocèse de Rouen, très-remarquable p[ar] ses eaux minérales, qui sur-tout ont été distinguée[s] depuis que *Louis XIII*, avec la reine son épouse, [&] toute sa cour, en fit le voyage. Ce prince y f[it] venir des *fontainiers*, qui en nettoyerent les source[s] & les séparerent les unes des autres. Pour les di[s]tinguer, on leur donna alors les noms de *reinette*, de *royale* & de *cardinale*, qu'elles portent encor[e] aujourd'hui.

La *reinette*, est plus abondante que les deux autre[s.]

La *royale* l'est plus que la *cardinale*. Cette derniere a pris son nom du *cardinal de Richelieu*, qu[i fit ?] but de ces eaux pour la gravelle, dont il étoit incommodé; elle donne moins d'eau que les autres[.] Il est peu d'eaux minérales, dans le royaume, qu[i] aient autant de réputation que celles de *Forges* ce qui est cause que l'on en fait un grand usage, & que dans la belle saison, elles sont très-fréquentées. On les croit bonnes pour un très-grand nombre de maladies; & l'expérience a prouvé que l'on ne se trompoit pas. Le bourg de *Forges* appartient à la maison de Montmorency-Luxembourg.

FORTUNE : ce nom étoit inconnu dans l'antiquité la plus éloignée. On ne le trouve ni dans *Homere*, ni dans *Hésiode*, parce que ce nom n'avoit pas été encore inventé. On ne sçait pas bien ce que les anciens vouloient dire par le nom de *fortune*. Les Latins entendoient par-là je ne sçais quel principe, par lequel les choses arrivent, sans qu'il soit nécessaire qu'elles arrivent; mais, comme on ignore ce que c'étoit que ce principe, les philosophes ont dit que les hommes ont fabriqué le *phantôme de la fortune*, pour couvrir leur ignorance. Les payens ont fait une divinité de la *fortune*, lui ont consacré des temples, parce qu'ils ont cru qu'elle disposoit à son gré du sort des hommes; & *Juvenal* a dit:

Nullum numen habes si sit prudentia, sed te,
Nos facimus, FORTUNA, *Deum, cœloque locamus.*

L'empereur *Charles-Quint*, que la *fortune* avoit si bien servi jusqu'au traité de Crépi, vaincu ou déconcerté dans ses projets, fut obligé d'avouer que le génie heureux du jeune roi (*Henri II*) l'emportoit sur le sien. *Je le vois*, dit ce prince, *la fortune est femme : elle en a le caractere : elle m'abandonne, & prend le parti de la jeunesse.*

Cette réflexion jointe à ses infirmités, fut peut-être cause de son abdication. Il est toujours vrai que la levée du siége de Metz, qu'il avoit formé en personne à la tête d'une armée de cent mille hommes, étoit un échec qui avoit obscurci sa gloire, & donné beaucoup d'éclat à celle de *Henri II*.

La levée de ce siége donna lieu à cette belle épigramme, dont le P. *de Chalons* n'a donné que ces deux vers:

Herculis optasti geminas transire columnas :
  Siste gradum METIS, *hæc tibi* META *datur.*

Ces vers font relatifs à la devife de *Charles-Quint*, qui avoit pris une aigle entre deux colonnes, avec cette légende: *PLUS ULTRA*. L'allufion des mots *METIS* & *META*, dont l'un fignifie *Metz*, & l'autre *borne*, rend la traduction de ce diftique prefqu'impoffible. M. *Dreux du Radier* dit avoir lu quelque part l'imitation, qui fuit:

> *Charles* vouloit paffer les colonnes d'Hercule,
> Et pénétrer plus loin que ce héros n'alla.
> Devant Mets fa valeur recule,
> Et Metz eft fon *nec plus ultra*.

François, duc de Guife, qui obligea l'empereur de fe retirer, prit pour devife les colonnes d'*Hercule*, avec une aigle attachée par les aîles à ces deux colonnes, & ces mots: *Non ultrà META*. Tablette de France, tome ij, p. 176 & 177.

FOUR: il y avoit anciennement à Paris la bannalité des *fours*, qui, felon *Brodeau* & *Chopin* fut abolie, en 1305, par *Philippe le Bel*, qui donna permiffion aux bourgeois d'en avoir dans leur maifon, non-feulement pour y cuire leur pain, mais même pour le vendre à leurs voifins.

C'étoit comme un refte de fervitude perfonnelle que les feigneurs hauts-jufticiers avoient confervé avec les droits de mouture, & de preffoir, de juftice, de domaine & femblables, qui peu-à-peu fe font éteints avec les anciennes fervitudes.

FOSSEUX: *en Artois*. Par lettres du mois de Mars 1578, enregiftrées le 2 Mai 1584, la terre & feigneurie de Baillet-fur-Efche fut érigée en baronnie, fous le nom de *Foffeux*, en faveur de *Pierre de Montmorency*. Le baron de *Foffeux* eft chef de nom & d'armes de la grande & illuftre maifon de *Montmorency*.

FOUARE: Il y a une rue de ce nom, quartier de la *Place-Maubert*. L'univerfité avoit autrefois fes écoles des deux côtés de cette rue: elle prit le nom de la rue *du Fouare*, vieux mot qui fignifioit de la paille; & anciennement il n'y avoit ni bancs ni chaises dans les églises; on les jonchoit de paille fraîche & d'herbes odoriférantes, sur-tout à la messe de minuit & autres grandes fêtes. *Essais sur Paris*, tome 1, p. 164. Voyez *Université*.

FOUX. (FÊTE DES) Voyez *Fêtes des foux*.

FOUX: nos rois avoient des *foux* en titre d'office; & ce qu'il y a de singulier, c'est qu'ils leur faisoient élever des mausolées; & en effet cet office employé sur l'état de la maison du roi, n'étoit pas une des charges de la cour la plus mal remplie. *Charles V* en eut deux qui lui furent extrêmement chers, si l'on en juge par les honneurs qu'il leur rendit après leur mort. On voit encore à S. Maurice de Senlis un monument consacré à la mémoire de l'un d'eux, dont la représentation est décorée de marbre & d'albâtre, revêtue des habits, & ornée des attributs de la folie: elle est couchée sur un superbe mausolée, avec l'épitaphe: *Cy gît Thevenin de Saint-Legier, fou du roi, notre sire, qui trépassa l'onzieme Juillet, l'an de grace* 1375. L'autre *fou* étoit inhumé à S. Germain l'Auxerrois; son tombeau ne se trouve plus. Un de nos meilleurs écrivains a dit plaisamment qu'autrefois nos souverains choisissoient des étrangers pour leurs médecins, mais que le *fou du roi* étoit toujours de la nation.

Le *fou* de la cour de *François I* s'appelloit *Triboulet*. Le roi ayant invité *Charles-Quint* à passer en France, pour se rendre aux Pays-Bas, *Triboulet* écrivit sur ses tablettes, que *Charles-Quint* étoit plus fou que lui de s'exposer à passer par la France. Mais, (lui dit *François I*,) si je le laisse passer sans lui rien faire, que diras-tu? TRIBOULET répondit: *Cela est bien aisé; j'effacerai son nom, & j'y mettrai le vôtre*.

FRANC-ALEU, en latin *liberum allodium*: c'est un héritage exempt de tous droits seigneuriaux, & qui ne reconnoît aucun seigneur; ensorte que l'acquéreur de cet héritage n'est point tenu d'en faire la foi & l'hommage à aucun seigneur, ni de payer aucun droit ni rentes annuelles pour marque de directe seigneurie.

La condition du *franc-aleu* est en cela plus relevée que celle des *fiefs*; c'est peut-être ce qui a donné quelquefois occasion à nos rois de réduire les *francs-aleux en fiefs*, pour réprimer & empêcher les entreprises de ceux qui les possédoient, comme il arriva à l'égard des ducs de Bar, dont les *francs-aleux*, qu'ils possédoient, furent convertis par le roi, en fiefs & hommages, au ressort du parlement de Paris.

Pour bien entendre l'origine des *francs-aleux*, il faut sçavoir qu'après la conquête des Romains sur les Barbares, les terres en furent distribuées aux soldats sous le nom de *lots* ou *sorts*, parce qu'effectivement la distribution s'en fit par le sort.

Ces terres ne furent données, par le prince aux soldats, que sous certaines conditions, comme de le servir dans les combats, de n'en jouir que pendant leur vie; cela fit que les terres qui se trouverent libres de redevances & devoir militaire, prirent le nom d'*allodium*, ou *allodum*, pour être distinguées des biens nommés *sorts* ou *lots*.

C'est proprement de-là que l'on a donné le nom de *franc-aleu* à une terre libre, indépendante de tous seigneurs, qui ne doit ni charge, ni redevance, ni cens, ni service personnel, à la différence des héritages tenus en fief ou en censive qui eurent le nom de *bénéfices*.

Il y a deux sortes de *franc-aleu*, le noble & le roturier; le *franc-aleu* noble est une terre qui ne connoît aucun seigneur, & à laquelle est annexée une justice ou censive, ou quelque fief qui en relève.

Le *franc-aleu roturier*, est un héritage libre, où il n'y a ni justice, ni fief, ni censives qui en dépendent, & pour lequel le détenteur ne doit ni cens, ni lods & ventes, ni redevances.

Le *franc-aleu noble* se partage noblement comme les fiefs; mais le *franc-aleu roturier* se partage également, sans droit d'aînesse.

Il faut remarquer que les *francs-aleux* où il y a justice annexée, ne sont pas *francs-aleux*, par rapport à la justice ; &, par conséquent, ils ne peuvent pas juger en dernier ressort. On appelle des sentences des juges des *francs-aleux nobles* ; & les appellations qui en sont interjettées, ressortissent à l'ordinaire en d'autres siéges. Il n'appartient qu'au souverain, de donner le droit de juger en dernier ressort ; & c'est en ce sens seulement que la maxime, *Nulle terre sans seigneur*, a été reconnue dans tout le royaume. Voyez *Aleu*.

FRANC-BOURGAGE : ce mot n'est en usage qu'en Normandie, où il sert à désigner une sorte d'héritage. Les héritages ou biens situés en *franc-bourgage*, sont ceux qui sont dans les villes ou dans les bourgs considérables : ils tiennent tout-à-la-fois de la nature du *franc-aleu*, & de celle de la *roture*. Comme *franc-aleu*, ils sont affranchis des droits seigneuriaux pécuniaires, tels que le relief, le treizieme, & autres droits & devoirs. Comme *rotures*, ces biens sont soumis à la supériorité féodale, & sont sujets à la bannalité, aux plaids & gages-pleiges, à la commise, à la confiscation, à la déshérence, à la bâtardise, &c ; & ceux qui sont dans la mouvance du roi, lui doivent en outre le droit d'ensaisinement. Enfin, quand ils passent dans les mains des gens de main-morte, ils doivent une indemnité, mais moindre que celle qui est dûe pour les autres héritages.

Dans les successions, ces biens ont encore des régles particulieres. Par exemple, la veuve prend en propriété la moitié des biens acquis en *bourgage* par son mari, pendant le mariage.

La franchise accordée à ces héritages avoit pour objet, dans le principe, d'attirer des habitans dans les villes & dans les bourgs de la province.

FRANC-FIEF, *liberum feudum* : c'est de ce nom que l'on appelle tout héritage noble, *féodal* ou *allodial*. Bacquet dit que « selon l'usage de France, tous » les héritages nobles, soit féodaux ou allodiaux,

» nommés *francs-fiefs*, parce que, par les loix, or-
» donnances & statuts du royaume, les fiefs & hé-
» ritages situés en France, ne doivent être tenus
» sinon par hommes *francs*, c'est-à-dire nobles de
» race, ou annoblis par le roi, francs, libres &
» exempts de payer tailles, aides, subsides & autres
» charges.

Le droit de *franc-fief* est une finance qui ne s'e-
xige que sur les roturiers, ou non-nobles, à cause
des fiefs & autres biens nobles qu'ils possédent. Le
droit féodal a produit celui de *franc-fief*. Les fiefs
& biens nobles ne peuvent originairement être possédés que par les nobles auxquels étoient réservées
les armes & la défense de l'état.

Suivant quelques uns, l'origine de ce droit remonte au temps de la premiere croisade, sous le
régne de *Philippe I*. D'autres la fixent au temps de
la troisieme, sous le régne de *Philippe-Auguste*, en
1189. Les voyages à la Terre-sainte, ayant mis
les nobles dans le cas de recourir à des expéditions
pour soutenir leur rang, & subvenir à leurs dépens
dans les armées éloignées, ils se déterminerent à s'
engager, & même à vendre à perpétuité quelques-
uns de leurs fiefs aux roturiers ; mais sous prétexte
que les fiefs n'avoient été institués, pour le service
militaire, qu'en faveur des nobles, la permission de
vendre ne fut accordée aux nobles, & celle d'acquérir aux roturiers, qu'en levant l'incapacité de
ces derniers, moyennant une finance qu'on leur
feroit payer pour tenir lieu d'indemnité de ce qu'il
y auroit moins de vassaux capables de servir le
prince en guerre ; de sorte que le droit de *franc-
fief*, ainsi que ceux d'amortissement & de nouvel
acquet, procédans de la souveraineté est aliéna-
nable.

Les premieres ordonnances que nous ayons sur
ce droit, sont des années 1277, 1320, 1324, 1325,
1326, &c. Il a été fixé, par les derniers réglemens,
à une année de revenu du bien noble possédé par
le roturier, pour vingt années de jouissance.

FRANC-LYONNOIS : c'est un petit pays de la province du Lyonnois, qui consiste en une langue de terre, qui s'étend depuis & compris le village de Reattier, le long de la rive gauche de la Saône, jusqu'aux deux portes de Lyon, nommées les portes de Croix Rousse & d'Alimont, & qui est coupée par Trévoux & la Dombe, au-dessous du ruisseau de Forment.

Ce petit pays a environ deux lieues & demie de longueur, sur une de largeur réduite ; ce qui peut être évalué à quatre ou cinq lieues quarrées. La petite ville de Neuville en est le chef-lieu.

On ne sçait pas l'époque où cette petite contrée s'est donnée à la France ; mais il est à présumer que long-temps avant le quinzieme siécle, ses habitans se sont donnés aux rois de France, qui les avoient reçus en *échange* de leurs anciens souverains ou protecteurs, comme il est dit dans l'arrêt du parlement de Paris du 25 Décembre 1525.

Les habitans de ce pays, qui est réputé un pays étranger, payent le droit de *traite-foraine* pour toutes les marchandises qu'ils tirent de Lyon & du Lyonnois. Ils sont affranchis de toutes tailles, subsides & impositions généralement quelconques. Pour reconnoître la protection du roi, ils payent volontairement, de huit ans en huit ans, une somme de 3000 livres, par forme de *don gratuit*.

FRANC-SALÉ : c'est une certaine quantité de sel, accordée gratuitement à quelques officiers, pour leurs provisions. Ils en payent seulement la voiture.

Il y a dans le royaume plusieurs provinces exemptes de la gabelle, qui se nomme, à cause de cela, *pays de franc-salé* ; telles sont le Poitou, la Saintonge, le pays d'Aunis, le Périgord, la Marche, l'Angoumois, le haut & le bas Limousin, le Boulonnois, la ville de Calais, & le pays reconquis. Ces provinces, à l'exception de la ville de Calais & des pays reconquis, ont acheté cette exemption du roi Henri II.

FRANCE : c'est une des plus anciennes monarchies de l'Europe : elle subsiste, sans in[ter]ruption depuis plus de treize siécles. *Cordemoy* dit que tout[es] les terres conquises par les *Francs*, à l'occident d[u] Rhin, vers l'an 451, commencerent à porter l[e] nom de *France*. Le P. *Daniel* & plusieurs autr[es] veulent que ce n'ait été qu'après la mort de *Clov[is]* & le partage de son royaume entre ses quatre fils, c'est-à-dire en 511. Peut-être même ce titre a-t-[il] été pris encore plus tard ; & vraisemblablement au[cun] des fils de ce monarque, ni tous les quatre en[ ]semble, n'ont été qualifiés *rois de France*. Le no[m] de *France* ne fut donné que fort tard à la partie d[es] *Gaules* où les *Francs* s'étoient établis. M. l'abb[é] *Expilly*, dans son *Dictionnaire des Gaules*, d[it] avoir lu quelque part, que ce peuple (les *Francs*) appella d'abord cette partie des Gaules *provin[ce] Gaudine*, (*provincia Gaudina*.) Seroit-ce par allu[ ]sion au bien-aise, au plaisir qu'ils y goûtoient[?] *Charles Martel*, aïeul de *Charlemagne*, l'appell[a en] latin *Francia* ou *Francigena*, (*France*;) & l[es] Allemands l'appellerent *Carlingua*, du nom [de] *Charlemagne*, qui se rendit si redoutable dans le[s] pays. Tout ceci nous fait conjecturer que les ci[nq] premiers rois, à commencer par *Pharamond*, o[nt] bien pu porter le titre de *rois des Francs*, & qu[e] les descendans de *Clovis* n'ont porté que le titre [de] *rois du pays* dont ils étoient les maîtres, & que [ce] n'est qu'au commencement de la seconde race, qu[e] le titre de *rois des François* a été bien établi, [et] peut-être encore après, celui de *rois de France*.

Childebert I eut pour sa portion le royaume d[e] Paris ; & les autres sont désignés sous le nom [de] *rois d'Orléans*, *de Soissons*, &c. Quoi qu'il en soi[t] le nom de roi des *Francs* ou des *François* fut [si] cher à nos rois, que rarement, dans leurs titres [en] latin, prennent-ils celui de *rois de France* ; c'est sa[ns] doute parce qu'il est plus satisfaisant de régner [sur] une nation que sur un pays.

Il y a près de deux cens ans que *Botero*, da[ns] ses *Relations universelles*, disoit que la *France* [a] quatr[e] quatre *aimans*, qui ont la vertu d'attirer l'or & l'argent des étrangers, sçavoir le *bled*, le *vin*, le *sel* & le *chanvre*; il y ajoûteroit aujourd'hui celui des modes & plusieurs autres.

L'empereur *Maximilien*, instruit des richesses de la *France*, & de la beauté du pays, disoit plaisamment à ce sujet, que s'il se pouvoit qu'il fût *Dieu*, aîné de ses fils lui succéderoit, & le second seroit *roi de France*.

Ce royaume comprend la plus grande partie des pays, connus autrefois sous le nom de *Gaules*. Les *Francs*, venus de Germanie, (aujourd'hui l'Allemagne,) en firent la conquête, dans les cinquieme & sixieme siécles, & lui communiquerent insensiblement le nom de *France*.

On trouve des Francs, établis dans la Gaule dès l'an 287, & cet établissement leur fut confirmé, en 358, par l'empereur *Julien*; il devint fixe, vers l'an 38.

Ces Francs étoient un peuple nouveau, qui s'étoit formé de plusieurs autres; ils firent corps; ils se donnerent des chefs, se rendirent redoutables, & obtinrent même des Romains une considération qu'ils ne pouvoient impunément leur refuser.

Pharamond, *Clodion*, *Merovée* & *Childéric*, sont nommés les premiers parmi les princes chefs des Francs, qui, sortant des terres, dont ils étoient déja en possession avec l'agrément des Romains, vinrent faire des conquêtes sur ceux-ci. On doute que *Pharamond* ait été effectivement *roi*; mais on lit dans un Traité des monnoies, imprimé en 1760, qu'il a été trouvé, à Montpellier, une piéce d'or sur laquelle on voit d'un côté la tête de ce prince, ornée d'une couronne à pointes, avec cette inscription, *Pharamondus*; & de l'autre côté un cheval libre, avec cette légende, *Æquitas*; c'est ce qui fait présumer qu'il avoit le titre de *roi*. Voyez *Pharamond*.

Pour *Clodion*, surnommé le *Chevelu*, Grégoire de Tours nous apprend qu'il vint des pays voisins du

Tome II. P

Rhin & de la Meuse; qu'il fondit tout-à-coup [sur]
les Romains, s'empara de Cambray, & étendit [sa]
domination jusqu'à la Somme: *Usque ad Summæ*
fluvium occupavit.

On place cette expédition à l'année de la mo[rt]
de l'empereur *Honorius*, arrivée en 422. Si cela e[st,]
Clodion auroit régné, dans une partie de la Gaule,
en même temps que *Pharamond*.

Il est toujours certain que, dans ce temps-là, [la]
partie septentrionale des Gaules se trouvoit ino[n-]
dée de Francs, qui faisoient des incursions dans [les]
pays voisins, & se retiroient ensuite avec le bu[tin]
qu'ils pouvoient enlever.

Clodion, dit-on, laissa deux fils; l'aîné s'éta[nt]
joint à *Attila*, roi des *Huns*, fut élu, par sa pr[o-]
tection, roi des Francs naturels, au-delà du Rhi[n;]
& son puîné, nommé *Mérovée*, qui avoit mé[rité]
l'amitié de l'empereur & celle d'*Aëtius*, fut, p[ar]
leur autorité, choisi roi des Francs Ripuaires, c'[est-]
à-dire situés sur le bord occidental du Rhin.

Mérovée se joignit aux Romains, ses protecte[urs,]
& son frere aîné, après la défaite d'*Attila*, se r[e-]
tira dans l'Allemagne, avec le reste de l'armée [des]
Huns. Les Francs n'avoient point encore donné [de]
si grandes preuves de leur valeur, ni si bien m[é-]
rité des Romains. Ceux-ci souffrirent qu'ils vin[ssent]
habiter les frontieres désolées de la Gaule; & [a-]
vançant de proche en proche avec les autres Fran[cs]
qui s'y étoient déja établis, ils gagnerent insensib[le-]
ment du terrein. *Mérovée* ne vécut pas long-tem[ps]
après; & vraisemblablement il étoit déja mort [au]
commencement de l'année 456, puisque *Childé[ric]*
son fils, qui lui succéda, fut privé de son royaum[e]
dès l'an 457.

Les Francs choisirent pour leur chef, le co[mte]
Gilles, qui régna paisiblement pendant sept an[s;]
mais la huitieme année, la nation se trouva divis[ée;]
ceux d'entr'eux qui aimoient le repos, vouloi[ent]
continuer d'être soumis à ce comte. Ceux, au co[n-]
traire, qui jugeoient mieux de la foiblesse des R[omains]

...mains, & dont l'intention étoit de se procurer un ...ablissement indépendant, redemandoient *Childéric*.

L'auteur des *Gestes des François*, dit qu'il se mit à la tête d'une puissante armée; qu'il s'empara de la ville de Cologne, mal défendue par le comte *Gilles*; qu'ensuite il s'avança sur la Moselle, où il ravagea le pays & brûla la ville de Tréves; que de-là s'avançant vers la Champagne, il fut joint sur sa route, au lieu même de *Bar*, par ceux d'entre eux, établis dans la Gaule, qui voulurent quitter le parti du comte *Gilles*.

De-là, dit *Grégoire de Tours*, *Childéric* s'avança vers Orléans avec des forces extraordinaires. Il s'y donna un grand combat, où le comte *Gilles*, soutenu d'Odoacre & des Saxons, fut battu; il se retira précipitamment à Angers; il n'y fut pas poursuivi, à cause d'une peste cruelle, qui désoloit alors la Gaule, & qui emporta le comte *Gilles* lui-même. Il laissa un fils nommé *Siagrius*, qui se maintint dans le titre de roi des Francs, & dans la possession de plusieurs places, où son pere l'avoit introduit. Mais le commandement des troupes *Romaines* passa au comte *Paul*, que *Childéric* tua de sa main dans la bataille qu'il lui livra proche Angers.

C'est ce *Childéric*, vainqueur du comte *Gilles*, de *Siagrius* & du comte *Paul*, & d'une multitude effroyable d'Allemands qui étoient entrés dans les Gaules; c'est ce prince qui, malgré la férocité de son caractere, donna toutes ses attentions au gouvernement du pays dont il étoit devenu le maitre. Il y établit des gouverneurs dignes du commandement. Après vingt-quatre ans de régne, il mourut à Tournay, l'an 481. Voyez *Childéric*.

Suivant ce que nous venons de dire des trois régnes, de *Clodion*, de *Mérovée* & de *Childéric*, il est aisé de voir si ces trois princes n'ont point régné dans la Gaule. Ils y passerent la plus grande partie de leur vie. Ce ne fut pas toujours en qualité de troupes auxiliaires, puisque souvent ils firent la guerre aux Romains même. La réputation des Francs

P ij

[F R A]

étoit déja bien établie, quand *Clovis*, fils de C[...] *déric* parut à la tête de cette nation. Il se for[...] un beau royaume, qui s'étendoit depuis le R[...] jusqu'à la Seine & la Loire.

Il y a sur cette premiere race de nos rois, d'[...] cellens Mémoires insérés dans la Collection de l'[...] démie des inscriptions & belles-lettres de Paris.

Sur l'établissement de la Monarchie, *voyez* la Coll[...] tion des anciens historiens de France, de dom *Ma*[...] *Bouquet, en huit volumes in-folio*; & la contin[...] tion, par dom *Haudiquet*; l'Histoire de l'origine [...] la Monarchie françoise, par l'abbé *du Bosc*; l'[...] toire de France avant *Clovis*, par *Mézeray*; l'[...] brégé de l'abbé *le Gendre*; celui du pere *Dan*[...] la préface de l'ouvrage intitulé, *Etat de la Fr*[...] édition de Londres 1752, par le comte de *B*[...] *lainvilliers*; l'Abbrégé chronologique, par M[...] président *Hénault*; & l'Histoire de France, par M[...] *Velly & Villaret*, continuée par M. l'abbé *Gar*[...] auteur d'une Dissertation sur les Francs; & dan[...] ouvrage les mots *Francs* & *Monarchie França*[...]

FRANCE, duché: Il seroit difficile de déter[...] ner exactement l'étendue de cet ancien duché [...] *Hugues Capet*, qui en étoit le possesseur, réu[...] la couronne, quand il y parvint; on sçait seulem[...] que le duché de *France* s'étendoit entre la Sein[...] la Loire, & qu'outre les villes de Paris & d'[...] léans, il comprenoit aussi le pays Chartrain [...] Perche, le comté de Blois, la Lorraine, l'Anj[...] & le Maine, avec les terres de Sologne, situé[...] milieu de la Loire.

Robert le Fort est le premier *duc de France*, [...] on ait connoissance; & il ne paroit pas qu'il y [...] ait eu d'autres avant lui, du moins avec la m[...] autorité. Il fut établi, en cette qualité, par l[...] *Charles le Chauve*, en 860 ou 861. Cependant [...] le nomme pour premier *duc de France*, ce [...] pas qu'il n'y ait eu avant lui des *ducs des Franç*[...] tel fut entr'autres *Charles Martel*, ayeul de *Ch*[...] *magne*. Mais ces *ducs* étoient plutôt des *chefs*[...]

généraux des *François*, que des seigneurs propriétaires.

Au contraire, il paroît que les *ducs de France*, qui étoient en même temps comtes particuliers & propriétaires de Paris & d'Orléans, furent aussi seigneurs hauts-justiciers de leur duché; ce qui donnoit à leur gouvernement la qualité & les prérogatives des hauts-seigneurs.

Ces grands fiefs possédés depuis long-temps par les enfans de *Robert le Fort*, les rendirent plus puissans que les rois mêmes, dont ils les tenoient; & les comtes d'Anjou, de Blois, de Chartres & de Tours, leurs sous-vassaux, n'étoient pas compris au nombre des seigneurs du royaume, parce qu'ils ne relevoient pas de la couronne.

FRANCHE-COMTÉ: du temps de *César*, la *Franche-Comté*, ou *comté de Bourgogne*, ou la *haute Bourgogne*, étoit habitée par les *Helvezii*, qui bientôt après furent appellés *Sequani*. Sous *Honorius*, ce pays se trouvoit compris dans la *Maxima Sequanorum*.

C'est à ces *Sequani*, ou *Senones*, (mots synonimes,) qu'on peut rapporter les plus glorieuses entreprises des *Gaulois*, telles que les conquêtes de l'*Italie* & de la *Grèce*, & la peuplade d'une belle province de l'*Asie* mineure.

Vers l'an 408, les Bourguignons se présentèrent sur le bord du Rhin, passèrent ce fleuve, & pénétrèrent dans les Gaules. Le premier prince de cette nation qui y ait régné, est nommé *Gibica*, dont la loi des Bourguignons est nommée *Gombette*.

Jusqu'au temps de *Clovis*, & même du vivant des enfans de ce prince, la *Franche-Comté* fit partie du royaume de Bourgogne. *Clovis* fit tout son possible pour pouvoir détruire ce royaume, mais il ne put venir à bout de son dessein. Cependant il ébranla tellement cette couronne, qu'après sa mort elle ne resta pas long-temps sur la tête des Bourguignons.

Gondebaud, l'un des plus grands & des plus habi-

[FRA]

les princes, qui aient régné sur la nation Bourguignone, mort en 509, ou, selon d'autres, en 717, laissa deux fils, *Sigismond* & *Gondemar*. Le premier succéda à son frere; peu de temps après, les enfans de *Clovis* l'attaquerent, le firent prisonnier, après la perte d'une bataille: & *Clodomir* usant barbarement de sa fortune, le fit accabler de pierres, avec sa femme & ses enfans, après les avoir fait jetter dans un puits.

Gondemar, frere & successeur de *Sigismond*, vengea sa mort, & fit périr *Clodomir*; mais dix ans après, en 534, les *François* acheverent aisément de soumettre la Bourgogne, épuisée par la continuité de la guerre. Depuis ce temps, les pays que nous appellons le *comté de Bourgogne*, furent membres de quelques royaumes François jusqu'au déclin de la race de *Charlemagne*. Ce fut alors que plusieurs provinces, ou plutôt contrées du royaume de Bourgogne, reconnurent des princes particuliers, qu'elles aimerent mieux choisir que de les tenir du hazard.

La *Franche-Comté*, ou le *comté de Bourgogne*, est une province considérable du royaume. Besançon en est la capitale; cette province est nommée *comté de Bourgogne*, pour la distinguer du duché de ce nom; & *Franche-Comté*, à cause des franchises dont elle jouissoit. L'une & l'autre Bourgogne ont été anciennement gouvernées par le même maître.

En 1668, le roi *Louis XIV* se rendit maître de la *Franche-Comté*, en vertu des droits de la reine sa femme; mais bientôt après il la rendit par le traité d'Aix-la-Chapelle, conclu la même année. En 1674, ce même monarque reconquit cette province sur l'Espagne; & elle lui fut cédée par le traité de Nimégue en 1678. Voyez *Bourgogne*.

FRANÇOIS: deux de nos rois ont porté ce nom, *François I* & *François II*. *François I* qui fut successivement comte d'*Angoulême* & duc de *Valois*, fut nommé *le Pere des lettres* & *l'Eloquent*, né à Cognac, en Angoumois, le 12 Septembre 1494, fournit

[F R A]

quatrieme branche des *Capets* ; il succéda à *Louis XII*, son oncle à la mode de Bretagne, & son beau-pere. Il fut sacré & couronné à Reims le 25 Janvier 1515 ; il est le cinquante-sixieme roi de France.

Ce fut l'homme de son temps le mieux fait : jamais prince ne soutint mieux, durant les premieres années de son régne, la haute estime que l'Europe avoit conçue de sa valeur.

Ce monarque reprit tous les projets de *Louis XII*, rentra en Italie, où il n'avoit d'autres alliés que les Vénitiens ; avant que de partir, il établit Madame d'*Angoulême*, sa mere, régente du royaume ; il tenta de nouveau la conquête du Milanois, qui n'étoit défendu que par les Suisses. Tous les historiens ont parlé avec éloge de sa conduite, à la bataille de Marignan, qui dura deux jours, & qu'il gagna contre les Suisses. Il y fit des prodiges de valeur ; ce qui fit dire au maréchal *Trivulce*, qui s'étoit trouvé à dix-huit batailles, que celle-ci étoit un combat de géants, & les autres des jeux d'enfans. *François I* n'avoit alors que vingt ans, & le lendemain il se fit armer *chevalier* par le célebre *chevalier Bayard*. Cette victoire rendit le roi maître du Milanois ; & *Maximilien Sforce* lui en fit la cession, & se retira en France, de même que son pere *Ludovic*.

Le pape *Léon X* effrayé des succès de *François I*, fit la paix avec lui ; & leur entrevue à Bologne produisit le fameux *concordat*, qui porta le dernier coup à la *pragmatique*, dressée à Bourges sur le concile de Basle, & autorisée par *Charles VII*, à la priere des états. Ce *concordat* fut publié & reçu en France, malgré les oppositions du clergé, de l'université & du parlement.

Le commencement des guerres entre *François I*, & *Charles-Quint*, fut à l'occasion de *Robert de la Marck*, duc de Bouillon, qui venoit de déclarer la guerre à l'empereur, & que *Charles-Quint* crut être appuyé par le roi. Une infinité de fautes entassées les unes sur les autres, & qu'il eut été facile de ne pas

P iv

faire, furent cause que *François I* reperdit le *Milanois*.

Le connétable de Bourbon, pour éviter les p[er]sécutions de la duchesse d'Angoulême, dont on p[ré]tend qu'il n'avoit pas voulu appercevoir les sentime[ns], passa chez l'empereur, qui lui donna le commande[ment] de ses armées.

On ne fit jamais voir tant de courage & de fe[r]meté que *François I* en montra à la journée de P[a]vie. Ce prince, héros à Marignan, le fut encore p[lus] à Pavie. Il mourut le 31 Mars 1547, âgé de cinqua[nte] trois ans. Jamais il ne fut plus digne du thrône, [que] lorsque la mort l'en arracha. On parlera toujo[urs] de son siécle, à l'égard des sciences & des arts, co[m]me on parle de ceux de *Ptolomée*, d'*Alexandre*, d'*Auguste*, de *Charlemagne* & de *Louis XIV*.

Mezerai faisant le parallele de *François I* & [de] *Charles-Quint*, dit, que *Charles* étoit plus prude[nt], plus prévoyant & plus intelligent aux affaires; [que] *François* étoit plus vaillant & plus généreux; [que] *Charles* étoit subtil, couvert, dissimulé, grand im[ita]teur des ruses & des voies obliques du roi Louis X[I]; que *François* étoit religieux à tenir sa paro[le], ouvert & plein de franchise; *Charles* fort mod[éré] à l'extérieur dans les plaisirs, ménagé, actif & [dé]fiant; *François* trop livré à la passion pour les fe[m]mes; *Charles*, sévere, grave, arrogant, tacitur[ne]; *François*, clément, familier, affable, éloquent; [&] qu'en un mot *François I* avoit des vertus éclata[ntes] & des vices ruineux; & *Charles-Quint* des v[ices] utiles & des vertus politiques.

François II du nom, fils aîné d'*Henri II*, & le c[in]quantieme roi de France, naquit à Fontainebleau [en] 1543, & fut sacré par le cardinal de Lorraine. S[on] regne quoique très-court, présente un grand nom[bre] d'événemens, presque tous tragiques; & tou[t le] grand bonheur de ce prince est la briéveté de sa [vie]. Il ne régna que dix-sept mois.

C'est sous son regne que les Protestans comm[en]cerent à prendre les armes; & on peut dire qu[e] ne furent pas moins de maux au royaume, que *Catherine de Médicis* mere de ce prince, & les *Guises*.

Catherine, sous les règnes de *François II*, *Charles IX* & *Henri III*, qui furent des règnes foibles; reine impérieuse, née pour les artifices du gouvernement, s'empara de la conduite de l'état dont il sembloit qu'elle eût résolu la ruine & la destruction. On eût dit qu'elle étoit formée pour brouiller & pour détruire; qu'elle ne se plaisoit qu'au milieu de la discorde, & qu'une autorité sans troubles ne l'eût point flattée.

Rien ne dévoile mieux toute l'horreur de son caractere que l'éducation de ses enfans. Elle vouloit que des combats de coqs, de chiens & d'autres animaux fussent une de leurs récréations. Elle les menoit à la Gréve, lorsqu'il y avoit quelqu'exécution considérable, comme pour les rendre sanguinaires: on eut dit enfin qu'elle vouloit corrompre leurs mœurs; car elle ne les amusoit que par des fêtes, où régnoient tous les attraits de la volupté.

On peut ajoûter à cela, qu'elle étoit superstitieuse, comme sont presque toujours les méchantes femmes: elle croyoit non-seulement à l'astrologie judiciaire, mais encore à la magie. La colonne restée & conservée depuis la destruction de l'hôtel de Soissons, où l'on voit des *C* & des *H* entrelassés, qui désignent son nom & celui du roi son époux, fut élevée par son ordre; & elle y alloit consulter les astres avec des astrologues.

Cette princesse, avec tous ses défauts, étoit douée d'une ame ferme & indomptable; mais malgré sa roideur, elle sçavoit se plier à toutes les formes qui pouvoient lui être utiles.

Elle voyoit le foible de *Henri II* son mari, pour une maîtresse plus âgée que lui; & incapable de jalousie, quoiqu'elle aimât son mari, elle devint l'amie & la confidente de *Diane de Poitiers*, sa rivale.

La mort funeste du roi son époux, ayant changé la face de la France, elle se vit à la tête des affaires, & transportée du milieu des fêtes & des plaisirs, qui étoient son élément, dans le tourbillon des orages d'une minorité.

Ce fut un nouveau caractere. Elle devint sérieuse, appliquée, jalouse de l'autorité, à laquelle elle sacrifioit toutes choses, haute ou affable selon les besoins, renfermée dans elle seule, ayant l'air de se livrer, & échappant tout-à-coup.

Pour les *Guises*, ils aspiroient à quelque chose de plus grand qu'à la qualité de Princes cadets de leur maison : comme ils étoient oncles de la jeune reine, après la mort de *Henri II*, ils obtinrent facilement tout ce qu'ils souhaitoient. Le duc eut le commandement des armées, & le cardinal tout le maniment des affaires. Enfin le connétable de Montmorency fut disgracié, & la duchesse de Valentinois renvoyée.

FRANCS : nation ou peuple. Les historiens ne nous apprennent point ce que signifioit anciennement le nom de *Franc*. Quelques-uns veulent que le nom de *Franc*, soit un nom de ligue, qui, dans la langue des peuples, qui les premiers l'employerent, signifioit *libre*, ou, selon d'autres, *indomptable* ou *vainqueur*.

On n'a guère de connoissance des *Francs*, séparément des *Allemands* ou *Germains*, avant le temps de *Constantin le Grand*. Ce prince tailla en pieces les armées des *Francs* & des *Allemands*; depuis, les *Francs* reparurent dans les Gaules, toujours confondus, tantôt avec les Allemands, & tantôt avec les Germains.

On croit que les *Francs*, qui, selon toute apparence, étoient plusieurs peuples ligués ensemble, habitoient cette étendue de pays, terminée à l'orient par l'*Elbe*, au midi par le *Mein*, au couchant par le *Rhin*, au nord par la *mer septentrionale* : c'est ce qu'on appelle aujourd'hui la *Franconie*, la *Thuringe*, la *Hesse*, la *Frise*, & la *Westphalie*.

Tacite dit que c'étoit des sauvages, jaloux de

leur liberté, plus guerriers que civilisés, qui n'avoient pour maisons que des antres souterreins; qui ne vivoient que de leur chasse, de fruits, de légumes & de racines. Ils ne connoissoient ni l'or ni l'argent.

Leurs dieux étoient le soleil, la lune, les arbres, les rivieres; leur temple des antres profonds, ou les endroits les plus épais d'une forêt; leurs prêtres ou druides étoient les astrologues, les médecins, les juges de la nation. Ils sacrifioient des loups, des brebis, des renards. Ils cueilloient en cérémonie le *gui de chêne* en hiver, & la *verveine* au printemps.

Les armes de ces anciens *Francs* étoient la hallebarde, la massue, la fronde, le maillet, l'angon, la hache, l'épée; la *hache* se lançoit de près, *l'angon* se dardoit de loin; c'étoit une espece de javelot. Ces *Francs*, ou anciens *François*, étoient si agiles, qu'ils tomboient sur leur ennemi, aussi-tôt, pour ainsi dire, que le trait qu'ils lançoient sur lui; leurs épées étoient si larges, & l'acier en étoit si fin, qu'elles coupoient un homme en deux. Ils n'avoient pour armes défensives que le bouclier fait de bois léger & poli, & couvert d'un bon cuir. La furie avec laquelle ils commençoient le combat, dès ce temps-là, étoit ce qui les rendoit invincibles, à moins que la prudence du général ennemi ne suppléât à ce désordre, que causoit le premier assaut, par la terreur qu'il répandoit par-tout. Leurs machines, pour assiéger les places, étoient comme chez les Romains, les tortues ou les galeries couvertes qu'ils faisoient jouer contre les murailles.

Tels sont les hommes, qui, mêlés avec les *Gaulois* ont donné leur nom à la *monarchie françoise*, fondée par *Clovis*; & c'est de ces rigides observateurs des belles loix de la nature, de ces hommes scrupuleux sur le point d'honneur, qui ignoroient & punissoient sévérement les abominations qui déshonoroient la Gréce & l'Italie, que nous descendons. Quelle plus belle origine!

Cette nation fut long-temps redoutée des *Ro-*

mains ; plusieurs empereurs recherchèrent [son]
amitié.

Ces peuples, sous l'empire d'*Honorius*, auxque[ls]
les *Romains* avoient opposé pour barriere le Rh[in]
& le Danube, passerent ces fleuves, formérent sép[a]-
rément divers corps d'armées, chacun sous la co[n]-
duite de chefs particuliers, & se répandirent da[ns]
les *Gaules*. Les *Francs* réussirent d'abord à s'ét[a]-
blir dans une partie de la Belgique, & dans [la]
Germanie inférieure. Dans la suite, ils vinrent à bo[ut]
de soumettre successivement plusieurs des autr[es]
peuples, qui comme eux, originaires de Germani[e]
s'étoient établis dans diverses contrées de l'empire R[o]-
main, & formerent, comme on l'a dit, le royaum[e]
des *Francs*, ensuite des *François* & de *France*.

M. le président Hénault, d'un sentiment contra[ire]
à celui de M. de Boulainvilliers, dit que les *Fra[ncs]*
avoient de véritables rois, & que *Clovis* l'étoi[t]
quand il vint fondre à leur tête dans les Gaules. C[e]
sçavant auteur pense aussi avec l'abbé *du Bosc*, q[ue]
Clovis, possédant des charges dans l'empire Romai[n]
profita contre les Romains de l'autorité, qu'elles [lui]
donnoient, & que les *évêques & la religion* cont[ri]-
buerent beaucoup à ses succès, & le mirent en é[tat]
de profiter des circonstances du temps, des dispo[o]-
sitions des esprits, de la haine des peuples con[tre]
les tyrans, & de jetter enfin les fondemens solid[es]
de la *monarchie françoise* ; ce que n'avoient enco[re]
pu faire ses quatre prédécesseurs, *Pharamond, Cl[o]-
dion, Merovée & Childéric*, qui pouvoient bien av[oir]
été rois, mais sans une grande étendue de pa[ys]
sous leur domination.

Ces rois *Francs* & les princes de leur race po[r]-
toient une longue chevelure, & étoient par [là]
distingués de leurs sujets. Lorsqu'on vouloit ren[dre]
un roi inhabile à la couronne, on le rasoit ; & d[ès]
lors il restoit dans l'ordre des sujets ; c'est ce q[ui]
arriva à *Childéric III*, le dernier des rois de [la]
premiere race. Voyez *Monarchie françoise*.

FRANCS-ARCHERS, soldats que, trois a[ns]

après la création des *compagnies d'ordonnance*, *Charles VII* créa. Ce nouvel ordre de soldats fut destiné à ne servir qu'en temps de guerre. Par son édit, daté de Tours 1448, il ordonna qu'en chaque paroisse du royaume, on éliroit un habitant le plus avisé pour l'exercice de l'arc; & afin que la justice fut gardée dans ces sortes de levées, on tiroit un homme d'entre soixante, & les autres cinquante-neuf étoient obligés de l'équiper d'armes & d'habits, pour être prêt à marcher quand le roi en auroit besoin. Chacun des *Archers* recevoit quatre livres par mois, quand il étoit de service à la guerre; & cette solde étoit à-peu-près le quadruple de la paye d'un fantassin d'aujourd'hui; lorsque la campagne étoit finie, la paye cessoit. Mais ils jouissoient d'une exemption générale de toute espece d'imposition, ou de redevance : c'est par cette raison qu'on les appelloit *Francs-Archers*.

Ils étoient obligés de porter leur habillement de guerre, les jours de fêtes & de dimanches, & de s'exercer à tirer de l'arc. Cet établissement n'eut pas un si heureux succès que la *Gendarmerie*. Avant leur établissement, on n'avoit que les communes; & sous le régne suivant, on s'avisa insensiblement à lever des hommes au son du tambour, dans les villes & dans les campagnes. On appelloit *aventuriers* cette nouvelle espece de soldats. Louis XI, en 1480, ou 1481, supprima les *Francs-Archers*; & il joignit aux Suisses 10000 hommes d'infanterie françoise, qui n'étoit plus entretenue par les bourgs & villages, comme sous *Charles VII*, mais qu'il payoit lui-même. Voyez *Infanterie* & *Forces de la France*.

FRANCS-BOURGEOIS : c'est une rue dans Paris, qui s'appelloit rue des *Vieilles-Poulies*. Le nom de *Francs-Bourgeois* lui est venu d'une maison de ce nom, bâtie en 1350 par *Jean Roussel* & *Alix* sa femme, où il y avoit vingt-quatre chambres pour y retirer des pauvres; & tous ceux qu'on y recevoit, étoient *francs* de toute taxe & imposition, attendu leur pauvreté.

Les héritiers des fondateurs de cette maison donnerent, en 1415, ces chambres au grand-prieur de France, avec soixante & dix livres parisis de rente, à condition d'y loger deux pauvres dans chacune de ces chambres, moyennant treize deniers en y entrant, & un denier par semaine.

FRANCS-MAÇONS ; l'espece d'association connue sous ce nom, & que ses membres ont nommée un *ordre*, a trop fait de bruit en France pour qu'on puisse se dispenser d'en faire mention dans cet ouvrage ; elle a embrassé tous les états : le prince & l'artisan sont devenus *freres*, en devenant *Francs-Maçons* ; le nombre de ceux qui s'y sont fait aggréger est infini ; & cependant le secret est resté inconnu à ceux qui n'y sont pas entrés ; ou du moins personne ne peut être assuré de le connoître. Il a paru plusieurs ouvrages, dont les auteurs ont prétendu le connoître & le rendre public ; mais tous ces auteurs ont dit qu'ils n'étoient pas *Francs-Maçons*, & que le hazard seul leur avoit révélé les mysteres qu'ils dévoiloient. D'un autre côté, aucun de ceux, qui sont connus pour *freres*, n'ont avoué que ces livres continssent la vérité : il faut donc l'être, pour sçavoir à quoi s'en tenir, aussi ne manquent-ils jamais, dit-on, de chanter ce couplet dans leurs assemblées.

> Le monde est curieux
> De sçavoir nos ouvrages ;
> Mais tous nos envieux
> N'en seront pas plus sages.
> Ils tâchent vainement
> De pénétrer nos secrets, nos mysteres ;
> Ils ne sçauront pas seulement
> Comment boivent les freres.

Tout ce que je vais dire sur cette matiere, sera uniquement tiré des livres, dont je viens de parler ; mais je n'exige pas qu'on s'en rapporte plus à moi qu'aux écrivains qui m'ont précédé. Ou je suis *Franc-*

Maçon, ou je ne le suis pas. Si je le suis, on ne doit pas croire que je révele un secret qui m'a été confié sous la religion du serment, & que je me permette une indiscrétion, qui me mériteroit la haine & le mépris de mes *freres*.

Si au contraire je ne le suis pas, ma caution ne pourroit être d'aucun poids sur un fait, dont je n'ai nulle connoissance personnelle.

Le nom de *frere* est celui, que tous les *Francs-Maçons* se donnent entr'eux, parce qu'en cette qualité, ils se regardent tous comme égaux. Toutes les qualités, toutes les dignités disparoissent à leurs yeux ; le *prince un tel* devient *le frere un tel*; & ils désignent par le mot de *profanes* tous ceux qui ne sont pas *freres*. Ils appellent *célébrer les mystères*, l'exercice des cérémonies qu'ils pratiquent dans leurs assemblées ; & si on les en croit, ces *mysteres* conduisent à la connoissance & à la pratique de toutes les vertus ; aussi, dans leur langage, avoir été reçu parmi eux, c'est avoir *vu la lumiere*; & ils chantent dans leurs chansons

  Dans nos loges nous bâtissons ;
  V'là c'que c'est que les *Francs-Maçons*.
  Sur les vertus nous élevons
   Tous nos édifices,
  Et jamais les vices
  N'ont pénétré dans nos maisons.
   V'là c'que c'est, &c.

Ils ont écarté les femmes de leur société ; aucune n'y a jamais été admise. Ils en donnent la raison dans une autre chanson :

  Pardonne, tendre Amour,
  Si, dans nos assemblées,
  Les nymphes de ta cour
  Ne sont point appellées.

>   Amour, ton caractere
>   N'est pas d'être discret ;
>   Enfant, pourrois-tu taire
>   Notre fameux secret ?
>   Tu fais assez de maux
>   Sans troubler nos mysteres ;
>   Tu nous rendrois rivaux,
>   Nous voulons être freres, &c.

L'ordre des *Francs-Maçons* est divisé par *loge* ; ce mot signifie les lieux, où l'on s'assemble, & en même temps, ceux qui composent les assemblées ; l'on appelle *tenir loge*, être assemblé pour la célébration des mystéres. Quoique tous les *Maçons* soient freres, & que tous les mysteres leur soient communs, chacun est attaché à la loge, où il a été reçu ; mais il peut aller dans une autre, sans y être appellé, sans même y être connu de personne, y rester, & participer à toutes les cérémonies ; & cet étranger est désigné par la qualité de *frere visiteur*.

Chaque loge a un président, qui s'appelle *le Vénérable* : ses officiers sont deux *surveillants*, premier & second ; leurs fonctions sont de veiller au maintien de la régle. Le *frere orateur* est celui qui instruit les nouveaux reçus, de la beauté de la maçonnerie, & des devoirs qu'elle impose.

Toutes les loges reconnoissent un chef commun, qui est le *grand-maître* : la France a son grand maître ; l'Angleterre a le sien, &c.

On appelle *ouvrir la loge*, commencer à célébrer les mysteres ; mais on ne fait cette ouverture que quand on s'est bien assuré que tous les *profanes* sont écartés, & qu'on est préservé de leur curiosité. Si l'on s'appercevoit par hazard que, nonobstant toutes les précautions, on est en danger d'être vu, ou entendu, le premier qui s'en appercevroit, crieroit aussi-tôt : *il pleut*. C'est l'expression convenue pour annoncer la présence des *profanes*.

[F R A] 241

...es ; & les mystères, ou les conversations qui y ont rapport, cessent à l'instant.

Les *Francs-Maçons* ont des signes communs pour se reconnoître, en quelque pays qu'ils se rencontrent. Ces signes sont de trois sortes, le geste, l'attouchement & la parole ; mais ils varient suivant les différens grades ; car il y en a trois dans la maçonnerie : l'*apprentif*, le *compagnon* & le *maître*.

Le signe de l'*apprentif* par le geste consiste à ouvrir la main droite, en tenant les quatre doigts étendus, & le pouce élevé perpendiculairement sur la paume de la main, de maniere que le tout forme l'équerre. Ainsi disposée, on la porte au cou sous la partie gauche du menton ; on la ramene en bas du côté droit, en frotant l'estomac en ligne diagonale ; & lorsque le bras est pendant dans toute sa longueur, on frappe un coup sur la basque de l'habit. Ceux qui sont exercés dans les mysteres, font ce signe avec une dextérité qui n'est apperçue que des freres, quoiqu'il s'exécute en présence des *profanes*. Le frere qui l'apperçoit le répete, & s'approche de celui qui l'a provoqué. Pour s'assurer l'un de l'autre, ils font le signe par attouchement, en se prenant la main, & se posant mutuellement le pouce sur la première jointure de l'*index*, & l'on s'approche pour se parler à l'oreille ; alors on prononce le mot *jakin*. Mais, pour plus grande précaution, & pour éviter toute surprise de la part de quelque *profane* qui auroit pu dérober les signes & les termes, celui qui a quelque défiance, au lieu de prononcer le mot *jakin*, dit *épellez*. Tout Franc-Maçon entend d'abord ce que cela veut dire ; alors l'un dit J, l'autre doit répondre A ; le premier dit ensuite K, le second I, & l'autre N.

Tels sont les signes de l'*apprentif maçon* ; & c'est toujours par ceux-là que l'on doit commencer à se reconnoître pour ne pas compromettre les mysteres réservés aux compagnons & aux maîtres.

Le signe par geste des *compagnons*, consiste à

Tome II. Q

porter la main droite sur la poitrine, en la ten[ant]
en forme d'équerre : on se prend ensuite la m[ain]
comme les apprentifs ; mais on ne pose pas le po[uce]
sur la même jointure ; c'est-à-dire que si le prem[ier]
qui prend la main presse la premiere jointure, l'au[tre]
doit presser la seconde, ou la troisieme, si le p[re]-
mier a pressé la seconde. Le mot est *Booz*,
s'épelle comme les apprentifs épellent *jakin*. [Ces]
deux mots sont les noms que Hiram, architec[te de]
Salomon, donna au deux colomnes du portiq[ue du]
temple. *Et statuit duas columnas in partem tem[pli :]
cumque statuisset columnam dextram vocavit
nomine Jachin : similiter erexit columnam secun[dam]
& vocavit nomen ejus Booz*. III. Reg. VII, 21.

Il est encore un autre signe par paroles. S[i un]
maçon demande à un autre, à l'oreille, ou en [par-]
ticulier : *Etes-vous Maçon*, il doit répondre : [*les*]
freres & compagnons me reconnoissent pour tel. [Si la]
question se fait en présence des profanes, [on se]
contente de répondre : *Je fais gloire de l'être*, [&]
l'autre replique : *Et moi je suis ravi de vou[s con-]*
noître.

Les maîtres, hors de loge, n'emploient d'a[utres]
signes que ceux d'apprentif, ou de compagno[n, à]
leur choix. Ceux qui leur sont réservés, pour ép[rou]-
ver un visiteur qui se présente en qualité de ma[ître,]
sont celui de l'*attouchement*, qui se fait en pa[ssant]
le pouce droit entre le pouce droit & le pre[mier]
doigt de celui qu'on touche, & en lui embra[ssant]
le dedans du poignet, avec les quatre autres do[igts]
écartés, & un peu pliés en forme de serre, [de]
façon que le doigt du milieu appuie sur le de[dans]
du poignet : on se joint ensuite pied contre p[ied,]
genou contre genou, poitrine contre poitrine, j[oue]
contre joue, on passe réciproquement le bras [gau-]
che par-dessus l'épaule, & on s'appuie la m[ain]
gauche en forme de serre, sur le dos.

Quant au mot de *maître*, c'est *mak-benak* ; i[l ne]
s'épelle point ; mais il se prononce moitié à l'or[eille]
droite, moitié à l'oreille gauche.

Les signes qui viennent d'être décrits en dernier lieu, sont exclusivement réservés aux maîtres, qui ne doivent jamais les mettre en pratique, que dans des loges uniquement composées de maîtres, ou quand on examine un frere *visiteur* qui veut entrer.

Il est encore un autre signe commun à tous les Francs-Maçons ; c'est leur maniere de frapper à une porte : ils heurtent trois coups ; les deux premiers sont fort précipités ; ils laissent un intervalle entre le second & le troisieme ; & ce dernier est plus fort que les deux précédens. Cette maniere de frapper sert souvent, dans une compagnie, à provoquer des reconnoissances de *maçons* : en donnant ces trois coups sur une table, ou sur quelqu'autre meuble, on fixe l'attention des *maçons* qui peuvent s'y trouver ; ils répondent par trois coups pareils ; & l'on s'essaie ensuite pour les autres signes.

Le signal du maître, quand il veut entrer en loge, est de trois fois trois coups, en observant à chaque troisieme coup, la mesure qui vient d'être marquée.

Pénétrons actuellement dans l'intérieur des loges. Dans les assemblées solemnelles, chaque frere a un collier de peau blanche, attaché avec des cordons pareils. Le *vénérable* est distingué par un cordon bleu taillé en triangle, tel à-peu-près que ceux du St Esprit, portés par les chevaliers d'église ou de robe. Au bas de ce cordon pendent une équerre & un compas, qui doivent être d'or, ou du moins dorés. Les deux *surveillans* & l'*orateur* ont un pareil cordon, mais ils ne portent que le compas.

Quand un récipiendaire est présenté par un frere, on le place dans une chambre entiérement obscure, on lui demande son nom, son surnom & ses qualités. Quand il a satisfait à ces demandes, on lui ôte tout ce qu'il peut avoir de métal sur lui, comme argent, boucles, boutons, boëtes, &c. on lui découvre à nud le genou droit, & on lui fait mettre en pantoufle le soulier qui est au pied droit. On

Q ij

lui met alors un bandeau sur les yeux, & on [l'a]-
bandonne à ses réflexions pendant environ [une]
heure, pendant laquelle régne autour de lui le
profond silence.

Enfin le frere qui présente le récipiendaire, fra[ppe]
en *maçon* à la porte de la loge ; on lui répond
dedans, par le même signe : la porte s'ouvre [&]
le récipiendaire est introduit.

Au milieu de la chambre sont dessinés les d[ébris]
du temple de Salomon ; c'est à sa réédification [que]
les *francs-maçons* se vouent. Aux deux côtés [sont]
deux colonnes marquées, l'une d'un grand *J*, [qui]
signifie *Jakin*, & l'autre d'un grand *B*, qui si[gnifie]
Booz, & la loge est éclairée de trois lumieres [pla]-
sées en triangle. On fait faire au récipiendaire [trois]
fois trois tours autour de l'édifice. Comme il a [tou]-
jours les yeux bandés, pendant sa marche, on [cher]-
che à l'effrayer par un certain bruit que fait ch[aque]
frere avec son tablier.

Enfin il arrive vis-à-vis du vénérable, qui e[st]
dans un fauteuil, derriere une espece d'aut[el sur]
lequel est l'évangile selon S. Jean, une équer[re &]
un compas. On fait avancer le récipiendaire e[n trois]
temps, proche cet autel. Alors on lui ôte son [ban]-
deau ; il se voit entouré des freres de la loge, [ornés]
de leurs tabliers & des marques de leur di[gnité,]
tenant tous l'épée nue à la main, dont ils lu[i pré]-
sentent la pointe. Le frere orateur l'avertit e[n suite]
que, dans l'ordre dont il va devenir membr[e, il]
n'y a rien de contraire à la religion, à la loi, [au roi]
ni aux mœurs. On lui fait mettre ensuite le g[enou]
droit sur un tabouret, on lui pose une des po[intes]
du compas sur la mammelle gauche ; il pose la [main]
droite sur l'évangile, & promet *de ne jamais* [révéler]
les secrets de l'ordre ; & en cas d'infraction, il [consent]
met que sa langue soit arrachée, son cœur déc[hiré,]
son corps brûlé, & réduit en cendres & jetté au [vent].
Il baise l'évangile, passe à côté du vénérable, [reçoit]
le tablier & deux paires de gants, une pour [lui]
& l'autre pour *sa maçonne* ; on lui apprend

gnes qu'il doit connoître comme apprentif; & le voilà reçu.

Pour devenir compagnon, le récipiendaire entre tout d'un coup en loge, où tous les freres sont assemblés avec leurs ornemens. Les figures du plancher sont à-peu-près les mêmes que pour la réception de l'apprentif; il est lui-même revêtu de son tablier; il réitere la promesse du secret, mais sans serment; on lui apprend les signes de compagnon, & il est reçu.

Pour la réception d'un maître, les apprentifs & les compagnons sont écartés de la loge; les maîtres seuls peuvent s'y trouver. Entr'autres figures placées sur le plancher, est un cercueil. Après que le récipiendaire a fait trois fois trois tours de la loge, on le saisit subitement & on le couche sur le cercueil; on lui couvre le visage d'un linge qui paroît ensanglanté; & tous les freres portent la pointe de leur épée contre son corps, & l'y laissent quelques instans. Le premier surveillant frappe trois coups dans sa main, & tout le monde remet les épées dans le fourreau. Le vénérable s'approche alors du récipiendaire, le prend par le poignet de la maniere dont se fait le signe de maître, & le releve de maniere qu'ils se trouvent dans la position de l'accolade que se font les maîtres. On apprend ensuite au nouveau reçu les signes & le mot de maître; & par cela seul il est initié dans tous les mysteres, & reconnu par tout le monde pour maître.

Reste à parler des repas des *francs-maçons*, qu'on appelle *loges de table*. Le vénérable, avec les marques de sa dignité, se place au haut bout de la table, & les deux surveillans à l'autre bout. Les lumieres sont toujours disposées en triangle, & les services sont à trois, à cinq, à sept, ou à neuf plats. Les bouteilles sont sur la table, & on les nomme *barils*. Le vin est de la *poudre rouge*, l'eau de la *poudre blanche*, & les gobelets sont les *canons*. On célebre en commun, quatre santés, celle du roi, celle du grand-maître de l'ordre, celle du

Q iij

vénérable de la loge, celle des deux surveillans, & enfin celle des freres en général.

C'est le vénérable qui annonce chaque santé qui doit être célébrée; ensuite il donne l'ordre en disant : *Donnez de la poudre*. Tout le monde se leve : le vénérable dit *chargez*; chacun met du vin dans son gobelet. *Portez la main à vos armes*; tout le monde prend son gobelet. *En joue*; on l'approche de la bouche. *Feu, grand feu*; on boit. En buvant, on a les yeux sur le vénérable, afin de faire tout ensemble le même exercice. Quand on a bû, tout le monde, de concert, avance son gobelet devant soi, le porte à la mammelle gauche, puis à la droite. On pose ensuite le gobelet en trois temps; & en le posant, on en frappe un grand coup sur la table. Tout cet exercice se fait avec une telle précision que, quelque nombreuse que soit l'assemblée, on n'entend qu'un seul coup. On se donne trois coups dans les mains; on crie trois fois *Vivat*; & l'on se remet à table.

L'entrée de la sale où se fait le repas est interdite à tout *profane*; on est servi par des domestiques reçus *apprentifs*, ou même *compagnons*.

La conversation est toujours subordonnée aux régles de la décence & de la sagesse : on ne parle ni de la religion, ni du gouvernement : toute raillerie, à plus forte raison toute injure en est bannie; & pour que tout ce qui se dit, soit à la portée de tout le monde, il est absolument défendu d'employer aucune expression tirée d'une autre langue que de celle du pays. La subordination la plus entiere y est maintenue. Si un frere s'échappe, & commet quelque négligence contre les régles, il est puni par le vénérable, qui lui enjoint de tirer *un coup de poudre blanche*; on lui impose telle autre peine proportionnée à la nature du délit. S'il est d'une certaine gravité, on prend les opinions, & la punition se prononce à la pluralité des voix; on va quelquefois jusqu'à exclure le coupable de la loge.

Cette austerité apparente ne contribue qu'à rendre

la conversation enjouée & agréable. On l'égaie par des chansons adoptées aux mysteres. Lorsqu'on chante la derniere, les freres servans viennent se mettre autour de la table avec les maîtres : tout le monde est debout ; & l'on forme une chaîne. Chacun a les bras croisés & entrelassés, de maniere que celui qui est à droite tient la main gauche de son voisin, & celui qui est à gauche tient sa main droite. Dans cette position, on chante ce couplet en *chorus* :

> Freres & compagnons
> De la maçonnerie,
> Sans chagrin jouissons
> Des plaisirs de la vie ;
> Munis d'un rouge bord
> Que par trois fois un signal de nos verres
> Soit une preuve que d'accord
> Nous buvons à nos freres.

On répete ce couplet trois fois, & l'on boit avec toutes les cérémonies de la maçonnerie.

Ce que l'on vient de lire est tiré des ouvrages qui ont été publiés sur cette matiere. On voit que tout consiste en quelques cérémonies bizarres, soit lors des réceptions, soit lors des repas ; cérémonies dont on n'apperçoit point l'objet, & en quelques signaux, pour se reconnoître. S'il n'y a pas d'autres secrets que ceux-là, ce n'est pas la peine d'en faire un mystere si impénétrable ; mais encore une fois, je ne me rends caution de rien.

On parle en outre de quelques autres grades dans la maçonnerie, comme celui d'*Ecossois*, de *Parfait*, d'*Elu*, &c. On a encore publié des ouvrages sur cette matiere ; mais on n'y trouve pas plus de secret essentiel, que dans la maçonnerie ordinaire ; ce sont d'autres cérémonies & d'autres signes, dont le détail seroit trop long pour un article qui l'est déja peut-être trop.

FREDUM : ce mot, selon l'auteur de l'*Esprit des loix*, souvent employé dans les loix *ripuaires*

& barbares, étoit un *droit local* pour celui, qui jugeoit dans le territoire, comme il paroît par le décret de *Clotaire II*, de l'an 585.

Fredum tamen judicis in cujus pago est, reservetur. Le *fredum* étoit différent du cens, *census*, qui étoit un tribut qu'on levoit sur les *serfs*.

Le *fredum* étoit la récompense de la protection accordée contre le droit de vengeance. Voici comme M. *de Montesquieu*, *liv. xxx*, *ch. 20*, s'exprime : Les Codes des loix des Barbares nous donnent les cas où ces *freda* devoient être exigés. Dans ceux où les parens ne pouvoient prendre vengeance, ils ne donnoient point de *fredum*. En effet, là où il n'y avoit point de vengeance, il ne pouvoit y avoir de droit de protection contre la vengeance.

Ainsi dans la loi des Lombards, si quelqu'un tuoit par hazard un homme libre, il payoit la valeur de l'homme mort sans le *fredum*, parce que l'ayant tué involontairement, ce n'étoit pas le cas où les parens eussent un droit de vengeance. Ainsi dans la *loi des Ripuaires*, quand un homme étoit tué par un morceau de bois, ou un ouvrage fait de main d'homme, l'ouvrage ou le bois étoit censé coupable ; & les parens les prenoient pour leur usage, sans pouvoir exiger de *fredum*.

De même quand une bête avoit tué un homme, la même loi établissoit une composition sans le *fredum*, parce que les parens du mort n'étoient pas offensés.

Enfin par la *loi Salique*, un enfant qui avoit commis quelque faute avant l'âge de douze ans, payoit la composition sans le *fredum*. Comme il ne pouvoit porter encore les armes, il n'étoit point dans le cas où la partie lésée, ou ses parens, pussent demander la vengeance.

C'étoit le coupable qui payoit le *fredum* pour la paix & la sécurité que les excès qu'il avoit commis lui avoient fait perdre, & qu'il pouvoit recouvrer par la protection.

La grandeur du *fredum* se proportionnoit à la

grandeur de la protection ; ainsi le *fredum* pour la protection du roi, étoit plus grand que celui accordé pour la protection du comte & des autres juges.

Ce qu'on appelloit *fredum*, ou *freda*, dans les monumens de la premiere race, s'appelle *bannum*. Dans ceux de la seconde, comme il paroît par le capitulaire, *de partibus Saxoniæ*, de l'an 789. Voyez le Capitulaire de *Charlemagne*, de *Villis*, où il met ces *freda* au nombre des grands revenus de ce qu'on appelloit *villæ*, ou domaines du roi.

FRÉJUS : ville ancienne de France, avec évêché, suffragant d'Aix, qui a été beaucoup plus considérable, laquelle avoit cinq mille pas de circonférence. On croit que les Phocéens de Marseille en sont les fondateurs. Quel nom avoit-elle avant *César ?* c'est ce qu'on ignore ; mais on sçait que ce général Romain la fit appeler *Forum Julii*, c'est-à-dire le Marché de *Jules* ; & dans la suite, de ce mot latin on a formé celui de *Fréjus*.

Les anciens murs de cette ville, dont il reste encore des vestiges considérables, furent bâtis avec toute la solidité que les Romains sçavoient donner à leurs édifices ; & ils étoient défendus d'espace en espace par des tours, qui n'étoient pas moins solides. Les Vandales & les Goths détruisirent ces beaux bâtimens.

Pendant que les Romains furent maîtres de *Fréjus*, ils l'enrichirent de monumens magnifiques, entr'autres d'un aqueduc qui commençoit à six lieues de la ville, & de quatre portes, dont la premiere bâtie par *Jules César*, fut appellée la *Porte-Romaine*. Cette ville, qui subsista dans un état florissant, pendant plusieurs siécles, fut, au milieu du neuvieme, prise, saccagée & ravagée par les Sarasins.

On fait remonter au quatrieme siécle l'établissement du siége épiscopal de la ville de *Fréjus*. L'évêque a toute justice dans la ville, qui lui paye cens, & est tenue à la réparation de son palais, s'il vient à tomber.

Fréjus est la patrie de plusieurs hommes illustres.

L'histoire vante *Julius-Graccinus*, célebre par sa probité; *Julius-Agricola*, célebre par son consulat, & pour avoir conquis à l'empire Romain, l'Angleterre; *Valere-Paulin*, recommandable par les services qu'il rendit à l'empereur *Vespasien*, dans la Gaule Narbonnoise; *Cornelius-Gallus*, poëte & ami de *Virgile*, qui fit une églogue à sa louange; & parmi les illustres modernes, on compte entr'autres *François Mourene*, qui chercha hors de sa patrie une meilleure fortune, & qui la trouva en Allemagne où il embrassa la profession des armes. Il fut général des troupes de l'empereur au siége de Candie.

FRERES DE LA CHARITÉ: ils furent institués à Grenade, par *S. Jean-de-Dieu*, approuvés par *Pie V*, en 1572, introduits en France en 1601, & établis en 1602, à Paris, par la reine *Marie de Médicis*, qui leur donna une maison au fauxbourg S. Germain, où ils ont bâti une fort bel hôpital. *Henri IV* leur accorda des lettres-patentes en 1602; & *Louis XIII*, en 1617. *Paul V* approuva leur constitution. Les *Freres de la Charité* ne permettent qu'à un petit nombre d'entr'eux d'être promus au sacerdoce, pour administrer les sacremens aux malades de leurs hôpitaux; ces prêtres ne peuvent être élus aux dignités de l'ordre, afin que l'hospitalité, qui est le motif principal de leur institution, n'en souffre point.

Les sciences & les arts que les *Freres de la Charité* cultivent ordinairement, sont la botanique, la chymie, la pharmacie, l'anatomie, & la chirurgie, qu'ils pratiquent avec succès.

FRERES-MINEURS: ordre célèbre, confirmé par une bulle d'*Honoré III*, si connu sous le nom de *Cordeliers*, à cause de leur ceinture de corde dont *François*, originaire d'Assise en Umbrie, est le fondateur, établis à Paris sous *S. Louis*, ainsi que les Freres Prêcheurs ou Dominicains.

Selon M. le président Hénault, on peut appliquer à *S. François*, ce qu'un poëte a dit de *Zenon*, auteur de la secte des Stoïciens. Il enseignoit *à souf-*

rit la faim & la soif, & il trouva des disciples. Il les divisa en trois classes ; l'une de célibataires qui prirent le nom de *Freres-Mineurs*, & l'autre de gens mariés, nommés *Freres de la pénitence ou du tiers-ordres* ; la troisieme de veuves qui furent appellées en italien *povere donne*, pauvres femmes, ou en françois, *Claristes*, du nom de *sainte Claire*, qui s'y consacra à Dieu, sous la conduite du saint. L'église des Cordeliers de Paris fut bâtie en 1255. On compte à Paris dix-neuf maisons qui suivent la régle de S. François. Les *Freres-Mineurs* conventuels ont un général particulier. Les Observantins de l'étroite observance, les Récollets, les pénitens du tiers-ordre, sont tous soumis au même général ; & les Capucins ont un général particulier. Voyez *Couvents*.

FRERES SACS : l'ordre des *Freres-Sacs*, ou *de la Pénitence de Jesus-Christ*, étoit établi bien avant le régne de S. *Louis*. Ils déchurent beaucoup de leur institut sous *Philippe le Bel*, & ils donnerent leur couvent aux Augustins, en 1293 ; les Grands-Augustins y sont établis depuis ce temps-là. Voyez *Couvent des Augustins*.

FRIBOURG EN BRISGAW : d'abord simple hameau, & devenu ville murée en 1120. Elle étoit le patrimoine de la maison d'Autriche, en 1386 ; elle lui fut enlevée par *Gustave-Adolphe*, en 1632, & resta sous la domination de l'empereur, en 1638. Elle y est restée malgré les trois fameuses journées où le duc d'*Enghien* & M. de *Turenne* battirent les impériaux, jusqu'à la conquête qu'en fit, en 1697, le maréchal de Créqui ; elle fut cédée à Louis XIV, par le traité de Nimégue, rendue à la maison d'Autriche, par celui de *Riswick*, reprise en 1713 par le maréchal de Villars, rendue à l'empereur par le traité de Rastad, enfin assiégée & prise par *Louis XV* en 1744. Les fortifications de la ville & du château ont été rasées & démolies ; & elle a été rendue à l'empereur par le traité d'Aix-la-Chapelle.

FRISE : pays qui comprenoit, en 1067, la Zélande, la Hollande, & les environs d'Anvers, conquise par *Robert* surnommé *le Frison*, second fils de *Baudouin*, comte de Flandres, & régent du royaume de France, sous la minorité de *Philippe I*. Les Frisons furent domptés & convertis à la foi catholique, par *Charles Martel*, en 733; & leur pays fut alors réuni à la couronne de France. La *Frise* aujourd'hui est une de sept Provinces-Unies.

FROMAGE: ce mot regarde une anecdote de l'histoire de *Henri IV*, & que nous ne croyons pas devoir passer sous silence, puisque ces sortes de faits font une des parties essentielles de cet ouvrage.

En 1597, un paysan Béarnois, du nombre de ceux qu'on nomme *Berrets*, qui avoit vu souvent *Henri IV* venir manger chez lui d'une sorte de fromage qu'il aimoit beaucoup, apprit que ce prince étoit enfin paisible & seul maitre dans le royaume. Il mit dans un panier deux douzaines de ses meilleurs *fromages*; &, après trois semaines de marche, arrivé à Paris, il courut au Louvre & dit, en son patois, à la sentinelle: *Je veux voir mon Henri; notre femme lui envoie des fromages de vache.*

Le soldat surpris de l'habillement, du langage & de l'air familier de cet homme, le prit pour un fou & le repoussa; lui donna même quelques coups de bourrades, parce qu'il insistoit. Le *Berret* se retira tristement dans un coin de la cour, & s'imagina qu'il ne s'étoit attiré ce mauvais traitement, que pour avoir dit, *des fromages de vache*.

Cependant *Henri IV* l'avoit apperçu; & curieux de sçavoir qui ce pourroit être, avoit ordonné de l'introduire en sa présence. Le paysan se jetta à ses pieds, embrassa ses genoux, pleura de joie, & lui dit enfin, dans son patois: *Bonjour, mon Henri; notre femme vous envoie des fromages de bœuf.*

Le roi, presque honteux de voir un homme de son pays se tromper si grossièrement devant toute sa cour, lui dit tout bas: *Dis donc des fromages de vache.*

Le paysan répondit dans son patois: *Je ne vous*

conseille pas, mon Henri, de dire des fromages de vaches; car pour m'être servi, à la porte de votre chambre de cette façon de parler, un grand drôle habillé de bleu, m'a donné vingt bourrades de son fusil; & il pourroit bien vous en arriver autant.

Henri IV rit beaucoup de la simplicité du Berret; accepta ses *fromages*; le combla d'amitié; fit sa fortune & celle de toute sa famille, comme il fit aussi celle d'un jardinier Béarnois, dont nous parlerons à ce mot. Ce prince eut plusieurs de ces petites aventures: elles étoient infiniment chères à son cœur; & qui jamais les mérita plus que lui? Il sçavoit les goûter.

FRONDEURS: nom qu'on donnoit, dans Paris, à ceux qui, mécontens du gouvernement en 1648, se déclarerent contre le cardinal Mazarin.

La confiance aveugle (c'étoit en 1648) que la reine régente avoit pour le cardinal Mazarin, sa qualité d'étranger, & le pouvoir absolu qu'elle lui donnoit, avoient excité contre lui une haine & une jalousie universelles; on l'accusoit de timidité, d'avarice, & d'être insensible aux injures. Les querelles entre la cour & le parlement, avoient déja commencé à l'occasion des édits, qui ordonnoient des impositions sur les denrées. Le parlement s'y opposa.

Il y eut plusieurs assemblées dans lesquelles *Roussel* & *Blanc-Mesnil* opinoient avec plus de fermeté que les autres. La cour, à qui la nouvelle de la victoire de *Lens*, enfloit le courage, fit arrêter ces deux conseillers. Dès ce moment le peuple s'attroupa autour du Palais-Royal, & prit les armes, demandant à grands cris la délivrance de ces deux magistrats.

Dès le lendemain il y eut plus de douze cens barricades dans Paris. Le coadjuteur connu depuis sous le nom du *cardinal de Retz*, esprit factieux & qui étoit mécontent de la cour, excita le peuple à la sédition. Il avoit dans son parti le duc de *Beaufort*, second fils de *César*, duc de Vendôme, la duchesse de *Longueville*, le prince de *Marsillac*, le prince de *Conti*, le duc de *Vendôme*, le duc de *Nemours*, le duc de *Bouillon*, le vicomte de *Turenne*, &c.

Le chancelier, qui alloit au parlement, fut arrêté en chemin par le peuple, & obligé de se refugier dans l'hôtel de Luynes. Les bourgeois armés, postés derriere les barricades, tirerent sur les troupes du roi, commandées par le maréchal de *la Meilleraie*. Le parlement se rendit au Palais-Royal, & demanda le rappel des exilés; la reine à qui l'on vint dire que la sédition augmentoit, se vit comme forcée d'y consentir. Pendant ces troubles dans la capitale, le maréchal *du Plessis-Praslin*, & le marquis de *Noailles* se signaloient en Italie.

FRONSAC: terre, une des plus belles du royaume, dans la Guienne, avec titre de duché, située sur la *Dordogne*, au-dessous de Libourne, à cinq ou six lieues de Bordeaux. *Aimoin* & *Eginhart* parlent de *Fronsac*, qui est la forteresse que *Charlemagne* y fit bâtir en 769.

Fronsac fut érigé en duché & pairie par *Henri IV*, en 1598. Ce duché passa dans la maison de *Louis II*, prince de Condé, par son mariage avec *Claude-Clémence de Mailli*, duchesse de *Fronsac* & de *Caumont*, marquise de Brézé. Ce duché est revenu au duc de *Richelieu*, dont le fils unique porte le titre de *duc de Fronsac*, du vivant de son pere.

FRONTIGNAN: c'est une petite ville de France dans le bas Languedoc, connue par les anciens géographes, sous le nom de *Forum Domitii*. Elle est renommée par ses vins muscats, dont elle fait un grand commerce à cause du voisinage de la mer. Les Calvinistes, dit M. *de Thou*, l'assiégerent en 1562, sans pouvoir la prendre.

FUNÉRAILLES: tous les peuples de l'antiquité Grecs, Romains, &c. ont été très-religieux & très-exacts à rendre les derniers devoirs à leurs parens & à leurs amis. Les François même, bien des siécles après le Christianisme, établis dans les Gaules,

[...] conservé long-temps les mœurs & les usages des Romains ; témoin cet usage aussi ridicule que vain de ne rien faire d'important sans consulter les devins ou les entrailles des bêtes, ou le vol des oiseaux ; témoin l'aveugle confiance qu'ils avoient aux enchanteurs & aux sortiléges ; témoin la fête des fous dont nous avons parlé, réjouissances extravagantes, impies, qui se faisoient dans les églises, le premier jour de l'an, dans de certains endroits, & le jour des Rois dans d'autres ; témoin enfin les festins qu'on faisoit, comme les Grecs, en l'honneur des morts, & tout l'appareil profane des *funérailles* des grands seigneurs, coutume qui sous Charles VI, n'étoit point encore abolie.

Au service pompeux que ce prince fit faire à saint Denis, au connétable *du Guesclin* en 1389, le célébrant quitta l'autel, interrompit les mysteres pour aller en *mitre* & en *chasuble* à la porte du bas-chœur, recevoir l'*épée* du défunt, sa *cuirasse*, ses *gantelets*, les *cuissards*, son *heaume*, sa *banniere*, qui furent apportés par des gens armés *de pied-en-cap*, montés sur des *palefrois*, c'est-à-dire sur des grands chevaux, couverts, les uns d'une armure, les autres de caparaçons, où l'on voyoit les armoiries du connétable.

Ce n'est pas seulement dans ces cérémonies lugubres, mais encore dans les mœurs que l'on trouve encore long-temps après le régne de *Charles VI*, qu'une grande partie des restes du paganisme, a régné parmi nous. On pourroit même encore en trouver aujourd'hui quelques vestiges. Nos ancêtres pour être Chrétiens, n'en étoient pas plus réglés.

L'abbaye de S. Denis en France, bâtie par le roi Dagobert, est la sépulture de nos rois & de nos reines. Quelques rois de la premiere & seconde race y ont été inhumés ; mais c'est principalement depuis *Hugues Capet*, mort le 24 Octobre de l'an 996, qu'ils y ont été ordinairement ensevelis. Ce prince en étoit abbé ; & le duc *Hugues le Grand* son pere, y avoit reçu la sépulture en cette qualité.

[FUN]

On lit qu'aux *funérailles de Philippe-Auguste*, qui se firent à S. Denis en 1223, *Guillaume de Join-ville*, archevêque de Reims, & le cardinal *Conrad*, légat du pape, se disputerent le droit d'y officier. Les évêques, chose remarquable, déciderent qu'ils célébreroient conjointement le service à deux autels différens, & en prononceroient les paroles en même temps, & sur le même ton, & que le chœur répondroit comme s'il n'y avoit qu'un seul évêque à officier. On suivit cette décision. La cérémonie n'en parut que plus auguste.

On trouve dans notre Histoire de France, & autres ouvrages, la description de plusieurs pompes funebres de nos rois, comme celle de *Philippe-Auguste*, dont nous venons de parler, de *S. Louis*, de *Charles VI*, de *Charles VII*, &c. Nous renvoyons à ces auteurs; & pour la pompe funèbre de *Louis XIV*, inhumé à S. Denis en 1715, le 23 Octobre, on en trouvera le détail dans l'*Introduction à la Description de la France*, par *Piganiol de la Force*, tome I. page 410 & suivantes.

GABELLE.

[G A B]

GABELLE: *Du-Cange, Gloss. ad verbum Gabella*, tire l'origine de *gabelle* de celui de *gapol*, ou *gapel*, terme Saxon, qui signifie *tribut*, ou du mot *gab*, hébreu, qui signifie la même chose ; il étoit employé de toute ancienneté en France pour désigner quelqu'imposition que ce fût. On disoit, *gabelle de vin*, *gabelle de drap*, *gabelle de poisson*, *gabelle de sel*, &c. Les commis de ces différentes impositions étoient indistinctement appellés *gabelleux*, *gabellateurs*.

Après avoir servi long-temps de dénomination générale & commune à toutes sortes d'impositions, l'impôt sur le *sel* est enfin resté seul en possession du titre de *gabelle* ; & quand on dit la *ferme des gabelles*, cela ne s'entend plus que d'un droit royal de vendre du *sel* dans la plûpart des provinces de France, que le roi céde à un seul adjudicataire, à la charge d'en rendre à sa majesté un certain nombre de millions de livres par an, & sous d'autres conditions portées dans l'arrêt & contrat d'adjudication, ou résultat du conseil.

La *gabelle* n'étoit pas encore établie en France dans le neuvieme siécle ; le sel se faisoit dans la Lorraine & la Franche-Comté ; chacun en faisoit sa provision, où il jugeoit à propos, & souvent dans un royaume voisin de celui, dans lequel il habitoit. Ce n'étoit pas seulement un *droit royal* ; les seigneurs hauts-justiciers se l'étoient, en quelque sorte, approprié ; & l'on a vu long-temps, sous la troisieme race de nos rois, de simples seigneurs hauts-justiciers l'exercer sur leurs vassaux.

C'est environ en 1342 qu'on place, en France, l'établissement de la *gabelle*. Cependant *Philippe de Valois* n'est pas l'inventeur de cette imposition ; ce tribut, sous *S. Louis*, étoit en usage dans plusieurs provinces du royaume. Ce prince en 1246, exempta la ville d'Aigues-mortes de la *gabelle du sel*. Philippe *le Long* avoit exigé un droit sur le *sel*; ce fut lui, dit-on, qui, le premier, y mit un impôt pour un temps seulement. Vers l'an 1320, cet impôt fut d'un double par livre de sel, impôt considérable alors par rapport à la valeur intrinseque des monnoies. Ce prince tint parole; ou peut-être mourut-il avant que de pouvoir le faire, n'ayant régné que cinq ans; mais enfin les guerres finies, l'impôt fut levé; exemple, qu'on a vu se renouveller dans les premieres années du régne de *Louis XV*, sous la régence de *Philippe*, duc d'Orléans. Le prix du *sel* fut diminué d'un quart en sus, dont il avoit été augmenté pendant la guerre pour la succession d'Espagne, finie seulement sur la fin du régne de *Louis XIV*.

Plusieurs rois, successeurs de *Philippe le Long*, se servirent de la même ressource, dans les besoins de l'état. *Philippe de Valois* augmenta considérablement cet impôt, & le rendit, en quelque sorte, fixe & permanent dès les premieres années de son régne. Il établit des *greniers à sel* dans le royaume; c'est à cette occasion qu'*Edouard* l'appelloit assez plaisamment l'*auteur de la loi salique*; & *Philippe* par représailles l'appelloit le *marchand de laine*.

Quelques historiens disent que la *gabelle* commença en France sous le régne de *Philippe le Bel*, en 1286; que *Philippe le Long*, en 1318; *Philippe de Valois*, en 1328; *Charles V*, en 1379, donnerent des ordonnances sur le fait du *sel*. Jusqu'alors cette imposition n'étoit que de quatre deniers sur chaque minot, & passoit pour un subside extraordinaire.

Mais le roi *Charles V* ordonna que ce droit seroit uni au domaine, & levé à perpétuité. *François I*, à cause des guerres, qu'il eut à soutenir contre *Charles-Quint*, imposa vingt-quatre livres sur chaque muid de *sel*: dans la suite cette imposition a beaucoup augmenté; de sorte que l'on peut dire que les *gabelles* sont la seconde source des finances du roi. Ce droit se leve sur la vente, qui se fait aux

… à *sel*, qui sont imposés ou non-imposés, c'est-à-dire que le *sel* s'y vend aux acheteurs, qui se présentent, ou à ceux qui sont taxés à en prendre certaine quantité pour leur provision.

Jusqu'à *Philippe de Valois*, le sel avoit toujours été marchand, ainsi qu'on le voit par un réglement, du 15 Février 1350, sur ce qui doit être observé par les marchands de *sel*; & ce ne fut que depuis la bataille de Poitiers, que le roi se réserva le droit de le vendre, en établissant des *greniers* où tout le sel fut porté. La *gabelle* fut depuis mise en ferme sous *Henri II*, ainsi qu'il paroît par une adjudication qui se fit en son conseil, le 4 Février 1548, pour un premier bail de dix ans. Voyez *Grenier à sel*, & *Sel*.

GAGE DE BATAILLE : c'étoit un défi qu'on faisoit autrefois, pour un combat ; & l'accusateur, ou l'assaillant, le jettoit à terre ; & l'autre pour marquer qu'il acceptoit le défi, le relevoit : c'étoit un *gant*, ou un *gantelet*, ou un *chaperon*, &c. Nous avons une ordonnance de *Philippe le Bel*, touchant les *gages de bataille* ; comme souvent on levoit un *gage de bataille* sans sujet, & pour des vétilles, il est dit dans cette ordonnance, que pour le lever, il falloit que le crime fût capital ; qu'il eût été certainement commis ; que quelqu'un en fut accusé ou soupçonné ; & qu'enfin il ne pût être prouvé ni par témoins, ni autrement. Il falloit encore, qu'il y eût des indices ou une présomption violente, que le crime avoit été commis par trahison, & que ce ne fût point un larcin. Sous *Charles VI*, l'accusation étoit reçue au parlement, qui ordonnoit le duel.

Lorsqu'il s'agissoit d'une injure entre des princes, ou des grands seigneurs, quelquefois ils s'adressoient au roi, pour avoir la permission de faire leur rappel ; & quelquefois ils la demandoient au roi & au parlement en même temps ; & pour lors ils jettoient leur gant ou leur *chaperon*, & l'accusé, qui le levoit, étoit obligé de se battre ; & s'il ne le faisoit pas, il

R ij

étoit perdu d'honneur, & passoit pour convaincu du crime, dont il étoit accusé. Voyez *Duel*, tome j, page 778.

GAGEURE : on se souvient de celle qu'un milord Anglois fit, il y a quelques années, de venir en changeant de deux ou trois relais, dans moins de trois quarts d'heures, de Fontainebleau à Paris; ce qu'il exécuta.

Charles VI, à qui le malheur n'étoit pas encore arrivé de tomber en démence, faisoit, en 1389, la visite de son royaume. Il étoit à Montpellier avec *Louis* son frere, depuis *duc d'Orléans*, & aïeul de *Louis XII*. Il leur prit, à tous deux, une envie de jeunes gens; c'étoit d'aller voir leurs femmes. Ils firent une *gageure*, à qui seroit le premier à Paris; le dernier arrivé devoit payer cinq mille francs d'or. Ils partirent en même temps, suivis seulement de deux gentilshommes, & chacun prit le chemin qu'il crut le plus court. Il n'y avoit point encore de postes établies en France; il ne purent qu'avoir des relais de ville en ville; ils coururent jour & nuit; le roi s'arrêta à quarante lieues de Paris, & dormit cinq heures, qui lui coûterent *cinq mille francs d'or*, son frere étant arrivé le cinquieme jour, six heures avant lui. Il paroît que nos seigneurs François prennent plaisir à ces sortes de *gageures*. Il s'en est encore fait plusieurs l'été dernier (1766.)

GAILLON : très-beau château situé à mi-côte, sur la route de Rouen à Vernon, diocèse d'Evreux. Il appartient à l'archevêque de Rouen. Les Anglois le raserent & le démolirent en 1423. Il doit au cardinal *Georges d'Amboise*, archevêque de Rouen, & ministre d'état, sous *Louis XII*, son premier rétablissement. Le cardinal de *Bourbon* en a fait bâtir la galerie.

La Chartreuse de *Gaillon*, située entre le château & la riviere de Seine, est une des plus belles & des plus riches de cet ordre. La magnifique église de de Chartreuse, totalement réduite en cendres le 9 Juin 1764, avoit été construite par le cardinal de Bourbon. Son portail passoit pour un morceau d'architecture assez curieux. On trouve un châtelain de Gaillon, sous *Philippe-Auguste*. M. de *Valois* croit que le nom de *Gaillon* a été donné à celui qui, le premier, a fait bâtir l'ancien château ; *le Gendre* dit que celui, qui subsiste aujourd'hui, est, après les maisons royales, la plus superbe maison qu'il y ait en France.

GALANTERIE : la fine *galanterie* a commencé avec l'ancienne chevalerie, c'est-à-dire sous la seconde race, mais elle n'étoit déja plus la même sous le règne de *Charles VI*. Quand ce prince, en 1389, arma chevaliers le jeune roi de Sicile, & son frère *Charles* d'Anjou, la fête commença d'abord par des exercices de religion, & finit par des réjouissances très-profanes, pour ne rien dire de plus ; & l'esprit de pure *galanterie* commençoit déja à dégénérer en débauche ; mais elle commença à reparoître sous les règnes de *François I*, de *Henri II*, & des trois derniers *Valois* ; & encore avec plus d'éclat à la cour de *Henri IV*, de *Louis XIII* & de *Louis XIV*. Les François, en un mot, passent pour le peuple le plus *poli* & le plus *galant* de l'Europe.

GALERES : ce sont des vaisseaux de bas-bord, armés de canons, qui vont à voiles & à rames. C'est par-là qu'elles sont principalement distinguées des autres vaisseaux de guerre, qu'on appelle de *haut-bord*, parce que leur bord est fort élevé au-dessus de la mer ; ceux-ci ne vont qu'à la voile. Dans les premiers temps, les *galeres* étoient appellées *naves longa*, longs navires, parce qu'en effet c'étoit les plus longs navires, dont on se servit sur la mer.

Nos historiens disent qu'il y a eu des *galeres* à Marseille, dès le règne de *Charles IV*. Jacques Cœur argentier du roi, sous *Charles VII*, en avoit quatre, qui, après sa condamnation, furent vendues à *Bernard de Vaux* de Montpellier. La premiere

R iij

portoit le nom de *Saint-Michel*; la seconde, de *Saint-Jacques*; la troisieme, de *Saint-Denis*; & la quatrieme, de *la Madeleine*.

Les *galeres* étoient connues autrefois sous le nom de *galées*, & c'étoit les principaux vaisseaux de guerre de nos rois. Les ordonnances sur la marine, & en particulier celles de *Louis le Grand*, étoient la plûpart communes à la marine des *galeres*; elles ont servi de régle, à proportion, pour les officiers des *galeres* & pour ceux des vaisseaux.

Avant la réunion du *corps des galeres* à celui de la marine en 1748, ces officiers étoient presque les mêmes dans l'un & l'autre corps; c'étoit la même subordination, & à-peu-près la même police. Il n'y avoit guère de différence que pour quelques bas officiers, par rapport aux *esclaves* & aux *forçats des galeres*, & pour les noms de quelques autres, qui n'étoient pas les mêmes dans le levant & dans le ponant. La marine des *galeres* a été sujette aux mêmes vicissitudes que le reste de la *marine de France*. Voyez ce mot.

Le général des *galeres* étoit un des grands officiers de la couronne. Il étoit le chef de cette partie de la marine, à proportion, comme l'amiral l'est des *flottes* & de tous les vaisseaux de haut bord. Suivant *Ruffi*, auteur d'une Histoire de Marseille, le premier général des *galeres*, fut *Prégent de Bidouse*, gentilhomme Gascon, chevalier de l'ordre de S. Jean de Jérusalem, sur la fin du regne de *Charles VIII*, en 1497. Il mourut, en 1528, des blessures reçues dans un combat, contre une galiote Turque qu'il prit & amena à Nice.

Le roi entretient quarante *galeres*, plus ou moins, dont les arsenaux sont aujourd'hui à *Toulon* & à *Brest*. Ces vaisseaux à rames ont vingt-cinq à trente bancs de chaque côté, & il y a quatre ou cinq rameurs à chaque banc : les *galeres* vont ordinairement de terre à terre; quelquefois elles font canal, c'est-à-dire qu'elles traversent la mer.

La *chaîne des galériens* part tous les ans, dans le courant du mois de Mai, du château de la Tournelle, porte Saint-Bernard, à Paris. Cette *chaîne* & celle de la Bretagne ramaffent dans leur route les condamnés aux *galeres*, qui fe trouvent dans toutes les jurifdictions du royaume, par où elles paffent. Il y a encore une troifieme *chaîne* particuliere pour le parlement de Bordeaux. Ces forçats font répartis fur les *galeres* du roi qui font à Toulon & à Breft.

GAPENÇOIS : c'eft un pays avec titre de *comté*, qui fait partie de la province du Dauphiné, dont la ville de *Gap*, évêché, eft le chef-lieu. Du temps de *Céfar*, le *Gapençois* étoit habité par les *Caturiges*, & par une partie des *Triconis*; fous *Honorius*, ce pays fe trouvoit compris dans la feconde Narbonnoife.

De la domination des *Romains*, le *Gapençois* paffa fous celle des *Bourguignons*, & enfuite fous celle des *François*. Il a fait partie du royaume de Bourgogne. Après le démembrement de ce royaume, il fut poffédé fucceffivement par les comtes de Provence, les comtes de Touloufe, les marquis de Provence, & par les comtes de Forcalquier. Ces derniers portoient également la qualité de *comtes* de *Gap*. Les évêques de *Gap* pofféderent auffi une partie du comté de ce nom; & pour fe défendre contre leurs diocéfains, avec lefquels ils ne vivoient pas en bonne intelligence, ils s'affocierent les comtes de Provence. Les droits de ces derniers ont paffé à la couronne avec leurs terres, & en 1538, le roi *François I* obligea les évêques de *Gap* à fe contenter de la qualité de *comtes* de ce nom. Voyez *Forcalquier*.

GARD : le pont du *Gard*, qui n'eft pas loin de la ville de Nîmes, & que l'on croit, ainfi que les arênes de Nîmes, avoir été bâti par l'empereur *Antonin* & fon fucceffeur, pour marquer leur bienveillance à une ville dont ils étoient originaires, eft une des plus belles antiquités du monde, & l'ouvrage le plus hardi qu'on ait jamais pu imaginer. Il servoit en même temps d'*aqueduc*, pour conduire les eaux de la fontaine d'*Eure*, depuis Uzès, jusqu'à Nîmes, en les faisant passer sur la riviere du *Gardon*, d'une montagne à l'autre, à la hauteur de vingt-cinq toises.

Cet ouvrage est composé de trois rangs d'arcades, à plein ceintre, les uns sur les autres. L'*aqueduc*, qui est au dessus du troisieme pont, & qui en fait le couronnement, a quatre pieds de large, & cinq de haut dans œuvre. On ne sçait pas précisément quel usage on faisoit des eaux que cet *aqueduc* conduisoit à Nîmes; les uns veulent qu'elles étoient pour l'usage du temple de *Diane*, d'autres à des bains, ou qu'elles servoient à la boisson des habitans de la ville de Nîmes, qui étoit regardée alors comme une seconde Rome. Voyez *Nîmes*.

GARDE-ROBE: la charge de grand-maître de la *garde-robe*, est toujours possedée par un des grands seigneurs du royaume: elle n'est point ancienne, puisqu'elle n'a été créée que le 26 Novembre 1669. Le grand-maître de la *garde-robe* a soin des habits ordinaires du roi. Ses fonctions sont de faire faire les habits ordinaires du roi. Lorsque le roi s'habille, il met à sa majesté la camisole, le cordon bleu, & son juste-au-corps. Quand le roi se deshabille, c'est le grand-maître de la *garde-robe* qui lui présente sa camisole de nuit, & lui demande quel habit il lui plaira de prendre le lendemain. Les jours de grandes fêtes, il met le manteau & le collier de l'ordre sur les épaules du roi.

Outre le *grand-maître de la garde-robe*, il y a encore les deux maîtres de la *garde-robe*, qui ont aussi leur fonction particuliere, & qui servent par années. En l'absence du grand-maître, ils font toutes ses fonctions; & lors même qu'il est auprès du roi, c'est le *maître de la garde-robe* qui présente la cravate au roi quand il s'habille, son mouchoir, & ses gants, sa canne & son chapeau. Lorsque sa majesté quitte un habit, & qu'elle vuide ses poches dans celle de l'habit qu'elle prend, le maîre de la *garde-robe* lui présente ses poches pour les vuider. Le soir, lorsque le roi sort de son cabinet, il donne ses gants, sa canne, son chapeau & son épée, au *maître de la garde-robe*; & après que sa majesté a prié Dieu, elle vient se mettre dans son fauteuil, où elle acheve de se deshabiller. Le maître de la *garde-robe*, tire le juste-au-corps, la veste & le cordon bleu du roi, & reçoit aussi sa cravate.

Il y a pour le service de la *garde-robe* du roi, plusieurs officiers; sçavoir, quatre premiers valets de *garde-robe*, servant par quartier; seize valets de *garde-robe*, servant aussi par quartier; un porte male; quatre garçons ordinaires de la *garde-robe*; trois tailleurs-chaussetiers, & valets de chambre; un empeseur ordinaire & deux lavandieres du linge du corps.

GARDE DE NOS ROIS: il a toujours été de la dignité & de la sûreté des souverains d'avoir des gens qui les accompagnassent par honneur, & veillassent à leur conservation; & il est hors de doute que, de tout temps, nos rois ont eu une garde. C'est un usage immémorial chez toutes les nations. Si nous ne voyons point dans l'Histoire de nos premiers rois, des officiers en titre, qui aient commandé la garde de leur personne, c'est que l'état de leur maison nous manque.

Cependant il est fait mention dans *Grégoire de Tours*, d'une grosse garde, sans laquelle le roi *Gontran*, petit-fils de *Clovis*, n'alloit jamais, depuis que ses deux freres, *Chilperic*, roi de Soissons, & *Sigebert*, roi d'Austrasie, eurent été assassinés; mais il n'y a point de preuve que cet usage ait continué. L'on voit encore sur d'anciens monumens, *Charles le Chauve*, le quatrieme des rois de la seconde race, représenté sur son throne, accompagné de quelques-uns de ses *gardes*.

Dans l'Histoire de nos rois de la troisieme race, on trouve une ancienne *garde*, sous le nom de *sergents d'armes*, en latin *servientes armorum*, instituée par *Philippe-Auguste*, fur l'avis qu'il eut de fe précautionner contre les embûches du *Vieux de la Montagne*, petit prince en Afie, fi fameux dans les hiftoires de ce temps-là, par les entreprifes que fes fujets, fuivant fes ordres, faifoient fur la vie des princes & des feigneurs; dont il croyoit qu'il étoit de fon intérêt de le défaire.

Cette *garde* formoit une compagnie affez nombreufe, au moins de cent cinquante ou de deux cens hommes, puifqu'il eft marqué que *Philippe VI* dit *de Valois*, voulant en faire une réforme, les réduifit au nombre de cent. C'étoit tous des gentilshommes, & même gens de qualité. Il y en a des liftes dans certains Mémoriaux de la chambre des comptes, où il fe trouve de grands noms. On voit à Paris dans l'églife de fainte Catherine des chanoines réguliers de fainte Géneviève, deux Pierres, où on lit l'infcription fuivante:

A la priere des fergents d'armes, Monfieur faint Louis fonda cette églife, & y mit la premiere pierre, & fut pour la joye de la victoire, qui fut au pont de Bouvines, l'an 1214, (fous Philippe-Augufte;) *les fergents d'armes pour le temps, gardoient ledit pont, & vouerent que fi Dieu leur donnoit victoire, ils fonderoient l'églife de faint Catherine; ainfi fut-il.*

Sur la premiere de ces pierres eft repréfenté faint *Louis*, avec deux de ces *fergens d'armes*; & fur la feconde, un *Dominicain*, confeffeur de ce prince; avec deux autres de ces *fergens d'armes*.

Lors de leur inftitution, ils furent tous employés à la garde du roi, autour de fa tente, ou du logis où il demeuroit, & dans les marches. Depuis ils ne fervirent plus que par brigades, ou par quartiers; du moins cela fe pratiquoit ainfi du temps de *Philippe le Bel*. Les autres étoient dans leurs gouvernemens, ou occupés à d'autres emplois.

Leurs armes étoient la maffe d'armes, l'arc & les flêches. Quand ils étoient de garde, ils étoient armés de pied en cap, au moins pendant le jour.

Du Tillet prétend que c'est de ces *sergens d'armes*, que viennent ceux qu'on appelle aujourd'hui *huissiers de la chambre*; mais il y a des actes, où les *huissiers d'armes*, sont tout-à-fait distingués des *sergens d'armes*; & le sentiment général est que les *huissiers de la chambre* d'aujourd'hui, viennent des *huissiers d'armes*, dont la fonction étoit d'ouvrir la porte à ceux qui devoient entrer; pour les *sergens d'armes*, ils faisoient la garde à pied au palais du roi, comme font aujourd'hui à-peu-près les *gardes du corps*.

Cette garde de *sergens d'armes*, comme corps de milice, ne subsista pas au-delà du régne du roi Jean; *Charles V* son fils, étant régent du royaume pendant sa prison, les cassa presque tous, sans doute, pour des raisons très-graves, telle que seroit celle de n'avoir pas fait leur devoir, pendant les guerres civiles qu'il eut à soutenir, ou peut-être, parce qu'il n'avoit pas de quoi fournir à leurs appointemens. On n'en trouve plus que six marqués dans l'état de la maison de *Charles VI*; mais dans une ordonnance de l'an 1392, il s'en trouve huit, dont la moitié servoit par mois alternativement; ainsi l'on peut regarder cette *garde* comme abolie en qualité de milice, dès le temps de *Charles V*, puisqu'elle étoit alors réduite à un si petit nombre.

Sous *Charles VI*, on trouva encore une autre *garde*, composée de quatre cens hommes; mais c'étoit une *garde* extraordinaire, que ce prince se donna pour l'expédition de Flandres, qu'il méditoit en faveur de *Louis*, comte de Flandres, son vassal, contre lequel les Flamands s'étoient révoltés. Il la cassa à son retour, après la victoire de Rosebeck.

Charles VIII, à l'occasion de son expédition contre le royaume de Naples, augmenta sa *garde* de deux cens *crennequiniers* ou *arbalétriers* à cheval: il la conserva après son retour en France; mais *Louis XII*, au commencement de son régne, la supprima. *François I*, lors de la conquête du

Milanois, créa une troupe de même espece, qui fit des merveilles à la bataille de Marignan; mais elle ne paroît plus dans notre Histoire.

Quand nos rois vouloient paroître avec plus de pompe aux entrées des villes conquises, ils augmentoient leur *garde*. C'est ainsi qu'en usa *Charles VII*, lors de son entrée à Rouen, après avoir conquis cette capitale de la province de Normandie, sur les Anglois.

Si depuis *Philippe-Auguste*, jusqu'à *Charles VII*, on ne trouve dans l'Histoire que les *sergens d'armes*, pour une *garde* bien distinctement marquée, il ne s'ensuit pas de-là, que nos rois n'eussent que celle-là. En examinant les monumens qui nous restent de ces tems-là, on trouve en effet qu'ils avoient une autre *garde* à cheval, composée d'écuyers, c'est-à-dire de gentilshommes, qu'on appelloit *écuyers du corps*. Un *Pierre de Guiry*, dit *le Gallois*, étoit écuyer du corps du roi *Charles VI*.

Louis XII eut une garde Flamande très-nombreuse. Il en est fait mention au sujet de la bataille de Ravenne.

Henri III avoit pour sa *garde*, quarante-cinq gentilshommes appointés à douze cens écus de gages, & bouche en cour. Cette *garde* ne subsista en cette qualité, que peu d'années, & ce sont ceux qu'on appelle encore aujourd'hui les *gentilshommes ordinaires de la maison du roi*.

Une autre *garde*, dont le corps a subsisté jusqu'en 1724, en partie, mais non point en qualité de *garde*, ce sont les gentilshommes du roi, appellés communément les *gentilshommes au bec de corbin*; ce fut pendant long-temps un corps considérable, institué pour servir de sûre & honorable *garde* de nos rois. Nul ne pouvoit y être admis, qu'il ne fût d'une noblesse distinguée, & qu'il n'eût justifié sa naissance par des titres, qui étoient examinés très-scrupuleusement; & aussi présentement on n'en peut guères produire de meilleurs, que ces certificats, par où il paroît que les ancêtres de ceux qui les préfentent, ont fervi autrefois dans cette troupe.

Elle fut inftituée par *Louis XI*, le 4 Septembre 1474, pour la *garde* de fon corps : cette compagnie fut d'abord compofée de cent lances fournies, ou hommes d'armes, & chacun d'eux étoit obligé d'avoir avec lui deux archers. Plufieurs gentilshommes de l'hôtel de S. M. ayant été mis dans ce corps, cela fut caufe qu'on les nomma la *compagnie des cent lances des gentilshommes de la maifon du roi*, ordonnée pour la garde de fon corps.

Hector de Galard en fut le premier capitaine ; *Louis de Graville*, feigneur de Montaigu, lui fuccéda le 10 juin 1475. Vers ce temps-là, ces hommes d'armes furent déchargés de l'obligation d'avoir des archers avec eux, & le 18 janvier 1477, on forma de ces archers une compagnie, qui fut nommée *la petite garde du corps du roi*.

Charles VIII inftitua une feconde compagnie du même nombre de gentilshommes ; elle fut confirmée par *Louis XII*, en Juillet 1478, fous le nom de *gentilshommes extraordinaires de la garde du corps ordinaire du roi*. Ce nom fut changé, en 1570 en celui de *gentilshommes ordinaires de la maifon du roi*.

Henri IV donna, le premier Janvier 1585, une ordonnance, portant réglement pour le fervice de ces deux compagnies, par laquelle il devoit y en avoir cinquante de fervice, par quartier, auprès du roi.

Ils avoient alors des haches pour armes, d'où eft venue la dénomination de *bec de corbin*. *Louis XIII* fupprima ces deux compagnies, le 21 Mai 1729. *Louis XIV* les rétablit en 1649, mais la feconde fut fupprimée en 1686. Cette compagnie, avant qu'elle fût abolie en 1724, étoit compofée de deux cens gardes commandés par un capitaine, un lieutenant, & un enfeigne. Le capitaine difpofoit des charges de ces deux derniers, & de toutes celles des *gardes* ; lorfqu'elles venoient à vaquer, elles tomboient dans fon cafuel.

Leurs fonctions étoient d'aller devant le roi les jours de cérémonies, avec le *bec de corbin*, ou un *faucon* à la main. C'étoit une espece de pertuisane à l'antique. Les cérémonies, où ils accompagnoient ainsi le roi, étoient seulement celles du sacre, du couronnement & du mariage du roi, & celle de la réception des chevaliers de l'ordre du S. Esprit. Ils devoient aussi suivre sa majesté en toutes occasions, & se tenir près d'elle, le jour d'une bataille. Mais cela ne se pratiquoit plus, & tout leur service étoit réduit à ce qu'on vient de marquer.

L'ancienne bande, ou premiere compagnie des cent gentilshommes ordinaires de la maison du roi, étoit possédée, en 1615, par le comte de Lauzun, chevalier des ordres du roi; elle passa à son fils l'année suivante, & en 1669 à *Antoine Nompar* de Laumont, duc de Lauzun, qui la posséda jusqu'à sa mort arrivée le premier Novembre 1723.

Le roi ne nomma point à cette charge; au contraire, étant à Fontainebleau au mois de Septembre 1724, S. M. donna un édit, par lequel elle supprima cette compagnie, & retint les cent pourvus, dont le rolle étoit sous le *contre-scel*, dans leur privilege, ainsi que leurs veuves pendant leur viduité.

Louis le Grand, est celui de tous les rois de la troisieme race, qui ait eu dans sa maison, & pour la *garde* de sa personne, la milice la plus nombreuse, la plus leste & la mieux choisie. En remontant jusqu'à *François I* & à *Louis XII*, & depuis *Louis XII* jusqu'à *Hugues Capet*, on ne trouve rien de comparable dans ce genre. On nomme ici *François I*, & *Louis XII*, parce que ce sont deux princes, dont la magnificence pour leurs *gardes* a plus approché de celle de *Louis XIV*. On le voit par les Mémoires de *Robert de la Marck*, dit le maréchal de Fleurange. Toute la *garde* de *François I* étoit de deux mille hommes, & approchoit par le nombre de celle du roi d'aujourd'hui. Voyez *Maison militaire du roi*.

GARDES DU CORPS DU ROI : ils ont le pre-

[G A R] 271

...mier rang parmi les troupes de la maison du roi, qui elle-même a toujours la droite sur les autres troupes, & le poste d'honneur. Ils forment quatre compagnies, chacune composée (en 1767) de trois cens trente-six gardes, compris six porte-étendards, & non-compris six trompettes, & un timbalier, tous divisés en six brigades, de cinquante-six gardes chacune, compris le porte-étendard, & non compris les officiers.

Les trois premieres brigades sont commandées par les lieutenans, & les trois autres par les enseignes; le chef de brigade a rang de mestre de camp. Chaque compagnie forme deux escadrons de 168 hommes. Leurs armes sont l'épée, le pistolet & le mousqueton. Il y a dix-sept carabines par chacune des brigades commandées par les lieutenans, & seize dans celles commandées par les enseignes; ce qui fait en tout quatre-vingt-dix-neuf carabines.

Lorsque les *gardes* accompagnent le roi à cheval, ils portent le mousqueton du côté droit, & la crosse en haut, au contraire des mousquetaires, qui portent la crosse en bas. Ils ont eu long temps le titre d'*archers*; & *Louis XIV* le leur donna encore dans le réglement de 1664. Ce titre, anciennement étoit fort honorable, & n'étoit guères donné qu'à des gentilshommes. La bandouliere que portent les *gardes du corps*, est aussi ancienne que leur institution, elle leur est commune avec tous ceux qui, comme eux, ont porté autrefois le nom d'*archers*. Le fond en est *argent*, parce que la couleur blanche a toujours été la couleur françoise. Chaque compagnie a une couleur ajoûtée à l'argent, pour la distinguer des autres. Il n'y a que la premiere qui ait la bandouliere *blanche*; la seconde, qui est la premiere compagnie françoise, la *verte*; la troisieme *jaune*; & la quatrieme *bleue*. Il y a un étendard par brigade. Les officiers de chaque compagnie sont, un capitaine, trois lieutenans, trois enseignes, douze brigadiers, douze sous-brigadiers, & six porte-étendards; ce qui fait en tout cinquante-deux officiers par compagnies, & deux cens huit officiers pour les quatre compagnies. La commission de porte-étendard est ordinairement donnée au plus ancien *garde* de la brigade, & on y a attaché une pension de 250 livres. Outre tous ces officiers, il y a le major pour tout le corps, & un aide-major, & un sous-aide-major par compagnie; & de plus, trois sous-aide-majors du corps.

La premiere & la plus ancienne de ces quatre compagnies est celle, qu'on nomme la *compagnie Ecossoise*, créée par *Charles VII*: dans son origine, elle n'étoit composée que d'Ecossois; aujourd'hui il n'y a plus, ni officiers ni *gardes* Ecossois. Le seul vestige qu'ils aient conservé de leur origine, c'est qu'à l'appel du guet, ils répondent en écossois *Hamir*, qui veut dire, *Me voilà*. Cette compagnie étoit composée de cent hommes, non compris les vingt-quatre archers du corps, qui sont les vingt-quatre gardes de la manche, & le premier homme d'armes de France, qui a son rang avant eux.

Pour les vingt-quatre gardes de la manche, il y en a toujours deux par quartier, qui accompagnent le roi à l'église & aux cérémonies; ils y portent une cotte d'armes, *fond blanc*, semée de fleurs de lys d'or & d'argent, avec la pertuisanne à la main, frangée de soie blanche & d'argent à lame dorée. Le capitaine de cette compagnie est toujours le premier des capitaines des *gardes du corps*.

Il est le commandant né de toute la maison du roi. C'est M. le duc de Noailles, ci-devant connu, du vivant du maréchal son pere, sous le nom de *duc d'Ayen*, qui est commandant de cette compagnie.

Nous avons dit ci-dessus au mot *Garde de nos rois*, que *Louis XI*, en 1474, se fit une nouvelle garde de cent gentilshommes, appellés depuis les *gentilshommes au bec à corbin*; chacun de ces gentils-

gentilshommes devoit entretenir & avoir à sa suite deux archers. Cela faisoit une *garde* de trois cens hommes, outre la *compagnie Ecossoise*, dont nous venons de parler. Mais depuis, ayant dispensé les cent gentilshommes de l'entretien des archers, par lettres-patentes, données à Rouen en l'an 1475, il forma de ces deux cens archers, une *garde* particuliere, sous les ordres de *Louis de Graville*, seigneur de Montaigu. Telle est l'origine de la premiere compagnie Françoise des *gardes du corps*, qui fut d'abord appellée la *petite garde du corps du roi*. Le duc de Villeroi en est capitaine depuis 1766.

Le même *Louis XI* institua, en 1479, une seconde compagnie françoise d'archers de la *garde* : elle étoit de cent archers, qui avec les cent Ecossois, les vingt-quatre *gardes* de la manche de la même nation, & les deux cens archers crées en 1475, faisoient alors plus de quatre cens archers ; c'est en effet le nombre que marque *Philippe de Comine*, en parlant du séjour que ce prince faisoit au Plessis-lès-Tours, sur la fin de son régne, fort inquiet, & toujours appréhendant que l'on n'attentât à sa vie. Le maréchal-duc de Luxembourg en a été le capitaine, jusqu'à sa mort, arrivée en Mai 1764 ; & le prince de Tingry a été nommé à sa place, par le roi.

François I., en 1514, institua une nouvelle compagnie de soixante archers pour sa *garde*, qu'il composa des trente qu'il avoit avant que d'être roi, de vingt de la premiere, & de dix de la seconde. En 1516 il en tira encore quarante-cinq de la premiere, pour mettre celle-ci au nombre de cent cinq ; & en même temps la premiere fut réduite à cent hommes, comme les deux autres. Le prince de *Beauvau* est actuellement capitaine de cette compagnie Françoise.

Par l'ordonnance du 28 Décembre 1758, il est porté que les chefs de brigades, tirés de la cavalerie ou des dragons, doivent être colonels ou lieutenans-colonels ; que les places d'exempts ne pourront être données à aucun capitaine de cavalerie ou de dragons, qu'il n'ait servi dix ans en qualité d'officier, & cinq en celle de capitaine, ayant troupe ; que personne ne pourra être présenté pour être *garde*, qu'il ne soit né sujet de sa majesté, de la religion Catholique, Apostolique & Romaine, de la taille de cinq pieds cinq pouces au moins, gentilhommes, ou de famille vivant noblement ; que si le *garde* nouvellement reçu ne se rend pas, dans le mois, au quartier de sa compagnie, pour y servir six mois de suite, il sera rayé du rolle de la compagnie, & qu'il ne pourra servir auprès de sa majesté, qu'il n'ait au moins un an de réception & de service au quartier.

GARDES DE LA PORTE ORDINAIRES DU ROI : ce sont les plus anciens *gardes* de la maison du roi, nommés ainsi par la déclaration de *Louis XIV*, du 17 Juin 1659, & par lettres-patentes du 3 Mai 1675, en faveur de leurs priviléges. Cette compagnie est composée d'un capitaine commandant, & de quatre lieutenans, qui font cinq officiers en corps, & de cinquante *gardes* de la porte, séparés en quatre quartiers; de sorte qu'ils ne servent chacun que trois mois de l'année, treize les deux quartiers de Janvier & d'Avril, & douze chacun des deux autres. Leurs armes sont l'épée & le mousqueton. Voyez l'*Etat militaire de la France*, &c.

GARDES DE LA PRÉVÔTÉ ORDINAIRE DE L'HÔTEL, *ou* HOQUETONS ORDINAIRES DU ROI : cette troupe est placée par quelques-uns, parmi celles de la maison du roi, qui servent à cheval, quand sa majesté sort de son logis, à pied, ou en chaise, ou en carrosse à deux chevaux. Les *gardes de la prevôté de l'hôtel*, ayant leurs officiers à leur tête, marchent à pied devant sa majesté ; & ils commencent la marche devant les Cent-Suisses, lesquels marchent à la tête des chevaux du carrosse.

Lorsque le roi sort à cheval, ou en carrosse à six

ou huit chevaux, les *gardes de la prévôté* ne sortent point. Cette troupe exécute aussi plusieurs des ordres qui lui sont donnés ; & son service, est, à plusieurs égards, pareil à celui des cavaliers de la connétablie : elle forme une compagnie composée du grand-prévôt, de vingt officiers, dont quatre lieutenans ; douze exempts, &c ; de quatre-vingt-huit *gardes*, servant, vingt-deux par quartier, avec un maréchal des logis, & un trompette. Auprès de chaque intendant de province est ordinairement détaché un de ces quatre-vingt-huit gardes de la prévôté de l'hôtel.

GARDES-FRANÇOISES : ce régiment fut créé en 1563, par le roi *Charles IX*, sous le nom de dix enseignes de la garde du roi, en dix compagnies de cinquante hommes chacun. Quoique sa composition ait varié, sa destination a toujours été la même. Il sert encore aujourd'hui à la garde de nos rois : il marche à la tête de toute l'infanterie. M. le maréchal-duc de Biron en est colonel. Voyez l'état actuel de ce régiment, dans l'*Etat militaire de la France* de la présente année.

GARDES SUISSES : ce régiment eut le nom de *Gardes-Suisses*, sous *Louis XIII* en 1616 ; il monta sa premiere garde devant le logis du roi à Tours, le 12 Mars de ladite année ; & il a mérité cette distinction, par sa fidélité pour le service de nos rois. C'est M. le baron de Zur-lauben, lieutenant-général des armées du roi, qui en est colonel. Voyez son état actuel dans l'*Etat militaire* de la présente année.

GARDE DES SCEAUX : cette commission, ou charge de *garde des sceaux*, n'est pas fort ancienne ; on voit au bas de plusieurs lettres expédiées sous *Philippe-Auguste*, & *S. Louis*, ces mots : *Data, vacante cancellariâ*. En effet on ne trouve point qu'avant *Louis XII*, aucun autre que le chancelier, ait eu la *garde du sceau royal*.

Ce prince la donna à *Etienne Poncher*, évêque

de Paris, pour soulager le chancelier, *Jean de Gannay*, dont la santé étoit fort altérée. Sous *François I*, les sceaux furent souvent en d'autres mains, qu'en celles du chancelier. Enfin le roi *Henri II*, par son édit de l'an 1551, érigea en titre d'office un *garde des sceaux* : cet édit ayant été enregistré au parlement, le chancelier de l'Hôpital se démit volontairement des sceaux en faveur de *René de Birague*, qui fut ensuite chancelier. Depuis cet exemple, la charge de *garde des sceaux* est souvent séparée, comme on le voit encore aujourd'hui, de celle de chancelier.

M. *Chauvelin* a été *garde des sceaux* en 1727. En 1750, les sceaux furent donnés à M. *de Machault*. Quelques années après, il lui furent ôtés; & le roi les tint lui-même pendant quelque temps. M. *Berryer* est mort *garde des sceaux*; & aujourd'hui M. *de Maupeou*, ancien premier président du parlement, est *garde des sceaux*, & vice-chancelier de France.

GARENNE : c'est un bois, une bruyere où il y a beaucoup de lapins : une garenne privée est une garenne fermée de murs ou de haies, où l'on fait des terriers exprès pour y nourrir des lapins ; & une *garenne* privilégiée, ou jurée, est une certaine étendue de terre où le roi a donné un droit de chasse, à l'exclusion de tous les seigneurs voisins. Ces sortes de *garennes* sont gardées par des forestiers jurés. On dit que le mot *garenne* est un mot gaulois, qui s'est conservé en françois, en allemand & en breton.

Jadis, au fauxbourg Saint-Germain, à Paris, il y avoit une *garenne*, près de l'abbaye, appellée la *garenne* de Saint-Germain des Prés : en 1315, elle subsistoit encore, & étoit aux environs de la foire Saint-Germain & de la rue des Boucheries. La connoissance des différends & questions mus sur le fait des *garennes*, est une attribution faite aux seuls officiers des *eaux* & *forêts* par l'article 2 du titre prenier de l'ordonnance des eaux & forêts. Nul ne peut établir *garenne*, dit l'article 19 du titre 30, s'il n'en a le droit par les aveux & dénombremens, possessions & autres titres suffisans, à peine de cinq cens livres d'amende, & en outre, d'être la *garenne* détruite, & ruinée à ses dépens.

GARNACHE : c'étoit un habit long des François du quatorzieme siécle, qui descendoit jusqu'aux talons, & qui ordinairement n'avoit point de manches. Voyez *Habillement*.

GARONNE : c'est un des quatre grands fleuves de France. Il prend sa source dans les Pyrénées au Mont d'Or, dans la vallée d'Aran ; le flux est sensible sur la *Garonne* jusqu'à Saint-Nasaire. Il reçoit plusieurs rivieres ; la plus considérable est la Dordogne. C'est par la *Garonne* & par le canal royal du Languedoc que se fait la jonction des deux mers, le canal royal commençant à la Méditerranée, & se terminant dans la *Garonne*, à quelque distance au-dessous de Toulouse.

GASCOGNE : grande & belle province de France, dont Auch est la capitale. Du temps de *César*, la *Gascogne* étoit habitée par les *Aquitani*, nation subdivisée en plusieurs peuples. Sous *Honorius*, la *Gascogne* formoit la Novempopulanie, ou troisieme Aquitaine. Après la mort de *Clovis*, la *Gascogne*, c'est-à-dire le pays aujourd'hui connu sous ce nom, suivit le sort de l'Aquitaine, c'est-à-dire qu'elle fut sous la domination des Wisigoths, jusques vers l'an 595, que, sous le régne de *Clotaire II*, les *Gascons*, ou *Wascons*, peuple originaire des Pyrénées & de la Biscaye, que l'on peut prendre pour la postérité des anciens Cantabres, commencerent à se faire connoître. Ces peuples profiterent si bien des divisions de *Clotaire* avec les rois *Théodebert* & *Thierri II*, qu'ils occuperent le Béarn, le pays de Soule & le Labour, & pillerent une partie de la province.

Théodebert joint à *Thierri*, vers l'an 601 ou 602,

défit les *Gascons*; & sans vouloir les chasser, il leur donna pour duc *Genialis*, qui prit, le premier, le titre de *duc de Gascogne*. La paix ne dura guère. Les Gascons recommencerent leurs courses dans l'Aquitaine; mais ils furent repoussés en 635; & leur duc *Aiglinan* vint demander pardon au roi *Dagobert I*.

Après la mort de ce prince, arrivée en 638, la puissance des rois ses successeurs, déclina sensiblement; l'autorité des *maires du palais* absorba la puissance royale; & les divisions de la France ne firent qu'augmenter. Les Gascons profiterent de la conjoncture, & rentrerent dans l'Aquitaine en 663. Ils y trouverent les naturels du pays tellement disposés en leur faveur, qu'ils furent reçus dans les propres demeures des Aquitains. Ceux-ci partagerent des terres aux Gascons; & tous ensemble ils se choisirent un chef auquel ils donnerent le titre de *duc*.

Selon quelques écrivains, *Loup I* fut premier duc de *Gascogne*. *Eudes I*, fils de *Bogis*, lui succéda. Il devint puissant, & s'assujettit une grande partie de l'Aquitaine. Il fut mêlé dans les troubles de la France, ayant soutenu le maire *Rainfroi* contre *Charles Martel*. *Charlemagne* fit mourir *Loup II*, duc des *Gascons*, en 778; & la reine étant accouchée de deux fils jumeaux dans le palais de Chasseneüil, près d'Agen, il conféra le titre de *roi d'Aquitaine* au plus jeune *Louis I*, depuis surnommé *le Débonnaire*, empereur & roi de France; & les ducs d'Aquitaine & de *Gascogne* ne furent plus que les officiers du roi d'Aquitaine, depuis l'avénement de *Charlemagne* à la couronne. Cependant ces ducs Gascons furent presque toujours de la même race jusqu'en 819, que *Louis le Débonnaire* ayant défait ces peuples ôta le duché de *Gascogne* à la postérité d'*Eudes I* le réunit à la couronne, & le mit sous l'autorité d'un duc amovible.

Ce duché, qui relevoit de la couronne, quand *Hugues Capet* monta sur le trône, comprenoit toute cette étendue de pays, qui est entre la Garonne, la Dordogne, les Pyrénées & les deux mers, excepté le comté de Comminges & le Conserans. Ce duché, dans la suite, est devenu un arriere-fief, & a passé sous la seigneurie directe & immédiate des ducs de Guienne. Voyez *Guienne.*

GASTINE : abbaye fondée en 1138, par *Hugues*, archevêque de Tours ; elle est située dans la Touraine, à quatre lieues de Tours, & est de l'ordre de S. Augustin, congrégation de France.

GASTINOIS : c'est une province, partagée entre les deux gouvernemens militaires de l'Isle de France & de l'Orléannois ; ce qui est cause qu'on la divise en *Gâtinois-François*, dont Nemours est la capitale, & en *Gâtinois-Orléannois*, qui a Montargis pour capitale.

Du temps de *César*, tout le *Gâtinois* étoit habité par les *Sénonenses* : seulement une partie du *Gâtinois-Orléannois* dépendoit des *Aureliani*. Sous *Honorius*, ce pays se trouvoit compris dans la quatrieme Lyonnoise. De la domination des Romains, le *Gâtinois* passa sous celle des François ; mais ce pays, dès le neuvieme siécle, avoit des seigneurs particuliers. *Tertulle*, ou *Tertufle*, comte de *Gâtinois*, vivoit vers l'an 860 ; alors le *Gâtinois* n'étoit pas, à beaucoup près, aussi étendu qu'il l'est actuellement. *Ingelfer*, ou *Ingelger de Gâtinois*, devint comte d'Anjou.

Sur la fin du onzieme siécle, ou au commencement du douzieme, *Philippe I* roi de France, réunit le *Gâtinois* à la couronne, après en avoir dépossédé *Foulques le Rechin*, comte d'Anjou, qui l'avoit usurpé lui-même sur *Geoffroi le Barbu*, son frere, qu'il avoit fait mourir ; depuis ce temps, le *Gâtinois* a presque toujours été soumis aux rois de France.

GASTON DE FOIX, *duc de Nemours.* Ce prince étoit neveu de *Louis XII.* Dès l'âge de vingt-trois ans, il avoit déja donné tant de preuves de son courage & de sa prudence, que le roi le fit gouverneur du Milanois. Il se vit bientôt assailli par les Suisses, qui au nombre de dix mille hommes, s'étoient jettés dans ce pays. Mais à cet âge où les ames guerrieres sont toutes de feu, & où elles ne peuvent se résoudre à temporiser, il se montra semblable aux *Fabius Maximus*, & aux *Turenne*. Ce jeune héros harcela les Suisses & les força de se retirer dans leur pays. Il fit lever aux troupes Espagnoles le siége de Boulogne, & courut ensuite au secours de Bresse, qui avoit été surprise par les Vénitiens. Il tailla en piéces leur infanterie, prit leur artillerie & leur bagage, somma les ennemis de rendre Bresse, en fit l'attaque, rangea son armée en bataille, mit à la tête les troupes, dont il étoit le plus sûr, commandées par le capitaine *Molard*, & le chevalier *Bayard*. Le combat fut des plus violents; le chevalier *Bayard* y reçut une si grande blessure, qu'on le crut mort. Les soldats furieux, animés par le duc de *Nemours*, forcérent les retranchemens, firent un grand carnage des ennemis, entrerent dans la ville, le duc de *Nemours* à leur tête, & taillerent en piéces tout ce qu'ils y trouverent de Vénitiens.

C'est à la prise de cette ville, que le chevalier *Bayard* fit voir un exemple immortel de sa générosité & de l'amour qu'il avoit pour la vertu; car il donna ses ordres, pour qu'on mit à l'abri de toute insulte, deux filles d'une dame, dans la maison de laquelle il fut porté. Lorsqu'il fut guéri, cette dame, pour lui marquer sa reconnoissance, ayant voulu lui faire présent de deux mille cinq cens ducats, il fit semblant de les accepter; mais ayant fait venir les filles de cette dame, il les obligea de recevoir chacune mille ducats, & les chargea de distribuer les cinq cens autres aux monasteres des filles, qui pouvoient avoir été pillés.

Pour *Gaston de Foix*, duc de Nemours, il alla mettre le siége devant Ravenne, & il le pressa avec la plus grande vigueur. Le canon y fit une bréche assez considérable. Deux cens Gendarmes monterent à la bréche, avec la plus grande résolution; &

Marc-Antoine Colonne, qui s'étoit enfermé dans la place, la défendit avec la même valeur : les François y furent repoussés, cinq ou six fois, sans qu'ils se rebutassent ; mais *Gaston de Foix* ayant perdu plus de trois cens hommes par l'effet d'une coulevrine, qui les prenoit en flanc, il fit sonner la retraite.

L'armée des alliés s'étoit approchée pour secourir Ravenne, le chevalier *Bayard* en examina la disposition ; & le lendemain, *Gaston de Foix* alla leur livrer bataille, & la victoire fut complette : il ne restoit plus qu'un gros d'Espagnols, qui se retiroit en bon ordre par le grand chemin. *Gaston* ne voulut pas qu'ils lui échappassent ; il partit sur le champ pour les en empêcher, suivi d'un petit nombre de Gendarmes ; c'étoit l'endroit fatal où l'entraînoit sa malheureuse destinée. Les Espagnols firent volte-face & présenterent leurs piques. Il voulut se jetter à travers ; mais il reçut en même temps un coup d'épée dans le côté, & plusieurs autres blessures, dont il expira sur le champ, à l'âge de vingt-quatre ans, enseveli, pour ainsi dire, dans sa victoire, après avoir porté sa réputation plus haut qu'aucun capitaine de son siécle, & mérité le surnom de *Foudre d'Italie*.

Le fruit de cette victoire fut la conquête de Ravenne, & de toutes les places de la Romagne. Les puissances confédérées furent consternées de cette nouvelle. Cependant *Louis XII* l'apprit ; il ne put s'en réjouir : il dit, après avoir lu la lettre de la *Palice*, qui avoit rangé l'armée Françoise en bataille : *Je voudrois n'avoir pas un pouce de terre en Italie, & pouvoir faire revivre à ce prix mon neveu, Gaston de Foix, & tous les braves hommes, qui ont péri avec lui. Dieu nous garde de remporter jamais de telles victoires.* En effet, malgré les efforts de la *Palice*, la mort du duc de *Nemours* entraîna la perte du Milanois.

Parmi les seigneurs François, qui se distinguerent, par leur valeur, à la journée de Ravenne, on voit dans les Mémoires de ce temps, les noms de la

Palice, de *d'Aubigni*, de *Saint-Vallier*, de *Louis de Brézé*, du chevalier *Bayard*, de *Créqui*, de *le Voyer*, de *Paulmi*, de *Duras*, de *Fimarcon*, de *Pardaillan*, de *Crussol*, de *Louis d'Ars*, *d'Humbercourt*, de *Trivulce*, &c.

GAVI : le connétable de *Lesdiguieres*, en 1625, fit le siége de cette place. Un officier vint lui représenter, que du temps de *François I*, le fameux *Barberousse* n'avoit pu prendre cette place, quoiqu'il fut maître de la riviere de Genes. Le connétable, qui avoit alors plus de quatre-vingt ans, répondit : *Eh bien, Gavi n'a pu être pris par Barberousse, mais Dieu aidant, Barbe-Grise le prendra*; & en effet la ville & le château se rendirent en fort peu de temps.

GAULE, ou LES GAULES : on comprenoit anciennement sous ce nom tout le pays qui s'étend entre le golfe de Venise, la riviere de Rubicon ou Pisatella, la mer Méditerranée, les Pyrénées, l'Océan & le Rhin. Dans ces limites, on voit que se trouvent au-delà des Alpes, une grande partie de l'Italie, & en-deçà presque toutes les provinces des Pays-Bas, une partie des électorats de Mayence, de Tréves, de Cologne, du Palatinat, les Suisses, &c.

Jules César divisa les *Gaules* en deux parties, en *Gaule* Cisalpine, ou citérieure, par rapport aux Romains ; & en Transalpine, ou ultérieure. La *Gaule* Cisalpine ou citérieure, s'étendoit depuis le golfe de Venise & la riviere de Rubicon jusqu'aux Alpes ; c'est à-peu-près ce qu'on appella, dans la suite, la *Lombardie*.

La *Gaule* Transalpine, ou ultérieure, fut divisée en trois parties, l'Aquitanique, la Celtique, ou Lyonnoise, & la Belgique.

Le royaume de France est aujourd'hui composé de ces trois parties, à l'exception toutefois d'une petite partie de la Lyonnoise & d'une très-grande partie de la Belgique. Voyez *France*.

GAULOIS : *Jules-César* dit, au commencemens

du premier livre de ses Commentaires, que les Romains donnerent aux *Celtes* le nom de *Gaulois*, du nom de *Gaule*, que ces *Celtes* avoient donné à la partie de l'Italie, dont ils s'étoient emparés. Les anciens *Gaulois* n'écrivoient rien. Ils transmettoient simplement de vive voix les événemens qui se passoient chex eux : cela est cause que nous ne sçavons de cette nation, que ce que nous en ont appris les *Grecs* & les *Romains*.

Les *Gaulois* parloient une langue particuliere, qu'ils porterent dans tous les pays, où ils firent des conquêtes ; les dialectes, qu'on trouve encore dans ces diverses contrées, & même en France, font toujours reconnoître la langue mere, ou primitive ; & si l'on remonte vers les premiers siécles, on y trouve un plus grand rapport, à mesure qu'on y avance, jusques-là qu'on parvient à des temps, où les noms des peuples & des villes se rencontrent les mêmes dans toute la vaste étendue des pays occupés par les *Celtes*. On croit que cette langue s'est conservée dans la *basse Bretagne*, & dans le pays de *Galles* en Angleterre ; ce qui peut être d'autant plus vraisemblable, que ces deux contrées ont été moins ravagées par les nations étrangeres.

La religion des *Gaulois* approchoit beaucoup de celle des Romains, avant que ces derniers eussent confondu la leur, par la multitude de divinités & d'usages des nations, qu'ils avoient subjuguées. Ils adoroient les mêmes divinités, sous des noms difrens ; & ils leur donnoient les mêmes attributs ; mais celle à laquelle ils avoient plus de dévotion, étoit le dieu-*Mars* ; leur inclination particuliere pour la guerre, y contribuoit beaucoup ; cela alloit quelquefois jusqu'à lui consacrer toutes les dépouilles qu'ils acquéroient, & souvent à le faire leur héritier.

Le sacrifice qu'ils faisoient à *Apollon*, pour la guérison des grands, consistoit souvent à lui sacrifier des hommes, qu'ils choisissoient ordinairement parmi les *criminels* & les *esclaves* ; mais quelquefois à leur défaut, parmi les gens libres & des innocens, dans la persuasion où ils étoient que la vie d'un homme ne pouvoit être rachetée, que par celle d'un ou de plusieurs autres, & que c'étoit l'holocauste le plus agréable aux dieux. Ces sacrifices cruels & sanglans ont donné de ces peuples des idées très désavantageuses : ils ne peuvent être excusés que parce que c'étoit l'usage de la plus grande partie des autres peuples, même des plus policés, tels que les *Rhodiens*, ceux de *Salamine*, les *Phéniciens*, les *Carthaginois*, les *Lacédémoniens*; & pour n'en pas faire une plus grande énumération, les Romains eux-mêmes avoient eu d'abord cet usage, que *Numa Pompilius* détruisit chez eux, selon quelques auteurs ; mais selon d'autres, l'usage des victimes humaines se trouve encore chez les Romains long-temps après *Numa Pompilius*.

Les funérailles des *Gaulois* furent aussi sanguinaires, puisque *Jules-César* dit qu'il y avoit fort peu de temps, qu'ils en avoient retranché le sacrifice des *valets*, & *des principaux vassaux* des grands seigneurs; ils y avoient conservé l'usage d'immoler toutes sortes d'animaux, &c. Leurs philosophes étoient les *Druides*. Voyez ce mot.

Il y en a, qui disent que le dieu *Mithra*, qui est le même qu'*Apollon* ou le *Soleil*, étoit adoré par les *Gaulois*, sous les deux sexes, comme s'ils eussent voulu montrer par-là, qu'il suffisoit à la production de chaque espece ; mais les *Gaulois* n'ont point adoré *Apollon*, sous le nom de *Mithra*; s'ils ont connu ce nom, ce n'a pu être que par la voie des Romains, qui l'avoient reçu assez tard de l'Orient.

Soit qu'on regarde les *Druides*, comme une secte de philosophes, qui s'étoit formée dans le pays, ou qu'on croie qu'ils étoient venus de dehors, comme quelques-uns l'ont prétendu, il est toujours vrai qu'ils doivent être comptés parmi les plus anciens philosophes, & du nombre de ceux, qui pouvoient avoir connu de plus près la création du monde, dont la premiere histoire ne fut qu'une tradition de pere en fils, que les *Druides* pouvoient avoir apprise aussi-bien que ceux qui descendoient d'Abraham. Les *Druides* faisoient à la déesse *Isis* les mêmes sacrifices que les Egyptiens, & que les Grecs à *Cérès*. Ils la regardoient comme la mere commune de toutes choses; & c'est pour cela qu'ils l'entouroient de mammelles entassées les unes sur les autres, & qu'ils la couronnoient de tours.

Ils avoient en vénèration le chêne, des feuilles duquel ils se servoient dans leurs sacrifices, selon *Maxime de Tyr*, ainsi que faisoient les autres nations idolâtres, & reconnoissoient en lui le souverain maître de la nature, sans lui bâtir aucun temple. Ce culte venoit de ce que les nations s'étoient figuré que les premiers hommes s'étoient nourris de chair humaine, pendant le regne de *Saturne*, & que *Jupiter* avoit changé cette cruelle nourriture en celle du gland : c'étoit en conséquence qu'on croyoit que le genre humain devoit au chêne sa conservation.

Une espece de mousse terrestre, & l'*œuf du serpent*, étoient pour eux des choses sacrées; ils faisoient beaucoup de cérémonies à leur égard, & leur croyoient de grandes vertus.

On trouve dans d'anciens auteurs, que les *Druides* pratiquoient des choses fort extraordinaires pour la devination; ils attachoient quelquefois leurs victimes à des poteaux destinés à cet usage, même dans les temples; puis ils les blessoient par derriere, & les faisoient mourir trés-cruellement, toujours lentement, & jamais tout d'un coup, pour avoir tout le temps d'observer jusqu'aux moindres mouvemens qu'elles faisoient en perdant leur sang.

Ils apprenoient à la jeunesse Gauloise un grand nombre de vers, qu'il n'étoit pas permis de mettre par écrit, de peur que les mysteres de la religion étant révélés par des livres, ils ne fussent exposés à la fausse interprétation des ignorans & des libertins; de sorte qu'ils gardoient quelquefois les enfans de la noblesse & des meilleures maisons, pendant vingt ans, pour les inſtruire des dogmes de leur théologie, & tâcher de les rendre habiles dans les mathématiques; ils leur enſeignoient que l'ame étoit immortelle, & qu'il y avoit une autre vie. C'eſt pour cette raiſon qu'ils brûloient & enterroient avec les morts ce qui leur avoit ſervi pendant la vie; qu'ils remettoient après la mort à faire leurs affaires, à ſe faire payer de leurs dettes; qu'ils prêtoient à leurs amis, à certaine uſure, à condition qu'ils ne les rembourſeroient du capital qu'en l'autre monde, & qu'il y en avoit qui ſe jettoient dans le bucher des leurs, pour leur marquer le deſir qu'ils avoient de vivre avec eux.

Ammien Marcellin, qui ſemble avoir voulu caractériſer davantage les anciens *Gaulois*, dit qu'ils avoient la chair blanche & la tête haute, les cheveux blonds dorés, & le regard affreux; qu'ils étoient prompts, querelleux & hauts à la main; qu'une troupe d'étrangers n'eût oſé en attendre un ſeul quand il étoit en colere, tant ils étoient redoutatables, mais ſur-tout quand c'étoit en préſence de leurs femmes, qui ſe mêloient hardiment dans leurs querelles, & frappoient à coups de poing & à coups de pieds, auſſi rudement que leurs maris; qu'au reſte leur voix étoit effroyable & menaçante, lors même qu'ils n'avoient aucun ſujet d'être émus; qu'ils étoient propres en leurs habits, mais dans l'*Aquitaine*, beaucoup plus qu'ailleurs, n'y ayant point de femme, qui ne ſe piquât d'une grande propreté, quelle que fût ſa miſere.

La nobleſſe & les philoſophes, qui vivoient en bonne intelligence, étoient en grande conſidération parmi les peuples, qui leur obéiſſoient aveuglément, & ne prenoient aucune connoiſſance des affaires. Et comme dans tous les états de la *Gaule*, & preſque dans toutes les villes, il y avoit deux factions, dont les chefs avoient toujours la plus grande autorité, il ſembloit, dit *Jules-Céſar*, qu'on eût introduit cela pour défendre les peuples contre l'oppreſſion des grands, parce que chacun avoit ſoin de défendre ceux de son parti. On jugeoit du crédit & de la condition d'un homme par sa suite.

Les hommes & les femmes se paroient de chaînes, de colliers, de brasselets, de bagues & de ceintures d'or. Ceux qui avoient la souveraine puissance, se distinguoient par une couronne ou diadême, enrichi de pierreries.

Le peuple portoit de petits sayons, ou hoquetons, dont il changeoit suivant les saisons. Les nobles & les gens de guerre les portoient extrêmement courts & serrés, brochés d'or & d'argent, & bigarrés de diverses couleurs. Les *Druides* se distinguoient par leur chaussure, se servant de sandales, ou souliers de bois, en forme de pentagone, que les étrangers appellerent *galloches*.

Les filles choisissoient librement leurs maris; & pour cet effet, les peres faisoient un banquet, où ils appelloient quantité de jeunes hommes, laissant une liberté toute entiere aux filles de choisir celui, qui étoit le plus de leur goût; elles faisoient connoître celui qu'elles préféroient, en lui donnant à laver avant tous les autres.

Le mari recevant la dot de sa femme, ajoûtoit une pareille somme en argent ou en fonds de terre; le tout restoit au survivant avec les fruits, qui en provenoient.

Les maris avoient droit de vie & de mort sur leurs femmes, aussi-bien que sur leurs enfans; le respect & l'obéissance, que les femmes devoient à leurs maris, n'étant pas moindre, selon eux, que ceux que les enfans devoient à leurs peres.

Les femmes, qui étoient accusées d'avoir empoisonné leurs maris, étoient mises à la torture; & lorsqu'elles se trouvoient coupables, on les remettoit entre les mains des parens, qui les faisoient mourir cruellement.

Ils plongeoient les enfans dans l'eau froide, au sortir du ventre de leur mere, & les trempoient à-peu-près comme le fer & l'acier, pour les rendre plus forts & plus vigoureux. Les maris, qui cherchoient à s'éclaircir de la fidélité de leurs femmes, avoient le droit, suivant la coutume des peuples qui habitoient le long du Rhin, d'exposer les enfans, qui naissoient de leur mariage, sur un bouclier, qu'ils laissoient aller à la merci des flots, persuadés que ce fleuve, qui tiroit peut-être son nom de la pureté de ses eaux, perdoit les bâtards & rendoit les légitimes à leurs meres, qui les attendoient à certaine distance. Les enfans ne paroissoient point en public, avant qu'ils fussent en âge de porter les armes.

Leurs maisons étoient de figure ronde, construites de bois & de claies, & couvertes de chaumes ou de roseaux. Celles des grands seigneurs étoient ordinairement accompagnées d'un bocage, & étoient bâties sur le bord des rivieres, pour prendre le frais en été.

Après la guerre, la chasse étoit un de leurs exercices les plus ordinaires. Ils se servoient de fléches empoisonnées avec de l'if, pour rendre le gibier plus tendre & plus délicat, retranchant les parties que le fer avoit touchées. Ils prenoient leurs repas assis sur des peaux & sur des tapis.

Ils comptoient par nuit & non par jour, comme nous faisons aujourd'hui. Ils régloient le temps par le cours de la lune & non par celui du soleil. Ils croyoient que le monde céderoit quelque jour au feu & à l'eau.

Les *Druides* connoissoient généralement de toutes sortes de différends; & pour cet effet ils tenoient, en certains temps de l'année, une assemblée générale au pays Chartrain, & interdisoient de leurs sacrifices ceux, qui ne vouloient point se soumettre à leurs décisions; après quoi tout le monde les regardoit comme des scélérats & des impies, & chacun fuyoit leur rencontre.

On ne s'entretenoit jamais d'affaires d'état, si ce n'étoit dans les assemblées ou conseils de guerre, où tous ceux qui avoient droit d'entrer, venoient armés, comme s'ils eussent été prêts d'aller combattre;

tre; celui qui arrivoit le dernier de tous, étoit mis en piéces.

Ceux qui recommandoient le silence dans les assemblées, avoient la permission de couper une piéce des habits de ceux qui faisoient trop de bruit; & ils s'en acquittoient si bien, que le reste étoit quelquefois inutile.

Les femmes étoient de toutes les assemblées qui se faisoient pour la paix & pour la guerre; & souvent elles accordoient les plus grands différends, se jettant courageusement entre les deux partis, & tâchant d'obtenir par les larmes & par les prieres, ce qu'elles n'avoient pu faire par leurs raisons.

Les loix du pays ne permettoient pas au souverain magistrat d'une ville d'en sortir pendant sa magistrature, à moins que ce ne fût pour quelque affaire pressante qui regardât tout l'état. Deux personnes, d'une même famille, n'exerçoient jamais une même charge ou magistrature, du vivant de l'une & de l'autre, & ne pouvoient pas même être sénateurs ensemble.

Ceux qu'on appelloit *bolgas*, avoient cette louable coutume, qu'ils ne permettoient pas aux marchands étrangers de rien vendre dans leurs états, qui ne fût utile, défendant avec grand soin, & comme une chose très-pernicieuse, tout ce qui pouvoit servir au luxe & à la mollesse; ils étoient cependant si curieux de chevaux étrangers, qu'ils n'épargnoient rien pour en avoir.

Les *Gaulois* étoient généreux & francs, & ne pouvoient souffrir ni le mensonge ni la tromperie, faisant gloire d'imiter en cela leurs ancêtres, qui avoient méprisé la ruse, & ne s'étoient jamais fiés qu'à leur valeur.

Ils étoient curieux jusqu'à ce point, que *César* a écrit qu'ils avoient coutume d'arrêter les passans pour leur demander des nouvelles, & que le peuple s'attroupoit dans les places publiques, auprès des voyageurs & des marchands, pour s'informer de ce qui se passoit dans les pays étrangers, délibérant

Tome II.   T

même quelquefois sur cela dans les plus grandes affaires ; c'est-à-dire qu'ils étoient un peu crédules, & que facilement ils ajoûtoient foi à ce qu'ils apprenoient des voyageurs & des étrangers, sur quoi même ils se régloient dans les affaires d'état.

On n'estimoit point un homme, quand il étoit gras; & les jeunes gens étoient toujours dans l'exercice, pour s'empêcher de le devenir. Ceux qui excédoient une certaine mesure, étoient condamnés à une amende pécuniaire. Ils faisoient des vœux, des prieres & des réjouissances publiques dans certaines occasions.

Le cheval étoit la marque la plus ordinaire de leurs monnoies. On trouve cependant sur quelques-unes, tantôt des déesses coëffées à la Gauloise, tantôt le nom de leurs rois ou magistrats, tantôt le nom du peuple, qui les a fait battre, tantôt un *Hercule*, avec lequel on voit une infinité de peuples de tout sexe, de tout âge & de toute condition, qui se laissoient enchaîner, & le suivoient sans contrainte. La vieillesse, qui paroissoit sur le front de ce dieu, marquoit que la raison n'est à sa perfection qu'à cet âge.

Il n'y avoit point d'âge ni de condition, si l'on en excepte celle de *druide* & de *philosophe*, qui dispensât d'aller à la guerre, sur-tout, quand c'étoit contre les ennemis de l'état. Les vieux y alloient d'aussi bon cœur que les jeunes ; & nous lisons dans le supplément des Commentaires de *Jules Cesar*, que *Verisque*, général de ceux du Rhin, quoiqu'il ne pût presque plus se tenir à cheval, à cause de sa vieillesse, ne voulut point s'en exempter. Il y avoit par toutes les *Gaules* un très-grand nombre d'*archers*, prêts à marcher aux premiers ordres. Ils ne se retranchoient point dans leur camp, & combattoient presque sans se couvrir de rien. On bâtissoit les murailles des villes de pierres & de bois tout ensemble, entrelaçant les rangs. C'étoit un crime à ceux qui accompagnoient les grands seigneurs à l'armée, de les abandonner dans quelque danger que ce fût, & une espece d'infamie de ne point mourir avec eux.

Chacun de ces peuples formoit alors de petits états particuliers, qui avoient différentes especes de gouvernemens ; ils étoient unis par des alliances & des confédérations mutuelles, à l'exception toutefois de quelques-uns des plus considérables, tels que les *Ædui*, les *Sequani* & les *Arverni*, qui, pour se disputer la primauté dans les assemblées générales de la nation, avoient fait des alliances particulieres, les uns avec les Romains, les autres avec les Germains.

C'est cette désunion fomentée adroitement par les Romains, qui facilita à ceux-ci la conquête de cette vaste région ; *Jules César* n'y employa que neuf ans. Ceux qui firent plus de résistance, furent les *Bituriges*, les *Arveni*, les *Bellovaci*, les *Nervi* & les *Aduatici*. Les *Parisii*, quoiqu'ils ne fussent pas des plus considérables, ne laisserent pas que d'acquérir quelque réputation, sous la conduite de *Camulogene*, leur général ; & il fallut toute l'habileté de *Labienus*, pour en venir à bout, même par surprise. En effet, si les *Gaulois* n'eussent pas méprisé les rules de la guerre, & s'ils eussent été plus unis & plus prompts dans leurs expéditions, non seulement ils auroient conservé leur liberté ; mais outre cela, ils auroient détourné la perte de la liberté de Rome même ; car il est constant que c'est aux troupes Gauloises que *Jules César* fut principalement redevable de l'empire, sous lequel il asservit ensuite sa propre patrie. *Jules César* subjugua les *Gaulois* en partie, par eux-mêmes ; & ceux-ci rendirent bientôt la pareille aux Romains, en aidant *Jules César* à les subjuguer à leur tour.

Les troubles civils, qui suivirent la mort violente de ce premier empereur de Rome, ayant été assoupis par le bonheur ou la valeur d'*Auguste*, ce second empereur fit quelque changement dans la division de la *Gaule Transalpine* ; il sépara les *Helvetii*, les *Rauraci*, & les *Sequani* de la *Celtique*,

T ij

& les unit à la *Belgique*; il retrancha aussi de la *Celtique* tous les peuples, situés au midi de la Loire, & les unit à l'Aquitaine, dont *Avaricon*, depuis Bourges, devint la métropole; & ayant établi la ville de Lyon, pour métropole de la Gaule Celtique, celle-ci prit le nom de *Lyonnoise*.

Auguste étant mort, & *Tibere* lui ayant succédé, *Flore* & *Sacrovir* exciterent de grands troubles, & firent tous leurs efforts, pour secouer le joug de l'empire Romain; mais la sédition fut assoupie, & les *Gaules* furent remises dans leur devoir. Les empereurs *Caligula* & *Claude*, y régnerent assez paisiblement. *Claude* qui connoissoit les *Gaulois* mieux qu'aucun de ses prédécesseurs, les unit à l'empire par tant de graces & de bienfaits, que les Romains n'eurent plus qu'à garder les frontieres & les bords du Rhin.

L'empire de *Néron* fut traversé par *Julius Vindex*, seigneur Gaulois, descendu des anciens rois, & qui gouvernoit les *Gaules*, comme préteur; il fut défait par *Virginius*. Les *Gaulois* furent tranquilles sous les empereurs *Vespasien*, *Tite*, *Domitien*, *Nerva*, *Trajan*, *Adrien*, *Antonin*, *Marc-Aurele*, *Commode*, & *Pertinax*. Les querelles de *Septime-Severe* & d'*Albin* causerent une grande division dans les *Gaules*; mais le parti de ce dernier ayant succombé près de Lyon, il se tua lui-même. *Alexandre Severe* vint en personne dans les *Gaules* pour défendre la frontiere contre les Germains; mais il fut tué à Mayence.

Ce fut sous l'empire de *Valérien* que *Chrocus*, roi des Allemands, ayant forcé l'armée du Rhin entra dans les Gaules, & fit un grand ravage; mais ayant été défait & pris dans une bataille, les *Gaulois* lui firent couper la tête, après l'avoir promené par tous les lieux qu'il avoit ruinés. *Posthume*, qui avoit été déclaré empereur des Gaules par les armées, qui étoient sur la frontiere, fit alliance avec *Victorin*, & s'éleva contre *Galien*; mais il fut tué par *Lollien* qui, bientôt après, fut tué lui-même par ses soldats. *Victorin* n'eut pas un meilleur sort. *Victorie* sa femme, qu'on appelloit la *mere des garnisons*, fit si bien auprès des soldats, qu'ils déclarerent *Teteric* son parent, empereur des Gaules; mais n'ayant pas assez de fermeté pour soutenir une si grande dignité, *Teteric* trahit son armée, & se rendit lui-même prisonnier d'*Aurelien*, qui lui donna le gouvernement d'une partie de l'Italie.

Probus chassa les nations étrangeres, qui venoient fondre sur les Gaules, & permit aux *Gaulois* de planter des vignes; ce que *Néron* & *Domitien* leur avoient défendu. *Proculus* & *Borasus*, qui usurperent le titre d'*empereur des Gaules*, furent tués par leurs propres soldats. Pendant le régne de *Dioclétien*, *Carausius* prit le titre d'*empereur*, & se maintint dans la grande Bretagne pendant sept ans. *Constantin* associé à l'empire, ayant chassé des frontieres des *Gaules*, les *Francs* & les *Allemands*, passa les Alpes pour aller combattre le tyran *Maxence*, qu'il défit près de Rome. La tranquillité ayant été rétablie par la valeur & la conduite de cet empereur, il fit une nouvelle division de l'empire.

Sous l'empire de *Jovien*, les Allemands firent de grandes irruptions dans les Gaules, & y causerent beaucoup de désordre jusqu'à l'arrivée de *Valentinien*. Les Francs & les Saxons y vinrent à leur tour; & *Théodose*, qui y fut envoyé par l'empereur, tout grand capitaine qu'il étoit, y trouva beaucoup d'affaires & beaucoup d'embarras: cependant il vint à bout de se défaire de ces étrangers, qu'il battit en différentes rencontres. L'état des Gaules ne fut jamais si déplorable que sous l'empire d'*Honorius*. *Stilicon*, né *Wandale*, voulant, par une ambition démesurée, élever à l'empire *Euchere* son fils, ne chercha qu'à brouiller les affaires; en conséquence il attira les nations barbares, qui vinrent fondre sur les Gaules. La ville de Mayence fut saccagée, & ses habitans passés au fil de l'épée. Les villes d'Amiens, d'Arras, de Tournai, de Spire, & d'Argentorat,

[G A U]

(aujourd'hui Strasbourg,) furent pillées, & les peuples transportés & rendus esclaves.

Les Goths, qui avoient passé en Italie, sous la conduite d'*Alaric*, suivirent *Artaulphe*, & vinrent dans les Gaules, où ils firent les plus grands ravages. *Honorius* qui ne pouvoit plus garder l'Aquitaine, la donna à *Seigeric*, qui vint à la tête des Wisigoths d'Italie, & s'empara de la Gaule Narbonnoise, qui depuis fut appellée *Gothie*, par les *Vandales*, les *Alains*, & les *Suèves*; ils cédèrent la place aux Wisigoths, & passèrent en Espagne.

Ce fut pendant cette confusion, qui donnoit de si rudes atteintes à l'empire Romain, que plusieurs peuples de la basse Germanie, qui se firent connoître sous le nom de *Francs*, se mirent en mouvement pour profiter, aussi-bien que les autres, des troubles de l'empire. Ils passèrent le Rhin en 255, & se répandirent dans la Belgique, d'où ils furent chassés par *Aurélien*, qui n'étoit encore que tribun : ils y revinrent en 259; mais ils n'eurent pas un meilleur succès : ils recommencèrent leurs incursions qu'ils poussèrent beaucoup plus loin. Ils furent absolument chassés par *Probus* en 276. Les empereurs *Constantin*, *Julien*, *Valentinien*, & *Théodose le Grand*, les empêchèrent de passer le Rhin, malgré leurs efforts toujours redoutables.

Enfin, sous l'empire d'*Honorius*, vers l'an 420, ils vinrent à bout de se former des établissemens solides dans les Gaules, & ils jettèrent les commencemens de la Monarchie françoise, qui a toujours subsisté depuis; & ainsi les *Francs* se mêlèrent avec les *Gaulois* par l'entière conquête, que *Clovis* fit de leur pays, & qui avoit été commencée par ses prédécesseurs. Voyez *Francs* & *France*.

M. *Pelloutier* nous a donné une Histoire des *Celtes*, imprimée à Paris en 1740 & 1750, en deux volumes in-12. Dom *Brezillac* a donné, en 1752, en deux volumes in-4º, l'Histoire des Gaules & des Conquêtes des Gaulois.

M. *du Roi* a fait auffi paroître, en 1753, en un volume *in-*12, l'Hiftoire ancienne des *Francs*.

Tout le monde connoît l'Hiftoire critique de l'établiffement de la Monarchie françoife, par M. l'abbé *Dubos*, de l'académie françoife, imprimée à Paris en 1743, en deux volumes *in-*4°, & en quatre volumes *in-*12; & une differtation fur les Francs de M. l'abbé *Garnier*, de l'académie des infcriptions & belles-lettres, continuateur de l'Hiftoire de France, par *Velly* & *Villaret*. On peut confulter fes ouvrages, & beaucoup d'autres fur les *Gaulois* & fur les *Francs*.

GAUTHIER-GUARGUILLE, dont le nom a paffé en proverbe : c'étoit un célebre farceur, contemporain de *Turlupin* & de *Gros-Guillaume*, tous les trois prédéceffeurs de *Guillot-Gorju*; nous en parlerons à leurs articles.

Gautier-Guarguille, nommé auffi *Flechelle*, Normand de nation, s'appelloit *Hugues Gueret*. Il contrefaifoit admirablement bien le Gafcon, foit par fon gefte, foit par l'accent : il étoit fi difpos, qu'il faifoit tout ce qu'il vouloit des parties de fon corps, qui lui obéiffoient, de forte que c'étoit une vraie marionnette; il avoit le corps maigre, les jambes longues, droites & menues, un gros vifage, auffi ne jouoit-il jamais fans mafque & fans une longue barbe pointue, comme aujourd'hui le Pantalon de la comédie italienne ; une calotte noire & platte; des efcarpins noirs; des manches de frife rouge, un pourpoint & des chauffes de frife noire. Il repréfentoit toujours un vieillard de farce.

Dans un fi plaifant équipage, perfonne ne le pouvoit regarder fans rire : il n'y avoit rien dans fa parole, dans fa marche & dans fon action, qui ne fût très-ridicule. Ses jambes même, & fa taille étoient fi plaifamment fagottées, qu'elles fembloient avoir été taillées à coups de ferpe, & faites exprès pour un *farceur*; tout faifoit rire en lui; & jamais homme de fa profeffion n'a été plus naïf & plus achevé. Il eft vrai que *Turlupin* &

Gros-Guillaume le secondoient bien dans son jeu & ses farces : lorsqu'il venoit à chanter, quoique la chanson ne valût rien pour l'ordinaire, c'étoit encore toute autre chose, & il se surpassoit lui-même; car outre ses postures bouffonnes, il entonnoit sa chanson d'un air & d'un accent si burlesque, que tout le monde, qui venoit pour l'entendre à l'hôtel de Bourgogne, disoit : *Allons entendre la chanson de Gautier-Guarguille*; & cela a passé en proverbe.

Cet homme si ridicule dans ses farces, ne laissoit cependant pas quelquefois de faire le rôle de *roi* dans les piéces sérieuses; & même il ne représentoit pas mal un personnage grave & majestueux, mais à l'aide du masque & de la robe de chambre, que portoient alors tous les *rois de théatre*; car d'un côté, le masque cachoit son gros visage bourgeonné, & la robe de chambre couvroit ses jambes & sa taille maigre. Ainsi, quand il étoit masqué, c'étoit un homme à tout faire.

Hors du théatre, à son visage, à sa parole, à sa marche, à son habillement, on le prenoit, (comme on parloit alors.) pour un *franc-bourgeois*, c'est-à-dire, pour un homme de sens. Avec ses amis il rioit comme eux, & étoit d'un entretien fort agréable. Il mourut âgé de soixante ans. Sa veuve, fille de *Tabarin*, à qui il laissa de quoi vivre, se retira en Normandie & y épousa un gentilhomme. Sa sépulture est à Paris, en l'église de S. Sauveur.

GAZE : c'est un tissu leger, très-clair, ou tout fil, ou tout soie, ou fil & soie, travaillé à claire-voies, & percé de trous, comme le tissu de crin, dont on fait des cribles.

Les anciens faisoient des *gazes* très-fines. Celle qui étoit connue sous le nom de *gaze de Cos*, étoit si déliée, si transparente, qu'elle laissoit voir le corps comme à nud. *Pline* dit que cette *gaze* avoit été inventée par une femme nommée *Pamphila*. On faisoit la *gaze de Cos*, d'une soie très-fine, qu'on teignoit en pourpre, avant que de l'employer, parce que, après que la *gaze* étoit faite, elle n'avoit pas assez de corps pour souffrir la teinture. C'étoit auprès de l'isle de *Cos*, qu'on pêchoit les coquillages qui produisoient la pourpre, dont on teignoit la *gaze*, pour en rendre les habits plus précieux. Voyez *Pourpre* dans le *Dictionnaire universel & raisonné des animaux*.

La température du climat, l'élégance de la taille des femmes Grecques, & la différence des mœurs, sont deux raisons, pour que l'habillement de *gaze*, qui est celui des graces & de la beauté, ait été en vogue parmi les femmes de la Gréce.

Mais en France, la *gaze* ne s'emploie que pour des coëffures, des manchettes, &c.

Les *gazes* que l'on fabrique à Paris, ne le cédent pas en finesse à celles que les anciens avoient imaginées.

Il vient de la Chine & des Indes, des *gazes* à fleurs d'or & d'argent; & parmi celles de la Chine, il s'en trouve de gauffrées. Voyez le *Dictionnaire encyclopédique*.

GAZETTE DE FRANCE: elle a commencé en 1631, & *Théophraste Rénaudot*, médecin, en a été le premier auteur.

Ce médecin, ramassoit de tous côtés des nouvelles pour amuser ses malades: il se vit bientôt plus à la mode qu'aucun de ses confreres. Au bout de quelques années, il fit attention qu'il pouvoit se faire un revenu considérable, en donnant chaque semaine au public des *feuilles volantes*, qui contiendroient des nouvelles de divers pays. Il falloit une permission, il l'obtint. *De pareilles feuilles* avoient été imaginées à Venise; & on les avoit appellées *gazettes*, parce qu'on payoit, pour les lire, *una gazetta*, petite piece de monnoie. Voilà l'origine de notre gazette, & de son nom.

GENDARMERIE: sous la premiere race de nos rois, le gros des armées françoises n'étoit que d'infanterie; mais sous *Pepin* & *Charlemagne*, le nombre des *gendarmes* égaloit presque celui des fantassins. Ceux-ci étoient distribués par pelotons entre les files de *Gendarmes* ; & leur utilité principale étoit de relever les *Gendarmes*, lorsque les ennemis les avoient terrassés.

Charles VII se voyant tranquille, réduisit toute la *gendarmerie* à quinze compagnies, qui devoient être entretenues en temps de paix & en temps de guerre, & congédia tout le reste. Chaque compagnie fut composée de cent lances, ou hommes d'armes ; & chaque homme d'armes avoit avec lui cinq personnes, sçavoir ; trois archers, un coutilier, un écuyer : ce monarque, pour l'entretien & la solde de ces troupes, en paix comme en guerre, fut obligé de lever la *taille* ordinaire sur les paroisses de la campagne, & sur les villes non-franches ; au lieu qu'auparavant la *taille* ne se levoit qu'extraordinairement, & en certaines occasions pressantes. Il fit en même temps des ordonnances si sévères pour la discipline de ses troupes, que ce fut la raison pour laquelle on les appella *compagnies Françoises* ou *compagnies d'ordonnance*.

Les hommes d'armes, dont elles étoient composées, étoient tous gentilshommes ; & leurs archers, écuyers & valets l'étoient aussi dans les commencemens. Dans la suite on se relâcha sur ce dernier article. Ce qu'on nommoit alors *valets*, étoient des jeunes gens de quinze à dix-sept ans, qui faisoient dans ces compagnies leur apprentissage d'armes. Ils pouvoient être comparés à ceux que nous avons depuis appellé *cadets*.

A l'imitation du roi, les princes, les officiers de la couronne formerent des compagnies, qu'on nomma aussi *compagnies d'ordonnance*. Elles subsisterent jusqu'à la paix des Pyrénées (en 1659) que *Louis XIV* supprima celles des seigneurs. Ainsi le roi est aujourd'hui seul capitaine de toute la *gendarmerie*, à l'exception de celles que quelques princes ont.

Ce corps que l'on appelle maintenant *gendarmerie*, étoit composé de seize compagnies, sçavoir, de dix de *Gendarmes*, & de six de *Chevaux-Legers*,

Par l'ordonnance du 5 Juin 1763, les dix compagnies de *Gendarmes Écoſſois*, Anglois, Bourguignons, de Flandres, de la reine, dauphin, de Berry, de Provence, d'Artois, & d'Orléans, ont été conſervées ſur pied, & dans le même rang, dont elles jouiſſoient auparavant. Les ſix compagnies de Chevaux-Legers de la reine, dauphin de Berry, de Provence d'Artois & d'Orléans ont été ſupprimées & incorporées dans les ſix compagnies de *Gendarmes* qui ſont ſous le même titre. Comme il devoit y avoir deux officiers de chaque grade, dans chacune des ſix compagnies, qui ont reçu cette incorporation, le moins ancien de chaque grade a été réformé. Chacune deſdites compagnies de *Gendarmes* forme un eſcadron, & continue d'être commandée par un capitaine-lieutenant, un ſous-lieutenant, un enſeigne, & un guidon. Il eſt établi trois fourriers, & douze places de *Gendarmes appointés*; au moyen de quoi, chaque compagnie eſt compoſée de trois brigadiers, trois ſous-brigadiers, un porte-étendard, trois fourriers, douze *Gendarmes* appointés, quatre-vingt-quatre *Gendarmes*, & trois trompettes.

Il eſt établi dans l'état-major, deux ſous-aide-majors de plus, qui ont rang de premiers maréchaux-des logis, & deux places de fourriers-majors, leſquels ont rang de derniers maréchaux des logis. L'état-major eſt compoſé d'un major-inſpecteur du corps, d'un aide-major, de quatre ſous-aide-majors, deux fourriers-majors, deux aumoniers, & d'un tymbalier.

GENDARMES DE LA GARDE DU ROI: *Henri IV* créa cette compagnie à ſon avénement à la couronne, ſous le nom d'*hommes d'armes de ſes ordonnances*. Il les choiſit entre les plus qualifiés & les plus braves *Gendarmes* qu'il y eût alors, parce qu'il vouloit faire de cette troupe l'*eſcadron royal*, à la tête duquel il devoit combattre dans les occaſions. Il donna cette compagnie au dauphin ſon fils, qui depuis régna ſous le nom de *Louis XIII.*

Depuis ce temps, elle porta le nom de *Gendarmes des ordonnances de monseigneur le dauphin*, jusqu'à ce que ce prince étant monté sur le trône, il la mit au nombre de ses gardes.

Il paroît que ce fut précisément en 1611, que la compagnie, dont il s'agit, fut unie aux troupes destinées pour garder la personne du roi. Ce corps est composé de deux cens dix *Gendarmes*, divisés en quatre brigades de trois cens dix; les dix anciens sont dispensés du service. Chaque brigade conséquemment n'est plus que de cinquante, y compris deux brigadiers, deux sous-brigadiers, & un porte-étendard, & non compris deux maréchaux des logis; outre cela, il y a un sous-aide-major, ou aide-major par brigade.

Les officiers supérieurs sont le capitaine-lieutenant, (aujourd'hui M. le maréchal-prince de Soubise), deux capitaines sous-lieutenans, trois enseignes, & trois guidons. Le capitaine est toujours en fonction auprès du roi. Les autres officiers & les *Gendarmes* ne servent que par quartier. Pour un plus long détail, voyez le *Dictionnaire militaire*, ou l'*État militaire de la France*.

GÉNÉRALITÉ : on donne ce nom à une certaine division de la France, faite pour la régie des finances du roi, en chacune desquelles il y a un bureau de trésoriers généraux de France, établi pour en avoir la direction. Autrefois les *généralités* se nommoient *messies*, en latin *missatica* ou *missatici*.

Il y a dix-neuf *généralités* dans les pays d'élection, & six dans les pays d'états; ce qui fait en tout vingt-cinq *généralités*.

Les *généralités* des pays d'élection sont, Alençon, Amiens, Ausch, Bordeaux, Bourg, Caen, Châlons, Limoges, Lyon, Montauban, Moulins, Orléans, Paris, Poitiers, Riom, la Rochelle, Rouen, Soissons, Tours.

Les *généralités* des pays d'états, sont la Bourgogne ou Dijon, la Bretagne ou Rennes, le Dauphiné ou Grenoble, Montpellier en Languedoc, la Provence ou Aix, & Touloufe en Languedoc.

Il y a dans chaque *généralité* un intendant ou commiffaire départi, envoyé par le roi, pour y prendre connoiffance des affaires de juftice, de police & finances, qui concernent l'intérêt du roi, & celui du public. Les *généralités* de Montpellier, de Touloufe, font fous un feul & même intendant, qui eft celui de Languedoc. Ainfi, il n'y a que vingt-quatre intendans, pour les vingt-cinq *généralités*.

Cette divifion de la France ne comprend pas tout le royaume. Les autres provinces où il y a des intendans ou des commiffaires départis, font l'Alface ou Strasbourg, Dombes ou Trévoux, Flandres ou Lille, Haynault & Maubeuge, Metz & pays Meffin, Perpignan & Rouffillon, Lorraine & Barrois.

L'établiffement des *généralités* & des tréforiers de France, tel qu'il fubfifte aujourd'hui, n'eft pas bien ancien. Il n'y avoit autrefois qu'un tréforier général des finances, qui étoit appellé le grand tréforier, & qui avoit la direction de tous les revenus du roi. *Philippe de Valois* en créa un fecond; *Charles V* un troifieme, & *Charles VI* un quatrieme: *Henri II* les multiplia jufqu'à feize, afin qu'il y en eût autant que *François I* avoit établi de receveurs généraux.

On réunit enfuite aux charges de tréforiers, celles de généraux des Finances; & après cette union, ils en prirent la qualité; & leurs département furent appellés *généralités*. Voyez *la Defcription de la France*, par Piganiol de la Force, tome 15, page 198, ou le *Dictionnaire des Gaules*, tome 3, &c.

GÉNÉROSITÉ ET GRANDEUR D'AME: dans les guerres de *François I*, contre *Charles-Quint*, un parti *François* s'étant déguifé fous des habits de payfans, pour paffer plus aifément en Piémont, fut découvert & enlevé par les troupes de l'empereur; & comme ils n'avoient pas été pris en habit militaire, on les condamna à fervir fur les galeres d'Efpagne. Dans le même temps, trois cens

[G E N]

Allemands, qui avoient fait voile de Gênes, pour joindre l'armée de Catalogne, vinrent échouer aux isles d'Hieres. Ces soldats furent traités en prisonniers de guerre; & *François I*, à qui on remontroit qu'il ne tenoit qu'à lui de se venger, répondit: *Je n'ai garde de le faire, je perdrois une occasion de vaincre en vertu Charles-Quint, à qui je suis inférieur en fortune.* Des dames Catalanes furent prises par un parti de ses troupes, dans un château situé sur les frontieres de la Catalogne, dans le temps que le *dauphin* son fils, faisoit le siége de Perpignan. Il les renvoya sans rançon, & la paya de ses propres deniers au parti qui les avoit faites prisonnieres.

Charles-Quint tint une conduite toute contraire au siége de Rome, même avec des femmes, qui n'y étoient que par raison de piété, & qui n'étoient ni Romaines ni Italiennes. *François I* fit encore voir sa *grandeur d'ame*, par la maniere dont il reçut *Charles-Quint* à Paris, lui qui en avoit été si mal traité dans sa prison.

Henri VIII, roi d'Angleterre, fit demander au même prince par son ambassadeur, les arrérages d'une pension, qu'il prétendoit lui être dûe, avec le comté de Bologne, sinon qu'il lui rendroit visite au Louvre.

François I, avec sa fierté & sa grandeur d'ame ordinaire, se contenta de répondre à l'ambassadeur: *Dites à votre maître, que s'il me vient voir comme ami, je le recevrai de bon cœur; s'il vient armé & comme ennemi, que j'ai cinquante mille hommes pour examiner ses titres, & lui en montrer les défauts.*

Henri VIII fit un bon usage de cette leçon.

GENES: cette république s'étoit mise en 1461 sous la protection de la France, par la crainte de subir le joug du duc de Milan. Elle avoit déclaré par un traité authentique le roi *Charles VI*, ainsi que ses successeurs, à perpétuité, seigneurs de *Genes*, & consenti qu'ils y missent un gouverneur pour les commander, sous l'autorité royale. Tous les *Génois* avoient fait serment de fidélité à ce prince; ensorte qu'il n'y eut jamais de droit mieux acquis sur un état, que celui-là; mais l'inconstance naturelle à ce peuple, donna, dans la suite, occasion à bien des guerres.

Louis XI connoissoit bien les *Génois*. En 1470 ils voulurent se donner à lui, comme ils s'étoient donnés à *Charles VI*; mais il leur fit cette réponse: *Vous vous donnez à moi, & moi je vous donne au diable.* C'étoit bien leur faire entendre, qu'ayant donné trop de fois des preuves de leur inconstance, il ne pouvoit plus compter sur leur fidélité.

La révolte de cette république, en 1507, fut appaisée par l'activité de *Louis XII*, qui entra dans la ville, le sabre à la main, monté sur un cheval de bataille, & suivi d'un gros escadron; mais il ne vouloit qu'effrayer les rebelles, & les faire rentrer dans la subordination. Il avoit pris ce jour-là une cotte d'armes, sur laquelle étoient représentées des abeilles voltigeant autour d'une ruche, avec ces mots: *Non utitur aculeo rex*; ce qui signifie: *Le roi ne se sert point d'aiguillon;* cela annonçoit, dit un de nos historiens, combien ce bon roi dut se faire violence, pour soutenir l'air de fierté & d'indignation qu'il affectoit.

Genes qui a un doge & son sénat de nobles, pour la gouverner, est aujourd'hui sous la protection de la France; & cette république en a éprouvé les heureux effets dans la guerre de 1742.

GENETTE: on lit dans le *Théatre d'honneur & de chevalerie*, que *Charles*, sous *Thierri IV*, qui mérita le surnom de *Martel*, après sa victoire remportée sur les *Sarrasins*, institua l'ordre de la *Genette*, composé de seize chevaliers, qui portoient un collier d'or à trois chaînes, entrelassées de roses, au bout duquel pendoit une genette, aussi d'or massif. Mais comme on croit que les *ordres militaires* n'ont pas commencé avant le douzieme siécle, le P. *Menestrier* a reculé l'institution de celui de la ge-

nette, jusqu'au régne de *Charles VI*; & il dit que le collier étoit de deux *gouſſes de genêt*, l'une blanche, & l'autre verte, avec ce mot *Jamais*; mais l'ordre de la *genette* & celui de la *coſſe de la genette* ne forment-ils qu'un ſeul & même ordre ? ou ſont-ils deux ordres réellement diſtingués ? c'eſt ce qui n'eſt nullement décidé; on attribue l'inſtitution de ce dernier à *S. Louis*. Si, comme quelques ſçavans le prétendent, *S. Louis* n'inſtitua aucun ordre militaire, il en faut conclure que celui de la *coſſe-genette*, eſt plus ancien que ce monarque, & que c'eſt le même ordre de la *genette*.

GENEVIEVE : (Sainte) on trouve dans le *Mercure galant* du mois de Juin 1709, p. 89 & ſuivantes, l'hiſtoire du culte de cette *ſainte patrone de Paris*, & l'hiſtoire exacte & ſuivie de la deſcente de la chaſſe de cette *ſainte*, portée en proceſſion, en différens temps ; c'eſt un morceau curieux : le voici.

Il eſt peu de ſaints, dont le culte ſoit plus ancien que celui de *ſainte Genevieve* ; il s'eſt maintenu depuis ſa mort, pendant tous les ſiécles qui ont ſuivi ſon décès, avec la même confiance & le même concours de peuple.

On peut dire même que la grande vénération qu'on a pour elle, a commencé pendant ſon vivant. Sa vie écrite, dix-huit ans après ſa mort, aſſure que le grand nombre de merveilles, qu'il plaiſoit à Dieu d'opérer par le miniſtere de cette *ſainte fille*, avoit tellement perſuadé les peuples, du grand crédit, qu'elle avoit auprès de Dieu, qu'elle étoit accablée de ceux, qui avoient recours à elle dans leurs beſoins.

Auſſi, lorſqu'en l'année 512, Dieu l'eut appellée à lui, à l'âge de quatre-vingt-neuf ans, la vénération que les Pariſiens avoient eue pour cette *ſainte*, pendant ſa vie, les excita à rendre à ſon corps tous les honneurs poſſibles ; ils l'enterrerent avec pompe dans le caveau ſouterrein de l'égliſe, que *Clovis* avoit fait bâtir cinq ans auparavant, ſous l'invo-

...ration des bienheureux apôtres *saint Pierre*... Ce prince y avoit choisi sa sépul-... y avoit été inhumé, il y avoit cinq semai-... les fidèles crurent ne pouvoir choisir une ...ture plus honorable à *sainte Geneviève*, que ...cette église. Son corps fut mis dans le même ...où l'on voit encore son tombeau, sous ...des *saints apôtres*. On le fit entourer d'une ...pour arrêter l'affluence du peuple, & ...pour éclairer l'obscurité du lieu où il étoit, ...pe qui devint aussi-tôt miraculeuse.
...tombeau devint si célèbre, à cause du grand ...de miracles qui s'y opérerent, que le res-... reconnaissance obligerent de temps en ...des personnes de piété d'y faire des présens ...S. *Eloy*, comme il est rapporté ...par S. *Ouen*, archevêque de *Rouen*, ...plusieurs beaux ouvrages d'or & d'ar-... l'enrichit de pierreries.
...richesses n'eussent pas échappé à l'avarice & ...des *Normands*, qui commencerent leurs ...peu de temps après, si l'on n'eût eu soin ...ces *saintes reliques*, & les richesses qui ...moient, en un lieu de sureté, avant le pil-... église, que ces barbares réduisirent en ...
...saint corps fut sauvé cette premiere fois, dans ...de *Paris*, dont il fut la défense, pendant ...*Normands* en firent le siége ; car *Abbon*, ...description qu'il fait de ce siége, dit que ...de la *sainte* furent portées en proces-...sur les murailles de la ville, & qu'aussi-tôt ...ennemis en abandonnerent le siége. Lorsqu'ils se ...retirés, on rapporta ce précieux trésor dans ...église souterreine, qui seule restoit de l'incendie. ...y demeura, jusqu'à ce qu'on fut encore obligé ...deux autres fois de le transporter, pour éviter deux ...semblables incursions des *Normands*. Dans l'une, ...saint corps fut porté à Draveil, (aujourd'hui Dra-...vet dans la Brie Françoise ;) & dans l'autre, pen-

dant laquelle ces barbares s'étendirent plus qu'ils n'a-
voient encore fait dans toutes les provinces, où
ils firent des dégâts épouvantables; il fut sauvé à
Marizi, sous la tour de la *Ferte-Milon*, qui, en
ce temps-là, étoit une très-forte place.

Mais enfin la paix ayant été faite, & le roi
(*Charles le Simple*,) afin d'arrêter pour toujours la
source des inondations de ces barbares, leur ayant
cédé la belle province, que l'on appelle de leur nom,
autant pour défendre l'entrée du royaume aux autres barbares, que pour les établir; le corps de la
sainte fut rapporté à son église, avec toute la
pompe & la solemnité possible. Elle est écrite au
long, par un auteur contemporain, qui y étoit
présent, & qui fait mention d'une infinité de miracles, qu'il assure avoir vus lui-même.

Peu de temps après, l'église, que les Normands
avoient ruinée, fut rebâtie, à-peu-près comme on la
voit aujourd'hui. Le corps de la *sainte* ne fut plus
remis dans l'église souterreine, où étoit son tombeau; on l'éleva derriere l'autel des apôtres; &
ce fut alors qu'insensiblement cette église perdit le
nom des *apôtres*, sous l'invocation desquels elle
avoit été fondée, pour prendre celui de la sainte.

L'église de *sainte Geneviève* fut desservie d'abord
par des chanoines. La recommandation du roi Robert l'avoit soustraite à la jurisdiction de l'ordinaire,
& soumise immédiatement au saint siège. Louis le
Jeune songea à y mettre des religieux, que l'on
appelloit des *moines noirs*; mais sollicité par l'abbé
de *S. Victor*, il y établit des *chanoines réguliers*
de cet ordre; ainsi d'une église collégiale il en
fit l'abbaye qui subsiste. Elle eut pour premier
abbé *Odon*, personnage recommandable par sa
science & sa piété.

Le corps de la sainte étoit toujours enfermé dans le
même coffre ou la même châsse, que *S. Eloy* avoit
ornée de plusieurs beaux ouvrages d'or & d'argent,
& de pierreries; le respect que l'on avoit pour ces
saintes reliques, ne permettoit pas qu'on l'ouvrît

En 1161, sous le règne de *Louis le Jeune*, les *chanoines réguliers* ayant été mis par ce prince, comme on vient de le dire, à la place des séculiers, dans l'église de *sainte Geneviève*, il se répandit un bruit que dans ce changement, la châsse avoit été ouverte, & qu'on en avoit tiré le chef de la *sainte*.

Le peuple s'émut à cette nouvelle, & le bruit en étant venu jusqu'au roi, ce prince voulut sçavoir la vérité : il envoya aussi-tôt sceller la châsse, & nomma l'archevêque de Sens, les évêques d'Auxerre & d'Orléans, pour l'ouvrir & lui en faire ensuite un rapport fidèle. Le jour fut marqué au 10 de Janvier, qui est celui de l'octave de la *sainte*; & l'ouverture s'en fit en présence des commissaires nommés par le roi, & à la vue d'un peuple infini. Le corps de la *sainte* fut trouvé en entier avec la tête, dont il fut dressé procès-verbal, qui subsiste encore aujourd'hui.

Les chanoines nouvellement établis dans l'église de *sainte Geneviève*, voyant la châsse rompue en plusieurs endroits, & qui, après avoir duré six cens ans, n'étoit plus dans un état convenable & digne du trésor qu'elle enfermoit, résolurent d'en faire faire une nouvelle; & pour cet effet, ils commencerent à amasser de l'or, de l'argent & des pierreries; plusieurs personnes de distinction contribuerent aux frais de ce nouvel ouvrage. *Robert de Courtenay* donna dix marcs d'argent; *Hugues d'Athys*, grand pannetier de France 20 livres; *Nicolas de Roye*, évêque de Noyon, 80 livres; *Guillaume de Sainte-Marie*, 20 livres d'argent. Quand tout l'argent fut amassé, on fit marché avec un orfévre nommé *Bonnart*; il y employa cent quatre-vingt-treize marcs d'argent, à 45 sols Parisis le marc, & huit marcs & demi d'or, à 16 livres Parisis le marc: l'ouvrier eut pour sa façon, & quelque pierreries qu'il avoit fournies, 200 livres Parisis: le calcul en fut fait; & l'on trouva qu'elle revenoit en tout à 800 livres Parisis; somme considérable en ce temps-là.

Cette châsse ayant été ainsi achevée, on résol[ut] d'y mettre le corps de la *sainte*, & le 28 O[cto]bre, jour auquel on célébroit la première transla[tion], fut choisi pour faire celle-ci, qui se fit le pl[us] secrettement qu'il fut possible, pour éviter le [trop] grand concours du peuple. On la descendit la n[uit] entre Matines & Laudes, avec les mêmes cérémo[nies], qui s'observent dans les descentes ordinaires [de] la châsse.

Elle fut posée sur le grand autel : l'ouverture [en] fut faite, & l'on trouva dedans un autre coffre [de] bois entier & bien fermé. On y vit le corps entier [de] la *sainte*, enveloppé de linges fins, qui étoi[ent] couverts de satin blanc. L'abbé prit la tête e[n] ses mains, la baisa, & la fit baiser à tous les [reli-] gieux ; puis l'ayant remise avec un profond respe[ct], il fit refermer le coffre de bois, qui fut auss[i] posé dans la nouvelle châsse.

C'est la même, qu'on voit encore aujourd'h[ui] qui se trouvant rompue, vers l'an 1614, pour avo[ir] été, pendant quatre siécles, très-souvent descend[ue] & portée en procession, avoit besoin d'être répa[rée]. *Benjamin de Brichanteau*, abbé régulier de *sain[te]* *Geneviève*, y fit travailler. Ce fut en cette occa[sion] que plusieurs personnes de la première qua[lité] signalerent leur dévotion envers la *sainte*, p[ar] les riches présens qu'ils firent à la châsse.

On donna un grand nombre d'agathes [&] [aut]res, des diamans, d'autres pierres précieuses, [en-] tr'autres une table d'émeraudes, si belle, que, da[ns] ce temps-là, elle fut estimée 2000 écus. Mais le [don] le plus considérable de tous, & par la richesse & par la qualité de la personne qui le présenta, fut un bouquet de diamans, pour être placé a[u] haut de cette châsse, qui fut donné par la rein[e] *Marie de Médicis* ; il est d'une figure ovale, [à] peu près d'un demi pied de diametre ; les deux faces ne sont qu'un tissu de fleurs d'or émaillées qui portent un diamant sur chaque feuille : du milieu de chaque fleur sort un autre diamant en forme de bouton : le haut de ce bouquet est terminé par une croix d'or, de la longueur d'un grand doigt, garnie de soixante diamans, fort nets & assez épais ; le milieu, qui est à jour, est enrichi d'une pendeloque d'un saphir bleu, le plus beau qui puisse se voir.

La duchesse de Savoye suivit l'exemple de la reine mere : elle fit présent d'une croix d'or, chargée de sept turquoises, d'une grosseur extraordinaire. Depuis ce temps là, il ne s'est guères passé d'année, pendant laquelle il ne se soit fait quelque présent considérable, pour l'embellissement de la châsse ; de sorte qu'on peut dire qu'elle est à présent une des plus riches & des plus rares *reliques* qui soient au monde.

Le cardinal de la *Rochefoucault*, qui succéda, en 1619 à l'abbé de *Brichanteau*, entr'autres ouvrages magnifiques, dont il a orné l'église de *sainte Geneviève*, fit dresser derriere le grand autel, sur un riche piedestal, quatre grandes colonnes de marbre, dont les deux premieres sont d'un très-beau jaspe, sur lesquelles on posa la châsse de *sainte Geneviève*, comme on la voit aujourd'hui. Ce fut *le Mercier*, un des plus célébres architectes de son temps, qui en donna le dessein, & qui le fit exécuter.

La premiere procession, dont on ait connoissance, où la châsse de cette *sainte* ait été portée, est celle dont on a déja parlé, qui se fit pendant que les *Normands* assiégeoient Paris, dans le neuvieme siécle, *Abbon*, qui a décrit ce siége, nous assure que les Parisiens se voyant pressés par les attaques vives & fréquentes des *Normands*, & entr'autres, d'un dernier assaut, auquel ils étoient prêts de succomber, apporterent sur la muraille les *reliques* précieuses de la *sainte*. Aussi-tôt la terreur se mit parmi ces barbares, qui furent repoussés, & qui leverent le siége.

La deuxieme est cette procession, si célebre par le miracle des *Ardens*, en 1120. Les habitans de

Paris étoient attaqués d'une maladie cruelle qui les dévoroit, comme un feu brûlant, & qui en fit périr 14000. Les médecins en ignoroient la nature, & n'y pouvoient apporter aucun remède. On eut recours à la *sainte patrone de Paris*; l'évêque *Etienne* & son clergé vinrent se joindre au clergé de *sainte Geneviève*; on porta la châsse à l'église cathédrale, (ajoutons celle de *S. Marcel* qui eut aussi part à la guérison des *Ardens*; car elle fut portée avec celle de la *sainte*:) si-tôt que ces châsses parurent à la vue de ce nombre infini de malades qui s'étoient fait apporter pour demander à Dieu, par l'intercession de la *sainte*, leur guérison, ils furent tous guéris dans le même instant, à l'exception de trois incrédules.

Le miracle fut si sensible, que le pape *Innocent II* étant venu, l'année suivante, à Paris, en ayant appris la vérité, ordonna que dans Paris on en feroit à perpétuité une fête d'action de grâces; & on bâtit en même temps une église, pour monument éternel, qui étoit l'église paroissiale *sainte Geneviève des Ardens*, & qui ne subsiste plus depuis plusieurs années.

En 1206, cette châsse fut descendue & portée en procession, pour arrêter les effets d'une grande inondation de la Seine, qui rentra presqu'aussi-tôt dans son lit sans faire aucun dommage.

Elle le fut en 1233, sous le règne de *S. Louis*, pour une pareille inondation.

En 1239, pour le prince *Robert d'Artois*, fils de *S. Louis*, dangereusement malade, & qui recouvrit la santé le même jour.

En 1240 & 1242, pour les pluies continuelles.

En 1321, sous *Charles IV*, dit *le Bel*, pour la conservation des biens de la terre.

En 1347, les Anglois ayant mis le siège devant Calais, sous *Philippe de Valois*, on porta la châsse pour implorer l'assistance du ciel; la reine *Jeanne* de Bourgogne y assista.

En 1363, sous le roi *Charles V*, dit *le Sage*, pour

obtenir de Dieu du beau temps. Ce prince y assista avec toute sa cour, & voulut que le clergé, tant séculier que régulier, y assistât nuds pieds, comme faisoient dès-lors les *chanoines réguliers de sainte Genevieve*.

Ce sage prince en fit faire encore deux autres de la même maniere, en 1366 & 1377, pour la conservation des biens de la terre.

En 1409, pour demander à Dieu la fin du grand schisme qui, depuis trente années, déchiroit l'église.

En 1412, pour les troubles civils pendant le régne de *Charles VI*.

En 1417 & 1421, pour demander à Dieu la paix du royaume, envahi par les Anglois. Peu après, Dieu suscita la fameuse *Pucelle d'Orléans*, qui leur fit lever le siége de cette ville ; & les Anglois furent chassés du royaume par *Charles VII*.

En 1461, pour détourner le fléau terrible de la peste, qui, dans Paris seul, avoit emporté en peu de temps quarante mille personnes ; aussi-tôt après la procession, la maladie cessa.

En 1476, le 18 Juin, l'évêque de Nevers y tint la place de l'abbé de *sainte Genevieve*, qui étoit malade.

En 1481, pour la guérison du roi *Louis XI*.

En 1496, sous *Charles VIII*, le 12 Janvier, contre l'inondation des eaux. *Erasme* dans sa Lettre à *Nicolas Vernerus*, qui se trouve dans l'édition de ses ouvrages, faite à Londres en 1642, fait mention de cette procession. Il mande à son ami qu'ayant été fort maltraité d'une fiévre carte, il en avoit été parfaitement guéri, non par les remedes qu'il avoit inutilement employés, mais par l'intercession de l'*illustre vierge sainte Génevieve*, qui éclatoit tous les jours par une infinité de miracles ; puis il ajoûte :

Il y a trois mois qu'il pleut ici sans cesse, (c'est de Paris qu'il écrit, où il étudioit au collége de Montaigu,) *la Seine étant sortie de son lit a inondé la campagne & la ville. La châsse de sainte Génevieve a été descendue & portée en procession. L'évêque, accom-*

pagné de son clergé, & de son peuple, est venu
devant. Dans cette auguste cérémonie, les chanoines
réguliers conduisoient la relique, eux & leur abbé
marchant nuds pieds. Depuis ce temps-là, le ciel
si serein qu'il ne peut l'être davantage. L'auteur de ce
détail historique, envoyé à l'auteur du *Mercure Galant*, assure que ces paroles ont été fidélement tra-
duites du latin.

En 1505, pour faire cesser les pluies.

En 1509, pour la prospérité des armes du roi
Louis XII, & pour sa conservation pendant son
voyage d'Italie.

En 1512, pour l'heureux succès des armes du roi
& du royaume, attaqué par la puissante ligue formée par les intrigues du pape *Jules II*.

En 1513, le 14 Juillet, pour la prospérité des
armes du roi contre les Anglois.

En 1517, sous *François I*, on n'en dit point le
sujet.

En 1522, pour implorer la protection de Dieu
contre les efforts de presque tous les princes de
l'Europe ligués contre la France : le royaume fut
attaqué de tous côtés par de puissantes armes, qui
furent repoussées par-tout également.

En 1523, pour le recouvrement du Milanois,
qui fut tout reconquis.

En 1524, le 24 Mai, à cause de la sécheresse.

En 1527, pour obtenir du beau temps. La veille
du jour de la descente, le temps, qui jusques-là
avoit été pluvieux, devint très-serein ; & tous les
biens de la terre qu'on croyoit perdus, furent ré-
tablis.

En 1529, le 7 Juillet, pour demander la paix ;
elle fut signée le mois d'Août suivant, à Cambrai.

En 1530, contre l'inondation des eaux, qui, le
jour même de la procession, commencèrent à di-
minuer.

En 1534, les nouveaux hérétiques avoient affi-
ché des placards à la porte du Louvre, contre le
saint Sacrement de l'Autel. François I, après avoir

renouvellé ses édits contre ces impies, ordonna une procession générale, dans laquelle toutes les châsses de Paris accompagneroient le *très-saint Sacrement*. Celle de *sainte Geneviève* étoit du nombre; le roi y suivit à pied le *très-saint Sacrement*, tenant un flambeau à la main: le dais y fut porté par les trois princes ses fils, & le duc de *Vendôme*, premier prince du sang. Cette procession a été une des plus magnifiques qu'on eut encore vues jusqu'alors.

En 1535, la châsse de *sainte Geneviève* fut portée en procession, pour faire cesser les pluies trop continuelles.

En 1536, le 17 Août, pour le succès des armes du roi: les ennemis avoient assiégé Péronne & Marseille; le prince d'*Orange* d'un côté, & l'empereur *Charles-Quint* de l'autre, qui commandoient à ces deux sièges, le leverent honteusement, après avoir vu dépérir leurs armées.

En 1541, pour faire cesser les pluies trop fréquentes.

En 1542, pour la prospérité des armes du roi.

En 1543, pour le succès du voyage du roi qui alloit commander en personne ses armées, accompagné du dauphin.

En 1548, pour obtenir de la pluie, la trop grande sécheresse faisant dépérir les biens de la terre.

En 1549, le 4 Juillet, sous le régne de *Henri II*; le *saint Sacrement* fut porté avec les mêmes solemnités qu'en 1534, sous le régne de *François I*; c'étoit pour l'extinction de l'hérésie.

En 1551, pour la prospérité du royaume: toutes *les reliques de la Sainte-Chapelle* & du trésor de *S. Denis*, furent portées dans cette procession.

En 1555, le 23 Juillet, pour la conservation des biens de la terre.

En 1556, contre la sécheresse.

En 1557, le 19 Septembre, pour demander à Dieu sa protection, après la funeste bataille de *Saint-Quentin*: les ennemis, qui, après une si grande victoire, pouvoient pénétrer jusqu'au centre du royaume, s'arrêterent tout court, comme si le *Seigneur* les eût aveuglés, & donnerent le temps de réparer ce malheur.

En 1559, le 9 Juillet, pour la guérison du roi *Henri II*, blessé à mort dans un tournoi, par *Montgommery*.

En 1560, sous *François II*, pour demander à Dieu du beau temps, & l'extirpation de l'hérésie, qui se répandoit dans le royaume.

En 1562, le 21 Juin, pour le succès des armes du roi, contre les hérétiques rebelles.

En 1564, le 23 Juillet, pour les biens de la terre endommagés par les pluies; le temps devint aussitôt favorable: le miracle fut si sensible, que la faculté de théologie vint en corps en rendre graces à Dieu, le 24 Août suivant.

En 1566, le 7 Juillet, les fréquentes pluies avoient tellement endommagé les biens de la terre, que l'on avoit perdu toute espérance de récolte; le pain & le bled étoient montés à un prix excessif. Dans cette extrémité, l'on eut recours à *sainte Genevieve*; la châsse fut descendue & portée en procession. Le roi *Charles IX* & toute sa cour, la suivirent à pied. L'effet en fut tel qu'on le souhaitoit. Le temps devint serein, les biens de la terre se rétablirent, la récolte fut si heureuse, que le bled revint à un prix très-modique.

En 1567, le 23 Juin, pour obtenir de la pluie.

La même année, le 27 Novembre, pour le succès des armes du roi contre les Huguenots.

En 1568, le 29 Septembre, pour la santé du roi & la prospérité de ses armes.

En 1570, le 10 Septembre, pour faire cesser les pluies & les maladies qui emportoient beaucoup de monde. Le roi y envoya le duc de *Montpensier* pour y tenir sa place.

En 1573, au mois de Juin, pour le succès du siége de la Rochelle, & contre la famine, qui désoloit le royaume. La famine cessa par l'abondante récolte que l'on fit; & le siége se termina par la paix,

En 1577, le 14 Juillet, pour demander à Dieu une heureuse récolte qu'on ne pouvoit espérer, à cause des pluies continuelles qui cesserent aussi-tôt.

En 1582, pour la conservation de la personne du roi & la fécondité de la reine.

En 1584, le 29 Mai, pour demander de la pluie, qui tomba aussi-tôt très-abondamment.

En 1587, contre les pluies continuelles & excessives, qui avoient tellement endommagé les bleds, que le prix en étoit monté jusqu'à quarante livres le septier. Les pluies cesserent ; le beau temps & la chaleur rétablirent si bien les bleds, que la récolte fut heureuse & le pain à bon marché.

En 1589, le 12 Mai, pour les calamités publiques, pendant les guerres de la Ligue.

En 1590, le premier Avril, pour les biens de la terre.

En 1594 & 1595, pour le même sujet.

En 1599, le 5 Août, pour demander de la pluie, la sécheresse étant extrême.

En 1603, le premier Juin, pour le même sujet, & pour le rétablissement du roi *Henri IV*, qui avoit été très-dangereusement malade.

En 1611, le 3 Juin, contre la sécheresse, & pour la conservation de la personne du roi *Louis XIII* & de la reine régente sa mere, pendant les troubles de la minorité.

En 1615, le 21 Juin, pour l'heureux succès du voyage du roi sur les frontieres d'Espagne, & l'heureuse conclusion de son mariage avec *Anne* d'Autriche.

En 1625, le 26 Juillet, pour faire cesser les pluies continuelles. Le cardinal de *la Rochefoucault*, abbé de *sainte Génevieve*, y assista en cette qualité, nuds pieds, comme les *chanoines réguliers* de son abbaye.

En 1652, le 11 Juin, pour la paix & le retour du roi à Paris. *Sa Majesté* y entra peu de temps après.

En 1675, le 19 Juillet, à cause des pluies continuelles ; elles cesserent aussi-tôt.

✤[G E N]✤

En 1694, le 27 Mai, les biens de la terre étoient en si mauvais état, à cause de la sécheresse qui duroit depuis trois ou quatre mois, que l'espérance de la récolte étant presqu'entiérement perdue, le bled & le pain étoient à un prix excessif ; *sa majesté* ordonna la procession de la châsse de la sainte. A son retour, le temps, qui depuis plusieurs mois, étoit très-serein, se couvrit tout-à-coup d'épais nuages, qui, après qu'elle fut rentrée, fondirent en eau. La pluie dura toute la nuit, & fut si abondante, & si douce, que tous les biens de la terre semblerent renaître ; l'année même fut si fertile, pour la qualité des fruits, des grains & du vin, qu'on n'en avoit pas vu une pareille depuis près d'un siécle. En reconnoissance d'un si grand bienfait, la ville de Paris fit présent à l'église de *sainte Geneviève* d'un grand & magnifique tableau : beaucoup d'autres aussi magnifiques y ont été donnés depuis par la ville de Paris, comme en 1709, & les années suivantes.

En 1709, la rigueur extrême de l'hiver avoit tellement endommagé les meilleures terres du royaume, que presque tous les bleds & autres grains qui avoient été semés pendant l'automne de 1708, avoient péri. Cependant l'abondance des bleds dans le royaume avoit été si grande les années précédentes, qu'elle avoit été même comme à charge ; mais la consommation en fut bientôt faite, on ne sçait comment ; & les bleds devinrent si rares, que tout-à-coup ils monterent à un prix excessif ; & le peuple qui avoit beaucoup souffert d'une longue guerre, se trouva réduit à la derniere extrémité.

Dans cet état déplorable, l'on eut recours à la *patrone de Paris* ; & le roi toujours sensible aux besoins de son peuple, informé de la misere où il se trouvoit, ordonna que, suivant les formalités ordinaires, on accordât, aux vœux de son peuple la descente & la procession de la châsse de *sainte Geneviève*, qui se fit le 16 Mai de la même année.

La marche de cette procession auguste est décrite dans le *Mercure Galant* du mois de Juin 1709, page 39 & suivantes, dont nous avons extrait l'article que nous donnons.

La cérémonie de la descente & de la procession de la châsse de *sainte Genevieve* ne se fait que dans les occasions importantes, comme on vient de le voir, & par arrêt du parlement, en conséquence des ordres de la cour; & on députe, pour donner avis de cet arrêt, aux *chanoines reguliers* dépositaires de ce précieux trésor, MM les lieutenans civil & criminel, accompagnés de MM. les avocats & procureur du roi, en robe rouge, avec douze commissaires. Les huissiers à verge & autres officiers se trouvent à la cérémonie, pendant laquelle les chanoines, qui se rendent tous dans le sanctuaire, sont nuds pieds, prosternés la face contre terre, récitant d'un ton grave & lugubre, les sept pseaumes pénitentiaux, avec les litanies, les prieres & les oraisons; puis le célébrant ayant dit le *Confiteor*, que tout le clergé récite, il se tourne vers le peuple, auquel il donne l'absolution générale, marquée dans le Rituel de *sainte Genevieve*.

Quand la châsse est descendue, on la porte à l'autel de *sainte Clotilde*, où le chantre entonne un répont qui est continué par le chœur; ensuite le célébrant s'approche de la châsse pour l'encenser & la baiser; après lui les *chanoines réguliers* vont lui rendre leurs hommages.

Cette cérémonie finie, le greffier du châtelet dresse sur le lieu un acte, qui est signé par les lieutenans civil & criminel, avocat & procureur du roi, commissaires & autres officiers du châtelet, par lequel ils jurent & promettent de ne point quitter la châsse de vue, jusqu'à ce qu'elle soit remontée & mise en sa place.

Il y avoit quarante ans, c'est-à-dire depuis 1725, que la châsse n'avoit été descendue, quand elle l'a été le 16 Décembre 1765, pour le rétablissement de feu monseigneur le Dauphin.

Ce fut en 1624, que le cardinal de *la Rochefoucault* apporta la réforme à *sainte Genevieve*. La première pierre de la nouvelle église que l'on bâtit actuellement sur les desseins de M. *Soufflot*, architecte du roi, a été posée par sa majesté, *Louis XV*, le 6 Septembre 1764.

GENTILHOMME DE PARAGE : c'étoit autrefois, selon l'expression de quelques-unes des coutumes de France, le *gentilhomme* qui étoit tel par son pere ; & celui-là pouvoit être fait *chevalier*, au lieu que celui qui étoit fils d'une mere *gentilfemme* & d'un pere vilain, ne pouvoit pas parvenir à la *chevalerie* : ce dernier cependant n'en étoit pas moins *gentilhomme*, & il pouvoit tenir des fiefs. Ainsi, Mostrelet, *livre premier*, ch. 57, dit que *Jean de Montagu* étoit né de la ville de Paris ; qu'il étoit fils de Me *Girard de Montagu*, & qu'il étoit *gentilhomme de par sa mere* ; ce qui fait voir, (avec ce qu'on lit dans le *chapitre* 130 *des Etablissemens de S. Louis*, & d*a*ns le ch*a*pitre 45, des coutumes de Beauvaisis, par *Beaumanoir*, que la noblesse de par les meres avoit lieu à Paris, de même que dans la plûpart des provinces du royaume.

En effet, il y a encore plusieurs coutumes, où l'on trouve qu'elle étoit autorisée, telle, par exemple, que la coutume d'Artois, *article* 198 ; celle de Saint-Michel, *article* 2, & celle de Champagne : tout cela sert à prouver que ce privilége n'étoit pas particulier à la Champagne, comme *Pithou*, & quelques autres auteurs se le sont imaginé. Voyez *Parage*, *Ventre ennobli*.

GENTILLY : c'est un lieu fort connu dans l'Histoire de France. On croit qu'il tire son nom d'un de ses anciens seigneurs nommé *Gentilis*. Il étoit du domaine de nos rois, avant que d'appartenir à *Saint-Eloy*. Il revint depuis à la couronne. Le roi *Pépin* y demeuroit vers l'an 762, suivant le témoignage de *Duchesne*, qui veut que la plûpart de nos rois de la premiere & de la seconde race y aient fait leur séjour.

Gentilly est une paroisse située au pied d'un côteau, sur la petite riviere de Biévre, tout proche de

Bicêtre, à une petite lieue de Paris. Il s'y est tenu un concile nationnal, en 767, que les Annales de Metz font tenir à Samoucy dans le Laonnois. Il y assista des légats du pape *Paul* & des Grecs. Ceux-ci agiterent avec les légats la question, *Si le saint Esprit procede du Fils comme du Pere*: ils reprocherent aux Latins d'avoir ajouté au symbole de Constantinople le mot *Filioque*; il y fut aussi parlé des images; mais on ne sçait point ce que l'on y decida. Voyez le *tome iv des Conc. page 1703*.

GENTILSHOMMES DE LA CHAMBRE: (PREMIERS) Les premiers *gentilshommes de la chambre* du roi ont succédé au *chambrier*, & doivent leur établissement à *François I*. Il n'y en eut qu'un pendant un très-long-temps; mais *Henri III* étant mort, M. de *Bellegarde* qui étoit grand écuyer, seul premier *gentilhomme de la chambre*, & maître de la garderobe, alla aussi-tôt trouver *Henri IV*; & dès le premier soir, il coucha au pied de son lit, comme faisoit alors le premier *gentilhomme de la chambre*.

Henri IV lui dit: Je vous laisse la charge de *grand écuyer*, mais il faut que vous partagiez votre charge de *premier gentilhomme de la chambre*, avec le *vicomte de Turenne*, qui a toujours été le mien, & que vous cédiez celle de maître de la garderobe à *Roquelaure*, qui est aussi le mien.

Dès-lors il commença à y avoir deux *gentilshommes de la chambre*. M. d'*Epernon*, qui l'avoit été avant M. de *Bellegarde* renouvella ses prétentions, & fit créer pour lui une troisieme charge. *Louis XIII* créa enfin la quatrieme pour M. de *Mortemart*.

Ces *gentilshommes* servent par année, & ont toutes les fonctions du *grand chambellan* en son absence. Ils reçoivent le serment de fidélité de tous les officiers de la chambre. Ils leur donnent les certificats de service, & aux huissiers l'ordre pour les personnes qu'ils doivent laisser entrer; ils ordonnent toute la dépense portée par les états de l'argenterie & des menus: ce sont eux, qui font faire pour le roi, les premiers habits de deuil & tous les habits de masque, ballets,

...sous san...
...le roi...
GENTILSHOMMES...
...Roi. Ils furent...
nombre de quarante-cinq...
à vingt-quatre. Depuis...
ils en a aujourd'hui vingt...
tiel...

GÉOGRAPHIE, c'est la...
terre, du mot grec...
décrire. Cette science considère...
composé de la terre & de l'eau, &...
drographie, qui donne la connoissance...
des rivières. On y joint aussi la *cho...*
à dire la description des régions...
des provinces, & la *topographie*, ou...
des lieux particuliers, comme de Paris...
virons.

Nos rois, toujours attentifs aux pro...
ces, ont honoré de la qualité de...
& *cosmographes*, ceux de tous les pays...
pliquoient à perfectionner la géographie...
donnoient des pensions considérables, de même...
quelques-uns de leurs sujets, qu'ils envoyoient...
quefois sous les ordres des maréchaux...
pour lever les plans des lieux.

Le premier, dont il est fait mention dans...
gistres de la chambre des comptes, est Jean...
prêtre Écossois, en 1560. On y trouve...
Nicolai-Nicolai, seigneur d'Arfeuille...
graphe du roi, en même temps...
ordinaire de sa majesté, & son com...
à la visite générale & particulière du royaume...

Il avoit pour adjoint dans cette commission...
toine de Laval, son gendre, sieur de *Balaine*, *géo-*
graphe du roi... qui étoit aussi capitaine du
parc & château de Beaumanoir-lez-Moulins, publia un
livre intitulé, *Desseins & Professions nobles & pu-*
bliques, où il parle d'un ouvrage que *Nicolai* avoit
fait

ſait ſur le pilotage. Il vivoit encore en 1598, où il obtint des lettres dans leſquelles il eſt dit qu'il avoit fourni aux rois *Henri III* & *Henri IV*, pluſieurs belles cartes & deſcriptions géographiques de pluſieurs provinces du royaume & *limitrophes*, outre les autres qu'il avoit fournies aux lieutenans généraux conduiſans les armées.

Dans le même temps, & en 1573, on trouve *André Thevet*, homme célebre dans ſon temps, mais aujourd'hui fort décrié, orné du titre de *géographe du roi*. Les autres *géographes*, qui ſe ſont acquis de la réputation, ſont *Claude Châtillon*, qui vivoit en 1591, avec le titre de *topographe du roi* ; *Guillaume de Moutonier*, ſieur de *Caſtelfranc*, en 1604, mis au nombre des *géographes du roi* ; *Hugues de Châtillon*, fils de *Claude*, *géographe & ingénieur du roi*, en Champagne, Brie, Metz, Toul & Verdun, en 1616 ; *André Ducheſne*, homme dont le nom ne mourra jamais, en 1618 ; *Louis de Châlons*, ſieur *du Maine*, coſmographe du roi, en 1619 ; *Pierre Bertins*, Hollandois, coſmographe du roi, en 1620 ; *Jean Cavalier*, & *Pierre de Montmaur*, en 1621 ; *Didier Donnot*, docteur ès droits ; *Antoine Gautier*, en 1629 ; MM. de *Sainte-Marthe*, freres, en 1644 ; *Nicolas Sanſon* ; & après lui *Guillaume* ſon fils, en 1647 ; *Guillaume de l'Iſle* qui obtint, le 24 Août 1718, des lettres de premier *géographe du roi* ; *Philippe Bauche* de l'académie des ſciences, qui a ſuccédé à la charge de premier *géographe du roi*, à *Guillaume de l'Iſle*, mort en 1726.

GÉOMÉTRIE : c'eſt la ſcience qui enſeigne à meſurer la matiere en toutes ſes dimenſions, longueur, largeur & hauteur ; & le mot *géométrie*, à la lettre, eſt l'art de meſurer la terre ; il vient du grec γη, & du verbe μετρειν *metiri* (*meſurer*.)

Les Egyptiens paſſent pour les inventeurs de la *géométrie*, parce que les inondations du Nil en furent l'occaſion. *Joſephe* ſemble en attribuer l'invention aux Hébreux. Des Egyptiens, la *géométrie* paſſa chez les Grecs. *Archimede*, *Euclide*, *Diophante*, *Pap-*

Tome II. X

pus, *Apollonius*, & plusieurs autres parmi eux l'ont cultivée avec soin. Les fameux *géometres* du dernier siécle sont, le P. *Taquet*, Jésuite ; le P. *Pardies*, de la même société ; M. *Arnaud*, qui a donné des Elémens de *géométrie*, qu'on ne peut trop lire ; M. de *Malezieux* ; le P. l'*Ami*, de l'Oratoire, *Galilée*, *Stevin*, *Snellius*, *Torricelli*, *Viviani*, *Roberval*, *Paschal*, *Fermat*, *Huygens*, *Midorge*, le marquis de l'*Hôpital*, *Descartes*, *Du Laurence*, & quantité d'autres.

Les mémoires si estimables de l'académie royale des sciences de Paris suffisent presque seuls pour faire approfondir la *géométrie*, qu'on divise en *pratique* & en *théorique*, & les autres parties des *mathématiques*. On y trouve aussi les éloges des plus illustres *géometres* qui se sont rendus célebres depuis l'établissement de cette société : nous y renvoyons.

GERMAIN DES PRÉS : (Saint) abbaye royale de Bénédictins, bâtie, à Paris, par *Childebert I*, roi de Paris, qui mourut en 558, & y est enterré, avec sa femme *Ultrogode*, qui ne laissa que deux filles. *Clotaire II* mort, regretté en 628, parce qu'il aimoit la justice & la paix, y est aussi enterré. Cette abbaye obtint des priviléges & des exemptions, en 566, sous l'épiscopat de *Lambert*, dans une assemblée des évêques de la province.

Cette abbaye ressembloit autrefois à une citadelle ; ses murailles étoient flanquées de tours & environnées de fossés ; un canal large de treize à quatorze toises, qui commençoit à la riviere, & qu'on appelloit *la petite Seine*, couloit le long du terrein, où est à présent la rue des *Petits-Augustins*, & alloit tomber dans les fossés, qu'on combla en 1640 : on bâtit sur le terrein qu'occupoient ces fossés, d'un côté les rues Saint-Benoît, Sainte-Marguerite & du Colombier ; l'autre côté de cette derniere rue avoit été bâti vers l'année 1543, avec la rue des Marais. La prairie que ce canal partageoit en deux, fut nommée *le grand* & *le petit Pré-aux-Clercs*, parce que les écoliers, qu'on appelloit autrefois *clercs*, alloient s'y promener les jours de fête. Le *petit Pré* étoit le plus proche de la ville.

C'est dans le *grand Pré-aux-Clercs* que *Henri IV*, lorsqu'il assiégea Paris en 1589, fit camper une partie de son armée. Ce ne fut que sous *Louis XIII* qu'on commença de bâtir dans le *grand Pré-aux-Clercs* les rues des Petits-Augustins, de Jacob, de l'Université, de Varenne, de Bourbon & des Saints-Peres ; ces rues n'étoient pas encore achevées au commencement du régne de *Louis XIV*.

GERMAINS : les Romains appelloient spécialement *Germanie*, la partie de la basse Allemagne, qui est située entre le Rhin & l'Elbe. On distinguoit trois Germanies, l'ancienne, la moyenne, & la moderne ; l'ancienne, appellée aussi *Bérosienne*, étoit comprise entre le Rhin, l'Océan, le Tanaïs, (aujourd'hui le Don,) le Pont-Euxin & le Danube. La moyenne est celle dont font mention *Tacite*, *Pline*, *Ptolomée*, & dont ils désignent les limites. La Germanie moderne comprenoit presque toute la Belgique en-deçà du Rhin, & s'étendoit au-delà de ce fleuve, & de celui de la Vistule, jusqu'en Lithuanie, au pays des Scythes Alains ; sa longueur pouvoit être prise depuis le Portus-Iccius en Boulonnois, jusqu'aux frontieres de la Lithuanie ; & sa largeur, depuis l'Océan jusqu'à la mer Adriatique & aux Alpes.

Les *Germains*, sous les empereurs Romains, tenterent diverses fois de s'établir dans les Gaules ; mais ils éprouverent presque toujours la fortune contraire. *Drusus*, du temps d'*Auguste*, les repoussa jusqu'au-delà de l'Elbe. Ils firent encore de nouveaux efforts pour attaquer l'empire Romain avec plus de succès ; mais ils furent encore battus par la plûpart des successeurs d'*Auguste*. Cependant sous le régne de *Licinius-Valérien*, ils s'avancerent jusqu'à Ravenne ; & sous l'empire de *Gallien*, ils ravagerent les Gaules, & pénétrerent jusqu'en Espagne, où ils s'emparerent de Tarragone.

Ce fut à l'occasion de cette irruption des *Germains*, que *Gallien* répondit plaisamment à ceux qui lui vinrent dire que les Gaules étoient perdues pour les Romains : *Est-ce que la République ne pourra point subsister sans les soies des Torbelliens, c'est-à-dire sans les camisoles des Gascons ?*

Cependant malgré ces succès, les Romains vinrent à bout de vaincre les *Germains*, & même de rétablir la tranquillité dans les Gaules. Mais sous l'empire d'*Honorius*, & sous celui de *Valentinien III*, les *Germains* repasserent de nouveau le Rhin, se répandirent dans les Gaules, & s'y établirent malgré tous les efforts des Romains, les uns sous le nom de *Francs*, les autres sous celui de *Bourguignons*. Voyez *Francs* & *Bourguignons*.

GERSI : abbaye dans la Brie, fondée, dans le treizieme siécle, pour quarante religieuses, par la comtesse *Jeanne*, femme d'*Alfonse*, comte de Poitiers, frere de *S. Louis*. On y voit le tombeau de cette princesse, où elle est représentée en bosse, enveloppée dans un grand manteau avec une guimpe, la tête couverte d'un voile, & par-dessus une couronne, qui ressemble beaucoup à celle des reines de France.

GEVAUDAN : pays qui fait partie du bas Languedoc, dont la ville de Mende est la capitale; c'est un pays d'états, où il y a des bains chauds, qui ont assez de réputation, des mines de différens métaux, des simples rares, &c.

Du temps de *Cesar*, le *Gevaudan* étoit habité par les *Gabales*, ou *Gabali*; sous *Honorius*, ce pays se trouvoit compris dans l'Aquitaine premiere. Dans la décadence de l'empire Romain, les Wisigoths s'en emparerent; *Clovis* les en chassa après la bataille de Vouillé, & réunit le *Gevaudan* à l'Aquitaine. Depuis, ce pays suivit le sort de cette province. Il obéit successivement aux rois d'Aquitaine, aux ducs de ce nom, & aux comtes de *Toulouse*, ducs de la premiere Aquitaine.

Vers l'an 919, *Ermengaud*, second fils d'*Eudes*, comte de Toulouse, eut en partage le *Gevaudan*, avec titre de *comté*. Sa postérité en jouit pendant cent ans & plus. Il retourna ensuite aux comtes de Toulouse. *Pons*, comte de Toulouse, étoit aussi comte de *Gevaudan*, en 1060. *Raymond*, dit de *Saint-Gilles*, son fils, lui succéda, & quitta le titre de *duc d'Aquitaine*, pour prendre celui de *duc de Narbonne*. On prétend que ce fut lui qui aliéna le comté de *Gevaudan* en faveur des évêques de Mende.

En 1161, *Adelbert* évêque de Mende, étant venu faire hommage de son évêché au roi *Louis VII*, obtint un diplome appellé *bulle d'or*, par lequel le roi accorda à cet évêque & à ses successeurs, *les droits régaliens*. Cette chartre est le principal fondement de l'autorité temporelle, dont les évêques de Mende jouissent dans leur diocèse.

Malgré cette aliénation du *Gevaudan*, le pays eut encore des vicomtes, qui avoient commencé dès l'an 951; & les titulaires de ce vicomté de *Gvaudan* devinrent aussi, par alliance, comtes de Provence & de Barcelone; & ce vicomté passa encore, par alliance, au roi d'Arragon. Il fut engagé à *Raymond VI*, dit *le Vieux*, comte de Toulouse; & comme il fut excommunié à cause de la protection qu'il donnoit aux Albigeois, l'évêque de Mende en prétendit la confiscation en qualité de seigneur du pays. *S. Louis*, en 1258, fit une transaction avec le roi d'Arragon, qui lui céda ses droits sur les vicomtés de *Milhaud* & du *Gevaudan*. En 1265 ou 1266, l'évêque de Mende en céda la souveraineté au roi, qui lui donna en échange divers biens; & en 1306, *Philippe le Bel* fit *un traité de pariage* avec *Guillaume*, évêque de Mende. Le prince lui laissa, & à ses successeurs, le titre de *comte*, & lui donna la moitié de la ville; & c'est depuis ce temps que le bailliage est en *pariage* entre le roi & l'évêque de Mende. La justice se rend tour-à-tour en leur nom; quand c'est celui du roi, elle se rend à *Marvejols*; & quand c'est celui de l'évêque, à *Mende*.

GEX: pays avec titre de seigneurie & de baronnie, dont *Gex* est la capitale, qui peut avoir neuf à dix lieues quarrées, bornée d'un côté par le pays de Vaud, & les Suisses, de l'autre, par le Rhône & la Savoye, le lac de Geneve, le mont Jura ou de Saint-Claude, & par la Franche-Comté.

Cette baronnie relevoit autrefois des comtes de Geneve ; elle a été possédée par des cadets des comtes de ce nom. Elle a ensuite passé dans la maison de *Joinville*. En 1353, le comte de *Savoye* saisit cette baronnie & l'unit à son domaine, parce que le seigneur refusoit de lui rendre hommage. Elle est revenue à la couronne avec la Bresse & le Bugey, dont, plus anciennement, elle avoit suivi le sort. Depuis, elle a été engagée à la maison de *Bourbon-Condé*. Le siége du bailliage établi dans la ville de *Gex*, est composé d'un bailli d'épée, de ses lieutenans civil & criminel, & autres officiers qui sont pourvus par le roi, sur la nomination du prince de *Condé*, seigneur engagiste.

GIBET : ce mot est corrompu de celui de *gebel*, qui signifie en langue arabe, *une montagne*. Anciennement les exécutions se faisoient sur des lieux élevés, parce que, dit *Tacite*, *(de Moribus Germ. c.* 12,) les Francs avoient apporté cet usage des Germains. Ces peuples pendoient à des arbres les traîtres & les déserteurs ; ils étouffoient dans un bourbier, sous une claie, les poltrons, les fainéans, & les *mignons*. L'esprit de la loi, dans la différence de ces supplices, étoit de rendre visible la punition du crime, & d'ensevelir l'infamie dans un éternel oubli.

Etienne Pasquier a fait une remarque sur les fourches patibulaires de Montfaucon, proche Paris ; c'est qu'elles *ont porté malheur à tous ceux qui s'en sont mêlés*. En effet, *Enguerrand* de Marigny, qui les fit bâtir, les étrenna : *Pierre Remy*, surintendant des finances, sous *Charles le Bel*, les fit réparer, & y fut aussi pendu. *De notre temps*, ajoute *Pasquier*, *Jean Monnier, lieutenant civil de Paris, y ayant fait mettre la main pour les refaire, s'il n'y finit pas ses jours, il y fit amende honorable*. Cela fait voir, dit un auteur moderne, (M. *Saintefoix*,) qu'il a été un temps, en France, où l'on faisoit justice des grands, comme des petits voleurs.

Le *gibet*, ou la *potence*, étoit déja, sous la premiere & la seconde race, le genre de supplice le plus infâme. Aucun noble ne pouvoit y être condamné que dans le cas de *trahison*, que les François ont toujours regardé comme le plus grand des crimes, & celui qui dégrade le plus l'humanité.

GILLES-CŒUR : rue de Paris, qui termine d'un côté dans la rue Saint-André-des-Arcs, & de l'autre du côté des Augustins. A ce bout, dans l'angle que cette rue forme avec celle de Hurepoix, *François I* fit bâtir un petit palais, qui communiquoit à un hôtel que la duchesse d'*Estampes* avoit dans la rue de l'Hirondelle. Les peintures à fresque, les tableaux, les tapisseries, les salamandres qui faisoient le corps de la devise de *François I*, & plusieurs autres devises ingénieuses, annonçoient dans cet hôtel le dieu & les plaisirs auxquels il étoit consacré. Le cabinet des bains de la duchesse d'*Estampes*, sert à présent d'écurie à une auberge, qui a retenu le nom de *la Salamandre*. M. de *Saintefoix*, dans ses Essais historiques sur Paris, dit que lorsqu'il alla examiner les restes de ce palais, un chapelier faisoit sa cuisine dans la chambre du lever de *François I*, & que la femme d'un libraire étoit en couches dans son petit salon de délices.

GIROUETTE : autrefois il n'y avoit que les nobles qui eussent le droit de mettre des *girouettes* sur leurs maisons ; dans l'origine, il falloit même avoir monté à l'assaut de quelques villes, & avoir planté sa banniere, ou son pennon, sur les remparts. Ces *girouettes* étoient peintes, armoiriées, & représentoient les bannieres & les pennons de la noblesse.

GISORS : capitale du Vexin-Normand, qui fut démembré par le roi *Louis IV*, en faveur de *Guillaume*, duc de Normandie, en 940 ; *Louis VII* la réunit à sa couronne, en 1158. La princesse *Mar-*

X iv

guerite sa fille, porta *Gisors* à *Henri II*, roi d'Angleterre, dont elle n'eut point d'enfans ; cependant le Vexin ne fut rendu qu'en 1193.

En 1120, il y eut une entrevue du pape *Calixte II*, & *Henri*, roi d'Angleterre. Ce pontife se trouvoit alors en France, à cause d'un schisme ; & il vint à *Gisors* pour procurer la paix entre les François & les Anglois.

La ville de *Gisors* est encore renommée par l'entrevue de *Philippe-Auguste*, & de *Henri II*, roi d'Angleterre, en 1188. Sur la nouvelle que ces deux monarques eurent de la prise de Jérusalem par *Saladin*, ils s'aboucherent entre *Gisors* & *Trie*, & résolurent de prendre la croix avec grand nombre de princes, de seigneurs & de prélats, pour retirer les saints lieux d'entre les mains des infideles. En mémoire de cette alliance, ils dresserent une *croix* dans le champ où ils s'étoient *croisés*, & promirent mutuellement de suspendre tous leurs différends, jusqu'au retour de cette expédition.

Philippe-Auguste se plut, en 1197, à embellir *Gisors* ; il s'y retira l'année suivante en 1198, après la perte d'une bataille donnée près de cette ville, ayant été poursuivi par *Richard*, roi d'Angleterre.

La même année, ce monarque passant à cheval sur le pont bâti sur l'*Epte*, tout proche de *Gisors*, le pont fondit sous lui ; & il se trouva abîmé dans l'eau, de façon que l'on crut qu'il étoit noyé & écrasé sous les ruines du pont. Cependant il ne fut pas même blessé. Son cheval, qu'il ne quitta point, se mit à la nage & le porta à terre fort heureusement.

Depuis ce temps, la ville de *Gisors* a été prise & reprise plusieurs fois durant les guerres de la France avec l'Angleterre. Il y avoit un château, dont on ne voit plus que les vestiges de ce qu'il étoit autrefois.

En 1710, *Louis XIV* joignit la seigneurie de la ville de *Gisors*, avec celle d'*Andeli* & de *Vernon*, & les mit sous les titres de *vicomtés*, avec le duché d'Alençon, pour former l'apanage de *Charles de France*, duc de Berry.

Au mois d'Octobre 1718, *Louis-Charles-Auguste Fouquet*, (depuis maréchal-duc de *Belle-Isle*,) ayant cédé au roi *Belle-Isle*, reçut en échange le comté de *Gisors*, les vicomtés de *Vernon*, d'*Andely* & de *Lihons*, avec le marquisat de *Bissy*, près de *Vernon*. Ce comté fut érigé en duché par lettres enregistrées le 19 Juillet 1742, & en pairie le 9 Juin 1748. Depuis la mort du maréchal-duc de *Belle-Isle*, arrivée en Janvier 1761, sans laisser de postérité, le roi a échangé avec M. le comte d'*Eu*, le duché de *Gisors*, & plusieurs autres terres, pour la principauté de Dombes.

GITE : selon les loix fondamentales de la Monarchie, le roi doit vivre de son domaine, c'est-à-dire des fonds des terres & forêts, dont le revenu lui appartient.

Autrefois, lorsque nos rois voyageoient, ils avoient le droit de loger une nuit, avec toute leur suite, dans les grands bénéfices, aux dépens des titulaires ; & cela s'appelloit le *droit de gîte*. Les évêques & les abbés le rachetoient souvent par une somme modique d'argent. Le peuple étoit obligé de fournir au roi, d'espace en espace, des voitures & des chevaux ; obligation, dont les bourgs se dispensoient encore en payant quelque chose.

A cela près, les ecclésiastiques & le peuple n'avoient pas d'autre charge à supporter ; & la noblesse servoit le roi à ses dépens, dans les guerres, que l'assemblée du parlement jugeoit justes & nécessaires.

Nos rois de la premiere, de la seconde & de la troisieme race, encore après *S. Louis*, avoient leur *gîte* dans les abbayes & les maisons épiscopales.

Un évêque, chez qui *Charlemagne* avoit déja passé plusieurs fois, le voyant arriver, se donna beaucoup de soin pour le recevoir. L'empereur lui dit : *Vous prenez trop de peine ; tout n'est-il pas assez net ?* L'évêque lui répondit : SIRE, il ne s'en faut guères ; mais j'espere qu'aujourd'hui tout le fera de la cave au grenier.

Charlemagne, qui sentit le reproche lui répondit en souriant : *Ne vous embarrassez pas, Monsieur l'évêque, j'ai la main aussi bonne à donner qu'à prendre* ; & sur le champ, ce prince unit une terre considérable à son évêché.

Cette redevance fut établie pour la décence, qui ne permettoit pas à nos rois & aux seigneurs dominans, en faisant la visite de leurs terres, qu'ils logeassent dans une hôtellerie publique ; car ils ne percevoient ce tribut que dans les villes & bourgades, où ils n'avoient ni château ni maison.

S. Louis prit le droit de *gîte* à son retour de la Palestine, en passant par *Puy*, *Brioude*, *Issoire*, *Clermont*, *Saint-Porcien*, *Saint-Benoît sur-Loire*.

Ce droit de *gîte* étoit devenu trop onéreux, par l'augmentation de la cour de nos rois. Anciennement, sous la premiere race, ils marchoient avec moins de train que les riches particuliers de nos jours.

Sous *S. Louis*, sa suite étoit une véritable armée. Ce prince se crut obligé de fixer le droit de *gîte* en quelques endroits, & voulut bien dans d'autres, le convertir en des fondations utiles ; enfin ce droit fut aboli peu-à-peu.

GIVRI : à la mort de *Henri III*, le parti Catholique envoya des députés à *Henri IV*, pour lui donner des assurances de leur fidélité, mais à condition qu'il se feroit Catholique au plutôt. L'embarras de répondre à cette proposition, fut terminé par la présence de M. de *Givri*. Il entra, se jetta aux pieds du roi, & lui baisa la main, en disant :

SIRE, je viens de voir la fleur de votre brave noblesse, qui se réserve à pleurer son roi mort, quand elle l'aura vengé ; elle attend vos commandemens ; vous êtes le roi des braves ; & vous ne serez abandonné que des poltrons.

Bientôt après, *Henri* fut reconnu roi de France par l'armée, que son prédécesseur avoit assemblée

& il en reçut le serment de fidélité, en accordant des conditions qui assuroient la *religion Catholique*.

GLACE : Venise a été long-temps seule en possession de fournir des *glaces* à toute l'Europe. Ce fut le *grand Colbert*, qui enleva aux Vénitiens un art qui étoit, en quelque sorte, leur patrimoine. Il se trouvoit beaucoup d'ouvriers François dans la manufacture de cette république. Ce ministre les rappella à force d'argent ; & pour favoriser un établissement si utile, qui exigeoit nécessairement beaucoup de frais, il fit accorder, en 1665, un privilége exclusif aux entrepreneurs.

On ne connoissoit alors que les *glaces soufflées* ; c'étoit du moins les seules que l'on fabriquoit à Mourra, près de Venise, & ensuite à Tour-la-Ville, près de Cherbourg en Normandie. Les grandes *glaces*, ou les *glaces coulées*, n'ont été imaginées qu'en 1688. Les atteliers furent d'abord établis à Paris ; ensuite on les transféra à Saint-Gobin, où ils sont encore présentement.

Les privilégiés qui sont établis à Tour-la-Ville, s'occupent uniquement des *glaces soufflées* ; ceux de Saint-Gobin, des *glaces coulées* & *soufflées*. Elles sortent brutes de ces manufactures ; & c'est à Paris que s'en fait l'apprêt. C'est aujourd'hui la France qui fournit des *glaces* à presque toute l'Europe. Voyez le *Dictionnaire encyclopédique*.

GLOIRE : la belle *gloire* fut toujours le but & le motif, qui anima *François I*. Il conçut le dessein de se faire élire *empereur*, & de succéder à *Maximilien I*, mort le 22 Janvier 1519. Il n'épargna rien pour un si grand projet ; & il en seroit peut-être venu à bout, sans l'attachement de l'électeur Palatin pour la maison d'Autriche. Il eût pu faire échouer son concurrent (*Charles-Quint* ;) mais il ne vouloit rien devoir qu'à son mérite ; & ce fut ce même mérite, la renommée de ce prince le plus accompli de son siécle, le grand éclat que fit dans l'Europe la victoire de Marignan, & la réunion de ses grandes qualités, qui lui nuisirent.

Ce monarque difoit : *Un prince dont l'ambition n'eft pas fatisfaite par une couronne telle que celle de France, ne fçauroit jamais y connoître de bornes.*

Dans le temps de fes plus vives pourfuites pour fon élection, on lui remontra tous les obftacles auxquels il devoit s'attendre, & les difficultés prefque infurmontables, qu'il trouveroit à gouverner des peuples auffi différens de caractere & d'ufages, qu'étoient les François & les Allemands. Il répondit : *Je fçais tout cela ; mais s'il y a de la peine, il y a de la gloire. Il eft beau de travailler à obtenir la premiere couronne du monde Chrétien. Si je ne réuffis pas dans le deffein de rétablir la maifon de France dans le rang dont elle eft déchue depuis fi long-temps, on dira au moins que je l'ai tenté.* Telle fut, en toute occafion, la maniere de penfer de *François I*.

GNOMONIQUE : c'eft la fcience de faire des cadrans au foleil ; elle fait une partie des mathématiques. On attribue à *Anaximandre* l'invention des *cadrans au foleil*. D'autres difent que cette invention eft dûe à *Anaximene Milefien*. On ne fçait pas précifément le temps, où la connoiffance des heures a commencé à Rome. *Pline* dit, que quatre cens fept ans s'étoient écoulés, depuis que *Marcus Valerius* avoit pofé une horloge dans la grande place de Rome. Les Grecs n'en ont guère eu l'ufage avant le temps d'*Alexandre le Grand*. M. de la Hire a fait un Traité de la *gnomonique*, ou *horlogiographie*. Voyez *Horlogerie*.

GOBELINS : c'eft une manufacture royale, fameufe, fituée à Paris, au fauxbourg Saint-Marcel, (qu'on nomme aujourd'hui *Saint-Marceau,*) qui fut autrefois occupée par de célebres teinturiers en laines, dont le premier *Gilles Gobelin*, fous le régne de *François I*, trouva, à ce qu'on dit, le fecret de teindre la belle écarlate, qui depuis ce temps-là a été nommée *l'écarlate des Gobelins*. La maifon en a auffi retenu le nom, ainfi que la petite riviere, qui coule auprès, autrement appellée la *riviere de Bièvre*.

[G O M]

Cette manufacture royale a été établie par *Louis XIV* ; elle est composée d'excellens ouvriers en peinture, en tapisserie, en orfévrerie, & en sculpture, sous la direction du directeur général des bâtimens, arts & manufactures de France. Voyez la Description de Paris, par *Germain Brice*, ou celle de *Piganiol de la Force*.

GOIS : c'étoient trois freres bouchers de Paris, fils de *Thomas Gois*, aussi boucher, demeurant, lui & ses enfans, à la boucherie de sainte Genevieve, sous le régne de *Charles VI*, sur la fin du quatorzieme siécle, & au commencement du quinzieme. Le comte de *Saint-Paul*, les fit soulever en faveur du *duc de Bourgogne*.

La France étoit alors partagée en deux grandes factions, qui étoient celle d'*Orleans*, dite des *Armagnacs*, & celle des *Bourguignons*. Ces trois bouchers, auxquels plusieurs autres du même métier, se joignirent avec une troupe d'écorcheurs & autres artisans, & gens de néant, prirent le parti du *duc de Bourgogne* ; & causerent de très grands désordres dans Paris, en pillant & tuant ceux qui étoient soupçonnés de favoriser les *Armagnacs*. Voyez *Saint-Yons*, tome iij de cet ouvrage.

GOMBETTE : loi donnée par *Gondebaud*, roi de Bourgogne, en 502, qui défend sur-tout de maltraiter les Gaulois, qui vivoient dans toute l'étendue du royaume. Le quarante-cinquieme article défere le duel à ceux qui ne voudront pas s'en tenir au ferment. *Gondebaud* donna cette loi pour rendre les peuples heureux.

Ce troisieme roi de Bourgogne étoit fils de *Gondicaire*, frere & le meurtrier de *Chilpéric*. Il s'empara de son royaume aussi-tôt qu'il l'eut massacré, & commença de régner l'an 491. Dès l'an 472, il avoit été fait *patrice d'Occident*, par l'empereur *Olybrius*. *Gondebaud* porta la guerre en Italie, pilla & ravagea l'Emilie & la Ligurie, se rendit maître de Turin, & porta la terreur & la désolation par-tout.

Au retour de cette expédition, en 493, il reçut les ambassadeurs du roi *Clovis*, qui venoient lui demander de sa part *Clotilde*, sa niéce, fille de *Chilpéric*, en mariage. En 500, *Clovis* se joignit à *Godegisele*, contre *Gondebaud*. Celui-ci fut défait, mis en fuite, & poursuivi jusqu'à Avignon, où il s'enferma. Il fut obligé de racheter sa vie & son royaume, aux conditions que le vainqueur (*Clovis*) voulut lui imposer.

Gondebaud délivré recommença la guerre; il assiégea & prit Vienne, & fit égorger *Godegisele*, son frere, dans une église d'Ariens, où il s'étoit refugié. Depuis cette expédition, *Gondebaud* fut paisible possesseur de son royaume, qui fut toujours tranquille & florissant jusqu'à sa mort, arrivée l'an 516. Il mourut dans l'héréfie des Ariens, & laissa deux fils, *Sigismond* qui lui succéda, & *Godemard*.

Gondebaud fut un des princes les plus polis de son temps, & qui s'attacha le plus à civiliser ses peuples. Il leur donna des loix, où on remarque, en général, un grand fond d'équité, beaucoup de pénétration d'esprit, une attention singuliere à prévenir les moindres différends, une science peu commune, pour ces temps-là, dans la politique; enfin une sagesse digne d'un *prince Chrétien*.

Ces loix des Bourguignons forment le Recueil, qu'on nomme la *loi Gombette*. Il se trouve imprimé dans différens Recueils, ou Codes de loix anciennes. Celui où ces loix se trouvent imprimées plus correctement, est celui qui parut à Basle en 1557, & qui fut réimprimé depuis, sous la même forme *in-folio*, à Francfort, en 1613. Voyez le *tome iij de l'Histoire littéraire de la France*, page 83 & *suivantes*.

GONNESSE: c'est un bourg, avec une justice royale, dans l'Isle de France, diocèse de Paris, situé sur le ruisseau de *Crould*, (en latin *Crodoldus*.) Ce bourg est renommé pour le bon pain qu'on y fait, qui est d'un goût & d'une blancheur admirables.

[G O U]

Gonnesse étoit connu dès l'an 853; & son marché de bled, étoit déja considérable dès l'an 1184. Philippe-Auguste y naquit en 1166. L'hôpital de Gonnesse fut fondé par un seigneur, Du-Tillet, avant l'année 1210.

Olivier de Serres rapporte, dans son Théatre d'agriculture, que les boulangers de Gonnesse ayant été interrogés juridiquement sur ce qui donnoit à leur pain les bonnes qualités qu'on y remarque, ils répondirent unanimement que c'étoit le fait de l'eau, dont ils se servoient.

GOUTTE : tout le monde sçait que c'est une maladie causée par la fluxion d'une humeur âcre sur les articles ou jointures du corps, & qui est fort douloureuse.

Ce mot nous donne occasion de rapporter deux anecdotes assez curieuses ; l'une regarde Henri IV, & l'autre le grand Condé.

On avoit publié en Espagne que Henri IV avoit les gouttes : pour faire voir à l'ambassadeur qu'il n'en étoit rien, sa majesté le prit avec lui, & se promenant à grands pas dans la galerie du Louvre, le fatigua jusqu'au point de l'obliger de lui remontrer qu'il avoit de la peine à suivre sa majesté : *Ah ! ah ! dit le roi, on dit en Espagne que je ne puis plus marcher ; qu'on ne m'oblige pas de reprendre mes bottes, car je pourrois encore aller d'une traite d'ici à Madrid.*

Eh ! pourquoi non, SIRE ? lui répondit l'ambassadeur. *François I, l'un de vos prédécesseurs, y alla bien.*

Il est à présumer que Henri IV, prompt sur la repartie, ne resta pas court ; & nous croyons avoir lu quelque part, qu'il répondit : *Ce sera pour aller venger son injure, que j'irai.*

Le grand prince de Condé, après le gain de la bataille de Senef, livrée le 11 Août 1674, contre le prince d'Orange, depuis Guillaume III, roi d'Angleterre, vint pour saluer Louis XIV ; sa majesté se trouva sur le haut du grand escalier, lorsque le prince, qui avoit de la peine à monter, à cause de ses *gouttes*, s'écria : SIRE, *je demande pardon à votre majesté, si je la fais attendre.*

Le roi lui répondit : *Mon cousin, ne vous pressez pas ; on ne sçauroit marcher bien vîte, quand on est aussi chargé de lauriers que vous l'êtes.*

Cette réponse si polie, si gracieuse, qui faisoit en peu de mots l'éloge du *grand Condé*, dut infiniment le flatter.

GOUVERNEMENS ET GOUVERNEURS *des Provinces, des Villes, des Places,* &c. Sous la premiere race de nos rois, les *ducs* étoient les *gouverneurs* des provinces ; & les *comtes*, les *gouverneurs* des villes. Sous la seconde race, on commença à parler des *marquis*, ou des *comtes-marquis* ; c'étoient les *comtes*, dont les gouvernemens étoient situés sur les *frontieres*, ou *marches* du royaume : c'est en ce sens que les comtes de Flandres & de Barcelone, étoient appellés indifféremment *comtes* ou *marquis*. Suivant *Bessi*, dans son Histoire de Poitou, quelques-uns de ses *comtes-marquis*, étoient appellés *comtes de la Marche*.

Nous avons déja dit plusieurs fois, entr'autres au mot *Bénéfice*, que, vers la fin de la seconde race de nos rois, les ducs & les comtes, profitant de l'affoiblissement de l'autorité royale, rendirent héréditaires, dans leurs maisons, des titres que jusque-là ils n'avoient possédé qu'à vie ; & ayant usurpé également & les terres & la justice, ils s'érigerent eux-mêmes en seigneurs propriétaires des lieux, dont ils n'étoient que magistrats, soit civils, soit militaires, soit tous les deux ensemble.

Par-là fut introduit un nouveau genre d'autorité dans l'état, auquel on donna le nom de *suzeraineté*; mot, dit Loyseau, *qui est aussi étrange que cette espece de seigneurie qui est absurde.* Ainsi les rois, déchargés du soin des provinces, confierent le gouvernement de celles qui leur étoient restées, & de leurs

leurs terres particulieres, à des *baillifs*, qui s'intituloient, selon *Froissard*, *gouverneurs de leurs bailliages*.

Les ducs & les comtes de leur côté confierent la garde de leurs provinces & de leurs terres à des principaux officiers, qui furent nommés *sénéchaux*. Quelquefois il les confioient à d'autres qu'aux sénéchaux, & alors ces officiers se nommoient *gouverneurs*. Cependant les *sénéchaux* étoient les *gouverneurs* nés des provinces; & ce n'étoit que pour des raisons particulieres que les ducs & les comtes mettoient des *gouverneurs*.

Dans le treizieme & le quatorzieme siécle, les rois commencerent à envoyer réglément des personnes pour gouverner les provinces; & alors les baillifs & les sénéchaux en perdirent entiérement la garde & la défense, & ne conserverent plus que le droit de commander l'*arriere-ban*. On leur défendit même de porter à l'avenir la qualité de *gouverneurs de leurs bailliages*.

Dès l'an 1247, il y avoit eu un *lieutenant pour le roi* en l'Isle de France, & partie de vers Paris. *Edouard de Beaujeu*, maréchal de France, est appellé, en 1250, *capitaine pour le roi ès parties de Picardie, de Bourgogne & de Calais*. *Jean*, vicomte de Melun, est qualifié, en 1280, *gouverneur & lieutenant pour le roi* en Champagne & en Brie. Dans ce même temps, il y avoit un *gouverneur* de Bourgogne; & l'an 1301, il y en avoit un en Normandie. *Pierre de la Palu*, seigneur de Varembon, s'intituloit dès l'an 1331, *gouverneur des frontieres de Flandres*. *Matthieu de Trie*, maréchal de France, étoit, en 1342, *lieutenant de roi ès parties de Flandres & de Hainault*; & ce fut cette même année, que *Philippe de Valois* défendit aux baillifs de prendre la qualité de *gouverneurs*.

Charles VI est le premier qui ait donné en titre le *gouvernement* des provinces. Tous les *gouverneurs*, grands & petits, s'attribuerent insensiblement la qualité de *lieutenans généraux*. Mais le roi *François I*,

Tome II. Y

par son édit du 6 Mai 1545, le leur défendit; & ne permit de porter cette qualité qu'aux neuf *gouverneurs* des provinces, qui étoient alors dans le royaume; c'étoient ceux de Normandie, de Guienne, de Languedoc, de Provence, de Dauphiné, de Bourgogne, de Champagne & de Brie, de Picardie, & de l'Isle de France. Le roi ne voulut pas néanmoins toucher aux autres droits des *gouverneurs*, auxquels il permit de jouir de leurs charges, comme leurs prédécesseurs en avoient joui.

Henri II, par ses lettres du 21 Mars 1547, accorda à *Jean d'Albon*, seigneur de Saint-André, le *gouvernement* des provinces de Lyonnois, de Beaujolois, & de Dombes, avec le titre de *lieutenant général*, & ordonna au parlement d'admettre ce seigneur en cette qualité, nonobstant l'édit de *François I*, dans lequel ces provinces n'étoient pas comprises. Ainsi les *gouverneurs* des provinces, qui n'étoient qu'au nombre de neuf, commencerent à s'accroître, & furent dans la suite jusqu'au nombre de douze.

Les guerres civiles, qui arriverent sous les rois *François II* & *Charles IX*, les multiplierent encore davantage. Mais *Henri III*, par l'article 271 de son ordonnance, les réduisit au nombre de douze, qui étoient l'Isle de France, de Bourgogne, de Normandie, de Guienne, de Bretagne, de Champagne, de Languedoc, de Picardie, de Dauphiné, de Provence, de Lyonnois, & de l'Orléannois.

Ce nombre de *gouvernemens* a été beaucoup augmenté depuis; ce qui s'est fait par le partage de quelques-uns de ces anciens en plusieurs *gouvernemens* indépendans les uns des autres, ou bien par la conquête ou acquisition de plusieurs nouvelles provinces, qui ont été réunies à la couronne. Ces *gouvernemens*, aujourd'hui, sont au nombre de trente-sept, sçavoir;

L'Alsace, dont Strasbourg est la capitale & la résidence du *gouverneur*.

L'Anjou, dont Angers est la capitale.

[GOU]

L'Aunis, y compris les isles de Rhé & d'Oleron, dont la Rochelle est la capitale.

L'Auvergne, dont Clermont est la capitale.

Le Berry, dont Bourges est la capitale.

Le Boulonnois, dont Boulogne est la capitale.

Le Bourbonnois, dont Moulins est la capitale.

La Bourgogne, qui comprend la Bresse, le Bugey, le Valromey, le pays de Gex, le Charolois, &c. dont Dijon est la capitale.

La Bretagne, dont Rennes est la capitale.

La Champagne & la Brie, dont Troyes est la capitale.

Le Dauphiné, dont Grenoble est la capitale.

La Flandre, qui comprend la Flandre Françoise ou Wallone, la Flandre maritime, le Haynault & le Cambresis, dont Lille est la capitale.

Foix, dont Pamiers est la capitale.

La Franche-Comté, dont Besançon est la capitale.

Guienne & Gascogne, qui comprend le Bourdelois, le Périgord, le Querci, le Rouergue, l'Agénois, l'Armagnac, le Bazadois, le Condomois, l'Astarac, le pays des Landes, le pays de Labour, le Bigorre, le Comminges, le pays de Soulles, le Conserans, & le pays des Quatre-Vallées, &c. Bordeaux est la capitale de ce *gouvernement*.

Havre-de-Grace, qui est un démembrement du *gouvernement* de Normandie. Le Havre-de-Grace en est la capitale.

L'Isle de France, qui comprend l'Isle de France, proprement dite, le Valois, le Beauvoisis, le quartier de Noyon, le Laonnois, le Soissonnois, la Brie Françoise, le Gâtinois François, le Hurepoix, le Mantois, &c. le Vexin-François, dont Soissons est la capitale.

Le Languedoc; Toulouse en est la capitale.

Le Limousin; Limoges en est la capitale.

La Lorraine & le Barrois; Nancy en est la capitale.

Le Lyonnois, qui comprend les provinces de

Y ij

Lyonnois, de Forez, & de Beaujolois; Lyon en est la capitale.

Le Maine, qui comprend la province du Maine avec celle du Perche & le pays de Laval; le Mans en est la capitale.

La Marche; Gueret en est la capitale.

Metz & pays Messin, Verdun & Verdunnois, dont Metz est la capitale.

Monaco, qui est un *gouvernement*, avec la principauté de ce nom, qui appartient au prince de *Monaco*, sous la protection du roi de France, depuis *Louis XIII*.

Navarre & Béarn; Pau en est la capitale.

Nivernois; Nevers en est la capitale.

Normandie; Rouen en est la capitale.

Orléannois, qui comprend l'Orléannois, le Blaisois, le Dunois, la Sologne, le pays Chartrain & le Vendômois, dont Orléans est la capitale.

La ville, prévôté & vicomté de Paris, enclavée dans le *gouvernement* de l'Isle de France, dont Paris est la capitale.

La Picardie; Amiens en est la capitale.

Le Poitou, démembré du gouvernement de Guienne; Poitiers en est la capitale.

La Provence; Aix en est la capitale.

Le Roussillon; Perpignan en est la capitale.

La Saintonge & l'Angoumois: Saintes & Angoulême en sont les capitales.

Saumur, & le pays de Saumurois, établi par le roi *Henri IV*, & démembré du *gouvernement* d'Anjou; Saumur en est la capitale.

Sedan & la principauté de ce nom, & pays en dépendans; Sedan en est la capitale.

Toul & Toulois, démembré de celui de Metz; Toul en est la capitale.

La Touraine; Tours en est la capitale.

Tous ces *gouvernemens* sont indépendans les uns des autres, & sont appellés *gouvernemens de province*. Les *gouverneurs* qui y sont nommés, prêtent serment de fidélité entre les mains du roi; au lieu que les *gouverneurs* des places le prêtent entre celles du chancelier.

Comme les *gouvernemens* des provinces sont ordinairement donnés à des princes, ducs & pairs, ou à d'autres personnes que leur naissance ou les emplois qu'ils ont à la cour ou à l'armée, empêchent de demeurer toujours à leurs *gouvernemens*, les rois *Charles VI* & *Charles VII*, établirent dans les provinces des lieutenans généraux pour commander en la place des *gouverneurs*. Voyez *Lieutenans généraux des provinces*.

Les *gouverneurs* de provinces ont séance dans les parlemens, qui sont dans l'étendue de leurs *gouvernemens*; cela fait que les *gouverneurs* sont obligés d'aller présenter leurs lettres au parlement; & on ne les y reçoit qu'à condition qu'ils n'entreprendront rien contre l'autorité de ce parlement & de la justice ordinaire.

Quelquefois, outre les *gouverneurs*, le roi met, dans les provinces & dans les places, des *commandans* qui ont toute l'autorité sur les troupes; & alors il ne reste au *gouverneur*, presque que le titre & les appointemens, avec autorité sur les bourgeois; mais ordinairement cela ne se fait que lorsque le *gouverneur* ne peut faire les fonctions de sa charge, à cause de son âge ou d'autres empêchemens.

Le pouvoir des *gouverneurs* étoit autrefois bien différent de ce qu'il est aujourd'hui. Ils commandoient en chef dans toutes les places de leurs *gouvernemens*; aujourd'hui chaque place a son *gouverneur* particulier, qui ne dépend point du *gouverneur* de la province. Cependant les *gouverneurs* de province ont ordinairement le *gouvernement* de quelques places en particulier.

C'est en considération de cette indépendance, que quand une place est assiégée, le *gouverneur* de la *place*, & non celui de la *province*, est obligé d'y commander & de la défendre.

Dans les villes où il y a citadelle, le *gouverneur*

de la ville & celui de la citadelle n'ont de même ordinairement rien de commun, & font indépen[dans] dans l'un de l'autre.

Néanmoins, lorsqu'il y a des ordres qui regardent tout un *gouvernement*, c'est le *gouverneur* de la province qui les reçoit du roi, & qui les envoie aux *gouverneurs* des villes & des places de son *gouvernement*; & lorsque le *gouverneur* de la province entre dans quelque place de son *gouvernement*, c'est lui qui donne l'ordre dans la place.

Les *gouverneurs* des places commandent non seulement au corps de la place; mais, outre cela, ils ont encore quelquefois une petite étendue de pays, à cause de quoi plusieurs d'entr'eux se sont autrefois prétendus indépendans du *gouverneur de la province*.

Il n'y avoit autrefois des *gouverneurs* de place que dans les villes & places frontieres; mais les guerres civiles obligerent nos rois de les multiplier, parce qu'alors toutes les places devenoient frontieres; & *Louis XIV*, par son édit du mois d'Août de l'an 1696, créa un *gouverneur* dans chacune des villes closes du royaume qui n'en avoit pas; mais la plûpart de ces *gouverneurs* furent supprimés au commencement du régne de *Louis XV*. Sa Majesté vient de les rétablir, (cette année 1766,) moyennant finance, dont on paye la rente.

Le pouvoir des *gouverneurs* s'étendoit autrefois non seulement sur les places de leurs *gouvernemens*, mais outre cela, ils donnoient encore des graces; ils annoblissoient même; ils légitimoient; ils donnoient des droits de foire; & ils évoquoient pardevant eux, lorsqu'ils le trouvoient à propos, la cause des juges ordinaires. *Du Haillan, Registres du parlement du* 12 *Août* 1465.

Louis XII leur ôta toutes ces prérogatives. Aujourd'hui ils sont juges du point d'honneur des gentilshommes, & ils ont le droit de faire mourir un ennemi étranger, ou un séditieux qui excite des troubles dans leur province; mais hors de ces cas, ils n'ont point de justice ordinaire, & ils ne peuvent juger ni condamner à mort.

La France, dans le temps de la Ligue, se trouva dans un état si fâcheux, que les *gouverneurs* des provinces & des villes fortes s'engageoient dans différens partis, & se retiroient presque entiérement de l'obéissance qu'ils devoient au roi.

On voit, dans l'Histoire de ce temps-là, tout ce qu'ont fait le duc de *Mercœur*, en Bretagne; le duc de *Mayenne*, en Bourgogne; le duc de *Nevers*, qui étoit neutre, dans sa ville; le duc de *Nemours*, à Lyon & à Vienne; *Lesdiguieres*, en Dauphiné; *La Vallette*, en Provence; *Montmorency* & *Joyeuse*, en Languedoc; *Espernon*, dans l'Angoulême, & ensuite à Metz, &c. En un mot, les *gouverneurs* des provinces se conduisoient dans leurs *gouvernemens*, comme s'ils eussent été souverains; & ces *gouverneurs* ne commencerent à bien obéir aux ordres du roi, que depuis qu'ils ne furent plus les maîtres des troupes qu'ils avoient dans leurs *gouvernemens*.

Outre ces *gouverneurs* de provinces & de places, dont nous venons de parler, il y a encore les *gouverneurs des palais, châteaux & maisons royales*, qui sont dans l'étendue des *gouvernemens* des provinces; mais ceux-ci ne dépendent point des *gouverneurs* des provinces; & depuis un temps immémorial, ils ne reçoivent les ordres que du roi.

Notre Histoire, comme celles des autres nations, fournit des exemples d'une infinité de *gouverneurs* qui se sont signalés, à la défence des places qu'on leur avoit confiées. Pour abréger, nous ne citerons que l'exemple de *Roger de Sanguinet*.

A la fin du treizieme siécle, sous le régne de *Philippe le Bel*, *Jacques d'Arragon* & *Roger Doria* assiégerent la ville de Belverder en Calabre; *Sanguinet* en étoit *gouverneur*. Cet *intrépide François* ne cessa, pendant tout le siége, de faire jetter dans le camp ennemi une grêle de pierres. Les assiégeans pour arrêter ce fléau, qui jettoit par-tout l'épou-

Y iv

vante, firent sçavoir à ce *gouverneur*, que ses deux fils, qu'ils avoient faits prisonniers, venoient d'être attachés dans l'endroit où les pierres tomboient en plus grande abondance. Le devoir l'emporta sur la tendresse paternelle; *Sanguinet* ne changea rien aux ordres qu'il avoit donnés. Un de ses fils fut assommé; l'autre échappa heureusement, & lui fut renvoyé au moment qu'on leva le siége de la place.

Ce trait héroïque vaut bien tout ce qu'ont fait ces anciens Romains, *Brutus*, *Decius*, *Manlius Capitolinus*, *Scévola*, &c.

GOUVERNEMENT ECCLÉSIASTIQUE: ce fut vers la fin du deuxieme siécle que la religion Chrétienne fut prêchée dans les Gaules, puisqu'il est fait mention de plusieurs martyrs des Gaules, dès l'an 179: cependant elle ne devint religion de l'état, que lorsque *Clovis* se fit Chrétien.

Il y avoit dans les Gaules dix sept provinces Romaines lorsque le Christianisme s'y établit. Les Chrétiens Gaulois suivirent cette division, & mirent des évêques dans la plûpart des villes. Les églises des petites villes regardoient les églises des métropoles, c'est-à-dire des grandes, comme leurs meres; & peu de temps après, les *métropolitains*, qu'on a depuis nommés *archevêques*, s'attribuerent le droit d'ordonner les *évêques*, de les avertir & de les corriger, comme leurs enfans, & d'assembler des conciles provinciaux.

Quelques-uns de ces archevêchés s'étant trouvés d'une trop grande étendue, on les partagea dans la suite; &, par ce moyen, les *provinces ecclésiastiques* se sont augmentées jusqu'au nombre où nous les voyons aujourd'hui.

Ces nouvelles provinces ont été érigées en différens temps. Les évêques de Vienne & d'Arles disputerent long-temps, chacun d'eux prétendant être le seul métropolitain de la Viennoise. Il fut enfin décidé vers l'an 700, que chacun auroit sa province particuliere, & y feroit les fonctions de métropolitain.

Le pape *Jean XXII* démembra Toulouse de Narbonne en 1317.

Sixte IV sépara Avignon d'Arles en 1475.

Paul IV, à la priere de *Philippe II*, roi d'Espagne, érigea, en 1559, trois nouveaux archevêchés dans les Pays-Bas, sçavoir Utrecht, Malines & Cambray, qui étoit suffragant de Reims.

Paris a été détaché de la province de Sens en 1622.

Albi, qui dépendoit de Bourges, en fut séparé & érigé en archevêché en 1678.

Ainsi, comme nous l'avons déja dit ailleurs, il y a aujourd'hui vingt-cinq archevêchés dans toute l'étendue de l'ancienne Gaule; mais il n'y en a que dix-huit sous l'obéissance du roi de France; les sept autres sont dans les états de différens princes.

Vers l'an 253, il partit de Rome sept prédicateurs qui vinrent dans les Gaules, établir les évêchés de Tours, d'Arles, de Narbonne, de Toulouse, de Paris, de Clermont en Auvergne, & de Limoges.

Ceux qui se convertirent à la foi de *Jesus-Christ*, se répandirent aux environs, & y fonderent de nouvelles églises; de sorte qu'à la fin du sixieme siécle, il y eut des évêchés dans toutes les cités ou anciennes capitales des peuples des Gaules.

Les papes, quelques siécles après, érigerent encore de nouveaux évêchés en France, afin que les évêques pussent plus facilement détruire les erreurs qui naissoient dans l'église, & afin que leur autorité, étant moins étendue, ils fussent plus en état de veiller sur le troupeau qui leur étoit confié.

En 1296, *Boniface VIII* érigea l'abbaye de Pamiers en évêché.

En 1317, *Jean XXII* en créa quinze, la plûpart en Languedoc; province qui avoit été long-temps infectée de l'hérésie des Albigeois.

Ces évêchés sont Aleth, Montauban, Saint-Papoul, Mirepoix, Rieux, Lavaur, Castres, Lombez,

[G O U]

Tulle, Vabres, Saint-Flour, Condom, Sarlat, Luçon & Maillezais.

Paul IV, après la prise & la destruction de Terouenne par *Charles-Quint*, divisa ce diocèse en trois nouveaux, en 1559; celui de Boulogne, celui de Saint-Omer, & celui d'Ypres.

Comme le diocèse de Chartres étoit d'une trop grande étendue, un nouvel évêché fut établi à Blois; & le grand nombre des nouveaux convertis qu'il y avoit dans le diocèse de Nimes, a donné lieu à l'érection de l'évêché d'Alais.

Nous avons deux évêchés, dont le siége épiscopal a été transféré d'une ville à une autre; ce sont celui de Maillezais, transféré à la Rochelle; & celui d'Elne, à Perpignan. Voyez *Evêques* & *Evêchés*. Pour le gouvernement ecclésiastique, consultez aussi le *tome xv* de la *Description de la France*.

GOUVERNEURS DES PRINCES : on lit dans l'Histoire ancienne que les souverains ont toujours été jaloux de ne placer auprès de leurs enfans, pour les instruire & les élever, que des sujets les plus dignes & les plus recommandables par leur science & leur probité. *Philippe*, roi de Macédoine, choisit *Aristote* pour être le *précepteur* & le *gouverneur* de son fils *Alexandre*. *Séneque* le fut de *Néron*; & *Ausone*, de *Gratien*.

En parcourant notre Histoire de France, depuis *Clovis* jusqu'à nos jours, on ne voit que des hommes distingués dans l'état, autant par leur naissance, que pour leur science & leur érudition, choisis les uns pour veiller à l'éducation de nos princes, les autres pour la faire. C'est parmi les évêques que nos rois cherchent des précepteurs pour les enfans de France, & des gouverneurs parmi les seigneurs les plus qualifiés. M. le duc de la *Vauguyon* est aujourd'hui *gouverneur* des enfans de France; & l'ancien évêque de Limoges, M. de *Coëtlosquen*, qui en est le précepteur.

Voici un trait bien généreux de *Gilles de Som-*

[G R A] 347

mieres, choisi par *Henri IV* pour être *gouverneur* de *Louis XIII*. Le monarque, en 1608, dit à ce seigneur qu'il lui faisoit présent de cent mille écus en réconnoissance des peines & des soins qu'il se donnoit auprès du Dauphin son fils. M. *de Sommieres* lui répondit : *Je ne puis*, SIRE, *accepter ce don; je craindrois que Votre Majesté ne fît, par une si grande somme, une brèche à ses finances, qu'il fallût réparer aux dépens de son peuple.*

Henri IV étoit généreux ; mais *Sommieres* voyoit que l'état étoit épuisé par les grandes guerres que ce prince avoit à soutenir. *Henri IV* voulut récompenser dignement l'*Ausone de son fils* ; & l'*Ausone de son fils* ne crut pas devoir profiter de la libéralité de ce grand monarque ; l'un & l'autre sont également dignes de louange & d'admiration.

GRACES : elles ne doivent être que l'ouvrage des rois, le fruit de leur sagesse, & la récompense du mérite. C'est ce que fit *Charles IX*. Pénétré de cette vérité, il dit un jour au *duc d'Anjou*, (depuis *Henri III*) qui sollicitoit une *grace* en faveur d'une de ses créatures : *Mon frere, en cette occasion je ne ferai rien pour vous ; mais tout pour l'amour de celui pour qui vous vous intéressez.*

Ainsi, ajoûta-t-il, en s'adressant à cette personne même, *je vous accorde volontiers ce que vous demandez.*

Cette réponse fait voir une politique bien sage. *Charles IX*, en s'attribuant tout le mérite du bienfait, flattoit agréablement celui qui le recevoit ; & en écartant les importuns, (il étoit roi,) il montroit qu'il vouloit l'être d'effet & de nom.

En 1632, *Deshayes de Courmenin* fut arrêté par ordre du roi : son pere, gouverneur de Montargis, se rendit au Pont Saint-Esprit, & se logea chez M. de *Brienne*, son ami, qui se chargea de solliciter avec lui la *grace de Deshayes*. M. de *Brienne* en parla d'abord au cardinal de *Richelieu* ; & il eut pour toute réponse : *Pourquoi votre maison sert-elle d'asyle à cet homme? Brienne* reprit : *Ma maison ne* peut être fermée à mon ami ; il m'auroit offensé d'en prendre une autre ; & votre éminence à l'ame trop belle & trop généreuse pour ne pas approuver ma conduite.

La même année, M. *du Châtelet*, prisonnier au château de Noisy, obtint son élargissement & la permission de reparoître à la cour. *Louis XIII* affectoit de ne le point regarder, & sembloit éprouver une sorte d'embarras à la vue d'un homme qu'il avoit maltraité. *Du Châtelet* s'approcha de M. de *Saint-Simon*, & lui dit à l'oreille, mais assez haut pour être entendu : *Je vous prie, M. de dire au roi, que je lui pardonne, & qu'il me fasse l'honneur de me regarder*. Cette plaisanterie ne fut point funeste à son auteur, & lui devint même très-utile.

GRACE-DIEU : (La) il y a deux abbayes de l'ordre de Citeaux, de ce nom, l'une d'hommes, & l'autre de filles. La premiere située au pays d'Aunis, diocèse de la Rochelle, a été fondée par *Guillaume de Poitiers*, duc d'Aquitaine, du temps de *saint Bernard*. L'autre, qui est une abbaye de filles, située dans le diocèse de Cahors, a été fondée vers l'an 1213.

GRACE-DE-DIEU. Voyez *Par la grace de Dieu*.

GRACE DU SAINT SIÉGE APOSTOLIQUE. Voyez *Par la grace du saint Siége apostolique*.

GRACE DE DIEU : (La) il y a de ce nom deux abbayes d'hommes en France ; l'une de l'ordre de Citeaux, & en régle, est située dans la Franche-Comté, diocèse de Besançon.

L'autre appellée aussi *Saint-Jean de la Castelle*, de l'ordre de Prémontré, & en régle, est située dans le Marsan, en Gascogne, diocèse d'Aire.

Pierre de Marca, dans son Histoire de Béarn, prétend qu'elle étoit autrefois de l'ordre de *saint Benoît*. On ne sçait pas comment elle est passée à l'ordre des Prémontrés. Les fondateurs de cette abbaye, dans ce nouvel état, furent, en 1155, *Pierre*, comte de Bigorre & de Marsan, & *Béatrix* sa femme, fille de *Centule*, vicomte de Béarn.

Ils doterent ce monastere de leurs biens, comme il se voit dans la chartre de la transaction entre *Constance*, comtesse de Bigorre, & *Sanctius*, abbé de cette maison. Ce pieux prince, & sa femme qui ne l'étoit pas moins, furent les restaurateurs de cet ancien monastere, dont on ignore l'origine. Ils le donnerent à des religieux du couvent de la *Chaise-Dieu*. C'est à cause de cela qu'on lit la *Grace-de-Dieu*, fille de la *Chaise-Dieu*.

En 1568, les religieux de ce monastere furent exposés à un incendie causé par les sectateurs de *Calvin*, qui les prirent & les brûlerent vifs devant la porte du couvent, après les avoir attachés à un vieux orme. Un de ces religieux, qui se sauvoit avec les archives de la maison & autres livres, fut pris & brûlé de même.

GRADE MILITAIRE : autrefois c'étoit le service qui le procuroit ; & un officier à qui on en auroit offert ne l'auroit pas accepté, s'il ne l'eut pas mérité : nous en citerons un exemple.

François I, en 1538, donna à *Vieilleville*, depuis maréchal de France, la compagnie de Gendarmerie, que commandoit *Château-Briant* ; sur le refus qu'en fit cet officier, le roi lui demanda en quelle occasion il vouloit obtenir un grade aussi honorable que celui-là : *Le jour d'une bataille*, répondit *Vieilleville*, *après que votre majesté aura vu de mon mérite. Mais à cette heure, si je la prenois, tous mes compagnons tourneroient cet honneur en risée, & diroient que vous m'en auriez pourvu en la seule considération que j'étois parent de feu M. de Château-Briant ; & j'aimerois mieux mourir que d'être poussé à quelque grade que ce soit par autre faveur que de mon service.*

GRAMMAIRE : ce n'étoit, dans les temps les plus anciens, que l'art de *lire* & d'*écrire*. Dans la signification que nous donnons aujourd'hui à ce mot, c'est un art qui enseigne à bien parler & à bien exprimer ses pensées, par des signes que les hommes ont institués.

Aristote passe, avec justice, pour le premier auteur de cette science, puisqu'il distribue les mots en certaines classes, qu'il examine aussi les différens genres de ces mots, & explique quelques autres choses de cette nature, comme on le peut voir dans son *Traité de la Poëtique*. *Epicure* enseigna la *grammaire*, avant que de s'adonner à l'étude de la philosophie.

Le premier, qui introduisit l'étude de la *grammaire* à Rome, fut *Cratès de Mallante*, ambassadeur du roi *Attalus*. Les Hébreux, dont la langue est si ancienne, ne se sont avisés que tard d'écrire sur les régles de la *grammaire*; & ils se sont laissés prévenir par les Arabes, qui sont beaucoup plus modernes qu'eux. Mais la *grammaire* hébraïque, grecque & latine a été beaucoup perfectionnée, dans ces derniers siécles, par quantité d'habiles gens qui s'y sont appliqués.

Entre ceux qui ont porté le titre honorable de *grammairiens*, comme une marque de leur grande littérature, sans pourtant avoir fait aucune profession particuliere de *grammaire*, sont *Cornelius, Alexander, Appion d'Alexandrie, Hygin* affranchi d'*Auguste* & *Solin*; *Chrétien Druthmar*, moine de Corbie, en Picardie, dans le neuvieme siécle, a été aussi qualifié du surnom de *Grammairien*.

Il n'y a point de langues aujourd'hui sur lesquelles nous n'ayons des *grammaires excellentes*. Les meilleures pour le françois, sont celles de l'abbé *Regnier*, du P. *Buffier*, de *Restaut*, & de l'abbé *Valart*.

Si le titre de *grammairien* étoit autrefois un titre honorable; & si dans notre siécle il est devenu comme vil & méprisable, la faute en vient de ce que ceux qui prennent ce nom, traitent la *grammaire* d'une maniere basse & pedantesque, la reduisent aux mots, aux syllabes, & à des censures tout-à-fait puériles. Son véritable usage est d'examiner les auteurs à fond, de les expliquer, d'en remarquer les vices ou les beautés, & d'y distinguer le faux du véritable, & ce qui est sorti de leurs mains d'avec ce que les copistes ou les imitateurs y ont ajoûté ou retranché.

M. l'abbé *d'Olivet* a dit que le bon *grammairien* écrit purement & correctement, & que l'orateur l'imite dans ces deux points ; mais que celui-ci ajoûte de plus à la pureté du langage, de la noblesse, de l'élégance & de l'harmonie ; voilà en effet la différence qu'il y a entre le *grammairien* & *l'orateur*. Le *grammairien* qui, dans ce siécle, s'est acquis le plus de réputation, c'est M. *Desmarquest*. Voyez le *Dictionnaire de l'Encyclopédie*, au mot *Grammaire*.

GRAND : tous les peuples se sont accordés pour donner à *Charlemagne* le nom de *Grand*, qui n'avoit encore été accordé avant lui, qu'à *Alexandre* & à *Pompée* ; ajoûtons-y *Constantin* & *Théodose*. Mais on n'est pas également convenu de lui rendre, après sa mort, le culte que ses vertus semblent avoir mérité. Il est honoré comme saint dans plusieurs églises ; & dans quelques autres, on fait encore tous les ans un service solemnel, le jour de sa mort, pour le repos de son ame.

Fréderic Barbe-Rousse le fit canoniser par l'antipape *Pascal III*. Les papes légitimes n'ont point réclamé contre cette canonisation, & plusieurs ont pris leur silence pour une approbation. Les autres rois de France, à qui la postérité a donné le nom de *Grands*, sont *Henri IV* & *Louis XIV*. *Bayle* dit que *François I* fut surnommé *le Grand* : on n'en voit aucune preuve ; l'estime de la nation pour ce prince l'a bien fait appeller, même par quelques écrivains contemporains, *le Grand François* ; mais on ne voit point dans l'histoire, qu'il ait été appellé *François le Grand*.

GRAND-ÉCUYER DE FRANCE. Voyez *Ecuyer*, (*Grand-*)

GRAND-MAITRE DE FRANCE. Voyez *Maître de France*. (*Grand-*)

GRAND-MAITRE de la Garderobe. Voyez *Garderobe*.

GRAND-MAITRE des Cérémonies. Voyez *Cérémonies*.

GRAND-ÉCHANSON. Voyez *Echanson*.

GRAND-PANETIER de France. Voyez *Panetier*.

GRAND-AUMONIER de France. Voyez *Aumônier*.

GRAND-QUEUX. Voyez au mot *Queux*.

GRAND-CHAMBRE : c'est ce qu'on appelloit *parlement* fous *Philippe de Valois*. Il n'y avoit que trois préfidens : on en vit bientôt jufqu'à quatre fous *Charles VI*. Sous *François I* il y en eut fix ; huit fous *Henri II*, qui rendit le parlement femeftre, & le divifa en deux féances, qui avoient chacune leurs préfidens & leurs confeillers. L'une tenoit depuis le premier Janvier jufqu'au dernier Juin ; l'autre depuis le premier Juillet jufqu'à la fin de l'année. Cette invention, dit *Pafquier*, *qui rendit l'autorité de la cour à demi-illufoire*, ne fubfifta heureufement que depuis 1554, jufqu'en 1557 ; elle fut annullée, & les chofes remifes en leur premier état. Voyez *Enquêtes*.

GRAND-CONSEIL : M. le chancelier eft le feul chef & préfident-né de cette compagnie ; il y a femeftre d'hiver, femeftre d'été ; le premier commence le premier Octobre, & finit le dernier Mars ; celui d'été commence le premier d'Avril, & finit le dernier Septembre.

On lit dans les *Effais hiftoriques fur Paris*, *tome ij*, *page* 256, qu'au *grand confeil*, à la fin de la derniere audience, avant les jours gras, celui qui préfide fe leve, va à la table du greffier, y trouve un cornet & des dés ; commence le jeu, & le cornet paffe enfuite fucceffivement aux confeillers, aux avocats, aux procureurs, aux huiffiers, & même aux laquais, qui continuent de jouer jufqu'à la nuit. On ignore l'origine d'un pareil ufage. M. *Saint-Foix* donne fa conjecture, mais qu'il avoue n'être appuyée

[G R A] 353

appuyée sur aucune preuve ; voici son *Idée*. Nos rois avoient des fous en titre d'office, & qui étant couchés sur l'état de leur maison, avoient leur cause commise à la prévôté de l'hôtel, & par appel au *grand conseil*. Ces *fous*, pour se divertir, & pour divertir les autres, se faisoient des procès, dont le *grand conseil* renvoyoit apparemment la plaidoirie aux jours de Carnaval ; de même l'on plaidoit, comme l'on plaide encore, ces jours-là, de ces sortes de causes au châtelet, qu'on appelle *causes du mardi gras* ; quelquefois le président du *grand conseil*, après avoir ouï les avocats, demandoit un cornet & des dés pour décider des affaires ordinairement ridicules. Voyez *Fous*.

GRANDMONT : ordre qui se forma sous *Louis le Gros*, dans une solitude auprès de Muret, diocèse de Limoges. Les *Grandmontains*, qu'on appelloit les *Bons-Hommes* n'étoient, dans les commencemens, si l'on en croit quelques auteurs, ni prêtres, ni moines, ni hermites, mais une simple communauté de pénitens, obligés d'interrompre souvent leurs prieres, pour aller chercher les besoins de la vie. Ils vivoient dans une si grande mortification, que le pape, en approuvant leur institut, fut obligé d'en modérer l'austérité. *Saint-Etienne*, vicomte de Thiers est leur instituteur ; & *Grandmont*, dans la Marche Limousine, est le chef-lieu de l'ordre. Les *Grandmontains* ont un collége à Paris, rue du Jardinet, avec une chapelle, qui appartenoit à l'université ; ce qui a donné lieu à des procès. L'inscription portant la fondation de ce collége, & qui se lisoit dans la rue du Battoir, a été supprimée par les religieux de *Grandmont*, lorsqu'ils ont fait rebâtir leur maison.

Il y a deux prieurés simples de *Grandmont* dans l'intendance d'Alençon, diocèse de Séez en Normandie ; un troisieme dans le Berry, au diocèse de Bourges ; & un quatrieme en Franche-Comté, au diocèse de Besançon. Ce dernier est conventuel & royal ; dépend de l'abbaye de Monjoie, dans les Alpes, & est à la nomination du pape.

Tome II. Z

GRANDSELVE: abbaye de France, située dans une solitude environnée de bois, à une lieue de la Garonne, dans cette partie du diocèse de Toulouse qui dépend de la province de Guienne. Cette abbaye doit son origine au B. *Robert d'Arbriffel*, ou plutôt au B. *Gerard de Sales*, son disciple, qui la fonda au commencement du douzieme siécle l'an 1114, sous la régle de *S. Benoît*, & son institut particulier. *Gerard* y mit *Etienne* pour premier abbé, & les religieux vécurent d'abord en hermites. *Etienne* eut pour successeur *Bertrand*, qui étoit déja abbé en 1128.

L'abbaye de *Grandselve* étoit encore soumise à celle de *Cadouin* en Périgord, sous le pontificat d'*Innocent II*. Elle fut unie à l'ordre de Citeaux en 1147, durant le séjour que *saint Bernard* fit à Toulouse, pour combattre les *Henriciens*. Cette abbaye devint alors une des plus celebres & des plus considérables de tout l'ordre de Citeaux, & produisit un grand nombre de personnages illustres, soit par leur science, soit par leur piété. Les seigneurs de *Lille-Jourdain*, qui avoient leurs terres au voisinage, ont fait beaucoup de bien à ce monastere. Voyez l'*Histoire Génér. du Languedoc*, par dom *Vaissette*, tome ij, page 375 & 448.

GRAND-QUEULX: *Du-Cange*, aux mots *Coquus magnus*, *Coquus*, *Magister coquinæ*, dit que ce nom fut affecté, sous *S. Louis*, à l'officier du palais qui avoit une inspection sur les cuisines du roi, & sur tout ce qui regardoit le service de la table. Cet office à vie, & qui étoit tenu à foi & hommage du monarque, donnoit le commandement sur tout ce qu'on appelloit *maîtres-queulx*, *ardeurs*, *asteurs*, *pages*, *souffleurs*, *enfans sauciers du commun*, *sauffiers devers le roi*, *sommiers*, *chere-sauffier*, *chere de cuisine*.

Chaque jour il devoit prendre l'ordre du prince sur le nombre & la qualité des mets qu'il vouloit qu'on lui servît; être présent lorsqu'on coupoit les viandes pour les faire cuire; enfin les visiter une seconde fois, lorsqu'elles étoient sur le dressoir, pour examiner si les cuisiniers ne commettoient aucune fraude.

On voit par plusieurs monumens que sa jurisdiction s'étendoit sur tous les cuisiniers, chaircuitiers & rôtisseurs qui, pour cet effet, avoient tous leurs prévôts, ou gardes de la prévôté. Cette charge dans les commencemens, ne donnoit pas une grande considération; mais par la suite elle devint une des plus grandes de la couronne, & fut occupée par des gens de la plus haute naissance. On compte parmi les *grands queulx*, des *Beaumont*, des *d'Harcourt*, des *Nesle*, des *Dampierre* & des *Châtillon*; *Louis de Prie*, seigneur de Buzançois, est le dernier qui ait exercé cet office; il fut enfin supprimé, & tous les priviléges réunis en la personne du *grand maître de la maison du roi*, & ses différentes fonctions attribuées au maître d'hôtel. *Isumbert*, *grand queulx* de France, quand S. *Louis* fut fait malheureusement prisonnier dans la premiere croisade contre les infideles, fut le seul serviteur qui lui restât; il lui préparoit à manger, faisoit son pain, le couchoit, le levoit, & lui tenoit lieu de toute cette foule d'officiers, si empressés d'ordinaire pour le service des rois. Voyez *Queux*.

GRAND-PANETIER. Voyez *Panetier*.

GRANDS-JOURS: les derniers qui se soient tenus, c'est sous *Louis XIII*, en 1634, pour retenir la noblesse & les officiers dans leur devoir; l'autorité royale n'a plus besoin aujourd'hui de ces précautions. Voyez *Assemblées générales*.

GRANDS DU ROYAUME: on trouve dans *Charles le Simple* un prince, qui fut toute sa vie le jouet de la fortune & de l'ambition des *grands*. Il étoit digne d'un siécle plus heureux que celui où il vécut. *Eudes*, duc de France, tuteur de ce *Charles le Simple*, & régent du royaume, y ajoûta encore celui de roi de France. Il n'étoit pas né roi, mais ceux qui l'avoient élu, trouverent qu'il en étoit digne. Il mourut haï des *grands* qu'il réprima; aimé des *peuples*, qu'il rendit heureux, & généralement *estimé*.

Henri I ne s'occupa pendant tout son règne qu'à réprimer les entreprises des *grands*. Mais *Louis VI*, surnommé *Louis le Gros*, se rendit maître de tous ces petits rois qui ravageoient la France & abîmoient les peuples. Il régla le gouvernement féodal, qui avoit dégénéré en véritable tyrannie. Les *grands seigneurs* avoient prétendu le mettre en tutelle ; mais il en vint à bout. Ce prince ne le cédoit à personne pour le courage & pour la valeur. *Voyez Bravoure*.

Philippe-Auguste, son petit-fils, se fit aussi craindre & respecter des *grands* ; & il affermit la couronne dans sa maison : *Louis VIII*, successeur & fils de *Philippe-Auguste*, acheva de réduire la France sous un seul maître ; mais prince ne sçut mieux soutenir les droits de sa couronne que *S. Louis*. Sur ce que les prélats lui dirent *que jamais ils ne souffriroient que les juges séculiers eussent connoissance de la justice ecclésiastique*, il leur répondit : *Et moi je ne souffrirai jamais que les ecclésiastiques prennent connoissance de ce qui appartient à ma justice*. C'est à son exemple que ses successeurs se sont opposés aux entreprises des *grands*, des *évêques*, & des *papes*.

GRANDS OFFICIERS DE LA COURONNE : pour en bien connoître l'origine, il faut remonter jusqu'à l'usurpation des fiefs, faite par les ducs & les comtes, qui ont été les véritables premiers *officiers de la couronne* ; mais ayant depuis converti la qualité d'*officiers* en celle de *seigneurs*, ils sont uniquement feudataires de la couronne, & n'en peuvent plus être qualifiés *officiers*.

Les auteurs anciens & modernes, comme *Du-Tillet*, *Fauchet*, & *André Favin*, qui a fait un Traité exprès sur les *offices de la couronne*, nous apprennent que le nombre de ces officiers a été différent, suivant les différens temps auxquels ils ont été établis.

Dans la première race, selon *Favin*, il y avoit

sept officiers de la couronne, sçavoir, le *maire du palais*, les *ducs*, les *comtes*, le *comte du palais*, le *comte de l'étable*, le *référendaire*, & le *chambrier*.

Dans la seconde race, le même auteur prouve, par le livre d'*Adelard*, abbé de Corbie, composé par l'ordre de *Charlemagne*, intitulé *Ordo sacri Palatii*, qu'il y avoit dix officiers de la couronne, sçavoir:

L'archi-chapelain, *apocrisiarius*;

Le grand chancelier, *cancellarius summus*;

Le chambrier, aujourd'hui le grand chambellan, *camerarius*;

Le comte du palais, *comes palatii*;

Le sénéchal, aujourd'hui le grand maître, *senescallus*;

Le bouteiller, aujourd'hui le grand échanson, *buticularius*;

Le comte de l'étable, ou le connétable, *comes stabuli*;

Le grand maréchal des logis du roi, *mensionarius*;

Les quatre grands veneurs & un fauconnier, *venatores principales quatuor, & falconarius unus*.

Dans le commencement de la troisieme race de nos rois, selon le même *Favin*, il n'y avoit que cinq officiers de la couronne, sçavoir, le *chancelier*, le *sénéchal*, ou grand maître de la maison du roi; le *grand échanson*, ou bouteiller; le *chambrier*, ou chambellan; & le *comte de l'étable*, ou connétable.

Ces divers dénombremens des officiers de la couronne, faits par *Favin*; & ceux faits par *Du-Tillet*, qui y comprend le *grand pannetier* & le *grand queux*, ou *surintendant* des cuisines du roi, & qu'on ne trouve pas dans le dénombrement exact que *Favin* prétend en avoir donné, font voir la contrariété des sentimens des auteurs.

Mais les lettres-patentes du roi *Henri III*, du 3 Avril 1582, levent tous les doutes qu'on peut avoir sur ce sujet. Ces lettres portent expressément que les officiers de la couronne sont le *connétable de France*, le *chancelier de France*, le *grand maître* appellé par les Romains, *magister officiorum*, qui avoit la surintendance de tous les officiers du palais de l'empereur, en la même maniere que l'a aujourd'hui le *grand maître* de France sur tous les officiers de la maison du roi; & enfin le *grand chambellan*, l'*amiral*, les *maréchaux de France*, & non d'autres. Ainsi *Henri III*, suivant ses lettres-patentes, n'avoit que six grands officiers de la couronne.

Depuis ce temps, *Henri IV* en créa deux, sçavoir, l'office de *grand écuyer* de France, & celui de *grand maître* de l'artillerie; le premier, en faveur de M. de *Bellegarde*; le second, en faveur de M. le duc de *Sulli*.

Les offices de connétable de France, & d'amiral de France furent supprimées par *Louis XIII*, en 1626.

Louis XIV, par son édit du mois de Novembre 1669, rétablit l'office d'amiral de France, en faveur de son fils naturel & légitimé de France, le comte de *Vermandois*. Ce prince étant mort en 1683, le même monarque créa de nouveau, par son édit de la même année 1683, l'office d'amiral, en faveur de *Louis-Alexandre de Bourbon*, comte de Toulouse, fils naturel de ce prince, & légitimé de France. Le comte de Toulouse étant mort en 1737, son fils *Louis-Marie de Bourbon*, duc de Penthievre, est revêtu de la charge d'*amiral de France*.

Par tout ce qu'on vient de dire, on voit clairement que sous *Louis XIV* il y avoit sept grands officiers de la couronne, sçavoir, le *chancelier de France*, le *grand maître*, le *grand chambellan*, l'*amiral*, les *maréchaux de France*, le *grand écuyer*, & le *grand maître de l'artillerie* : ce dernier office a été supprimé par *Louis XV*.

Entre tous ces importans offices, les uns conservent encore leur ancien pouvoir, suivant leur premiere nature & qualité; les autres n'ont plus aucune justice annexée à leur dignité.

[G R A]

L'office de chancelier de France, l'amiral de France, & les maréchaux de France, ont encore leur justice annexée à leur dignité, dont ils ont l'exercice & la propriété pendant leur vie, en quoi consiste le véritable caractere d'officier de la couronne.

Mais il n'y a plus aucune justice annexée à la dignité de *grand chambellan* ; elle a été supprimée, avec le titre de *grand chambrier*, par le roi *François I*, en 1545.

La justice du grand maître est aujourd'hui exercée par le grand prévôt, qui l'administre indépendamment de tout autre officier, quoiqu'originairement il fût le juge du *grand maître*, appellé *comes palatii*.

Cependant ces deux grands officiers, par grace & privilége particulier, jouissent encore des noms, titres & prééminences des offices de la couronne, quoiqu'ils aient perdu l'exercice & la propriété de leur justice, qui a été démembrée de leurs offices, & attribuée à de nouveaux officiers.

Il y a d'autres grands officiers de la couronne, qui ont été créés sans aucune justice annexée à leur dignité, & seulement avec la simple attribution du nom, titre & prééminence d'officiers de la couronne : tel est, par exemple, le grand écuyer, qui est grand officier de la couronne, par un simple privilége & grace du roi, lequel étant maître souverain & dispensateur des titres honoraires du royaume, les distribue quand, & à qui il lui plait.

Les auteurs, tant anciens que modernes, dit *Piganiol de la Force*, comme *Du-Tillet*, *Loyseau*, *Favin*, *Marcel*, & les autres, qui ont traité des *officiers de la couronne*, non seulement ne nous expliquent pas leur véritable nature & qualité, & en quoi ils different des grands officiers de la maison du roi ; mais ils ne conviennent pas même de leur nombre ; & cette diversité de sentimens vient, sans doute, de ce qu'ils n'ont pas observé les divers changemens arrivés en ces sortes de charges, soit par une nou-

Z iv

velle création, soit par démembrement des justices, soit par suppression & extinction entiere du titre & des prérogatives d'office de la couronne. Voyez dans l'Introduction à la Description de la France, tome j, l'*Origine des grands officiers de la couronne*, p. 218 & suivantes, & la différence qu'il y a entre les officiers de la couronne & les grands officiers de la maison du roi, page 240 & suivantes.

GRANDVILLE : avec port de mer, en Normandie, diocèse de Coutances, ville située sur un rocher escarpé de tous côtés, & presqu'environné de la mer. Cette ville n'est pas ancienne. *Charles VII* lui donna pour armes d'*azur au bras armé d'argent sortant d'un nuage, accompagné de trois étoiles d'or*. Le bras armé & les étoiles signifient que la ville est, & doit être armée nuit & jour pour sa propre défense.

Thomas, *sire d'Escalles*, chevalier Anglois, sénéchal en Normandie, passe pour en être le premier fondateur. Il fiessa de *Jean d'Argouges*, seigneur de Gratot, la Roque & la montagne de *Grandville*, pour le prix d'un *chapeau de roses vermeilles*, payable au jour de *saint Jean-Baptiste* ; & l'on voit par une charte de *Charles VII*, du mois de Mars 1445, que cette ville ne commença à être bâtie par les Anglois, qu'en 1440 ; on voit aussi par cette même charte, que cette place fut trouvée considérable, regardée comme la plus forte de ce temps, & comme une clef de la Normandie ; que *Charles VII* la fit fortifier, y mit pour gouverneur *Jean de Lorraine*, avec une forte garnison, & qu'il accorda à ceux qui y voudroient venir demeurer les priviléges portés par cette charte.

Le gouvernement de *Grandville* est héréditaire, ou affecté à la maison de Matignon. M. le prince de *Monaco* en est gouverneur. Les habitans de *Grandville* ont joui des priviléges accordés par *Charles VII*, jusqu'en 1675. Les fermiers généraux ont à *Grandville* une patache, qui croise depuis

S. Malo, jusqu'à Castel; & l'amiral de France y a un receveur de ses droits.

GRAVURE : c'est l'art de graver sur les pierres, sur les métaux & sur le bois. Nous avons dit au mot *Ciselure*, que les anciens Grecs n'ont pas moins excellé en ce qui regarde la *gravure* des pierres, des agathes & des cryftaux, qu'en sculpture & en peinture.

Lorsque ces arts se sont relevés en Italie, l'art de graver sur les pierres commença aussi d'y renaître. Plusieurs modernes s'appliquerent à graver sur des cornalines, sur des agathes, & autres pierres précieuses. Mais on ne commença à perfectionner ces ouvrages que sous le pontificat de *Martin V*, au commencement du quinzieme siécle.

Jean Delle de Corgnivole de Florence, qui eut ce surnom, parce qu'il grava excellemment sur des cornalines, est un des premiers qui s'adonna à cet art.

Dominique de Camei, Milanois, fut son concurrent. Celui-ci grava sur un rubis-balai le portrait du duc *Louis*, surnommé *le More*.

Sous le pontificat de *Léon X*, parurent *Pierre-Maria-da-Pescia*, & *Michelino*, qui se rendirent recommandables par ces sortes d'ouvrages.

On vit depuis des piéces achevées, faites par *Jean du-Castel-Bolognese*, *Valerio-Vincino*, *Mattheo-Dal-Nasaro*, & par plusieurs autres.

Pour la *gravure sur cuivre & sur bois*, il est étonnant, comme le remarque M. *Patte*, que les anciens qui possédoient au suprême degré l'art de la *sculpture*, & celui de la *gravure* sur les pierres précieuses, & dont on voit encore tant d'excellentes antiques en ce genre dans les cabinets des curieux, n'ayent pas inventé la *gravure* sur cuivre ; de la premiere invention à l'autre, le trajet étoit court. Un si beau secret n'a paru qu'après celui de l'imprimerie ; car l'impression des figures & des estampes n'a commencé à être en usage que dans le quinzieme siécle.

L'invention en fut trouvée par *Maso-Finiguerra*, orfévre de Florence, qui travailloit à émailler sur de l'argent. Mais *Albert Durer* & *Lucas* furent des premiers qui donnerent une espece de perfection à la *gravure* sur le cuivre & sur le bois. *Marc-Antoine*, après eux, fit de plus grands progrès dans cet art, avec le secours de *Raphaël*.

Ce fut *Hugues Carpi* qui inventa alors la *gravure* en taille de bois, & de clair-obscur, qui fait paroître une estampe comme si elle étoit rehaussée de blanc au pinceau.

Environ vers le même temps, le *Parmesan* & le *Beccafumi* trouverent le secret à l'eau-forte, maniere beaucoup plus expéditive que la *gravure* au burin; mais l'une & l'autre ont été portées depuis au-delà de ce qu'elles étoient dans leur commencement.

C'est *Augustin Carache*, frere d'*Annibal*, qui semble avoir donné le premier, au burin, ce goût de perfection qu'il retient encore aujourd'hui; & l'on grave à présent à l'eau-forte d'une maniere à faire honte aux premiers ouvrages qui ont paru dans ce genre.

La *gravure* en cuivre a les traits enfoncés dans la planche; celle qui est en bois, les a relevés. Un des arts, dont la perfection semble personnelle à la France, ajoûte M. *Patte*, est l'art de la *gravure* taille-douce.

Depuis son invention, on n'a point encore vu d'aussi habiles artistes, & en aussi grand nombre qu'aujourd'hui. Les peintures, dont le *Brun* a décoré la grande galerie de Versailles, & les deux salons qui les accompagnent, ont été gravées par nos premiers artistes avec la plus grande supériorité, d'après les desseins de *Massé*.

Le goût de la nation pour la *gravure*, s'est si considérablement augmenté & multiplié, qu'on a des Recueils gravés des plus beaux édifices de France.

Jusqu'à nos plus beaux ouvrages en littérature, qui sont embellis de *vignettes* & de *frontispices* agréables, qui réunissent aux compositions les plus ingénieuses, tout ce que la *gravure* a de plus séduisant & de plus recherché.

Cet art de nos jours s'est enrichi de quelques découvertes ; on a trouvé le moyen d'imiter en *gravure* le grain du crayon de sanguine, de maniere à tromper les yeux ; on a encore imaginé le lavis de l'encre de la Chine.

Un peintre Allemand, en 1735, nous a apporté l'art de *graver* les planches en couleur, à l'aide de différens cuivres. Il consiste en trois couleurs, qui produisent, par leur mêlange, autant de teintes qu'il en puisse naître de la pallette d'un habile peintre. Ce secret a été publié en 1756, dans un volume *in-8°*.

Nos *gravures* en pierres précieuses, sorties des mains de M. *Guay*, sont des chefs-d'œuvres à mettre en parallele avec ceux des anciens : il est dans ce genre ce que *du Vivier* a été pour les médailles.

M. *Rivas*, en 1758, a inventé un nouveau procédé pour graver en pierre, qui abrége les trois trois quarts du travail, & met en état de faire, en ce genre, des travaux superieurs à ceux des anciens, soit en bas-reliefs, soit en creux, soit en rondebosse, sur les pierres les plus rudes, &, par conséquent, les plus capables de résister aux injures du temps. Voy. *Ciselure*, & consultez le *Tableau des beaux arts*, par M. *Patte*, & l'*Année littéraire de* 1758.

GRENIER A SEL : nous avons dit au mot *Gabelle*, que ce fut *Henri II* qui mit la *gabelle* en ferme. Le *grenier à sel* est une jurisdiction où se portent, en premiere instance, les contraventions à l'ordonnance, & les autres différends qui surviennent sur le fait du sel. Cette jurisdiction est composée de présidens, de lieutenans, de grenetiers, de controlleurs, d'avocats, & procureurs du roi ; de greffiers, d'huissiers & sergens.

Dans le *grenier à sel* de Paris, toutes ces charges sont doubles ; & les officiers y servent alternativement, d'année en année, à l'exception des avocats du roi, & du premier huissier, qui sont toujours de service, & des greffiers, qui ne servent que de trois années l'une. Outre cela, il y a, à Paris, un garde-controlleur des mesures, un vérificateur des rolles, un capitaine, un lieutenant & treize gardes.

Les *greniers à sel* départis dans les provinces ont les mêmes officiers, mais seulement un de chaque rang. On juge en dernier ressort dans les *greniers à sel*, sur les *surtoux* d'un quart de minot & au-dessous, & sur les demandes pour faire prendre du sel à l'extraordinaire, qui n'excede pas non plus le quart d'un minot au-dessus. Les instances se portent par appel à la cour des aides.

Les directions pour les *greniers à sel* du royaume sont au nombre de dix-sept, & contiennent deux cens quarante-quatre *greniers à sel*, outre trente-six dépôts & controles.

Ces directions sont celles de Soissons, d'Abbeville, Saint-Quentin, Châlons, Troyes, Orléans, Tours, Anjou, Laval, le Mans, Berry, Moulins, Rouen, Caën, Alençon & Dijon.

GRENETIERE: (La) c'est une abbaye d'hommes, de l'ordre de S. Benoît en Poitou, diocèse de Luçon, qui doit son origine à *Gilbert de Casa*, qui céda le terrein où elle est située, à *Guillaume de Conchamp*, premier abbé de Fontdouce, vers l'an 1130. Bientôt après, *Gaufred*, ou *Geraud*, second abbé de Fontdouce, fonda l'abbaye de la *Grenetiere* au milieu des bois, où elle est encore, peu loin du château du Parc.

Charles VI, roi de France, & *Arthus*, duc de Bretagne, comte de Richemont, prirent cette abbaye sous leur protection, le premier par ses letttres-patentes de l'an 1420, & le second par les siennes de l'an 1428. Le tombeau d'un archevêque, seigeur de Parthenai, qu'on voit dans l'église, fait conjecturer que cette illustre maison, qui a enrichi de ses dons plusieurs églises, a aussi fait de grands biens à ce monastere.

[G R E]

GRENOBLE : ancienne, grande, belle & riche ville, très-peuplée, capitale du Dauphiné & du Graisivodan, avec un évêché, suffragant de Vienne, un parlement, une chambre des comptes, une cour des aides, une intendance, une généralité, & un hôtel des monnoies.

Plancus fait mention de *Grenoble* dans ses Lettres à *Cicéron* ; c'étoit dès-lors une ville des Allobroges, soumise aux Romains. Elle se nommoit *Cularo*. L'empereur *Gratien* la fit rétablir, & lui donna son nom de *Gratianopolis* ; ce prince l'aggrandit & l'embellit de plusieurs édifices, dont on voit encore des restes.

Il y a dans la ville de *Grenoble* une école d'artillerie, l'une des cinq qui sont établies en France, un directeur de génie, & plusieurs ingénieurs ordinaires, avec une bonne garnison de troupes réglées, une brigade du régiment royal d'artillerie, & une compagnie d'invalides.

Grenoble est la patrie de plusieurs grands hommes recommandables par l'étendue de leurs connoissances & de leur zéle, du nombre desquels sont *Denis-Salvaing de Boissieux*, premier président de la chambre des comptes de *Grenoble*, mort en 1683, dans un âge fort avancé ; & *Pierre Moret de Bourchenu*, aussi premier président de la chambre des comptes du Dauphiné, mort en 1730, âgé de quatre-vingt ans. Voyez le *Dictionnaire de la Martiniere & celui des Gaules.*

Guigues III, dauphin de Viennois, eut, en 1098, de grands différends avec *Hugues*, évêque de *Grenoble* ; & le dauphin céda à l'évêque les dixmes du Graisivodan. C'est de ce titre que les évêques de *Grenoble* s'intitulent évêques & princes de *Grenoble*. *Louis XI*, encore dauphin, y créa un parlement en 1458, que *Charles VII*, son pere, ratifia deux ans après.

Cette capitale du Dauphiné entra dans le parti de la ligue ; *Lesdiguieres* la reprit pour *Henri IV* ;

il dépêcha *Saint-Julien*, son secrétaire, pour en porter la nouvelle à sa majesté, & pour lui en demander le gouvernement que le roi lui avoit promis, un an auparavant, en cas qu'il la reprît.

Le conseil s'opposa à la demande sur ce que le roi s'étoit engagé expressément à ne donner le gouvernement des villes qu'on prendroit, qu'à des Catholiques.

Saint-Julien se retira sans repliquer; & rentrant un moment après, il dit: *MM. votre réponse inespérée m'a fait oublier un mot; c'est que puisque vous ne trouvez pas à propos de donner à mon maître le gouvernement de Grenoble, vous songiez aux moyens de le lui ôter.*

Le conseil décida que c'étoit-là un cas tout particulier, & le brevet fut expédié sur le champ.

GRÉVE : cette place, à Paris, étoit autrefois un terrain vague, sur lequel la riviere, dans les siécles passés, & dans ses débordemens qui étoient alors fort fréquens & fort grands, jettoit quantité de sable & de gravier. C'est de-là sans doute que cette place a pris le nom de *Gréve*. Mais depuis que le pavé de Paris a été fort réhaussé, & que plusieurs quais ont été construits pour contenir la riviere dans son lit naturel, ces inondations n'ont plus incommodé comme elles faisoient autrefois. Voyez *Débordemens de la Seine*.

La *Gréve* est la seule place où se donnent les spectacles publics de réjouissances, où l'on fait des feux de joie la veille de *S. Jean-Baptiste*; ce qui se pratiquoit autrefois avec bien plus de solemnité, puisque toute la cour y assistoit, & que le roi *François I* allumoit le feu aux cérémonies; la ville donne un festin public aux personnes de distinction, qui y assistent, particuliérement lorsque la France a remporté quelque avantage sur ses ennemis.

C'est aussi dans le même lieu où se font les exécutions de justice.

Sauval, Antiquités de Paris, tome ij, page 603.

dit que le marquis de *Saint-Vallier* fut vu sur un échafaud à la *Grève*, le bourreau à son côté; que le parlement, sous *François I*, l'avoit jugé digne de mort, pour avoir participé à la révolte du connétable de *Bourbon*, & qu'il y auroit laissé sa tête, sans la beauté & la jeunesse de sa fille; mais qu'il en fut quitte pour la peur & pour une fièvre, qui a passé en proverbe: *La fièvre de Saint-Vallier.*

Le même auteur dit encore que le maréchal de *Marillac* n'y eût pas laissé sa tête, si, à *la journée des Dupes*, il n'eût pas condamné le cardinal de *Richelieu* à la perdre lui-même; c'est ce qui fit que ce ministre condamna à la peine du *talion* toutes les dupes de cette journée. Voyez *Journée des dupes.*

GROSBOSC, *ou* GROSBOIS: abbaye d'hommes de l'ordre de Cîteaux, & en régle dans l'Angoumois, diocèse & élection d'Angoulême, fondée vers l'an 1159 ou 1166. On voit, dans une des chapelles de cette abbaye, le tombeau d'une femme représentée en habit religieux, avec les armoiries de l'illustre maison de *la Rochefoucauld*, excepté que les chevrons sont en pointe.

GROS-GUILLAUME: ce célebre farceur, contemporain de *Turlupin* & de *Gautier-Garguille*, se nommoit *Robert Guerin*. Après avoir été boulanger, il devint farceur de l'hôtel de Bourgogne, & prit le nom de *la Fleur*, à cause de son premier métier. En changeant de profession, il ne changea point de mœurs; il fut toujours un grand yvrogne. Vis-à-vis les honnêtes gens il avoit l'ame basse & rempante. Son entretien étoit grossier; & pour être de belle humeur, il falloit, comme dit *Sauval*, qu'il *grenouillât, ou bût chopine avec son compere le savetier dans quelque cabaret borgne.* Il n'aima jamais qu'en bas lieu, & se maria en vieux pécheur sur la fin de ses jours, à une fille assez belle, mais déja sur l'âge.

Il étoit si gros, si gras & si ventru, que les *satyriques* de son temps disoient qu'il marchoit long-temps après son ventre ; ce qui a fait donner depuis le nom de *Gros-Guillaume* à ceux qui ont beaucoup de ventre, & qui sont fort puissans. Cette masse cependant, qui auroit nui à tant d'autres, étoit ce qui lui servoit le plus à faire rire ; & nous pensons que c'est de ce *Gros-Guillaume* que nous sont venues les figures de polichinelles, s'il n'y en avoit pas avant lui, comme il y a tout lieu de le présumer. Jamais il ne faisoit de farce qu'il ne fût comme garrotté de deux ceintures, l'une au-dessous du nombril, & l'autre au-dessous du sein ; ce qui faisoit qu'on le prenoit pour un tonneau depuis les pieds jusqu'à la tête.

Il ne portoit point de masque ; mais il se couvroit le visage de farine, & la ménageoit de telle sorte, qu'en remuant un peu les levres, il blanchissoit tout d'un coup ceux qui lui parloient.

Une chose en lui bien surprenante, c'est que quelquefois, étant sur le point d'entrer au théatre avec sa belle humeur ordinaire, la gravelle & la pierre, dont il étoit souvent tourmenté, le venoient si cruellement attaquer, qu'il en pleuroit de douleur ; cependant comme il falloit qu'il jouât son rôle, son visage baigné de larmes & sa contenance triste, divertissoient autant que s'il n'eût point senti de mal.

Avec de si grandes infirmités, il a vécu près de quatre-vingt ans sans avoir été taillé. Il ne laissa qu'une fille, & si pauvre, que pour vivre elle fut contrainte de se faire comédienne ; elle le fit enterrer à S. Sauveur, qui étoit sa paroisse.

GROS-TOURNOIS : monnoie du regne de *S. Louis*, ainsi nommée, tant parce qu'elle étoit fabriquée à Tours, que parce que c'étoit la plus grosse monnoie d'argent qui fût alors en France. On croit par d'anciens titres, qu'elle étoit à onze deniers douze grains de *loy*, c'est-à-dire qu'il ne s'en manquoit qu'une vingt-quatrieme partie qu'elle ne fût d'argent fin. Elle vaudroit aujourd'hui près de dix-huit sols ; les figures gravées sur ces *gros tournois*

ont

ont beaucoup exercé les sçavans; les uns veulent, dit M. *le Blanc*, dans son *Traité des monnoies*, qu'elles retiennent l'image de ces *bernicles*, dont il est parlé dans *Joinville*. Voyez *Bernicles*. Les autres n'y reconnoissent que le plan des tours d'un château, & veulent que ce soit par considération pour la reine *Blanche*, qui étoit de la maison de *Castille*, qu'elles ont été fabriquées. L'opinion la plus vraisemblable est qu'elles représentent une église soutenue par divers piliers, & sommée d'une croix, en quoi *S. Louis* voulut imiter quelques rois de la seconde race, qui firent empreindre un temple sur leurs monnoies, avec cette légende: *CHISTIANA RELIGIO*. Voyez le *Traité des Monnoies* de M. *le Blanc*.

GUAY-TROIN: (Du-) c'est un des plus grands hommes de mer de la fin du régne de *Louis XIV*, & du commencement du régne de *Louis XV*; il étoit né, le 10 Juin 1673, d'une famille de négocians de Saint-Malo, & d'un pere qui avoit commandé des vaisseaux armés, tantôt en guerre, tantôt en paix, suivant les conjonctures. M. *Du-Guay-Troin* n'étoit encore qu'âgé de quinze ans, quand, en 1689, il donna des premieres preuves de sa valeur sur un vaisseau corsaire de dix-huit canons, où il servit volontairement. Ses campagnes de 1691, 1693 & 1694, font remarquables. Dans une descente qu'il fit dans la riviere de Rimerick, il y prit un brulot, & enleva deux vaisseaux Anglois qu'il attaqua avec une fregate, dont le roi lui avoit donné le commandement. Le baron de *Wassenaër*, depuis vice-amiral des Hollandois, éprouva la valeur de *Du-Guay-Troin*. Dans les lettres de noblesse que le roi lui accorda en 1709; il est dit que ce brave officier avoit pris jusques-là plus de trois cens navires marchands, & vingt vaisseaux de guerre ou corsaires ennemis. Le roi le fit commandeur de l'ordre de S. Louis, le premier Mars 1728, & lieutenant général le 27 du même mois. Il eut ensuite le commandement d'une escadre que le roi envoyoit dans le Levant, & qui étoit destinée à soutenir la gloire de la nation Françoise dans toute la Méditerranée. Il arriva à Alger, avec son escadre, où il fit rendre au *Dei* plusieurs esclaves Italiens pris sur nos côtes: la cour n'étoit pas contente des corsaires de Tunis; il s'y rendit, & termina l'affaire à l'honneur & à la satisfaction de la France, & à l'avantage du commerce; & ensuite il fit affermir la bonne intelligence entre le *Dei* de Tripoli en Barbarie, & notre nation. La cour, en 1733, lui avoit donné le commandement d'une escadre qu'il fit armer à Brest; mais la paix rendit ces préparatifs inutiles; & ses infirmités s'étant augmentées, il se fit transporter à Paris, où il mourut le 27 Septembre 1736. Voyez *ses Mémoires*.

GUEMENÉ: c'est une petite ville en Bretagne, qui appartient à la maison de *Rohan*, & qui fut érigée en principauté, en 1570, en faveur de *Louis V de Rohan*, duquel descendent les ducs de *Montbazon*.

GUERRE: sous la premiere, seconde, & bien avant sous la troisieme race, on faisoit une distinction entre *guerre du roi* & *guerre de l'état*; &, par conséquent, les forces du roi & celles de l'état étoient bien différentes. Les *guerres* du roi étoient celles qu'il avoit avec les grands ou petits vassaux, & pour lesquelles il ne pouvoit convoquer que les hommes de ses terres & les vassaux-liges de ses seigneuries; & quand il s'agissoit d'une *guerre* qui regardoit toute la nation, le roi se trouvoit à la tête d'une armée, quelquefois de deux cent mille hommes. La politique ordinaire des grands & des petits vassaux, étoit de souhaiter que l'état fût puissant, & que le roi ne le fût pas assez pour les abaisser & les humilier.

Philippe-Auguste est le premier des Capétiens, qui ait fait voir aux François un prince qui distinguoit ses intérêts de ceux de la nation. Nos rois jusques-là n'avoient employé leur domaine qu'à soutenir la majesté du trône. L'état avoit soin de fournir aux frais de la *guerre*; & dans cette conjoncture les seigneurs & le peuple se joignoient au monarque pour venger les injures faites à la Monarchie ; & par-là le vassal devint, en quelque sorte, juge des motifs qui déterminoient le souverain à prendre les armes.

Philippe-Auguste, pour secouer cette espece de dépendance, imagina de soudoyer des armées, qui fussent entiérement dévouées à ses ordres ; comme ses revenus, quoique considérablement augmentés, ne suffisoient point pour cette énorme dépense, il se vit obligé d'augmenter les impositions, tant sur les laïcs que sur les ecclésiastiques.

Des historiens même disent qu'il rappella les Juifs qui lui offroient des sommes immenses, s'il lui plaisoit révoquer l'édit de leur bannissement, & qu'il leur permit de ne prêter que pour un an, & à dix pour cent, leur défendant d'obliger leurs débiteurs par corps, ou de faire vendre leurs immeubles. On dit de ce prince, qu'il sçut ménager les finances avec une prudente économie.

Dans les *guerres* que nos rois entreprenoient, les évêques & les abbés étoient obligés de les servir en personne à l'armée, avec leurs vassaux & leurs sujets. *Etienne*, évêque de Paris en 1134, reconnut l'obligation où il étoit d'envoyer ses vassaux à la *guerre* & de les accompagner ; & il ordonna à l'abbé de S. Maur, & au prieur de S. Eloy d'en faire autant. Dans ces temps-là le chapitre de S. Germain l'Auxerrois fournissoit à l'évêque de Paris un cheval & deux muids d'avoine. *Philippe-Auguste*, en 1200, en exempta *Sully*, évêque de Paris ; exemption qui n'eut pas lieu pour ses successeurs. En 1326 l'abbé de S. Denis fournit au roi deux chevaux de bât ou de bagage ; & ceux de sainte Genevieve, de S. Germain des Prés, de S. Maur, & les prieurs de S. Magloire, de S. Martin, de S. Eloi, lui en envoyerent chacun un.

Quand *Edouard III*, roi d'Angleterre, entra en France, à main armée, *Chanac*, évêque de Paris, eut ordre, en 1346, de se rendre en armes à Rouen, le premier jour d'Août, avec les chevaliers & les gens de *guerre* qu'il devoit fournir. Le comte de *Flandres*, en qualité de seigneur de Montjai ; le baron de *Montmorency*, à cause de sa baronnie ; & les autres barons, avec leurs vassaux, furent aussi sommés de se trouver au rendez-vous en bel équipage, sous peine de son indignation & de confiscation de leurs terres.

La coutume de voir aller les gens d'église à la *guerre* & d'y suivre leur monarque, est ancienne. On trouve *Gaslen* & *Ancherie*, évêques de Paris qui, en 886, avec *Ebole*, abbé de S. Germain des Prés, se battirent vaillamment, & furent du nombre de ces braves citoyens qui, la même année, firent lever le siége de Paris aux Normands.

Guerin, nommé à l'évêché de Senlis n'eut pas seulement la conduite de l'armée avec le comte de *Saint-Paul* à la bataille de Bouvines, donnée par *Philippe-Auguste* ; mais encore armé de toutes piéces, il renversa avec sa massue le comte de *Salisburi*, & fit tout le devoir d'un soldat & d'un grand capitaine.

Philippe de Dreux, évêque de Beauvais, & son archidiacre, sous le même régne de *Philippe-Auguste* avant la bataille de Bouvines, furent pris, armés de pied-en-cap, près de Beauvais, & mis en prison par *Richard I*, roi d'Angleterre. Le pape, qui en fut informé, écrivit aussi tôt à ce prince qu'il trouvoit étrange qu'il retint prisonnier un évêque, son trèscher fils. *Richard* lui envoya en même temps la cuirasse que *Philippe de Dreux* portoit, lorsqu'il fut pris, avec cette réponse : *Voyez mon pere, si c'est-là la robe de votre fils, ou non ?*

Un des derniers exemples que nous trouvons des évêques qui alloient à la *guerre*, c'est *Jean de Montagu*, archevêque de Sens, sous *Charles VI*, qui servit dans l'armée du duc d'*Orléans*, couvert d'un bassinet, d'un haubergeon, d'une piéce d'acier, & armé d'une hache. On peut voir dans notre Histoire de France, tous les autres archevêques, évêques, cardinaux & abbés qui, par leurs exploits, se sont signalés dans nos armées.

GUERRE DU BIEN PUBLIC : *Louis XI* pour terminer les différends qu'il avoit avec le duc de Bretagne sur les traités que celui-ci avoit faits avec l'Angleterre, employa d'abord toutes les voies de conciliation ; mais comme la réponse du duc de Bretagne fut plutôt un manifeste qu'une justification, *Louis XI* ne songea plus qu'à lui déclarer la *guerre*, qui fut appellée la *guerre du bien public* ; & de son côté le duc de Bretagne qui sentoit qu'il ne pouvoit résister seul aux armes du roi, travailla à augmenter le nombre des mécontens.

Il tâcha d'attirer dans son parti les princes du sang & les autres seigneurs du royaume : il leur persuada que le dessein du roi étoit d'asservir les princes, d'avilir la noblesse, & de dépouiller tous ceux qui, par leur naissance & leurs droits, pourroient s'opposer à l'autorité arbitraire qu'il vouloit établir : le duc de *Bourbon* qui avoit épousé la sœur de *Louis XI*, mécontent de ce qu'on lui avoit refusé l'épée de connétable, entra dans la ligue & y fit entrer le comte de *Charolois*, fils du duc de Bourgogne. Les historiens nous peignent ce jeune prince, plein de feu & de valeur : il étoit né avec une espece de fureur pour la *guerre* ; mais son caractere intraitable & cruel fit le malheur des hommes & le sien propre. Voyez le détail de cette *guerre du bien public* dans nos historiens.

GUERRES PARTICULIERES : en France, chaque seigneur de fief se croyoit autorisé à se faire justice par les armes, sans la participation du souverain ; privilége, qui les égaloit en quelque sorte aux rois, en leur faisant partager la plus belle prérogative de leur couronne, mais qui se trouvoit en même temps fondé sur le droit public des anciens Germains, leurs ancêtres, & sur l'usage inviolablement observé, sous les princes de la premiere race.

Charlemagne, & son petit-fils *Charles le Chauve*, n'oublierent rien, sinon pour abolir entiérement ce pernicieux usage, du moins pour en arrêter les funestes progrès. Il fut défendu aux parties, sous les peines les plus griéves, de brûler les vignes ni d'enlever les bestiaux.

Hugues Capet, & *Robert* son fils, firent de très-séveres prohibitions de tuer les bestiaux. Sous *Henri I*, fils de *Robert*, les *guerres particulieres*, en 1034, malgré les défenses de ses deux prédécesseurs & les siennes, continuerent de désoler le royaume: les seigneurs étoient toujours en armes, les uns contre les autres; & l'autorité royale n'étoit pas soutenue par assez de troupes, pour réprimer un abus qui tendoit à la ruine de l'état.

On tint des conciles dans toutes les provinces; on fit des réglemens pour établir une paix inviolable entre les particuliers. Ces réglemens eurent d'abord un bon effet, & c'est ce qu'on appella *la paix de Dieu*. Voyez *Treve* & *Paix*.

Bientôt après, il fallut en modérer la rigueur; parce que ceux qui, par respect pour les censures ecclésiastiques, n'osoient point reprendre les armes, ne manquoient pas d'être opprimés. On convint de changer en une espece de tréve, la paix qui étoit si mal observée; & l'on ordonna que chaque semaine, depuis le mercredi au soir & les jours suivans, personne ne fût assez téméraire que d'attaquer son ennemi, que de faire quelque violence, que de répéter à main armée les biens usurpés sur lui. C'est ce qu'on appela la *tréve de Dieu*.

Mais toutes ces *guerres particulieres* furent absolument interdites, quand on commença, (en 1095,) à s'enrôler pour aller faire la conquête de la *Terre-sainte*. Les biens des *croisés*, comme nous l'avons dit au mot *croisades*, & même leurs personnes furent spécialement sous la protection de l'église.

S. Louis, par une ordonnance de 1256, défendit absolument ces *guerres particulieres* dans toute l'étendue de son royaume; & il enjoignit aux sénéchaux de punir sévérement ceux qui couroient aux armes, pour venger leurs querelles particulieres;

ceux qui brûleroient les maisons ou les récoltes, & ceux qui troubleroient le laboureur dans la culture des terres. Ces désordres ne furent assoupis que pour un temps, & non radicalement guéris par ce saint monarque, & sous son successeur *Philippe le Hardi*.

Philippe le Bel amèrement touché de voir ses sujets armés les uns contre les autres, défendit, sous *peine de corps & de biens*, à tous François, nobles ou roturiers de se faire justice par soi-même, *jusqu'à ce qu'il en eut plus amplement ordonné*.

Cette clause ne put contenter la noblesse ; celle de Bourgogne, de Langres, d'Autun, & du Forez, demanda tumultuairement qu'il lui fût permis de *guerroyer*, quand il lui plairoit ; & nos rois se virent réduits à se servir du prétexte de leurs *guerres*, pour empêcher celles que leurs vassaux croyoient avoir droit de se faire les uns aux autres.

Insensiblement l'autorité royale s'accrut ; le roi *Jean* défendit les défis & les coutumes de guerroyer.

Il y eut plusieurs villes, sous le règne de ce monarque, qui obtinrent exemption de faire la *guerre* ; Paris, Orléans & Chartres étoient du nombre ; & au rapport de *Ragueau*, on les appelloit pour cela *villes de paix* ; & le nom de *maison de paix* fut donné à leur auditoire ou siège de justice. Le roi *Jean* donna aussi une ordonnance adressée au prévôt de Paris, par lequel il lui étoit enjoint de confisquer les biens de ceux de la prévôté qui auroient querelles ensemble & ne feroient pas la paix, & de les bannir du royaume.

Charles V renouvella la même défense sous les plus rigoureuses peines ; & *Louis XI* n'étant encore que dauphin, eut assez de crédit pour exterminer cette abominable coutume dans le Dauphiné. Cependant on vit encore *Louis de France*, duc d'Orléans, déclarer la *guerre* ouvertement à *Henri IV*, roi d'Angleterre, pour avoir dépossédé *Richard II*. *Charles* son fils, en fit de même à *Jean*, duc de Bourgogne, pour avoir fait assassiner son père dans

A a iv

la Vieille rue du Temple, à Paris. On pourroit rapporter des arrêts du parlement, qui permettoient & ordonnoient même ces *guerres particulieres*.

Mais enfin les parlemens ont foudroyé ce dangereux abus par les plus terribles arrêts. Cette coutume ne subsiste plus qu'en Allemagne, où les grands vassaux se sont maintenus dans la jouissance de cette singuliere prérogative.

GUERRES DE RELIGION, & GUERRES CIVILES: chez les Assyriens, les Babyloniens, les Perses, les Grecs & les Romains, enfin chez tous les peuples du monde, on ne voit point, en lisant leurs histoires, qu'il y ait eu des *guerres* entreprises pour des disputes de religion. Elles ont pris naissance dans le sein du Christianisme, qui cependant ne recommande que la douceur & la charité. Il seroit trop long de parler de celles dont, depuis l'établissement du Christianisme, les différentes hérésies ont été la source. Nous n'allons donner qu'une légere idée des *guerres civiles*, qui ont affligé la France, dès le commencement du regne de *François II*, & qui n'ont fini que pour faire place à la *guerre* de la Ligue.

Sous le regne de *François II*, qui ne fut que de dix-sept mois, on vit éclore, en 1559, ces *guerres civiles*, qui désolerent le royaume pendant près de soixante & dix ans. On en attribue la cause au trop grand nombre d'hommes illustres & puissans, également bons pour le conseil & pour l'exécution, mais que l'autorité légitime ne put retenir dans les bornes du devoir.

Les querelles de religion servirent de prétexte aux factions, qui préparerent à la France les plus grands maux: *Comme*, dit Brantome, *que le bruit fut qu'il y avoit plus de mécontentement, que de Huguenoterie*.

On fait remonter l'époque des *guerres civiles* au massacre de *Vassi*, & il en fut comme le tocsin. *Catherine de Médicis* causa la premiere en 1562. Les Protestans devenus beaucoup plus hardis, après le colloque de Poissi, oserent publier qu'ils avoient confondu les Catholiques : ils recommencerent à prêcher avec plus de hardiesse, & s'emparerent de plusieurs églises : l'autorité publique arrêta quelque temps leur insolence ; mais bientôt ils reprirent le dessus, & se rendirent encore maîtres de plusieurs églises, renverserent les autels & briserent les images. La cour effrayée des ravages commis dans la capitale, à Dijon, à Pamiers, & ailleurs, en craignit encore de plus grands ; c'est ce qui fit qu'on donna l'édit de Janvier, qui permit aux Huguenots l'exercice public de leur religion, c'est-à-dire qu'on ne maltraiteroit point ceux qui iroient aux prêches, jusqu'à ce que les différends fussent terminés par un concile.

Ce fut dans cette premiere *guerre civile*, que le duc de *Guise*, le connétable & le maréchal de *Saint-André* tenoient le roi & la reine comme prisonniers dans Paris, pendant que le prince de *Condé* & l'amiral de *Coligni*, sçurent s'emparer des meilleures villes du royaume, & que le baron *des Adrets*, qui se jetta dans le parti des Huguenots, devenu chef de la faction en Dauphiné, se mit à la tête de huit mille hommes, & fit dans plusieurs provinces des maux effroyables. Il ravagea tout sur son passage, abbatit les églises, pilla les vases sacrés, contraignit tout le monde d'aller au prêche, même le parlement de Grenoble, qu'il y mena comme en triomphe.

La terreur de son nom se répandit bientôt dans toute la France ; & sa fureur contre les Catholiques fut si grande, qu'après en avoir fait un furieux carnage, il obligea ses deux fils à se baigner dans leur sang, afin de les accoutumer à devenir cruels & sanguinaires. Ce trait d'inhumanité est unique dans l'Histoire ; & aucune secte n'avoit jamais produit de pareils monstres.

La mort du duc de *Guise* mit fin à cette premiere *guerre civile*, & donna lieu à une tréve. La reine devenue, par cette mort, maîtresse des affaires, fit travailler efficacement à la paix. L'édit d'Amboise réunit les deux partis, & éteignit, pour un temps, la fin de la *guerre civile* ; mais par cette paix les Huguenots jouirent de l'exercice libre de leur religion. Cette paix ne dura pas long-temps. La reine avoit favorisé les Huguenots dans la premiere *guerre civile* ; elle les irrita dans la seconde, en favorisant les Catholiques. En 1564 & 1565, les troubles avoient commencé dans les Pays-Bas ; ils recommencerent en France. Les Catholiques furent favorisés en toutes rencontres par la reine, qui laissa croître le crédit du cardinal de *Lorraine* ; c'est ce qui fit que le prince de *Condé* se précipita dans la révolte. De-là, la tentative d'enlever le roi & la reine ; & la bataille de S. Denis en 1567, où le connétable de *Montmorency* fut mortellement blessé. Le champ de bataille resta aux Catholiques ; mais la suite de cette bataille fut la prise d'Orléans par les Huguenots, qui y furent commandés par le célebre *la Noue*, dit *Bras-de-fer*.

La troisieme *guerre civile*, en 1568, fut encore plus animée que les autres, parce que les princes Protestans d'Allemagne prirent parti dans cette *guerre*, qui fut causée par le projet que la reine avoit formé de faire arrêter le prince de *Condé* & l'amiral de *Coligni*. La bataille de Jarnac se donna le 13 Mars 1569 ; le prince de *Condé* y fut pris & tué d'un coup de pistolet par *Montesquieu* ; ainsi mourut *Louis de Bourbon*, à l'âge de trente-neuf ans, prince rempli d'esprit & d'une intrepidité à l'épreuve des plus grands dangers ; digne de toutes les louanges, si la cause, pour laquelle il troubla son repos & celui de la France, eut été aussi bonne que l'étoient ses intentions. Le dépit de se voir contraint de plier sous l'autorité de la maison de *Guise*, plutôt que le motif de la religion, le précipita dans la révolte. Sa mort à la bataille de Jarnac, acheva la déroute de l'armée Huguenote. Il y périt quatre cens hommes du côté des Calvinistes, parmi lesquels il y eut plus de cent gentilshommes ; & du côté des Catholiques, environ deux cens hommes.

Mais l'amiral de *Coligni* avoit le talent des ressources. Il eut de l'avantage sur les Catholiques au combat de la Roche-Abeille en 1569; ceux-ci prirent leur revanche à la bataille de Montcontour. La *saint Barthelemi*, dont l'amiral de *Coligni* fut la premiere victime, mit fin à cette troisieme *guerre civile*.

La quatrieme fut causée par le refus que firent les Huguenots, en 1573, de rendre les places de sûreté, qui leur avoient été accordées. Le duc d'*Anjou* fit le siége de la Rochelle, & le poussa avec la plus grande vigueur. Les assiégés se défendirent avec toute la bravoure possible: ils soutinrent quatre assauts, sans pouvoir être emportés; & la plus grande partie de l'armée Catholique périt à ce siége. On prétend que quatre mille hommes y furent tués. Après bien des attaques & des sorties, où il y eut beaucoup de sang répandu, la nouvelle de l'élection du duc d'*Anjou*, pour le trône de Pologne, changea la face des choses; & ce siége se termina par un accord favorable aux Rochelois.

Mais les divisions qui régnoient à la cour entre la maison de *Montmorency* & celle de *Guise*, avec laquelle la reine mere étoit étroitement liée, ne contribuerent pas peu à entretenir la révolte des Huguenots, dont les forces (quoiqu'affoiblies par les batailles de Dreux, de Saint-Denis, de Jarnac & de Montcontour,) ont encore subsisté long-temps, malgré tous les coups qu'on leur a portés, puisque ce n'est qu'après la prise de la Rochelle sous *Louis XIII*, par le cardinal de *Richelieu*, que les *guerres* de religion ont fini; & encore n'ont-elles été entiérement éteintes que sous le régne de *Louis XIV*. Voyez *Ligue*.

GUESCLIN: (Du-) voici un de nos anciens héros François que nous ne pouvons & ne devons point passer sous silence dans un ouvrage tel que celui-ci. Tous nos historiens, & récemment un orateur célébre, en ont parlé avec les plus grands éloges.

[G U E]

Bernard Du-Guesclin, gentilhomme Breton, s'étoit signalé, dès sa plus tendre jeunesse, dans toutes les occasions où il s'étoit trouvé. Encore enfant, il se battoit contre ses compagnons, & revenoit souvent chez son pere tout déchiré & couvert de sang. Les traits de son visage grossiers & mal formés, lui attiroient souvent des querelles dont il sortoit, par une force de corps & une adresse extraordinaires, qui lui donnoient toujours l'avantage dans le combat. D'abord il s'adonna aux tournois, qui étoient fort à la mode en Bretagne, & remporta tous les prix qu'il disputa. Il avoit toujours avec lui une troupe de braves, dont la plûpart étoient de ses parens, au nombre de cinquante-deux, tous gentilshommes, & tous déterminés à partager avec lui les périls de la guerre. Ils formoient une compagnie, dont il étoit le chef. Les plus célebres étoient *Eon*, & *Olivier de Mauni*.

Dès qu'il eut le commandement des armées, il se signala par une victoire. Il gagna la bataille de Cocherel, entre Evreux & Vernon; il y battit les troupes du roi de Navarre, conduites par le *captal de Buch*, qui fut fait prisonnier. Ce fut à ce combat que les François commencerent de perdre, pour ainsi dire, l'habitude d'être par-tout battus par leurs ennemis, du moins sous le régne précédent.

A la bataille d'Aurai, qui se donna entre *Charles de Blois* & le comte de *Montfort*, lesquels se disputoient le duché de Bretagne, il soutint tout le poids du combat; & ayant appris que *Charles de Blois* avoit été tué, il se jetta dans le fort de la mêlée, & fit sentir à tous ceux qu'il rencontroit, la pesanteur de son bras; mais après avoir renversé plusieurs ennemis à ses pieds, son épée s'étant rompue, comme il perdoit beaucoup de sang, & qu'on lui crioit de tous côtés de se rendre, il se rendit au général *Chandos*, le plus fameux capitaine d'Angleterre.

Ayant été pris une autre fois à la bataille de Navarette, en 1367, il se racheta quelque temps après par une grosse rançon: il piqua même d'honneur le prince de *Galles*, en lui faisant entendre que ce prince ne le retenoit prisonnier, que parce qu'il le craignoit. De retour d'Angleterre, il alla faire la guerre en Espagne, & emmena avec lui, sous l'espoir du butin, les *grandes compagnies* : c'étaient des troupes de bandits qui, depuis les troubles qu'avoit occasionnés la prison du roi *Jean*, faisoient des ravages effroyables dans le royaume. *Charles V* ayant résolu de les en expulser, chargea *Du Guesclin* de cette entreprise : ce vaillant homme s'en acquitta avec beaucoup d'adresse & de prudence. Étant en Espagne, il chassa du royaume de Castille *Pierre*, dit *le Cruel*, & fit couronner à sa place *Henri*, comte de *Transtamare*.

En 1369, la guerre ayant recommencé entre *Charles V* & *Édouard III*, *Du-Guesclin* devint le fléau des Anglois ; il les battit de tous côtés ; il leur reprit presque toute la Guienne, le Poitou, la Saintonge, le Rouergue, le Périgord, une partie du Limousin, &c. *Charles V* crut ne pouvoir mieux reconnoître de si grands services qu'en le faisant *connétable*. Ce héros aussi modeste que vaillant, trouvant cette dignité au dessus de sa capacité, ne pouvoit se résoudre à l'accepter ; mais *Charles* lui parla ainsi : *Sachiez, messire Bertrand, que je n'ai frere, cousin, ne neveu, ne baron en mon royaume, qui n'obéisse à vous ; & si nul en étoit contraire, il me courrouceroit tellement qu'il s'en apperceveroit. Si, prenez l'office joyeusement, & vous en prie.* Alors *Du-Guesclin* obéit, prit l'épée, la tira du fourreau, en disant : *Je ne l'y remettrai jamais qu'après avoir chassé les Anglois du royaume.*

A son retour d'Espagne, étant arrivé à Paris, il fut reçu avec les marques les plus flateuses de considération. On s'arrêtoit dans les rues pour le voir passer ; & quoiqu'il n'eût pas un extérieur imposant, & qu'il fût toujours vêtu fort simplement, sa gloire le paroit assez & le faisoit respecter de tout le monde. On regardoit avec une joie, mêlée de respect, un général qui, avec une armée beaucoup moins forte que celle des ennemis, les avoit attaqués au milieu de l'hiver, les avoit battus dans leurs quartiers, les avoit obligés enfin de sortir du royaume, en si mauvais état, que d'une armée de quarante mille hommes, il n'en étoit pas resté cinq ou six mille; que manquant d'argent pour les troupes, il avoit généreusement abandonné à ses soldats sa vaisselle pour les faire subsister; mais ce qui charmoit le plus en lui, cet homme si fier dans le combat, étoit doux & modeste dans le cabinet.

Il mourut de maladie, au siége de Châteauneuf de Randan, dans le Vélai, à l'âge de soixante-six ans, le 13 Juillet 1380. Les assiégés avoient promis de se rendre, si au 12 Juillet, ils n'étoient secourus; ainsi étant venu à mourir le jour que le gouverneur devoit rendre la place, selon la capitulation qu'il avoit déja faite avec *Du-Guesclin*, ce gouverneur voulut s'acquitter de sa parole envers ce grand capitaine, avec la même ponctualité que s'il avoit été vivant. Etant donc sorti avec les officiers de la garnison, il mit sur son cercueil les clefs de la ville, avec les mêmes marques de soumission qui s'observent en pareil cas.

Mezerai fait un éloge admirable de ce fameux guerrier; en voici quelques traits:

» Etant au lit de la mort, il fit appeller *Olivier
» de Clisson*, & tous ses capitaines, leur dit que le
» plus grand regret qu'il avoit, étoit de mourir
» avant de faire reconnoître leurs services; que
» pour lui il avoit assez vécu pour sa gloire, mais
» non assez pour sa patrie. Il les pria qu'en faisant
» la guerre, ils se souvinssent qu'ils n'avoient à faire
» qu'à ceux qui auroient les armes au poing, & non
» aux pauvres laboureurs, aux gens d'église, à l'âge
» & au sexe imbécille.

» Il fut l'honneur de la chevalerie, & le plus sça-
» vant maître en l'art militaire, que l'on eut eu de-
» puis plusieurs siécles. Il avoit combattu sept ou
» huit fois, de personne à personne en champ clos,
» en quatre ou cinq batailles, dans une infinité de

» rencontres, & toujours victorieux quand il commandoit. Au milieu d'un choc, froid, assuré, donnant ses ordres comme dans une chambre ; à la rencontre, roide & furieux ; dans les traités, franc, sincere & de parole inviolable, mais adroit & prudent dans son entretien; sans fard, sans dissimulation. Redoutable aux Anglois qui ne l'osoient plus regarder que par les creneaux de leurs murailles, son nom seul faisoit trembler les ennemis. » *Charles V* fit apporter son corps à S. Denis, & le fit inhumer au pied de la sépulture qu'il avoit choisie pour lui dès son vivant, avec les mêmes cérémonies qu'on fait aux rois. *Louis XIV* a fait le même honneur au grand *Turenne*.

GUESPIN : *Richelet*, & les autres auteurs du Dictionnaire de *Trévoux*, disent que *c'est un sobriquet qu'on emploie, quand on veut signifier qu'une personne est fine & rusée, & qu'elle est d'Orléans.*

Un auteur Orléanois, qui a pris la défense de sa patrie, dit que les Orléanois ont de l'esprit assurément, & que c'est une justice qu'on doit leur rendre, mais que pour être fins & rusés, c'est un reproche qu'ils ne méritent pas. Ils sont trop unis & trop naturels : c'est même ce caractere, ajoûte-t-il, qui fait en partie celui de *Guespin*, qu'il dépeint par ces vers où *Boileau*, (*Sat.* 1,) fait son portrait sous le nom de *Damon* :

> Je suis rustique & fier, & j'ai l'ame grossiere ;
> Je ne puis rien nommer, si ce n'est par son nom;
> J'appelle un chat un chat, & Rolet un frippon.

Quant à l'origine du nom *Guespin*, donné aux Orléanois, il le dérive de *Guespin*, dont on s'est servi dans la basse latinité, pour *Vespa*, une guêpe. Cet insecte, comme il l'avoue, n'est pas d'un favorable augure ; aussi les anciens philosophes en faisoient-ils celui d'un esprit querelleur ; & il a plu au fameux

Alciat, dans son cinquante-unieme emblême, d'en faire celui de la médisance:

Vespas
Esse ferunt linguæ certa sigilla malæ.

Dans les Mémoires de la Ligue, *tome iij, p. 344*, l'auteur dit: Le naturel du *Guespin*, (j'en prends Orléans à témoin pour exemple,) est d'être hagard, noiseux & mutin; & M. de Valois, (*Notitia Gallorum*,) dit, en parlant des Orléanois: *Vespis quarum advolantium molestos ictus importunos bombos, ac pugnandi libidinem, vino suo instati clamoribus, rixis & conviciis imitantur.* Mais si l'auteur de la Notice des Gaules a si mal parlé des *Guespins* d'Orléans, *Théodore de Beze*, qui avoit étudié à Orléans, & dont l'esprit & le cœur étoient intéressés à aimer cette ville, parce qu'il y avoit pour maîtresse *Marie de l'Etoile*, dont on voit l'épitaphe dans le cimetiere, en prose latine & françoise, a expliqué le mot de *guespe* en faveur des Orléanois. *Juvenilia*, *page 43, verso.*

Aurelias vocare vespas suevimus
Ut dicere olim mos erat nasum Atticum.

Voilà une comparaison flatteuse des Orléanois avec les Athéniens les plus spirituels de la Gréce. *Bonaventure des Periers*, dans ses Nouvelles Récréations, & *joyeux Devis*, page 71, édition de Lyon, 1558, oppose le mot de *Guespin* à civil & poli. C'est dans le conte d'*une dame d'Orléans qui aimoit un écolier*, & il dit: *Une dame gentille & honnête, encore qu'elle fût Guépine.* Un autre passage, pour joindre à celui de *Théodore de Beze*, où le mot *Guespin* est employé sans mauvaise interprétation, c'est dans la relation de l'entrée de l'empereur *Charles-Quint* dans la ville d'Orléans, en 1539: *Après venoient les maîtres d'école, les médecins, puis les officiers de l'université, les conseillers, & Guespins d'icelle.*

U

[...] suivant, peu content de ces différentes [...] données au mot *Guespin*, & de son [...]ologie, lui en a trouvé une bien plus favorable, [...] fait honneur aux Orléanois [...], dit-il, est une des plus anciennes villes [...], & fondée par une colonie Grecque, [...] des environs de l'Epire, deux cens cinquante [...] la destruction de Troie ; & comme, dans [...] les Grecs étoient les seuls peuples [...] sciences, ils firent de leur nouvelle [...] Orléans, la plus sçavante ville des Gau- [...] dans les habitans un certain gé- [...], qu'on ne distinguoit point dans les [...] aussi leur donna-t-on dès-lors le nom [...] qui, en grec, signifie pierre brillante ; [...] espèce de caillou transparent, qui se [...] environs de l'Epire, & qui a long- [...] temples des Grecs. Ce nom leur [...], par corruption de langage, a été [...] de *Guespin*. Ceci est extrait de deux [...] insérées dans les Mercures de Mai, *page* 917, [...] Novembre, *page* 2143, année 1732. L'auteur [...] première est un Orléanois ; & celui de la se- [...] Marseillois. Les Orléanois doivent avoir [...]gation au Provençal, qui a trouvé une si [...] au mot *Guespin*, qu'à leur compa-

[...] commandant du *guet*, sous *S. Louis*, [...]. Dès le commencement de la [...], il y avoit un *guet* dans les principales [...] du royaume, police empruntée des nations [...] disciplinées, où la sûreté du citoyen fut [...] un des soins du gouvernement.

[...] ordonnance de *Clotaire II*, rend responsa- [...] *val nocturne*, ceux qui sont de garde dans [...] où il se fait, s'ils n'arrêtent point le [...]teur. Une autre ordonnance de *Charlemagne* [...] à *quatre sols d'amende*, ceux qui, devant [...] service de nuit, ne s'y rendent pas assidus. [...] fait mention, dans ces anciennes coutumes, de

l'obligation de faire le *guet*; obligation que tous les seigneurs imposerent à leurs nouveaux sujets.

On les vit dans la suite, lorsque le calme fut rétabli, convertir cette servitude, les uns en redevances annuelles, qu'ils unirent aux autres, en une espece de service militaire, qui consistoit non à combattre avec eux, mais à les accompagner à la guerre pour fermer leur champ de palissades, & pour garder leurs personnes.

Alors il ne resta plus de l'ancien usage que le *guet* de la capitale, qui fut depuis le modele de ceux de Lyon & d'Orléans. Il en est parlé dans les *Olim* qui sont, sans contredit, les plus anciens registres du royaume. On le divisoit en deux compagnies; celle des hommes, que les sociétés des marchands & d'artisans, étoient obligées de fournir tous les jours aux ordres du prévôt de Paris; celle que le roi entretenoit, étoit composée de soixante sergens, vingt à cheval, & quarante à pied. La premiere formoit plusieurs corps de garde fixes; ce qui la fit nommer *le guet assis*: on n'y avoit recours que dans les besoins. La seconde, nommée *le guet royal*, étoit destinée à faire ses rondes sous la conduite d'un commandant nommé, dans les anciennes ordonnances, *chevalier du guet*.

De toute ancienneté, un certain nombre de bourgeois, à Paris, veilloit, pendant la nuit, dans les différens quartiers: deux inspecteurs avoient la charge de faire remplir ce service, en avertissant chaque communauté d'artisans du jour qu'elle devoit fournir les gardes nécessaires. Ces inspecteurs étoient appellés *clercs du guet*. Ce ne fut que dans la suite, que nos rois ajoûterent à cette troupe bourgeoise vingt sergens à cheval & vingt sergens à pied, sous la conduite de l'officier, appellé le *chevalier du guet*; & cette garde, comme on l'a dit, étoit nommée *guet royal*.

Les *clercs*, ou *inspecteurs du guet*, pendant les troubles, dispensoient, à prix d'argent, les bourgeois du service qu'ils devoient; & la prévarication fut

...loin, que non seulement les gens de... ...doient discontinué absolument de monter leur... ...mais la négligence du devoir avoit gagné jus... ...sergens à cheval & à pied, quoique payés... ...roi.

...une ordonnance du roi *Jean* de 1363, ces ...*au guet* furent cassés, & leurs offices ...deux notaires du châtelet, chargés de ré... ...ordre pour la garde de la ville, conforme à...

...de l'ancienne police s'observoit de ...suivante, pendant l'hiver, à l'entrée de ...& pendant l'été, à l'heure du couvre-feu ...onnoit à Notre-Dame, à sept heures du soir, ...de cracher hommes pour faire la garde de ...se présentoient devant le châtelet, où ...l'appel, & ils y étoient distribués dans les ...où ils étoient obligés de se tenir éveillés ...jusqu'au point du jour, & celui qui fai... ...châtelet sonnoit la trompette, ...on disoit *guette cornée*.

...nuit, le *chevalier du guet* faisoit la ...les sergens, tant à pied qu'à cheval, ...il visitoit tous les postes occupés par le ...bourgeois, ou le *guet assis*, & ne se retiroit ...que lorsque le jour paroissoit.

...Romains ne confioient ce poste important ...homme de qualité, toujours choisi dans ...les chevaliers. Toute la jurisdiction sur le ...attribuée au prévôt, ou premier magistrat ...ville.

...supprima, en 1559, la compagnie bourgeoise; ...roi fut augmentée jusqu'à deux cens qua... ...hommes dans les guerres civiles. Les seuls ...ois, eurent la garde de Paris; mais bientôt ...*royal* demeura seul chargé de ce soin éga... ...pénible & glorieux. Il fut alors fixé à cin... ...hommes de cheval, & à cent hommes de ...est aujourd'hui de cent soixante cavaliers, & ...cent soixante-douze fantassins. Voy. *Sauval*,

B b ij

Hist. des ant. de Paris, la Mare, *Traité de la Police*, *Histoire de France*, tome ix, page 510, de *Villare*.

GUET DE S. LAZARE, ou *la Course du cheval de S. Victor*. C'étoit une ancienne cérémonie moitié chrétienne & moitié profane, par laquelle on prétendoit honorer, à Marseille, S. Victor, qui en est regardé comme le patron. Cette cérémonie, ou fête commençoit le soir de la veille de S. Victor, par une magnifique cavalcade, qui duroit le reste de la nuit aux flambeaux, & tenoit toute la ville dans la joie; cela s'appelloit le *guet de S. Lazare*, institué originairement pour la sûreté de la ville, que le spectacle du lendemain remplissoit de gens de toute espèce. On nommoit annuellement un gentilhomme originaire de Marseille, pour représenter S. Victor, & porter à cheval l'étendard ou oriflamme, ou banniere de S. Victor, que l'on gardoit de temps immémorial dans l'abbaye qui porte le nom de ce saint. Ce gentilhomme commandoit ordinairement ce *guet*; il étoit superbement monté, environné de douze pages avec des flambeaux, & accompagné de beaucoup de noblesse, divisée en plusieurs quadrilles fort lestes, & distingués par différentes couleurs. Chaque gentilhomme étoit éclairé par deux flambeaux de cire blanche, portés par deux pages. Les capitaines des quatre quartiers de la ville marchoient, dans cette cavalcade, à la tête de leurs compagnies, & précédoient la marche. Le capitaine de S. Victor, les chefs de brigades, & les quatre capitaines de la ville, s'arrêtoient de temps en temps dans la marche pour saluer les dames, faisant des caracoles & d'autres exercices pour faire briller leur parure, & montrer leur adresse. Toutes les maisons des rues où cette cavalcade passoit, étoient éclairées, ornées de tapis, de festons, &c. Le lendemain, jour de S. Victor, le capitaine se rendoit à l'abbaye, où, selon quelques Mémoires, il communioit; & après avoir reçu la bénédiction de l'abbé, il remontoit à cheval dès sept heures du matin, armé & portant l'étendard comme la veille; & il recommençoit ses courses, qui étoient variées, & duroient long-temps. Il se rendoit enfin à l'abbaye, en traversant un large pont de bateaux que l'on dressoit exprès. Vers les dix heures du matin, les religieux de S. Victor, revêtus de chapes, commençoient une procession solemnelle, où la châsse de S. Victor étoit portée sur les épaules de douze diacres revêtus d'aubes & de dalmatiques. La châsse étoit précédée par le chevalier, monté, armé & équipé, comme on l'a dit. Les religieux suivoient, & la marche étoit fermée par les consuls, gouverneurs de Marseille, en robes rouges, accompagnés des capitaines & de tout le corps de ville, & suivi d'un peuple très-nombreux. La procession étoit accompagnée par toute la ville, de grands cris de joie, du son des cloches, des trompettes & des hautsbois, du bruit des tambours, & de plusieurs décharges d'artillerie. On faisoit une station en chemin dans un lieu préparé exprès, & superbement orné, pendant laquelle on chantoit en musique des hymnes & des antiennes en l'honneur de S. Victor, qui étoit enfin salué de tout le canon des galeres du Roi, & des vaisseaux ornés de leurs étendards, &c. Les rues étoient jonchées de verdure & de fleurs; les dames en jettoient à pleines mains par les fenêtres. On rentroit enfin dans l'abbaye, où l'on donnoit un grand dîner aux consuls, au capitaine de l'étendard, au corps de ville, & aux personnes les plus distinguées. Après le dîner, on rentroit dans l'église pour assister aux Vêpres, & entendre le panégyrique du saint Martyr; ce qui finissoit la fête. Il y a plus de cent cinquante ans que cette cérémonie est abolie. *Frédéric d'Espinassi*, gentilhomme de Marseille, est le dernier qui, en 1609, ait fait les courses de cheval, & porté l'étendard de S. Victor, de la maniere qui vient d'être détaillée. On y a substitué la risible apparition d'un phantôme de cavalier, ou d'un valet de ville, travesti en gendarme qui, tous les ans, la veille de cette fête, fait quelques tours par la ville, amusant le peuple; ce qui s'appelle pourtant encore *faire courir le cheval* *S. Victor*. Voyez sur cette fête, le *Mercure de France* Août 1729, page 1740.

GUEUX : ce nom fut donné, en 1566, aux mécontens des Pays-Bas. Le roi d'Espagne *Philippe II* avoit donné ses ordres à la duchesse de Parme, gouvernante des Pays-Bas, d'y établir l'inquisition. Les états du Brabant s'y opposerent, & le peuple menaça de se jetter sur la noblesse. Les seigneurs craignant, ou feignant de craindre leur fureur, firent une ligue entr'eux pour la conservation de leurs franchises. Le comte de *Barlaimont* dit que ce n'étoit que des *gueux*, qui étoient entrés dans cette conspiration. Les conjurés l'ayant sçu, prirent ce nom pour le nom de leur faction, & commencerent à porter sur leurs habits la figure d'une écuelle de bois, avec ces mots, *Serviteurs du roi jusqu'à la besace*. Aussi-tôt les Religionnaires se déchainerent par tout le pays, & commencerent à se saisir de quelques villes, comme avoient fait les Huguenots de France.

Le prince d'Orange, chef des *gueux*, se retira en Allemagne ; il revint dans les Pays-Bas. Le duc d'*Albe* le contraignit de passer en Angleterre. Il y équipa une armée d'environ quarante voiles, avec laquelle il fit des courses sur les côtes ; ce qui le fit appeller *gueux*, ou *oies de mer*. Ils se rendirent maîtres de l'isle de la Brille, en 1572, en fortifierent la ville pour se défendre contre la domination du duc d'*Albe* ; & voilà le commencement de la république de Hollande. Voyez M. de *Thou*, *Histoire*, l. 54, & *Mézeray* ; *Histoire de France*.

GUIBRAY : (LA) c'est un des trois fauxbourgs de Falaise en Normandie, entre Argentan & Caën, renommé à cause d'une fameuse foire qui s'y tient tous les ans. Cette foire si fameuse dans toute l'Europe, & qui a le premier rang après celle de Beaucaire en Languedoc, a été, à ce que l'on croit, établie par *Guillaume le Conquerant*, duc de Normandie, & roi d'Angleterre. Ce prince né à Falaise, accorda à cette ville de grands priviléges, & particuliérement une exemption de tous péages & impôts pour la nouvelle foire qu'il y établit. Elle jouit encore de cette exemption, mais cependant sans diminution des droits des traites établis depuis, qui se payent en entier aux bureaux du roi.

GUILLELMITES, *ou* GUILLEMINS : hermites qui ont pour fondateur *S. Guillaume de Malaval*, gentilhomme François, qui se retira dans la solitude de Malaval, près de Sienne, où il mourut en 1157. Les hermites, ses successeurs, y bâtirent un couvent qui fut l'origine de l'ordre des *Guillemins*. Cet ordre ne subsiste plus que dans les Pays-Bas, où ils ont environ douze maisons gouvernées par un supérieur, qu'on appelle *provincial*, & qu'on élit tous les quatre ans. Ils s'étoient établis, en 1256, au village de Mont-rouge, près de Paris, d'où le roi *Philippe le Bel* les transféra à Paris en 1298, leur ayant donné le monastere des *Blancs-Manteaux*; ils y resterent jusqu'en 1618, que le prieur de ce monastere y introduisit les Bénédictins de la congrégation de S. Maur, sous prétexte de les réformer. Ce qui restoit des *Guillemins* se retirerent à Mont-rouge, où le dernier mourut en 1680. Voyez *Blancs-Manteaux*.

GUILLOT-GORJU : appellé *Bertrand Hardouin de Saint-Jacques*, suivit de près *Turlupin Gautier-Garguille*, & *Gros-Guillaume*, ces célebres farceurs de l'hôtel de Bourgogne. D'abord il étudia en médecine; mais il la quitta pour voyager, & il s'érigea en bouffon & en charlatan. On dit qu'il se fit recevoir apothicaire à Montpellier ; mais comme il n'aimoit pas à aller donner des remedes, (ce que dans ce temps-là faisoient eux-mêmes les apothicaires,) il quitta la profession.

Ayant étudié en médecine, son rôle ordinaire, sur le théatre étoit de contrefaire le médecin, qu'il représentoit si bien, que les médecins eux-mêmes étoient forcés d'en rire. Ainsi avant, & du temps de *Moliere*, voilà un anti-médecin sur lequel peut-être ce dernier s'est modelé, & qu'il a beaucoup surpassé dans tout ce qu'il a écrit contre les médecins.

Guillot-Gorju étoit doué d'une mémoire si heureuse, que tantôt il nommoit tous les simples les uns après les autres, tantôt toutes les drogues des apothicaires, tantôt les ferremens de chirurgie, quelquefois les outils des artisans, & ainsi du reste, & si distinctement & si vite, que les spectateurs qui l'admiroient en étoient étonnés.

Ses talens le rendirent digne de remplacer *Gautier-Garguille*; & son inclination, son penchant, son goût furent si grands pour le théatre, qu'on dit qu'il ne l'eût jamais quitté, si ses camarades, (jaloux apparemment de ses talens,) par les tracasseries & les peines qu'ils lui firent, ne l'avoient pas forcé de l'abandonner. Nous dirons, en passant, que cet esprit de jalousie continue toujours de régner parmi les troupes de comédiens; & nous en avons plus d'un exemple moderne.

Pour *Guillot-Gorju*, que le public perdit, après avoir joué pendant huit ans, il alla se faire médecin à Melun; mais s'ennuyant d'exercer la médecine, la mélancolie le gagna, & étant tombé malade, il revint à Paris pour se faire guérir, & se logea près de l'hôtel de Bourgogne, dans la rue Montorgueil, où il mourut en 1648, âgé près de cinquante ans. C'étoit, dit *Sauval*, un grand homme noir, fort laid, portant une grosse perruque. Il avoit les yeux enfoncés, & ne ressembloit pas mal à un singe; ce qui faisoit qu'il n'avoit pas besoin de masque, quand il montoit sur le théatre, parce qu'il en portoit toujours un avec lui.

GUIENNE, ou GUYENNE: grande & belle province, avec titre de duché, dont Bordeaux est la capitale. Son nom n'est pas, à beaucoup près, si ancien que celui d'Aquitaine. L'appellation de *Guienne* ne paroît s'être introduite que depuis le traité, par lequel S. Louis céda cette province aux Anglois, mais à la charge d'en rendre hommage-lige aux rois de France. Du temps de cet accord fait par

S. Louis, le monarque Anglois (*Henri III*,) possédoit déja le Limousin, le Périgord, le Quercy & l'Agénois. Il y a des auteurs qui prétendent que le nom de *Guienne* n'a commencé à être en usage que vers l'an 1360, après le fameux traité de *Brétigni*, entre la France & l'Angleterre.

Dans la division des Gaules par *Jules-César*, l'Aquitaine étoit presque toute renfermée entre la Garonne, l'Océan, & les Pyrénées. Une grande partie de la Gaule Celtique y fut ajoûtée par *Auguste*; & sous l'empire d'*Adrien*, cette grande étendue de pays fut divisée en trois parties, sous trois métropoles. Bourges fut la métropole de la premiere Aquitaine; Bordeaux, de la seconde; & Eause, ancienne ville détruite, à laquelle a succédé Ausch, de la troisieme. La *Guienne*, comme on l'entend aujourd'hui, se divise en deux parties principales, l'une septentrionale, & l'autre méridionale. La premiere conserve le nom de *Guienne*; & l'autre prend celui de *Gascogne*. Voyez ce mot.

Du temps de *César*, la *Guienne* étoit habitée par cinq ou six peuples différens, sous les noms de *Bituriges*, de *Vibisci*, de *Petrocarii*, de *Nitiobriges*, de *Cadurci*, de *Rutheni*, &c. Sous *Honorius*, les trois premiers de ces peuples étoient compris dans la seconde Aquitaine; & les deux autres dépendoient de la premiere Aquitaine. La *Guienne*, vers l'an 419, de la domination des Romains, passa sous celle des Wisigoths. Après la mort d'*Alaric*, leur roi, défait & tué par *Clovis*, en 507, à la bataille de Vouillé, les François devinrent les maîtres des trois Aquitaines; & depuis ce temps la *Guienne* obéit aux François.

Dans la suite elle eut pour maitres successivement, les premiers ducs d'Aquitaine, les rois d'Aquitaine, les rois de France, & les comtes de Poitiers, connus depuis sous le nom de *ducs de Guienne*. Eléonor, fille de *Guillaume X*, duc de *Guienne* & de *Gascogne*, mort en 1137, fut instituée par son pere, héritiere de tous ses états, à condition qu'elle épouseroit le jeune roi *Louis VII*, fils de *Louis VI*. Ce mariage se fit en 1137 : il en eut deux filles ; cela n'empêcha pas que, sous prétexte de parenté, pour couvrir sa jalousie, *Louis VII* ne la renvoyât, & ne lui rendît toute la belle dot que cette princesse avoit apportée.

Eléonor six semaines après, en 1154, se remaria à *Henri*, comte d'Anjou, duc de Normandie, depuis roi d'Angleterre, sous le nom de *Henri II*, qui, par ce mariage, se trouva posséder environ le tiers du royaume de France, tel qu'il est aujourd'hui. *Henri II* y ajoûta encore la Bretagne par le mariage d'un de ses fils avec l'héritiere de ce duché. Depuis, la plûpart des autres provinces du royaume étoient gouvernées les unes par des ducs, les autres par des comtes particuliers, qui tous affectoient une indépendance absolue ; tels étoient, par exemple, les ducs de Bourgogne & de Bretagne, les comtes de Champagne, de Toulouse, de Provence & les dauphins de Viennois.

Quelle révolution depuis *Charlemagne*, dans l'espace de trois siécles, ou environ ! Aussi on ne doit pas s'étonner des succès qu'eurent les Anglois dans les guerres qu'ils firent à nos rois jusqu'au temps de *Charles VII*. Nos rois n'avoient alors d'autres ressources que dans le zéle de leurs fideles sujets ; & les Anglois, au contraire, composoient leurs armées de François, qui leur étoient soumis ; & ils ne les fortifioient que de quelques troupes de leur nation, qu'ils sçavoient ménager le plus qu'il leur étoit possible.

Mais dans les années 1451, 1452 & 1453, les comtes de *Dunois*, de *Penthievre*, de *Foix* & d'*Armagnac*, généraux de *Charles VII*, qui venoient d'enlever tout aux Anglois, excepté la *Guienne*, y porterent leurs armes victorieuses, & la reprirent. Le brave *Talbot*, général des Anglois, voulut s'opposer aux succès des François. Le comte de *Dunois* marcha contre lui à la tête de huit ou dix mille hommes seulement. Ils se joignirent auprès de

Castillon, où se donna, le 17 Juillet 1453, une [grande] bataille. Les Anglois y furent vaincus; [deux] mille d'entr'eux furent tués, & *Talbot* lui-même [avec] son fils, après avoir soutenu jusqu'à l'âge de [quatre]-vingt ans la réputation d'un des plus grands capitaines de l'Angleterre. Cette victoire ouvrit aux [François] les portes de toutes les villes rebelles : [aucune] ne résista plus; & ainsi fut réunie à la couronne [cette] grande province de *Guienne*, que les Anglois [avoient] eue en possession pendant trois cens ans, [& qui] la premiere avoit été désunie de la Monarchie, [& qui] y fut réunie la derniere.

Charles de France, duc de Berri, frere du roi *Louis XI*, accepta, en 1469, le duché de *Guienne* [pour] apanage, au lieu de la Normandie. Ce prince [fut] empoisonné en 1474, &, par sa mort, la *Guienne* fut de nouveau réunie à la couronne. Il [est le] dernier des fils de France qui, dans son apa[nage] ait eu les droits régaliens, & qui ait levé à [son] profit les impositions.

GUINES, ville avec un ancien titre de comté [dans le] Calaisis, ou pays reconquis, en Picardie, dio[cese] de Boulogne; c'est un lieu remarquable dans [l'histoire], tant par les fortifications, que par les [comtes] de *Guines* qui ont été souverains de cette [ville] & du pays des environs.

Sifrid, dit le *Danois*, passe pour être le premier [de ces] comtes. C'étoit un des capitaines des Nor[mands], qui vint s'établir à *Guines* vers l'an 920. [Il y fit] bâtir une forteresse nommée la *cuve*, à cause de la figure. On en voit encore aujourd'hui des [restes]. C'étoit le palais des comtes de *Guines* qui [étoient si] puissans, qu'ils avoient douze baronnies, [ou douze] barons, qui relevoient de leur comté. Ils [portoient] pour armes un *écusson vairé d'argent*.

La ville de *Guines* fut prise, en 1350, par *Edouard III*, roi d'Angleterre, sur le roi *Jean*, par la trahison de *Guillaume de Beaucauroi*, qui y commandoit. Elle ne fut reprise qu'en 1557, par le duc de *Guife* qui, après qu'il se fut rendu maitre de Calais, fit démanteler *Guines*.

La postérité de *Sifrid* (le Danois,) jouit du comté de *Guines* jusqu'en l'an 1137. *Sibille*, dite (*Rose*,) fille de *Manassès*, cinquieme comte de *Guines*, porta ce comté en mariage à *Henri*, châtelain de Bourgbourg : il n'eut qu'une fille, *Béatrix*, qui mourut sans postérité. *Gisles de Guines*, fille de *Baudouin I*, pere de *Manassès*, succéda à *Béatrix* sa petite niéce ; elle épousa *Wenemar*, châtelain de Gand, dont le petit-fils *Baudouin II*, dixieme comte de *Guines*, devint vassal direct de la couronne de France, par la cession faite en 1180, de la partie occidentale de la Flandre, au roi *Philippe-Auguste*.

L'arriere-petit-fils de *Baudouin II*, *Arnoul III*, rendit en Février (1282) le comté de *Guines* à *Philippe le Hardi*. *Baudouin* son fils tenta inutilement d'y rentrer. *Jeanne* sa fille y fut rétablie en 1295 ; elle mourut en 1338. Elle avoit épousé *Jean II de Brienne*, comte d'Eu, tué à Courtray, en 1302. Leur fils *Raoul I de Brienne*, hérita du comté de *Guines*, & mourut en 1344, pere de *Raoul II*, comte de *Guines*, décapité à Paris le 28 Novembre 1351 ; alors les comtés de *Guines* & d'*Eu* furent confisqués. Le roi céda le premier à l'Anglois, sur lequel il fut reconquis par *Charles VII*, & réuni à la couronne.

GUINGAMP : l'abbaye de Sainte-Croix de *Guingamp*, ordre de S. Augustin en Bretagne, a été fondée en 1133, par *Etienne*, comte de Penthievre, & *Avoise de Guingamp*, son épouse. La ville de ce nom est la plus considérable, & comme le chef-lieu de Penthievre, qui appartient à S. A. S. *Jean-Louis-Marie de Bourbon*, duc de Penthievre. Elle est située dans le diocèse de Tréguier.

GUISE : ville de Picardie, située dans le pays de Tierache ; sur la riviere d'Oise, au-dessus de la Fere. Elle fut érigée en duché-pairie par lettres-patentes de l'année 1527, qui furent vérifiées au parlement, l'année suivante.

Cette ville fut prise d'assaut en 1536, par les troupes de l'empereur *Charles-Quint*. Les capitaines qui rendirent lâchement la place, furent notés d'infamie. Elle revint au pouvoir du roi *François I*; & *Ferdinand de Gonzague* l'assiégea en 1543; mais l'approche du roi lui fit lever le siége, avec perte de deux mille hommes de son arriere-garde, & quantité de prisonniers.

En 1636, les Espagnols, pour la troisieme fois, voulurent en faire le siége; mais la vigoureuse résistance du comte de *Guébriant* les obligea de se retirer. Ils l'assiégerent encore pour la quatrieme fois, & inutilement, en 1650. Elle a été long-temps le patrimoine des puînés de la maison de Lorraine.

Cette ville, avec un fort château, n'est connue dans l'Histoire que depuis le douzieme siécle, qu'elle avoit ses comtes particuliers. *Godefroi* est le premier seigneur de *Guise*, dont on ait connoissance. Il vivoit vers l'an 1100. *Bouchard* son petit-fils, vivoit en 1155. *Ameline de Guise*, sa fille & son héritiere, épousa, en 1180, *Jacques*, seigneur d'Avesnes, mort en 1191. *Gauthier II*, leur fils, aussi comte de Blois, ne laissa pour héritiere que *Marie*, sa fille, qui porta le comté de *Guise* à *Hugues de Châtillon*, comte de Saint-Paul, son mari. Elle mourut en 1241; & lui, en 1248. Leur fils *Jean de Châtillon*, mort en 1279, laissa pour héritiere *Jeanne*, sa fille, qui mourut sans postérité en 1291; & *Hugues* son cousin germain, fut le neuvieme seigneur de *Guise*. Il mourut vers l'an 1303. Il fut ayeul de *Charles de Châtillon*, onzieme seigneur de *Guise*, duc de Bretagne, mort en 1354. Sa fille *Marie*, dite de *Bretagne*, eut *Guise* en dot, & mourut en 1404; elle avoit épousé *Louis de France*, duc d'Anjou, & roi de Sicile, mort dès l'an 1384. Leur petit-fils *René*, comte de *Guise*, puis duc d'Anjou, roi de Sicile, mourut en 1480.

Yolande, fille de *René*, hérita de la seigneurie de

[G U I]

Guise, & épousa Ferry de Lorraine, comte de Vaudemont. Leur fils René II fut duc de Lorraine, & mourut en 1508. Claude, frere puiné de René II, est la tige des Guise, qui sont venus s'établir en France. Il fut créé duc de Guise & pair de France, en Janvier 1527, (vieux style,) & mourut le 12 Avril 1550. Il fut le trisayeul de Henri II, cinquieme duc de Guise, mort le 2 Juin 1565. Son frere Louis, duc de Joyeuse, étoit mort dès le 27 Septembre 1554. Celui-ci laissa Louis-Joseph, duc de Joyeuse, qui hérita du duché de Guise, le 30 Juillet 1671. François-Joseph, son fils, septieme duc de Guise, mourut sans postérité le 16 Mars 1675.

Alors les duchés de Guise & de Joyeuse passerent à Marie de Lorraine, sœur de Henri II. Elle mourut sans postérité, le 3 Mars 1688. Le duché de Guise échut à la princesse de Condé, Anne-Henriette de Baviere, fille d'Édouard, comte Palatin, du chef de son ayeule maternelle, & de Catherine de Lorraine, fille de François I, duc Guise, assassiné en 1563, & qui étoit fils de Claude, créé premier duc de Guise & pair de France. C'est aux droits de cette princesse que le duché de Guise est possédé actuellement par le prince de Condé.

Nous avons dit plus haut que Claude, duc de Guise, qui vint s'établir en France, est la tige de tous ceux qui ont porté le même nom après lui. Il eut de sa femme Antoinette de Bourbon, François de Guise, le cardinal de Lorraine, le duc d'Aumale, le cardinal de Guise, François de Lorraine, tige des ducs d'Elbœuf, & Marie, mere de Marie Stuard.

Dans l'extrémité fâcheuse où se trouvoit le royaume, en 1557, après la bataille de Saint Quentin, le duc de Guise (Claude) fut rappellé d'Italie & regardé, dans ces circonstances, comme la ressource & le soutien de l'état. Ses succès militaires, sur-tout à la défense de Metz, lui avoient acquis, à juste titre, la réputation d'un grand capitaine.

Dès qu'il fut arrivé à la cour, il se trouva dans

la position la plus avantageuse, pour jetter les fondemens de la puissance où monta sa maison. Les personnes qui auroient pu lui disputer le commandement des armées, étoient absentes ; le cardinal de *Lorraine* son frere, étoit en possession de toute la faveur & de toute l'autorité dans le ministere. Le connétable de *Montmorency* & l'amiral de *Coligni*, étoient prisonniers chez les ennemis ; ce duc & son frere le cardinal, avoient de plus des liaisons étroites avec la duchesse de *Valentinois*, qui gouvernoit l'esprit de *Henri II*.

Ainsi lorsque *Claude*, duc de *Guise* parut, il fut regardé comme le restaurateur de l'état : le roi le déclara lieutenant général dans tout le royaume, & envoya des ordres pour qu'on eût à obéir au duc de *Guise*, comme à lui-même. En cela ce prince eut bien peu d'égard à l'avis que *François I* son pere, lui donna en mourant, de ne pas trop élever la maison de *Guise*, de peur que leurs grandes alliances, & leurs grandes qualités même, n'excitassent des factions dans le royaume. L'événement n'a fait que trop voir que la crainte de ce monarque étoit très-bien fondée.

Après la mort de *Henri II*, on vit le germe des troubles se développer. Le cardinal de Lorraine gouverna l'état avec le duc de *Guise* son frere ; l'un se vit maître du clergé & des finances ; l'autre devint chef de tout ce qui regardoit la guerre.

On voit à la ville d'Eu le mausolée de *Henri*, duc de *Guise*, surnommé *le Balafré*, avec sa statue & celle de son épouse. Dans le bloc du marbre choisi pour la statue de la duchesse de *Guise* ; il s'est trouvé une veine qui représente une balafre sur la joue, & qui auroit produit l'effet le plus heureux, si ce bloc eut été destiné pour la statue du duc. Le sculpteur en fut malade de chagrin.

Henri, duc de *Guise*, étoit fils de *François*, duc de *Guise*, assassiné en 1563, dans le temps qu'il faisoit le siége d'Orléans, par *Jean de Merey*, connu sous le nom de *Poltot*.

Charles, dit *le cardinal de Lorraine*, étoit frere de ce *François*, duc de *Guise*, & oncle du *Balafré*. Il est mort & inhumé à Reims, où l'on voit le magnifique tombeau qu'il s'y fit élever lui-même. Il avoit pris pour devise une colonne droite, avec un lierre attaché à la colonne, & ces mots : *TE STANTE VIREBO* ; Je serai verd tant qu'il sera debout. On y ajoûta cet hémistiche par allusion au lierre qui fait périr les corps où il s'attache : *TEQUE VIRENTE PERIBO*. Voyez l'*Histoire des guerres civiles*.

En Août 1718, le nom de *comte de Guise* fut renouvellé en la personne d'*Anne-Marie-Joseph* de Lorraine, comte d'Harcourt, fils d'*Alfonse-Henri-Charles* de Lorraine, prince d'Harcourt, & de *Marie-Françoise* de Brancas, lequel acheta quelques terres en Lorraine, auxquelles le duc de Lorraine en ajoûta d'autres, dont il lui fit présent ; ce duc érigea le tout en comté, sous le nom de *Guise-sur-Moselle*.

HABIL-

[HAB]

HABILLEMENT DES FRANÇOIS: le *clamys* des Romains (habit long,) fut l'*habillement* sous de Clovis, &, pendant plusieurs siécles, des personnes de distinction en France. On le [...] de martre, de zibéline, d'hermine, & on [...]oit de toutes les piéces de son écu.

[Les] peuples de la Narbonnoise, sous *Alfonse*, [frere] de S. *Louis*, comte de Toulouse, hommes & [femmes], au lieu de ces *toges* amples qu'ils portoient, [et qui] ont fait donner à la province le nom de *To*[louse], avoient des habits extrêmement serrés & [collés] sur le corps, comme les Espagnols & les [Italiens]. Les hommes se rasoient la barbe, & se [couvroi]ent la tête de capuchons ; l'un & l'autre sexe [aimoit] un luxe somptueux dans ses *habillemens*, & [les] fourrures étoient fort en usage.

[Un c]oncile tenu à Montpellier, défendit aux hommes [d'av]oir des habits fendus par en-bas, & aux [femmes] de porter des robes traînantes. On ne peut [guere] deviner le motif de cette derniere défense : [car la] modestie, si recommandée au beau sexe, ne pou[voit] que gagner à porter des robes longues & traî[nantes].

Sous S. *Louis*, les états étoient réglés par la richesse des habits. La soie & le velours étoient réservés aux princes & aux personnes du premier rang.

C'est ce que nous apprend la réponse que le sire de *Joinville* fit à *Robert* de Sorbonne, qui lui repro[choit] que ses habits étoient plus magnifiques que ceux du roi.

Joinville lui dit que son habit n'étoit point au-[dessus] de sa condition, & que ses ayeux avoient porté les étoffes qu'il portoit lui-même ; & il ajoûta, en censurant à son tour l'habit dont M. *Robert* étoit vêtu : *L'étoffe que vous portez vous convient-elle, à vous-même & à votre naissance ?* En effet *Robert* n'étoit que le fils d'un paysan. Il avoit une robe de camelot plus fin que celui dont le roi étoit habillé. *Il est juste*, disoit ce saint roi, *que chacun s'habille suivant son état: un homme doit être proprement mis, quand ce ne seroit que pour plaire à sa femme ; & il faut faire ensorte, dans ses habillemens, que les gens raisonnables ne puissent pas dire qu'on en fait trop, & que les jeunes gens n'aient pas lieu de dire qu'on n'en fait pas assez.*

Sous *Philippe le Bel*, l'*habillement* ordinaire des hommes étoit une soutane, ou longue tunique, & par-dessus une robe ou court manteau, quelquefois tous les deux ensemble. L'habit court, excepté à l'armée, n'étoit que pour les valets. Dans le quatorzieme siécle, les mêmes *habillemens* étoient communs aux hommes & aux femmes.

Sous *Louis X* on quitta l'habit court: sous *Philippe de Valois*, la mode vint de porter une longue barbe & l'habit court, qui étoit une espece de pourpoint, qui ne passoit pas la ceinture du haut des chausses; au lieu qu'auparavant, on se servoit d'un *habillement* qui alloit jusqu'à mi-jambe. Il est bien vrai que les princes du sang & les grands seigneurs conserverent l'ancien *habillement*, & laisserent au peuple cette maniere trop peu grave.

Sous le régne de *Charles V*, on ne connoissoit ni fraise ni collets; mais l'habit court, qu'on ne portoit anciennement qu'à la campagne & à l'armée, devint le seul à la mode.

Charles VII, qui n'étoit pas d'une taille avantageuse, & qui avoit les jambes fort courtes fit revivre les habits long, à-peu-près pareils à ceux dont on se servoit avant *Philippe de Valois*.

Sous les premieres années du régne de *Louis XI*, la forme d'*habillement* des deux sexes fut entierement changée; les robes d'hommes furent remplacées par de petits pourpoints, qui n'excédoient pas le haut des reins. Ces especes de camisoles étoient attachées par des aiguillettes & des hauts-de-chausses extrêmement serrés. On resserroit l'entre-deux de ces nouvelles grégues d'étuis indécens, appellés *braguettes* enjolivées de toufes de franges & de rubans : on en voit la forme dans nos tapifferies antiques ; & les hommes encore, pour paroître larges de poitrine, s'appliquoient de chaque côté un furtroit d'épaules : on appelloit ces membres artificiels les *mahoitres*. Joignez à cet équipage burlefque des cheveux longs & toufus fur le front ombrageans les ourcils, des fouliers armés de pointe d'une demi-aune ; car les *fouliers à la Poulaine* (voyez ce mot,) étoient revenus à la mode : tel étoit l'ajuftement d'un homme du bel air, au quinzieme fiécle.

Les auteurs contemporains qui nous ont tranfmis ces détails, ajoûtent que tout le monde fe piquoit à l'envi de fuivre cette mode extravagante ; que les gens même, que leur profeffion obligeoit de fe montrer en public d'une maniere plus décente, ne rougiffoient point d'une affectation, qui ceffoit de paroître ridicule, parce qu'elle étoit générale ; enforte qu'un grave perfonnage, qu'on auroit vu le matin, ou la veille, vêtu d'une robe longue, couroit l'après midi, dans la ville, habillé *comme un finge.* Ce font les expreffions de la chronique du fiécle.

Les mêmes écrivains fe plaignent que les fimples bourgeois fe paroient de chaînes d'or, à l'imitation des chevaliers ; qu'on ne pouvoit plus diftinguer les conditions, & que les valets, ainfi que leurs maîtres, étoient également couverts de fatin, de damas & de velours.

Sous *Louis XII*, on continua de porter l'habit court. *François I* introduifit l'ufage de la taillade. Un pourpoint ferré & fermé, un petit manteau qui ne paffoit pas la ceinture, étoit l'*habillement* favori de *Henri II* & de fes enfans. Ce prince introduifit l'ufage des fraifes & des collets : jufques-là nos rois, excepté *Charles le Sage*, avoient eu toujours le cou extrêmement nud.

L'habit des dames Françoifes éprouva les mêmes révolutions ; il ne paroît cependant pas qu'elles fe foient beaucoup occupées de parures pendant près de neuf fiécles. Rien de plus fimple que leur coëtfure, de moins étudié que nul [...], de plus [...] mais en même temps de plus [...] que leur ling[...] dentelles ont été long-temps ignoré[es]. Leurs [...] armoriées à droite de l'écu de leur mari, [...] che de celui de leur famille, étoient si [...] qu'elles laiſſoient voir toute la fineſſe de leur [...] & étoient ſi haut montées, qu'elles leur couv[roient] entiérement la gorge. L'*habillement* des veuves [avoit] beaucoup de reſſemblance avec celui de nos [reli-] gieuſes.

Ce ne fut que ſous *Charles VI*, que les [femmes] commencerent à ſe découvrir les épaules. Le [goût] galant de *Charles VII* amena l'uſage des bra[celets], des colliers, des pendans d'oreilles. Sous *Lou[is XI]* les femmes qui portoient des robes d'une lon[gueur] démeſurée, retrancherent leurs énormes queues [ainſi] que leurs manches, qui raſoient la terre. A c[es] perfluités ridicules, elles ſubſtituerent de larg[es] dures, qui ne l'étoient pas moins. Leurs [têtes] perdoient ſous de vaſtes bonnets, rempli[s de] bourrelets monſtrueux de trois quartiers de [...]

Il avoit été néceſſaire d'élargir les porte[s pour] qu'elles ſe coëffoient avec ces eſpeces de [...] de tête, de deux aunes de large, ſurchargé[es d'o-] reilles rembourrées; & il fallut les rehauſſe[r pour] les coëffures modernes; c'eſt ce qui a fait [dire à] M. de *Monteſquieu* que les architectes ont é[té ſou-] vent obligés d'aſſervir les regles de leur art [aux] dimenſions des entrées de nos appartemens [& les] proportionner avec les parures des fem[mes.]

On n'a bien connu les diamans qu'au reg[ne de] *Charles VII*; & *Agnès Sorel*, dit-on, eſt la [pre-] miere femme, qui en ait porté en France.

La reine *Anne* de Bretagne regarda les col[liers,] les pendans d'oreilles comme de frivoles ornem[ens;] mais toute l'occupation de *Catherine de Médicis* [fut] d'en inventer de nouveaux : le caprice, la vanité, [le] luxe, la coqueterie les ont enfin portées au p[oint] où nous les voyons aujourd'hui.

Pluſieurs de nos rois ont donné des *loix ſomptu[aires]*

res; *Charlemagne*, dans la seconde race; *Philippe le Bel*, dans la troisieme. Par celle que ce dernier fit publier, le nombre de robes qu'on pouvoit se donner par an étoit réglé. Un comte, baron de six mille livres de terre, ne se pouvoit donner que quatre robes par an, & leurs femmes autant; les prélats & les chevaliers, deux; les chevaliers, qui avoient trois mille livres de terre, trois; l'écuyer, deux; les garçons, une seule; une demoiselle, si elle n'étoit châtelaine, ou dame de deux mille livres de terre, ne pouvoit en avoir qu'une. C'étoit l'usage parmi les seigneurs, de faire des présens de robe à ceux qui leur étoient attachés: les chevaliers n'en pouvoient donner que deux, & les prélats une.

On a inventé à Paris; il y a quelques années, une mode qu'on appelle *mode à la grecque*, & qui est plutôt un nom qu'une réalité. Les hommes & les femmes du grand ton, ne se coëffent & ne s'habillent qu'à la grecque. Les architectes même ne bâtissent plus qu'à la grecque; & enfin tout se fait à la grecque, chez les artistes & les ouvriers; peut-être aussi qu'il y a des cuisiniers qui font des repas à la grecque. C'est ainsi, que parmi nous, sur-tout à Paris, l'on baptise de noms anciens, & les modes que l'on invente, & les usages que l'on introduit. Voyez *Luxe* & *Modes*.

On lit que l'habit royal des rois de la premiere race, étoit un manteau en forme de dalmatique, quelquefois tout blanc, quelquefois mi-parti bleu, très-court sur les côtés, long jusqu'aux pieds par-devant, traînant beaucoup par derriere.

Leur trône ou siége royal, étoit une espece de tabouret, sans bras & sans dossier, comme pour avertir le monarque qu'il devoit se soutenir par lui-même & ne s'appuyer sur personne.

Leur couronne, ou plutôt leur diadême étoit un cercle d'or, enrichi de leurs pierreries. Leur sceptre étoit tantôt une simple palme, & tantôt une verge d'or de la hauteur du prince, & courbée comme une crosse.

L'Histoire nous apprend que [...] affectoit un luxe extraordinaire, & [...] à se distinguer par des habillemens [...] par les autres ornemens d'un peuple [...] François. Ce prince, qui avoit oublié [...] François étoit tellement respecté des [...] cesseurs, & sur-tout de *Charlemagne*, [...] pas permis aux étrangers de paroître [...] avec cet habit, n'étoit le plus souvent [...] d'une grande dalmatique qui lui descendoit [...] talons; une toque ou un bonnet de soie [...] la tête; il avoit par-dessus une couronne [...] portoit à son côté un large sabre.

Cette maniere de se mettre ne contribua [...] à le rendre odieux: la même chose étoit [...] *Alexandre le Grand*: ses historiens rapportent [...] près avoir remporté une victoire complette [...] *rius*, il prit l'habit Persan, & fut par là [...] haï & méprisé des Macédoniens.

HAINAULT, ou HAYNAULT, province [...] titre de *comté*, dont Valenciennes est la [...]

Du temps de *César*, le *Hainaut* [...] les *Nervii*. Sous *Honorius*, ce pays fut [...] compris dans la Belgique seconde. [...] tion des Romains, le *Hainaut* passa sous [...] François; & fit dans la suite partie du [...] d'Austrasie.

Vers l'an 878, le *Hainaut* eut des [...] ticuliers, propriétaires. *Rainier*, ou [...] nommé *au Long-Col*, fut le premier de ces [...] on le qualifie aussi *duc de Hasbaye*. [...] Hasbaye fait aujourd'hui partie du pays de [...] Les successeurs de *Rainier I*, tirerent [...] leur comté de l'hommage qu'ils rendoient, & [...] soient à la France, & le mirent sous celui [...] pereurs. Dans le onzieme siecle, un comte [...] *nault*, du consentement de l'empereur, [...] comté au prince de Liége. Environ quatre [...] après, en 1465, le duc de Bourgogne engagea [...] vêque à renoncer à cette mouvance; & peu de [...]

après, l'empereur y renonça lui-même, en faveur de *Charles le Hardi*, dernier duc de Bourgogne.

Sa fille & son héritiere *Marie*, porta le *Hainault* & la plûpart des états de son pere, à *Maximilien d'Autriche*, son mari. D'eux descendoit *Charles-Quint* d'Autriche, qui unit le *Hainault* & le reste des Pays-Bas à la couronne d'Espagne.

La France possede aujourd'hui la moitié du comté de *Hainault*, en vertu des cessions qui lui ont été faites par les traités des Pyrénées, de Nimégue, d'Utrecht & de Bade.

HAINE : on en trouve peu dans notre Histoire pareille à celle que la reine *Elisabeth* de Baviere conçut contre *Charles*, depuis *Charles VII*, son fils unique, pour se venger du consentement que ce prince avoit donné à son exil, & de la perte d'un trésor qu'il lui avoit fait enlever.

Afin de satisfaire cette *haine dénaturée*, elle forma le projet d'exclure de la couronne celui qui en étoit l'unique héritier légitime. On attaqua les places qui tenoient pour ce jeune prince ; & on fit un traité à Troyes avec *Henri V*, roi d'Angleterre, par lequel on le reconnut pour régent & héritier du royaume de France. Elle fit autoriser ce titre, & lui donna en mariage la princesse *Catherine*, sœur du dauphin.

HALLES : il y a eu anciennement, comme aujourd'hui, plusieurs *halles* ou *marchés*, à Paris. La plus ancienne se nomme *la halle*. C'étoit, dans les dixieme & onzieme siécles, une terre appellée *Champeaux*, ou *Champelli*, qui tenoit à un fossé. Au commencement du douzieme siécle, *Louis le Gros* fit bâtir les *halles*, & y établit un nouveau marché pour les merciers & les changeurs, dans un endroit qui appartenoit à Saint-Denis de la Chartre, & pour lequel, en 1137, *Louis VII* reconnut devoir cinq sols de cens au prieuré de S. Martin. *Philippe-Auguste*, en 1181, transféra, à la *halle*, la foire de S. Laurent. Deux ans après, il y fit faire deux *halles* entourées d'une muraille, & fermées de bonnes portes. Les marchands y étoient à couvert pour vendre leurs marchandises. En 1222, par un concordat passé avec *Guillaume*, évêque de Paris, les *halles* demeurerent au roi entiérement, moyennant vingt livres de rente qu'il assigna sur la prévôté de Paris. Avec le temps, la *halle* devint si grande, & on en fit tant d'autres, que les marchands & artisans de Paris eurent chacun la leur; & depuis plusieurs siécles, on ne dit plus *la halle*, mais *les halles*. Dès le temps de S. Louis, il y avoit déja la *halle* au drap, la *halle* des merciers, celle des peaussiers, des lingeres, des cordonniers, &c.

Sous *François I* & *Henri II*, on mit la *halle* dans l'état où elle est à présent; & toutes les *halles*, les places, les maisons, les boutiques, les loges, les étaux, dont les baux n'étoient pas de cent ans, furent adjugés au roi par des commissaires; & tout ce qui avoit été aliéné cent ans auparavant, le procureur du roi le racheta, suivant l'estimation faite par des experts. Ce quartier est le plus peuplé & le plus riche de tout Paris. Un portique fort large & mal fait, appellé les *piliers des halles*, l'environne presque, &, selon toutes les apparences, l'environnoit autrefois entiérement. La *halle* au bled, qui est d'une grandeur très-considérable, est depuis cette année (1767,) transférée au bâtiment neuf, construit pour cet effet, à l'endroit proche S. Eustache, où étoit situé l'hôtel Soissons. Voyez les *Antiquités de Paris*, par *Sauval, page* 647 *& suivantes*.

HAMBYE: c'est une abbaye de l'ordre de saint Benoit, en Normandie, diocèse de Coutance, fondée vers l'an 1145, par *Guillaume Pesnel*, seigneur de *Hambye*. On y conserve plusieurs reliques, & il y a de magnifiques tombeaux de différens seigneurs de *Hambye*.

Hambye est un bourg; & la seigneurie est une ancienne baronnie & plein fief, duquel relevent plusieurs autres fiefs considérables. Elle appartient à la

Après la ligue de Cambray, les Vénitiens envoyerent à *Louis XII* des ambassadeurs, pour essayer de l'en détacher. Le sénateur *Condolmier*, chef de cette ambassade, fit au roi une longue *harangue* toute remplie des éloges de sa république, & dit qu'il étoit dangereux de s'attaquer à une puissance guidée par un aussi grand nombre de *sages têtes*, qu'en avoit Venise.

Louis XII, qui avoit pris son parti, lui répondit: *Monsieur l'ambassadeur, tout ce que vous dites est très-beau; mais j'opposerai tant de FOUS à vos SAGES, que j'en viendrai à bout. Nos FOUS sont des gens qui frappent par-tout, & sans entendre raison, quand ils y sont.*

Un ambassadeur de *Charles-Quint* commença une *harangue* devant *François I*, par ces mots: *SIRE, quand le grand Scipion arriva devant Carthage...* *François I* qui prévit à ce debut la longueur ennuyeuse du discours, & qui voulut le faire sentir à l'ambassadeur, l'interrompit en lui disant: *Après Monsieur l'ambassadeur, sans doute que le grand Scipion ne vint pas à pied.*

Henri IV passant par une petite ville, des députés se présenterent pour le complimenter; à peine l'orateur avoit-il commencé de parler, qu'un âne se mit à braire: *Messieurs*, dit *Henri IV*, *parlez chacun votre tour, s'il vous plaît, je ne vous entends pas.*

Le même prince passant par Amiens, on vint lui faire une *harangue*, & l'orateur la commença par les titres de *très-grand, très-bon, très-clément, très-magnanime*. *Henri IV*, dit: *Ajoûtez aussi, & très-las.*

Quelque temps auparavant, un autre *harangueur* s'étant présenté à l'heure de son dîner, & ayant commencé son discours par ces mots: *Agesilas, roi de Lacédémone*, SIRE. Le roi qui craignit que la *harangue* ne fût un peu longue, lui dit, en l'interrompant: *Ventre-saint-gris, j'ai bien entendu dire quelque chose de cet Agesilas; mais il avoit dîné, & je suis à jeun, moi.*

[H A R]

Un député de Bretagne, continuant aussi une longue *harangue*, quoique le roi lui eût dit d'abréger ; sa majesté perdant patience, se leva, & laissant là l'orateur, lui dit : *Vous direz le reste à maître Guillaume.*

Ce *maître Guillaume* étoit un bouffon de ce temps-là ; son vrai nom étoit *Marchand*. Il étoit natif de Louviers ; & comme il avoit des saillies plaisantes, on l'avoit donné au cardinal de *Vendôme*, depuis appellé le cardinal de *Bourbon*. Ce prélat s'en divertissoit, aussi-bien que les personnes qui alloient chez lui.

Les pages & les laquais étoient ses persécuteurs. Aussi portoit-il toujours un court bâton dont il les frappoit, en criant le premier *au meurtre*.

Louis XIII n'aimoit pas les *harangues* : en voici une preuve. Ce prince surpris de se voir tant de cheveux blancs, dit un jour, en se considérant dans une glace : *Ce sont apparemment les harangues que l'on ma faites depuis mon avénement à la couronne, qui m'ont fait blanchir de si bonne heure.*

Un vieux officier vint demander à *Louis XIV* une grace : la peur lui fit recommencer plusieurs fois son discours ; & enfin il lui dit : *SIRE, au moins je ne tremble pas devant vos ennemis.* Ce compliment, tout de sentiment, flatta plus *Louis XIV* que les éloges les plus recherchés.

C'est M. *Talon*, avocat général, qui, après M. le premier président, en passant devant *Louis XIV*, complimenta aussi Sa Majesté au retour de sa conquête de la Franche-Comté. Les gens du roi se sont depuis maintenus dans cette possession. Voyez les régnes de *Louis XI*, *Louis XII*, *François I*, *Henri IV*, & *Louis XIV*, au sujet des *harangues* faites à ces princes.

HARCOURT : bourg avec un château, avec titre de *duché*, & ensuite de *principauté*, (éteint,) chef-lieu d'une sergenterie de son nom, en Normandie, diocèse d'Evreux. Le château de *Harcourt* fut bâti en 1100, par *Robert*. De lui descendoit, septieme degré, *Jean IV*, créé comte de Harcourt en 1336, & tué à la bataille de Crécy, en 1346. *Jean VII*, quatrieme comte de *Harcourt*, son riere-petit-fils, mourut en 1452. *Marie* sa fille, héritiere de *Harcourt*, d'*Elbœuf*, &c. morte en 1476, avoit épousé *Antoine* de Lorraine, comte de Vaudemont, ayeul de *Réné II*, duc de Lorraine, mort le 10 Décembre 1508, dont le fils puîné *Claude* de Lorraine, eut les comtés de *Harcourt* & d'*Aumale*, & les seigneuries de Guise & de Joinville. Voyez *Lorraine*.

HARCOURT: est un autre bourg, avec un château & titre de *duché-pairie*, chef-lieu d'une sergenterie de son nom, aussi en Normandie, diocèse de Bayeux, intendance de Caën. C'étoit autrefois un marquisat, connu sous le nom de *Thury*, érigé de l'an 1578, & que le roi *Louis XIV*, érigea en duché, en Novembre 1700; & en pairie, en Novembre 1709, en faveur de *Henri de Harcourt*, I du nom, maréchal de France, chevalier des ordres, capitaine des gardes du corps de sa majesté, lieutenant général au gouvernement de Normandie, & gouverneur du vieux palais de Rouen. Le duc de *Harcourt* mourut en 1718, laissant pour successeur *François*, son fils aîné, aussi maréchal de France, capitaine des gardes du corps, &c. qui, de son mariage avec *Marie-Magdeleine* le Tellier de Barbezieux, n'a eu que deux filles, dont l'une a été mariée au marquis de *Hautefort*, & l'autre au comte de *Guerchy*. Le duché de *Harcourt* est passé à son frere puiné, *Anne-Pierre*, dit d'abord le marquis de *Beuvron*, né le 2 Avril 1701, chevalier des ordres, gouverneur de la province de Normandie, depuis le 2 Mai 1764, après le feu maréchal duc de *Montmorency-Luxembourg*.

On lit sous le régne de *Louis XIII*, en 1639, que le comte de *Harcourt*, au combat de la Route, défit, avec huit mille hommes, une armée de vingt-huit mille hommes. Le marquis de *Leganez*, général Espagnol lui envoya un trompette pour l'échange de quelques prisonniers, & le chargea de dire au comte de *Harcourt*, que s'il étoit roi de France, il lui feroit couper la tête, pour avoir hazardé une bataille contre une armée si supérieure à la sienne. Le comte de *Harcourt* lui fit dire à son tour, que s'il étoit roi d'Espagne, il lui feroit couper la tête pour s'être laissé battre par une armée beaucoup plus foible que la sienne. Ce comte de *Harcourt*, étoit pere de *Henri de Harcourt*, maréchal de France, en 1709, sous *Louis XIV*.

HARFLEUR : ville en Normandie, diocèse de Rouen, proche de Montivilliers, autrefois le rempart de la France de ce côté-là, contre les descentes & les entreprises des Anglois. Elle fut prise & saccagée par *Henri le Conquérant*, roi d'Angleterre, en 1415; & depuis par les Calvinistes, en 1562. Toutes ses chartres, qui contenoient les dons & octrois, & les confirmations de priviléges, furent ou pillées, ou brûlées, de même que tous ses autres titres. *Charles IX* rétablit cette ville dans tous ses anciens priviléges, qui furent confirmés par *Henri III*, au mois d'Août 1575; par *Henri IV*, au mois de Juin 1594; par *Louis XIII*, au mois de Mai 1611; & enfin par *Louis XIV*, au mois d'Octobre 1643. Les habitans ont joui de l'exemption de la taille, jusqu'en 1710, que la ville y fut imposée. *Harfleur*, depuis que le Havre-de-Grace est devenu une place considérable, a beaucoup perdu de son lustre. Ses murailles & ses fortifications ont été rasées; & son port s'est comblé, de façon qu'il n'y entre plus que des barques.

HARLAY : c'est une famille éteinte, qui a donné au parlement des magistrats du premier mérite. En 1588, *Henri III* fut forcé de se retirer à Chartres; & le duc de *Guise* resté seul maître dans Paris, après en avoir appaisé le tumulte, fut rendre visite au premier président *Achilles de Harlay*. Il le trouva se promenant dans son jardin.

Ce grand magistrat s'étonna si peu de son arrivée, qu'il ne daigna pas même tourner la tête, & continua sa promenade. Quand elle fut achevée, étant au bout de son allée, il vit en se retournant le duc de *Guise* qui venoit à lui; alors il lui dit: *C'est grand' pitié, quand le valet chasse le maître: au reste, mon ame est à Dieu; mon cœur est à mon roi; & mon corps est entre les mains des méchans, qu'on en fasse ce qu'on voudra.*

HARO : clameur de *haro*, mot qui dérive de *ha*, & *raoul*; exclamation usitée en Normandie, pour invoquer le secours du prince contre un ennemi trop puissant. On dit que, comme le convoi de *Guillaume le Conquérant* approchoit de l'église de S. Etienne de Caen, un habitant de cette ville se mit à crier *haro*. Ce nom seul prononcé, étoit un ordre aux magistrats d'accourir pour réprimer la violence; on s'arrêta alors : le bourgeois exposa que le feu roi avoit pris, pour bâtir l'abbaye de S. Etienne, un fonds qui lui appartenoit, & ne lui avoit rien donné en dédommagement. Le peuple aussi-tôt saisit le corps, qui seroit demeuré sans sépulture, si *Henri*, le cadet de ses fils n'eût payé au dénonciateur la somme qui lui étoit dûe.

Haro est toujours un cri, une contrainte qu'on fait en Normandie pour réclamer le secours de la justice contre la force & l'oppression, & qu'on nomme ordinairement *clameur de haro*. Dumoulin l'appelle *quiritatio Normannorum* : celui sur lequel on a crié le *haro* est obligé de cesser l'entreprise; alors le défendeur mene le demandeur devant le juge, particulièrement en matiere possessoire & provisoire; & là ils donnent respectivement caution, l'un de poursuivre le *haro*, l'autre de le défendre; & cependant la chose est sequestrée en main tierce, & le juge ne peut vuider la *clameur de haro* sans amende.

HARS & HART : ce sont plusieurs houssines liées ensemble. La loi Salique les nomme *antortes*. Un serf ou un esclave, ou autre, qui tomboit en quelque faute, étoit étendu sur un banc, & on lui donnoit six-vingt coups de *hars*, ou tout au moins cinquante. Un serviteur qui voloit deux deniers, ou la valeur de deux deniers, étoit condamné à payer six-vingt deniers, ou bien à avoir autant de coups d'*antortess*, ou *hars*. S'il voloit quarante deniers ou la valeur, outre la restitution du principal qu'il étoit obligé de faire, il étoit condamné d'en payer deux cens quarante pour éviter la punition du *hars*. La punition dite des *baguettes*, qui sont des *hars*, ou des *houssines*, est, parmi nous, une punition militaire.

On écrivoit autrefois *hard*. C'est un vieux mot qui signifie aussi *la corde d'un pendu*, & le *supplice du gibet*. Il vient de ce qu'on attachoit autrefois les criminels au gibet, avec ces sortes de liens de bois menu & pliant, qu'on appelle *hart*. Ce vieux mot est toujours un terme de palais, & on dit : *On a défendu à ce criminel de récidiver, sous peine de la hart*, c'est-à-dire *de la corde*. Marot ; pour achever le portrait d'un valet qui l'avoit volé, dit :

Sentant la hart à cent pas à la ronde.
Au demeurant le meilleur fils du monde.

HAUDRIETTES : ce sont, à Paris, les religieuses de l'*Assomption*. *Etienne Haudri*, l'un des secrétaires de *S. Louis*, l'avoit suivi à la Terre-sainte, & ensuite étoit allé à S. Jacques en Galice. *Jeanne Dalonne*, femme de cet *Haudri*, ayant été un temps considérable, sans avoir de ses nouvelles, s'enferma dans une maison qui lui appartenoit, dans la rue de la Mortellerie, avec quelques autres femmes ; s'y consacra aux exercices de piété, & y fit même vœu de chasteté.

Son mari, à son retour, voulut la reprendre. Il n'obtint du pape la dispense du vœu de sa femme, qu'à condition qu'il laisseroit à la maison où elle s'étoit retirée, un fonds pour y entretenir douze pauvres femmes. Il le fit ; & ces femmes furent appellées les *Haudriettes*, du nom de leur fondateur.

Le cardinal de *Pise*, légat du pape *Jean XXII*, confirma les statuts de ces religieuses. On les appella les *bonnes femmes veuves de la maison de Dieu*. Le nombre s'en accrut, & cet établissement fut confirmé par plusieurs souverains pontifes.

Le grand aumônier est supérieur né de ces hospitalieres. C'est en cette qualité que le cardinal de *la Rochefoucauld* les réforma. Il obtint de *Grégoire XV* d'aggréger cette communauté à l'ordre de S. Augustin, & de confirmer les nouveaux statuts, qu'on avoit ajoutés aux anciens.

En 1622, ces religieuses furent transférées dans la rue S. Honoré, où elles ont bâti un fort beau monastere, & une rotonde pour église, sous le titre de l'*Assomption de Notre-Dame*. Depuis ce temps, elles ont quitté le nom d'*Haudriettes*, & elles ont pris le nom de *dames*, ou *religieuses de l'Assomption*. Elles sont habillées de noir, avec de grandes manches, & une ceinture de laine, & portent un crucifix sur le cœur. Voyez *Couvent*.

HAVRE-DE-GRACE: ville & port de mer, en Normandie, bâtie par *François I*, qui lui donna le nom de *Françoise de Grace*, & de *Havre-de-Grace*. Ce monarque, après la bataille de Marignan, ayant formé le dessein de faire bâtir une ville avec un port de mer, sur la côte de Normandie, ne trouva point de lieu plus convenable pour son dessein, que le terrein où est située la ville du *Havre*, tant à cause de l'embouchure de la riviere de Seine, qu'il importoit de fortifier, que pour servir de rempart contre les Anglois, & autres nations du nord, qui s'étoient autrefois emparés de ce lieu.

Cette ville est regardée comme une des clefs du royaume, & comme un lieu d'étape également avantageux aux François & aux étrangers, & enfin comme un entrepôt de toutes les marchandises qui de-là se transportent dans le centre de la France.

C'est M. de *Chillou*, vice-amiral de France, qui, en 1516, posa la premiere pierre, & fit jeter les fondemens de cette ville. Toute embouchure de fleuve,

[H A U] 417

..., de riviere & de ruisseau, étoit nommé *Aber*
... Bretons de la grande Bretagne; les Anglois
...lent *Haven*, & les Latins *Habulum*. De chacun
... mots particuliers a été formé celui de *Ha-*
... C'eſt la raiſon pourquoi cette ville a gardé le
... de *Havre*, auquel on a ajouté celui de *Grace*,
... de la petite chapelle de *Notre-Dame de*
..., qui étoit en ce lieu, quand on commença à
... cette ville.

François I lui accorda les priviléges, exemptions
... franchiſes, dont elle jouit encore aujourd'hui, &
... permit de porter pour armes une *ſalamandre*,
... ſa majeſté avoit priſe pour deviſe, comme nous
... dit au mot *Deviſe*, avec ces mots, *Nutriſco*
...tinguo; Je m'y nourris & je l'éteins.

... de *Chillou*, premier commandant de la ville
... *Havre* avoit acheté ou fieffé les communes des
... du bourg d'Ingouville, deſquelles dépendoit
... territoire du *Havre*, pour faire l'enceinte de la
..., les baſtions, les tours, les jettées du port, &
... ouvrages. Il poſſéda les fiefs de ces commu-
... juſqu'en 1524, que M. de *Vendôme*, vidame de
... ...tres, y fut envoyé pour en prendre poſſeſſion,
... arrêt du parlement de Rouen, comme ſeigneur
... ...arquiſat de Graville, à qui les habitans du
... payoient un ſol de rente ſeigneuriale, par
... quarré de chaque maiſon, avec les droits &
... ſeigneuriaux. Mais *François I* ſupprima ces
... le 13 Juin 1541, & les habitans en ſont af-
... ...chis. La citadelle n'a été bâtie qu'en 1628, par
... ordres du cardinal *Richelieu*. Il y a des priſons,
... les occaſions on met des priſonniers d'état.
... nomme les *priſons des princes*, parce que
... la minorité de *Louis XIV*, le prince de *Condé*,
... prince de *Conti* ſon frere, & le duc de *Longueville*,
... beau-frere, y furent transférés. Le *Havre* eſt la
... ...rie de *Georges de Scudery*, & de *mademoiſelle de*
... ...dery, ſa ſœur, ſurnommée la *Sapho de ſon ſiè-*
..., morte à Paris, le 2 Juin 1701, âgée de quatre-
... ...gt-quatorze ans. Le gouvernement du *Havre-de*

Tome II.   D d

Grace, diftrait de celui de Normandie, comprend les gouvernemens particuliers de Fefcamp, de Montivilliers, du *Havre-de-Grace*, capitale du gouvernement, & de Harfleur. Voyez la *Defcription de la France*, ou les *Dictionnaires de Géographie*.

HAUTE-LISSE : c'eft une efpece de tapifferie de foie, de laine, quelquefois rehauffée d'or & d'argent, & qui repréfente de grands & petits perfonnages, ou des payfages ornés de figures & d'animaux.

L'invention de la haute & baffe-liffe femble venir du Levant ; & le nom de *Sarrafinois*, qu'on donnoit autrefois, en France, à ces tapifferies, auffi-bien qu'aux ouvriers qui fe mêloient d'y travailler, ou plutôt de les raccommoder, ne laiffe guères lieu d'en douter.

Il n'y a point de manufactures de tapifferies qui puiffent entrer en parallele avec celle des Gobelins, depuis que le deffein eft enfeigné aux moindres ouvriers de cette manufacture : les tapifferies qui en fortent, font regardées comme des chefs-d'œuvres. Les grandes pièces qu'on exécute d'après les tableaux de plufieurs peintres de notre académie, furpaffent tout ce qu'on a vu de plus beau en ce genre. Les demi-teintes y font obfervées, comme dans les tableaux mêmes, & font naître la même illufion dans l'ame du fpectateur.

La Flandre s'eft acquis beaucoup de réputation par fes tapifferies. On en fabrique auffi à Beauvais & à Amiens. Il y a encore deux autres manufactures en France de haute & baffe-liffe, l'une à Aubuffon, & l'autre à Felletin, dans la haute Marche. Les tapifferies qui fe fabriquent dans ces deux derniers endroits, font ordinairement nommées *tapifferies d'Auvergne*. Voyez aux mots *Haute-Liffe* & *Tapifferies*, le *Dictionnaire encyclopédique*.

HAUTES-PUISSANCES : qualification qu'on donne aux états généraux de la république des Provinces-Unies.

HAUTESSE : titre d'honneur qu'on donne au

Grand-Seigneur, ou *empereur Turc*. Ce titre a été porté par nos rois. Les chartres l'expriment par le mot d'*altitudo*. Il n'a été guères en usage que sous la seconde race. Celui de *celsitude*, étoit à-peu-près la même chose; mais il n'eut pas beaucoup plus de cours.

HENRI : nous avons quatre rois sous le nom de *Henri*. *Henri I*, fils de *Robert le Pieux*, monta sur le trône en 1031. Il est le trente-sixieme de nos rois. Sa mere, *Constance* de Provence, voulut lui préférer son frere *Robert*. Mais *Henri* alla, lui douzieme, implorer le secours de *Robert II*, duc de Normandie, & soutenu de forces considérables, défit celles de la reine, & obligea son frere à demander la paix. Il la lui accorda, & lui fit une cession du duché de Bourgogne, d'où est sortie la premiere race des ducs de Bourgogne du sang royal.

Henri I suivit en tout les traces de son pere & de son ayeul *Hugues Capet*, & fut presque toute sa vie occupé à réprimer les entreprises des *grands* qui cherchoient à se soustraire à son autorité.

C'est sous le régne de *Henri I*, que le pape *Léon IX* vint en France, où il tint plusieurs conciles, entr'autres un à Reims; & que les Normands, conduits par *Robert Guiscard*, passerent en Italie, & conquirent les royaumes de Naples & de Sicile sur les Sarrasins. *Henri I* mourut à Vitri, près de Paris, après un régne de vingt-huit ans. Ce prince dit-on, envoya chercher une femme jusqu'en Russie ou Moscovie. Ce fut *Anne*, fille de *Georges*, roi de Russie. Quoiqu'il en soit, il eut *Philippe I*, qui lui succéda; *Robert*, mort en enfance, & *Hugues*, qui a fait la branche des derniers ducs de Vermandois. La reine *Anne* sa veuve, se retira à Senlis, où elle entreprit de faire bâtir un monastere; mais bientôt après, elle épousa *Raoul*, comte de Crépi, parent de son premier mari. Peu s'en fallut que ces secondes nôces n'allumassent une guerre civile. Six ans après, elle demeura veuve pour la seconde fois, & destituée d'appui; des historiens rapportent qu'elle retourna dans son pays.

Dd ij

[HEN]

Henri II, fils de *François I*, & de *Claude* de France, fille de *Louis XII*, est le cinquante-septieme de nos rois. Il fut d'abord duc d'Orléans, ensuite dauphin, par la mort de *François* de France, son frere ainé, mort empoisonné par le comte *Sebastien Montecuculli*, le 10 Août 1536. Il naquit à Saint-Germain-en-Laye, le 31 Mars 1519; succéda le 31 Mars 1547, à *François I*. Quand il monta sur le trône, il avoit déja acquis de l'expérience dans le métier de la guerre; son régne ne fut pas moins agité que celui de son prédécesseur; & les guerres n'y furent pas moins fréquentes, ni moins sanglantes. Personne n'ignore la mort funeste de ce prince tué dans un tournois; il laissa quatre fils, dont trois furent rois successivement, sçavoir, *François II*, *Charles IX* & *Henri III*.

Henri III, troisieme fils de *Henri II*, étoit en Pologne, à la mort de *Charles IX*. Il est le soixantieme roi de France. A l'âge de dix-sept ans, il gagna les batailles de Jarnac & de Moncontour, qui lui firent une si grande réputation, que les Polonois crurent ne pouvoir mieux remplacer *Sigismond-Auguste*, qu'en l'élevant sur le trône de Pologne. C'est *Henri III*, qui institua l'ordre du Saint-Esprit, premiérement parce que l'ordre de Saint-Michel étoit extrêmement avili par le grand nombre de ceux à qui on l'avoit donné, sans avoir égard ni au rang, ni aux services, ni à la naissance; secondement, parce que l'intention de ce prince étoit de retirer du parti Calviniste, par l'espérance de cet honneur, les grands seigneurs qui y étoient engagés. C'est sous son régne qu'on a vu paroître les fureurs de la Ligue; la faction des seize, & leur audace; qu'il se tint une assemblée du clergé à Melun; qu'arriverent les barricades de Paris, qui forcerent ce prince à s'enfuir à Chartres. Ce fut aux états tenus à Blois, en 1588, que le duc de *Guise* fut assassiné par son ordre; & le roi lui-même le fut aussi, en 1589, à S. Cloud, par les mains de *Jacques Clément*, religieux Jacobin. Il mourut le lendemain, 2 Août, âgé de trente-huit ans, &

la quinzieme année de son régne. Ses favoris furent en partie, cause de tous ses malheurs. *Quelus*, *Maugiron* & *Saint-Maigrin* parurent les premiers sur les rangs ; *Saint-Luc* vint ensuite ; *Joyeuse*, le jeune *la Vallette*, connu sous le nom de duc d'*Epernon*, puis de *Termes*, nommé *Bellegarde*, & quelques autres, profiterent de sa foiblesse, & acheverent de l'énerver & de le perdre. Ce prince fit voir de grandes qualités, avant que d'être roi de France, mais qui disparurent dès qu'il le fut. Ainsi l'amour & l'estime qu'on avoit pour lui, se changerent en haine & en mépris. En lui finit la branche de *Valois*, & la branche d'*Angouléme* : elle fit place à celle des *Bourbons*, dans la personne de *Henri*, roi de Navarre, dont nous allons parler.

Henri IV, roi de Navarre, étoit né au château de Pau en Béarn, en 1553, d'*Antoine de Bourbon*, duc de Vendôme, & de *Jeanne d'Albret*. Il descendoit de *Robert* de Clermont, cinquieme fils de *S. Louis*. *Robert* avoit épousé l'héritiere d'*Archambaut*, seigneur de Bourbon ; & cette terre ayant été, dans la suite, érigée en duché, les descendans de *Robert* prirent le nom de *Bourbon*.

Après l'extinction de la branche des *Valois*, *Henri IV* se trouva le plus proche héritier de la couronne ; quoiqu'il ne fût parent de *Henri III* qu'au vingt deuxieme degré, son droit étoit incontestable ; & c'étoit bien envain que le duc de *Guise* avoit voulu persuader au cardinal de *Bourbon* de prétendre à la couronne, parce qu'étant frere d'*Antoine* de Bourbon, roi de Navarre, il étoit plus proche d'un degré que *Henri*, son neveu, fils d'*Antoine*. Ce raisonnement étoit absolument faux, puisque, selon la loi & la coutume de France, la branche aînée doit l'emporter sur les descendans de la cadette, quelque proches qu'ils puissent être.

Après la mort de *Henri III*, *Henri IV* monta sur le trône. Il est le soixante & unieme roi de France. Il parvint à la couronne, malgré toutes les brigues de l'*Espagne*, les obstacles qu'y mit Rome, & les

D d iij

oppofitions des Ligueurs, il lui fallut livrer bien des combats. Jamais roi de France n'unit tant de grandes terres au domaine de la couronne. Il en joignit lui feul plus que n'avoient fait enfemble *Philippe de Valois*, *Louis XII*, & *François I*, parvenus comme lui au trône en ligne collatérale. *Henri IV*, accompagné des princes, des officiers de la couronne & de toute fa garde, fit abjuration du Luthéranifme, le 25 Juillet 1583, dans l'églife de S. Denis. La même année, un fcélérat attenta à la vie de ce prince; un autre fcélérat nommé *Jean Chatel*, fils d'un drapier de Paris, le bleffa à la lèvre d'un coup de couteau; mais le cruel *Ravaillac*, natif d'Angoulême, en 1610, lui porta deux coups de couteau, dont il mourut fur le champ. Le nom de *grand*, qu'on lui donna, lui étoit dû à très-jufte titre. Aucun prince n'eut le courage plus élevé; aucun ne fut plus intrépide dans le péril, plus conftant dans l'adverfité, plus plein de franchife; & ce qui couronne toutes fes vertus, c'eft qu'aucun ne fouhaita davantage de rendre fes fujets heureux; & aucun roi ne mérita mieux que lui d'en être appellé le *Pere du peuple*.

HENRIADE: nom que M. de *Voltaire* a donné à fon poëme de *Henri IV*. Le public convient que fi l'auteur de la *Henriade* n'eft pas encore le *Virgile* de la France, on ne peut du moins lui contefter la gloire d'avoir fait fentir le premier qu'elle en peut produire un.

La tragédie d'*Œdipe*, fruit, pour ainfi dire, de l'enfance de M. de *Voltaire* l'a mis prefque de niveau avec *Sophocle* & *Corneille*. La *Henriade* bientôt après le rendit rival d'*Homère*: elle le rendit même abfolument l'*Homère François*, puifque c'eft le feul poëme épique, dont la France puiffe fe faire honneur, dit M. l'abbé d'*Olivet*.

HENRICIENS: fecte d'hérétiques, au douzieme fiécle, qui avoit pour chef *Henri*, hermite de Touloufe, qui étoit lui-même difciple de *Pierre de Bruys*. Ils enfeignoient qu'il ne falloit conférer le bâptême qu'aux adultes, ne point bâtir de temples, détruire ceux qui l'étoient, & briser les croix. Ils défendoient aussi de prier pour les morts, & nioient la *présence réelle*. *S. Bernard* confondit ces hérétiques en 1147, & détrompa les peuples qu'ils infectoient de leurs erreurs.

On a aussi nommé *Henriciens* les partisans des empereurs *Henri IV* & *Henri V*, contre les papes.

HÉRAULT D'ARMES : emploi dans l'ancienne chevalerie, où l'on ne parvenoit qu'après avoir passé successivement par ceux de chevaucheur & poursuivant d'armes. On recevoit un *hérault d'armes*, soit à la guerre dans un jour d'action, soit au couronnement des rois & des reines, soit dans la solemnité d'un tournois. Le prince ou seigneur, après avoir fait publiquement l'éloge de la fidélité, de la diligence, de la discrétion &. de l'honnêteté de son poursuivant, déclaroit qu'il l'agréoit au nombre de ses *héraults d'armes*.

Ce grade ennoblissoit le récipiendaire; son seigneur, pour l'ordinaire, le gratifioit d'une terre ou d'un fief, & il désignoit les armes ou le blason qui devoient lui être propres, ainsi qu'à sa postérité.

Un *poursuivant d'armes*, reçu *hérault d'armes*, changeoit encore de nom, & prenoit assez souvent ou celui de quelque province, ou celui de son seigneur même.

Ces *héraults d'armes* représentoient la personne du prince dans les différentes négociations, dont ils étoient chargés, telles que les traités de mariage entre les grands, propositions de paix, défi de bataille. Ils étoient revêtus des mêmes habits que les seigneurs auxquels ils étoient attachés ; & la considération, dont ils jouissoient, étoit proportionnée à la qualité du prince qu'ils servoient. Les *héraults d'armes* assistoient à toutes les solemnités, où nos ancêtres mêloient un air guerrier. Il n'y avoit point de tournois & de combats en champ clos, qu'il n'y eût les *héraults d'armes* des différens princes & seigneurs. Il falloit qu'ils se trouvassent au mariage, au couronnement des rois, & aux fêtes publiques. Ils commandoient les poursuivans & les chevaucheurs d'armes; mais ils étoient subordonnés aux rois d'armes. Les *hérauts d'armes* avoient huit sols parisis de chaque chevalier, pour attacher le casque aux fenêtres, au-dessus du blason, pour le tournois. Ceux qui y étoient pour la premiere fois, devoient pour leur bien-venue, leur heaume aux officiers d'armes, avec cette distinction, que si l'on avoit payé le heaume pour le combat à l'épée, il falloit encore le payer pour celui de la lance; mais lorsqu'une fois on avoit payé ce droit pour la lance, on en étoit quitte pour le combat de l'épée, & autres; selon cet axiome, que *la lance affranchit l'épée, l'épée n'affranchit pas la lance*.

Aux ornemens des armoiries, page 21, & au *ch. x*, intitulé *Cri*, page 200 & *suiv*. par le P. *Ménétrier*, on voit les cris que faisoient les *hérauts & poursuivans d'armes*, & les éloges qu'ils prodiguoient aux combattans. Voyez *Poursuivans d'armes* & *Roi d'armes*.

HÉRÉDITÉ DES FIEFS: c'est sous *Charles le Chauve*, en 877, qu'on peut placer l'époque des grands fiefs qui, en partageant la souveraine autorité, l'avoient presque anéantie. Il a fallu bien des siécles pour remettre les choses dans l'état où on les voit aujourd'hui. Voyez *Fiefs*.

HÉRÉTIQUES: en 1112, sous le règne de *Louis VI*, dit *le Gros*, on découvrit, à Soissons, une secte de Manichéens, dont le chef étoit un homme sans lettres, nommé *Clémentines*. On l'arrêta avec son frere *Ebrard*, & une femme qu'ils avoient engagée dans leurs erreurs. On les présenta à l'évêque, en les accusant d'être *hérétiques*. A ce mot, *Clémentines* dit à l'évêque: N'avez-vous pas lu dans l'évangile, *Beati eritis*? Cet ignorant croyoit que *eritis* signifioit *hérétique*, & que l'Ecriture sainte disoit expressément: Heureux les hérétiques. Mais cette histoire est fort sujette à critique.

Par un édit de *Philippe-Auguste*, en 1179, les *hérétiques* étoient condamnés au feu. *S. Louis*, en 1229, donna une ordonnance contre eux, qui marque que ceux qui feront convaincus d'*héréfie*, feront punis fans délai, de la peine qu'ils méritent ; que quiconque les favorifera fera indigne de toute charge, incapable de fucceffion, & privé de tous biens meubles & immeubles.

Les hauts jufticiers connoiffoient des héréfies avec le fouverain. Tout *hérétique* étoit déclaré infâme. Ses enfans ne lui fuccédoient pas. Ceux qui lui donnoient retraite, le défendoient, ou le favorifoient, ne pouvoient plus ni témoigner, ni tefter, ni fuccéder, ni poffédér aucune dignité.

C'étoit au feigneur à faire arrêter les *hérétiques* : s'il négligeoit ce devoir, on lui donnoit un an & un jour pour le remplir. Le terme expiré, il perdoit fa terre, dont le premier Catholique pouvoit fe mettre en poffeffion.

On fçait les cenfures eccléfiaftiques, les anathêmes, les excommunications lancées par le pape contre *Raymond*, comte de Touloufe, pour avoir favorifé les Albigeois.

On trouve dans *Sauval*, *Antiq. de Paris, tome ij, page* 535, des attentats fans nombre commis par des *hérétiques*, & le détail des fupplices qu'on leur a fait fubir : nous y renvoyons.

HÉROISME : grandeur d'ame, au deffus de la vertu ordinaire, ou difpofition de l'ame à agir d'une maniere grande & ferme. Notre hiftoire eft remplie de vrais *héroïfmes*. Nous nous bornons à n'en citer qu'un exemple.

Marguerite de Provence, époufe de *S. Louis*, fille aînée de *Bérenger*, comte de Provence & de Forcalquier, étoit à la veille d'accoucher, lorfque fon mari fut fait prifonnier ; & Damiette, où elle étoit enfermée, affiégée par les infideles, étoit réduite aux extrémités. Cette princeffe, avant que d'accoucher, fit fortir tous ceux qui étoient dans fa chambre, à l'exception d'un vieillard, revêtu de l'ordre

[HIE]

de chevalerie : se jettant alors à ses genoux, dit la chronique, elle lui requit un don que le chevalier lui accorda par serment. *Sire chevalier*, lui dit la reine, *je vous conjure sur la foi que vous m'avez donnée de me couper la tête, si les Sarrasins prennent cette ville, avant que je puisse tomber entre leurs mains* ; la réponse du chevalier ne fut pas moins généreuse que la prière qui lui avoit été faite : *Très-volontiers, madame*, reprit-il ; *j'y avois déja pensé, & j'étois résolu à le faire, si la place étoit prise.* Quelle fermeté & quel *héroïsme* de la part de la reine & du chevalier, dont le nom nous est inconnu.

Il y a dans *Ammien Marcellin*, (l. 16,) un fait qui a quelque rapport avec celui-ci. *Mithridate* pendant la guerre qu'il eut avec *Pompée*, confia la princesse sa fille, & le château où il l'avoit enfermée, à l'eunuque *Menophile*. *Manlius Priscus* somma cet officier de lui rendre la place de la part de *Pompée*, qui venoit de gagner la bataille sur *Mithridate* ; mais l'eunuque poignarda la princesse, & se poignarda lui-même, pour ne point survivre à la défaite de son roi. S'il y a de la noblesse dans cette action, la gloire n'en appartient entièrement qu'à l'eunuque de *Mithridate*, la princesse sa fille n'y avoit aucune part ; mais *Marguerite* de *Provence* étoit l'auteur du projet de mourir, plutôt que de tomber entre les mains d'un ennemi barbare & sans religion.

HEUQUES : espèce de houppelande de drap violet, ornée de feuilles, ou plaques d'argent, que portoient les seigneurs. C'étoit un habillement fort à la mode, sous le règne de *Charles VI*. Voyez *Habillement*.

HIEMES : bourg très-ancien en Normandie, diocèse de Séez, proche Argentan, qui étoit autrefois le chef-lieu d'un comté de grande étendue. *Henri I*, duc de Normandie, & roi d'Angleterre, avoit joint, selon *Oderic Vital*, à l'ancien bourg d'*Hiemes* un nouveau bourg, avec une église dédiée à la *sainte Vierge* ; mais dans la guerre qui survint après la mort de ce prince, en 1136, le nouveau bourg & l'églife furent brûlés par *Gilbert de Claire* ; de maniere qu'il n'en paroît plus rien. On ne voit plus aufli que la place du château. Il n'en eft pas demeuré une pierre ; c'eft ce qui eft pareillement arrivé aux murailles du bourg, quoiqu'il ait encore foutenu un fiége en 1449, quand le fameux comte de *Dunois* le reprit fur les Anglois.

Ainfi ce lieu fi fameux, pendant tant de fiécles, ne feroit plus qu'un village, s'il n'avoit pas confervé une partie de fon reffort, à caufe que fa fituation au fommet d'une montagne aride & ftérile, en rend le féjour peu agréable. C'eft dequoi les habitans fe plaignoient déja beaucoup, dans la *Philippide de Guillaume le Breton*, au commencement du treizieme fiécle :

Oximiique fitos fterili fe colle gementes.

Il n'eft fait aucune mention de l'étendue de l'ancien comté d'*Hiemes*, avant la domination des princes Normands, quoiqu'il exiftât du moins dès le fixieme fiécle. *Oderic-Vital* veut que le château d'*Hiemes* ait été bâti avant *Jules Céfar* ; du moins on ne peut s'empêcher de le reconnoître pour un ouvrage des Romains, puifque ce château commandoit déja à une grande étendue de pays, fous les fils du grand *Clovis*. On ne trouve que deux comtes d'*Hiemes* fous les ducs Normands, fçavoir, *Guillaume*, fils naturel du duc *Richard I*, & *Robert*, fils du duc *Richard II*. Apparemment que les ducs ne voulurent plus mettre ce comté hors de leurs mains ; car on n'y voit plus que des vicomtes, qui cependant étoient de grands feigneurs.

Les rois de France tinrent la même conduite, quand ils furent maîtres de la Normandie. *Philippe-Augufte* mit feulement un châtelain à *Hiemes*. En 1370, *Charles V* defirant avoir la ville & le château Poffilin en Bretagne, qui appartenoient aux princes de la maifon d'Alençon, donna en échange le domaine d'*Hiemes*, & celui de *Caniel*, ou *Cany*, au pays de Caux. C'est par ce démembrement du chef-lieu, que ce comté fut éteint.

Il y avoit autrefois, près d'*Hiemes*, une forêt de haute futaie de quatorze à quinze cens arpens, qui étoit estimée pour la beauté de ses arbres; & elle étoit appellée la *haie d'Hiemes*, parce que c'étoit le parc des anciens comtes de ce nom.

Elle a été essartée depuis soixante ans ou environ, pour y mettre le haras du roi, qui y est présentement, & qui étoit auparavant à S. Leger en Yveline. Ce parc a été environné de grands fossés, dans un district appelé le *haut-bois*. On y a fait des bâtimens magnifiques & commodes pour les officiers du *haras*, & de très-belles écuries pour les chevaux. Tout cela se découvre de cinq à six lieues au loin.

HIERES : ville, chef-lieu d'une sénéchaussée & viguerie, en Provence, diocèse de Toulon. *Gaufredi* & les historiens de Provence, disent que les villes d'*Hieres*, de Nice, d'Antibes & de Toulon sont des établissemens faits par les Marseillois, après qu'ils se furent eux-mêmes assurés d'une espece de supériorité sur les pays voisins de celui qu'ils s'étoient d'abord soumis.

La seigneurie d'*Hieres* a long-temps servi d'apanage à des puinés des vicomtes de Marseille, de la maison de *Fos*. Ce fut *Geofroi*, II du nom, vicomte de Marseille, qui, en 1140, donna *Hieres* à *Pons de Fos*, son puiné. La postérité de ce *Pons* en jouit jusqu'en 1257. *Charles* de France, duc d'Anjou, du Maine, &c. & frere de S. Louis, n'eut pas plutôt épousé *Béatrix*, fille & héritiere de *Raymond Bérenger*, dernier comte de Provence, de la maison de Barcelone, qu'il prit possession des comtés de Provence & de Forcalquier, & reçut l'hommage & les sermens de ses vassaux.

Ce prince ne voulut souffrir en Provence d'autres souverains que lui; il les soumit tous les uns après les autres, en commençant par les plus puissans.

Roger de Fos, & *Bertrand* son frere, furent ceux, contre son attente, en qui il trouva plus de résistance; mais enfin par un accommodement conclu le 15 Octobre 1257, ils lui remirent la ville *d'Hieres*, son territoire, ses isles, droits, &c.

Sur le penchant de la colline, où est bâtie la ville *d'Hieres*, on voit des restes d'un vieux château, qu'on dit avoir été un des plus forts des siécles passés. Dans les anciens titres, il est qualifié *nobile castrum*. Il y a dans la ville *d'Hiéres* une ancienne tour, qu'on dit avoir appartenu aux Templiers, & au bas de laquelle est une chapelle voûtée, & au dessus une longue & magnifique terrasse, où l'on monte par un escalier pratiqué dans l'épaisseur des murs, qui sont d'une structure si admirable, qu'ils semblent n'être faits que d'une seule pierre.

De la ville *d'Hieres* on découvre la mer, quoiqu'elle en soit éloignée de trois quarts de lieue, ou environ. Elle est la patrie de *Jean-Baptiste Massillon*, un des plus sçavans prédicateurs que la France ait produits. La rade *d'Hieres* est une des plus grandes & des plus sûres de la Méditerranée. Les quatre isles, connues sous le nom *d'isles d'Hieres*, ou *isles d'Or*, sont celles de *Porquerolles*, *Bagneaux*, *Porto-Cros*, & de *Levant* ou de *Titan*.

On croit que les *isles d'Hieres* sont du nombre des *Stæchades*, dont *Pline*, *Ptolomée*, & les autres anciens écrivains font mention. Elles furent appellées les *isles d'Or*, à cause de la beauté & de la quantité d'oranges, que produit le terroir des environs, & qu'on nomme en latin *mala aurea*.

Depuis que la Provence est unie à la couronne, les *isles d'Hieres* ont été érigées deux fois en marquisat, en 1531 & 1549. la premiere fois, par *François I*; & la seconde, par *Henri II*. Les vaisseaux du roi vont ordinairement, en sortant de la rade de Toulon, mouiller à celle *d'Hieres* : ils y sont en sûreté. Le comte de *Toulouse*, amiral de France, y mouilla avec l'escadre qu'il commandoit, lorsqu'en 1702, il alla visiter les côtes de Sicile.

Avant la pénultieme guerre, & jusqu'au combat du 22 Février 1744, livré à la hauteur de Toulon, entre les escadres de France, d'Espagne & d'Angleterre, celle-ci fit un assez long séjour à la rade d'*Hieres*.

HISTOIRE : sans remonter à *Grégoire de Tours*, le pere de notre Histoire, pour nous rapprocher & parler du siécle où nous vivons, M. de *Thou*, *Mézeray*, *Daniel*, l'abbé de *Vertot*, *Rollin*, voilà les historiens qui ont acquis la plus grande réputation. *Mézeray* & *Daniel*, dans leur Histoire de France, paroissent ne s'être attachés qu'à donner l'Histoire de nos souverains, & *Velly* a commencé celle de la nation ; *Villaret* la poussée jusqu'au régne de *Louis XI*. Attendons-en la suite ; mais n'oublions pas l'*Histoire ecclésiastique* de M. l'abbé *Fleury* : cet auteur tient un des premiers rangs parmi nos bons historiens. Le nombre n'en peut qu'augmenter, parce qu'ils ont été précédés par l'étude profonde que l'on a faite de l'antiquité, laquelle a mis à portée de développer les usages & les mœurs des anciens ; & c'est ce qui répand la lumiere sur une infinité de faits intéressans de l'Histoire ; difficultés peut-être qui ont empêché les écrivains du siécle passé à se livrer à cette partie de la littérature autant qu'ils l'auroient desiré, & dont les matériaux n'étoient pas encore suffisamment préparés pour construire ces édifices.

Nous devons à l'académie des Inscriptions & Belles-Lettres, depuis 1717, un nombre infini d'excellens Mémoires qui font honneur à son érudition, les sçavantes Recherches sur les Antiquités Egyptiennes, Grecques & Romaines, du feu comte de *Quelus*, un de ses membres, passeront à la postérité ; & les Mémoires de M. de *Sainte-Palaye*, sur l'ancienne chevalerie, méritent un rang distingué parmi les sçavantes & agréables productions de cette académie.

Qui ne connoît pas l'Antiquité expliquée du pere *Monfaucon* ? immense ouvrage, où l'on voit développer tout ce qu'on peut desirer sur les coutumes

& les usages des anciens. Les Histoires déja de plusieurs de nos grandes provinces, sorties des cabinets des PP. Bénédictins de la congrégation de S. Maur, font attendre avec impatience les autres; car personne n'est plus en état qu'eux d'en former le plan & de l'exécuter. C'est encore à deux religieux de cet ordre que nous devons un *Traité diplomatique*; ouvrage sçavant & utile pour éclaircir les caracteres anciens des bulles pontificales, des chartres, des diplomes donnés en chaque siécle, & pour déchiffrer les inscriptions, & quantité de points d'histoire, de chronologie & de littérature.

HISTOIRE NATURELLE: *Aristote* & *Pline* sont les premiers naturalistes connus, du moins les plus célebres, & dont les ouvrages nous sont parvenus; *Gesner*, *Aldrovande*, *Jonhston*, *Belon*, & plusieurs autres n'ont travaillé que d'après ces anciens; & nos premiers observateurs en *Histoire naturelle* sont *Swammerdam, Leuwenhoeck, Malpighi, Pérault*, & de nos jours, MM. *Buffon* & *Daubanton*, & beaucoup d'autres.

C'est M. de *Reaumur* qui a fait un ouvrage sur l'art de convertir le fer en acier, & sur celui de faire éclore des poulets sur des fourneaux gradués, qui font l'effet des fours d'Egypte. Il a encore rendu de très-grands services à l'*Histoire naturelle* par ses Recherches si curieuses sur les insectes.

M. *Bernard de Jussieu*, démonstrateur du jardin des plantes, à Paris; M. *Linnæus*, à Stockholm; M. *Guetard*, & beaucoup d'autres, sont des hommes célebres dans la connoissance de l'*Histoire naturelle*.

L'*Histoire naturelle*, générale & particuliere, avec la Description du cabinet du roi, par MM. *Buffon* & *Daubanton*, est un ouvrage écrit avec autant de force que de grace. Il n'y a point eu, sur l'*Histoire naturelle*, aucun livre aussi bien traité, aussi important, & plus capable de faire honneur à nos sçavans; & la *Conchyliologie* de M. d'*Argenville*, maître des comptes, en est un autre très-estimable, par les planches dont il est orné, & qui sont de la plus grande beauté.

HOGUE, *ou* HOUGUE: bourg, cap, rade, fort, en basse Normandie, diocèse de Coutance. Le combat de la *Hougue* entre la flotte des puissances maritimes, & la nôtre commandée par M. de *Tourville* fut bien funeste à notre marine. Il se donna le 29 Juillet 1692.

HOLLANDE: cette république fut reconnue, en 1609, pour souveraine, par sa tréve de douze ans avec les Espagnols. En 1644, *Louis XIV* accorda aux états généraux des Provinces-Unies, le titre de *hauts & de puissans seigneurs*. Sept ans auparavant, *Louis XIII* avoit accordé le titre d'*altesse* au prince d'Orange, qui n'avoit eu que celui d'*excellence*. Par le traité de Munster, en 1648, le roi d'Espagne *Philippe IV*, renonça pour lui & ses successeurs, à tout droit sur les Provinces-Unies, qu'il reconnut pour Etats souverains & libres.

C'est *S. Eloy* qui, le premier, porta les lumieres de l'évangile chez les Frisons, peuples barbares, qui habitoient les rivages de la mer. Il n'y fit pas de grands progrès. *S. Wilfride*, en 878, trouva tout ce pays encore idolâtre.

HOMICIDE: il mérite la mort par les loix divines & humaines; & les juges ne peuvent laisser un *homicide* impuni, sans des lettres de grace & de rémission du prince.

En 595, *Childebert II*, roi d'Austrasie, dans un réglement donné à Cologne, imposa la mort contre l'*homicide*. *Charlemagne* régla, en 802, que pour le meurtre d'un sous-diacre, on payeroit 300 sols; 400 pour celui d'un diacre ou d'un moine; 600 pour celui d'un prêtre; & 800 pour celui d'un évêque.

Les églises, sous son régne, ne servirent plus d'asyle que contre les violences des particuliers, & non contre la justice des magistrats; & il fut ordonné que les gens de bien iroient prendre le coupable refugié.

…gié. On peut, sur les *homicides*, consulter les capitulaires de *Charlemagne* & de *Louis le Débonnaire*.

HOMMAGE : serment de fidélité que doit faire tout vassal, qui possede un fief, au seigneur dominant. *Hugues Capet*, pour se maintenir sur le trône, confirma l'usurpation des comtes, & la disposition qu'il avoit faite des biens royaux en faveur de leurs officiers, de peur que s'il y touchoit, tant de gens, qui avoient à soutenir ces aliénations, ne conjurassent contre lui. Par-là fut introduit dans l'état un nouveau genre d'autorité, auquel on donna le nom de *suzeraineté*.

Le vassal faisoit *hommage* de son fief, la tête nue, à genoux, sans épée ni éperons, les mains dans celles du seigneur, qui étoit assis & couvert. L'*hommage* étoit lige ou simple. Par l'*hommage-lige*, on s'engageoit à servir en personne le seigneur envers & contre tous. Par le *simple*, on pouvoit mettre un homme en sa place. Ensuite le seigneur donnoit au vassal l'investiture de son fief, en lui mettant entre les mains, ou une épée ou une banniere, ou un gant, ou des clefs, selon l'usage du pays. A la fin de la cérémonie, le seigneur baisoit le vassal, pour marque de l'engagement réciproque qu'ils contractoient, de se secourir l'un l'autre, sous la peine, pour le refusant, de perdre son fief. Le principal service du feudataire étoit d'aller à la guerre, sous la banniere de son seigneur. Le roi dans les *hommages* qu'on lui rendoit, n'accordoit la faveur du baiser qu'à la noblesse du sang, jamais à celle du fief. Ces deux *hommages* obligeoient le vassal à servir le suzerain envers & contre toutes créatures, qui peuvent vivre & mourir. Tel étoit l'*hommage* que les rois d'Angleterre rendoient aux monarques François, en qualité de feudataires de la couronne. Les rois d'Espagne l'ont aussi rendu pour les comtés de Flandres & d'Artois. C'est principalement sous le régne de *Philippe le Bel*, en 1301, qu'on commença à faire *hommage* pour le Barrois ; & depuis ce temps, les ducs

[HOM]

de Lorraine qui ont possédé le Barrois, ont régulièrement rendu ce devoir à nos rois. Le duc *Léopold* le rendit à *Louis XIV*, le 25 Novembre 1699; & le prince *François-Etienne*, (depuis empereur,) à *Louis XV*, au mois de Février 1730.

M. le président *Hainault*, dans son Abrégé chronologique de l'Histoire de France, (vol. I, page 136, de la troisieme édition,) dit, sous l'an 1135: L'*hommage-lige* commença à être connu dans la chartre d'investiture que Louis le Gros donna à Foulques, comte d'Anjou. M. Dreux du Radier soutient qu'il y a erreur; & voici comme il s'exprime.

" 1° Quant à la chose, il y a beaucoup d'appa-
" rence que l'*hommage-lige* ait été connu, & en
" usage dès le commencement de la Monarchie. Les
" leudes, ou les vassaux, dont parlent nos premiers
" historiens qui ont un rapport intime avec les *soldurii*,
" dont parle *César*, sont connus sous les enfans de
" *Clovis*; & il est certain que l'*hommage simple* n'est
" qu'une suite de l'*hommage-lige*. La différence de
" l'un à l'autre, est que le premier est tellement re-
" latif au fief, qu'il est libre au vassal de quitter
" l'*hommage*, en quittant le fief, & que par défaut
" d'hommes ou d'*hommages*, le seigneur ne peut s'en
" prendre qu'au fief. Tout y est réel, la chose &
" les effets.

" Dans l'*hommage-lige* l'action est personnelle; le
" vassal est personnellement obligé, & ne peut se
" débarrasser de l'*hommage* que de la volonté du
" seigneur. Les autres différences qu'apporte *Du-
" moulin* sont ou fausses ou faillibles. Qu'on examine
" ou le texte de *César*, ou celui des premiers his-
" toriens, on trouvera que l'*hommage* est tout per-
" sonnel.

" 2° Quant au nom, celui de *leudes* n'est pas
" fort éloigné de celui de *lige*: on admet des éty-
" mologies plus éloignées. Ce mot est très-ancien,
" (dit *Thomas de la Thomassiere*, dans ses Notes sur
" les *Assises de Jérusalem*, *page* 325:) je ne l'ai
" néanmoins trouvé dans aucun titre, avant l'an 1076.

» Sous cette année, il y en a un rapporté dans la
» Chronique de Saint-Jean des Vignes de Soissons,
» *chap.* 5, où *Hugues* de Château-Thierry est qualifié
» au mot *Ligius*, *homme-lige de Thibauld*, évêque
» de Soissons. Dans une lettre de *Henri*, aussi évê-
» que de Soissons, datée de l'an 1088, *Hugues* de
» Château-Thierry, fils d'*Isambert* est encore qua-
» lifié de *Ligius* de l'évêque de Soissons. Voilà deux
» exemples importans qui prouvent l'*hommage-lige*
» plus d'un demi-siécle avant la chartre d'investiture
» de 1135, que donna *Louis le Gros* à *Foulques*
» d'*Anjou*.

» 3° Poussons nos conjectures plus loin ; si dès
» l'an 1076, on trouve le terme au mot *Ligius* em-
» ployé sans explication ; si on le trouve employé
» par le vassal d'un évêque, cela prouve deux cho-
» ses, & que le terme étoit déja très-connu & d'un
» usage familier, & qu'il falloit que cette sorte
» d'*hommage* fût déja ancien. En effet, il n'est guère
» présumable que des évêques eussent des vassaux-
» liges qui leur fussent personnellement obligés, en-
» vers & contre tous, & dans la forme la plus
» étroite, avant que nos rois eussent eux-mêmes
» de pareils vassaux, puisque rien ne marque da-
» vantage le pouvoir absolu, & ne caractérise mieux
» la souveraineté que le *vasselage-lige*. C'est la pen-
» sée d'un sçavant sur l'origine de ces fiefs, (*Dadin*
» *d'Haute-serre*, chap. 8, page 316:) *Et si*, dit-il,
» *hominum Ligium SUPREMO DUNTAXAT PRIN-*
» *CIPI deberetur, tamen duces & comites regalium*
» *insani aucupes, hominio-ligio vassalos sibi obstrin-*
» *gere non dubitarunt.* Quoique l'*homme-lige* ne fût dû
» qu'au souverain, cependant les ducs & les comtes,
» imitateurs extravagans des rois, pensèrent sérieu-
» sement à se faire rendre aussi l'*hommage-lige*.

» Ce fut cette manière d'entreprendre sur le droit
» des rois, en les imitant, qui introduisit la diffé-
» rence de l'*hommage-lige*, *immédiat* & *médiat*, ou
» *subordonné*. Quand on supposeroit que les évê-
» ques eussent été les premiers à donner dans cette

» ambitieuſe imitation, il ſeroit toujours vrai de
» dire que l'*hommage-lige immédiat* auroit précédé
» l'*hommage ſubordonné*. Il faudra donc les faire re-
» monter au régne de *Hugues Capet*, pour le moins,
» ſous lequel le pouvoir mal affermi du roi élu par
» les grands, aura donné lieu à cette diſtinction de
» *médiat* & *immédiat*. Nous n'avons point expli-
» qué ces deux termes : la ſignification s'en pré-
» ſente à l'eſprit. L'*hommage-lige immédiat*, ou ſans
» moyens, eſt celui que le vaſſal rendoit au ſou-
» verain, *omni exempto*. L'*hommage médiat* eſt celui
» qu'exigerent les grands, les eccléſiaſtiques ou
» laïcs, & dans lequel le roi étoit cenſé excepté de
» plein droit. Il ne paroît pas qu'on ait fait cette ex-
» ception dans l'origine de l'*hommage médiat* ; elle
» n'eut lieu que lorſque nos rois furent aſſez puiſſans
» pour le faire employer.

» 4° Enfin il ne faut que voir les termes de l'in-
» veſtiture de *Foulques*, comte d'Anjou, pour re-
» connoître que l'*hommage-lige*, à la charge duquel
» cette chartre fut faite, n'eſt qu'une ampliation
» aux charges ordinaires, & ſuppoſe néceſſairement
» un uſage antérieur de cet *hommage-lige immédiat* :
» la révolte preſque générale des grands vaſſaux,
» fit ajoûter de nouveaux liens aux anciens, des
» ſermens réitérés, & dans une forme plus ſolem-
» nelle, des ôtages ; & même ſous *Philippe-Auguſte*,
» la ſoumiſſion à la puiſſance eccléſiaſtique. Mais
» encore une fois, la nature de l'acte étoit toujours
» la même ſous *Philippe-Auguſte*, ſous *Louis le*
» *Jeune*, ſous *Louis le Gros*, ſous *Philippe I*, qu'elle
» avoit été ſous leurs prédéceſſeurs, ſous *Louis le*
» *Débonnaire* & ſous *Charlemagne*. La différence ne
» conſiſte que dans la puiſſance des rois, plus ou
» moins établie.

On appelloit l'*hommage de corps*, celui qu'un
homme ſerf devoit au ſeigneur de la glebe, où il
étoit attaché, & en vertu duquel il ne pouvoit
prendre pour mariage, femme d'autre condition,
que de la ſienne, ſans le congé de ſon ſeigneur. Si

l'homme serf violoit cette obligation, il étoit condamné à une amende plus ou moins forte, suivant le bon plaisir du maitre. Lorsque les seigneurs accordoient ces sortes de permissions, ils convenoient entre eux de partager également les enfans qui provenoient de ces mariages.

Telle étoit, dans le douzieme siécle & les précédens, la condition malheureuse de ce qu'on appelloit *serfs*, ou *main-morte*. Il reste encore quelques vestiges de ces *hommes serfs* dans plusieurs provinces du royaume.

HOMMAGE DES ROSES. Voyez *Baillées des Roses*.

HOMME & FEMME DE CORPS. Voyez *Serfs & Esclaves*.

HOMME SANS PEUR: c'est le nom qu'a mérité le brave *Louis Berton de Crillon*, qui a joué un si beau rôle sous le régne de *Henri IV*.

Le jeune duc de *Guise* voulut éprouver un jour son intrépidité. En 1596, il fit sonner l'allarme dès la pointe du jour, & monta chez *Crillon* lui annoncer que les ennemis étoient maîtres du port & de la ville de Marseille, & lui proposa de se retirer ensemble sur des chevaux qu'il avoit fait préparer.

Crillon n'étant encore éveillé qu'à demi, prit ses armes, & répondit tranquillement : *Il vaut mieux mourir l'épée à la main, que de survivre à la perte de la place.*

Le duc de *Guise* redoubla ses instances; & ne pouvant l'engager à fuir, il sortit avec lui de la chambre; mais en descendant l'escalier, il laissa échapper un éclat de rire, qui découvrit à *Crillon* que toute cette aventure étoit une raillerie.

Crillon aussi-tôt serra le duc, & lui dit : *Jeune homme, ne te joue jamais à sonder le cœur d'un homme de bien. Par la mort, si tu m'avois trouvé foible, tu aurois dû me poignarder;* & ensuite il alla se remettre au lit.

Ce même *Crillon* se trouva un jour auprès du roi avec tous les grands de la cour & les ministres étrangers ; la converſation roula ſur les guerriers qui s'étoient le plus diſtingués.

MM. dit *Henri IV* en mettant la main ſur l'épaule de *Crillon*, voilà le premier capitaine du monde.... *Vous en avez menti, SIRE ; c'eſt vous*, repliqua vivement *Crillon*.

Ce brave *Crillon*, en 1598, entendoit prêcher la paſſion ; & le prédicateur faiſant une deſcription pathétique de la flagellation du Sauveur, il ſe leva en portant la main ſur ſon épée, & s'écria : *Où étois-tu Crillon ?*

Un trait à-peu-près ſemblable ſe trouve dans la vie de *Clovis*, notre premier roi Chrétien. Ce prince écoutant *S. Remi* qui lui liſoit la paſſion, s'écria : *Que n'étois-je là, avec mes Francs, pour le venger ?*

HOMMES JUGEURS : dans les commencemens du parlement rendu ſédentaire, la chambre des enquêtes fut compoſée de *jugeurs* & de *rapporteurs*. On donnoit le nom d'*hommes jugeurs*, dans le quatorzieme ſiécle, à des juges de tribunaux ſubalternes, que les différens corps & communautés avoient conſervés, & devant leſquels on portoit ſa cauſe en premiere inſtance, ſuivant ce privilége général établi dans les ſiécles antérieurs, par lequel tout *homme* avoit droit d'être jugé par ſes pairs. Mais ces *hommes jugeurs*, ainſi que les *prud'hommes*, furent obligés de quitter cette profeſſion onéreuſe, dont leur impéritie les rendoit abſolument incapables.

HONFLEUR : ville en Normandie, dioceſe de Liſieux, ſituée à l'embouchure de la Seine. Elle a pris ſon nom de *Flot*, dont on a fait *Fleret*, & de *Fleret* on a fait *Fleur*. La preuve de cette origine, dit le ſçavant M. *Huet*, eſt que les noms terminés en *Fleur*, ſe trouvent terminés en *Flot*. Ainſi *Barfleur* eſt appellé *Barflot*, *Harfleur* & *Honfleur*, *Hareflot* & *Honflot*, tous lieux expoſés au flots de la mer.

On prétend que cette ville eſt du temps de *Jules Céſar*, & qu'elle étoit frontiere avant que le Havre-de-Grace fût bâti par *François I*. Elle étoit alors fermée de murailles, & fortifiée, ainsi qu'il paroît par les vestiges qui y sont encore. Elle avoit deux belles portes, la porte de Rouen, & celle de Caën : la premiere avoit deux bastions ; & celle de Caën en avoit un. Il ne reste plus à cette ville, du côté du port, que la porte de Caën avec son bastion, & deux tours, l'une ronde & l'autre quarrée. Il n'y a, à *Honfleur*, rien de remarquable que ces deux tours, la porte de Caën, avec son bastion.

HONGRES, *ou* HONGROIS : ces peuples sont déja connus dans notre Histoire de France, dès l'an 923 jusqu'en 936, pendant l'interrégne de *Raoul*. Les historiens contemporains nous font connoître que ces *Hongrois*, peuples encore plus féroces que les Normands, se joignirent à eux pour ravager & désoler le royaume.

Ces *Hongrois* ressembloient plutôt à des ours & à des tigres, qu'à des hommes, si l'on s'en rapporte aux idées que les historiens nous en ont laissées. Ils se nourrissoient de chair crue, buvoient du sang pour s'accoutumer au carnage, mangeoient le cœur de leurs prisonniers, tout palpitant : c'est ainsi qu'en parlent les Annales de Metz. *Raoul* vainquit les Normands, repoussa avec vigueur les *Hongrois*, les chassa du royaume, & obligea les ducs d'Aquitaine à lui rendre hommage. On prétend que les *Hongrois* sont des descendans des Huns. Les Hussards, qui sont au service de l'empereur ; & les régimens de Hussards, qui sont au service de France, sont *Hongrois*. Voyez *Hussards*.

HONGRIEUR : c'est celui qui fait ou qui vend des cuirs préparés à la façon de Hongrie. Il n'y a pas absolument long-temps que l'on connoît, en France, la maniere de les préparer de cette sorte. On prétend que ce fut *Henri IV*, qui en établit la premiere manufacture. Il envoya pour cet effet, en Hongrie, un fort habile tanneur, nommé *Roze*, qui ayant découvert le secret, revint en France, où il fabriqua cette espece de cuir avec beaucoup de succès. Les *Hongrieurs* ne sont point réunis, en France, en corps de jurande, & ne composent aucune communauté, ni à Paris, ni dans les autres villes du royaume. Ce sont des ouvriers particuliers qui travaillent aux gages & pour le compte d'une compagnie.

HONNEUR : ce mot, dans nos anciennes histoires, signifie proprement le cérémonial d'une cour. L'*epée d'honneur* étoit celle qui se portoit dans les cérémonies. Le *trône d'honneur*, le *heaume d'honneur*, & autres phrases pareilles s'emploient dans le même sens. Les chevaliers ou écuyers *d'honneur*, ou du corps, étoient ceux qui, attachés plus particuliérement à la personne de leurs maîtres, les accompagnoient presque par-tout, & étoient spécialement chargés de faire les *honneurs* de leurs cours & de leurs maisons, principalement dans les assemblées d'états & de solemnité.

Honneur pris pour la bravoure a été & est, même avant l'établissement de la monarchie Françoise, en remontant jusqu'à nos anciens Gaulois, la vertu dominante de la nation ; & aucune nation ne peut, en ce point, le disputer à la nôtre.

Honneur pris pour probité devroit être la vertu de tous les hommes, & à plus forte raison des grands. Quel cas fait-on de ceux qui y ont manqué ? Deux exemples tirés de notre Histoire, suffiront pour faire voir la haute idée qu'on a toujours eue de l'*honneur*, & du mépris qu'on a fait de ceux qui y ont manqué.

Ferdinand, roi d'Espagne, trompa tant de fois *Louis XII*, que ce prince fut obligé de faire dire à ses ambassadeurs de se retirer de sa cour. Il s'en plaignit au roi des Romains son gendre, & lui dit : *Votre bon pere a fait une perfidie, je ne veux pas lui ressembler ; & j'aime beaucoup mieux avoir perdu un royaume que je sçaurai bien reconquerir, que non pas l'honneur, qui ne se peut jamais recouvrer.*

Le connétable de *Bourbon*, persécuté à outrance par la reine-mere, quitta, en 1523, la France, & prit le commandement des armées de *Charles-Quint*.

François I lui envoya demander *l'épée de connétable, & son ordre....* L'épée, répondit le connétable, *il me l'ôta au voyage de Valenciennes, lorsqu'il donna à mener à M d'Alençon l'avant-garde qui m'appartenoit; & l'ordre je l'ai laissé derriere mon chevet à Chantilly.*

Charles-Quint demanda au marquis de *Villane* un logement pour ce prince, l'Espagnol lui répondit: *Je ne puis rien refuser à votre majesté; mais je lui déclare que si le duc de Bourbon loge dans ma maison, je la brûlerai dès qu'il en sera sorti, comme un lieu infecté de la perfidie, &, par conséquent, indigne d'être jamais habité par des gens d'honneur.*

HOPITAL: la fondation des *hopitaux* est ancienne. Il y avoit dans la maison de l'évêque, ou dans quelque autre endroit, des lieux pour traiter les malades & pour exercer les autres œuvres de charité : on y employoit une partie des revenus des églises. Dans la suite, on assigna des fonds particuliers aux *hôpitaux*. Plusieurs personnes donnerent des héritages pour en faire des lieux de piété & de charité. Les biens destinés à ceux qui sont dans la misere, n'ont jamais été regardés comme des bénéfices, qui dussent être possédés par des ecclésiastiques. Cependant il est arrivé que des particuliers ont possédé des *hôpitaux* à titre de bénéfices ; cela est arrivé dans le relâchement de la discipline ; mais le concile de Vienne ordonna que l'administrarion en fût donnée à des laïques capables & solvables ; ce qui fut confirmé par le concile de Trente.

Comme l'œconomie des biens des *hôpitaux* ne regarde pas proprement le spirituel, l'on a jugé à propos, en France, d'en donner l'administration à des laïques ; & l'ordonnance de Blois marque que les administrateurs ne seront ni ecclésiastiques, ni nobles, ni officiers, mais de simples bourgeois & habiles économes, à qui il sera facile d'en faire rendre compte. On choisit pour cela de bons bourgeois qui soient solvables."

François I. avoit attribué la connoissance & la visite des *hôpitaux* aux juges royaux des lieux où ils sont situés. Les ordinaires formerent leur opposition contre cette ordonnance, prétendant qu'elle préjudicioit à leurs droits ; mais le parlement de Paris n'eut point d'égard à leur opposition, si ce n'est qu'il fut arrêté qu'ils pourroient eux, ou leurs députés, assister aux visites avec les juges royaux. *Henri II* qui, par une ordonnance, avoit attribué la connoissance & la visite des *hôpitaux* au grand aumônier de France, donna une seconde ordonnance entiérement conforme à celle de *François I.* Depuis ce temps-là, les ordinaires n'ont plus de droit sur les biens des *hôpitaux*. On les invite seulement à assister aux comptes.

Le plus ancien *hôpital* en France, dont nous ayons connoissance, est l'Hôtel-Dieu de Paris. Sa fondation n'est pas bien certaine. La tradition commune l'attribue à *S. Landri*, évêque de Paris, sous *Clovis II*, environ l'an 608.

Dans le onzieme siécle, peut-être auparavant, des gens de bien fonderent le Roulle & S. Lazare pour les ladres ; sainte Marie Egyptienne, pour les pauvres femmes ; sainte Catherine, pour enterrer les personnes noyées, mortes ou tuées dans les rues, & pour retirer une nuit les pauvres femmes & les pauvres filles. Cet *hôpital* subsiste toujours.

S. Louis, au retour de son premier voyage de la Terre-sainte, fonda les Quinze-Vingts, pour loger trois cens chevaliers, auxquels les Sarrasins avoient crevé les yeux, & qu'il avoit laissés en ôtage au soudan, au grand Caire. *Voyez Quinze-Vingts.*

Etienne Houdri, un des officiers de la maison de ce monarque, fonda les Haudriettes pour trente-deux pauvres femmes. *Voyez Haudriettes.*

Jean Sequens, curé de S. Merry, & une veuve nommée *Constance* de S. Jacques, entreprirent l'*hôpital de Sainte-Avoie*, en 1285, pour y retirer cinquante pauvres femmes veuves, & âgées de cinquante ans.

En 1316, deux freres appellés *Jean de Lyons*, & *Imbert* leur pere, fonderent un *hôpital*, où de pauvres femmes & de pauvres filles pouvoient coucher une nuit. C'est maintenant le monastere des *Filles-Dieu*.

Quatre ans après, ou environ, *Philippe de Magni* érigea celui de S. Eustache, au coin de la rue Quiquetone, qu'on nomme aujourd'hui *Tiquetone*; cet *hôpital* étoit indifféremment ouvert à toutes sortes de pauvres.

En 1334, *Jean Roussel*, bourgeois de Paris, fit construire dans la rue des Francs-Bourgeois, vingt-quatre chambres sous un seul toît, qu'on appela *les petites Maisons du Temple*. Chaque chambre logeoit deux pauvres, qui étoient tenus de dire tous les jours un *Pater* & un *Ave* pour les trépassés.

Sous *Philippe de Valois*, cinq *hôpitaux* furent fondés. Le premier étoit S. Jacques du Haut-Pas, pour les pélerins & les voyageurs.

Le second étoit destiné pour de pauvres femmes veuves & âgées, & de bonne vie; c'étoient des maisons éparses çà & là, dont l'une s'appelloit l'*Hôtel-Dieu* des parcheminiers. On n'en sçait rien autre chose, sinon qu'il étoit situé dans la rue de la Parcheminerie.

On n'a pas plus de connoissance du troisieme, qui cependant étoit situé dans la rue S. Jacques, vis-à-vis celle de la Parcheminerie.

Le quatrieme avoit été placé dans la rue S. Hilaire, pour y loger six bonnes femmes.

Le cinquieme, & qui étoit le plus considérable, étoit dans la rue des Poitevins, & servoit de retraite à vingt-cinq pauvres femmes. *Jean Mignon*, le même qui fonda le collége de ce nom, & *Laurent Lenfant* en furent les fondateurs.

Un grand nombre de personnes charitables, sous les régnes du roi *Jean*, de *Charles V*, de *Charles VI*, firent bâtir des *hôpitaux*. *Nicolas Flamel*, écrivain, alchymiste, riche particulier, dont nous avons parlé ailleurs, fit bâtir dans la rue de Montmorency, deux longues maisons, pour y loger les pauvres.

Sous *Charles VII*, on vit s'élever dans la rue Quinquampoix, l'*hôpital* de maître *Guillaume Rongnart*; celui du S. Esprit, & un autre à la rue des Arcis, pour l'éducation des pauvres enfans orphelins, tant de Paris, que de dehors.

En 1425 & 1497, un garde de la monnoie de Paris, nommé *Chrétien Chesnard*; & *Catherine du Homme*, veuve de *Barthelemi*, maître des requêtes, donnerent chacun une maison, l'une à la rue Saint-Sauveur, l'autre à la rue de Grenelle, toutes deux pour loger huit pauvres femmes, veuves, âgées & de bonne vie.

Le couvent des Filles pénitentes fut fondé, sous *Charles VIII*, pour des filles & des femmes repenties, ainsi que le furent par *Philippe-Auguste*, & par *saint Louis*, ceux de S. Antoine des Champs & des Filles-Dieu, situés aux fauxbourgs S. Antoine & S. Denis.

Au fauxbourg Saint-Jacques, Notre-Dame des Champs servoit d'*hôpital*.

Par de-là le fauxbourg S. Germain, il y en avoit un, qu'on appelloit l'*hôpital* de la banlieue. Dans le même fauxbourg ont subsisté l'*hôpital* S. Pere, & la maladrerie de S. Germain; celui-ci pour les ladres, & l'autre pour toutes sortes de pauvres.

Les maisons de deux autres *hôpitaux* furent établies près de S. Medard, dans la rue de l'Oursine, l'un dédié à S. Martial & à sainte Valere; l'autre s'appelloit l'*Hotel-Dieu de S. Marcel*.

Sauval dit que de son temps on a ruiné un *hôpital*, qui avoit été fondé pour les personnes atteintes du mal de Naples. Il étoit bâti sur le bord de la Seine, vers le pont des Tuileries.

Nicolas Rollin, chancelier de Bourgogne, a fait bâtir l'*hôpital de Beaune*, qui est le plus bel *hôpital* qu'il y ait en France. *Louis XI* voyant cet *hôpital* dit qu'il étoit juste que *Rollin*, ayant fait tant de pauvres durant fa vie, fit, avant que de mourir, une maifon pour les loger. L'*hôpital* de Vienne, en Dauphiné, eft auffi très-beau.

Quant aux *hôpitaux* érigés aujourd'hui dans Paris, *Hôtel-Dieu* eft pour les malades. Voyez *Hôtel-Dieu*.

L'*hôpital général* eft où l'on reçoit tous les mendians. Voyez ci-après *Hôpital général*.

Les Petites Maifons font pour les fous. Voyez *Petites Maifons*.

Les Enfans rouges, les Enfans bleus du S. Efprit, de la Trinité, font des *hopitaux* pour les orphelins. Voyez ci-après.

Et ainfi pour les autres *hôpitaux*, dont nous allons donner une notice, non fuivant la date de leur fondation, mais fuivant l'ordre alphabétique.

HÔPITAL-GÉNÉRAL, & HÔPITAL DE LA PITIÉ. Celui-ci fait face à la rue S. Victor. Il fut établi en l'année 1612, c'eft-à-dire long-temps avant l'hôpital-général, dont cependant il fait à préfent une partie. On entretient dans la Pitié, quantité de jeunes gens des deux fexes, qui font occupés à divers ouvrages, dont on tire une bonne partie de leur entretien & de leur fubfiftance.

Pour l'hôpital-général, il fut ouvert le 7 Mai 1647, pour tous les pauvres qui y voudroient y entrer de bonne volonté ; & de la part des magiftrats, on fit défenfes, à cri public, aux mendians de demander l'aumône dans Paris. Jamais ordre, dit *Sauval*, ne fut fi bien exécuté.

Au commencement, on donnoit des portions aux mendians mariés, parce qu'on n'avoit pas encore les moyens de les renfermer. Mais l'abus qu'en firent les pauvres, qui prenoient ces portions, & qui demeuroient dans la fainéantife & continuoient de mendier, fit prendre le parti de les enfermer. Le cardinal *Mazarin* donna cent mille francs pour leur bâtir un logement ; & par fon teftament, il y ajoûta foixante mille livres. C'eft de ces libéralités qu'on a fait à la Salpétriere, ce beau bâtiment, qui fert aux pauvres ménages.

Pour l'administration spirituelle, il y a un recteur établi par l'archevêque, & vingt-deux prêtres sous la direction de ce recteur. Ils sont départis en nombre nécessaire dans les maisons qui composent l'hôpital-général.

A la tête de l'administration temporelle, sont l'archevêque, le premier président & le procureur général. Ils ont sous eux vingt-six directeurs, qui sont élus & reçus au parlement, où ils prêtent serment d'administrer fidélement & charitablement le bien des pauvres.

La maison de S. Denis, dite *la Salpétriere*, comme plus grande que l'hôpital-général, est destinée pour y enfermer des petits enfans sous des gouvernantes, qui en ont soin, & toutes les femmes, de quelque âge qu'elles soient, & de quelques infirmités qu'elles soient affligées.

Les enfans parvenus à l'âge d'être instruits, passent aux écoles dans le bâtiment de S. Joseph : d'autres sont envoyés à la petite Pitié, sous des maîtres d'école, pour aller aux convois & enterremens où ils sont mandés. Les plus forts, c'est-à-dire, ceux qui ont atteint l'âge de onze à douze ans, sont envoyés à la maison de S. Jean-Baptiste de Bicêtre, pour y apprendre des métiers. Voyez *Bicêtre*.

Il y a encore dans la maison de S. Denis de la Salpétriere trois grands dortoirs, composés de deux cens cinquante cellules, où sont reçus les vieilles gens mariés, lorsqu'ils ne sont plus en état de pouvoir subsister de leur travail ; c'est ce qu'on appelle les *ménages*.

Il y a encore dans cette maison de la Salpétriere, une cour où sont logées les filles, les femmes grosses, & les nourrices avec les enfans. Dans ces maisons de la Salpétriere & de la Pitié, on va demander des filles pour servir ; mais on n'en donne qu'aux personnes qui sont bien connues, & après être demeuré d'accord de leurs gages.

Dans Sainte-Pélagie, qui fait une partie de l'hôpital-général, il y a deux différentes communautés de Filles repenties, mais cependant séparées, & sans aucune communication. Elles ont deux chœurs, qui ont vue sur la même église: l'une de ces communautés se nomme la *maison de bonne volonté*, l'autre la *maison de force*. Dans la premiere, ces filles ont l'habit & le voile de religieuses; & dans l'autre elles sont sous la correction, quand elles ne se soumettent pas aux régles de la maison, & qu'elles ne font pas leur devoir. Celles-ci y sont envoyées par l'ordre du roi, ou par l'autorité des magistrats. Cet hôpital est situé au fauxbourg S. Marcel, place du Puits-l'Hermite.

On peut dire que l'hôpital-général de Paris a été bien justement nommé *général*, parce qu'on y voit tout ce que les autres maisons de charité de Paris n'ont pas pu, ou n'ont pas dû recevoir. Le grand nombre de petits enfans, qui s'y trouvent fait un double hôpital d'enfans trouvés. Celui des garçons & des filles, qui sont aux écoles, ressemble aux hôpitaux de la Trinité, du S. Esprit, & des Enfans rouges; la quantité d'aveugles qu'on y voit, fait une seconde maison de Quinze-Vingts. Les vieillards, les vieilles femmes, les insensés & les imbécilles sont en plus grand nombre qu'aux Petites-Maisons. On voit dans les dortoirs de l'hôpital-général des paralytiques de l'un & de l'autre sexe, qui sont un supplément des incurables. Enfin les infirmeries de l'hôpital-général sont un abrégé de l'Hôtel-Dieu; & les nouveaux venus de l'Hôtel-Dieu, font un hôpital de convalescens.

HOPITAL DE SAINTE-ANASTASE, vulgairement appellé *hôpital de S. Gervais*. Il fut fondé dans le voisinage de cette paroisse, par *Guerin Macon*, & par son fils, en 1471. Dans la suite, le cardinal *Pierre de Gondy*, évêque de Paris, le transféra où il est aujourd'hui, en 1767, dans la vieille rue du Temple, pour plus grande commodité. C'étoit l'hôtel d'O, qui appartenoit à *François d'O*, maître de la garde-robe de *Henri III*, qui fut donné & converti en un monastere de religieuses de l'ordre de

S. Auguſtin, qui deſſervent cet hôpital. Il a été établi pour recevoir les pauvres pendant trois jours, afin que dans cet intervalle ils puiſſent trouver de l'emploi, ou quelque condition.

HOPITAL DE S. ANTOINE DE LA MISÉRICORDE. Cette maiſon a été fondée en 1624, par M. *Antoine Séguier*, oncle du chancelier, qui légua pour cette fondation la ſomme de dix-huit mille livres de rentes. Cette maiſon, ſituée derriere la Pitié, fauxbourg S. Marcel, a été établie pour l'éducation de cent orphelines, qu'on y éleve depuis l'âge de ſix à ſept ans, juſqu'à celui de vingt. On leur apprend à faire toutes ſortes d'ouvrages. Il faut pour être reçues, qu'elles ſoient natives de Paris.

HOPITAL DE LA CHARITÉ. Il eſt ſitué dans la rue des SS. Peres, à l'extrémité de la rue de Taranne, & eſt deſtiné pour les pauvres malades. Des Freres de l'ordre de S. Jean de Dieu, les y ſervent. Ces religieux furent d'abord établis à Paris, en 1602, dans une maiſon de la rue des Petits-Auguſtins; mais en 1606, ils furent inſtallés dans la rue des Saints-Peres, au milieu de pluſieurs jardins qui ſe trouvoient alors en cet endroit, près d'une petite chapelle dédiée à S. Pierre.

Cet hôpital occupe un terrain très-conſidérable, & jouit aujourd'hui de gros revenus par les donations conſidérables qu'on y a faites. Trois longues ſales, entr'autres, ſont garnies d'un double rang de lits, tous fondés par des perſonnes charitables, qui ont droit de nommer les malades, qui y ſont traités avec beaucoup de ſoin, & une très-grande propreté; on y reçoit tous les pauvres qui ſe préſentent, lorſqu'il y a des lits vacans.

HOPITAL DES CONVALESCENS. Il eſt ſitué dans la rue du Bacq. *Angélique Faure*, femme de *Claude Bullion*, ſurintendant des finances, fonda cet hôpital pour huit pauvres malades, ſortis de l'hôpital de la Charité. Ils peuvent y demeurer huit ou dix jours, pour y rétablir leur ſanté.

HOPITAL DES ENFANS ROUGES. Il a été fondé par

par la reine de Navarre, en 1538; & l'églife par *François I*, durant le fiége de Pavie, par les foins de M. *Briçonnet*, préfident en la chambre des comptes. Cette fondation fe voit dans un des vitrages du chœur, où le roi, *Marguerite*, reine de Navarre, fa fœur unique, & *Briçonnet*, font peints d'après le naturel. Le prince & la princeffe careffent des *enfans rouges*, qui fautent de joie, comme pour marquer leur reconnoiffance. Dans un autre vitrage eft repréfentée l'hiftoire de *Jefus-Chrift*, lorfqu'il montre un enfant aux apôtres, pour exemple de fimplicité.

Cet hôpital eft deftiné pour les orphelins originaires de Paris. Il eft réuni à l'hôpital-général de Paris, de même que plufieurs autres petits hôpitaux de Paris. Le préfident *Maigret*, homme d'une grande réputation dans fon temps, mort en 1516, eft enterré dans l'églife de cet hôpital, qui eft au bout de la rue du Grand-Chantier.

HÔPITAL DES ENFANS TROUVÉS, fitué dans le fauxbourg S. Antoine, a été fondé par *Etienne d'Aligre*, chancelier de France; quelques années avant fa mort, arrivée en 1677, *Elifabeth Lhuillier*, fon époufe, continua cette belle fondation, & a travaillé, pendant prefque toute fa vie, avec un zéle infatigable au foulagement des pauvres. Elle y eft enterrée. Les filles de la Charité ont foin des enfans qui reviennent de nourrice, pour y être élevés jufqu'à un certain âge, qu'ils font mis à l'hôpital-général.

Ce font auffi des fœurs de la Charité qui ont foin des enfans dépofés à l'autre hôpital, établi en 1638, & transféré en 1670, en la rue Notre-Dame. Il y a plufieurs années qu'on a élevé à grands frais, pour cet hôpital, un grand & magnifique bâtiment, pour la conftruction duquel on a détruit plufieurs édifices très-anciens, & entr'autres fainte Genevieve des Ardens, qui étoit une paroiffe de ce quartier. Cette maifon eft proprement deftinée à fervir d'entrepôt & d'hofpice aux enfans expofés, qu'on ne peut

Tome II. Ff

transporter en la maison du fauxbourg S. Antoine sans quelque danger.

HOPITAL DU S. ESPRIT : il se trouve à côté de l'hôtel de ville, & a été fondé, en 1326, des charités de diverses personnes pieuses, pour des pauvres enfans abandonnés, que l'on habille de bleu. Il fut établi dans une vieille maison ruinée, qui se nommoit auparavant l'*Hotel Dauphin*, dont une partie fut prise dans la suite pour l'emplacement de la maison de ville. L'église du S. Esprit, qui étoit fort proche, étoit, selon quelque apparence, la chapelle de cet ancien hôtel, laquelle on fit rebâtir depuis.

HOPITAL DES FILLES DE S. JOSEPH, peu éloignée du couvent de Belle-Chasse, au fauxbourg Saint-Germain. Il a été établi, en 1638, pour y entretenir de pauvres orphelines, qu'on y reçoit dès l'âge de huit ans : on les y éleve à la piété : on les occupe à des ouvrages convenables à leur sexe ; & le profit que l'on en retire, est employé à une partie de leur subsistance par le directeur de la maison. La marquise de *Montespan*, leur bienfaitrice, a fait bâtir cette maison en 1684, & lui a procuré de très-grands biens.

HOPITAL DU NOM DE JESUS. Il a donné, dit *Germain Brice*, l'idée de l'hôpital-général. Un riche bourgeois de Paris, ayant présenté à *Vincent de Paul* instituteur de la mission de S. Lazare, une somme d'argent fort considérable pour faire quelque bonne œuvre ; ce saint prêtre crut ne la pouvoir mieux employer qu'à fonder un hôpital pour des pauvres âgés ; ce qu'il exécuta heureusement.

La maison est composée de deux corps de logis, séparés l'un de l'autre, néanmoins tellement disposés, que chaque sexe peut entendre à part une messe, & une même lecture de table sans se voir, ni parler. Ce sont les prêtres de la mission de S. Lazare, qui ont la direction de cet hôpital ; & trois filles de la Charité servent les pauvres avec soin.

[HOP]

HÔPITAL DES INCURABLES : il fut fondé, en [14], par le cardinal de *la Rochefoucauld*, pour les [ma]lades incurables. Il est desservi par les filles de [la] Charité ; & il est sous la même administration [que] celui de l'Hôtel-Dieu.

HÔPITAL DE S. JULIEN, appellé *de la Miséricorde*. Il a été fondé par M. *le Prévot*, seigneur [d'H]erblai, pour y recevoir les pauvres femmes & [l]es malades. Cet hôpital a été transféré de Gen[til]ly dans la rue Mouffetard, fauxbourg S. Marcel. [Le]s religieuses de l'ordre de S. Augustin en ont [l'ad]ministration.

HÔPITAL DE S. LOUIS. Il peut être regardé [com]me le lazaret de Paris ; il est derriere le monas[tère] des Récollets. Il a été fondé pour les pestiférés [en 1]607, par les soins du roi *Henri IV*. La pre[mi]ere pierre de l'église fut posée le 3 Juillet de la [mê]me année. Les bâtimens en sont fort spacieux, [&] ont toutes les commodités nécessaires.

Les administrateurs de l'Hôtel-Dieu furent char[gé]s de la construction de tous les édifices qui le com[po]sent, & entreprirent de fournir les choses néces[sair]es pour le service des malades, moyennant dix [sols] que *Henri IV* leur attribua sur chaque minot de [sel] qui se vendroit dans tous les greniers à sel de [la gé]néralité de Paris, pendant le terme de quinze [ans], & cinq sols à perpétuité.

[A]près les quinze années expirées, par cet accord [le bur]eau de l'Hôtel-Dieu s'obligea encore de payer [les ga]ges des domestiques, & de fournir les meu[bles] & toutes les choses nécessaires pour le service [des]pauvres, après qu'il seroit entiérement édifié & [meublé.] Les édifices furent quatre ans & demi à cons[truir]e, & ne furent achevés qu'en 1611.

[Q]uelques années après, on unit à cet hôpital [celui] de sainte Anne, situé dans la campagne, au[près] de l'Observatoire royal, qui tomboit en ruine, [&] qu'il fallut entiérement réparer ; ensorte qu'il se [trou]va deux hôpitaux pour les pestiférés, aux deux [extré]mités de la ville, destinés pour la même maladie, dont Paris n'a pas été affligé depuis ce tems-là.

Le premier hôpital fut nommé l'*hopital de saint Louis*, à cause de *Louis XIII*; & l'autre l'*hopital de sainte Anne*, parce que la reine, son épouse, portoit le nom de cette sainte.

HOPITAL DE LA RAQUETTE, sous le nom de *S. Joseph*. Cet hôpital avoit été uni à celui des femmes de la Place-Royale, dont madame la duchesse de *Mercœur*, vers l'an 1638, se rendit la protectrice. Par la suite, il fut désuni & partagé en deux. Cet hôpital est également administré par des religieuses du même ordre de S. Augustin, & il est situé à l'extrémité de la rue Charonne, fauxbourg S. Antoine.

Les Hospitalieres de la Place-Royale, furent fondées par la reine *Anne* d'Autriche, mere de *Louis XIV*, en 1629, pour y recevoir des femmes & des filles malades. Elles y sont traitées & soignées par des religieuses de l'ordre de S. Augustin. Cet hôpital est dans le cul de sac de la rue du Foin, derriere la Place-Royale.

HOPITAL DE LA TRINITÉ : en 1202, deux chevaliers, seigneurs de Galandes, donnerent leur maison pour y fonder un prieuré de l'ordre des Prémontrés, au nom de la *sainte Trinité*, qui fut achevé en 1210, & renouvellé en 1518 : on voit au portail les effigies de ces deux chevaliers, avec leurs armoiries. Ce prieuré étoit rue S. Denis; il y avoit un cimetiere pour enterrer les pauvres.

Pour l'hôpital de la Trinité, c'est en 1544, qu'il fut fondé, sous le régne de *Henri II*, pour les pupilles & les orphelins, le même qui subsiste aujourd'hui. Les ouvriers gagnent leur maîtrise, en apprenant leur métier aux enfans de la Trinité. Le terrein de cet hôpital avoit été occupé par les Freres de la Passion, qui y jouoient leurs piéces de morale, & des comédies de la Passion, avant qu'ils eussent acheté l'hôtel de Bourgogne, où ils établirent leur théatre.

HORLOGERIE : c'est l'art de construire des machines, qui, par le moyen d'un rouage, mesurent le temps, en le partageant en parties égales, &

marquant ce partage par des signes intelligibles.

Les anciens se contentoient de compter le temps d'un lever de soleil à l'autre, comme les Babyloniens, ou bien d'un coucher à l'autre, comme les Romains. Toute la connoissance qu'ils pouvoient avoir pour mesurer le temps étoit bornée aux *cadrans solaires*, aux *clepsidres*, ou *horloges d'eau*, & aux *sablieres*.

Aaron, calife des Sarrasins, qui étoit le héros de l'Orient en 790, fit présent à *Charlemagne* d'une *horloge d'eau*, nommée *clepsidre* : le *cadran* étoit composé de douze petites portes qui représentoient la division des heures. Chaque porte s'ouvroit à l'heure qu'elle devoit indiquer, & donnoit passage à un nombre égal de petites boules, qui tomboient en différens temps égaux sur un tambour d'airain. L'œil jugeoit de l'heure par la quantité des portes ouvertes, & l'oreille par celle des coups que les boules frappoient; lorsque la douzieme heure sonnoit, on voyoit tout-à-la-fois douze petits cavaliers qui, en faisant le tour du cadran, fermoient toutes ces portes.

On a ignoré absolument, jusqu'au douzieme siécle, la division du temps par le moyen des roues dentées & des pignons qui y engrainent. Ce n'est que depuis ce temps, qu'on a commencé à travailler aux grandes *horloges*, placées aux clochers des églises, qui, moyennant un poids attaché à la plus grande roue, faisoit aller tout le reste du rouage. Un cadran divisé en douze parties égales, avec une aiguille portée sur l'axe d'une roue, indiquoit le temps, en marquant douze heures à midi, & en faisant deux tours de cadran d'un midi à l'autre. Par la suite, des ouvriers adroits & intelligens enchérirent sur cette découverte, en y ajoûtant un rouage, qui étoit correspondant à un marteau destiné à frapper sur un timbre sonore, les heures indiquées par le cadran; de sorte que par le moyen de cette addition, on pouvoit sçavoir les heures de la nuit, sans le secours de la lumiere; ce qui devint d'une grande utilité, sur-tout pour les monasteres; car avant l'invention de ces *horloges*, il falloit que les religieux préposassent des gens pour observer les étoiles pendant la nuit, afin d'être avertis des heures de leur office.

On attribue l'invention d'une horloge, dont le mouvement étoit réglé par un balancier, à *Gerbert*, élu archevêque de Reims, après la déposition d'*Arnoul*, autrefois moine d'Aurillac, depuis précepteur de l'empereur *Othon III*, & du jeune roi *Robert*. C'étoit un homme sçavant pour son siécle; il sçavoit les mathématiques. On trouve ce fait sçavamment discuté à la fin du seizieme tome de l'*Histoire littéraire de la France*, mise au jour par les PP. Bénédictins, qui concluent que cette prétendue horloge n'étoit qu'un cadran solaire.

On s'est servi d'horloges composées d'un balancier, jusques vers le milieu du dix-septieme siécle que *Huygens*, dit-on, inventa l'horloge avec pendule, qui en régle le mouvement égal par le moyen d'une ligne cycloïde. Jusqu'au régne de *Charles V*. Le soleil indiquoit la marche des heures pendant le jour, & on se servoit de clepsidres, ou horloges de sable; & pour la nuit on employoit des bougies de veille, dont la division marquée d'espace en espace, étoit proportionnée à la mesure du temps.

Le premier ouvrage d'*horlogerie* qu'on ait vu, c'est sous *Charles V*. Ce prince fit venir d'Allemagne *Henri Vic*, qui passoit pour le plus habile artiste de son temps; il fit placer sur la tour de son palais, à Paris, la premiere grosse horloge qu'on ait vue en France. Elle sonnoit les heures. Quelques années après, on en fit une autre pour la métropole de Sens. La ville de Dijon possede encore aujourd'hui une horloge de ce temps, que le duc de Bourgogne enleva de Courtrai, lorsque cette ville fut prise au commencement du régne de *Charles V*. Ces anciennes horloges avoient l'échappement ordinaire, invention, dont l'auteur n'est pas connu.

Mais la premiere horloge, dont l'histoire fasse

mention, & qui paroisse avoir été construite sur les principes de la méchanique, est celle de *Richard Waligfort*, abbé de S. Alban en Angleterre, qui vivoit en 1326.

La seconde est celle que *Jacques Dondis* fit faire à Padoue en 1344 : on y voyoit le cours du soleil & de la lune.

Et la troisieme est l'horloge du palais de Paris, exécutée, comme on l'a dit plus haut, en 1370, par *Henri de Vic*, que *Charles V* fit venir d'Allemagne.

Peu-à-peu les villes les plus considérables de l'Europe eurent des horloges ornées & enrichies de différentes machines, & de singularités, quelquefois assez baroques.

Les artistes Anglois sont les premiers qui, par des ouvrages d'*horlogerie*, conduits avec génie, & exécutés avec précision, se sont acquis une réputation générale en Europe.

Ce n'est qu'au commencement de ce siécle, & même sous la régence, que l'*horlogerie* a commencé à faire de grands progrès parmi nous. M. le duc d'*Orléans* envoya chercher, à Londres, des ouvriers habiles, à dessein d'établir, à Versailles & à S. Germain, des manufactures d'*horlogerie*. Si ces établissemens n'ont pas subsisté long-temps, ils ont du moins servi à exciter la plus grande émulation parmi les horlogers de Paris. Bientôt on vit *Gaudron* se distinguer par une pendule ingénieuse, dont le poids est remonté par un ressort, & qu'on a imitée depuis en diverses manieres. Mais c'est *Julien le Roy* qui a mis en réputation l'*horlogerie* françoise ; c'est ce qui a fait dire agréablement à M. de *Voltaire*, à l'occasion de la bataille de Fontenoy, que le maréchal de *Saxe* & *Julien le Roy* ont battu les Anglois : en effet nos montres, tant pour la beauté que pour la bonté, l'emportent aujourd'hui sur celles d'Angleterre ; de tous les morceaux d'*horlogerie*, celui que l'on regarde comme supérieur pour l'industrie & le talent qu'il a fallu pour en diriger les différens mouvemens, c'est la pendule que l'on remarque dans les appartemens du roi à Versailles : les connoisseurs disent que c'est un chef-d'œuvre d'admirable industrie. Elle a été executée par M. *Dauthieu*, sous la conduite de M. *Passemant*. Elle fait mouvoir une sphere armillaire d'un pied de diamétre, qui représente, avec la plus grande exactitude, tout le système de l'univers, suivant *Copernic*. Le *soleil* est au centre, les *planettes* attachées à leur *orbe* font leurs révolutions autour de lui, suivant l'ordre des *signes*, c'est-à-dire d'Occident en Orient dans leur tems périodique connu. *Mercure* est le plus proche du *soleil*, ensuite *Venus*, puis la *terre* avec la *lune*, qui tourne autour d'elle ; puis *Mars* ; puis *Jupiter*, & enfin *Saturne*. Le *zodiaque* avec ses douze signes, l'*écliptique*, l'*équateur* ; rien n'y est oublié ; cette pendule est à répétition & à sonnerie ; elle marque le *temps vrai* & le *temps moyen*, l'année, le quantieme du mois, celui de la lune, & ses phases ; elle renferme encore un barometre.

La théorie de l'*horlogerie* est de la plus vaste étendue & d'une très-grande difficulté. Elle pénetre dans les plus secrets replis de la science des mathématiques ; & elle en tire les principes les plus utiles pour l'exécution des ouvrages, que la main d'œuvre produit ; ensorte qu'on pourroit diviser les *horlogers* en deux classes, sçavoir, celle des *horlogers vraiment artistes*, qui possedent la théorie & la pratique de ce bel art ; & celle des *horlogers*, qui ne sont qu'*artistes*, & qui n'ont d'autre talent que celui de l'exécution & de la main-d'œuvre.

Les *horlogers* font, à Paris, une communauté. Leurs premiers statuts sont de 1483, sur la fin du régne de *Louis XI*, confirmés par *François I*, en 1544 ; par *Henri II*, en 1554 ; par *Charles IX*, en 1572 ; & en 1600, par *Henri IV*.

HOROSCOPE : en 1548, *Henri II* fit tirer son *horoscope* ; on lui prédit qu'il seroit tué en duel. Le prince se tourna vers le connétable *Anne de Montmorency*, & lui dit : *Voyez, mon compere, voyez telle mort m'est présagée !*..... Le connétable lui répondit : *Ah ! SIRE ! voulez-vous croire ces marauts, qui ne sont que menteurs & bavards : faites-moi jetter cela au feu....* Le roi reprit : *Pourquoi ? Ils disent quelquefois vrai ; d'ailleurs j'aimerois autant mourir de ce genre de mort que d'un autre, pourvu que je meure de la main d'un galant homme.* Aussi-tôt il ordonna à M. de *Laubespine*, secrétaire d'état, de lui conserver son *horoscope*.

Il y a plus que de l'apparence que ces sortes d'*horoscopes* sont des piéces faites après coup. Nous avons parlé, en plusieurs endroits de cet ouvrage, des présages sinistres, qui annoncerent la mort déplorable de *Henri IV*; on peut encore consulter les *Tablettes historiques de la France* de M. *Dreux du Radier*.

HOSPITALIER : (Grand) le *grand hospitalier* est une des grandes dignités de l'ordre de Malte, attachée à la langue de France. Il vient après le grand commendeur & le grand maréchal. Voyez l'*Histoire de Malte*, par l'abbé de Vertot, *tome v, in-12, page* 364.

HOSPITALIERS : ce sont des religieux, que le pape *Innocent III* a établis pour retirer les pauvres pélerins, les voyageurs & les enfans trouvés. Il y a, à Paris, des religieuses de l'ordre de S. Augustin nommées *Hospitalieres*.

Les *Hospitaliers* qui sont des chevaliers des ordres militaires, sont les religieux *Hospitaliers* de S. Jean de Jérusalem, ou autrement les *chevaliers* de l'ordre de Malte. Voyez *Malte*, & les chevaliers de S. Lazare. Voyez *Lazare.* (*Saint*)

Il y a eu encore les religieux *Hospitaliers* de l'hôpital d'Aubrac sur les confins de Guienne, de Languedoc & d'Auvergne, ou plutôt du Querci & du Rouergue. Cet hôpital d'Aubrac étoit un des plus célebres de France. Il est devenu un bénéfice considérable en commende, sous le titre de *dommerie*. Il est situé sur une rude & haute montagne, le plus souvent inaccessible, à cause des neiges & des brouillards épais, dont elle est couverte pendant huit mois de l'année, à sept lieues de Rhodez, & entourée de forêts & de marécages, & dans une affreuse solitude, où il n'y a point d'autre maison qu'un mauvais cabaret à la porte de l'hôpital.

Cet hôpital fut fondé par *Adalard*, ou *Alard*, vicomte de Flandres, qui, à son retour d'un pélerinage qu'il fit à S. Jacques en Galice, étant tombé sur cette montagne dans une embuscade de voleurs, & se voyant en danger de perdre la vie, fit vœu, s'il réchappoit de ce danger, de fonder un hôpital en ce lieu pour recevoir les pélerins, & de purger cette montagne de voleurs. Il se sauva & exécuta son vœu vers l'an 1120.

Les rois d'Arragon, les comtes de Toulouse, de Rhodez, de Valentinois, de Comminges, d'Armagnac, les seigneurs de Canillac, de Castelnau, de Roquelaure, d'Estaing, & plusieurs autres, contribuerent aussi beaucoup, dans la suite, à la grandeur & à la splendeur de cet établissement, par diverses donations ou fondations.

Cette communauté étoit composée de prêtres pour desservir l'église, assister les pauvres & leur administrer les sacremens ; de chevaliers pour escorter les pélerins, donner la chasse aux voleurs, & défendre la maison ; de freres clercs & laïques pour le service de l'hôpital & des pauvres ; de *donnés* qui avoient soin aussi de l'hôpital & des fermes, qui en dépendoient ; & enfin de dames de qualité, qui demeuroient aussi dans l'hôpital, & avoient plusieurs servantes, par qui elles faisoient laver les pieds aux pélerins, & nettoyer leurs habits & faire leurs lits.

Alard s'y consacra lui-même au service des pauvres, & fut le premier supérieur de cet hôpital. En 1162, *Pierre II*, vingt-deuxieme évêque de Rhodez, leur donna une régle, tirée en partie de celle de S. Augustin. Elle fut confirmée par les papes *Alexandre III* ; *Luce III*, en 1181 ; *Innocent III*, en 1216 ; *Honorius III*, en 1226 ; *Innocent IV*, en 1246 ; *Clément IV*, en 1267 ; & *Nicolas IV*, en 1289.

Les chevaliers de S. Jean de Jérusalem, & les Templiers tâcherent de réunir cet hôpital à leurs ordres.

Il y eut dans la suite d'autres hôpitaux, qui dépendirent de celui d'Aubrac. Dans la suite, c'est-à-dire, après 1300, le relâchement s'introduisit dans cet hôpital. Les *Hospitaliers* d'Aubrac partagerent entr'eux les biens, & regarderent leurs places, comme des bénéfices simples.

Le cardinal de *Noailles*, en 1663, ayant été pourvu de cette *dommerie*, tâcha d'y rétablir le bon ordre; mais quand il fut élevé à l'archevêché de Paris, il se démit de cette *dommerie*. Son frere *Louis-Gaston de Noailles*, lui succéda à l'évêché de Châlons & à la dommerie d'Aubrac; & ce prélat y introduisit, en 1697, des chanoines réguliers de la réforme de Chancélade.

D'autres religieux *hospitaliers* sont ceux du saint Esprit de Montpellier. Le fondateur de cet ordre est *frere Qui*, ou *maître Guy*, dont l'origine est inconnue. Il fut créé sous *Philippe-Auguste*, pour le soulagement des malades & des pauvres.

Cette nouvelle communauté ne fut d'abord composée que de laïcs. Le pape ordonna qu'on y reçût un certain nombre de clercs. Les premiers ne faisoient que des vœux simples, & s'érigerent insensiblement en chevaliers militaires. *Pie II* les approuva; les autres firent profession solemnelle de religion. Depuis ils devinrent chanoines réguliers.

Cet ordre étoit presque anéanti en France. Un arrêt du conseil de 1708, ordonna qu'il fût rétabli par le commendeur général, grand-maître régulier, que le roi devoit nommer. Ce fut le cardinal de *Polignac*, qui fut chargé de cette importante fonction. On dit que cet ordre doit être réuni à celui de S. Lazare.

HOSTUN : par lettres-patentes du mois de Mars 1712, le marquisat de la *Beaume d'Hostun*, en Dauphiné, fut érigé en duché, sous le nom seul d'*Hostun*, en faveur de *Camille d'Hostun*, comte de Tallart, maréchal de France, mort en 1728; & lors du mariage, en 1713, de son fils, *Marthe-Joseph*, avec la fille du prince de *Rohan*, le roi accorda à ce fils de nouvelles lettres d'érection en duché-pairie du duché d'*Hostun*.

HOTEL: l'ancienne signification de ce mot est *logis*, *maison* où l'on demeure. Aujourd'hui il se prend communément pour le logement des princes & des grands seigneurs.

Selon *Fortunat*, l'hôtel des *Thermes* fut la demeure des rois de la premiere race. Voyez ce mot. On trouve dans les registres de la chambre des comptes, que les ducs de Bourgogne de la seconde race, qui descendoient de *Robert* de France, troisieme fils du roi *Robert*, duc de Bourgogne, & frere de *Henri I*, roi de France, logeoient, à Paris, au mont S. Hilaire, dans une maison appellée l'*hôtel de Bourgogne*, entre la rue Chartiere, celle des Sept-Voyes, & le Clos-Bruneau, aujourd'hui S. Jean de Beauvais. Cet hôtel fut vendu par *Philippe*, comte de Nevers & de Rhétel, à *Gui de Roie*, archevêque de Reims, dont il fit le collége de Reims, qui a été rebâti, il y a plusieurs années.

Les ducs de Bourgogne ensuite occuperent l'hôtel d'Artois, rue Mauconseil, qui prit le nom d'*hôtel de Bourgogne*; c'est où est la comédie Italienne. *Jean sans Peur*, comte de Charolois, dernier duc de Bourgogne, logea à l'hôtel de Nesle, dont *Louis XI* lui fit don en 1461. C'est où est situé aujourd'hui le collége des Quatre-Nations.

Henri de France, troisieme fils de *Louis le Gros*, archevêque de Reims, avoit son logis près du Louvre; mais on ignore où logeoit *Robert* de France, son frere, qui fut chef de la maison de Dreux. On trouve qu'en 1287, *Béatrix*, comtesse de Montfort, veuve de *Robert IV*, comte de Dreux, acheta dans la rue Froimantel deux maisons, avec des jardins, qui s'étendoient du côté de S. Thomas du Louvre, & un autre, qui alloit jusqu'au Clos des Quinze-Vingts.

Alphonse de France, comte de Poitiers, avoit son

hôtel dans la rue du Louvre, qu'on nommoit alors la *rue d'Oſtriche*; & cette rue communiqua ſon nom au logis de ce prince. C'étoit un hôtel ſi ſpacieux & ſi logeable, qu'après la mort d'*Alphonſe*, la moitié en fut vendue à *Pierre* de France, comte d'Alençon & de Blois, fils de S. Louis. Depuis cette acquiſition, cet hôtel perdit le nom d'*hotel d'Oſtriche*, & prit celui d'*Alençon*, qu'il a porté juſqu'à *Henri* de France, duc d'Anjou, depuis roi de Pologne, & enſuite de France, qui l'acheta de *Nicolas Villeroi*.

Robert de France, comte de Clermont, ſire de Bourbon, ſixieme fils de *S. Louis*, logeoit vis-à-vis l'hôtel d'Oſtriche, à l'endroit même, où eſt l'égliſe des prêtres de l'Oratoire. *Louis I*, duc de Bourbon, ſon fils, acheta dans la rue S. Antoine, une maiſon appellée l'*hôtel du Petit Muſc*, & la maiſon du *Pont-Perrin*, accompagnée d'un jardin fort grand. Depuis, cet hôtel paſſa à des particuliers, qui le vendirent à *Charles V* & à *Charles VI*, qui le rebâtit à neuf, & le nomma l'*hôtel neuf*. *Louis* de France, duc de Guienne, y demeura long-temps. Il fut dans la ſuite appellé l'*hôtel de Bretagne*. *Anne* de Bretagne le donna au prince d'Orange. Depuis il a appartenu à la ducheſſe d'*Etampes*, maîtreſſe de *François I*, & à *Diane de Poitiers*, ducheſſe de Valentinois. Sous le régne de *Charles V*, & celui de *Charles VI*, cet hôtel, dit *Sauval*, prit le nom d'*hôtel de Petit Bourbon*. Il appartenoit au connétable de Bourbon; & il a toujours été la demeure des aînés des Bourbons. La place de cet hôtel, dont l'entrée principale étoit dans la rue du Petit Muſc, ou des Céleſtins, & dont le jardin aboutiſſoit dans la rue de la Ceriſaie, eſt préſentement renfermée, (du moins en partie,) dans le monaſtere des Filles de la Viſitation, dites les *religieuſes de ſainte Marie*. Il faut remarquer que les ducs de Bourbon ne logeoient là, que pour être plus proches de l'Hôtel-Royal de S. Paul, où *Charles V*, *Charles VI*, *Charles VII* & *Louis XI*, faiſoient leur ſéjour ordinaire. Le roi

Jean, & ſes prédéceſſeurs, juſqu'à *Philippe-Auguſte*, qui fit bâtir le Louvre, y logeoient auſſi ſouvent qu'au palais, qui eſt le parlement. Voyez ci-après *Hôtel S. Paul*.

En 1360, *Anne*, fille unique de *Jeanne*, comteſſe de Clermont, appotta en mariage à *Louis*, II du nom, duc de Bourbon, l'hôtel de ſes ancêtres, comtes de Forez, dans la rue de la Harpe, ſitué dans la rue Pierre-Sarraſin, & qui s'étendoit juſqu'à celle des Deux-Portes, & de la rue Haute-Feuille. Ce prince s'en défit en faveur de *Charles VI*, qui le donna, en 1364, à *Jean*, duc de Bretagne, comte de Monfort.

Outre pluſieurs hôtels que les ducs de Bourbon avoient dans Paris, ils avoient encore pluſieurs maiſons de plaiſance aux environs; une proche la Charité; une autre proche le prieuré de Notre-Dame des Champs, où eſt aujourd'hui le Val-de-Grace, & une troiſieme dans le fauxbourg S. Marceau, &c.

Louis de Bourbon, duc de Montpenſier, fit bâtir un hôtel au coin de la rue de Tournon; ce fut là que la veuve *Catherine*, fille de *François*, duc de Lorraine, apprit le meurtre arrivé à Blois, de *Henri*, duc de Guiſe & du cardinal, ſes freres; auſſi-tôt ſortant, comme une forcenée, courant de rue en rue avec les enfans de ſon frere, déclamant contre *Henri III* & ſon conſeil, elle alluma le flambeau fatal de la Ligue, qui embraſa tout le royaume.

Les comtes & ducs de Vendôme qui, du trône de Navarre, ſont montés ſur celui de France, avoient quatre hôtels dans Paris; le premier dans la rue Saint-Thomas du Louvre, accompagné d'un grand jardin; le ſecond, en 1419, dans le cul-de-ſac de Rouen, vis-à-vis l'hôtel de l'archevêque de Sens, proche la rue de l'Eperon, & celle du Jardinet; le troiſieme étoit une maiſon de plaiſance à la Grange-Batelière, proche des Porcherons & de la Ville-l'Evêque, qui appartenoit à *Jean de Bourbon*, comte de Vendôme; & le quatrieme étoit celui de *Céſar*, duc de Vendôme, fils légitimé de *Henri IV*, rue S. Ho-

…ré, proche les Capucins. Le duc de *Mercœur* avoit fait bâtir; c'est aujourd'hui la place de Vendôme, dite *Place de Louis le Grand*. Il faut croire qu'*Antoine* de Bourbon, roi de Navarre, *Jeanne* d'Albret sa femme, & *Henri IV*, ont logé dans un de ces trois premiers hôtels.

Les princes de *Condé* & de *Soissons*, dont les premiers sortent de la branche de Vendôme; & les autres de celle de *Condé* avoient, comme les autres princes du sang de France, leurs hôtels dans Paris. Aujourd'hui celui de la maison de *Condé* est dans la rue, qui en porte le nom. *Henri*, fils aîné de *Louis*, premier prince de *Condé*, étoit logé dans la rue Neuve S. Lambert, qui fut appellée la rue *Princesse*. *Charles* de Soissons, autre fils de *Louis*, acheta l'hôtel de la Reine, qui fut appelé de son nom l'*hôtel de Soissons*, avant que la maison de Conti eût son hôtel, sur le quai qui en porte le nom, & qui est présentement le garde-meuble du roi. *Louise* de Lorraine, princesse de Conti, seconde femme de *François*, prince de Conti, avoit un hôtel entre la rue du Louvre & des Fossés S. Germain; & *Charles*, cardinal de Bourbon, troisieme fils du premier prince de Condé, fit bâtir, en 1586, la maison abbatiale de S. Germain des Prés. Il commença ce grand corps de logis de brique, qui borde un des côtés de la cour.

Charles de France, comte de Valois & d'Alençon, de Chartres & d'Anjou, fils de *Philippe le Hardi*, logeoit au bout de la rue du roi de Sicile, dans une grande maison, qu'avoit fait bâtir *Charles de France*, roi des deux Siciles, son oncle, frere de S. Louis. *Louis*, le dernier des fils de *Philippe le Hardi*, auteur de la maison des comtes d'Evreux & des rois de Navarre, avoit sa maison de plaisance au fauxbourg S. Germain, au même endroit où sont bâties les loges de la foire.

Philippe, comte de Valois, avant que de parvenir au trône, avoit deux hôtels dans Paris, l'un bâti par *Enguerrand* de Marigni, situé dans la rue des

Fossés S. Germain, & l'autre qui étoit attaché aux murs de la ville, qui tenoient à la place de la Coulture-sainte-Catherine. Il se défit de celui-ci, en faveur de *Charles*, comte d'Alençon, son frere, en 1319, & *Pierre*, comte d'Alençon, petit-fils de *Charles*, le céda, en 1389, au roi *Charles VI*, qui vouloit avoir une maison proche de la place de la Coulture-sainte-Catherine, où se faisoient les joûtes, les courses de chevaux, les duels autorisés, les tournois, & les autres passe-temps & amusemens de la cour de ces temps-là.

Dans la rue des Cinq-Diamans, qui tient d'un bout à celle des Lombards, & de l'autre à la rue Aubri-Boucher, il y avoit un hôtel d'Alençon. *Jean*, fils aîné de *Philippe de Valois*, duc de Normandie, & son successeur au trône, avoit une maison de plaisance dans la rue des Boucheries, fauxbourg S. Germain. C'étoit l'hôtel de *Robert* d'Artois, qui avoit pris les armes en faveur des Anglois, contre la France.

Philippe, second fils du roi *Jean*, duc de Touraine, & depuis d'Orléans, avoit trois hôtels dans Paris; l'un qui avoit sa principale entrée dans la rue des Bourdonnois, & ses jardins, à la rue Bétisi. C'étoit la grande maison des *Carneaux*, qu'il acheta deux mille francs d'or au coin du roi. L'autre hôtel étoit dans la rue du Temple, derriere l'église de la Merci, qu'on appelloit alors la *chapelle de Bracque*. Le troisieme étoit situé dans la rue S. André des Arts, contre la Porte de Buffi.

Charles, fils aîné du roi *Jean*, depuis *Charles V*, donna l'hôtel d'Humbert, dauphin Viennois, situé à la Gréve, à *Jean d'Auxerre*, receveur des Gabelles de la prévôté de Paris, qui le vendit, en 1357, au prévôt des marchands & échevins, pour servir de maison de ville. Voy. ci-après *Hôtel de Ville*.

Jean, duc de Berri, frere de *Charles VI*, eut cinq hôtels dans Paris, & sept dans les fauxbourgs; le premier, dans la rue de la Tixeranderie, au coin de celle du Coq; le second, à la Porte de Nesle, nommé

[HOT]

l'hôtel de Nesle; le troisieme à la rue de l'Echelle du Temple, dont il se défit en faveur d'Amé VII, dernier comte de Savoie; le quatrieme près S. Eustache, qui appartint depuis à *Charles d'Albret*, connétable de France; le cinquieme fut l'hôtel, ou le palais des Tournelles, dont nous parlerons plus bas. La premiere des maisons de plaisance, que le duc de Berri avoit près Paris, étoit au fauxbourg S. Marceau. Elle étoit composée de tours, galeries, jardins, saussaies, prés, eaux, garennes & viviers. Il l'acheta, en 1386, de *Miles de Dormans*, évêque de Beauvais; & il la donna, trois ans après, à *Isabelle* de Baviere, reine de France, femme de *Charles VI*; la seconde étoit située dans le même fauxbourg; la troisieme s'appelloit *la Grange aux Merciers*, célebre dans l'Histoire des troubles du régne de *Charles VI*, par rapport aux assemblées qui s'y tinrent pour rendre le calme à l'état. Mais la plus remarquable de toutes les maisons de plaisance du duc de Berri, fut *Bicêtre*. Voyez ce mot. Voilà bien des palais pour un seul prince, & bien près les uns des autres; mais *Louis* de France, neveu du duc de Berri, n'en eut pas moins.

Charles VI donna, en 1388, à *Philippe* de France, duc d'Orléans, fils de *Philippe* de Valois, du tems qu'il étoit duc de Touraine, l'hôtel de Bohême, afin qu'il fut près du Louvre; on l'appella *l'hôtel d'Orléans*; & la rue qui y conduit, *la rue d'Orléans*. Il prit ensuite le nom de l'Hôtel de Soissons. On l'a démoli pour y bâtir cette rotonde destinée à servir de grenier pour les grains & pour les farines. Le duc d'Orléans avoit encore trois autres hôtels dans Paris: l'un qui est aujourd'hui le jardin de l'arsenal pour être proche de l'hôtel S. Paul, où logeoit *Charles VI*, & des Célestins, où il avoit fait construire la *chapelle d'Orléans*. Le second étoit situé dans la rue de Jouy; c'étoit l'hôtel que *Charles V*, son pere, avoit donné à *Hugues Aubriot*, prévôt de Paris.

Henri de France, duc d'Anjou, depuis *Henri III*, acheta, en 1568, l'hôtel *d'Alençon*, qu'avoit fait

Tome II. Gg

bâtir *Nicolas de Neufville-Villeroi*. C'est dans cet hôtel que ce prince reçut les ambassadeurs que les Polonois lui envoyerent après son élection. Il le garda jusqu'en 1573, & le donna à *Marguerite* de France, reine de Navarre, sa sœur. Cet hôtel a passé à la maison de *Longueville*. Il en porte encore le nom, quoiqu'acquis par les fermiers généraux, qui en ont fait le bureau général du tabac.

Gaston d'Orléans logeoit, tantôt au Louvre, tantôt à l'hôtel de *Guise*, aujourd'hui l'hôtel de Soubise. *Louis XIII* lui donna le Luxembourg, bâti par *Marie* de Médicis, qui alors prit le nom de *Palais d'Orléans*, comme on le voit au haut de la grande porte, vis-à-vis la rue de Tournon.

Les rois de Navarre, de Sicile, de Bohême & d'Arménie avoient des hôtels dans Paris. Les rois de Navarre en avoient huit. Celui de *Jeanne*, reine de France & de Navarre, dans la rue *S. André des Arts*, fut destiné par cette princesse pour y fonder un collége; mais ses exécuteurs testamentaires vendirent cet hôtel; & le collége fut établi à la montagne Sainte-Genevieve.

Louis II, duc d'Anjou, roi de Naples, de Jérusalem, d'Arragon & de Sicile, petit-fils du roi *Jean*, vint à Paris, en 1388, & logea à son hôtel d'*Anjou*, rue de la Tixeranderie.

Jean, roi de Bohême, pere de *Bonne* de Luxembourg, femme du roi *Jean*, demeuroit à l'hôtel de *Bohême*, qui a été depuis l'Hôtel de Soissons, dont nous avons parlé plus haut. Il lui fut donné, en 1327, par *Philippe*, comte de Valois & d'Anjou, régent du royaume, pendant la grossesse de *Jeanne* d'Evreux, femme de *Charles le Bel*.

L'archevêque de Reims, premier pair ecclésiastique, en 1353, avoit son hôtel dans la rue du *Paon*. *Richaud*, archevêque de Reims, en 1578, avoit une maison de plaisance dans le fauxbourg S. Marceau.

Les *évêques* de Langres avoient un hôtel dans la rue S. Jacques, qui depuis est devenu le *collége de Clermont*. Les *Jésuites* acheterent ce collége, en 1563, & le nommerent le *collége de Louis le Grand*. Depuis la destruction de cette société, il a repris son premier nom.

Les évêques de *Laon* ont eu leur hôtel dans la rue Pavée. Ceux de *Châlons* ont demeuré, pendant plusieurs siécles, dans la rue *Transf-Nonain*, entre la rue *Chapon* & la rue *Court-au-Vilain*. C'est où est le monastere des religieuses Carmélites.

Gui de Dampierre, comte de Flandres, avoit son hôtel dans la rue *Coquilliere*. Ses successeurs, comtes de Flandres, en furent propriétaires. En 1318, cet hôtel appartenoit à *Marie* de Brabant, veuve de *Philippe le Hardi*, roi de France. Il est resté aux *comtes de Flandres*, jusqu'à *Marguerite* de Flandres, fille unique du dernier prince de la maison de *Flandres*, qui le porta à *Philippe* de France, premier duc de Bourgogne, de la troisieme branche.

Catherine d'Alençon, fille de *Pierre*, comte d'Alençon, veuve de *Pierre de Navarre*, comte de Mortain, troisieme fils de *Charles*, roi de Navarre, remariée à *Louis*, comte Palatin du Rhin, duc de Baviere, avoit son hôtel *de Baviere* dans la rue de la *Tixeranderie*, au coin de la rue du *Coq*. Il s'appelloit l'Hôtel *de la reine Blanche*. *Jeanne* de Navarre, fille de *Charles le Mauvais*, femme de *Jean V*, duc de Bretagne, eut son hôtel près de l'église & de l'hôtel *S. Paul*, qui étoit l'hôtel du *Porc-Epi*, appartenant à *Jean* de Montaigu, à qui *Charles VI*, en 1409, fit trancher la tête. Le même *Jean V*, duc de Bretagne, avoit eu, en 1384, de *Charles VI* l'hôtel de *Forez* dans la rue de la Harpe. *François I*, duc de Bretagne, eut, en 1446, de *Charles VII* l'hôtel de *Nesle*. Les ducs de Bretagne avoient encore trois autres hôtels; l'un proche l'église *S. Thomas du Louvre*, avec un jardin, dont *Jean VI*, duc de Bretagne, se défit en faveur des chanoines de *S. Thomas du Louvre*; l'autre à *Nigeon*, où sont les *Minimes*, appellés *les Bons-Hommes*, à qui *Anne* de Bretagne, femme de *Charles VIII*, donna cette maison; le troisieme dans la *rue S. Antoine*, qui, du tems de *Charles V* & de *Charles VI*, porta le nom d'Hôtel du *Petit-Musc*, & l'hôtel du *Pont-Perrin*, ensuite l'hôtel du *Petit-Bourbon*, & enfin l'hôtel de *Bretagne*. Il s'étendoit depuis la Bastille jusqu'à la rue du *Petit-Musc*, autrement dite des *Célestins*. C'est aujourd'hui le monastere des filles de *Sainte Marie*.

Amédée VII, comte de Savoye, gendre de *Jean* de France, duc de Berri, en 1388, avoit un hôtel situé dans la rue du *Grand-Chantier* & dans celle de l'*Echelle du Temple*. Il avoit une si grande étendue, qu'il étoit séparé en deux ; l'un s'appelloit l'hôtel de *Savoye*, & l'autre le petit hôtel de *Savoye*. Pour ne pas nous répéter, nous ne dirons rien des hôtels où logeoient les ambassadeurs des puissances étrangeres. Voyez *Ambassades* & *Ambassadeurs*.

Il est fait mention, dans notre Histoire, de l'hôtel S. Paul, de celui des *Tournelles* & de quelques autres qui ont eu de la célébrité.

L'*hôtel S. Paul* fut le palais de *Charles V*; il le fit bâtir, & l'habita préférablement aux autres *maisons royales*. Il étoit construit où est la rue du Petit-Musc ou des Célestins, & l'église saint Paul. Le jardin contenoit vingt arpens, & s'étendoit du côté de la riviere jusqu'au Port-au-Plâtre. *Charles V* l'appelloit l'*hôtel solemnel des grands ébatemens*. Il l'unit irrévocablement au domaine. Ce palais étoit somptueux, pour le temps ; mais l'aspect riant de ses jardins étendus le long des bords de la Seine, faisoit de ce séjour un lieu de délices pour le roi.

Des treilles, des tonnelles, des pavillons de verdure embellissoient ces enclos champêtres. On y voyoit des arbres fruitiers de toute espece, à hautes tiges, (car l'usage des arbres nains & des espaliers n'étoit pas encore connu.) Le roi y fit mettre en une seule fois cent poiriers, cent quinze pommiers, onze cent vingt-cinq cerisiers, & cent cinquante pruniers. Les rues du quartier S. Paul, qui occupent une partie du terrain où étoient situés les plants des *cerisiers* & les treilles des jardins, ont conservé les noms de *Beautreillis* & de la Ce-

risaie. Voyez le *Traité de la Police*, tome iij, p. 38.

Pierre d'Orgemont fit bâtir l'hôtel des Tournelles. Il le céda à *Charles V*, pour un autre hôtel situé dans la rue de Jouy; c'est aujourd'hui l'hôtel *d'Aumont*. Quand *Henri VI*, roi d'Angleterre, fit son entrée dans Paris, il logea à l'hôtel des *Tournelles*. *Jean*, duc de Bedfort, régent en France, y logea aussi pendant les troubles des *Bourguignons* & des *Armagnacs*. Il l'aggrandit & le rendit si magnifique, que depuis il a été la *maison royale*, que nos rois ont préférée à l'hôtel *S. Paul*. *Charles VII*, *Louis XI*, *Charles VIII*, *Louis XII*, *François I* y ont long-temps demeuré; & on croit que *Louis XII* & que *Henri II* y sont morts.

Cet hôtel fut nommé Hôtel ou *Palais des Tournelles*, à cause des petites tours qui l'environnoient. Il étoit situé vis-à-vis l'hôtel *S. Paul*. Il embrassoit le terrain qu'occupent aujourd'hui la *Place Royale*, les *Minimes* & la *rue de ce nom*, ainsi que celles des *Tournelles*, du *Foin*, *S. Gilles* & du *Parc-Royal*.

Il avoit successivement appartenu aux ducs d'Orléans & de Berri. Nous avons dit que le duc de *Bedfort* s'étoit plû à l'embellir, & en avoit fait le palais le plus magnifique pour le temps, & le plus commode. Nos rois, depuis *le rétablissement de Charles VII*, en firent leur demeure ordinaire. *Henri II* fut le dernier qui l'habita. Les lices que ce prince fit faire pour le tournois, où il fut mortellement blessé, alloient depuis le *Palais des Tournelles* jusqu'à la *Bastille*.

Après sa mort, *Catherine de Medicis* regardant ce palais comme funeste, n'y voulut plus demeurer, & engagea *Charles IX* à le faire abattre. Il ne fut cependant entiérement démoli que sous *Henri IV* qui fit commencer la *Place Royale* sur son emplacement. C'est à l'entrée de la rue des *Tournelles* où aboutissoit alors un des côtés du *Parc*, vis-à-vis de la Bastille, que *Quelus*, *Maugiron* & *Livarotte* se battirent en duel, à cinq heures du matin, le 27 Avril 1578, contre d'*Entragues*, *Ribrac* & *Schomberg*.

On voit encore dans la rue du *Haha*, qui faisoit partie du *Palais des Tournelles*, une *sale*, qu'on prétend être un reste de celle où furent célébrées les nôces d'*Elisabeth* & de *Philippe II*, & celles de la duchesse de Savoye.

Parmi les hôtels de ce temps-là, il y en a encore plusieurs de fameux. Tels sont, par exemple, les hôtels *Barbette*, *Bouchage*, *Grenelle*, *Hercule*, *Longueville*, dont nous avons parlé; *Mesmes*, *Nesle*, *Porc-Epi*, *Rambouillet*, *Schomberg*, *Sourdis*, &c.

L'hôtel *Barbette* a donné son nom à la *rue Barbette*. *Isabelle de Baviere*, femme de *Charles VI*, l'acheta. C'étoit son *petit séjour*, & on appelloit ainsi les petits hôtels, qu'avoient les princes aux portes de Paris. Cette princesse s'y retiroit ordinairement, pendant les accès de la maladie de son époux, qui devenoit quelquefois si furieux, qu'il y avoit à craindre que la nuit il ne blessât la reine.

Diane de Poitiers, femme de *Louis* de Brézé, grand-sénéchal de Normandie, faite duchesse de Valentinois, demeuroit à l'hôtel *Barbette*. Les duchesses d'Aumale & de Bouillon ses filles, le vendirent, comme faisant partie de la succession de leur pere, à différens particuliers, qui le firent démolir, & qui commencerent à bâtir sur son emplacement la rue de *Diane*, aujourd'hui la rue des *Trois-Pavillons* & celle du *Parc-Royal*, & la nouvelle rue *Barbette*.

L'hôtel de Bouchage étoit, où sont depuis 1616, les prêtres de l'Oratoire de la rue S. Honoré. Le cul de sac de l'Oratoire s'appelloit la *rue du Louvre*. Ce fut au bout de cette rue, que *Paul Stuer de Caussade*, comte de *S. Mégrin*, sortant du Louvre vers les onze heures du soir, le lundi 21 Juillet 1678, fut attaqué par vingt ou trente hommes & percé de trente-trois coups, dont il mourut le lendemain.

L'hôtel de Clisson, sous *Charles V* & *Charles VI*, ensuite appellé l'*hôtel de Guise*, (nous en avons déja parlé,) étoit situé, où est aujourd'hui l'hôtel de Soubise.

L'hôtel de Grenelle, situé dans le quartier Saint-Eustache, fut habité par le comte de *Soissons*, amant de *Catherine* de Navarre, sœur de *Henri IV*, & ensuite par le duc de *Belle-Garde*, l'amant chéri de la belle *Gabrielle d'Estrées*, de mademoiselle de *Guise*, & de tant d'autres.

La belle *Gabrielle d'Estrées* a aussi demeuré à l'hôtel de Schomberg, qui subsiste encore dans la rue Bayeul, derriere l'hôtel d'Aligre, où le grand conseil a tenu long-temps ses séances. La même *Gabrielle d'Estrées* a aussi demeuré à l'hôtel de Sourdis, dans la rue des Fossés S. Germain l'Auxerrois, qui communiquoit au cloître de cette église. Cette *Gabrielle d'Estrées*, duchesse de Beaufort, demeuroit dans la maison du doyen, pour être proche du Louvre, & de la marquise de *Sourdis* sa tante. Elle mourut la veille de Pâques 1599, dans cette maison du doyenné, qui étoit vis-à-vis du grand portail de l'église, du côté du Louvre.

L'hôtel de Grenelle a été, après la mort du cardinal de *Richelieu*, l'asyle des Muses; l'académie françoise y a long-temps tenu ses séances. Cet hôtel est aujourd'hui l'hôtel des Fermes. C'est dans la troisieme maison, après cet hôtel, que *Jeanne d'Albret*, mere de *Henri IV*, mourut le 9 Juin 1572, âgée de quarante-quatre ans.

L'hôtel d'Hercule étoit situé au bout du quai des Grands-Augustins. On lui donna ce nom, parce qu'on y avoit peint les travaux d'Hercule. *Louis XII* donna cet hôtel au chancelier *Du-Prat*, dont le petit-fils, *Antoine Du-Prat*, seigneur de Nantouillet, fut prévôt de Paris. Voyez quelques Anecdotes sur cet *Antoine Du-Prat*, dans les *Essais de Paris*, tome j, page 58.

Nous avons dit que l'hôtel de Longueville étoit le magasin du bureau général du tabac. Il a été le berceau de la fronde & de la politique du fameux cardinal de *Retz*. M. *Saintfoix* dit de lui, *qu'il eut toutes les grandes qualités qu'il voulut avoir, & qu'il ne voulut point avoir celles d'un évêque, d'un citoyen, & d'un honnête homme*.

L'hôtel de Mesmes, rue Sainte-Avoye, a été celui d'*Anne de Montmorency*, connétable de France, qui y mourut avec toute la dignité d'un héros Chrétien, le 12 Novembre 1563, deux jours après la bataille de S. Denis, des blessures qu'il y avoit reçues, âgé de soixante-quatorze ans. Il avoit servi sous cinq rois, s'étoit trouvé à près de deux cens combats, à huit batailles rangées, & avoit été employé à dix traités de paix.

Nous avons dit ailleurs que l'hôtel de Nesle, avec une partie de ses dépendances, & ses jardins sont le même terrain, où sont aujourd'hui le collége des Quatre Nations, l'hôtel de Conti, les maisons de la petite place de Conti, la rue Guenegaud, depuis l'égout jusqu'à la riviere.

Philippe le Bel acheta, en 1308, cet hôtel d'Amauri de Nesle. Il fut donné & aliéné plusieurs fois par ses successeurs; mais c'étoit toujours un revenu du domaine. *Charles IX*, en 1571, le vendit à *Louis de Gonzague*, duc de Nevers, qui le fit rebâtir en partie. *Henri de Guenegaud*, secrétaire d'état, l'acheta; & il porta le nom d'*Hôtel de Guenegaud*. Il y fit faire de grands changemens, & bâtir la rue Guenegaud, qui fut prise sur le jardin. C'est aujourd'hui l'hôtel de Conti.

L'hôtel de Rambouillet, situé dans la rue Saint-Thomas du Louvre, a été célébré, il y a plus de cent ans, par mademoiselle *Scuderi*, & les autres beaux esprits de ce temps-là. C'est aujourd'hui une maison bâtie de pierre & de brique, qui appartient à M. *Artaud*.

Ce seroit ici le lieu de parler des beaux & magnifiques hôtels, qui, depuis plus d'un siécle, ont été élevés dans Paris, ainsi que des monumens publics. Cet article nous conduiroit trop loin, fourniroit pluleurs volumes, & nous ne ferions que répéter ce qu'on lit dans la *Description de Paris*, soit par *Germain Brice*, soit par *Piganiol de la Force*: nous y renvoyons; & aux *Antiquités de Paris*, par *Sauval*, pour une infinité d'autres anciens hôtels, dont la plûpart ne subsistent plus.

HOTEL DE VILLE DE PARIS. *Marcel*, prévôt des marchands de Paris, & les échevins, pendant la prison du roi *Jean*, firent l'acquisition d'une maison située dans la place de Gréve, appellée *la Maison-aux-Piliers*. Ce bâtiment avoit anciennement appartenu aux dauphins Viennois. Le prix de cet achat fut de deux mille quatre cens florins d'or, somme qui revient à 32563 liv. 6 sols 8 deniers de notre monnoie. C'est l'emplacement du terrain sur lequel est bâti l'hôtel de ville. L'ancien édifice fut démoli sous *François I*, qui fit jetter les fondemens du nouveau bâtiment, achevé tel que nous le voyons aujourd'hui sous le régne de *Henri IV*. La statue équestre de *Henri IV*, que l'on voit sculptée au-dessus de la porte, est de *Pierre de Troussi*, aussi-bien que la meilleure partie de l'édifice. *Biart* le pere l'a taillée dans la masse. Cette figure équestre passe pour une des plus excellentes de l'Europe: le cheval, dit *Sauval*, a été fait sur celui de *Marc-Aurele*, quoique *Biart* ait tâché de le déguiser de la meilleure grace qu'il lui a été possible. Voyez *Prévôt des Marchands*.

HOTEL-DIEU: c'est le premier hôpital, le plus considérable, & le plus ancien de tout Paris. Sa fondation n'est pas bien certaine. La tradition commune l'attribue à *S. Landri*, évêque de Paris, sous *Clovis II*, environ l'an 608.

On y reçoit indistinctement tous les malades, de quelque état & condition qu'ils soient; ils y sont traités avec un très-grand soin. Le nombre en a monté quelquefois jusqu'à quatre mille. Les malades sont servis par des religieuses de l'ordre de S Augustin, dont le noviciat est de sept ans, avant que de pouvoir être reçues à la profession. Leur régle est d'autant plus rigoureuse, qu'elles passent toute leur vie dans cet exercice. Anciennement c'étoient des religieux & religieuses de S. Augustin, qui assistoient & servoient les malades, & qu'on appelloit les *freres & les sœurs de l'Hôtel-Dieu*.

Le bâtiment est assez désagréable, étant placé dans un quartier où il est serré de tous côtés. On l'a étendu sur la riviere, en bâtissant une longue sale sur une voûte d'une hardiesse surprenante, sous laquelle passe la riviere.

Il y a cinquante sales, entre lesquelles il y en a de séparées pour ceux qui sont attaqués de maladies épidémiques, afin d'empêcher qu'elles ne se communiquent. La sale du côté du Petit-Pont, a été fondée par le cardinal *Antoine Du-Prat*, chancelier de France, & légat du saint siége, vers l'an 1535. En 1714, la sale de S. Charles a été continuée jusqu'au Petit Châtelet sur une voûte très-solide, prise sur le lit de la riviere. Cette grande entreprise n'a été terminée qu'en 1720. En 1737, pendant la nuit du 2 au 3 d'Août, le feu prit dans cet hôpital, & y causa bien du désordre. Tout fut rétabli au commencement de l'année suivante 1738.

Cet hôpital étoit autrefois administré par le chapitre de Notre-Dame, tant pour le spirituel que pour le temporel. En 1505, la direction temporelle fut commise, par arrêt du parlement, à des administrateurs. L'archevêque de Paris est le chef de la direction de l'Hôtel-Dieu, conjointement avec le premier président & le procureur général ; mais les chanoines de Notre-Dame en ont conservé la direction pour le spirituel. S. Julien le Pauvre a été uni à l'Hôtel-Dieu de Paris.

L'hôpital Sainte-Anne, dit *de la Santé*, dépend de l'Hôtel-Dieu. Il fut bâti, en 1651, pour y recevoir les malades en temps de contagion. Il est situé au bout du fauxbourg S. Marcel, sur le chemin de Gentilly, & à main gauche, en sortant par la porte Saint-Jacques.

HUET : sobriquet injurieux, appliqué, dans le

quatorzieme siécle, par le peuple, à tout l'ordre des Freres Prêcheurs, en général, à l'occasion d'un de ces religieux, qui s'étoit vanté de prouver dans la cathédrale de Rouen, que les Jacobins n'étoient pas seulement curés, mais évêques & papes, & qu'ils avoient bien un autre pouvoir que les curés. Il ajoûta que s'il manquoit à prouver cette vérité, il vouloit qu'on l'appellât *huet*. L'effet répondit mal à ses promesses, dit un de nos auteurs de l'Histoire de France. Il s'égara dans son discours. Le doyen de Rouen, qui assistoit à la prédication, se leva, & nomma tout haut l'orateur *huet*. Après cette aventure, les Freres Prêcheurs n'oserent plus se montrer. Une ancienne chronique manuscrite de la *B. R.* n° 10297, page 61, marque *qu'ils furent privés des confessions du roi, de la reine, des seigneurs, & dames de leur sang; qu'ils cesserent plusieurs de leur départir aumônes, & en exil s'en allerent; a donc se prindrent à prêcher en public par les églises les maîtres & bacheliers de la faculté de théologie.*

HUGUENOT : on a donné bien des origines à ce mot. *Du Verdier* dit qu'il vient de *Jean Hus*, dont les *Huguenots* ont suivi la doctrine, comme qui diroit les *Guenots de Hus*.

D'autres disent qu'il vient d'un certain *Hugues Sacramentaire*, qui avoit été du temps du roi *Charles VI*, & qui avoit enseigné la même doctrine.

D'autres le font venir d'un mot Suisse *Hensquenaux*, c'est-à-dire *gens séditieux*, ou du mot *Eidgnossen*, qui signifie *allié en la foi*: le mot *Eid* signifie *foi*; & *gnossen*, *associé*; c'est l'opinion qu'a suivie le pere *Maimbourg*, d'où il conclut que le mot *Huguenot* n'est point injurieux, & que ceux à qui on le donne, ne doivent point s'en fâcher.

Castelnau-Mauvissiere, dans ses Mémoires, dit que les Réformés furent appellés par le peuple *Huguenots*, comme étant pires qu'une petite monnoie portant ce nom, qui étoit une maille du temps de *Hugues Capet*, & qu'on vouloit signifier par-là qu'ils ne valoient pas une *maille*.

D'autres difent que ce nom leur fut donné par la dérifion d'un Allemand, qui étant pris & interrogé fur la conjuration d'*Amboife* devant le cardinal de Lorraine, demeura court dès le commencement de la harangue, qui commençoit par *Hùc nos venimus*.

Pafquier rapporte qu'à Tours il y avoit une croyance populaire qu'un rabat ou lutin, qu'on appelloit le roi *Hugon*, couroit la nuit ; & comme les Religionnaires ne fortoient que de nuit pour faire leurs prieres, on les appella *Huguenots*, comme qui diroit *difciples du roi Hugon* ; car c'eft à Tours qu'ils ont commencé d'être appellés ainfi.

Cette opinion a paru la plus vraifemblable au pere *Daniel*, qui dit que, felon la plûpart de nos hiftoriens, ce fut dans ce temps de la conjuration d'Amboife, qu'on commença à donner aux Calviniftes le nom de *Huguenots*.

Enfin *Gui Coquille*, dans fes Dialogues fur les caufes des miferes de la France, page 12, de l'ancienne édition, dit, en parlant du régne de *François II*, qu'en ce temps l'on commença à mettre en ufage le mot *Huguenot*, & qu'il vient de *Hugues Capet*, à caufe que les *Huguenots* défendoient le droit de la lignée de *Hugues Capet* à la couronne, contre ceux de la maifon de *Guife*, qui fe prétendoient fucceffeurs de *Charlemagne*. Cette opinion eft adoptée par plufieurs écrivains modernes, & entr'autres par l'auteur des *Tablettes de France*. On peut confulter *Ménage* & *Pafquier*, dans fes *Recherches*, part. viij, chap. 55.

Une chofe qu'il eft bon de faire remarquer au lecteur, c'eft que les trois feigneurs qui ont eu le plus d'averfion pour les *Huguenots*, fçavoir, le duc de *Montpenfier*, le duc de *Guife*, & le maréchal de *Saint-André*, ont époufé tous les trois des femmes *Huguenotes* ; le premier, *Jacquette de Longwic* ; le fecond, *Anne d'Eft* ; & le troifieme, *Marguerite de Luftrac*.

HUGUES CAPET : après la mort de *Louis V*,

Charles, duc de Lorraine, son oncle, fils de *Louis d'Outremer*, eut dû lui succéder ; mais *Hugues Capet* sçut tirer avantage de l'indignation & du mépris que les François avoient conçus pour un prince qui avoit deshonoré sa patrie, & la splendeur de son sang, jusqu'à se rendre sujet de l'empire, & à tenir la Lorraine, partie intégrante de la France, des mains d'*Othon II*, empereur d'Allemagne.

Hugues Capet ne se conserva sur le trône, que par sa douceur & son ménagement envers les grands du royaume ; ce prince déja reconnu & couronné par la nation, envoya demander à *Audebert*, comte de la Marche, qui assiégeoit Tours à son insçu & sans permission, qui l'avoit fait comte ? Ce sont, répondit *Audebert*, ceux-là même qui vous ont fait rois, vous & votre fils *Robert*. *Audebert* continua le siége de Tours ; *Hugues Capet* dissimula ; il avoit les grands à gagner, & il fit bien.

Ce ne fut qu'après un interrégne, depuis 923 jusqu'en 936, sous *Raoul*, duc de Bourgogne, gendre de *Robert*, tué à la bataille de Soissons, que *Hugues Capet* se fit couronner roi de France, par *Abbon*, évêque de Soissons, malgré les droits de l'infortuné *Charles le Simple*. Ainsi ce prince parvint à la couronne, sans y avoir d'autre droit, que celui que lui donna l'élection des grands. Il est la tige de la troisieme race de nos rois, & le trente-quatrieme. Il a régné depuis 987, jusqu'en 996, qu'il mourut le 24 Octobre, âgé cinquante-sept ans, après neuf ans de régne. Ce monarque ne subjugua ses ennemis qu'en les flattant ; & il regardoit comme ses amis, tous ceux qui ne se déclaroient pas contre lui.

HUILE D'OLIVE : cette *huile*, qu'on nomme *huile* par excellence, parce qu'elle sert de base à toutes les *huiles* composées, n'étoit pas commune sous la premiere & la seconde race. Du temps de *Charlemagne* on la tiroit de l'Orient & de l'Afrique ; & elle étoit alors si rare en France, qu'un concile d'Aix-la-Chapelle permettoit aux moines de se servir d'*huile de lard*.

[H U I]

HUISSIER : ce mot vient de *huis*, qui signifie *porte*, *entrée*. Les *huissiers* de la chambre servent l'épée au côté, & ouvrent chez le roi la porte à ceux qui doivent entrer.

Ils servent par quartier; & les *huissiers* du cabinet, par semestre. Ils ont les uns & les autres la qualité d'*écuyers*.

L'ordre du S. Esprit a un *huissier*, qui garde la porte de la chambre, où le roi tient chapitre de l'ordre.

Il y a les *huissiers* de la chaîne, qui portent les ordres du roi ou de M. le chancelier. Ils ont une chaîne d'or pour marque de leur charge. Ils la portoient autrefois au col; c'est maintenant autour du poignet : on dit qu'ils la portent encore au col dans les jours de cérémonies.

Les *huissiers* de la chambre du roi font les fonctions des *huissiers* d'armes, qui étoient d'anciens officiers de la maison de nos rois. On les appelloit d'abord *sergens d'armes*. Quelques-uns avoient la charge de porter, le jour, la masse devant le roi, & ceux-là étoient appellés *huissiers d'armes*. D'autres gardoient la chambre du roi pendant la nuit. Ceux-ci étoient obligés d'exposer leur vie pour la garde de sa personne sacrée, s'il étoit besoin, & d'être prêts à son commandement, tant à l'armée, qu'ailleurs. Ainsi ils tenoient lieu de ce qu'on appella depuis *archers de la garde*, & qu'on nomme aujourd'hui *gardes du roi*. Voyez *Du-Tillet*, part j, p. 395.

Dans les compagnies de judicature, les *huissiers* sont ceux qui gardent les portes des chambres, où l'on rend la justice. Ils tiennent la barre du parquet, font faire silence, exécutent les ordres des juges & leurs jugemens. Les *huissiers* du parlement, de la chambre des comptes, & autres cours, rendent tour-à-tour le service à la chambre, & alors on les appelle *huissiers* de service. Le premier *huissier* appelle les causes, suivant les rolles ou les placets que lui donnent le président.

Les *huissiers* audienciers ont ceux qui servent à

l'audience. Il y a six vingt *huissiers* commissaires priseurs & vendeurs de biens-meubles; & un grand nombre d'*huissiers* à cheval au châtelet de Paris. Les sergens à verge ont aussi usurpé le nom d'*huissiers*. Par un arrêt du parlement de 1405, il fut fait défenses à tous autres de se qualifier d'*huissiers*, excepté aux *huissiers* de la cour. Sur les *huissiers* de la chambre des comptes, on trouve dans les *Recherches de Pasquier*, l. ij, c. 5; leur origine & leurs progrès.

Les *huissiers* au châtelet de Paris vont en cavalcade, le lundi d'après la Trinité, aux hôtels des premiers magistrats & aux jurisdictions; les lieutenans civil & criminel, & le procureur du roi assistent à cette cérémonie en robes rouges, accompagnés des commissaires du châtelet.

Le jour suivant, le lieutenant civil fait l'appel de tous les *huissiers* dépendans du siége du châtelet, même de ceux qui résident dans les provinces.

Il est permis à toutes sortes de personnes de porter les plaintes qu'elles ont à faire contre ces officiers. Il en est fait un mémoire, qui est communiqué au procureur du roi; & lorsque la plainte est grave & prouvée, l'*huissier* est arrêté sur le champ, & même interdit, si la prévarication le mérite.

Ces *huissiers*, qu'on ne nommoit autrefois, & qu'on ne nomme encore que *sergens* dans plusieurs provinces, sont quelquefois exposés à bien des accidens dans les fonctions de leurs charges; mais ils sont sous la protection du monarque & de la justice.

Sous le régne de *Louis XII*, un des plus grands seigneurs du royaume cassa le bras gauche à un sergent, dans le temps qu'il faisoit les fonctions de son office. Le roi ne l'eut pas plutôt sçu, qu'il alla lui-même au parlement, ayant le même bras en écharpe.

La cour surprise de voir sa majesté en cet état, & lui ayant demandé quel accident l'obligeoit à porter ainsi le bras?

Un coup dangereux, dit-il, *un mal qui exige de*

prompts remedes ; il expofa enfuite ce qui étoit arrivé au fergent, & ajoûta :

Puifqu'on fait une pareille violence à ceux qui exécutent les ordres de ma juftice, que me fervira ce bras, qui en porte la marque fouveraine que j'ai reçue de Dieu, auffi-bien que mon fceptre & ma couronne ?

Louis XII demanda en même temps un décret de prife de corps contre le feigneur coupable, & pouffa l'affaire fi loin, qu'il l'obligea de faire au fergent toute la réparation qu'il defira.

Martigues, colonel général, fous *François II*, ayant battu des *huiffiers*, qui menoient un capitaine en prifon pour *dettes*, fut décrété de prife de corps, arrêté en fa maifon ; & quoiqu'il eût fa grace du roi, il fut obligé de paffer par le guichet. Il eut même befoin de tout le crédit & de toute la faveur qu'il avoit à la cour, pour n'être pas puni plus févèrement.

Voyez, dit *Brantome*, qui rapporte ce fait, *ce que c'eft de la juftice, & comme le temps paffé, on lui portoit honneur & révérence.* Nous pourrions rapporter plufieurs autres exemples, même modernes, de punitions exemplaires, exercées envers ceux qui ont, au mépris des ordres de la juftice, maltraité des *huiffiers* ; mais ces deux anciens traits rapportés, & tirés de notre hiftoire, fuffifent.

HUNS : nation fameufe, qu'on fait originaire de la Scythie Européenne, qui s'étendoit au-deffus & aux environs des Palus-Méotides. C'eft aujourd'hui la petite Tartarie, la Beffarabie, la Bulgarie, &c. Nous ne parlons de cette nation, que, parce que du temps de l'empereur *Valentinien*, mort en 455, une armée innombrable de *Huns*, que l'on fait monter à plus de cinq cens mille hommes, ayant à leur tête *Attila*, furnommé *le Fléau de Dieu*, traverfa la Pannonie, la Germanie, entra dans les Gaules en 450, qu'il ravagea. Mais après différens fuccès, il y perdit plus de la moitié de fon armée. En 452, il paffa en Italie, & il y ruina plufieurs villes. *S. Léon*, pape, mort en 461, vint au devant de ce roi barbare, & l'empêcha, l'empêcha, tant par son éloquence que par ses prieres, de pousser jusqu'à Rome.

HUREPOIX: pays du gouvernement de l'Isle de France, dont *Dourdan* est le chef-lieu. Cette ville, avec ses dépendances, étoit du domaine de *Hugues Capet*. *Hugues le Grand*, pere de *Hugues Capet*, y finit même ses jours. Cette ville n'a point été démembrée de la couronne ; mais elle a été donnée pour douaire à des reines, & elle est entrée quelquefois dans l'apanage des fils de France. Elle a été aussi engagée à différens seigneurs. Depuis *Louis XIII*, Dourdan est de l'appanage de M. le duc d'*Orléans*, premier prince du sang.

HUS, *ou* HUÉE: selon *Du-Cange*, *Gloss.* au mot *Huesium*; c'étoit la clameur, soit de bouche, soit avec le cornet, pour avertir de courir sur les malfaiteurs. Cet usage s'observoit de toute ancienneté en France, d'où les Anglois l'ont emprunté. Il y a une ordonnance de *Clotaire II*, qui condamne à cinq sols d'amende, celui qui n'aura pas averti d'un vol, dont il aura été témoin, ou qui, en ayant été averti par la clameur publique, n'aura pas poursuivi le malfaiteur ; &, si c'est un homme libre, suivant les Capitulaires de *Charles le Chauve*, il composera d'une somme avec son seigneur ; si c'est un *colon*, c'est-à-dire un *serf*, il recevra soixante coups de verges.

Sous *Philippe le Hardi*, toutes les fois qu'il arrivoit, dans Paris, quelque batterie, effraction de portes, enlevement de femmes, malversations, les voisins, & tous ceux qui en avoient connoissance, devoient sortir aussi-tôt pour empêcher le mal de tout leur pouvoir, & pour arrêter les coupables ; s'ils ne pouvoient les prendre, il leur étoit enjoint de lever le *hus*, après lequel tous ceux qui l'entendoient, étoient obligés de courir, sous les plus grièves peines.

La même chose se pratique en Espagne, où se formerent ces sociétés si connues dans la Navarre, sous le titre de *sainte Hermandade*, ou *Fraternité*; &

Tome II. H h

dans l'Arragon, sous le nom de *Juste* ou d'*Union*.

HUSSARDS : c'est, en Hongrie & en Pologne, une espece de milice à cheval qu'on oppose à la cavalerie Ottomane. Ils sont connus dans les troupes de France depuis 1692 ; & voici à quelle occasion.

Plusieurs *Hussards*, la plûpart déserteurs de l'armée impériale, étant passés en France vers ladite année 1692, se mirent au service de quelques officiers François & les suivirent à l'armée. Le maréchal de *Luxembourg* les voyant la plûpart d'assez bonne mine, d'un air fier & un peu féroce, & équipés d'une maniere extraordinaire, crut qu'il en pourroit tirer quelque service. Il les assembla & les envoya en parti où ils réussirent assez bien ; cela lui donna l'idée d'en former quelques compagnies ; & dans cette vue il envoya deux de ces *Hussards* à la cour, qui étoit alors à Fontainebleau. Ils se trouverent dans le même cabaret où étoit le baron de *Corneberg*, bâtard de la maison de ce nom.

Ce baron avoit été lieutenant dans les troupes de l'empereur. Le cercle de Souabe ayant résolu de mettre quelques troupes sur pied, *Corneberg* y alla pour lever une compagnie. On lui donna de l'argent, qui lui servit, non à lever des soldats, mais à passer en France, pendant le siége de Namur. Madame le prit sous sa protection, & on lui promit de l'emploi. Ce fut pendant qu'il le sollicitoit, qu'il trouva, à Fontainebleau, les deux *Hussards* qui devoient lever des compagnies. Il proposa d'en faire un régiment. Il parut devant le roi, à Versailles, habillé, armé & monté comme eux, en *Hussard*. On lui donna de l'argent pour aller à Strasbourg travailler à la levée de son régiment. Il joua & perdit une partie de son argent, & leva trois mauvaises compagnies, où il y avoit beaucoup d'Allemands.

Ce régiment servit, quand feu Monseigneur alla en Allemagne, sur le Neckre, en 1693 ; mais on en fut mécontent. *Corneberg*, qui avoit une pension de deux mille livres, en fut colonel. Sept mois après, il joua sa pension : ne sçachant plus que devenir, il alla trouver l'ambassadeur de Venise, & lui proposa de faire passer le régiment de *Hussards* au service de la république. On le sçut ; & outre cela, il tenoit de mauvais propos : c'est pourquoi il fut mis à la Bastille, où il demeura jusqu'à la paix de Riswick, après laquelle il fut mis en liberté : on le conduisit ensuite sur la frontiere, avec ordre de sortir du royaume, & de n'y jamais rentrer.

Son régiment fut donné à M. *Mortani*, ou *Mortagne*, qui avoit servi sous le prince-administrateur de Wirtemberg, & avoit été lieutenant-colonel d'un régiment de huit cens chevaux, dont ce prince voulut le faire colonel.

Par tout ce que nous venons de rapporter, il paroît que la premiere institution de la milice des *Hussards*, est du régne de *Louis le Grand*, en l'année 1692 ; cependant il y avoit eu de la *cavalerie Hongroise* dans les armées de France, sous le régne de *Louis XIII*, dès l'année 1637 ; vraisemblablement cette cavalerie étoit équipée & armée à-peu-près comme les autres troupes de cavalerie, & n'avoit point cet habillement particulier, propre au pays d'où elle vient ; ce qui étoit cause qu'on ne la distinguoit point, comme on a fait dans la suite, par rapport aux *Hussards* proprement dits.

Quoi qu'il en soit, depuis la création du régiment de *Mortagne*, le maréchal de *Villars* fit un nouveau régiment qui fut donné à M. de *Verceilles*. Le duc de Baviere en amena un autre au service du roi, qui fut donné à M. de *Ratzky*, Hongrois de nation. Après la paix de 1724, le régiment de *Verceilles* fut incorporé dans celui de Ratzky. En 1719, M. de *Berchiny*, aujourd'hui maréchal de France, également Hongrois de nation, avoit levé en Turquie un autre régiment de *Hussards*, & l'amena en France au service du roi.

En 1738, ce régiment étoit composé de vingt-deux officiers, de deux escadrons, de huit compagnies à vingt-cinq *Hussards* chacune, de huit maréchaux de logis, & de deux cens *Huſſards*. Celui de Ratzky étoit de même force. Mais le régiment d'Eſterhazi, le troiſieme des régimens *Huſſards*, formés ſous Louis XV, en 1734, étoit de moindre force, & ne conſiſtoit plus qu'en un ſeul eſcadron de cent *Huſſards*.

Pendant les deux dernieres guerres il avoit été levé pluſieurs nouveaux régimens de *Huſſards*; mais ils ont été les uns ſupprimés, & les autres réduits.

Il y a au ſervice de France, (1767,) quatre régimens de *Huſſards* qui ſont *Berchiny*, *Chamborant*, *Royal-Naſſau* & *Eſterhaſy*, réduits chacun, depuis l'ordonnance du roi du 10 Février 1764, à huit compagnies de vingt-cinq hommes. Tous les officiers & *Huſſards* excédens ont été licenciés: les capitaines réformés jouiſſent de 800 livres en appointement de réforme; les lieutenans, de 500 livres; & les ſous-lieutenans, de 400 livres. On a laiſſé aux *Huſſards* licenciés leur habit uniforme, & un bonnet; & on leur a accordé deux ſols par lieue, pour ſe retirer chez eux. Voyez *Etat militaire de la France de chaque année*.

HUTIN. Voyez *Louis Hutin*.

[JAR]

JACQUE: le *jacque* ou *jacke*, étoit une espece de casaque militaire, qu'on mettoit par-dessus le haubert. Cet habillement fait en forme de surtout court, qui ne passoit pas les genoux, étoit composé de plusieurs peaux de cerf, appliquées les unes sur les autres, garnies en dedans de bourre ou de linge; ce qui le rendoit impénétrable aux lances & aux dards. La dureté du *jacque* le rendoit très-incommode; & pour remédier à ce défaut, on avoit soin de le tenir fort large, ensorte que l'homme flottoit dedans. On employoit, pour les plus forts, jusqu'à trente cuirs de cerf; ceux qui les vouloient plus légers, se servoient de taffetas. Ces taffetas employés en plusieurs doubles opéroient le même effet que le cuir; quelquefois on couvroit ces *jacques* des étoffes les plus précieuses d'or & d'argent. C'est de cette sorte d'habillement que nos ancêtres ont pris la mode de leurs *jacquettes*, auxquelles ont succédé nos pourpoints & ces juste-au-corps, que nous portons aujourd'hui.

JACQUERIE, ou LES JACQUES: c'est le nom que l'on donna à des troupes de paysans répandues dans les parties septentrionales du royaume, qui, pendant la détention du roi *Jean*, en Angleterre, sous la régence du dauphin son fils, portoient en tous lieux la misere & la faim, ayant juré entr'eux d'exterminer tous les gentilshommes. Les cruautés qu'ils exercerent, surpassent tout ce que la vengeance la plus effrénée & la barbarie la plus atroce purent imaginer. On dut la destruction de ces formidables & barbares compagnies au roi de Navarre qui vengea l'injure que ces malheureux lui avoient faite, par le massacre de deux de ses plus zélés partisans.

JARDIN DES PLANTES, appellé le *Jardin-Royal*: il fut établi sous *Louis XIII*, en 1634, par les soins de *Bouvart*, premier médecin du roi, & *Guy de la Brosse*, son médecin ordinaire. Celui-ci fut le premier médecin en botanique. Il rendit en très-peu d'années, ce *jardin* célebre & très-riche en plantes extraordinaires, qui n'avoient point encore été vues en ces pays-ci, pour la plûpart. Cependant on trouve aussi dans quelques Mémoires particuliers, que *Jean Robin* avoit déja commencé quelque chose de pareil dans le même lieu, par les ordres du roi *Henri IV*; ce qui ne dura pas long-temps.

Tout le *jardin* ne consistoit alors, que dans l'espace que le parterre occupe à présent, & n'avoit pas une plus grande étendue. Comme il se trouvoit trop serré, on fit l'acquisition de quelques *jardins* du voisinage, pour l'aggrandir. Le cardinal de *Mazarin* augmenta cette fondation; & le grand *Colbert* ensuite n'oublia rien pour rendre cet établissement utile & fort salutaire au public.

On fait dans le *Jardin-Royal* des exercices ou des démonstrations publiques, pour quatre sciences différentes, la botanique, la chymie, l'anatomie & la chirurgie. L'exercice de la botanique, ou la démonstration des plantes se fait dans ce jardin, pendant les mois de Juin & de Juillet. L'exercice des autres sciences s'y font dans les autres mois. Tout le monde y est reçu, & les amateurs peuvent profiter gratuitement des leçons qu'un docteur en médecine donne publiquement dans les endroits nommés *écoles*. M. *Bernard de Jussieu*, de l'académie des sciences, est le démonstrateur du *jardin des plantes*; & M. de *Buffon* de la même académie, est directeur de ce *Jardin-Royal*; & M. *Daubanton*, aussi de la même académie, est le gardien du cabinet d'Histoire naturelle, beaucoup augmenté de celui de feu M. de *Réaumur*.

JARDINIER : c'est *André le Nostre*, qui a créé l'art des jardins. Il l'a porté au plus haut degré de perfection. Il avoit près de quarante ans, quand M. *Fouquet*, intendant des finances lui donna occasion de se faire connoître par les magnifiques jardins de Vaux-le-Vicomte, si célébrés par La Fontaine, dans ses poësies. *Louis XIV* le fit travailler à Versailles, à Trianon, à S. Germain. Ce fut-là que, pour la premiere fois, on vit des portiques, des treillages, des berceaux & des cabinets. Le jardin des Tuileries est un des beaux chefs-d'œuvre de *le Nostre*. Feu Monsieur l'employa à Saint-Cloud; le prince de *Condé*, à Chantilli. *Louis XIV*, en 1675, lui accorda des lettres de noblesse, & voulut lui donner des armes. Il répondit qu'il avoit les siennes, qui étoient trois limaçons couronnés d'une pomme de chou; & il ajoûta: *SIRE, pourrois-je oublier ma bêche? Combien me doit-elle être chere? N'est-ce pas à elle que je dois les bontés, dont votre majesté m'honore?* Sa vie a été écrite par M. *Desgost*, son neveu, controlleur des bâtimens du roi. Il mourut en 1700, âgé de quatre-vingt-sept ans.

Mais si l'on doit à *le Nostre* le bel art d'avoir perfectionné les jardins, on doit à la *Quintinie* toutes les belles instructions qu'il nous a laissées pour la culture des jardins fruitiers & potagers; & c'est de lui que l'on tient la méthode certaine & infaillible de bien tailler les arbres.

On lit dans l'Histoire de *Henri IV* qu'un *jardinier* de Béarn vint à Paris pour voir le roi; ce paysan se rendit au Louvre: le prince environné de toute sa cour, le reconnut bien pour le *jardinier* qui lui avoit donné cent fois des fruits; mais il feignit de ne pas s'appercevoir des mines qu'il faisoit pour se faire reconnoître.

Enfin *Henri IV* se retira dans son cabinet, fit venir son bon Béarnois, l'embrassa, & lui demanda s'il étoit bien-aise de le voir tranquille & possesseur de ses états, le *jardinier* répondit: *Vraiment oui; mais tout ce qui me fâche, c'est qu'il me semble que vous êtes devenu un peu fier.*

Un jour ce prince, (c'étoit en 1597,) causoit avec son *jardinier* de Fontainebleau, qui lui disoit: *Ce terrein est des plus ingrats; j'ai beau travailler; j'ai beau l'engraisser; j'y perds mes peines, rien ne profite, rien ne vient....* Bon, bon, dit le roi, *c'est que vous ne sçavez pas choisir vos graines; semez-y des Gascons, ils prennent par-tout.*

JARNAC: bourg en Angoumois, diocèse d'Angoulême, célèbre par la victoire que *Henri*, duc d'Anjou, frere de *Charles IX*, & depuis roi de France, sous le nom de *Henri III*, y remporta sur les Calvinistes, au mois de Mars de l'an 1569. Le prince de *Condé*, qui commandoit les Calvinistes, s'obstina à y combattre, malgré les représentations qu'on lui fit sur son bras, qu'il portoit en écharpe, & la blessure qu'il venoit de recevoir à la jambe.

Noblesse Françoise, (s'écria-t-il,) *apprenez que Condé, avec un bras en écharpe, & la jambe cassée, a encore assez de courage pour donner bataille.*

Ce prince y fut fait prisonnier: le baron de *Montesquiou*, capitaine des gardes du duc d'Anjou, voyant plusieurs soldats attroupés, demanda ce que c'étoit; on lui répondit que c'étoit le prince de *Condé*, qui étoit blessé, & avoit été pris: *Tuez, tuez*, s'écria-t-il, en jurant; & aussi-tôt, il lui cassa la tête d'un coup de pistolet; toute l'armée regarda cette action comme une horrible brutalité.

Le duc d'Anjou voulut se mettre à la poursuite des fuyards: *Arrêtez prince*, lui dit *Crillon*, *songez que vous êtes responsable de votre personne à l'état, & que les lauriers qu'il reste à cueillir, ne sont pas dignes de vous.*

Aussi-tôt *Crillon* acheva de mettre les ennemis en déroute. En revenant au camp, un soldat Huguenot, qui l'attendoit, le blessa d'un coup d'arquebuse: *Crillon* courut à lui, & alloit le percer, quand le soldat tomba à ses pieds, & lui demanda la vie: *Je te la donne*, dit *Crillon*; *& si l'on pouvoit ajoûter foi à un homme rebelle à son roi, je te demanderois parole d'honneur de ne jamais porter les armes que pour ton souverain.* Le soldat gagné par cette générosité, quitta le parti & la religion des Huguenots.

ICIUS: c'étoit un port dans la Gaule Belgique, dont il est parlé dans les Commentaires de *César*, & où ce général s'embarqua pour passer dans la grande

Bretagne. Différens auteurs, suivant leurs idées particulieres, en marquent la situation; les uns l'ont mise à l'*Ecluse*, en Flandre; d'autres, à *Bruges*; quelques-uns à *Gand*; d'autres, à *Nieuport*. *Chifflet* a voulu le placer à *Mardyk*. Il y en a qui ont cru que ce pouvoit être le port de *Dieppe*; d'autres celui de *Calais*, ou du moins *Sangate*, village voisin de cette derniere ville. *Jacques Malbrancq*, Jésuite, natif de S. Omer, soutient que l'embouchure du port *Icius* étoit au village de Sangate, & que le port s'étendoit jusqu'à la Motte de Sithiu à Saint-Omer.

Eccard soutient que c'est le port qu'on nommoit autrefois *Quantovicus*, situé sur la Canche, vis-à-vis la ville d'Estaple, aboutissant au monastere de S. Josse. C'est aussi le sentiment d'*Adrien Valois*, dans sa Notice des Gaules. *Du-Cange*, & beaucoup d'autres, sont pour le port de Wissan; & le pere *le Quien*, sçavant Dominicain, d'après les autorités de plusieurs sçavans, prétend que c'est le port de Boulogne, & le même qui étoit connu des anciens, sous le titre de *Gessoriacus portus*. Voyez *Boulogne*.

JEAN-SANS-TERRE, roi d'Angleterre, quatrieme fils du roi *Henri II*. Il se rendit maître de la couronne, en 1199, après la mort de *Richard I*, au préjudice d'*Artus* de Bretagne, fils de *Geoffroi* son frere, troisieme fils de *Henri*. *Artus*, avec le secours du roi *Philippe Auguste* & de divers autres princes, lui disputa cette couronne; mais *Jean* le surprit dans Mirebeau, en 1202; & le jeune prince étant mort peu après, on accusa *Jean* de l'avoir fait mourir.

Constance, mere de ce jeune prince, demanda justice à *Philippe Auguste* de ce parricide commis dans ses terres, & sur la personne de son vassal. *Jean* fut ajourné à la cour des *pairs*, où ne comparoissant point & n'envoyant personne pour s'excuser, parce qu'il connoissoit les sentimens du roi de France, il fut condamné, comme atteint &

convaincu de parricide & de félonie, à perdre toutes les terres qu'il avoit en France.

Ce malheur ne fut pas le seul, dont il fut poursuivi ; il s'attira la haine des Anglois par des impositions tyranniques, & se fit des affaires très-fâcheuses avec les ecclésiastiques, en chassant les prélats & en usurpant leurs biens ; c'est ce qui contraignit le pape *Innocent III*, de l'excommunier. Cette censure ne le toucha point ; mais ayant sçu que le pape avoit absous ses sujets du serment de fidélité, il se soumit, en 1213 ; & promit pour lui & ses successeurs de payer à l'église un tribut annuel.

Ses sujets l'en haïrent davantage ; & ayant été battu en plusieurs rencontres & sur-tout à la bataille de Bouvines avec ses alliés, en 1214, par *Philippe Auguste*, ils appellerent *Louis*, fils du même *Philippe*, & le couronnerent à Londres, le 12 Mai 1216. *Jean* en conçut un si grand désespoir que, si nous en croyons *Mathieu Paris*, il voulut suivre *Miramolin*, roi des Sarrasins, & se faire *Mahométan*, s'il le délivroit de ses miseres. Il mourut le 19 Octobre de la même année 1216, pour avoir, dit-on, trop mangé de pêches.

Pour *Louis*, fils de *Philippe Auguste*, (depuis *Louis VIII*,) qui, ayant passé la mer avec une bonne armée, avoit reçu la couronne qu'on lui avoit offerte, il la porta avec gloire pendant dix-huit mois. Il avoit épousé *Blanche* de Castille, petite-fille de *Henri II*, roi d'Angleterre, ce qui lui donnoit des prétentions propres à faire le choix qu'on avoit fait de sa personne ; & ce titre (c'est la juste remarque d'un auteur moderne) vaut bien celui sur lequel se sont fondés les *rois d'Angleterre* pour prendre les armes & la qualité de *rois* de France.

Le prince *Louis*, assiégé dans Londres & excommunié par le pape *Honoré III*, laissa, en 1217, la couronne d'Angleterre à *Henri III*, âgé de neuf ans, fils aîné du roi *Jean-sans-Terre*. Cette expédition manqua par la seule crainte des censures de Rome, qui empêcherent *Philippe Auguste* de se déclarer ouvertement pour son fils, & de le seconder de façon à assurer le succès de son entreprise.

Les papes alors, qui se mêloient bien autant des affaires temporelles que des spirituelles, lançoient des excommunications, qui ne regardoient nullement leur ministere. Le prince *Louis* voulut bien payer à *Honoré III*, pendant deux ans, le dixieme de son revenu; & les laïcs, qui l'avoient accompagné, le vingtieme; & ce qu'il y a encore de plus remarquable, c'est que les ecclésiastiques de la suite de ce prince, furent obligés d'aller faire, aux six principales fêtes de l'année, amende honorable dans l'église de *Notre-Dame de Paris*.

JEAN : deux de nos rois ont porté ce nom ; le premier est mort au berceau, le second a régné.

Le roi *Louis X*, dit *Hutin*, mourut le 5 Juin 1316, laissant *Clemence* de Hongrie, son épouse, grosse de cinq mois; elle accoucha le 15 Novembre d'un fils nommé *Jean*, né *roi* en naissant (& c'est le seul que nous ayons dans notre Histoire.) Il ne vecut que huit jours; on l'enterra à S. Denis; & dans la pompe funèbre, il fut déclaré *roi de France* ; c'est ce qui a donné lieu à quelques auteurs modernes, de le mettre au nombre de nos rois, & de l'appeller *Jean I* : pour *Jean* surnommé *le Bon*, à cause de sa sincérité, né à Mauny au Maine, le 26 Avril 1329, fils de *Philippe de Valois*, il est le quarante-neuvieme de nos rois. Au commencement de son régne, il institua l'ordre de l'*étoile* ; ou selon d'autres, il le renouvella. Voyez *Etoile*.

Ce prince, en montant sur le trône, à la mort de son pere, qui perdit la bataille de Crécy, & qui se vit enlever Calais par *Edouard III*, trouva les affaires de France dans une situation très-fâcheuse, & il n'eut aucune des qualités nécessaires pour les rétablir. On le peint *homme de bien*, mais *malheureux* ; *éclairé* dans les petites choses, & *sans lumiere* dans les grandes. Cependant *Pétrarque* qui vivoit de son tems, lui donne le titre du *plus grand des rois*, & du *plus invincible des hommes*. Il est vrai qu'à la malheureuse bataille de Poitiers, il donna des preuves de la plus grande valeur : il ne se rendit au prince de Galles, dit le *Prince noir*, qu'à la derniere extrémité, & n'ayant plus autour de lui qu'une douzaine des ses gens, dont son fils puîné étoit du nombre. La perte de cette bataille donnée le 19 Septembre 1356, mit le royaume de France à deux doigts de sa perte. *Jean* y fut fait prisonnier, & reçut de son vainqueur tous les honneurs dûs à un roi de France, par son vassal ; sa constance conduisit les choses au traité de Bretigny, du 8 Mai 1360 ; mais l'exécution s'en étant trouvée impossible, *Jean* qui, dans ce cas, avoit donné sa parole royale de retourner à Londres, y retourna en effet, & y mourut le 3 Août 1364. Ce monarque passoit pour le prince le plus brave & le plus libéral de son temps ; il gardoit inviolablement sa promesse, & avoit coutume de dire : *que si la foi & la probité étoient bannies de tout le reste du monde, elles devroient pourtant se trouver dans la bouche des rois*. Cette pensée a été empruntée par un de nos poëtes dramatiques ; c'est M. de Voltaire, qui l'a mise dans la bouche de *Tancrède*, en parlant d'*Aménaïde*.

JERSEY : anciennement *Cesarea insula*, isle de la mer Britannique, vers la mer occidentale de la Normandie, vis-à-vis de la ville de Coutance, & qui, avec celle de Gernesey, étoit du diocèse. On voit dans les Archives de la cathédrale de Coutance, que plusieurs chanoines avoient une partie des revenus de leurs prébendes situées dans ces deux isles ; c'étoit du temps des ducs de Normandie. Ces deux isles appartiennent aux Anglois. L'isle de *Jersey* est défendue par deux châteaux, l'un situé sur la côte orientale de l'isle, & l'autre au midi. C'est la reine *Elisabeth* qui a fait bâtir le dernier. Le premier s'appelle *le château de Montorgueil* ; quand la France est en guerre avec les Anglois, les armateurs de l'isle de *Jersey* & de *Gernesey*, incommodent beaucoup le commerce ; & ce sont les lieux de refuge, les plus proches de ce côté-là, pour tous les malfaiteurs qui peuvent se dérober à la sévérité des loix & de la justice.

JÉSUITES, ou religieux de la *Compagnie de Jesus*, à qui le concile de Trente donne le nom de *clercs réguliers*, & qui ont pour fondateur *S. Ignace de Loyola*, gentilhomme Espagnol, qui fut blessé, en 1521, dans le château de Pampelune, dont les François faisoient le siége, & que l'église a mis au nombre des saints. Cette société fut approuvée par le pape *Paul III*, le 27 Septembre 1540. Les papes *Jules III*, *Pie V*, *Grégoire XIII*, & plusieurs autres, lui ont accordé des priviléges très-considérables.

Dès le commencement, elle s'est rendue célebre par les contradictions qu'elle a surmontées, & les succès qu'elle a remportés sur ceux qui s'opposoient le plus vivement à son établissement en France.

Le général des *Jésuites* réside à Rome ; & il a sur tous les religieux de cette société un pouvoir despotique. Les *Jésuites* eurent, en France, un fameux procès avec l'université de Paris, où les curés de cette ville intervinrent en 1594. La même année ils furent bannis du royaume, par l'arrêt du parlement de Paris, qui ne fut point exécuté, dans ceux de Bordeaux & de Toulouse. *Henri IV* les rappella peu d'années après ; ils ouvrirent le collége de Clermont, sous *Louis XIII*, en 1610, & commencerent à y enseigner ; c'est aujourd'hui le collége de *Louis le Grand*. Voyez au mot *Collége*.

Ce prince obtint, en 1667, leur établissement à Venise ; ils ont été renvoyés de France, en 1763, & l'avoient été de Portugal l'année précédente.

JEUNE : il y avoit deux sortes de *jeûnes* dans la primitive église ; l'un où l'on mangeoit à trois heures, & l'autre à six.

L'usage de *jeûner*, sous le régne de *Charlemagne*, en 806, étoit de ne faire qu'un repas à trois heures du soir. Ce prince, par considération pour ses officiers, mangeoit à deux heures, les jours de *jeûne.*

Un évêque s'avisa de lui en faire quelques reproches. Ce prince l'écouta tranquillement, & lui dit : *Votre avis est bon ; mais je vous ordonne de ne rien prendre, avant que tous mes officiers aient pris leur réfection.*

Il y avoit cinq tables consécutives ; celle de l'empereur, qui y étoit toujours avec toute sa famille : elle étoit servie par les princes & les ducs.

Celle des princes & des ducs, qui étoit servie par les comtes ;

Ensuite la table des comtes, qui étoit servie par les officiers de guerre ;

Et celle des officiers de guerre, par les petits officiers du palais ; de sorte que la derniere table ne finissoit que bien avant dans la nuit.

L'évêque obligé d'attendre si long-temps, reconnut bientôt que l'empereur avoit raison, & qu'il falloit louer son attention pour ses officiers.

JEU : l'abbé le Gendre, *Mœurs des François, page* 170, dit que de tout temps les François ont été grands joueurs. Avant qu'ils eussent conquis la Gaule, on dit qu'ils se jouoient eux-mêmes, quand ils n'avoient plus rien à perdre, & par-là devenoient esclaves de celui qui avoit gagné ; cette manie diminua depuis qu'ils furent établis en-deçà du Rhin.

Les *jeux de hazard* n'étoient point à la mode sous la premiere race : ils y furent sous *Charlemagne*, & plus encore sous son fils *Louis le Débonnaire* ; l'un & l'autre les défendirent sous de rigoureuses peines.

S. *Louis*, par un édit, condamna à une amende ceux qui jouoient aux échecs ; *Charles V* défendit la boule, la paume, les quilles, le palet, & tous autres jeux qui ne contribuoient point à apprendre le métier des armes ; c'étoit dans un temps de guerre, où toute son attention étoit de faire des soldats.

Louis XI étoit joueur ; son fils davantage ; *Louis XII* un peu ; *François I*, encore moins ; le plaisir de *Henri II* étoit de courir la bague ; celui de *Charles IX*,

[JEU]

de forger & de battre un fer. La passion de *Henri III* étoit le *jeu de hazard*; à son exemple tout le monde jouoit: on ne voyoit que brelans & académies.

Henri IV étoit heureux au *jeu*; il l'aimoit: la noblesse, sous son régne, se ruinoit au *jeu de cartes*; *jeu* inventé, dit-on, par les Indiens. Voyez *Cartes*

Depuis ce prince, il est fort en usage parmi nous; mais les *jeux* de hazard sont devenus si communs, que *Louis XIV* & *Louis XV* ont été contraints de les défendre & de faire sévir contre eux. C'est de nos jours qu'on a vu détruire ces fameux hôtels de Gesvres & de Soissons, académies de toutes sortes de *jeux de hazard*; s'il y en a encore quelques-unes dans Paris, ce n'est que pour les *jeux* de société & de commerce; & la police veille de près à l'observation des loix portées contre les *jeux de hazard*.

JEUX: *divertissemens des François*. Voyez *Divertissemens*, tome j, page 735.

JEUX-FLORAUX: l'académie déja formée à Toulouse, quand *Charles le Bel* y vint avec toute sa cour faire son entrée, n'étoit que comme le berceau de celle que, dans la suite des temps, on appella les *jeux floraux*, dit dom *Vaisete*, dans son Histoire du Languedoc, *tome iv, page* 136 & *suivantes*.

La poësie vulgaire ou Provençale, avoit été singulièrement cultivée à Toulouse, sous la protection de ses comtes. Sept des principaux citoyens, tous amateurs des beaux arts, charmés de retrouver dans nos rois les mêmes bontés pour les gens de lettres, imaginerent en 1323, pour exciter l'émulation, de proposer un prix à celui qui excelleroit en ce genre d'étude. Ils écrivirent en vers Provençaux, une lettre circulaire, où se qualifiant *la gaie société des sept troubadours*, ils inviterent tous les poëtes des divers pays du Languedoc de se rendre à Toulouse pour y faire la lecture de leurs ouvrages, avec promesse de donner une *violette d'or* à l'auteur de la piéce qui seroit jugée digne d'être couronnée. Le sujet devoit être de piété, en l'honneur de Dieu, de la sainte Vierge, ou des saints. On se rendit de toutes parts, au jour marqué, 3 Mai 1324, dans le jardin des fauxbourgs où les sept *associés* avoient coutume de s'assembler : on y lut publiquement les différens poëmes qui furent présentés ; on les examina le lendemain en particulier : enfin le jour d'après la *violette d'or* fut adjugée à maître *Arnaud-Vidal* de Castelnaudi qui, en même temps, fut créé docteur en la *gaie science*, ou *poësie*. Comme l'assemblée de la *gaie société* se tenoit dans un jardin des fauxbourgs de Toulouse, qui furent détruits durant la guerre des Anglois, elle fut transférée, en 1356, dans l'hôtel de ville où elle a toujours tenu depuis ses séances ; & vers la fin du quatorzieme siécle, ou au commencement du suivant, elle reçut un nouveau lustre par l'immortelle libéralité d'une dame Toulousaine. Cette héroïne, *Clémence d'Isaure*, voulut signaler son goût pour les lettres, en fondant par son testament de quoi fournir aux frais des *trois fleurs*, qu'on distribuoit chaque année. Ce n'étoit d'abord qu'une violette d'or ; mais en 1356, on y ajoûta deux autres fleurs, sçavoir une églantine & un souci d'argent. Les capitouls, par reconnoissance, voulurent lui dresser une statue de marbre blanc dans l'église de la Daurade, mais qui fut placée dans la sale, où l'assemblée des sept *mainteneurs* avoit été transférée. On l'y voit encore aujourd'hui ; & tous les ans, le 3 de Mai, jour de la distribution des prix, on la couronne de fleurs.

Jusques-là c'étoit plutôt une société de gens de lettres, qu'une académie autorisée par la volonté du prince. Ce ne fut qu'en 1694, sous le règne de *Louis XIV*, qu'elle obtint des lettres de confirmation. Alors les *jeux-floraux* furent mis sous la protection du chancelier de France ; les fleurs ont été augmentées d'une quatrieme, qui est une *amaranthe d'or*, & le nombre des académiciens fut fixé à trente-six. *Louis XV* les a augmentés, en 1725, jusqu'à quarante. C'est la plus ancienne académie du royaume. Voyez *Académie*.

[I L L]

IGNORANCE : elle a été pendant bien des siécles, comme l'apanage des grands du royaume & de la noblesse de France. Rien n'étoit, en même tems, plus ignorant dans les lettres, plus brave, plus généreux, plus courtois, plus poli que nos *anciens* & *preux chevaliers*.

Sous le règne de *Philippe IV*, l'ignorance étoit portée à un si haut point, que la plus grande partie des grands ne sçavoient ni lire ni écrire : c'est ce qui donna occasion aux clercs & aux gens d'église de profiter de la circonstance, & de s'emparer de la connoissance de toutes les affaires. Ils devinrent juges, avocats, procureurs, notaires ; & ils multiplierent si fort les clauses & les formules des actes, qu'ils réduisirent les grands seigneurs à une impossibilité morale de se mêler de la justice.

Louis XII avoit un grand mépris pour les *ignorans* ; il éclatoit souvent en railleries, même piquantes, qu'il se permettoit contre ceux qui parvenoient aux dignités, sans avoir un certain mérite personnel.

Son siécle cependant tenoit encore à l'*ignorance* & à la superstition ; des devins, des astrologues, des faiseurs de merveilles, partageoient encore l'estime que l'on accordoit aux *sçavans*, & souvent ils l'emportoient sur eux à la cour ; témoin cet aventurier, qui parut à Lyon en 1501 : c'étoit, disoit-on, le plus habile homme du monde, & il possédoit le secret de la *pierre philosophale*.

On voulut le voir à Paris, & il fut admiré des grands qui ne sçavoient encore rien ; il présenta au roi *une épée & un bouclier*, qui avoient des vertus merveilleuses, à ce qu'il prétendoit.

Le roi lui donna une somme considérable ; il la distribua aux pauvres, disant que sa pauvreté étoit le seul bien qu'il estimoit. Ce trait fut regardé comme une preuve certaine de son mérite, & c'est ainsi qu'il sçut en imposer. Voyez *Sciences* & *Belles-Lettres*.

ILLUSTRE & ILLUSTRISSIME : le titre d'*illustre* étoit le plus considérable des trois titres d'honneur qu'on donnoit dans l'empire Romain aux personnes distinguées, qui étoient appellées *illustres*, *clarissimi*, ou *spectabiles*; c'est pourquoi on les donnoit autrefois aux empereurs.

Nous lisons que *Theodebert*, roi de France, a donné, dans plusieurs lettres à *Justinien*, les titres d'*illustre*, avant ceux de *triomphant*, *toujours auguste* & *empereur*. Ce titre se donnoit aussi aux consuls & aux grands officiers de l'empire.

Plusieurs croient que l'empereur *Anastase* envoya au roi *Clovis* des lettres patentes, par lesquelles il le faisoit *consul*, & que cela donna lieu à ce roi de prendre la qualité d'*illustre*; que les rois ses successeurs de la premiere race, continuerent de la prendre communément, dans les lettres qu'ils faisoient expédier.

Comme les *maires du palais* usurperent peu-à-peu l'autorité royale, ils prirent aussi dans la suite le titre d'*illustre*. Ce titre passa aux comtes & aux grands seigneurs du royaume, auxquels nos rois de la premiere race le donnerent en leur écrivant.

Pepin prit aussi dans toutes ses lettres patentes le titre d'*illustre*; mais *Charlemagne* étant devenu empereur, ne voulut point de ce titre, qui depuis se donna aux évêques & aux abbés de grande considération. Les papes ont toujours continué de donner aux rois le titre d'*illustre*; ils l'ont donné aux rois de France, jusqu'au tems de *Pie II*, qui, dans le quinzieme siécle, commença de donner à nos rois, (à l'exclusion des autres) le titre de *très-chrétien*, titre qui avoit déja été donné en diverses occasions à plusieurs rois de la premiere, de la seconde, & de la troisieme race. Voyez *Très-Chrétien*.

C'est le pape *Alexandre VI*, qui a donné aux rois d'Espagne le titre de *catholique*; les états d'Hollande ont accepté le titre d'*illustres*, & *hautes-puissances*; & c'est le pape *Urbain VIII* qui a donné l'*éminence* aux cardinaux. Voyez ce mot.

IMMEUBLES : c'est un bien fixe qui est en évidence, qu'on ne peut ni transporter, ni cacher, ni détourner, tels que des moulins, des terres, maisons, &c.

Sous les empereurs payens, les *immeubles* acquis par l'églife, n'étoient que des cimetieres, ou des maifons pour loger les évêques. Poftérieurement l'églife de Rome n'acquéroit point d'*immeubles*. Si on lui en léguoit, elle les vendoit. Les corps & les communautés n'en pouvoient pas pofféder, fans la permiffion du fénat ou du prince.

Durant la confufion que produifit ce fréquent changement d'empereurs, les loix furent mal obfervées; les églifes, & fur tout celles d'Afrique, de France & d'Italie, commencerent à acquérir des *immeubles*, qui furent confifqués par l'édit de *Diocletien* & de *Maximien*, l'an 302. *Conftantius Chlorus*, gouverneur dans les Gaules, n'y fit pas exécuter cette ordonnance; & *Maxence*, huit ans après, rendit tous les biens à l'Eglife Romaine. *Licinius*, collégue de *Conftantin le Grand*, approuva les communautés eccléfiaftiques, & leur permit d'acquérir des *immeubles*; & *Conftantin* fit la même chofe.

Le zèle des chrétiens de ce tems-là, la vie réguliere des eccléfiaftiques, & le bon ufage qu'ils faifoient alors des richeffes, attirerent des biens immenfes à l'églife. Mais le bon ordre ne dura pas longtems dans l'ufage que les eccléfiaftiques faifoient de ces biens, tant pour leur entretien, que pour le foulagement des pauvres. L'avidité de plufieurs, & le zèle indifcret des autres, qui croyoient que plus l'églife auroit de bien, plus la gloire de Dieu éclateroit, y mirent le défordre, & obligerent les empereurs de faire des loix pour y remédier.

Les corps eccléfiaftiques étant approuvés en France, l'églife peut acquérir des *immeubles*; mais fi elle acquéroit toujours, elle pofféderoit, à la fin, la plus grande partie du royaume; & les feigneurs des fiefs, dans la mouvance defquels l'églife fait des acquifitions, feroient fruftrés de leurs droits cafuels.

Pour remédier à ces deux inconvéniens, il avoit été établi deux maximes. La premiere eft que l'églife ne pouvoit pofféder d'*immeubles*, fans lettres patentes du roi, appellées *lettres d'amortiffement*.

Voyez là-dessus le *Maître* & *Baquet*. Pour les obtenir, il falloit payer une finance au roi pour indemniser l'état du dommage qu'il souffroit par la nouvelle acquisition de l'église. Ce droit s'appelloit *droit de nouveaux acquets ou d'amortissement*. Il est si ancien dans le royaume, que l'on n'en trouve pas l'origine. Il y a apparence qu'il commença lorsque les biens devinrent patrimoniaux. M. *le Maître* rapporte des *lettres d'amortissement* par le roi *Robert*, fils de *Hugues Capet*.

La seconde maxime qui s'est observée en France dans les acquisitions que faisoit l'église, c'est qu'outre le droit d'amortissement, qui étoit dû au roi, elle en devoit encore payer un autre appellé *droit d'indemnité*, aux seigneurs, dans la mouvance desquels elle faisoit des acquisitions ; mais par l'édit de 1749, l'église, ni aucune communauté, ne peut plus acquérir d'*immeubles* en France.

IMMUNITÉS : exemptions, priviléges accordés par nos rois. Par une ordonnance de 1386, le roi *Charles VI* voulut arrêter les progrès des exemptions abusives accordées avec trop peu de ménagement, à une multitude de gens de toute espece. Pour participer à ces *immunités*, ils se faisoient aggréger au nombre des officiers royaux, ou comme aspirans, ou comme titulaires, & le monarque fit une réforme parmi le grand nombre de conseillers inutiles, de chambellans, maîtres des requêtes, maîtres d'hôtels, secrétaires, notaires, panetiers, échansons, écuyers d'écuries, valets tranchans, sergens d'armes, &c. & tous ces surnuméraires cesserent d'être exempts des charges publiques, ainsi que tous ceux qui se disoient du corps de l'université, comme écoliers qui n'avoient pas un certificat d'étude du recteur, & d'un clerc nommé par le roi, conservateur des priviléges ; mais cette réforme n'éteignoit pas l'empressement que bien des gens avoient de participer aux *immunités*. Plusieurs déclarations ont suspendu beaucoup d'anciens *priviléges & immunités*.

IMPOSITIONS : IMPÔTS, en latin, *Vectigalia re-*

[IMP]

..., c'est une charge établie par le Souverain sur le peuple & sur les denrées, pour subvenir aux nécessités de l'Etat. Nous disons *établie par les Souverains*; autrement ce ne seroit point un impôt, mais une *maltôte*, c'est-à-dire une exaction illégitime.

On ne connoissoit presque point les *impôts* dans les anciens temps de la monarchie. La richesse de nos rois, comme celle des seigneurs, ne consistoit qu'en terres, en redevances, en confiscations & en péages, tant pour la sortie que pour l'entrée des marchandises. L'or, l'argent, les meubles précieux leur venoient en grande partie du butin fait à la guerre. Leurs domaines consistoient en plusieurs châteaux ou maisons de campagne, où ils alloient passer le temps nécessaire pour consommer les fruits des terres qui en dépendoient.

Quelquefois nos rois exigeoient des décimes du clergé; d'autres fois ils levoient une espèce de taille sur les peuples de leurs domaines; mais loin de passer les bornes, ils furent, pour la plûpart, toujours en garde contre les vexations.

Sous la première & la seconde race, un Juif payoit la dixieme partie de son profit, & le Chrétien la onzieme. Ces *impôts* avec le droit de passage, de pontage, d'entrée & de sortie, faisoient une partie considérable du revenu de nos rois. Ils avoient sur les lieux des gens préposés pour les lever.

Philippe le Bel, environné d'ennemis puissans par leur propre force, & redoutables par leur réunion, avoit besoin de grands secours d'argent. Il commença par imposer une taxe très-forte pour ces temps-là: ce fut d'abord le centieme, puis le cinquantieme de tous les biens; mais elle ne regardoit que les marchands. Touché ensuite de la misere des peuples qui se trouvoient épuisés par tant de subsides, il les déchargea du nouvel *impôt*, & les rejetta sur les ecclésiastiques.

Ce fut une nouvelle source de différends entre ce prince & *Boniface VIII*, qui prit vivement, mais sans succès, la défense des immunités du clergé. Ce pontife, comme le dit un de nos historiens, connoissoit peu l'*église Gallicane*; société aussi célèbre par la pureté de sa doctrine & de ses mœurs, que par son attachement inviolable à ses rois, dans qui elle a toujours trouvé des protecteurs zélés & des bienfaiteurs généreux.

La quantité de droits que le roi *Jean* imposa, par la levée qu'on en fit, fut plus à charge au peuple que profitable à l'état & au prince. Après son retour de la prison d'Angleterre, il lui substitua une *imposition* générale, un *aide* de douze deniers pour livre sur toutes les marchandises vendues dans le royaume, deux cinquiemes sur le prix du sel, d'un treizieme sur les vins & autres boissons. Mais l'*imposition* sur les liqueurs étoit proportionnée à leur qualité, en sorte que les vins médiocres étoient taxés beaucoup moins que les vins de Champagne & de Bourgogne.

Les seigneurs, dans les temps fâcheux, ayant usurpé plusieurs des droits du Souverain, s'étoient aussi attribué celui de pouvoir en imposer sur leurs sujets & sur les denrées qui se vendoient, ou qu'on achetoit dans leurs terres. Mais ces abus ont été réprimés depuis plusieurs siécles, en sorte que nul d'eux n'en prétend aujourd'hui contre la régle, qui veut qu'il n'y ait que le roi qui ait le droit d'imposer cette sorte de charge. Cette loi est marquée dans l'Evangile par Jesus-Christ même, en ces termes: *Reddite ergo quæ sunt Cæsaris Cæsari*, &-.

Les *impositions* établies sur les sujets du roi sont de plusieurs sortes, & se rapportent toutes au même objet, qui est de subvenir aux besoins de l'Etat.

En 1636, sous le régne de *Louis XIII*, les frais de la guerre ayant épuisé tous les fonds, on rejetta sur le peuple par une *imposition* ajoûtée à la taille, les appointemens des gouverneurs & des officiers employés dans les provinces; à cette occasion, le duc d'Epernon dit: *Il y a plus de soixante ans que je sers mon roi, sans avoir touché d'ailleurs que de son épargne, les appointemens dont il m'a jugé digne; je ne commencerai pas sur la fin de mes jours à vivre aux* succès d'un peuple que je vois périr de faim & de misère... J'aime mieux être réduit au seul revenu de mes terres, que de voir aux rois dans les impositions, & la dépense de ma table prise sur la subsistance du pauvre. Il vécut depuis ce temps-là sur ses revenus & ne toucha plus rien sur ses appointemens.

Les *impositions* établies sur les sujets du roi sont de plusieurs sortes ; mais elles se rapportent toutes au même objet ; & il seroit trop long d'entrer ici dans les détails particuliers de chacune des *impositions* : on peut consulter le *Dictionnaire des Gaules* aux mots *Fermes générales*, *aides* & *impositions*.

IMPRIMERIE : *Jean Gutemberg*, gentilhomme de Mayence, est regardé comme l'inventeur de cet art en Europe. C'est l'opinion la plus commune & la plus vraisemblable. Les lecteurs qui desireront avoir une connoissance profonde de l'origine de l'imprimerie, pourront consulter les Mémoires de l'Académie, & le Traité historique de cet art, publié par M. *Fournier*. *Gutemberg*, long-temps domicilié à Strasbourg, y forma diverses entreprises, entr'autres, celle de *montrer en ses mystères plusieurs secrets merveilleux*, ainsi qu'il est imprimé sur les registres de cette ville ; c'est ce qui a donné lieu de penser qu'il y fit les premiers essais de son art. On célèbre encore tous les cent ans à Strasbourg une fête appellée le *jubilé typographique*, qui rappelle l'époque de cette invention ; & l'on choisit toujours la quarantième année de chaque siècle, parce que c'est en 1440 ou environ, que l'on place l'origine de l'*imprimerie*, qui a changé la face de notre Université. Le premier ouvrage considérable, qui soit sorti de la presse, est une bible sans date, & qu'on présume être de 1450. *Fauste* en vendit plusieurs à Paris.

Il y a deux principales *imprimeries* dans le monde, qui sont celles des rois de France, appellée ordinairement l'*imprimerie du Louvre* ou l'*imprimerie royale*, & l'*imprimerie du Vatican* ou l'*imprimerie apostolique*.

L'*imprimerie* royale est plus ancienne que celle du Vatican, puisque l'on en peut rapporter l'origine au régne de *François I*, dit *le Pere des lettres* ; mais elle doit le comble de sa gloire à *Louis XIII*, sous lequel le cardinal de Richelieu l'a mise dans l'état qu'elle est aujourd'hui. On la consacra, pour ainsi dire, en commençant par le livre de l'*Imitation de Jesus-Christ*. Les principaux ouvrages qu'elle a produits depuis, sont plusieurs Histoires des rois de France ; quelques Peres de l'église ; une Bible selon la vulgate, en huit volumes, & beaucoup d'autres ouvrages.

Pour l'imprimerie du Vatican, c'est *Sixte V* qui la fit bâtir avec beaucoup de magnificence, dans le dessein d'y faire les éditions les plus exactes & les plus correctes, dont on seroit humainement capable : son dessein & sa principale vue étoit de rétablir dans leur intégrité les livres corrompus & altérés, soit par la succession des temps, soit par la malice ou par la négligence des hommes, & de les purger des fautes que l'ignorance des copistes, ou la mauvaise foi des hérétiques, y avoit fait glisser. Dans ce dessein, il fit venir à Rome tout ce qu'il put engager d'habiles gens, par des libéralités extraordinaires, pour vaquer aux corrections des exemplaires. Il n'épargna rien ni pour la quantité, ni pour la qualité des choses nécessaires ; soit pour le grand nombre des presses, soit pour la multitude des caracteres, *latins, grecs, hébraïques, arabes, esclavons*, soit même pour la qualité ou la beauté du papier. Les caracteres arabes, dont ce pape fit la dépense pour l'imprimerie, sont les premiers qu'on ait vus en Europe.

On a beaucoup vanté les belles éditions du siécle dernier, des *Robert Etienne* & des *Elzevirs* ; & les Hollandois l'ont emporté sur nous assez long-temps dans l'art de la *typographie* ; mais elle a acquis en France un degré de supériorité qui n'a point d'exemple en aucun pays : nous avons ajoûté à cet art un goût & des graces, soit dans la justification des pages, soit dans l'ordonnance & la disposition des matieres des des livres, que certainement les *Robert Etienne* & les *Elzevirs*, n'ont jamais connu ; leurs éditions si vantées par la netteté des caracteres, péchent presque toujours par l'agrément du coup d'œil, c'est-à-dire par les pages trop longues, les lignes trop serrées, les titres mal distribués ; c'est ce que l'on ne voit point dans nos belles éditions, j'entends celles qui ont été faites avec soin & avec goût : telles sont la Description historique de l'hôtel royal des Invalides, par M. l'abbé *Perault*, avec les plans dessinés par le célebre *Cochin*, imprimée chez *Guillaume Desprez*, en 1756 ; la grande édition de *Moliere*, in-4°, chez *Quillau* ; la magnifique édition des Fables de *la Fontaine*, chez *Jombert* ; le Dictionnaire italien d'*Antonini*, chez *Vincent* ; les petites éditions de *Plaute*, de *Catulle*, de *Tibulle*, de *Properce*, de *Cornellius Gallus*, de *Martial*, de *Juvenal*, de *Salluste*, &c. données par *Couteillier*, *Barbou*, dans un format plus agréable que celui des *Elzevirs*. L'art typographique s'est encore enrichi de nouveaux caracteres, que l'on doit à *Fournier le Jeune*, excellent graveur & fondeur.

INAUGURATION : l'Histoire ne nous a rien conservé de la cérémonie de l'*inauguration* de *Pharamond*. Il est cependant vraisemblable que l'*inauguration* de nos premiers rois se faisoit en les élevant sur un bouclier ; on les montroit à toute l'armée & ils étoient reconnus chefs de la nation. C'est ainsi que, vers l'an 420, *Pharamond* peut avoir été reconnu pour chef ou roi par un peuple, qui n'a jamais obéi qu'aux descendans de ses premiers maîtres.

INAUGURATION *de la place de Louis XV*. *Voyez Place de Louis XV.*

INCENDIE : *Sauval* dit, dans ses Antiquités, *tome I, page* 543, que le premier embrasement de Paris fut un prodige de valeur de la part des Parisiens, qui, passionnés pour leur liberté, & ennemis d'une domination étrangere, aimerent mieux mettre le feu à leur ville & la réduire en cendres, que de voir *Labienus*, général des Romains, s'en rendre maître.

Le second embrasement remarquable arriva par accident à Paris, sous *Childebert*, & s'éteignit par miracle & par la vertu de saint *Lubin* évêque de Chartres.

Une femme, du vivant de *Grégoire de Tours*, en prédit un troisiéme ; comme elle ne se fondoit que sur un songe qu'elle avoit eu, on regarda sa prédiction comme une pure rêverie ; & cependant Paris, à la réserve des églises, ne laissa pas que d'être brûlé entiérement.

Peu s'en fallut encore que Paris ne fût enseveli dans les flammes, sous le régne du roi *Dagobert*; & le même auteur rapporte que saint *Eloy* garantit la basilique de saint Martial.

En 886, durant le siége des Normands, les fauxbourgs de Paris furent réduits en cendres.

Enfin on a vu, au commencement de ce siécle, brûler le Pont-au-Change, la sale du Palais, le clocher & la couverture de la Sainte-Chapelle ; la petite galerie du Louvre, dont l'*incendie* auroit consumé la plûpart des portraits de nos rois & de nos reines, si, par bonheur, on ne les eût pas ôtés quelques jours auparavant pour faire place aux machines d'un ballet qui fut cause de l'*incendie*.

On a encore vu le Petit-Pont, &, il n'y a pas plus de trente ans, la chambre des comptes réduits en cendres ; & les loges de la foire saint Germain, en 1762, dans les premiers jours de Février ; & dans la même année, après Pâques, la sale de l'*opéra*, & un côté du Palais Royal, qui auroit été entiérement consumé sans le prompt secours qu'on y a apporté.

INCONTINENCE : il y a, dit l'auteur de l'*Esprit des Loix*, *tome j, livre 7, chapitre 8*, beaucoup d'imperfection attachée à la perte de la vertu des *femmes*; toute leur ame en est si fort dégradée, & ce point principal ôté en fait tomber tant d'autres, que l'on peut regarder dans un Etat populaire, l'*incontinence publique*, comme le dernier des malheurs, & la certitude d'un changement dans la constitution.

Aussi les bons législateurs y ont-ils exigé des *femmes* une certaine gravité de mœurs. Ils ont proscrit de leurs républiques non-seulement le vice, mais l'apparence même du vice. Ils ont banni jusqu'à ce commerce de galanterie qui produit l'oisiveté ; qui fait que les femmes corrompent avant même d'être corrompues; qui donne un prix à tous les riens; qui rabaisse ce qui est important, & qui fait que l'on ne se conduit plus que sur les maximes du ridicule, que les femmes entendent si bien à établir.

L'*incontinence publique* est toujours accompagnée ou suivie du luxe. Les loix maintinrent les femmes Romaines dans la frugalité. Elles demandèrent la révocation de la loi *Oppienne*; & *Valere Maxime* met l'époque du luxe chez les Romains à l'abrogation de cette loi. Voyez *Luxe*.

INDULGENCES: en termes de théologie, c'est la rémission des peines dûes au péché, accordée par l'église. Il s'est quelquefois commis de grands abus à l'occasion des *indulgences*. S. *Cyprien* s'en plaignoit de son tems; & lorsqu'on publia la croisade de 1095, sous le pape *Urbain II*, les quêteurs d'*indulgences*, qui furent établis pour recevoir les oblations des fideles, s'acquitterent si mal de leur charge, que plusieurs papes furent obligés de tenir des conciles, pour arrêter le cours de ces désordres si scandaleux: c'est ce que fit *Innocent III*, à celui de Latran, tenu en 1215; *Clément V*, à celui de Vienne, tenu en 1311.

Un des chefs sur lesquels les peres du concile de Constance firent le procès au pape *Jean XXIII*, en 1413, fut d'avoir donné le pouvoir à un de ses légats, d'établir des confesseurs qui pussent donner l'absolution de tous les péchés, & remettre toute la peine à ceux qui payeroient la somme à laquelle ils seroient taxés.

Mais le plus grand abus qui se soit commis par rapport aux *indulgences*, est celui qui servit de prétexte à *Luther*, pour publier ses erreurs, en 1517. Le pape *Leon X* ayant entrepris d'achever le superbe édifice de la basilique de S. Pierre de Rome, que *Jules II*, son prédécesseur, avoit commencé, fit publier, à son exemple, des *indulgences*, pour tous ceux qui contribueroient à la construction de cette basilique.

Les abus que l'on commit en faisant ces levées, rendirent ces *indulgences* très-odieuses, sur-tout en Allemagne ; on dit même que le pape *Léon*, pour des considérations particulieres, donna d'abord à la princesse *Madeleine*, sa sœur, mariée à *François Cibau*, ce qui reviendroit des *indulgences* qu'on publieroit dans la Saxe & dans les pays circonvoisins, & qu'ensuite l'on mit les *indulgences* comme en parti, affermant ce qu'on en pouvoit tirer, à ceux qui en donnoient le plus ; lesquels, non-seulement pour se rembourser, mais aussi pour s'enrichir par un commerce si honteux, faisoient choisir des prédicateurs d'*indulgences*, & des quêteurs les plus propres à leur dessein.

Ce fut *Jean Stupitz*, vicaire général des Augustins, en Allemagne, qui, jaloux qu'on eût préféré les Dominicains aux religieux de son ordre, pour prêcher les *indulgences*, ou touché des désordres que les commis faisoient dans la recette des deniers, s'en entretint avec le fameux Martin *Luther*, l'un de ses religieux, qui avoit le plus de réputation dans l'université de Wirtemberg, pour son esprit & pour sa science. Celui-ci prêcha d'abord contre les quêteurs des *indulgences* ; puis passa de l'abus des particuliers aux *indulgences* même.

Il y a dans l'église de S. Jean de Latran à Rome, un tableau attaché au second pilier du côté droit, duquel on a prétendu que ces *indulgences* pour ceux qui visiteroient une église, étoient en usage dès les premiers siécles de l'église, comme elles l'ont été depuis le treizieme ; & cela, parce qu'il est dit sur ce tableau, que *S. Sylvestre* en accorda une pour ceux qui visiteroient l'église de Latran ; mais les *Bollandistes* ont montré la fausseté manifeste de ce que dit ce tableau. Voyez sur les *Indulgences Maldonat*, & l'*Histoire du Luthéranisme* par *Maimbourg*.

INDULT : en général, c'est une grace accordée par bulles du pape à quelques corps ou communautés, ou à quelques personnes, par un privilége particulier, pour faire ou obtenir quelque chose contre la disposition du droit commun.

INDULT DES ROIS. Le pape *Leon X* donna au roi *François I* un nouvel *indult* de nos bénéfices consistoriaux des pays de Bretagne & de Provence, qui n'étoient point compris dans le concordat. Ses successeurs en ont aussi accordé pour les pays conquis. *Clement IX* accorda un *indult* à *Louis XIV*, pour le Roussillon.

INDULT DES CARDINAUX, que l'on appelle *indult de compact*, est un privilége pour obtenir des bénéfices réguliers, aussi-bien que des séculiers, de pouvoir conférer en commende, de ne pouvoir être prévenu dans les six mois, pour la collation des bénéfices.

INDULT DE MESSIEURS DU PARLEMENT. On peut compter les *indults* des cours souveraines parmi les priviléges, quoiqu'ils soient plus anciens qu'on ne pense, & qu'il s'en trouve quelques vestiges dès le tems du pape *Sixte IV*, & sous le règne de *Philippe le Bel*. Les papes ont accordé des *indults* aux présidens & conseillers des parlemens; & les rois de France ont déclaré, que lesdits sieurs des parlemens, ou ceux à qui ils auront cédé leurs *indults*, seront préférés aux gradués simples, & nommés des universités. Le premier monument authentique du droit d'*indult*, dont jouit encore, de nos jours, le parlement, est sous *Charles VI*. Quelques mois avant l'ouverture du concile de Constance, *Jean XXIII* avoit, par une bulle, accordé au roi la faculté de nommer aux bénéfices de France & du Dauphiné, quatre-vingt-dix magistrats du parlement de Paris, ou tels autres qu'il jugeroit à propos de substituer à leur place. Cependant l'origine de ce droit est bien antérieur à cette concession. Les pontifes Romains, vers la fin du treizieme siécle, s'étant réservé la collation de plusieurs bénéfices, accorderent souvent des *mandats* aux officiers du parlement, sur la recommandation de cette compagnie. *Pasquier* dit qu'il existe encore un rolle de ces nominations du règne de *Philippe le Bel*.

Mais les troubles dont le royaume fut agité pendant si long-tems, & les contestations au sujet des libertés de l'Eglise Gallicane, attaquées sans relâche par les prétentions de la cour de Rome, empêchèrent le droit d'acquérir une exécution constante & perpétuelle ; ce ne fut que sous le pontificat de *Paul III*, que *Jacques Spifanne*, conseiller au parlement, député à la conférence tenue à Nice, entre le pape & *François I*, obtint enfin la confirmation de ce privilége.

Les magistrats, qui jouissent de l'*indult*, sont le chancelier, le garde des sceaux (lorsque ces deux charges ne sont point divisées, le chancelier garde des sceaux a deux nominations,) les présidens, les maîtres des requêtes, les conseillers des différentes chambres de parlement, les gens du roi, les greffiers en chef, les quatre notaires, ou secrétaires de la cour, le premier huissier, & le payeur de gages.

Tous ces officiers du parlement peuvent, en vertu de cette concession, s'ils sont clercs, se faire pourvoir eux-mêmes, sinon présenter un ecclésiastique capable d'être pourvu du premier bénéfice vacant dans le diocèse sur lequel l'*indult* est assigné.

Autrefois le parlement envoyoit le rolle au pape ; mais depuis la bulle de *Paul III*, il ne s'adresse plus directement qu'au roi, qui, par ses lettres, mande au collateur ou patron, de conférer au sujet nommé le premier bénéfice vacant à sa disposition.

Le collateur ne peut être chargé que d'un seul *indult* pendant tout le tems de sa vie. La connoissance des affaires relatives à l'*indult*, est, ainsi que les autres matieres bénéficiales, attribuée au grand-conseil, privativement à toute autre jurisdiction. Le pape, dit *Pasquier*, accorda cet *indult* au parlement, afin que, par cette maniere de gratification, la cour ne s'opposât plus si souvent aux *annates* & aux autres pernicieuses coutumes que le pape levoit sur le clergé ; chose que la cour de parlement ne vouloit aucunement recevoir ; & il ne paroît pas qu'elle ait été alors séduite par cette munificence de la cour de Rome.

Voyez *Pasquier*; *Du-Tillet, Abreg. chron.* p. 449. *Hist. de France.*

INFANTERIE : elle fit la premiere & principale force des armées sous *Clovis*. Il y eut sous *Charles VII* les francs-archers que *Louis XI* supprima, & soudoya les *Suisses*, auxquels il joignit quelqu'*infanterie*. *Louis XII* soudoya une *infanterie Allemande*; & le duc de Gueldres en leva un corps de six mille hommes d'élite, nommé *bandes noires*, à cause de la couleur de ses drapeaux. Cette troupe fut détruite à Pavie. *François I* mit sur pied un corps d'*infanterie*, qu'il forma sur le modele des *légions Romaines*. Cette nouvelle milice ne dura pas long-tems : on en revint aux bandes, qui n'étoient que de cinq à six cens hommes, au lieu que les légions étoient de six mille hommes.

Outre ces bandes, ou compagnies de trois, quatre, cinq ou six cens hommes chacune, il y avoit sous *Louis XII*, *François I*, & *Henri II*, des fantassins *aventuriers*: c'étoit des especes de bandits qui n'avoient pas de solde, & se joignoient volontairement à l'armée.

Henri II, dont la plus grande partie de l'*infanterie* avoit été défaite à la bataille de S. Quentin, desirant *dresser & mettre sus une force de gens de pied*, institua sept légions de six mille hommes chacune, qui devoient être levées dans les mêmes provinces que celles de *François I*; mais qui étoient distribuées en quinze compagnies, & composées d'un plus grand nombre d'officiers : car il y avoit treize capitaines & autant de lieutenans & d'enseignes. Les deux premieres compagnies étoient sous le colonel. L'ordonnance qui prescrit cet établissement de nouvelles légions, est du 22 Mars 1557; c'est-à-dire, de l'an 1558, avant Pâques.

On a prétendu que l'établissement de ces légions doit être regardé comme l'institution du régiment d'*infanterie*. Cette opinion rencontre des difficultés : il paroît plus conforme à l'histoire de rapprocher de quelques années l'institution de ce même régiment;

c'est-à-dire, jusques vers l'an 1652. Ce n'est pas que les premiers des *vieux corps* ne fussent créés dès l'an 1558 ; mais à cette date, ils sont plus connus sous le nom de légions, que sous celui de régiment.

Pendant la guerre qui finit par le traité de paix conclu à Utrecht en 1713, & à Baden en 1714, l'*infanterie* françoise consistoit en cent soixante-deux régimens, non compris les deux qui font partie de la maison militaire du roi : de ces régimens il y en avoit qui étoient de quatre bataillons, la plûpart de deux, & plusieurs d'un seul. Après la paix, *Louis XIV* fit dans ses troupes une si grande réforme, qu'en 1718, il n'y avoit plus que cent vingt-un régimens d'*infanterie*, tant françoise qu'étrangere, en y comprenant même les deux régimens de la maison militaire du roi.

Il y a eu depuis de nouvelles ordonnances pour l'augmentation, la réduction & la composition des compagnies d'*infanterie* françoise, & notamment à l'occasion des trois dernieres guerres, dont l'une a été terminée par la paix de Vienne 1738, l'autre par le traité d'Aix-la-Chapelle en 1748, & l'autre par la paix de Paris en 1763.

Depuis la derniere paix, l'*infanterie* françoise est composée de quatre-vingt-dix régimens, sans parler des bataillons de milice des provinces, des troupes Boulonnoises, des légions, troupes légeres, &c. Voyez sur ces différens corps l'*Etat militaire de la France*, qui s'imprime chaque année.

INGENU : en latin *ingenuus*, ce mot signifie, dans son acception ordinaire, un homme qui a toujours été libre. M. l'abbé du Bos, *tome iv de son Histoire critique de la Monarchie Françoise dans les Gaules*, pag. 379, traduit *ingenuus* par *affranchi* ; il a pour garant, dit-il, *Gregoire* de Tours, qui prend ce mot dans la signification d'un homme à qui l'on a ôté quelque joug. Cet historien (*Gregoire de Tours*, tom. iv, chap. 14.) fait dire à l'esclave que *Fredegonde* avoit gagné pour tuer *Prétextat*, évêque de Rouen, que la reine, pour l'engager à commettre ce meurtre, lui avoit donné cent sols d'or, & qu'elle lui avoit promis de les rendre, sa femme & lui *affranchis, ingenui*: or ce texte fait voir que la reine leur avoit promis seulement de les affranchir; car toute sa puissance ne pouvoit pas faire que ces esclaves ne fussent point des esclaves, & qu'ils fussent nés libres. Ici le mot *ingenuus* est employé abusivement par *Grégoire* de Tours; mais on sçait que ni lui ni les contemporains n'ont pas toujours employé les mots suivant l'acception qu'ils avoient dans la bonne latinité.

INJURES: *Faits, Dits,* ou *vilaines paroles*; ce sont les termes employés dans les sages réglemens faits par S. *Louis*. Celui qui traitoit quelqu'un de *fripon*, de *meurtrier*, de *fou*, de *traître*, de *déloyal*; qui disoit à une femme cette *injure* grossière que les harangères se font un plaisir de prodiguer, payoit cinq sols à la justice, & cinq sols un denier au plaignant.

En *Champagne*, si l'insulte à la femme étoit faite devant le mari, on laissoit la punition à la volonté du seigneur.

Dans le *Beauvoisis*, si un *vilain*, c'est-à-dire un roturier, insultoit un *vaillant homme*, il y avoit peine de prison. Partout, les femmes ne payoient que la moitié des amendes ordonnées dans ces circonstances.

La loi Salique offre quelques dispositions assez semblables, quoique plus sévères. Appeller quelqu'un *borgne* ou *homme de néant*, ou *trompeur*, étoit un crime, qu'elle punissoit par une réparation pécuniaire de *six deniers*, c'est-à-dire, *quinze sols*; ce qui faisoit à peu près vingt-deux livres dix sols de notre monnoie. Elle en exigeoit cent vingt pour avoir reproché sa mal-propreté, & dix-huit cens pour avoir dit faussement ou sans preuves à une femme, qu'elle vivoit dans une profession honteuse. Ces sortes d'invectives éprouvent encore, de fois à autres, quand les plaintes en sont portées au tribunal de la justice, toute la rigueur des ordonnances: & il est humiliant pour l'humanité, comme je l'ai dit un moderne, que les législateurs ayent été obligés de donner une partie de leurs soins à l'extirpation des abus horreurs qui la deshonorent.

Tome II.   K k

IN-PROMPTU : les régnes des trois derniers Valois ont été assez fertiles en poëtes qui faisoient des vers sur le champ, ou des *in-promptu*. Henri IV n'étant encore que roi de Navarre, voulant récompenser *Théodore-Agrippa d'Aubigné*, aïeul de madame de *Maintenon*, lui donna son portrait. D'Aubigné fit sur le champ ces vers, en les écrivant au bas du portrait :

>   *Ce prince est d'étrange nature :*
>   *Je ne sçais qui diable l'a fait ;*
>   *Car il récompensa en peinture,*
>   *Ceux qui le servent en effet.*

L'abbé *Théophile* fut un des poëtes du régne de *Henri IV*, qui rimoit avec une grande facilité, & sur tous les sujets qu'on lui proposoit. Un jour on présenta au roi sa statue en petit bronze, & on pressa *Théophile* d'en dire son avis sur le champ & en vers. Il passa doucement la main sur la croupe du cheval en disant,

>   *Petit cheval, joli cheval,*
>   *Doux au montoir, doux au descendre,*
>   *Bien plus petit que Bucephal,*
>   *Tu portes plus grand qu'Alexandre.*

Le même poëte trouva un jour, en se mettant à table, une épigramme maligne que l'on venoit de cacher sous sa serviette ; il la lut & y ajoûta sur le champ :

>   *Cette epigramme est magnifique,*
>   *Mais défectueuse en cela ;*
>   *Que pour la bien mettre en musique,*
>   *Il faut dire un sol la mi la.*

Ce *Theophile* a bien fait d'autres *in-promptus* que l'on peut lire dans ses Œuvres.

Une dame le pressoit de faire des vers à sa loüange,

elle passoit pour avoir des galanteries ; voici les quatre qu'on lui attribue & qu'il fit sur le champ :

> *Contentons donc cette importune,*
> *Et la comparons au soleil ;*
> *Il est commun, elle est commune :*
> *Voilà ce qu'ils ont de pareil.*

Il est aussi l'auteur d'une tragédie intitulée *Pirame & Thisbé*, assez bonne pour ces temps-là, mais tombée dans l'oubli, sur-tout depuis le grand *Corneille*.

INQUISITION : on en trouve, en 1206, le premier fondement dans le pouvoir que le pape *Innocent III* donna à deux moines Bernardins pour juger les Albigeois, les excommunier, & contraindre les Seigneurs par les censures de l'église, à confisquer leurs biens, à les bannir de leurs terres, & même à les punir de mort, s'ils osoient appeler de leur jugement.

Ce tribunal établi en Languedoc, en 1234 ou 35, rencontra de grands obstacles à Toulouse; il ne fut pas reçu plus favorablement à Narbonne : il n'y eut que l'autorité du roi S. *Louis* capable d'appaiser le peuple contre les chefs des *inquisiteurs* qui étoient *Jacobins* & *Cordeliers*. Cette redoutable *inquisition* fit aussi, dans le même temps, de grands ravages sous les ordres d'un certain Frere-Prêcheur nommé *Robert*, scélerat, moine hypocrite, qui en imposa au pape, au roi, & qui, reconnu pour imposteur, fut condamné à passer le reste de ses jours dans une étroite prison. La France a toujours eu en horreur l'*inquisition*, si odieuse en elle-même, & si pernicieuse dans ses conséquences. Nos rois n'ont jamais voulu permettre son établissement dans le royaume, ni y soumettre leurs peuples.

Il n'y a eu que le duc de Guise, & le cardinal de Lorraine son frere, qui, en 1560, presserent fortement la reine *Catherine de Médicis*, de consentir à l'établissement de l'*inquisition* en France, qu'ils disoient être le remede le plus efficace contre l'hérésie ; mais la reine ne put se résoudre à établir ce nouveau tribunal. Elle craignoit qu'il n'excitât de plus grands troubles, vu

K k ij

principalement qu'elle venoit d'apprendre ce qui étoit arrivé à Rome, en 1559, à la mort du pape *Paul IV.*

Le peuple Romain s'étoit jetté en foule dans le palais du saint office, en avoit brûlé les archives, & brisé les prisons, d'où il en avoit tiré les criminels; les magistrats eux-mêmes avoient eu bien de la peine d'empêcher que ces peuples furieux ne missent le feu au couvent des Dominicains, en haine de l'*inquisition*, dont ils exerçoient les principales charges.

Mais pour calmer les *Guises*, le roi donna l'édit de Romorantin qui contenta tout le monde, excepté les Huguenots, qui l'appellerent l'*inquisition d'Espagne.* Voyez l'*Histoire du Calvinisme* par Maimbourg; l'*Origine de l'inquisition* par *Fra-Paolo*; ou l'*Histoire de l'inquisition & son origine*, par *Marsolier, Moreri,* &c.

INSCRIPTIONS ET BELLES-LETTRES : on est redevable à *Louis XIV*, de l'établissement de cette *académie royale.* Cette compagnie ne fut d'abord formée que d'un très-petit nombre d'hommes choisis, dans l'*académie françoise*, qui commencèrent à s'assembler, en 1663, dans la bibliotheque de M. Colbert, par qui ils recevoient les ordres de sa majesté. En hiver ils s'assembloient le plus ordinairement le mercredi; & en été, M Colbert les menoit à Sceaux, pour donner plus d'agrément à leurs conférences, & en jouir lui-même avec plus de tranquillité.

Les premiers académiciens n'étoient qu'au nombre de quatre, tous de l'académie françoise, sçavoir *Chapelain, Bourzeis, Charpentier,* & l'abbé *Cassagne*: *Perault*, le controlleur des bâtimens, fut admis dans les assemblées, sans être d'abord du corps; dans la suite il y prit la place de l'abbé *Cassagne* & *Bourzeis* mort en 1672, & *Chapelain* en 1674, furent remplacés par l'abbé *Tallemant le jeune* & *Quinault*, tous deux de l'académie françoise.

Ce fut M. *de Louvois* qui fixa les assemblées de cette académie au Louvre, dans le lieu où se tiennent celles de l'académie françoise.

Ce fut sous M. de *Pontchartrain*, alors controlleur

général & secrétaire d'état & depuis chancelier de France, que cette académie, que l'on n'avoit presque connue jusques-là que sous le titre de *petite académie*, le devint davantage sous celui d'*académie royale des inscriptions & médailles*.

Après que M. de *Pontchartrain* fut élevé à la dignité de chancelier, au mois de Novembre 1699, il fut fait par ordre du roi un réglement, qui fut envoyé peu après à la compagnie; il porte entr'autres choses: *Que l'académie sera sous la protection du roi, comme celle des sciences; qu'elle sera composée de quarante académiciens, dix honoraires, dont l'un sera président, & deux pourront être étrangers; dix pensionnaires, dix associés, dont quatre pourront être étrangers, & dix éleves: que l'un des pensionnaires sera secretaire & un trésorier; que les assemblées se tiendront au Louvre les mardis & vendredis de chaque semaine, depuis trois heures après midi jusqu'à cinq, &c.*

Cet établissement fut confirmé en 1713, par lettres patentes données à Marly, au mois de Février, & enrégistrées au parlement & à la chambre des comptes. L'académie prit pour sceau les armes de France, avec une médaille d'or au milieu, où est gravée la tête de sa Majesté. Le jetton de la même compagnie représente une Muse tenant à la main une couronne de laurier, & ayant derriere elle des cippes & des obelisques, & pour devise ce mot d'*Horace*: *Vetat mori.*

En 1716, le duc d'Orléans, régent du royaume, fit observer que le titre d'*académie des inscriptions & médailles* n'exprimoit qu'une partie de l'objet de cette compagnie, & il fut rendu un arrêt du conseil d'état du roi le 4 Janvier 1716, par lequel ce titre fut changé en celui d'*académie royale des inscriptions & belles lettres*; plus communément on nomme cette compagnie *académie des belles lettres*; titre plus simple, & qui exprime ce que le premier renferme. Par le même arrêt, le roi supprima la classe des *éleves*, dont le nom seul rebutoit les personnes d'un certain mérite; & sa Majesté or-

K k iij

donna que la classe des *associés* seroit augmentée de dix sujets, qui lui seroient présentés par l'académie dans la forme ordinaire.

Il y eut un autre arrêt rendu au conseil d'état le 23 Mars suivant, qui ordonna que le titre de *vétéran* ne pourroit désormais être accordé qu'à ceux des académiciens actuellement en place, & qui, après avoir travaillé utilement dans l'académie, pendant dix années au moins, se trouveroient hors d'état d'y continuer leurs travaux.

On a déja un grand nombre de volumes *in-4°* de l'Histoire & des Mémoires de cette académie, dont la suite s'imprime à l'imprimerie royale. Le président de *Noinville* a fondé un prix annuel à cette académie, qui doit être distribué à celui qui, au jugement de l'*académie*, aura mieux réussi dans le projet qu'elle proposera. La premiere distribution de ce prix s'est faite en 1734, dans la séance publique d'après Pâques.

INSPECTEURS MILITAIRES : on en trouve l'origine dans la belle ordonnance que *Charles V*, du conseil des princes, de ses généraux & des principaux chefs de ses troupes, donna, en 1372, sur la *discipline militaire*.

Il y a dix-sept *inspecteurs généraux de l'infanterie*, actuellement employés; un qui est *inspecteur* des troupes Allemandes ; un autre des régimens d'infanterie Irlandois & Ecossois; un troisieme des régimens Suisses ; un quatrieme des régimens Allemands ; un cinquieme du corps des grenadiers de France ; & les douze autres de tous les régimens d'infanterie Françoise, à l'exception du régiment des gardes. Les *inspecteurs*, au reste, n'ont aucune inspection sur les troupes de la maison du roi. Voyez pour les autres troupes, l'*état militaire de la France*.

INTENDANS : en 1634, *Louis XIII* en envoya dans les provinces ; ils ne se mêloient que de finances. Ils furent rappellés en 1648. En 1658, *Louis XIV* en envoya d'autres, avec le titre d'*intendans de justice, police & finances* : c'est leur état actuel

C'est presque toujours du nombre des maîtres des requêtes, que sont tirés les *intendans* employés, soit dans les armées, soit dans les provinces, avec la qualité de commissaires départis &
intendans de justice, police & finances. En cette
qualité d'*intendans*, ils président dans tous les présidiaux des généralités où ils sont départis.

Ces intendances que le roi leur donne, sont des
commissions qui les substituent à la place de sa Majesté
pour faire exécuter ses ordres, & observer la justice,
la police, ainsi que les réglemens qui concernent les
finances. En cette qualité d'*intendans*, les maîtres
des requêtes représentant la personne du roi dans les
provinces, ont le pouvoir de maintenir les sujets dans
l'obéissance, de faire exécuter les ordres de sa Majesté, & de pourvoir au bien ainsi qu'au repos public.

Les *intendans* ont, en quelque sorte, succédé
aux *missi dominici*, qui étoient des envoyés par nos
rois dans les provinces, avec un très-grand pouvoir,
à l'effet d'informer de la conduite des comtes & des
juges, & de juger les causes d'appel dévolues aux
rois.

Ceci n'eut lieu que sous la seconde race. Sous
la troisieme race, le pouvoir de ces commissaires
fut transféré en la personne des baillifs & sénéchaux,
qui depuis furent chargés de juger en dernier ressort,
jusqu'au tems que le parlement fut rendu sédentaire
par *Philippe le Bel*.

Insensiblement les baillifs & sénéchaux négligerent
leur premiere, & peut-être leur principale fonction,
qui étoit de visiter les provinces. On croit que cette
négligence vint ou de l'institution des parlemens que
les baillifs & sénéchaux avoient pour supérieurs, ou de
divers emplois que ceux-ci avoient auprès de la personne du roi, ou à l'armée.

Quoi qu'il en soit, les maîtres des requêtes, en qualité d'*intendans*, leur succéderent & furent envoyés à
leur place dans les provinces; de maniere qu'au commencement ils jugeoient en dernier ressort les appellations des ducs & des comtes, qui auparavant s'inter-

jettoient devant le roi, ou le grand duc de France, (le maire du palais). C'est de-là, que vint la nécessité qu'on leur imposa de visiter les provinces, comme il est écrit à l'article 33 de l'ordonnance d'Orléans, qui leur enjoint de faire les chevauchées auxquelles ils sont obligés, & de mettre entre les mains du chancelier les procès-verbaux de tout ce qu'ils feront chacun dans les provinces de leur département ; leur donnant pouvoir de recevoir les plaintes des personnes dans les lieux qu'ils visiteront, & de les insérer dans leurs procès-verbaux. La même chose a été aussi ordonnée par les ordonnances de *Moulins*, *art*. 7 ; & de *Blois art*. 209, mais plus précisément par celle de *Louis XIII*, du mois de Janvier 1629. Voyez *Maîtres des requêtes*.

INTERDIT : après la mort de *Prétextat*, archevêque de Rouen, que *Fredegonde* fit poignarder, en 577, dans son église, au milieu de l'office divin, les évêques firent fermer toutes les églises de Rouen, & défendirent les saints mysteres, jusqu'à ce qu'on eût découvert l'auteur de cet effroyable sacrilége. C'est le premier exemple que notre histoire nous fournisse d'un pareil *interdit*. Ainsi l'origine des *interdits* que quelques auteurs placent au règne de *Charlemagne*, est beaucoup plus ancien. Il est vrai qu'au commencement du neuvieme siécle, & dans la suite, l'usage en devint fréquent en France, en Italie & en Allemagne, lorsque les princes & les grands se rendirent maîtres absolus des provinces, dont ils n'étoient que gouverneurs, marquis ou comtes ; car les évêques, pour contenir dans le devoir ces nouveaux seigneurs, mirent en usage l'*interdit*, voyant qu'ils méprisoient l'excommunication.

L'*interdit* est un droit que plusieurs *papes* oserent autrefois s'arroger, mais dont en France on n'a jamais fait aucun cas : c'est ce qu'ont bien fait voir *S. Louis*, *Philippe le Bel* & plusieurs autres. Le *pape* ne peut excommunier nos rois, ni les autres personnes de l'état, ni mettre le royaume en *interdit*. La France a toujours regardé les *interdits* comme une entreprise contraire aux *libertés* du royaume, où la puissance absolue du *pape* & sa jurisdiction immédiate ne sont point reconnues. Cette espece de censure est nouvelle pour la *France*, qui suit les *anciens canons*. *Alexandre III*. est le premier qui en a parlé dans ses *décrétales*; dans une lettre aux *évêques* d'Angleterre, environ l'an 1170; & on n'en trouve aucun vestige dans les anciennes collections des canons, même dans celle de *Gratien*, qui a paru au milieu du douzieme siécle. *Henri IV*. accorda sa protection à la république de Venise, dans le différend qu'elle eut avec *Paul V*. qui avoit jetté un *interdit* sur cet état. *Fra-Paolo*, pour défendre sa république, écrivit & fit imprimer deux *Traités de Gerson* sur les *excommunications*. *Bellarmin* entreprit d'y répondre; ses principes affreux révolterent la *faculté* de théologie de Paris, & *Richer*, grand maître du college du *Cardinal-le-Moine*, qui avoit été réformateur & censeur général de l'université de Paris, composa, à la sollicitation du premier président de Verdun, un petit ouvrage concernant la puissance ecclésiastique, par lequel il fait voir contre *Bellarmin*, que la doctrine de *Gerson* & de la *faculté de Paris* touchant la puissance du *pape*, étoit autorisée par le *droit divin* & *naturel*, par la *tradition ancienne de l'église* & par un usage suivi & constant des premiers conciles généraux, & qu'elle avoit été depuis rétablie par celui de *Constance*. Voyez *Libertés de l'église Gallicane*.

INTERIM: on a donné ce nom latin qui signifie *en attendant* ou *cependant*, à une espece de réglement pour l'empire, sur les articles de foi qu'il y falloit croire, jusqu'à ce qu'un concile général les eût entiérement décidés. Ce fut l'empereur *Charles-Quint*, qui chercha ce tempérament pour empêcher les troubles de l'empire.

Cet empereur voyant par toute la conduite de *Paul III*. que ce pontife ne pouvoit se résoudre à continuer le concile dans la ville de Trente, qui avoit été suspendu à cause de la peste, & que les choses traînoient en longueur, crut qu'il devoit avoir recours à un autre moyen: ce fut de faire dresser un formulaire de foi, que les deux partis puſſent ſuivre en attendant la déciſion ſolemnelle du concile. Il choiſit pour cela trois théologiens, deux Catholiques & un Luthérien. Ceux-ci, après de longues conférences, dreſſerent un formulaire de foi, auquel on donna le nom d'*interim*, qui ſignifie *en attendant*, comme on l'a dit plus haut.

Entre vingt-ſix articles qu'il contenoit, il y en avoit deux fort extraordinaires. L'un permettoit l'uſage de la coupe, c'eſt-à-dire de l'Euchariſtie ſous les deux eſpeces; & l'autre le mariage des prêtres. Une telle entrepriſe fut regardée comme attentatoire à l'autorité de l'égliſe, & elle fit beaucoup de bruit dans toute l'Europe.

Cet *interim* fut comparé à l'*Hénotique* de *Zénon*, à l'*Ecthèſe* d'*Héraclius*, & au *Type* de *Conſtance*, du temps des *Eutychiens* & des *Monothélites*; on fit beaucoup d'écrits contre cet édit.

Les partiſans de l'empereur répondirent que l'*interim* n'approuvoit pas les articles contraires à la pratique de l'égliſe, tels qu'étoient le *mariage des prêtres*, la communion ſous les deux eſpeces; mais qu'il les toleroit ſeulement pendant un temps, pour ceux qui étoient déja engagés dans l'héréſie.

Quoi qu'il en ſoit, ni les Catholiques, ni les Proteſtans ne s'accommoderent point de l'*interim* propoſé; aucun des deux partis ne voulut le recevoir.

Robert Cénalis, évêque d'Avranches, & célebre théologien de la faculté de Paris, fut un de ceux qui refuterent l'*interim*, par un livre intitulé *antidote*. Pour un plus long détail, conſultez l'Hiſtoire du *Luthéraniſme*, ou le *Dictionnaire de Moréri*.

INTESTATS: c'étoit ceux, dit *du Cange* au mot *Inteſtatio*, qui décédoient ſans *langue*, c'eſt-à-dire, ſans avoir teſté. Du temps de *S. Louis*, le clergé connoiſſoit de l'exécution des teſtamens, appoſoit le ſcellé, faiſoit les inventaires, & exigeoit, le foudre à la main, l'accompliſſement des volontés du teſtateur. Tout Chrétien étoit obligé de léguer en faveur de l'égliſe une portion de ſes biens, c'eſt-à-dire une dixiéne partie. L'omission de cette bonne œuvre déceloit le mépris du salut; & quiconque y manquoit, étoit privé de l'absolution, du Viatique & de la sépulture. Enfin tout le genre humain étoit obligé de faire des donations à l'église. Un de nos modernes historiens rapporte qu'une pauvre femme n'ayant rien à donner, porta un *petit chat* à l'offrande, disant qu'il serviroit à prendre les souris de l'église, & qu'il étoit de fort bonne race. Voyez *Testament*.

INTRÉPIDITÉ: ce mot nous fournit une anecdote bien glorieuse à *François I*. La reine de Navarre sa sœur, dont *les Nouvelles* sont souvent des anecdotes de son temps, & d'après elle, l'abbé *Brantome*, rapporte que le comte *Guillaume de Furstemberg*, qui avoit servi en France avec la réputation d'un des plus braves officiers, fut soupçonné d'avoir des desseins contre la personne du roi. *La Tremoille* gouverneur de Dijon, *ancien chevalier*, dit la reine *Marguerite*, *& loyal serviteur du roi*, en avertit son maître & la duchesse d'Angoulême, mere du roi, laquelle ne manqua pas de le prier de l'éloigner de la cour; le comte étoit allié à la maison de Savoye. *François I* ne put se persuader qu'un homme du rang & de la réputation de *Furstemberg* fût coupable d'un attentat si odieux; & il pria la duchesse d'Angoulême de garder le silence, & de vivre avec le comte, sur le même pied. Il vint à *la Tremoille* un second avis. *François I* n'en parut pas plus touché, & donna des ordres exprès de ne point éclater. Mais un jour qu'il étoit à la chasse avec le comte, il lui ordonna de le suivre, s'éloigna de sa suite, & se trouvant seul & tête à tête avec lui dans l'endroit le plus écarté de la forêt, il tira son épée, qui étoit la seule arme qu'il eût, & la montrant au comte: *Qu'en dites-vous*, lui demanda le roi? *Cette épée ne vous paroît-elle pas aussi belle que bonne? Furstemberg* en y mettant la main, lui répondit, qu'il n'en avoit point vu qui la valût. *Je le crois comme vous*, reprit le roi; *& si un gentilhomme*, ajouta-t-il aussi-tôt en le regardant fixement, *pensoit à attenter à ma vie, qu'il connût la bonté de mon épée,* la force de mon bras & la fermeté de mon cœur, il y penseroit à deux fois. Cependant je le regarderois comme un homme aussi lâche que méchant, si se trouvant seul & sans témoins avec moi, il n'osoit exécuter son dessein. Le comte étourdi du discours du roi, lui répondit qu'il y auroit bien de la scélératesse dans le projet, & autant de folie à vouloir l'exécuter. Sur quoi *François I*, sans lui répondre, piqua son cheval & rejoignit la chasse qui s'approchoit. Il ne dit rien de l'aventure qu'après le départ du comte *Guillaume*, lequel fut fort prompt. On peut dire que pour un souverain, *François I* en fit trop en cette occasion. *Henri IV* fit quelque chose de pareil avec un officier nommé le capitaine *Michault* qui n'avoit pas un dessein moins criminel. *Tablettes de France*, tom. ij, pag. 113 & suiv.

INTRODUCTEURS DES AMBASSADEURS : ce sont ceux qui conduisent les ambassadeurs & les autres ministres étrangers à l'audience du roi. Cette charge est nouvelle en France, & de la fin du dernier siécle. Ils sont deux & servent par semestre (aujourd'hui M. de la *Live* & M. de la *Live de la Biche*). Les *introducteurs des ambassadeurs* prêtent le serment de fidélité entre les mains du grand-maître de la maison du roi ; mais pour les audiences & pour tout ce qui regarde les fonctions de leur charge, ils ne prennent l'ordre que du roi.

Il y a encore un secrétaire à la conduite des ambassadeurs, qui sert toute l'année ; c'est aujourd'hui M. de *Sequeville*.

L'*introducteur des ambassadeurs*, qui est de semestre introduit aussi les ambassadeurs chez la reine, chez madame la dauphine, chez les enfans de France, chez mesdames & généralement chez tous les princes du sang & les légitimés.

Il introduit aussi chez la reine, chez madame la dauphine, chez madame, chez toutes les princesses du sang, les ambassadrices & les femmes de tous les ministres étrangers qui reçoivent audience de sa Majesté.

INVALIDES : l'antiquité grecque & romaine, dont on nous fait tant d'éloge en tout genre, ne nous fournit point d'exemple pareil à celui que *Louis le Grand* a transmis, sur cette matiere, à la postérité la plus reculée.

On trouve cependant, dans ce qu'on appelle *loi attique*, que les Athéniens nourrissoient aux dépens du public, ceux qui avoient été estropiés à la guerre. Mais il n'y est point parlé de maisons publiques où ils fussent logés, nourris & entretenus.

Pour les *Romains*, ils donnoient quelques récompenses à ceux qui avoient rempli le temps de leur service, lequel étoit fort long; mais ce qu'on leur donnoit étoit fort peu de chose, & ne leur suffisoit pas pour un entretien commode le reste de leur vie, excepté quelques-uns à qui l'on assignoit des terres à cultiver, dans des colonies, où on les envoyoit.

Philippe-Auguste forma le projet de bâtir & de fonder une maison pour servir de retraite à ceux qui auroient vieilli dans le service. Cette particularité du regne de ce prince nous est connue par la lettre que lui écrivit le pape *Innocent III*, en réponse à celle qu'il lui avoit écrite, pour lui demander que cette maison ne fût point sous la jurisdiction de l'évêque. Vraisemblement ce projet ne fut point exécuté, puisque nos historiens n'en font point mention.

Mais nos rois s'étoient réservé le droit de placer dans plusieurs monasteres de fondations royales, un soldat estropié qui avoit une portion monacale, & qui étoit en même temps obligé d'y rendre certains services, comme de balayer l'église & de sonner les cloches; c'est ce qu'on appelle *moine-laïc* ou *oblat*; mais cette mince fortune qui avilissoit même les soldats, étoit une petite ressource pour le grand nombre de ceux que la guerre mettoit, par leurs blessures, hors d'état de subsister.

Louis le Grand exécuta le projet de *Philippe-Auguste*, mais d'une maniere toute autre que ce prince ne l'avoit imaginé. On n'avoit pas, sous le regne de *Philippe-Auguste*, les idées aussi nobles qu'on les a eues depuis, pour ces sortes d'établissemens, ni les mêmes moyens pour les mettre en exécution.

[I N V]

La fin que le roi se proposa dans cet établissement fut d'assurer une retraite aux soldats & à plusieurs autres officiers qui auroient vieilli dans le service, ou auroient été mis, par leurs blessures, dans l'impuissance de le continuer & de se procurer la subsistance. Son intention fut de leur y fournir un entretien honnête, soit pour la nourriture, soit pour le logement, soit pour le vêtement, jusqu'à la fin de leur vie, & en même tems, tous les secours & les moyens nécessaires pour vivre chrétiennement & travailler en repos à leur salut.

Pour rendre la chose stable, & obvier à tous les inconvéniens qui pouvoient en empêcher la durée pour les temps à venir, il y avoit bien des mesures à prendre, & on les prit aussi.

Premiérement, le roi y attacha les fonds des pensions de tous les *moines-lais* dont étoient chargées les abbayes de fondations royales. Secondement, il y affecta les fonds des deux deniers pour livre de tous les payemens qui seroient faits par les trésoriers généraux de l'ordinaire & de l'extraordinaire des guerres, & par ceux de la cavalerie légere & de l'artillerie.

Ces fonds se trouverent suffisans pour la construction & l'ameublement de l'hôtel, & ensuite pour l'entretien des soldats & des officiers, qu'on y logeroit. Cela fut ainsi reglé par l'édit du mois d'Avril de l'an 1674.

Le roi est protecteur & conservateur immédiat de l'hôtel, sans qu'il dépende d'aucun de ses officiers; & sa Majesté ne veut point qu'il soit sujet à la visite non plus qu'à la jurisdiction du grand aumônier ni d'aucun autre.

Le secrétaire d'état ayant le détail du département de la guerre, est, en cette qualité, directeur & administrateur-général de l'hôtel, qui contient environ 4000, tant officiers que soldats, distribués en trois classes.

La premiere est composée des officiers des troupes du roi, des gardes du corps, des gendarmes, des chevaux-légers & des mousquetaires de la garde, des sergens des compagnies des grenadiers à che-

..., lorsqu'ils ont servi cinq ans en ladite qualité de sergens; des brigadiers, sous-brigadiers, & gendarmes de la gendarmerie, qui ne sont admis à l'hôtel, en qualité d'officiers, qu'autant qu'ils ont eu un brevet de lieutenant, & qu'ils ont servi en cette qualité, pendant cinq ans; & des sergens des Gardes-Françoises & Suisses, après dix ans de service, en ladite qualité.

Les officiers de la connétablie & de la maréchaussée y compris les exempts.

La seconde classe est composée des gendarmes, des compagnies d'ordonnance, des grenadiers à cheval, des maréchaux des logis, des cavaliers & dragons, & des sergens d'infanterie, lorsqu'ils ont servi dix ans dans lesdites qualités. Les gardes-magasins, les capitaines & conducteurs d'artillerie, après trente ans de service, dont dix en ladite qualité, y sont aussi admis. Ceux de cette seconde classe portent un habit distingué du soldat & l'épée, & reçoivent 15 sols par mois pour leurs menues dépenses; ils logent dans un quartier séparé & mangent au même réfectoire. Leur nourriture est la même que celle du soldat, avec cette différence qu'ils ont tous les matins un demi-septier de vin.

La troisieme classe comprend les soldats, cavaliers & dragons, les archers de la connétablie & des maréchaussées, les maîtres ou simples ouvriers, & les charretiers de l'artillerie, de même que les soldats Gardes-Côtes, lorsqu'ils sont estropiés au service pendant la guerre.

Par une ordonnance du 15 Juillet 1760, sa Majesté a créé un état intermédiaire entre la premiere & la seconde classe, en faveur des maréchaux des logis de cavalerie & de dragons, qui auront servi dix ans en cette qualité: il consiste à être séparé de ceux de la seconde classe, pour le logement & la table, quoiqu'ils portent le même habit.

Les Suisses Protestans ne peuvent y être admis à cause de la différence de religion; mais on prend tous les ans sur les fonds destinés à l'entretien de l'hôtel, une somme de 6000 livres, qui se distribue en pension de 100 livres pour chaque officier, & 75 livres pour chaque soldat de cette nation, retiré dans sa patrie, & qui seroit dans le cas d'être admis à l'hôtel, sans l'obstacle, qu'y apporte la religion.

Le secrétaire d'ambassade de France en Suisse, est chargé du rôle de ces pensions, & y admet ceux qui doivent y avoir part, à mesure qu'il vaque des places, jusqu'à la concurrence des 6000 livres.

L'état major de cet hôtel est composé d'un gouverneur-commandant, d'un lieutenant de roi, de quatre aide-majors; & outre cela, il y a un commissaire d'artillerie & prévôt général, deux exempts du prévôt, un directeur intendant de l'hôtel, un inspecteur & controlleur général, un secrétaire général garde des archives.

Il y a dans l'hôtel royal des *invalides*, une école de trompette, établie par ordonnance du premier Juin 1731, où l'on instruit les cavaliers destinés à être trompettes ou tymbaliers dans les régimens de cavalerie & la maison du roi.

Il y a actuellement 130 compagnies de fusiliers sur pied, réduites à 65, dont chacune est commandée par des capitaines & deux lieutenans, composée de deux sergens, trois caporaux, trois appointés, cinquante-deux fusiliers, & deux tambours. Il y a cinq compagnies de bas-officiers, employés à la garde des Tuileries, de Vincennes, de la Bastille, de l'Arsenal, & de l'Ecole Militaire.

Il y a dans toutes les provinces du royaume, des compagnies détachées de l'hôtel.

INVESTITURE : *Hildebrand*, Italien, moine de Cluny, pape sous le nom de *Gregoire VII*, en 1073, est le premier qui osa avancer que le pape a droit de déposer les empereurs, & de délivrer du serment de fidélité les sujets d'un mauvais prince.

Celui de tous les souverains à qui il porta de plus rudes coups, fut l'empereur *Henri IV*. Ce monarque jouissoit, comme ses prédécesseurs, du droit de nommer les évêques & les abbés, & donnoit comme eux l'*investiture* des bénéfices par la crosse &
par

par l'anneau. *Gregoire VII*, dans un concile qu'il tint à Rome, arrêta que les rois ne donneroient plus les *investitures* par une *crosse*, mais par une *baguette*.

Cette guerre des *investitures* souleva les souverains contre Rome, & les fit penser à prendre des précautions contre les entreprises de *Gregoire*.

On les avoit prises depuis long-tems en France, dit *Pasquier*, dans le concile tenu à *Clermont*, sous *Louis le Gros*. En 1108, on agita encore la question des *investitures* : il y fut décidé que les églises ne tenant leur bien temporel que des souverains, elles ne pouvoient les posséder que dépendamment d'eux. C'étoit la tradition constante de l'*Eglise Gallicane*; & nos rois demeurerent en possession de donner l'*investiture* des grands bénéfices.

L'*investiture du royaume* se faisoit, sous la premiere race, par la *lance*; sous la seconde, par la *couronne*; sous la troisieme, par l'*épée*, le *sceptre*, & la *main de justice*.

Celles des *évêchés* & des *abbayes*, par l'*anneau* & la *crosse* ou *bâton pastoral*. Cependant sous les successeurs de *Gregoire VII*, nos rois se départirent de l'*investiture* par le *bâton pastoral* & par l'*anneau*, & se contenterent de la donner par écrit ou de vive voix; de sorte que les papes qui s'attachoient à cette cérémonie extérieure, les laisserent jouir paisiblement de leurs droits.

L'*investiture des ducs* & autres grandes dignités, se faisoit par un *étendard* ou une *épée*, ou par une *cape*, espece de surtout, qui enveloppoit tout le corps, ou par un *cercle d'or*; celle des *fiefs* ordinaires, par une *épée*, un *casque*, une *coupe*, des *éperons*, une *étoile*, un *arc*, une *fléche*, un *gantelet*, une *broche*, &c.

Un seigneur qui avantageoit une église de quelque terre, ou de quelque autre possession, déposoit un *couteau* sur l'autel, & déclaroit par-là authentiquement, qu'en cédant le domaine absolu de la chasse, il donnoit plein pouvoir de renverser, d'abattre, de couper, de moissonner; ce qui exprime une parfaite

Tome II. L l

propriété ; mais d'ailleurs chaque pays avoit ses usages particuliers.

Voici les plus remarquables. On mettoit sur l'autel, ou entre les mains de l'évêque, de l'abbé, ou de l'ecclésiastique qu'on vouloit gratifier, un *gazon*, un *faisceau d'herbes*, un *rameau*, ou *branche d'arbres*, un *bâton*, un *morceau de bois*, un *fétu* noué, une *cruche* remplie d'eau de mer, une *bible*, une *crosse*, un *chandelier*, une *touffe de cheveux*, une *clef*, un *gland*, une *corroie*, un *denier*, une *bourrée*, quelques *grains d'encens*, un *missel*, un *linge*, un *marteau*, un *gantelet*, un *mouchoir*, un *martyrologe*, un *pain*, une *coupe*, ou quelque autre chose dans le même goût, plus commun que précieux.

Sur l'*investiture* d'un fief, d'une terre, d'une dignité, d'une charge, ou d'un don fait par le seigneur à son vassal, ou par un prince à son sujet, à la charge de lui être fidele, & de lui rendre les services & les devoirs réciproques. Voyez *Du-Pin*, *Histoire des Controverses du douzieme siecle, partie j*; c'est le même ouvrage que l'*investiture* ecclésiastique ; & l'*Histoire de l'Empire*, par *Heiss*, sur l'*investiture* des fiefs relevans de l'empire d'Allemagne. Lorsqu'il en vaque un par la mort du dernier mâle de la famille, ou par résignation, c'est un des principaux droits de l'empereur.

JODELLE, (*Etienne*) Parisien, né d'une famille noble, poëte François, qui fut aimé & estimé des rois *François II* & *Charles IX*. *Charles*, cardinal de Lorraine, l'avoit fait connoître au premier, & la duchesse de Savoie, sœur des *Henris*, aussi-bien que le duc de Nemours, le favorisoient beaucoup ; mais *Jodelle*, indifferent pour les biens de la fortune, uniquement sensible aux attraits de la volupté, sçut mal profiter des avantages que des protections illustres pouvoient lui procurer. Il eut beaucoup de goût pour les arts : on dit qu'il excelloit dans l'architecture, la sculpture & la peinture ; les langues grecque & latine lui étoient familieres, & il passoit pour être éloquent dans la sienne. Né avec une facilité étonnante pour écrire en vers, il en abusa. Il étoit regardé comme le premier poëte de son tems ; mais aujourd'hui il faudroit avoir une grande patience pour lire ses *poësies françoises*. Ses poësies latines sont d'un style plus pur & plus aisé, & se ressentent mieux de la beauté de son génie.

Jodelle ne jouit pas long-tems de sa réputation. Il mourut au mois de Juillet 1573, âgé de quarante-un ans, & dans la pauvreté, s'il en faut croire *Théodore-Agrippa d'Aubigné*, gentilhomme de Saintonge, qui dit dans ses vers funébres sur la mort de ce poëte :

> Jodelle est mort de pauvreté.
> La pauvreté a eu puissance
> Sur la richesse de la France.
> O dieux ! quel trait de cruauté !
> Le ciel avoit mis en Jodelle
> Un esprit tout autre qu'humain ;
> La France lui nia le pain,
> Tant elle fut mere cruelle.

Charles de la Motte, conseiller au grand-conseil, recueillit les œuvres de ce poëte, qui ont été publiées en 1574. Il y en a eu une autre édition en 1583, & une troisieme à Lyon en 1597. Ses piéces de théatre sont, *Eugene*, comédie en cinq actes ; *Cléopatre captive*, tragédie en cinq actes, avec des chœurs, & *Didon se sacrifiant*, tragédie en cinq actes, avec des chœurs : pour ses autres œuvres, consultez l'Histoire des théatres, par MM. *Parfait* ou *Moreri*, qui en donne la liste.

JOIGNY : c'est une ville en Champagne, diocèse de Sens. On dit dans le pays, qu'elle a été établie par *Flave Jovin*, général de la cavalerie romaine, le même dont on montre le tombeau dans l'église de S. Nicaise de Reims. Quoi qu'il en soit, il est constant que cette ville conserve encore des marques d'ancienneté ; elle a eu sept comtes particuliers dès le dixieme siécle. *Renaud*, premier comte de Sens, mort en 996, fit bâtir le château de Joigny.

JOINVILLE : autre ville ancienne & assez considérable, avec un grand & magnifique château, situé en Champagne, diocèse de Châlons.

Des auteurs la font extrêmement ancienne, & disent qu'elle a pris son nom du dieu *Jupiter*, ou de *Janus*, ou de la déesse *Junon*, à qui elle avoit été consacrée ; d'autres rapportent sa fondation & son nom à un des premiers seigneurs de Champagne, nommé *Jean de Troies*, qui vivoit au commencement du onzieme siécle, & d'autres à *Etienne-de-Vaux*, quatrieme comte de *Joigny*. Enfin il y en a qui prétendent que *Jovin*, ce général des armées Romaines, dont nous venons de faire mention à l'article précédent, a fait bâtir une tour en 369, précisément au lieu où est la ville de *Joinville* : ils ajoûtent, qu'ayant donné son nom à la tour qu'il venoit de faire construire, & dont on voit encore quelques restes, la ville qui se forma auprès, le prit aussi ; & qu'insensiblement elle fut appellée *Joinville*.

Cette ville a donné naissance à *Jean*, sire de *Joinville*, sénéchal de Champagne, l'un des principaux seigneurs de la cour de S. Louis, & qui a écrit la vie de ce prince. Il y fut aussi enterré en 1318.

Le fameux cardinal de Lorraine, qui y étoit né, appelloit toujours cette ville *Joannis-villa* ; ce qui donne lieu de croire qu'il préféroit l'opinion de ceux qui lui donnoient pour fondateur *Jean de Troyes*.

L'empereur *Charles-Quint* prit & brûla cette ville ; mais *François I* la fit rebâtir en faveur de *Claude* de Lorraine, duc de Guise, & le roi *Henri II* la fit ériger en principauté en 1552 ; le château est bâti sur la cime d'un rocher escarpé. Proche de ce château est une église collégiale, sous le titre de Saint Laurent, où l'on voit les tombeaux des princes de Lorraine, *seigneurs de Joinville*. Voyez pour *Joigny* & *Joinville*, les Dictionnaires Géographiques de *la Martiniere* & de l'abbé d'*Espilly*.

JONGLEURS : l'histoire du Théatre françois nous apprend que l'on nommoit ainsi des especes de *bateleurs*, qui parurent du tems des *troubadours*, ou *trouvers*, poëtes Provençaux, fameux dès le onzieme siécle.

Le terme de *jongleur*, à ce qu'on croit, est une corruption du mot latin *joculator*, en françois *joueur*. Il en est fait mention dès le tems de l'empereur *Henri II*, mort en 1056. Comme ils jouoient de différens instrumens, ils s'associerent aux *troubadours* & aux *chanteurs*, pour exécuter les ouvrages des premiers; & ainsi de compagnie, ils s'introduisirent dans les palais des rois & des princes, & en tirerent de magnifiques présens.

Après la mort de *Jeanne*, reine de Naples & de Sicile, comtesse de Provence, arrivée en 1382, tous ceux de la profession des *troubadours* & des *jongleurs* se séparerent en deux différentes especes d'acteurs : les uns, sous l'ancien nom des *jongleurs*, joignirent aux instrumens le chant & le récit des vers : les autres prirent seulement le nom de *joueurs* (*joculatores*,) ainsi qu'ils sont nommés par les ordonnances.

Tous les jeux de ceux-ci consistoient en *gesticulations*, tours de *passe-passe*, ou par eux-mêmes, ou par des *singes* qu'ils portoient, ou en quelques mauvais récits du plus bas burlesque. Leurs excès ridicules & extravagans les firent tellement mépriser, que pour signifier alors une chose mauvaise, folle, vaine ou fausse, on l'appelloit *jonglerie*.

Philippe-Auguste, dès la premiere année de son règne, les chassa de sa cour, & les bannit de ses états. Quelques-uns cependant se reformerent, s'y établirent, & y furent soufferts dans la suite sous le règne de ce prince, & des rois, ses successeurs.

Dans un tarif, fait par S. Louis, pour régler le droit de péage, qui se payoit à l'entrée de Paris sous le Petit-Châtelet, il est dit, que les *jongleurs* seroient quittes de tout péage, en faisant le récit d'un couplet de chanson devant les péagers; & à une autre porte, que le marchand qui apporteroit un singe, payeroit quatre deniers; que si le singe appartenoit à un homme qui l'eût acheté pour son plaisir, il ne donneroit rien ; que s'il étoit à un joueur, il joueroit devant les péagers, & que par ce jeu, il seroit quitte du péage, tant du *singe*, que de tout ce qu'il auroit acheté pour son usage. C'est de-là que vient cet ancien proverbe : Payer en monnoie de *singe*, & en *gambades*.

Tous prirent dans la suite le nom de *jongleurs*, comme le plus ancien ; & les femmes qui s'en mêloient, celui de *jongleresse* : ils se retiroient à Paris dans une seule rue, qui avoit pris le nom de *rue des jongleurs*, & qui est aujourd'hui celle de S. Julien des Ménétriers. On y alloit louer ceux qu'on jugeoit à propos, pour s'en servir dans les fêtes ou assemblées de plaisir.

Par une ordonnance de *Guillaume* de Germont, prevôt de Paris, du 14 Septembre 1395, il fut défendu aux *jongleurs* de rien dire, représenter, ou chanter dans les places publiques ou ailleurs, qui pût causer quelque scandale, à peine d'amende, & de deux mois de prison, au pain & à l'eau.

Depuis ce tems-là, il n'en est plus parlé ; c'est que dans la suite, les acteurs s'étant adonnés à faire des tours surprenans avec des épées & d'autres armes, &c. on les appelloit *batalores*, en françois *Bateleurs*, & qu'enfin ces jeux devinrent le partage des danseurs de corde & sauteurs, tels qu'on en voit de nos jours chez *Restier* & *Nicolet*. Voyez *Spectacles*, & consultez l'*Histoire du Théatre françois*, tom. j ; & le *Traité de la Police*, par *de la Marre*, &c.

JOSSE. (Saint) Voyez *Paroisses de Paris*.

JOUEURS D'INSTRUMENS : le siécle de *Louis XIV*, & encore plus celui-ci, fournissent des musiciens sans nombre, qui se sont signalés dans les exécutions de la musique instrumentale ; c'est à feu *le Clerc*, que les violons François ont le plus d'obligation ; *Blavet* a rendu la flûte un instrument agréable ; *Danguy* la vielle ; *Charpentier*, la musette, *Daquin*, *Balbatre*, l'orgue, &c.

JOURNAUX LITTÉRAIRES : la maniere de faire sçavoir au public, par une espece de *journal*, ce qui se passe dans la république des lettres, est une des belles inventions du XVII siécle. La gloire en est dûe à M. *de Sallo*, conseiller au parlement de Paris, qui fit paroître le *journal* des sçavans en 1665. Ce magistrat joignoit à beaucoup de pénétration & de jugement, une critique vive & fine. Ce *journal* fut arrêté au bout de trois mois; M. *de Sallo* l'abandonna sans retour, après avoir essuyé beaucoup de chagrin & des querelles assez vives avec *le Fevre de Saumur*, l'abbé *Ménage* & *Charles Patin*.

Cet ouvrage naissant eût péri peu après avoir vu le jour, si l'abbé *Gallois*, connu par d'autres ouvrages dans la république des lettres, n'eût trouvé des tempéramens pour le rétablir. Il le reprit en 1666, sous la protection du grand *Colbert*, sincere protecteur des sciences; & pour n'être plus traversé par les auteurs, toujours jaloux de leur réputation, il s'appliqua uniquement à donner des extraits des livres, sans en faire la censure.

L'abbé *de la Roque* lui succéda sur la fin de 1674, & eut lui-même pour successeur M. *Cousin*, président de la cour des monnoies, qui fut aidé par quelques-uns de ses amis, comme M. *de Sallo* l'avoit été lui-même par les siens.

Vers le commencement de ce siécle, M. le chancelier de *Pontchartrain* faisant attention que le *journal* des sçavans étoit une entreprise trop forte pour un seul homme, & que d'ailleurs les matieres qui sont de son ressort, roulent sur des sujets trop différens pour être tous également à la portée d'une seule personne, forma une compagnie de gens de lettres pour travailler à cet ouvrage; & afin qu'il se formât sous les yeux de l'abbé *Bignon*, son neveu, depuis bibliothécaire du roi, les assemblées se tinrent chez lui une fois la semaine.

Les plus connus de ceux qui formerent cette assemblée, furent *Andri* & *Burette*, médecins; d'*Héricourt* & *Rascicod*, avocats célebres; les abbés *Bigre*, *Du-Pin*, *Fraguier*, *Terrasson*, *Raguet*, *de Vertot*, &c. Le premier *journal* de cette nouvelle compagnie, de laquelle étoient encore *Havard*, *Miron*, *Couchard* & *Saurin*, parut le lundi 20 Janvier 1702; il continua de paroître tous les lundis, à quelques petites interruptions près, jusqu'au mois de Juin 1723, où il fut discontinué.

Il reparut au commencement de l'année 1724, sous une nouvelle forme : au lieu de se donner par feuille tous les lundis, comme on le faisoit auparavant, on ne le publia plus que tous les mois ; ce qui continue toujours de se faire ; & c'est une société de gens de lettres versés en différens genres qui en sont les auteurs. C'est à l'abbé *Desfontaines*, que l'on doit la préface du mois de Janvier 1724.

En imitation du *journal* des sçavans, qui fit du bruit dans toute l'Europe ; l'Angleterre commença, dès 1665, ses *Transactions philosophiques* en anglois; le *journal* de Leipsick, intitulé *Acta eruditorum*, parut en 1665. Vers la fin du mois de Février 1684, on imprima à Amsterdam un Mercure sçavant, c'étoit un *journal* de médecine par *Blegny*, chirurgien de Paris, homme fertile en projets. Défendu en France, continué en Hollande, il devint un nouveau *journal*, où la médisance régnoit encore plus que dans le *journal* de médecine. Un ouvrage si mal conçu & si mal exécuté, piqua *Bayle*, qui donna, en 1687 un *journal* sous le titre de *Nouvelles de la république des lettres*: ses occupations multipliées, & quelques infirmités ne lui permirent pas de continuer. En 1687, *Basnage* le prit & le publia sous le titre d'*Histoire des ouvrages des sçavans*.

Desbordes qui avoit imprimé ce que *Bayle* avoit publié jusques-là de ses *Nouvelles*, les fit continuer sous le premier titre par *la Roque* & quelques autres personnes jusqu'au mois d'Août de la même année. *Barrin*, ministre François y travailla seul depuis le mois de Septembre jusqu'au mois d'Avril 1689. Cet ouvrage fut interrompu jusqu'au mois de Janvier 1699, que *Jacques Bernard* le reprit & le donna jusqu'à la fin de 1710, qu'il l'interrompit lui-même pour ne le reprendre qu'en Janvier 1716 ; & il le laissa absolument au mois de Juin 1718. L'ouvrage complet de *Bayle* & de ſes continuateurs forme cinquante-ſix vol.

Pour *Baſnage* il continua ſon Hiſtoire des ouvrages des ſçavans, qu'il a pouſſé juſqu'au mois de Juin 1709, incluſivement ; mais il ne donna rien du tout pour l'anneé 1707.

Le fameux *le Clerc*, miniſtre Arminien de Hollande, émule de *Bayle* & de *Bernard*, publia, en 1686, un *journal* ſous le titre de *Biblioteque univerſelle & hiſtorique* ; *Cornant de la Croẓe*, & *Bernard*, y travaillerent avec lui. Après le vingt-cinquieme volume, cet ouvrage changea de titre ; & *le Clerc* ſeul le continua ſous celui de *Bibliotheque choiſie*, pour ſervir de ſuite à la *Bibliotheque univerſelle*. Cette Bibliotheque choiſie commença en 1703, & finit en 1713, après le vingt-ſeptieme volume ; & en 1715, le même *le Clerc* fit encore paroître la Bibliotheque ancienne & moderne qu'il a continuée juſqu'à ces derniers temps.

En 1612, parut le premier tome de l'*Hiſtoire critique* de la république des lettres, tant ancienne que moderne, par *Maſſon*, miniſtre de l'égliſe angloiſe de Dorth, imprimée à Utrecht. Après le ſecond volume, le libraire ne voulut plus l'imprimer ; & un autre d'Amſterdam, plus hardi, l'entreprit & le continua.

Jonhſſon libraire de la Haye, publia, en 1713, le commencement du *journal* litteraire, qui acquit en peu de temps beaucoup de réputation. Il étoit l'ouvrage d'une ſociété compoſée d'hommes célebres. En 1729, une nouvelle ſociété de gens de lettres continua cet ouvrage ſous le même titre : il eſt bien fait, d'un ſtyle poli: *Joncourt*, miniſtre Proteſtant à Bois-le-Duc, fourniſſoit les extraits qui ont rapport à la théologie; *Graveſande*, ceux de la philoſophie & des mathématiques; *Sacrelaire*, ceux de medecine ; & *Marchand*, ceux de littérature. Cet ouvrage ainſi repris en Janvier 1729, a continué juſques & compris Juin 1732, qu'il a encore paſſé en d'autres mains ; & on continue toujours de le publier ſous le titre de *journal hiſtorique* de la république des lettres.

C'eſt en 1701, que les Jéſuites ont entrepris le *jour-*

nal de Trévoux, sous les auspices de M. le duc du Maine, sous le titre de *Mémoires pour l'histoire des sciences & des beaux arts*. Si l'on en excepte six ou sept mois de l'année 1720, ils ont donné presque toujours fort reguliérement, douze volumes, & quelquefois treize par an. Les auteurs ont souvent changé; on a vu à la tête de ce *journal*, les peres *Buffier*, *Germon*, *le Tellier*, *Tournemine*, *Marquere*, *Catrou*, *Ongnan*, *Castel*, *Bertier*, &c. Depuis la sortie des Jésuites de France, ce *journal* est passé en d'autres mains: le public le trouve toujours écrit avec legéreté; & le choix que l'on y fait des matieres, est toujours plus utile à la république des lettres. Les bornes où nous obligent cet ouvrage, ne nous permettent pas d'en dire davantage sur tous les autres *journaux littéraires*, dont les uns ont paru, & les autres paroissent encore. Entre les plus célebres sont l'Europe sçavante qui a disparu en 1720; l'Histoire littéraire de la Grande-Bretagne; la *Bibliotheque angloise*; la *Bibliotheque françoise*; la *Bibliotheque germanique*; la *Bibliotheque raisonnée*; *la Bibliotheque belgique*, &c; tous ouvrages imprimés en Hollande, & beaucoup d'autres.

Après le *journal des sçavans* & les Mémoires pour l'Histoire des sciences & des beaux arts dont nous avons parlé, ceux qui sont les plus connus en France, sont le *journal* de Verdun, presqu'aussi ancien que le précédent, le *journal encyclopédique*, qui a commencé à Liege, & qui se continue à Bouillon; le *journal économique*; le *journal de médecine*, & plusieurs autres: n'oublions pas le Mercure de France, qui a commencé en 1672, sous le titre de *Mercure galant*; & en 1714, le *Fevre* lui a donné celui de *Mercure de France*. L'abbé *Buchet* y a travaillé jusqu'au mois de Mai 1721; *Frézelier*, pendant trois ans après l'abbé *Buchet*; *la Roque* ensuite jusqu'à sa mort arrivée en Octobre 1744, auxquels ont succédé *Fuselier*, *la Bruere*, l'abbé *Reynal*, M. *Marmontel*, & aujourd'hui M. *de la Place* pour la partie littéraire, & M. *de la Garde*, pour la partie des théatres. Voyez *Mercure de France*.

JOURNÉE DES ÉPERONS : en 1513, sous *Louis XII*, pendant le siége de la ville de Thérouane par les Impériaux & les Anglois, huit cens cavaliers François parmi lesquels on comptoit ce qu'il y avoit de plus braves capitaines dans l'armée, par une action des plus hardies, prirent chacun sur leur cheval un sac de poudre à canon, sur lequel étoit attaché la moitié d'un *porc salé* ; ils forcerent un des quartiers des assiégeans, se débanderent, & vinrent à toutes jambes jusqu'au fossé de la place, y jetterent leur charge, se rallierent, sortirent heureusement du camp ennemi, en passant sur le ventre à tout ce qu'ils rencontrerent sur leur passage, & rejoignirent un corps de cavalerie, qui les attendoit. Ce corps aussitôt fut surpris & attaqué par des forces supérieures ; tous s'enfuirent vers le camp ; & on appella cette déroute, la *journée* des *éperons*, parce que les cavaliers s'étoient beaucoup mieux servi de leurs *éperons*, que de leurs *épées*.

JOURNÉE DE MONCONTOUR : à cette bataille qui se donna en 1569, on avoit mis sur une colline les jeunes princes de Navarre, depuis *Henri IV*, & de Condé avec quatre mille chevaux pour les garder : le jeune prince de Navarre voyant l'avantgarde du duc d'Anjou enfoncée par l'amiral de Coligny, dit avec vivacité : *Voilà le point de la victoire, ils branlent* (les ennemis :) l'avis étoit bon, on ne le suivit point ; & l'inaction de ce grand corps de cavalerie fut la cause de la perte de cette bataille pour les huguenots.

JOURNÉE D'ARQUES : c'est la premiere bataille que *Henri IV*, en 1589, remporta sur les *ligueurs*. Il en écrivit aussi-tôt à son cher *Crillon*, & lui manda : *Pends-toi, brave Crillon ! nous avons combattu à Arques, & tu n'y étois pas. Adieu, brave Crillon ; je t'aime à tort & à travers.*

JOURNÉE DES FARINES : *Henri IV*, en 1690, de retour des frontieres de Flandres, voulut faire une nouvelle tentative sur Paris. Ceux qui étoient commandés pour cette expédition, devoient s'avancer vers la porte Saint-Honoré, en conduisant chacun un cheval chargé de *farine* : ils devoient d'abord embarrasser la porte, quand on la leur auroit ouverte ; & soutenus de ceux qui les suivoient, s'en emparer. Mais on eut quelque soupçon, & on refusa d'ouvrir la porte. Le roi vit que les Parisiens étoient sur leur garde, & retira ses troupes. On appella cette *journée*, la *journée des farines*.

JOURNÉE DE FONTAINE-FRANÇOISE : c'est une affaire, en 1595, où *Henri IV* se trouva dans un très-grand péril, & où il eut besoin de toute sa valeur. Il n'avoit avec lui que trois cens chevaux, il s'en voyoit huit cens sur les bras & six escadrons. Il appella auprès de sa personne tout ce qu'il y avoit de seigneurs & d'officiers ; il donna au duc *de la Trémoille* la moitié de sa troupe, & prit l'autre avec lui en criant : *A moi, messieurs, & faites comme vous m'allez voir faire*. Il part de la main ; va enfoncer un des escadrons ennemis. Le duc *de la Trémoille* en fit autant, & ils chargerent avec tant de furie, que ces deux escadrons furent percés & renversés sur les autres. Le maréchal de *Biron*, quoique blessé, accourut & acheva leur déroute.

Cette fameuse *journée* nous apprend ce que peut la présence d'un prince guerrier à la tête de sa noblesse ; car les ennemis, qui dans toutes les charges, étoient six contre un, furent battus comme s'ils n'avoient été qu'un contre dix.

JOURNÉE DES DUPES : à cette *journée* en 1630, où l'on crut que *Louis XIII* alloit sacrifier le cardinal de *Richelieu* aux ressentimens de *Marie de Médicis*, on écrivit dans toutes les cours de l'Europe qu'enfin le cardinal étoit disgracié. Le roi d'Angleterre *Charles I*, apprenant cette nouvelle, dit à la reine d'Angleterre : *La reine votre mere a tort ; le cardinal a rendu de grands services à son maître, & cette aventure me rappelle l'accusation intentée contre Scipion devant le peuple Romain*. Il écouta patiemment ; & au lieu d'y répondre, il se contenta de dire : *Je me souviens qu'à tel jour je défis l'armée des Carthaginois : Romains, allons au Capitole en rendre graces aux dieux*.

Si j'avois été à la place du cardinal, j'aurois écouté les plaintes de la reine votre mere, avec la même tranquillité, & j'aurois dit au roi: Depuis deux ans la Rochelle est prise; trente-cinq villes huguenotes sont soumises, & leurs fortifications démolies; Casal a été secouru deux fois; la Savoye & une grande partie du Piémont sont entre vos mains; ces avantages, Sire, que vos armes ont remporté par mes soins vous répondent de mon application & de ma fidelité.

Le cardinal l'emporta sur ses ennemis; il s'en vengea. *Gaston*, duc d'Orléans, frere de *Louis XIII*, se retira en Lorraine, & la reine mere à Bruxelles. Le motif de cette retraite étoit de perdre le cardinal de *Richelieu*; mais le roi disoit à ce premier ministre: *Ne craignez rien; je serai votre second contre tout le monde, sans en excepter mon frere: mon honneur y est engagé: le mal que l'on vous fera, je le regarderai comme fait à moi-même, & je sçaurai vous venger.*

JOUTES: les fêtes des tournois étoient souvent suivies d'une *joûte*, qui se faisoit avec des armes innocentes, c'est-à-dire qui ne blessoient point. Deux braves, par galanterie, rompoient une lance ou deux en l'honneur des dames. Ces *intrépides preux* courant à toute bride, se donnoient des coups si terribles, quand ils venoient à se rencontrer, qu'il falloit se tenir bien ferme, pour n'être pas désarçonné. La différence qu'il y avoit entre les *tournois* & les *joûtes*, c'est que les premiers étoient des *batailles*, & les seconds de vrais *duels*.

Ces jeux occasionnoient une infinité d'accidens, malgré les précautions que l'on prenoit pour les prévenir. Plus de vingt princes y ont péri. La mort funeste de *Henri II*, arrivée en 1559, a mis fin à ces dangereux combats des tournois & des *joûtes*, que l'église avoit proscrits dans tous les temps. Voyez *Tournois*.

JOUY: c'est une abbaye de l'ordre de Cîteaux & de l'étroite observance, située dans la forêt de son nom, dans la Brie-Champenoise, au diocése de Paris. Elle a été fondée, le 4 Août 1124, par *Pierre de Châtel*, & *Milon* de *Naudé*, tous deux gentilshommes de ce canton, & fut depuis augmentée par *Thibault* le Grand, comte de Champagne.

L'église de ce monastere n'offre de remarquable, que le tombeau, ou, selon d'autres, le cénotaphe du célebre cardinal *Simon de Beaulieu*, bienfaiteur de cette abbaye.

JOYAUX & BIJOUX : ce n'est que depuis la conquête de l'Amérique & le commerce des Indes, que les diamans, perles, rubis, sont devenus si communs en Europe. Dans le treizieme siécle, si le roi ou la reine portoit un *rubis-balai* de la valeur de deux cens écus, cela paroissoit une merveille; & il y a eu de notre tems un négociant Anglois, qui a eu en sa possession un *diamant* de près de douze millions.

La jouaillerie est devenue, pour ainsi dire, un art nouveau parmi nous, car ce n'est que depuis la découverte des mines du Brésil, qu'on entoure de diamans, de karats, nos brillans; auparavant on les entouroit de petites feuilles d'argent; ce qui ne leur donnoit pas à beaucoup près autant de feu & de grace.

JOYE : (la) nous avons en France deux abbayes de filles, sous le nom d'*abbaye de la joye*, ordre de Cîteaux, l'une au diocèse de Sens, dans le Gâtinois François, fondée l'an 1181, par *Gauthier*, seigneur de Nemours.

La seconde, au diocèse de Vannes en Bretagne, située sur la riviere de Blavet, fondée en 1250, par *Blanche* fille de *Thibault*, roi de Navarre, & femme de *Jean I*, duc de Bretagne.

JOYENVAL ou LA-JOYE-EN-VAL : abbaye de l'ordre des Prémontrés, au diocèse de Chartres, dans le Mantois, dont la manse abbatiale est réunie à l'évêché de Chartres depuis 1690, en considération du démembrement qui fut fait de ce diocèse pour composer celui de l'évêché de Blois, que l'on venoit de créer.

Les religieux de cette abbaye prétendent qu'elle

été fondée par *Philippe-Auguste* : ils s'appuient sur des lettres de *Philippe-le-Bel*, & d'autres rois, qui confirmerent leur privilége, comme leur ayant été accordé par des rois leurs prédécesseurs.

JOYEUSE : ville dans le Vivarais en Languedoc, diocêse de Viviers.

La terre & seigneurie de *Joyeuse* est une baronnie, dont *Randone d'Anduze* devint héritiere en 1248, du chef de sa mere *Vienne du Luc*, & après la mort de son freré *Bernard d'Anduze*. Elle avoit épousé *Guigon* de Château-neuf, fils de *Guy*, & petit-fils de *Guillaume II*. Sa postérité, de laquelle sont sortis un cardinal, archévêque de Narbonne, puis de Toulouse, trois maréchaux, un amiral, un grand Louvetier de France, trois ducs & pairs, & quatre chevaliers de l'ordre du Saint-Esprit, prit le surnom de *Joyeuse*. *Guigon* fut le cinquantieme aïeul de *Louis II*, baron de *Joyeuse*, en faveur duquel cette baronnie fut érigée en vicomté, en Juillet 1432 ; puis en duché-pairie, par lettres d'Août 1581, enregistrées le 7 Septembre suivant, en faveur d'*Anne*, vicomte de *Joyeuse*, auquel succéderent ses freres *George* & *Henri*. Celui-ci, qui se fit capucin après la mort de sa femme, eut pour fille unique *Henriette-Catherine* duchesse de *Joyeuse*, qui porta ce duché à *Charles* de Lorraine, duc de *Guise*, dont le petit-fils, *François*, mourut en 1675, sans postérité. Les terres qui composoient ce duché, ayant été acquises par *Louis de Melun*, prince d'Epinoy, le titre de duché fut renouvellé en sa faveur, par lettres d'Octobre 1714, enregistrées le 18 Décembre suivant. Par sa mort arrivée en 1724, ce duché a passé au prince de *Soubise*.

On lit dans l'Histoire de la ligue que ceux de la maison de *Joyeuse* en furent les partisans. En 1592, le duc de *Joyeuse* attaqué & forcé dans ses retranchemens, voulant passer le *Tarn* à la nage sur son cheval, fut emporté par le courant de l'eau & se noya. Les Toulousains prierent le cardinal de *Joyeuse* de se mettre à la tête de la ligue dans le Languedoc ; & sur son refus, quatre ou cinq mille hommes se rendirent au couvent des Capucins ; & menacerent d'y mettre le feu, si on ne leur donnoit le pere *Ange* de *Joyeuse*, qui se trouvoit alors à Toulouse.

Ce religieux fut obligé de quitter son couvent ; & aussi-tôt on décida dans une assemblée des notables de la ville, que vû la nécessité des affaires, il pouvoit & devoit quitter son habit de capucin, pour prendre le commandement des troupes à la place de son frere. Deux années après, il obtint du pape la dispense de ses vœux, à condition qu'il passeroit dans l'ordre de Malte. Il rentra dans celui des capucins, en 1599, & y mourut, en 1608, âgé de 45 ans.

Henri IV l'avoit un jour à sa table avec le duc de *Mayenne*, *Charles* de *Lorraine* & *Lesdiguieres* ; il n'y avoit qu'eux à la table : *On trouve*, dit le roi au duc de *Mayenne*, au duc de *Joyeuse*, qui étoit ce capucin, & à *Lesdiguieres*, *au monde des gens de toute condition & de toute espece ; mais l'on seroit bien embarrassé d'assembler quatre personnes telles que nous quatre ; un pécheur converti* ; (c'étoit de lui-même dont le roi parloit ;) *un ligueur converti*, (c'étoit le duc de *Mayenne* ;) *un capucin diverti*, (c'étoit ce *Henri* duc de *Joyeuse*, qui avoit quitté le froc pour prendre le commandement d'une armée de la ligue ;) *& un huguenot perverti*, (c'étoit *Lesdiguieres*, depuis duc, que l'ambition avoit jetté dans le Calvinisme & qu'il quitta aussi par ambition.)

JOYEUX-AVÉNEMENT A LA COURONNE : suivant la loi de l'État, le roi ne meurt point en France ; & le même instant qui ferme les yeux au dernier roi, met sur le trône son successeur. La maxime, *Le mort saisit le vif*, a lieu aussi-bien dans la succession à la couronne, que dans celle des particuliers, sans qu'il soit besoin du consentement des sujets, du sacre, ni du couronnement. Cet instant est marqué par le roi d'armes de France, & par les hérauts, en ces termes : *Le roi est mort*, qu'ils répetent par trois fois ; & immédiatement après, ils crient par trois autres fois : *Vive le roi*.

Le

[JOY]

Le nouveau roi a sur ses sujets un droit qu'on appelle *joyeux-avénement à la couronne*; il consiste en de nouvelles maîtrises qui se créent alors dans chaque corps de métier, & en la premiere prébende qui vient à vaquer dans chaque cathédrale du royaume. Ce droit est fort ancien, & appartient au roi *jure regni*, & non *concessione summi pontificis*: c'est-à-dire que toutes les églises de France sont sous la protection roi. *Walsingham* fait à ce sujet une remarque fort judicieuse, qui prouve que dès le temps du roi *Louis le Jeune*, ce droit étoit parfaitement bien établi en France, & tel qu'on le reconnoît actuellement.

Voilà ce que les sujets font pour le nouveau roi; & voici ce que le roi fait pour eux. Il fait délivrer des prisonniers, & c'est le grand-aumônier qui est chargé de ce soin; il fait au peuple des largesses de piéces d'or & d'argent; & ce sont le roi d'armes & les hérauts qui font cette distribution.

Le roi *Louis XII*, entr'autres, usa du droit de nommer à la premiere prébende, en 1503, par ses lettres adressées à l'évêque & au chapitre de Limoges, en faveur de *Germain Châtelier*, fils d'un conseiller au parlement de Paris. *Henri III* fit mettre ce droit au nombre de ceux de la couronne, par ses lettres patentes du 19 Mars 1577. Par sa déclaration de l'an 1620, *Louis XIII* ajoûta que l'on mettroit la clause irritante dans les brevets de *joyeux-avénement*; ce qui cependant n'est pas suivi au grand-conseil, auquel est attribuée la connoissance du droit de *joyeux-avénement*. Les collateurs peuvent donc disposer valablement des prébendes en faveur d'autres personnes que des brévetaires, nonobstant la signification des brevets de graces, à moins que les collateurs n'eussent les mains liées par des requisitions précédentes. Les brévetaires peuvent néanmoins, sans avoir fait de requisitions, faire condamner les collateurs à leur conférer la premiere prébende qui viendra à vaquer; & si les collateurs, au préjudice de cela, conféroient la premiere prébende vacante, à un autre qu'au brévetaire, celui-ci peut une

Tome II. M m

seconde fois les faire condamner à conférer la premiere prébende vacante, & en outre à lui payer une pension conforme à la prébende qui auroit vaqué la premiere fois, jusqu'à ce qu'ils en aient conféré une autre.

A l'occasion du *joyeux-avénement* à la couronne, tous les corps de métiers payent au roi le droit qui lui revient en conséquence; & plusieurs communautés font renouveller leurs privileges au roi. Tous les seigneurs & vassaux sont alors tenus de rendre à sa Majesté la foi & l'hommage pour raison des fiefs & seigneuries qui sont dans sa mouvance, & cela, dans le temps qui leur est marqué par des lettres patentes que sa Majesté fait expédier à cet effet. Le roi fait enregistrer ces lettres, dans les chambres des comptes, qui en envoient des copies collationnées aux bureaux des finances des généralités de leur ressort, pour y être pareillement lues, publiées & enregistrées.

IPRES : ville en Flandre, prise en 1678 par le maréchal de *Luxembourg*, restée à *Louis XIV* par le traité de Nimegue; cédée à l'empereur par celui d'Utrecht; reprise par *Louis XV*, en 1744, & démolie, rendue à l'impératrice-reine par le traité d'Aix-la-Chapelle, en 1748.

ISENGHIEN : dans la Flandre Autrichienne, sur la riviere de Mandele, proche de Courtray; c'est une terre & seigneurie qui fut portée avec plusieurs autres, par *Marguerite d'Estavél*, à *Adrien de Gand* dit *Villain*, seigneur de Rassinghien, vice-amiral de Flandres, mort en 1532. Il avoit pour dixieme aïeul *Gauthier de Gand* dit *Villain*, seigneur de Saint-Jean de Steen, second fils de *Hugues I*, châtelain de Gand, établi comte de Gand par l'empereur *Othon I*, & qui descendoit de l'ancienne maison de Saxe. Ce fut en faveur de *Balthazard-Philippe de Gand*, que les seigneuries de *Masmines* & d'*Isenghien* furent érigées en titre de *principauté de Masmines*. Il mourut doyen des chevaliers de la toison d'or, gouverneur-général du duché de

Gueldres, & du comté de Zutphen. Il avoit épousé *Louise-Henriquès* de Sarmiento-de-Salvatierra, de laquelle il eut *Jean-Alphonse* de Gand, prince d'*Isenghien* & *Masmines*, comte du saint empire, mort le 6 Mai 1687, laissant de sa femme *Marie-Therese Crevant* d'Humieres, deux fils, sçavoir ; *Louis* de Gand, prince d'*Isenghien*, maréchal de France depuis 1741, & *Alexandre-Maximilien* de Gand, comte de Midelbourg, marié en 1733, à *Elisabeth-Pauline*, fille unique de *Barthelemi* de Roye, dit *le marquis de la Rochefoucauld*, dont il eut la comtesse de *Lauraguais*, & la duchesse de la *Rochefoucauld*.

ISERE : *Charles V*, par une transaction avec *Amédée*, comte de Savoye, acquit tous les châteaux & domaines situés en-deçà de la riviere d'*Isere*, pour la somme de seize mille florins d'or ; & dès le moment de cette cession, cette riviere servit de limites naturelles pour séparer la Savoye du Dauphiné.

ISIGNY, en latin, *Isigniacum* : gros bourg avec un port, une amirauté, chef-lieu d'une sergenterie de son nom en Normandie, diocèse & élection de Bayeux. On ne sçait point positivement l'origine de ce bourg ; mais on ne doute point qu'il ne soit très-ancien & même considérable depuis plusieurs siécles, puisque l'on ignore le droit de bourgeoisie dont jouissent les habitans, & dont fait mention la coutume de la province de Normandie, dans l'article 6 des usages locaux de la vicomté de Bayeux. Ce droit de bourgeoisie donne aux femmes, en propriété, la moitié des acquisitions faites par leurs maris.

La situation d'*Isigny* est gracieuse, principalement à cause de la vue de la mer : le château en fait un des principaux ornemens ; autrefois il étoit fortifié d'une demi-lune & de doubles fossés que l'on pouvoit remplir de l'eau de la mer. Il n'y reste plus de doubles fossés que du côté de la mer. Ce château appartient au marquis de *la Luzerne*. Il paroit par les anciennes chartres de l'abbaye de Lescay, où est inhumé un

M m ij

des ancêtres de ce marquis, que sa maison, du nom de *Briqueville*, étoit des plus illustres de Normandie.

Les salines d'*Isigny*, qui sont très-anciennes, & qui n'ont pas toujours été situées au même lieu où elles sont présentement, & qui subsistent encore actuellement, sont des fiefs de portions de terres qui appartenoient autrefois à l'évêque de Bayeux, à cause de la baronnie de Neuilly, & au chapitre de ladite église de Bayeux. Mais par transaction passée entr'eux, elles sont restées à l'évêque. C'est à *Isigny* que se salent tous les beurres qui viennent à Rouen & de Rouen à Paris, & ailleurs. L'évêque de Bayeux est seigneur d'*Isigny*, à cause de la baronnie de Neuilly. Voyez les *Dictionnaires de géographie*.

ISLE-ADAM : c'est un bourg avec titre de baronnie, avec un beau & vaste château dans l'Isle-de-France, diocèse de Beauvais & élection de Pontoise. Il prit son surnom d'*Adam*, qui en étoit seigneur avant l'an 1200, & qui l'étoit aussi de *Villiers*, village éloigné d'une lieue de l'*Isle-Adam* ; c'étoit de lui qu'étoit issu *Philippe de Villiers de l'Isle-Adam*, fameux grand-maître de Rhodes.

La branche ainée des premiers seigneurs étant tombée en quenouille, la terre de l'*Isle-Adam* passa par acquisition dans la maison de *Villiers*, en 1364 ; & elle en sortit dans le seizieme siécle, pour entrer dans la maison de *Montmorency*. De celle-ci elle est passée dans la maison de *Bourbon-Condé*, & puis dans celle de *Bourbon-Conti*, à qui elle fut donnée en partage, & qui la possede encore actuellement. Il y a à l'*Isle-Adam* un prieuré d'hommes de l'ordre de S. *Benoît*, & une communauté de prêtres missionnaires de S. *Joseph*, qui desservent la paroisse. Cette communauté y a été établie par *Armand de Bourbon* prince de *Conti*.

ISLE-BARBE : c'est une isle formée par la Saone, à une demi-lieue au-dessus de Lyon, qui servit anciennement de retraite aux Chrétiens qui fuyoient la persécution de l'empereur *Severe*.

Longin, gentilhomme du pays, y bâtit un monastere dans la partie septentrionale, vers l'an 240. Ce monastere subsista jusqu'au temps des Wisigoths qui le ruinerent entiérement.

L'empereur *Charlemagne* en fit bâtir un nouveau, & y assembla quatre-vingt-dix religieux, qu'il fit venir du Mont-Cassin & des plus fameux monasteres de son royaume.

Cette abbaye fut sécularisée en 1551, & a été réunie depuis quelques années au chapitre de l'église de Lyon. On y voit encore plusieurs monumens précieux, dont *le Laboureur* a fait la description dans un ouvrage intitulé *les Masures de l'Isle-Barbe*.

Le chapitre de l'*Isle-Barbe* ayant été réuni à l'église de Lyon, le cardinal de *Tencin* transféra dans cette isle le séminaire de saint Pothin, où il est encore actuellement. Cet établissement est destiné à servir de retraite aux curés du diocèse de Lyon, infirmes ou caducs. Les places sont à la nomination de l'archevêque de Lyon.

ISLE-BELLE : c'est une isle avec une belle maison de campagne, dans le *Vexin-François* & dans l'élection de *Mantes*, formée par la riviere de Seine ; cette isle a environ une demi-lieue de longueur. Feu l'abbé *Bignon*, (*Jean-Paul*,) abbé de S. Quentin, conseiller d'état ordinaire, & bibliothécaire du roi, y a fait bâtir la belle maison de campagne qu'on y voit à l'endroit où étoit même autrefois la chapelle du prieuré de S. Côme, & assez près du pont de la ville de Meulan.

La propreté & le goût, qui régnent dans ce bâtiment & dans les jardins qui l'accompagnent, égalent la beauté & les charmes de sa situation. Le terrein de l'*Isle-Belle*, composé de plusieurs fiefs & portions d'isles acquises & réunies par feu l'abbé *Bignon*, fut érigé en sa faveur & de ses successeurs, sous la dénomination de l'*Isle-Belle*, en fiefs, châtel & châtellenie, avec haute, moyenne & basse justice, conformément à la coutume de *Mantes* & de *Meulan*, par lettres-patentes du mois d'Août 1724.

ISLE-BOUCHARD : c'est une isle avec titre de

baronnie dans la Touraine, sur la riviere de Vienne. Elle a pris son nom de *Bouchard*, qui en étoit seigneur dans le dixieme siécle, & qui y fit bâtir son château. Cette maison de l'*Isle-Bouchard* a subsisté pendant plus de quatre cens ans. Sa succession, ou du moins la baronnie de l'*Isle-Bouchard*, a passé depuis par alliance dans la maison de *la Trémouille*, & par acquisition au cardinal de *Richelieu*. C'est en faveur de ce ministre qu'elle fut réunie au duché de Richelieu, par lettres-patentes du roi *Louis XIII*, données au mois d'Août 1631.

L'*Isle-Bouchard* est la patrie d'*André Duchesne*, l'un des plus excellens historiens & des plus grands hommes du dix-septieme siécle. Il y naquit en 1584. C'est un des écrivains, qui a le plus mérité de notre nation, par les sçavantes & curieuses découvertes qu'il a faites dans l'*Histoire de France*. Il fut écrasé par une charrette, en allant de Paris à sa maison de campagne à Verrieres, le 30 Mars 1640, âgé de plus de cinquante-quatre ans. On a de lui un grand nombre d'ouvrages tous très-intéressans.

ISLE-DIEU : abbaye de l'ordre des Prémontrés, dans la vallée & sur la riviere d'Andelle en Normandie, diocèse de Rouen, qui a été fondée vers l'an 1187, par *Renaud* & *Gautier de Pavilly*, pere & fils, & ensuite augmentée par les seigneurs châtelains de Beauvais, ainsi que cela se prouve par leurs tombeaux. Elle a de fort beaux droits, & nomme à douze bénéfices. Son église est bâtie en forme de croix.

ISLE-DE-FRANCE : province & gouvernement général militaire, quand le gouvernement de Paris forme, comme actuellement, un gouvernement général militaire. Mais Paris est toujours la capitale de la province de l'*Isle-de-France*. Ce gouvernement général comprend douze pays, sçavoir,

1° L'*Isle-de-France* proprement dite, ou pays de France prise en particulier ;

2° Le *Laonnois* ;

3° Le *Noyonnois*, ou le quartier de Noyon ;

4° Le *Soiſſonnois* ;

5° Le *Valois* ;

6° Le *Beauvoiſis*. (Ces cinq derniers pays ont été détachés de la province de Picardie.)

7° Le *Vexin François* ;

8° Le *Pays de Thimerais*, qui fait partie de la province de Perche ;

9° Le *Mantois* ;

10° Le *Hurepoix*. (Ces deux derniers faiſoient partie de l'ancienne Beauce.)

11° Le *Gâtinois François* ;

Et 12° la *Brie Françoiſe*. Voyez chacun de ces articles.

L'*Iſle-de-France* eſt le ſéjour de la cour. Il y a dans cette province pluſieurs belles maiſons royales & quantité de maiſons de princes & de divers particuliers opulens. Tout cela contribue à rendre cette province l'une des plus belles & des plus délicieuſes de l'Europe. La Seine, la Marne, l'Oiſe, l'Aiſne, le Terrein, l'Orge, &c. ſont les rivieres qui arroſent l'*Iſle-de-France*.

L'*Iſle-de-France proprement dite*, pays compris entre les rivieres de Seine, de Marne, d'Oiſe & d'Aiſne, du tems de Céſar, étoit à-peu-près le pays qu'habitoient les *Pariſii*. Ce peuple avoit pour voiſins les *Carnutes*, les *Senones*, les *Meldæ*, les *Bellovaci*, les *Sylvanectes*, & les *Velocaſſes*.

Sous *Honorius*, les *Pariſii* étoient compris dans la Lyonnoiſe quatrieme. De la domination des Romains ce pays paſſa à celle des François : on dit que *Chilpéric*, pere de *Clovis*, le leur enleva. Il a toujours appartenu depuis au roi de France.

ISLE-SAINT-LOUIS, à Paris, appellée auſſi l'*Iſle-Notre-Dame*. Elle étoit défendue par un fort : on ne commença qu'en 1614 à y bâtir des maiſons, & à la joindre à une iſle nommée *Iſle-aux-Vaches*, dont juſqu'alors elle avoit été ſéparée par un canal de la riviere, à l'endroit où eſt aujourd'hui l'égliſe de *ſaint Louis*.

ISLES : le marquiſat de l'Iſles, en Champagne, fut

érigé, en 1665, en duché-pairie, sous le nom d'*Aumont*, en faveur du maréchal d'*Aumont*, qui, lorsqu'il passa en Italie, avoit acheté ce marquisat de *Charles de Gonzague*, duc de Mantoue. On y remarque des ruines d'un ancien château, que l'on croit être du tems des Romains.

ISLE-DE-MÉDOC : abbaye d'hommes de l'ordre de S. Augustin, dans le Médoc, en Guienne, diocèse de Bordeaux, connue depuis fort long-tems, puisque, l'an 1079, le pape *Grégoire VII* écrivit à l'abbé *Fulcard*, qui en étoit le supérieur, & à tous les autres chanoines réguliers de cette maison, pour leur commander d'en agir bien avec un chanoine de cette abbaye, nommé *Lambert*, avec lequel, malgré les ordres de ce pape, l'abbé *Fulcard* en avoit mal usé.

ISLE DE NOIR-MOUTIER : isle située près de la côte du Poitou, diocèse de Luçon. Elle a pris son nom de la couleur de l'habit dont étoient vêtus les moines de son abbaye ; car avant l'établissement de ce monastere, elle s'appelloit *Herius*, *Heis*. Elle fut saccagée par les Normands, en 843 & en 845. L'an 1674, les Hollandois s'en emparerent.

Cette isle a appartenu long-tems à une branche de la maison de *la Tremoille* ; mais au commencement de l'an 1720, la princesse des *Ursins*, qui étoit de cette maison, la vendit au duc de *Bourbon*.

Pour l'abbaye de *Noir-Moûtier*, c'est aujourd'hui une abbaye de religieux de l'ordre de Cîteaux, qui fut d'abord fondée pour des religieux de l'abbaye de l'ordre de S. Benoît, dans le septieme siécle, par S. Philibert, abbé de Jumiége, qui fut attiré en ce lieu par *Ebrouin*, maire du palais.

Ansould, alors évêque de Poitiers, l'aida beaucoup dans ce dessein. L'abbaye subsista dans un état florissant, jusqu'à ce qu'elle fut détruite par les Normands. Les moines passerent au monastere de Tournus, dans le Mâconnois, en Bourgogne, au diocèse de Châlons. L'abbaye de *Noir-Moûtier* fut rétablie dans le neuvieme siécle par *Louis le Pieux* dit *le*

Débonnaire ; & dans la suite on y mit des religieux de l'ordre de Cîteaux.

ISLE-D'OLERON : elle est située au pays d'Aunis, vis-à-vis de l'embouchure de la Sendre & de celle de la riviere de Charente. Cette isle est défendue par un château situé dans la partie orientale, & qui est très-bien fortifié. Les habitans de cette isle ont toujours été si expérimentés dans la navigation, que les François les ont, dans tous les tems, regardés, comme les Romains ceux de Rhodes.

C'est sur leurs usages, que la reine *Eleonore*, duchesse de Guienne, fit sur la police de la mer des réglemens qu'on appelle *Jugemens d'Oleron*, & qu'elle nomma *Role d'Oleron*. Ils ont servi de modele pour les premieres ordonnances de la marine de France.

ISLE-D'OUESSANT : c'est une isle de l'Océan, dépendante de la province de Bretagne, du diocèse de *Saint-Paul de Léon*. La situation de cette isle fait toute sa défense ; car l'abord en est très-dangereux à cause de plusieurs chaînes de rochers, qui se succédent les unes aux autres. Il n'y a dans cette isle rien de remarquable qu'un *fanal*, construit par ordre de *Louis XIV*, & exécuté par le maréchal de *Vauban*. Le sommet de ce phare termine en une espece de réchaud. On y porte du charbon de terre, qu'on y allume pendant les six mois d'hiver ; ce qui sert de reconnoissance aux vaisseaux qui viennent de long cours.

Par d'anciens traités faits avec l'Angleterre, les rois de France se sont engagés d'entretenir ce fanal, soit en paix, soit en guerre. On y consomme environ quatre-vingt barriques de charbon.

Une des branches de la maison de *Rieux*, du nom de *Sourdéac*, possede cette isle à titre de *marquisat*. Les lettres d'érection sont très-flatteuses pour la maison de *Rieux*, à laquelle cependant ce marquisat ne rapporte que huit à neuf cens livres, par an. Il y a un moulin bannal, qui appartient à un gentilhomme de Bretagne ; on ne sçait point depuis quel tems il possede ce moulin, ni s'il l'a acheté de la maison de *Rieux*.

Il y a actuellement en basse Bretagne une famille noble & ancienne, mais très-pauvre, qui porte le surnom d'*Ouessant*, & qui prétend avoir possédé autrefois le domaine utile & seigneurial de cette isle; mais on ignore si cela est appuyé sur des titres ou des actes juridiques.

L'ancienne langue *Celtique*, s'est particulierement conservée à *Ouessant* dans toute sa pureté. C'est, sans contredit, une des plus anciennes langues du monde. Les moutons d'*Ouessant*, qui sont petits, sont excellens & très-recherchés.

ISLE-DE-RHÉ : isle de l'Océan, du gouvernement d'Aunis, diocèse de la Rochelle, qui produit abondamment un vin médiocre, dont on fait de l'eau-de-vie & une fenouillete excellente, & du sel. C'est une isle peuplée, qui ne paye point de tailles, parce qu'elle est réputée terre étrangere, & qu'elle jouit d'ailleurs de priviléges qui l'en exemptent.

Sous le régne de *Louis XIII*. en 1627, M. de *Thoiras*, depuis maréchal de France, la défendit & la sauva. Cet officier général, sollicita M. de *Marillac* en faveur d'un gentilhomme qui s'y étoit fort distingué. M. de *Thoiras* lui dit : *Monsieur de Marillac, vous recommanderez bientôt tous ceux qui vous ont aidé à défendre le fort Saint-Martin,* (situé dans l'isle de Rhé;) *je ne veux pas nier que vous n'y ayez bien servi ; mais cinq cens gentilshommes qui sont en France, en auroient fait autant que vous, s'ils avoient été à votre place.*

Monsieur, répondit Thoiras, *la France seroit bien malheureuse, s'il n'y avoit pas plus de deux mille hommes qui sçussent servir aussi-bien que moi. Cependant ils ne l'ont pas encore fait, & je n'ai pas mal rempli l'emploi qu'il a plu au roi de me confier. Mais il y a aussi en France plus de quatre mille hommes capables de tenir les sceaux aussi-bien que vous : s'en suit-il de-là que vous ne deviez pas recommander ceux dont vous connoissez le mérite ?*

[ISL]

C'est ce même officier qui, en 1630, vint à bout de faire lever le siége de Cazal aux Espagnols, par une suite de manœuvres qui lui firent beaucoup d'honneur, & dont *Louis XIII* le loua hautement. C'est ce qui fit dire plaisamment au duc de Guise: *Comme S. Roch s'est fait canoniser à force de faire des miracles, Monsieur de Thoiras deviendra maréchal de France à force de faire de belles actions.*

Ce fut à ce siége de Cazal, que *Barradas*, favori de *Louis XIII*, proposa à plusieurs officiers, qui soupoient chez le commandeur de *Souvrai*, d'aller danser sur une demi-lune & d'y boire à la santé de tous les princes Chrétiens, & du marquis de *Spinola*, général des assiégeans.

Les convives quitterent la table, se rendirent sur la demi-lune. Un trompette avec un joueur de vielle, servirent de violons. Nos fanfarons y danserent & y burent; mais les Espagnols y mirent le feu à deux mines, qui firent sauter en l'air le trompette & la plûpart des danseurs.

Le joueur de vielle, qui étoit aveugle, passa sans guide sur une planche étroite où ceux qui y voyoient le mieux ne passerent qu'en tremblant.

ISLE-DE-TOMBELAINE: c'est un rocher, ou espece d'isle, au milieu de la gréve du *Mont-Saint-Michel* en Normandie, à trois quarts de lieue de cette abbaye au diocèse d'*Avranche*. Il y avoit un château, que l'on rasa en 1669, quand on eut reconnu qu'il étoit inutile. Voyez *Saint-Michel*.

ISLE-DE-LERINS: on comprend sous ce nom l'isle de *Sainte-Marguerite*, celle de *Saint Honorat*, & quelques islots situés près la côte de Provence, entre la ville de Cannes & celle d'Antibes, du diocèse de Grasse. Les anciens les distinguoient l'une par le nom de *Lerinus*, & l'autre par celui de *Lero*.

Celle de ces isles, que l'on nommoit *Lerinus*, quitta son nom, pour prendre celui d'un monastere, qui avoit été bâti sous l'invocation de *sainte Marguerite*, vierge & martyre. C'est la plus grande des deux. Cette isle eut quelque Solitaires parmi lesquels on compte *S. Eucher.*

L'isle de *Saint-Honorat*, ou de *Lerins*, n'est séparée de celle de Sainte-Marguerite, que par un bras de mer, ou un petit canal d'un quart de lieue; elle est plus petite que celle de Sainte-Marguerite.

S. Honorat venant de Hongrie, son pays natal, se rendit d'Italie en Provence, & se retira, vers l'an 410, dans l'isle de *Lerins*, où il devint le premier instituteur de la vie cénobitique en Occident. Par le bruit de ses miracles ou de ses vertus, il fit de cette isle une seconde *Thébaïde.* Il y attira tant de solitaires, qui y venoient pour vivre sous sa conduite, que du tems de *Saint-Amand*, abbé de *Lerins*, on y comptoit plus de trois mille *anachoretes.* Ne pouvant pas tous loger dans l'*Isle-de-Lerins*, une partie alla habiter celle qu'on nomma depuis l'*Isle de Sainte-Marguerite*. Il s'en établit aussi dans d'autres petites isles d'alentour, dont l'une se nommoit *S. Ferréol*, du nom du saint qui l'habitoit, & dont on voit encore la cellule qui contient à peine un homme.

Après avoir établi cette abbaye, qui est la premiere de tout l'Occident, *S. Honorat* en fut tiré, pour être placé sur le siége épiscopal d'Arles, sous le consulat de *Théodose* & de *Valentinien*, & sous le pontificat de *Célestin III.*

Le détail de tous les saints, que l'*Isle de Lerins* a produits, seroit trop long. Elle a fourni des évêques à presque tous les siéges de France; & elle a été arrosée du sang de cinq cens martyrs sous le pontificat de *Gregoire II*, & sous *Charles Martel*, roi de France, mais sans en avoir le titre. L'église de *S. Honorat*, ainsi que l'ancienne habitation des moines, est au milieu de cette petite isle. On voit autour diverses chapelles, que les personnes de piété visitent depuis l'Ascension jusqu'à la Pentecôte, pour gagner les indulgences accordées par les souverains pontifes, de la même maniere qu'on les gagneroit à Rome, en visitant les sept églises Basiliques.

On y voit un *puits* creusé dans le roc, dont l'eau est très-limpide & excellente à boire. Ce *puits* n'a jamais plus de trois sceaux d'eau; & quelque quantité qu'on y en puise, il n'en a jamais moins. Il est d'ailleurs bien étonnant qu'à une si petite distance de la mer, l'eau puisse en être si bonne.

C'est le sujet d'une inscription très-ancienne, en vers latins, par laquelle on compare S. *Honorat* à *Moïse*, pour avoir fait sortir de l'eau d'une pierre, & rendu potables des eaux ameres. Ces vers sont gravés sur un marbre qui est au plus haut d'une muraille proche du puits, & sur lequel ils sont tels que les voici:

Isacidûm ductor limphas medicavit amaras,
  Et virgâ fontes extudit è silice.
Aspice, ut hic rigido surgunt è marmore rivi,
  Et salso dulcis gurgite vena fluit.
Pulsat Honoratus rupem laticesque redundant,
  Et sudis ad virgæ Mosis adæquat opus.

Il y a dans cette isle une autre grosse tour bâtie sur le rocher, où il y a un corps-de-garde, qu'on releve tous les mois, par un détachement de la garnison de l'isle de Sainte-Marguerite, qui veille à la conservation de l'isle de Saint-Honorat, & à celle des moines qui l'habitent. L'église porte le nom de *Sainte-Croix*; avant que d'y entrer, on remarque une horloge assez curieuse, qui est tout proche. La principale figure de cette machine est un Jacquemart, qui tient une hache à la main, avec laquelle il bat l'heure, dans l'attitude de vouloir donner de cette hache à la tête d'une femme qui est sous la cloche, & qui est environnée d'autres figures qui dansent en portant des drapeaux à la main.

C'est dans cette église que les religieux font l'office & où reposent les corps & les reliques de plusieurs saints, entr'autres, celui de S. *Honorat*, instituteur de ce monastere; de S. *Venan*, frere de S. *Honorat*; de S. *Vincent de Lerins*, si célebre par sa doctrine & par sa sainteté, &c. La bibliotheque de ce mo-

naftere eft célebre par le grand nombre de manuf-
crits qu'elle poffede.

On y remarque fur-tout une *Bible manufcrite*, qni a été portée à plufieurs conciles, &, entr'autres, à ceux de Conftance & de Bafle. On y trouve, dit-on, dans le plus bel ordre tous les SS. Peres Grecs & Latins, plufieurs interpretes, cafuiftes & théologiens ; les décrétales des papes ; les conciles & tout ce qui regarde le droit canon. Enfin l'on y voit une infinité de livres anciens & modernes, des plus utiles & des plus curieux.

C'eft *Aldebert II* du nom, qui éleva, en l'année 1088, la groffe tour que l'on y voit. Il forma ce deffein pour fe garantir des pillages & des meurtres que les corfaires & les barbares commettoient dans l'ifle, ayant devant les yeux le martyre de plus de cinq cens religieux. Cette tour fut prife en l'an 1400, par un corfaire Génois qui la pilla & la faccagea ; mais bientôt après elle fut reprife par la nobleffe du pays. L'Hiftoire de Provence & la Chronique de *Lerins*, ont conferve les noms de ceux qui chafferent les Génois de cette ifle.

En 1635, les Efpagnols fe rendirent maîtres de ces deux ifles, & y cauferent beaucoup de dommage. Ils ruinerent les chapelles, les jardins, les champs, les vignes, & enleverent ce qu'ils trouverent de plus précieux. Cette armée étoit commandée par le marquis de *Sainte-Croix*.

Deux ans après, en 1637, *Louis XIII* envoya une armée commandée par le comte d'*Harcourt* pour les reprendre ; & on rapporte, à cette occafion, que le comte d'*Harcourt* dit à un officier nommé *Daguerre* : *Le roi nous commande d'attaquer les ifles ; on commencera par celle de Sainte Marguerite : croyez-vous pouvoir y defcendre avec vos gens ?*

L'officier lui répondit : *Permettez-moi, mon général, de vous demander fi le foleil entre dans l'ifle ou non ?* Il ajoûta auffi-tôt : *Eh bien ! fi le foleil pénetre dans l'ifle de Sainte-Marguerite, mon régiment y pourra bien entrer auffi. Daguerre* ne tarda pas à tenir fa parole, les deux ifles furent reprifes.

Le maréchal *de l'Hôpital*, (M. *de Vitry*,) alors gouverneur de Provence, se trouva au conseil de guerre, qui se tint au château de Cannes, sur les mesures à prendre sur cette expédition: parmi les différentes opinions qu'on proposa, il soutint la sienne avec beaucoup d'opiniâtreté. M. de *Sourdis*, archevêque de Bordeaux, ne fut pas moins attaché à son sentiment; & dans cette contrariété, le maréchal donna quelques coups de canne à l'archevêque. Celui-ci en ayant fait sa plainte au roi, M. *de Vitry* fut déposé de son gouvernement, & fut mis à la Bastille jusqu'à la mort du cardinal *Richelieu*.

Cependant les généraux ne manquerent pas de rendre graces à Dieu de la prise de ces deux isles, & de convoquer tous les ordres dans les isles voisines de *Lerins*.

En 1746, nous avons vu l'armée de la reine de Hongrie, commandée par le général *Brown*, s'emparer des *Isles de Lerins*; mais dès le printems de l'année suivante, elles furent reprises par les François. Il y a des relations qui assurent que cette expédition ne coûta aux François que trente hommes, tant tués que blessés. Elle avoit été projettée & concertée par le feu chevalier *de Belle-Isle*, frere du feu maréchal, & fut exécutée par M. *de Chevert*, actuellement lieutenant-général des armées du roi, qui y commandoit les troupes de débarquement, & par le chevalier *de Pile*, chef d'escadre, & commandant des galeres de Sa Majesté, qui servirent très-utilement à ce siége.

ISSOIRE: ville ancienne, & abbaye d'hommes de l'ordre de *S. Benoit*, en Auvergne, diocèse de Clermont. L'abbaye est sous le titre de *S. Austremoine*, son fondateur, premier évêque & premier apôtre d'Auvergne. Il y en a qui prétendent que ce monastere n'est pas à beaucoup près aussi ancien. Quoi qu'il en soit, on sçait qu'il fut détruit & rétabli par un moine de l'abbaye de Charroux. La dédicace de l'église en fut faite, en 959, par *Bernard*, alors évêque d'Auvergne. Cette abbaye fut unie à la congrégation de *S. Maur* en 1665. L'abbé est seigneur de la ville, & la justice lui appartient. Il est aussi seigneur de plusieurs autres paroisses des environs.

Pour la ville d'*Issoire*, elle est très-ancienne, puisque *Grégoire de Tours* dit que *S. Austremoine* y a été enterré. Elle étoit autrefois du domaine des dauphins d'Auvergne : *Philippe-Auguste* la leur ôta, dans le même tems qu'il dépouilla le comte *Guy* de l'Auvergne.

Issoire a été une place de quelqu'importance, puisqu'elle a soutenu deux siéges, l'un en 1577, & l'autre en 1590. Cette ville est la patrie de trois hommes célebres, sçavoir, du cardinal *Antoine Boyer*, qui y fit construire l'hôtel de ville & l'horloge; du fameux cardinal *du Prat*, chancelier de France, fils d'une sœur du cardinal *Boyer*, & de *Jean Barillon*, homme de beaucoup d'esprit, qui fut secrétaire du chancelier *du Prat*, & duquel sont descendus de grands sujets dans le parlement de Paris, dans le conseil, dans les ambassades & dans l'église.

ISSOUDUN : ville dans le Berry, diocèse de Bourges, qui a eu des seigneurs particuliers, fameux dès le douzieme siécle. Ils étoient cadets de l'illustre maison des princes de *Déoles*, & vassaux des comtes de Poitiers. Ensuite cette ville fut fort long-tems sous la domination des Anglois, après qu'ils se furent rendus maîtres d'une partie du royaume. *Philippe-Auguste* la reprit sur eux, & la confisqua sur le seigneur, qui étoit de la maison de *Chauvigny*, & la réunit au domaine de la couronne.

La Thaumassiere veut qu'elle n'ait point été confisquée, mais acquise, par ce prince, des héritiers de *Machaud d'Issoudun*, vers l'an 1220 ou 1221.

Il y a dans la ville basse d'*Issoudun* un monastere d'hommes de l'ordre de *S. Benoît*, qui fut d'abord fondé, l'an 947, par les anciens princes d'*Issoudun*, sous le nom de *S. Martin*. Cette abbaye ayant été ruinée par les Anglois, sous le régne de *Charles VII*, elle fut tranférée dans la ville, puis dans le château, où elle est encore sous le titre de *Nôtre-Dame d'Issoudun*.

Cette

[I S S]

Cette ville est particuliérement recommandable par le zèle & l'attachement qu'elle a toujours fait paroître pour nos rois, qui, en conséquence, lui ont accordé plusieurs beaux priviléges avec la franchise de toutes les servitudes. Parmi ces priviléges, il y en a plusieurs antérieurs à ceux que le roi *Charles VII* lui donna en 1423. Ils ont tous été maintenus & conservés par les rois successeurs de *Charles VII*, même par Sa Majesté, aujourd'hui régnante. Ils consistent dans l'exemption du ban & l'arriere-ban, de tailles, ustensiles, dont on prétend qu'elle fut la seule exempte pendant le tems des dernieres guerres de *Louis XIV*. Une des principales actions de vigueur, que cette ville a fait paroître pour le service du roi, fut en 1589, durant les guerres civiles de la Ligue. En mémoire d'une action si célebre, les habitans, tous les ans, le 14 Juillet, font une réjouissance publique, qui commence par un *Te Deum*, où assistent le corps de ville, en habits de cérémonie, & tous les corps de justice; ensuite de quoi se fait un feu de joie dans une place hors la ville.

Sous la minorité de *Louis XIV*, cette ville fit encore éclater son zèle pour le service de ce prince. En 1551, n'ayant pas voulu se rendre à ceux qui tenoient le parti opposé, elle fut presqu'entiérement ruinée par un incendie de plus de douze cens maisons, où périrent une infinité de personnes; & ce qu'il y a de remarquable, c'est que dans le tems que les flammes causoient le plus grand ravage, les ennemis ayant fait une attaque, les habitans abandonnerent le secours de leurs maisons, pour défendre leurs murs & repousser les ennemis, qui ne leur causerent d'autre mal que l'incendie. Cette ville en a souffert trois, en 1135, en 1504 & en 1551.

ISSY : village sur la rive gauche de la Seine, à quelque distance de Paris, qui est très-ancien, & qui a pris son nom d'un temple consacré à la déesse *Isis*. Il y a une abbaye de filles de l'ordre de *S. Benoît*, réunie à celle de Jarcy. Le séminaire de *S. Sulpice* de Paris y a une maison très-spacieuse; & M. le

Tome II.   N n

prince de *Conti* une très-belle maison de campagne, que lui a cédé, depuis peu, madame la princesse douairiere de *Conti*, sa mere.

JUBILÉ : c'est le pape *Boniface VIII* qui dressa une bulle, par laquelle, de l'avis des cardinaux, il accorda une rémission de toutes les peines dûes au péché à tous ceux qui étant vraiment repentans & s'étant confessés, visiteroient respectueusement les églises des bienheureux apôtres, pendant le cours de l'année 1300, & toutes les centiemes années suivantes. Telle est l'institution du *Jubilé*, qui semble avoir quelque rapport avec les jeux séculaires que les anciens Romains célébroient tous les cent ans. Les peuples devenus Chrétiens, ne perdirent point la coutume de venir de tous côtés à Rome, la premiere année de chaque siécle. *Clément VI*, considérant la briéveté de la vie des hommes, régla, en 1350, qu'il se célébreroit tous les cinquante ans. *Urbain VI*, en 1387, pour honorer le nombre d'années que *Jesus-Christ* passa sur la terre, voulut que le *Jubilé* fût ouvert tous les trente-trois ans. *Paul II* ayant égard à la fragilité humaine, qui a besoin de réitérer un remède si salutaire, ordonna qu'il seroit ouvert de vingt-cinq en vingt-cinq ans ; ce qui s'est toujours observé depuis. Voyez *Du-Cange*, au mot *Jubilæus*.

JUDICATURE : c'est *Charles IX* qui, en 1567, a donné des lettres-patentes, qui portent que nul ne sera reçu dans un office de *judicature*, sans information de vie & de mœurs, & s'il n'est de la religion Catholique. Chez les *Athéniens* il y avoit une loi qui obligeoit chaque citoyen, avant d'avoir part aux charges publiques, de prêter serment au sujet de la religion. Il étoit conçu en ces termes : *Je défendrai les autels ; je me conformerai au rit national.*

JUGE-D'ARMES DE LA NOBLESSE DE FRANCE : c'est une charge unique dans le royaume, dont la fonction principale est de certifier, par écrit, au roi la noblesse de ses sujets. La noblesse est le second corps de l'Etat. Elle en a toujours été, elle en est encore, & elle en sera toujours un des plus fermes soutiens.

C'étoit autrefois le roi-d'armes de France, que ce soin regardoit. *Du-Cange*, dans son *Glossaire* de la basse latinité, *tome iij*, rapporte le texte d'un ancien auteur, dont l'ouvrage a pour titre : *Comment le roi-d'armes des François fut premierement créé & la façon de son noble couronnement ; le serment qu'il doit faire ; ses droits aussi, & tout ce qu'il est tenu de faire.*

Dans cet ancien manuscrit, qui est très-curieux, on y lit, entr'autres choses, que le roi-d'armes de France devoit être un *noble, sage & vaillant chevalier* ; qu'il avoit sous lui d'autres rois-d'armes provinciaux, des maréchaux, des hérauts & des poursuivans d'armes, qui lui étoient subordonnés, & qu'une de ses principales fonctions étoit d'avoir, *par escript, la congnoissance de tous les nobles, tant princes que seigneurs & autres, pour lors vivans, & de leurs noms, surnoms, blazons, timbres, nobles-fiefs, AFIN QUE LE ROI SOIT SOUVENT INFORMÉ DE LA NOBLESSE DE SON ROYAUME.*

Les rois-d'armes de France se soutinrent, pendant plusieurs siécles, sur un ton de dignité. Dans la suite leur ignorance les dégrada, & leur charge perdit alors tout son lustre. Ils cesserent d'être les juges de la noblesse, & leurs fonctions furent réduites à ce qu'on leur voit faire encore aujourd'hui dans certaines cérémonies publiques. Voyez ce que nous avons dit au mot chevalerie, *tome j* de cet ouvrage, *page* 453. *& suiv.* Sur ces anciens *rois-d'armes*, voyez aussi au mot *Roi-d'armes*.

Comme les abus régnoient, & ne faisoient qu'augmenter de plus en plus, la noblesse assemblée aux états généraux, tenus à Paris en 1614, pour empêcher l'usurpation des armoiries, supplierent *Louis XIII* d'établir un *juge-d'armes*, lequel dresseroit des registres universels des familles nobles de tout le royaume.

Ce monarque eut égard à cette juste requête de la noblesse de son royaume, & créa en titre d'office, par édit du mois de Juin 1615, *un juge d'armes, pour en être ores & à l'advenir pourvu*, un GENTIL-

HOMME D'ANCIENNE RACE, expert & bien connoissant au fait des armes & des blazons, LEQUEL SEROIT ORDINAIREMENT A LA SUITE DE SA MAJESTÉ.... Voulant en outre que les appellations qui interviendroient des sentences & jugemens dudit juge-d'armes, ressortissent nuement par-devant les maréchaux de France, juges nés de la noblesse.

Ce sont les termes de ce premier édit de création de la charge de *juge-d'armes* de la noblesse de France, imprimé à la tête du premier volume de l'*Armorial de France*, & dans *Moréri*.

Louis XIV voulant porter les choses encore plus loin, créa, par un autre édit du mois de Novembre 1696, une grande maîtrise-générale & souveraine à Paris, & des maîtrises particulieres dans les provinces, composées d'un grand nombre d'officiers, pour connoître des différends & contestations qui naîtroient à l'occasion des armoiries; & par le même édit, sa Majesté supprima l'office de *juge-d'armes* de la noblesse de France.

Mais comme le roi avoit accordé par édit du mois de Mars de la même année cinq cens *lettres de noblesse* pour être distribuées par tout le royaume, il fut ordonné par arrêt du conseil d'état du 18 Décembre suivant, que l'ancien *juge-d'armes* régleroit les armoiries de ces *nouveaux ennoblis*, & que l'adresse des *lettres de noblesse* continueroit de lui être faite comme avant la suppression de sa charge.

Mais depuis, sa Majesté ayant supprimé, par édit du mois d'Août 1700, les offices créés par celui de Novembre 1696, qui n'avoient point été levés, elle rétablit la charge de *juge-d'armes* de la *noblesse de France*, par un autre édit du mois d'Avril 1701; il fut enregistré en la chambre des comptes, & en la cour des aides de Paris, pour en jouir par celui qui en seroit pourvu, aux mêmes honneurs, droits & autorités ci-devant; & par un arrêt du conseil d'état, du 9 Mars 1706, elle déclara formellement que son intention, en rétablissant cette charge, avoit été de lui rendre les mêmes droits, attributions & prérogatives portées, tant par l'édit de sa création en 1615, que par tous les réglemens anciens & nouveaux, rendus sur le fait des armoiries, dont, entr'autres, le droit de régler celles que les particuliers ont la liberté de porter, & d'empêcher qu'aucuns ne s'approprient celles des meilleures maisons.

Sur cet arrêt, il fut expédié, le même jour 9 Mars 1706, des lettres de commission du grand sceau, adressées au sécretaire des commandemens de sa Majesté, & aux procureurs généraux des cours du royaume, par lesquelles elle leur enjoint de tenir la main à l'exécution dudit arrêt, & permet à tous huissiers ou sergens sur ce requis, de faire, pour raison de ce, tous commandemens, sommations & autres actes & exploits nécessaires.

François de Chevriers, des vicomtes de *Saint-Maurice* en Mâconnois, chevalier de l'ordre du roi, & gentil-homme ordinaire de sa chambre, est le premier qui ait été pourvu en 1615, de la charge de *juge-d'armes* de la noblesse de France.

Après sa mort arrivée en 1641, lui a succédé *Pierre d'Hozier*, chevalier de l'ordre du roi en 1628, gentilhomme ordinaire de sa maison, & gentilhomme à la suite de *Gaston*, duc d'Orléans. Le pere *Menestrier* en parle avec éloge dans son *Epître dédicatoire*, ou *Blason justifié*.

Louis-Roger d'Hozier, son fils aîné, lui succéda en 1660. Celui-ci mourut en 1708 ; & *Charles-René d'Hozier*, son frere cadet, a été, après lui, *juge-d'armes* de la noblesse de France, & *Louis-Pierre d'Hozier*, son neveu, chevalier, doyen de l'ordre du roi, l'exerce actuellement.

Le président d'*Hozier*, son fils aîné (*Denis-Louis*) est commissaire du roi, pour certifier à sa Majesté la noblesse de ses écuyers, de ses pages, & des demoiselles de Saint-Cyr ; & *Antoine-Marie d'Hozier* de Serigny, son second fils, *juge-d'armes* de la noblesse de France en survivance, est, en cette qualité, commissaire du roi, pour certifier à sa Majesté la noblesse des éleves de l'École Royale-Militaire. Voyez *Noblesse*.

JUIFS: pendant les six premiers siécles de l'église, les Chrétiens, tant hommes que femmes, ne faisoient aucune difficulté de vivre avec les *Juifs*, & de s'allier avec eux. Les *Juifs* alors, étoient si insolens, que les trois derniers jours de la semaine sainte & le jour de Pâques, ils avoient l'audace de se moquer des cérémonies des Chrétiens. Cette licence fut réprimée par les conciles d'Auvergne, de Mâcon, & par les second & troisieme d'Orléans; & le roi *Childebert* leur fit défenses à Paris & par tout le royaume, de paroître, ces jours-là, dans les places & dans les rues. Cette déclaration fut approuvée par le troisieme concile d'Orléans, & celui de Mâcon; & le second concile d'Orléans, en 533, avoit déja excommunié tous les Chrétiens qui feroient alliance avec les *Juifs*; & les canons de ce concile, quoique modifiés par d'autres, furent si rigoureusement observés dans la suite, sur-tout dans Paris, qu'on lit que le baillif de l'évêque de Paris condamna un nommé *Jean Hardy* à être brûlé, à cause qu'il avoit eu d'une *Juive* des enfans qui faisoient profession de la religion de leur mere.

On lit dans *Grégoire de Tours*, que *Chilpéric* obligea une bonne partie des *Juifs* de Paris, moitié par force, moitié par douceur, à se faire baptiser; & que les uns épouvantés par les menaces, les autres attirés par l'honneur qu'il leur faisoit de les tenir sur les fonts, reçurent le baptême. Mais ce grand zéle de *Chilpéric* fut de peu de durée; car bientôt après il souffrit que ceux qu'il avoit contraints à se faire baptiser, abjurassent la religion chrétienne; il eut même la foiblesse de permettre à un certain *Priscus*, pour de l'argent, qui s'étoit insinué dans ses bonnes graces, de différer sa conversion jusqu'à ce que son fils eût épousé une certaine *Juive* de Marseille.

Sous le régne de *Charles le Chauve*, qui avoit pour médecin un *Juif*, qui l'empoisonna, les *Juifs* payoient pour le roi le dixieme denier, & les Chrétiens ne payoient que le onzieme.

Toute l'Europe alors conspira leur ruine: ils furent

fi cruellement perfécutés en France, en Efpagne, en Angleterre, en Italie, en Bohême, en Hongrie & généralement par toute l'Allemagne, qu'il en périt plufieurs millions. Une fi cruelle perfécution fembloit obliger les *Juifs* à ne jamais mettre le pied dans l'Europe ; cela cependant ne les empêcha pas, peu de tems après, de fonger à leur rétabliffement en France & à Paris.

Il eft vrai qu'avant que d'y paroître, ils prirent leurs précautions mieux qu'ils n'avoient fait auparavant : quelques-uns obtinrent de nos rois des lieux de franchifes, où ils vécurent à l'abri de toutes fortes de violences ; d'autres eurent permiffion de fe donner aux ducs, aux comtes & aux autres grands feigneurs du royaume ; tous enfin eurent des priviléges, une juftice, des juges à part, qui s'appelloient les *confervateurs des Juifs*.

Ces fûretés les foutinrent fous le régne de *Louis le Gros*, & fous celui de *Louis le Jeune*, à qui *Pierre le Vénérable*, avoit écrit de s'emparer de leurs biens pour faire fubfifter fon armée de la *Terre-fainte*. Mais l'abbé de Cluny n'en obtint rien autre chofe, finon que ceux qui voudroient fe croifer, demeureroient déchargés de ce qu'ils pouvoient devoir aux *Juifs*.

Quand le pape *Innocent II* vint à Paris, les *Juifs* lui firent préfent d'un *ancien teftament* couvert de la plus riche & de la plus belle étoffe qu'ils purent trouver. Le pape leur dit en les recevant : *Je prie Dieu qu'il leve de deffus vos cœurs, le voile dont ils font couverts.*

Cette nation, malgré toute la prévoyance qu'elle eut de fe ménager, à force d'argent, la protection des grands du royaume, ne put fe garantir des rigueurs de *Philippe Augufte*, de *Louis VIII*, de *Louis IX*, de *Philippe le Hardi*, de *Philippe le Long*, de *Charles le Bel*, de *Philippe de Valois*, du roi *Jean* & de *Charles VI*.

Ce peuple, au commencement du régne de *Philippe Augufte*, avoit acquis, dit-on, plus d'un tiers des biens du royaume; ce qu'on ne croiroit pas, si les historiens ne nous apprenoient, que ce peuple avide & laborieux, prêtoit à gros intérêts: ils avoient presque la moitié de Paris en propre. La protection qu'ils avoient obtenue, les avoit tellement enhardis, qu'ils portoient l'insolence, jusqu'à contraindre un débiteur à renoncer à sa liberté, & à se rendre esclave, lorsqu'il n'étoit pas en état de payer.

Philippe, sensible à la misere de ses sujets, consulta un *Hermite* du bois de Vincennes, personnage en réputation de sainteté, qui fit résoudre la perte de cette malheureuse nation; & le jeune roi rendit en conséquence un édit, qui enjoignoit aux *Juifs* de sortir dans trois mois des terres de son obéissance. Leurs immeubles furent confisqués, leurs créances déclarées illégitimes, & les François déchargés de toutes les obligations qu'ils avoient pu contracter à leur égard, en payant au monarque la cinquieme partie de la dette.

On leur laissa leur argent comptant & tous leurs meubles; mais on ne leur accorda qu'un très-court espace de temps pour les emporter. Ce prince, après avoir banni ces *sang-sues* si funestes à l'Etat, fut obligé de les rappeller seize ans après. *Louis VIII* sévit aussi contr'eux. Mais *Saint Louis* leur porta les plus grands coups, en 1230. Il publia une sévere ordonnance contr'eux. Tantôt rappellés, tantôt chassés, toujours les *sang-sues* de l'Etat, la France & les pays voisins étoient alors remplis des débris de cette nation, & tout gémissoit sous le poids de ses *usures*: ce qu'il y avoit de plus horrible, c'est que les seigneurs tiroient leur part de ce gain infame, pour les protections qu'ils leur accordoient; protection que ces malheureux achetoient souvent bien cher, & toujours à des conditions également contraires à leur fortune & à leur liberté.

Saint Louis leur défendit toute sorte de prêt, & proscrivit en même temps toute *usure*; ce qu'il ne fit que de concert avec les grands, qui lui promirent de le secourir contre les infracteurs de la loi.

Philippe le Bel, au milieu des troubles que causoit l'altération des monnoies, donna, en 1306, une ordonnance en vertu de laquelle les *Juifs* furent arrêtés par toute la France en un même jour, bannis du royaume, avec défenses d'y rentrer, fous peine de la vie, & tous leurs biens confisqués; & on ne leur permit d'emporter que ce qu'il leur falloit d'argent pour sortir de l'empire François.

Mais *Louis X*, son successeur, qui n'avoit point d'argent pour lever & payer une armée, leur permit de revenir en France, de s'y établir pour douze ans, d'y faire un trafic honnête, & d'y vivre du travail de leurs mains, mais à condition qu'ils payeroient de grosses taxes, & qu'ils porteroient une roue de la largeur d'un blanc tournois d'argent, sur la poitrine ou sur l'epaule, de *drap rouge* ou *jaune*, qu'on nomma la *roue des Juifs*, *rota Judæorum*, à laquelle *Philippe le Hardi* ajoûta une *corne* attachée à leur bonnet.

Sous le régne de *Philippe le Long*, les *Juifs* accusés & convaincus d'avoir, avec les lépreux, dans la haute Guienne & dans le Poitou, empoisonné les eaux des fontaines & des puits, furent brûlés; & à Paris, on se contenta de bannir ceux qui n'avoient aucune part à cet horrible attentat.

Charles le Bel les exila de nouveau, & les dépouilla. *Philippe de Valois* consentit à leur retour, & leur ordonna de se retirer huit ans après. Le roi *Jean*, lorsqu'il monta sur le trône, les rétablit; ce qui dura jusqu'en 1357: pendant la prison de ce monarque, ils furent encore bannis; à son retour, il consentit à leur rappel. Ils demeurerent en France pendant tout le régne de *Charles V*; la piéce de drap, qu'ils étoient obligés de porter, avoit été changée en une platine d'étain.

Enfin fous *Charles V*, en 1394, ils furent chassés pour la septieme fois, du royaume, pour les crimes, excès & délits commis, tant contre la religion, que contre l'autorité souveraine & l'intérêt public. Ils n'ont jamais été rappellés depuis; & s'ils ont continué de demeurer dans le royaume, & principalement dans les villes de commerce, comme à Paris, Lyon, Rouen, Bordeaux, Bayonne, Metz, ce n'a été qu'à la faveur d'un consentement tacite.

Les *Juifs* Portugais jouissent en France des mêmes priviléges que les naturels François, en vertu des lettres patentes de *Henri II*, renouvellées & ratifiées de régne en régne. *Louis XIII*, en 1615, bannit absolument les *Juifs*; ceux de Metz furent seuls exceptés de cette derniere proscription. Ils sont à présent les seuls de leur nation, qui possédent en France un domicile public & autorisé dans cette ville.

On peut voir, dit *Villaret*, continuateur de l'abbé *Velly*, « par l'incertitude du sort de cette nation » dans les siécles passés, que nos aïeux n'étoient pas » trop d'accord avec eux-mêmes, sur le danger auquel on s'exposoit, ou sur l'utilité qu'on pouvoit » retirer en permettant aux *Juifs* de demeurer en » France.

» Ils étoient *usuriers*, mais habiles *négocians*. Nos » peres négligerent l'industrie & le commerce; à » cette négligence ils ajoûtoient un goût maussade » quoique très-vif pour la dissipation & le luxe. Les » *Juifs* les ruinoient, mais ils satisfaisoient leurs passions & leur paresse. On ignoroit encore en France » jusqu'aux élémens de l'art des finances. Ils étoient » habiles calculateurs; ils envisageoient du premier » coup d'œil les profits à faire, en achetant en gros » les revenus du souverain. Ils furent les seuls traitans jusqu'à ce que les *Italiens* & les *Lombards* » vinssent partager avec eux cette profession lucrative.

» Nous sommes devenus habiles dans la suite; & » nous avons appris à nos dépens, à nous procurer » l'intelligence du commerce, la science d'entretenir » & d'augmenter notre luxe, & l'art enfin de combiner les ressources du prince, & les facultés du » peuple.

JUILLI ou JULLI: dans la Brie Champenoise,

diocèse de Meaux: vers l'an 1184, un seigneur nommé *Foucaud de Saint-Denis*, y fonda une abbaye pour des religieux reguliers, à condition qu'ils suivroient les usages reçus dans l'abbaye de saint Victor de Paris. Dans la suite les chanoines réguliers s'étant, pour la plûpart, relâchés, le cardinal de *la Rochefoucauld*, appuyé par des lettres patentes du roi, de l'an 1635, entreprit de les réformer. Pour cet effet, il réunit le monastere de *Julli* à celui de sainte Genevieve de Paris, qui étoit le chef-lieu de cette réforme.

Cette éminence défendit même de recevoir à *Julli* d'autres religieux, que ceux qu'il y enverroit lui-même. Cependant les PP. de l'Oratoire prenoient, dans ces conjonctures, des mesures pour faire réunir ce même monastere de *Julli* à leur maison de Paris, qui est dans la rue Saint-Honoré; & ils y réussirent, ayant obtenu des lettres patentes, en 1639, & à la sollicitation de quelques seigneurs de la cour sous *Louis XIII*. Le pere *Coudreu*, second général des prêtres de l'Oratoire, y établit une académie royale, pour y former des jeunes gens de condition aux belles lettres & à la piété. Ce collége, depuis son établissement, ne cesse point de jouir d'une grande réputation & d'une grande célébrité.

JUMIÉGES: célébre abbaye d'hommes, ordre de saint Benoît, en Normandie, diocèse de Rouen, située sur la ligne droite de la Seine, fondée en 650, par saint *Philbert* sous le régne de *Clovis II*, qui en fut le principal bienfaiteur avec sainte *Batilde* sa femme. Les Normands, qui entrerent dans la Neustrie, vers le milieu du neuvieme siécle, détruisirent les lieux réguliers de cette abbaye.

Guillaume Longue-épée, duc de Normandie, rebâtit ce monastere, & y mit, vers l'an 924, douze moines avec *Martin* leur abbé, que sa sœur, comtesse de Poitiers, avoit tirés de l'abbaye saint Cyprien. On voit dans l'église de ce monastere un tombeau élevé d'environ deux pieds au-dessus du pavé. Ce monument a bien donné de la torture aux sçavans. On y voit représentés deux jeunes princes couchés sur le dos, avec de longues robes, que la tradition populaire fait fils aînés de *Clovis II*, mais que le pere *du Plessis*, croit être les enfans de *Carloman*, fils aîné de *Charles-Martel*, & frere de *Pépin le Bref*. Voyez la Description de la haute Normandie, *tome ij*, page 263 & suivantes.

JURA : c'est le nom que *César*, dans ses Commentaires, *livre j*, donne à la chaîne de montagnes qui sépare les *Helvetii* & les *Sequani*, & qui est aujourd'hui connue sous le nom de *montagne de saint Claude*, qui sépare actuellement la Suisse d'avec la Franche-Comté. Voyez ces deux mots.

JUREMENT : c'est une affirmation qu'on fait d'une chose, dont on prend Dieu à témoin. Les *juremens* de justice appellés sermens, sont approuvés de l'église, qui les nomme *sacramenta*, parce qu'ils ont quelque chose de sacré. Pour les *juremens* qui sont des termes d'emportemens & d'exécration que l'on prononce dans la colere & dans les passions violentes, ce sont des blasphêmes qui donnent de l'horreur, & que les loix condamnent & punissent. *Saint Louis* fit des réglemens très-séveres contre les *juremens* & les blasphêmes ; beaucoup de ses successeurs en ont fait autant. Voyez *Blasphémateurs*.

On lit dans notre Histoire, que plusieurs de nos souverains & quelques particuliers de marque, distingués autant par leur naissance que par leur bravoure, avoient des especes de *jurons* qui leur étoient familiers & propres, comme si c'eut été une devise.

Louis XI, juroit *Pasques-Dieu* ; Charles VIII, *Jour de Dieu* ; Louis XII, *Le diable m'emporte* ; François I, *Foi de gentilhomme* ; Charles IX, toutes sortes de juremens ; Henri IV, *Ventre saint-gris* ; la Trémoille qui, en 1613, soutint contre les Suisses le siége de Dijon, *Le vrai-corps-de-Dieu* ; Charles de Bourbon, *sainte Barbe* ; le prince d'Orange (Philibert,) *Saint Nicolas* ; la Roche-du-Maine, *Tête de Dieu*, pleine de reliques.

Vertugoi, qui signifie *par vertu-Dieu* ; *sangoi*, qui signifie *par sang-de-Dieu* ; *morgoi*, qui signifie *par mort-de-Dieu* ; *jarnigoi*, qui signifie *je renie Dieu*;

maugré, qu'on a dit anciennement pour *malgré*, & qui s'eſt conſervé dans *maugré-Dieu*, ſont encore en uſage parmi le peuple : nos ancêtres uſoient du *par-Dieu* ſans ſcrupule : les cavaliers dans l'Amadis des Gaules, ne jurent jamais autrement : c'étoit auſſi celui de Montagne. Quand je jure, dit-il dans ſes *Eſſais*, *livre 3, chapitre v*, ſelon moi, c'eſt ſeulement *Par-Dieu*, qui eſt le plus droit de tous les ſermens.

JURISCONSULTE : c'eſt un homme ſçavant en droit, qui poſſede la *juriſprudence* ; que l'on conſulte ſur l'interprétation des loix & des coutumes, & ſur les difficultés d'un procès.

Les cinquante livres du Digeſte n'ont été tirés & compilés que des réponſes des anciens juriſconſultes; on les appelloit *reſponſa prudentum*.

On croit que les *juriſconſultes* de Rome étoient ce que ſont aujourd'hui nos avocats conſultans, qui parviennent à l'honneur de la conſultation par le progrès de l'âge, le mérite de l'expérience & la grande étude des loix, des coutumes & des ordonnances.

Cujas, profeſſeur en droit, a été le plus grand *juriſconſulte* de ſon ſiécle ; *Charles Dumoulin* s'appelloit *juriſconſulte* de France & de Germanie; *Balde, Jaſon, Barthole* ont été de fameux *juriſconſultes* de droit civil ; & *Parcorme*, & *Hoſtienſis* de grands *juriſconſultes* canoniſtes. Voyez *Juriſprudence*.

JURISDICTION : c'eſt le pouvoir ou l'autorité publique, accordée à celui qui en eſt pourvu, pour connoître & juger les différends des particuliers ; ou, ſi l'on veut, la *juriſdiction* eſt cette émanation du pouvoir ſouverain, communiquée aux magiſtrats pour rendre la juſtice au nom du prince.

Le pouvoir de connoître des différends des particuliers, n'appartient qu'au ſouverain. Mais comme il ne peut pas décider lui-même toutes les conteſtations qui ſurviennent entre ſes ſujets, il eſt obligé de communiquer cette puiſſance à d'autres, pour l'exercer ſous ſon nom & ſous ſon autorité.

Celui qui n'a point de *juriſdiction*, ne peut être juge, même du conſentement des parties. C'eſt parce que la fonction de juge est de droit public, & que par conséquent elle ne dépend pas du droit particulier. Il n'en est pas de même des arbitres; car dans les affaires pour lesquelles il est permis de compromettre, on peut être nommé arbitre, quoiqu'on n'ait pas de *jurisdiction*.

Il y a deux sortes de *jurisdictions*, sçavoir la *jurisdiction ecclésiastique* & la *jurisdiction séculiere*. Toutes les deux ont la même origine, puisqu'elles sont émanées de *Dieu*. Mais elles sont distinctes & séparées, en ce qu'elles ont différens objets; c'est pourquoi chacune doit se renfermer dans les bornes qui lui sont prescrites, & ne pas s'étendre au-delà; d'où il s'ensuit qu'il y a abus toutes les fois que le juge de l'église fait quelques entreprises sur la *jurisdiction séculiere*, ou que les juges séculiers entreprennent sur la *jurisdiction ecclésiastique*.

La *jurisdiction séculiere* est celle qui appartient au roi & au seigneur justicier. Cependant on ne dit pas proprement la *jurisdiction* d'un seigneur, mais la justice. Il y a deux sortes de *jurisdictions séculieres & temporelles*, sçavoir, les *jurisdictions royales* & les *jurisdictions des seigneurs*, vulgairement appellées *subalternes*; ce qui n'empêche pas que les *jurisdictions royales* ne puissent être appellées *subalternes* par rapport aux cours souveraines. Voyez *Justice*.

Il y a eu un temps où les juges d'église ont connu, même en France, de la plûpart des affaires qui n'étoient pas de leur compétence; mais cela n'est arrivé que contre les régles, en partie à cause que dans ces temps-là, il ne se trouvoit pas de juges laïcs capables, & en partie à cause de la condescendance qu'eurent les princes Chrétiens, pour la *jurisdiction* ecclésiastique. Voici comme cela arriva en France.

Vers le dixieme siécle, les ducs & les comtes mirent tout en usage, pour usurper une partie des droits de la souveraineté sur les provinces & sur les villes dont ils étoient gouverneurs. Dans cette vue, ils s'en servirent comme de leur propre domaine; ils y firent des statuts particuliers, & ils y introduisirent des usages, qui, quoique très-différens les uns des autres, étoient néanmoins également bizarres. Ce changement interrompit l'ordre des jugemens ; & cette nouvelle jurisprudence, abolit celle, qui jusqu'alors avoit été suivie, & dont le droit Romain, la loi Salique & les Capitulaires étoient les sources ordinaires.

Les troubles, qui s'augmenterent de jour en jour, rendirent impraticables les assemblées des États, où auparavant l'on faisoit des loix, selon la diversité des matieres qu'on y traitoit. Cette confusion fut cause que la France fut trois cens ans ou environ, sans aucunes loix certaines : comme on ne se servoit que de coutumes & d'un droit incertain, les juges séculiers ne sçachant dans quelles sources on pouvoit puiser les principes de la jurisprudence, négligerent entiérement l'étude, & tomberent dans une ignorance affreuse ; c'est ce qui obligea les laïcs à recourir aux juges ecclésiastiques & à se soumettre volontairement à leur jurisdiction, dans les choses qui n'étoient pas de leur compétence. Mais, il y a long-temps que ces troubles sont dissipés, & que les causes qui avoient si fort augmenté la jurisdiction ecclésiastique, n'ont plus lieu ; c'est pourquoi il s'en faut tenir à la régle, qui dit que, *Sua cuique servari debet jurisdictio.*

Le roi ne reconnoît sur terre aucun supérieur. La puissance temporelle est entiérement distincte & indépendante de la spirituelle, ayant l'une & l'autre différens objets, comme le marque l'empereur *Justinien* dans la préface de sa Novelle vj. *Maxima quidem (inquit) in hominibus sunt dona Dei, à supernâ collatâ clementiâ sacerdotium & imperium, & illud quidem divinis ministrans, hoc autem humanis præsidens ac diligentiam exhibens.*

Ainsi, si la puissance temporelle n'est point dépendante de la puissance ecclésiastique ; la *jurisdiction* séculiere n'est pas plus dépendante de la *jurisdiction* ecclésiastique ; & il s'ensuit de-là, que les officiers royaux ne sont point sujets aux interdits de l'église pour le fait de leur charge, & de l'exercice de la justice. Voyez *Ferrant* dans son Traité *de Jur. & Privileg. regni Francor. Privileg.* 6 ; & *La Rocheflavin*, livre vj, titre 56, article 24.

Un juge d'église ne peut prononcer par défenses, à ses justiciables, de comparoir devant le juge séculier, & de répondre aux assignations qui leur seront données, sous peine d'interdiction ; mais il les doit seulement revendiquer par son promoteur ; & cela a été ainsi jugé par arrêt du 18 Juillet 1692, rapporté dans le Journal des Audiences ; Le juge d'église ne peut aussi adresser ses lettres ni ses mandemens à un officier royal, ni le commettre. La raison de cela est qu'il ne seroit pas convenable que le juge d'église regardât le juge royal comme son inférieur : il n'a que la voie d'implorer le secours du bras séculier. Voyez *Basset*, tome j ; livre 2, titre 2, chapitre v.

JURISPRUDENCE : c'est la science du droit, des coutumes, des ordonnances, & de tout ce qui sert à rendre ou faire rendre la justice. La *jurisprudence civile* est celle du droit Romain ; la *jurisprudence canonique*, est celle du droit canon ; la *jurisprudence féodale*, est celle des fiefs & des coutumes; & enfin la *jurisprudence militaire*, sont les loix & les ordonnances de nos rois sur la discipline des troupes & les principes de droit qui ont rapport à la guerre.

Les instituts de *Justinien* succéderent au code *Théodosien*, & S. Louis fit traduire ce *code* impérial. On l'enseignoit publiquement dans toutes les provinces du royaume, mais il n'avoit force de loi que dans le pays de *droit écrit*, & dans les *pays coutumiers* que quand il ne se trouvoit pas en contradiction avec les usages reçus.

Les coutumes simples décidoient presque toujours les questions, quand les peuples étoient encore courbés sous le poids de la servitude. Mais l'*esprit de contestation* nâquit avec la liberté, & l'intérêt fit retentir les tribunaux de ses prétentions injustes.

Dès

Dès le douzieme siécle, il s'éleva à Boulogne, une fameuse *école de droit*; & c'est à l'Italie que nous sommes redevables des plus insignes jurisconsultes. *Accurse* passe pour le plus ancien *glossateur* du livre de *jurisprudence*; le plus estimé de tous est *Barthole*, que l'empereur *Charles IV* fit chevalier, & à qui il permit de porter les *armes de Bohême*.

On enseigna en France le *droit civil* jusqu'au commencement du treizieme siécle, que le pape *Honorius* défendit qu'on en donnât des leçons dans l'*Université de Paris*, & cela, parce qu'il craignoit que l'étude de la théologie ne fût négligée. Cette défense subsista pendant plus de trois siécles. Ceux qui vouloient s'instruire dans la *jurisprudence civile*, étoient obligés de recourir aux autres Universités; & celle de Paris ne fut pleinement rétablie dans la possession de l'enseigner, que par l'ordonnance de *Louis XIV*, rendue en 1679.

Mais pendant le cours de cette longue interruption, le droit *canonique* florissoit dans la capitale. Cette *jurisprudence*, fondée sur les canons des conciles, les décrets, les bulles, les rescrits des souverains pontifes, étoit alors la science la plus cultivée, parce que c'étoit la porte des honneurs & de la fortune.

Le droit *canon* dut sur-tout sa célébrité au séjour des papes à Avignon. Le *code ecclésiastique*, rédigé par *Denis le Petit*, moine de Scythie, fut reçu en France, sous le régne de *Charlemagne*. Cette compilation forme aujourd'hui le *droit commun* ecclésiastique, pour tous les articles qu'un usage contraire n'a point abrogés. Pour les *fausses décrétales*, comme elles contiennent quelques dispositions très-sages, la France les adopte en quelques points, & particuliérement sur les appellations. Dans les siécles d'ignorance, les gens d'église étoient les seuls qui étudiassent; & aux connoissances des *loix canoniques*, ils joignoient celle du *droit civil*. Leur mélange multiplia les procédures, en les rendant tous les jours plus compliquées & plus embarrassantes. C'est des tribunaux *ecclésiastiques* que les *jurisdictions laïques* ont emprunté la plûpart de leurs formes juridiques. On fixe au régne de *Philippe de Valois* l'époque de la diminution réelle de l'autorité des *juges ecclésiastiques*; & nos souverains, comme chefs & modérateurs de la *justice* dans le royaume, en conservant pour l'église les égards qu'exige la dignité du ministere des autels, se sont appliqués à réprimer les entreprises des *juges ecclésiastiques*, & ne leur ont conservé que ce qui étoit de leur ressort. Voyez *Jurisdiction ecclésiastique*.

IVRY : ville ou bourg en Normandie, diocèse d'Evreux, où il y a une abbaye d'hommes, fondée par *Roger d'Ivry*, & bâtie en 1085. Cette abbaye embrassa la réforme de la congrégation de *S. Maur*, en 1669.

La ville d'*Ivry* est célebre par la victoire complette que *Henri IV* remporta, en 1590, sur les ligueurs. Pendant que ce prince rangeoit son armée en bataille, plusieurs de ses officiers vinrent lui représenter qu'il falloit commencer par s'assurer une retraite; & ils s'étendirent beaucoup sur l'importance de cette précaution. Le roi leur répondit :

Eh ! Messieurs, nous sommes d'accord, & j'ai pourvu à la retraite. C'est sur le champ de bataille qu'il faudra la faire.... Enfans, si les cornettes vous manquent, voici le signe de ralliement ; vous le trouverez toujours au chemin de l'honneur & de la victoire : Dieu est pour vous.

Il adressa ces derniers mots à ses soldats, avec l'air & le ton de la plus grande gaieté, en leur montrant son casque surmonté d'un grand panache blanc; &, au moment de marcher à l'ennemi, il leur dit : *Mes enfans, vous êtes François ; je suis votre roi ; voilà vos ennemis.*

L'armée des ligueurs fut entiérement défaite. Le roi y fit des prodiges de valeur.

François de Pas fut tué à cette journée, après avoir combattu en héros, sous les yeux du roi. Ce prince, affligé de la perte d'un homme dont la famille s'étoit extrêmement distinguée, s'écria ! *Ventre-saint-gris, j'en suis fâché ; n'y en a-t-il plus.* On lui répondit que la veuve étoit grosse ; *Eh ! bien*, répliqua-t-il, *je donne au ventre la même pension que celui-ci avoit.* Ce fut après cette bataille, qu'un capitaine le vint trouver, & lui dit : *SIRE*, *trois mots : Argent ou congé.* Henri IV répondit : *Capitaine, quatre ; ni l'un ni l'autre ;* cependant, comme c'étoit un bon officier, dont il étoit content, quelques jours après il lui fit donner l'un & l'autre.

A cette bataille d'*Ivry*, M. de *Sully* eut deux chevaux tués sous lui ; & ayant reçu sept ou huit blessures, il resta pour mort : revenu à lui-même, il se fit transporter à Rosni, où étoit le roi. De plus loin que ce prince l'apperçut, il alla au-devant de lui ; & en l'approchant, il lui dit : *Brave soldat & vaillant chevalier, j'avois toujours eu bonne opinion de votre courage, & conçu de bonnes espérances de votre vertu ; mais vos actions signalées & votre réponse modeste ont surpassé mon attente, ... & partant en présence de ces princes, capitaines & grands chevaliers qui sont ici près de moi, vous veux-je embrasser des deux bras.*

Sully avoit dit au roi, en l'abordant, *qu'il s'estimoit heureux d'avoir souffert pour un si bon maître.*

JUSTICE : c'est une ferme & constante volonté de rendre à chacun le sien. Elle se divise en *justice distributive* & *justice commutative.*

La premiere est celle qui nous apprend à distribuer les récompenses & les châtimens, à proportion du mérite & de la qualité des personnes, en gardant la proportion géométrique. La seconde est celle qui nous apprend à garder une entiere égalité dans les contrats, en observant la proportion arithmétique.

Les anciens représentoient la justice avec des yeux vifs & perçans, pour signifier que les juges doivent examiner, avec la derniere exactitude, les choses sur lesquelles ils doivent prononcer. Aujourd'hui on la représente avec un bandeau sur les yeux, pour marquer qu'elle rend à chacun le sien, sans exception de personne, & sans rien envisager que la raison. On la peint aussi tenant une *épée* d'une main, & une *balance* de l'autre. La *balance* marque qu'elle n'agit qu'avec discernement, & après avoir bien examiné & pesé le droit des parties. L'*épée* signifie que la force est nécessaire pour faire régner la *justice*, & que c'est par le glaive que la *justice* punit les malfaiteurs.

La *justice*, qui est fondée sur un ordre constant de la raison, est la base & le fondement du trône des rois; l'ame de toutes les autres vertus, qui, sans son secours, seroient languissantes & imparfaites. En un mot, elle est cette *belle & constante rectitude de cœur*, mesurée sur la loi & sur l'équité qui nous fait rendre à chacun le sien, sans qu'aucune considération de haine, d'amitié ni d'intérêt, puisse nous en détourner.

Justice se dit aussi du siége, ou tribunal, où se rend la *Justice*; de la qualité, de l'étendue, des marques de la jurisdiction, & de la propriété de la *Justice* qui appartient au roi ou au seigneur.

Ordinairement *Justice* & *Jurisdiction* signifient la même chose. Néanmoins *Justice* se dit des juges des seigneurs, & est appellée *subalterne*; & *Jurisdiction* se dit des juges royaux & des juges ecclésiastiques. Il y a des écrivains qui mettent encore une autre différence entre la *Justice* & la *Jurisdiction*. Par le mot de *Justice*, ils entendent la propriété de la *Justice*, qui appartient à un seigneur & qui est attachée à sa seigneurie; c'est à cause de cette *Justice* que ceux à qui elle appartient, sont appellés *bas, moyens, & hauts Justiciers*; & par le mot de *Jurisdiction*, ils entendent, au contraire, l'administration & l'exercice de la *Justice*, qui se font par les officiers du seigneur. *Fief* & *Justice* n'ont rien de commun, comme le remarque *Ferriere* aux mots de *Roi* & de *Justice*.

Le premier & le principal droit des souverains, & le devoir auquel ils sont étroitement engagés, est celui de rendre la *Justice* à leurs sujets, ou de charger de cet emploi si important des personnes qui en seroient capables. Aussi l'on tient en France, pour maxime certaine & indubitable, que le roi seul est fondé, de droit commun, en toute *Justice*, haute, moyenne & basse, dans toute l'étendue de son royaume.

Ainsi la *Justice* appartient au roi seul en propriété, parce qu'il la tient uniquement de Dieu, *à quo omnis potestas, & per quem omnes reges regnant.*

Plusieurs de nos rois ont anciennement rendu eux-mêmes la *Justice*, & toujours à la porte de leur palais, d'où est venu le nom de *palais*, affecté aux lieux où s'assemblent les juges pour l'administration de la *Justice*. Les François étoient jugés sur la *loi Salique*, & les Gaulois sur le *droit Romain*. On ne punissoit de mort que le crime d'Etat; & la taxe pécuniaire étoit la peine la plus ordinaire. Mais comme il étoit impossible à nos rois de rendre la *Justice* à tous leurs sujets, ils commettoient, principalement dans les provinces, ceux qu'ils jugeoient les plus capables d'un emploi si important. Ils confierent d'abord ce soin aux comtes qui avoient sous eux des *lieutenans*, que, selon la différence des provinces, l'on appelloit, ou vicomtes, *quasi comitum vicem gerentes*, ou prévôts, *quasi præpositi juridicundo*, ou viguiers, *quasi vicarii comitum*, ou enfin châtelains, *quasi castrorum custodes*. Ces juges n'étoient revêtus de cette dignité, qu'autant qu'il plaisoit au prince, & ils étoient révocables *ad nutum*; c'est ce que l'on voit dans les vieilles patentes de leurs concessions, où on lit cette clause: *Pour en jouir autant qu'il nous plaira.*

Les *maires* du palais ayant insensiblement usurpé la royauté, les *comtes* se rendirent pareillement maîtres des villes & des provinces, dont ils n'avoient eu jusqu'alors que le gouvernement, & ils s'arrogerent dans leur domaine le droit de *Justice*, qu'ils firent exercer en leurs noms par des officiers qu'ils créérent à l'exemple des rois leurs maîtres. Cette usurpation donna lieu aux possesseurs de grandes terres d'en faire de même chez eux ; & ils accorderent aux petits seigneurs, qui relevoient d'eux, la faculté de créer des juges dans leurs villages pour y juger les causes de peu d'importance, à la charge de l'appel devant les juges de leurs seigneuries. Voilà de quelle maniere les *Justices* se sont introduites & multipliées en France, & comment elles y sont devenues patrimoniales. Au reste, quoique par le nom de *Justice*, on entende ordinairement la *Justice seigneuriale*, cela cependant n'empêche pas qu'on ne comprenne aussi, sous ce nom, la *Justice royale*, sur-tout quand ce terme est pris généralement pour désigner le droit de rendre à chacun ce qui lui appartient. Ainsi, on distingue deux sortes de *Justices*, sçavoir, la *Justice royale*, & la *Justice seigneuriale*.

La *Justice royale* est celle que le roi fait exercer en son nom par des officiers de judicature, & qu'il pourroit exercer lui-même en personne, s'il y pouvoit donner le tems. Il y a trois degrés de *Jurisdictions royales*. Le premier est celui des *châtelains*, *prévôts-royaux* ou *vuiguiers* ; le second est celui des *baillifs*, *sénéchaux* ou *présidiaux* ; le troisieme est celui du *parlement* & des *cours supérieures*. Voyez ces mots.

La *Justice seigneuriale* est celle dont la propriété appartient à quelque seigneur, qui la fait rendre en son nom par des officiers par lui nommés à cet effet. Un seigneur n'a droit de *Justice* en ses terres, que quand ce droit lui a été accordé par concession particuliere de quelqu'un de nos rois, ou quand il se trouve établi sur une longue possession prouvée par des aveux & dénombremens suivis. La raison de cela est que la *Justice* appartient au roi seul en propriété. Celle des seigneurs, au contraire, ne leur appartient que par concession du prince, ou par une longue possession qui la fait présumer ou qui en tient lieu.

Nul seigneur n'a droit de rendre la *Justice* en personne, mais par un juge par lui commis. Ainsi, quand on parle des *hauts Justiciers*, par rapport à d'exercice de la *Justice*, on entend parler du juge par lui préposé, pour la rendre. Les seigneurs laïcs ou ecclésiastiques, même les princes, ducs & pairs de France, ne peuvent créer ni concéder le droit de *Justice* à leurs vassaux dans leurs fiefs, ni démembrer la *Justice*, sans la permission & l'autorité du roi ; mais un homme vassal du seigneur, peut être son prévôt ou son procureur fiscal.

L'érection des terres en fiefs semble avoir donné lieu à la *Justice* seigneuriale ; & la distinction de ladite *Justice* en *haute, moyenne & basse*, vient, sans doute, aussi de la distinction des fiefs, & de la noblesse différente qui leur a été communiquée dès le commencement. On place cette origine au tems que les nations barbares furent enfin chassées entiérement du royaume. Mais il est difficile de sçavoir, si dans l'origine, la *Justice moyenne & basse* a été accordée par le roi ou par les seigneurs hauts-justiciers. Voyez *Boulainvilliers*, & le président *Hénault*.

Cette distinction de la *haute, moyenne & basse Justice* paroît venir de la différence de la dignité qui étoit entre ceux qui possédoient les fiefs. Chacun avoit usurpé plus ou moins d'autorité, selon le rang qu'il tenoit. Ensuite les rois se trouverent engagés à confirmer ce que les seigneurs s'étoient attribués eux-mêmes. Quoi qu'il en soit d'une origine aussi obscure, il est certain qu'on ne peut aujourd'hui créer ni concéder le droit de *Justice* à aucun fief, sans la permission & l'autorité du roi.

La *haute Justice* seigneuriale comprend les deux autres & la *moyenne* comprend la *basse*. C'est de-là que l'on dit du haut justicier ; il a *haute, moyenne & basse Justice* ; & du moyen justicier, il a *moyenne & basse Justice*. Cela est ainsi, parce que celui qui peut le plus, peut aussi le moins. On n'appelle point de la *basse Justice* à la *moyenne* ; c'est une exception de la régle qui veut que tout appel soit porté *gradatim* au juge supérieur, *non obmisso medio*. Les *hauts & moyens Justiciers* ont un procureur fiscal ; mais le *bas Justi-*

cier n'en a point, parce qu'il ne juge aucune cause où le roi & le public aient intérêt.

Le *bas Justicier* est un seigneur qui a droit de *basse Justice*, que l'on appelle *Justice foncière*, ou *censuelle*, à cause du cens & des redevances annuelles qui lui sont dûes. Le juge préposé à une telle *Justice*, connoît des droits dûs au seigneur, des cens & rentes, des exhibitions de contrats, pour raison des héritages situés dans son territoire. Outre cela, il connoît de toutes matieres personnelles, entre les sujets & les vassaux du seigneur, jusqu'à la somme de soixante sols parisis ; & enfin il connoît de la police, du dégât fait par les bêtes, d'injures légeres, d'un délit, dont l'amende ne pourroit être que de dix sols parisis & autres sols, &c.

Le *moyen Justicier* est un seigneur qui a le droit de *moyenne Justice*, à cause de la foi & hommage qui lui sont dûs par ses vassaux. Il connoît, en premiere instance, de toutes actions civiles, réelles, personnelles & mixtes ; il a la connoissance des droits & devoirs dûs au seigneur, avec le pouvoir de condamner ses vassaux à l'amende de la coutume. En matiere criminelle, il connoît des délits ou crimes légers, dont la peine ne peut être que de soixante-quinze sols d'amende envers la *Justice*. Pour une peine plus griève, le procureur fiscal du seigneur *moyen Justicier*, appellé aussi *procureur d'office*, doit dénoncer, dans les vingt-quatre heures, le coupable au *haut Justicier*, pour qu'il ait à en connoître.

Le *haut Justicier* est un seigneur, qui a *haute, moyenne & basse Justice*, c'est-à-dire, le droit de connoître de toutes les causes réelles, personnelles & mixtes entre ses vassaux ; il a le droit de puissance, de glaive sur eux, *jus gladii ad animadvertendum in facinorosos homines* : c'est pourquoi les seigneurs *hauts Justiciers* ont le droit d'avoir des fourches patibulaires, des piloris, échelles & poteaux à mettre au carcan. Le seigneur *haut Justicier* doit avoir des juges & des officiers, par le moyen desquels il l'exerce ; il doit aussi avoir des géoliers & des prisons sûres & raisonables, suivant l'ordonnance ; car le droit de *Justice* renferme essentiellement le devoir de la faire rendre, & les autres devoirs particuliers qui en sont les suites. Les juges des seigneurs *hauts Justiciers* ne peuvent cependant pas connoître des *cas royaux*, tels que le crime de lése-Majesté, fausse monnoie, les assemblées illicites, vols & assassinats sur les grands chemins, & autres, qui sont marqués dans l'ordonnance de 1670. Voyez *Bacquet des Droits de Justice, haute, moyenne & basse.*

JUSTICE-FONCIERE, *ou* CENSIERE : c'est une *Justice* particuliere, qui a lieu dans quelques coutumes, & dont tout le pouvoir consiste à condamner les redevables à payer au seigneur censier & foncier les cens & rentes foncieres. Dans ces coutumes, on entend par *Justice fonciere* la basse justice, qui appartient au seigneur foncier, à cause de sa seigneurie, & qui concerne la désaisine & la saisine des héritages de lui tenus & mouvans.

Ces *Justices foncieres* viennent de l'usurpation qui en a été faite anciennement par les seigneurs censiers, appuyés de la fausse opinion de ceux qui prétendent que tous fiefs ayant vassaux ou censives, emportent, *ipso jure*, le droit de *Justice* sur les vassaux ou censitaires. Ces seigneurs se sont si bien maintenus dans cette usurpation, que, dans quelques coutumes, comme dans celle de Sens, il a été fait une quatrieme *Justice*, qui se trouve confondue avec la *basse Justice*.

Dans l'étendue du ressort du châtelet de Paris, on ne reconnoît que trois sortes de *Justices seigneuriales*, la haute, la moyenne & la basse ; & l'on n'y admet point, comme font plusieurs coutumes, une jurisdiction attachée aux fiefs, pour appeller les censitaires devant le juge du fief, pour payer les droits & les cens, parce que l'on tient pour maxime que la *Justice* & le fief n'ont rien de commun. En effet, on peut avoir la *Justice* sans fiefs, & l'on peut posséder des fiefs sans *Justice* ; ce qui est fondé sur le principe certain que toutes les *Justices* dérivent du roi, & qu'elles sont telles qu'il les a concédées.

[JUS]

Lorsque celui qui la prend n'a pas de titre, la longue possession lui en sert, pour en jouir, ainsi qu'il l'a possédée.

Dans la prevôté & vicomté de Paris, il n'y a aucune *Justice* fonciere ni censiere, dit *Bacquet* dans son *Traité de Justice*, ch. 3, n. 23. La *Justice* fonciere a principalement lieu dans les pays de nantissement, où, pour acquérir droit de propriété ou d'hypotheque, il faut être nanti par les officiers de la *Justice-fonciere* des lieux. Voyez *Bacquet*.

On ne trouve guères dans toute notre Histoire, que *Louis XI*, qui ait assujetti la *Justice* à ses volontés; cependant il ne put s'empêcher d'admirer la conduite héroïque que tint, de son tems, le parlement de Paris : malgré ses jussions réitérées, cet auguste corps refusa d'enrégistrer un de ses édits ; & il jura, dans sa colere, par le *Pasques-Dieu*, *qu'il feroit mourir tous ceux qui lui résisteroient.*

Le premier président, instruit du courroux & du serment du roi, alla, à la tête de sa compagnie, se présenter devant lui.

Louis XI, surpris de voir le parlement en corps, demanda ce qu'il vouloit : *La mort*, SIRE, répondit le premier président pour tous les autres, *puisque nous y sommes tous résolus, plutôt que de violer nos sermens & d'agir contre notre conscience.*

Louis leur répondit : *Retournez-vous-en, Messieurs, je ferai ensorte que tous mes ordres soient suivis, en n'en donnant désormais que de justes, & dignes d'un roi*

N'oublions pas une action bien judicieuse, qui lui fera toujours honneur. Il visitoit l'église collégiale de Loches, en Touraine ; & les chanoines lui firent voir exprès le tombeau d'*Agnes Sorel*, maîtresse de *Charles VII*, qui étoit au milieu du chœur : ils lui demandoient, peut-être par adulation, la permission de le faire ôter. *Ne tenez-vous rien*, leur demanda le roi, *de sa libéralité ; je veux en être éclairci.* Ils furent contraints de convenir qu'elle avoit fait des présens & des legs considérables à la collégiale de Loches. Le roi, inſtruit exactement de la nature de ces legs & des charges, regarda, avec indignation, le chanoine qui l'accompagnoit, & lui dit : *Quoi! ſont-ce-là les ſentimens de reconnoiſſance que vous devez à votre bienfaitrice ? non-ſeulement je vous déſends de troubler ſes cendres, en déplaçant ſon tombeau ; mais je veux qu'il ſoit plus reſpecté qu'il ne l'eſt.* Il leur enjoignit de plus de s'acquitter plus exactement des fondations d'*Agnès*, & de l'inſtruire de l'exécution de ſes ordres.

Nous avons déja dit ailleurs, qu'on a de *Charles VIII* une belle réponſe qu'il fit, n'étant âgé que de dix-ſept ans, aux envoyés du duc de Bretagne, qui fut forcé de ſe ſoumettre à ſon légitime ſouverain ; elle eſt digne du plus ſage & du plus grand des monarques : *Je puis uſer*, dit-il aux députés du duc, *du droit que Dieu m'a donné ſur mes ſujets, & en punir ; mais je veux que tous les princes de la terre ſçachent que les rois très-Chrétiens ſe contentent de vaincre leurs ennemis ; je remets à Dieu la rebellion du duc de Bretagne, vaſſal de ma couronne, & je veux bien lui faire grace*. A cette réponſe, on peut appliquer le vers ſuivant, que Virgile a employé pour caractériſer la grandeur Romaine, & qui peint fort bien la maniere de penſer de *Charles VIII* :

Parcere ſubjectis & debellare ſuperbos.

Si les injures qu'on avoit fait à *Louis XII*, étant duc d'Orléans, n'étoient pas une raiſon pour mériter ſa haine, étant roi ; les ſervices auſſi qu'on lui avoit rendu, avant que d'être monté ſur le trône, n'étoient pas pour lui des motifs d'une reconnoiſſance aveugle. Il avoit honoré de ſes bonnes graces un lieutenant de la prévôté d'Orléans : cet officier, pourſuivi par ſes concuſſions, eut en vain recours aux bontés du monarque ; il laiſſa lui faire ſon procès, & répondit à ceux qui oſerent lui demander grace pour lui : *Je l'ai protégé tant que j'ai pu librement le faire ; mais aujourd'hui je ne dois pas ôter à la Juſtice ſon libre cours ; c'est une dette que j'ai contractée en devenant roi.*

Un courtisan demandoit à *Henri IV* la grace de son neveu, qui avoit commis un assassinat. Ce prince lui répondit : *Il vous sied bien de faire l'oncle, & à moi de faire le roi ; j'excuse votre demande, excusez mon refus.*

JUVIGNY : abbaye de filles de l'ordre de Cîteaux, dans le pays Messin, au diocèse de Treves, située sur une petite riviere, qui jouit de dix à douze mille livres de rente, fondée l'an 874, par l'impératrice *Richilde*, femme de l'empereur *Charles le Chauve*.

[K E R]

KARAT ou Carat : c'est un nom de poids qui a été jugé propre pour exprimer le titre & la bonté de l'or. Chaque *karat* se divise en demi, en quarts, en huitiemes, en seiziemes, & en trente-deuxieme. Ces différens degrés de la bonté de l'or, n'ont été que pour en marquer l'alliage. L'or à vingt-quatre *karats* est au suprême degré. L'or à vingt *karats* est de l'or qui a perdu quatre degrés de sa bonté intérieure, & dans lequel on a mêlé un sixieme d'argent ou de cuivre ; car l'or n'est pas d'un plus haut titre, quand il est allié avec de l'argent, que lorsqu'il est allié avec le cuivre. Voyez le *Traité des Monnoies*, par *le Blanc*.

KEHL : forteresse sur le Rhin, vis-à-vis de Strasbourg, dont la citadelle est assez avancée pour la battre avec le canon. Cette place est sur les terres du margrave de *Bade-Dourlach*. Il n'y avoit autrefois qu'une simple redoute que les François prirent & raserent en 1678. Mais depuis qu'ils se sont rendus maîtres de Strasbourg, ils ont bâti cette place, tant pour couvrir la ville de Strasbourg, que pour se faciliter le passage en Allemagne. Par la paix de Riswick, *Kehl* fut cédé à l'empire. En 1702, les François en prirent le fort, sous le maréchal de *Villars*. Ils le rendirent de nouveau aux Impériaux, par la paix de Rastad & de Bade. Ils l'ont repris en 1734, & rendu en 1736.

KERCADO ou Carcado : c'est une baronnie en Brétagne, où l'on trouve plusieurs monumens qui donnent des lumieres sur l'ancienne charge de sénéchal, & particulierement sur celui d'un glébe ou fief attaché à la dignité de grand sénéchal, pour être possédée héréditairement. Cette terre appellée *la sénéchalie*, étoit composée de plusieurs châtellenies, & formoit, avec les autres droits de la charge, un revenu de trois mille livres de rentes, comme on le voit dans un acte de l'année 1259.

Quant à la charge de grand sénéchal féodée & heréditaire en Bretagne, on rapporte son origine à *Eudon*, souverain de la Bretagne, qui avoit établi sa cour à *Josselin*, ville située dans la vicomté de *Porhoët*, qui paroît avoir été la capitale de la *Domnouée*.

La postérité d'*Eudon* ayant été réduite à deux filles qui partagerent la Domnouée, la partie qui fut appellée depuis la *vicomté de Rohan*, en conserva les principaux droits; & la terre appellée *séneschallie*, demeura engagée dans cette portion.

Quoique la Bretagne fût gouvernée par des princes d'une autre maison, qui avoient épousé des filles d'*Eudon*, la charge de *grand sénéchal* continua d'être possédée héréditairement & à titre de fief, par les descendans des premiers qui en avoient joui. De-là vint qu'il porterent seuls en Bretagne le nom de *le sénéchal*, sans vouloir y joindre aucun autre, pour marquer leur ancienneté & leur prééminence sur les autres sénéchaux, que les comtes & ducs de Bretagne établirent dans plusieurs départemens, par commission, & seulement pour un temps limité.

Ces premiers *grands sénéchaux* en Bretagne ayant affecté, dès le douzieme siécle, de ne porter que le nom de leur charge, n'en ont point laissé d'autres à leurs descendans, que celui de *le sénéchal*, auquel on a joint depuis ceux de *le sénéchal Kercado*, *le sénéchal Molas*, *le sénéchal Kercuisé*, pour distinguer les trois branches qui en restent: & l'on n'a pu connoître leur véritable origine, qui se perd dans le dixieme siécle. On sçait seulement, que, dès le douzieme siécle, ils portoient des *mâcles* au nombre de sept, avec une *cotise*, & que ces armes étoient entiérement semblables à celles de la branche des *Rohans*, seigneurs de *Guedelisle*.

Les fonctions de grand-sénéchal, exprimées dans un acte de 1258, étoient de commander la noblesse & les armées, de veiller sur l'administration de la justice & de la finance; de réformer les juges &les

jugemens, & d'en établir dans toutes les jurifdictions où ces juges étoient fes lieutenans. Voyez *Sénéchal*; & pour les fonctions du grand fénéchal de Bretagne, voyez l'*Hiftoire généalogique des grands officiers de la couronne. tome vj, page* 1.

KERMÈS : c'eft une efpece de coque, groffe comme une baie de geniévre, d'un beau rouge, rempli d'un fuc de la même couleur. La France eft redeble à M. *Fagon* de l'avoir reconnue & trouvée abondamment en Provence & en Languedoc, où naît une efpece de chêne vert, de la hauteur d'un arbriffeau. Le *kermès* qui eft très-commun dans les pays chauds, fert à la teinture de la pourpre. Il y a, dans les Mémoires de l'académie des fciences de 1714, une Differtation fur l'origine & la nature du *kermès*, par M. *Miffole*.

KEYSERBERG : c'eft-à-dire *montagne de Céfar*, ville dans la haute Alface, diocèfe de Bafle, qui fut cédée à la France par le traité de Weftphalie, de 1648. L'empereur *Philippe II* la fit entourer de murailles. Elle fut pillée par les troupes de Lorraine, en 1652; & elle fouffrit encore beaucoup pendant la guerre de 1674 & 1675.

KŒNIGSBRUK : abbaye de filles de l'ordre de Citeaux, au diocèfe de Strasbourg, en Alface, fituée dans la forêt de Haguenau, & qui jouit de feize à dix-huit mille livres de rente.

KŒURS : la terre & feigneurie de ce nom, fituée dans le duché de Bar, diocèfe de Tours, parlement de Paris, eft une ancienne châtellenie, qui fut donnée en apanage par le duc *Antoine* à fon fils puîné *Nicolas* de Lorraine, comte de Vaudemont, fon petit-fils. *Henri* de Lorraine, marquis de Mouy, légua fes biens à *Charles* Lamoral de Ligne, fecond fils de *Louife* de Lorraine, fa fœur, & de *Florent* de Ligne. Ce légataire vendit vers l'an 1707, la terre & châtellenie de *Keurs* à *François de Barrois*, baron de Manonville, confeiller d'état du duc *Léopold*, & fon envoyé extraordinaire en la cour de France, en faveur duquel cette terre fut érigée en comté, par lettres du 24 Août 1717. Il avoit épousé *Marguerite* de *Rosieres*, fille de *François*, seigneur de Champigny, & de *Marguerite* de Blaisse, dame de la Croix-sur-Meuse.

Le comté de *Kœurs* a été réuni au domaine, à la mort du baron de Manonville; & le duc *François*, depuis empereur, l'engagea aux sieurs *Paris*, qui en jouissent actuellement, ainsi que de Champigny, qui a été pour eux érigé en comté.

KONISBERG, dans le pays Messin, diocèse de Treves, intendance de Metz, à trois lieues de Thionville : ce n'est qu'une simple cense. En 1705, l'armée de France, commandée par M. de *Villars*, étoit campée sur la hauteur de cette cense, & s'étendoit jusques sur les bancs ou districts de Kaltevillers & de Freischingen. On voit encore les vestiges des lignes & des retranchemens de ce camp.

[LAA]

[L A A]

LAAS, *Lias* & *Liaas*: on lit dans l'Histoire des Antiquités de Paris, *tome ij. pag.* 357, que *Laas* étoit une terre qui, suivant les titres du trésor de sainte Genevieve, de S. Germain des Prés & de S. Thomas du Louvre, a appartenu aux religieux de sainte Genevieve, & à ceux de S. Germain. Le même auteur ajoute que, jusqu'à *Philippe-Auguste*, les derniers en ont été seigneurs spirituels, & que de tout tems ils en ont eu la seigneurie temporelle, dont ils sont redevables à *Childebert*, leur fondateur, fils de *Clovis*.

Cette terre étoit un grand espace plein de vignes, qui s'étendoit le long de la Seine, depuis la Porte de Nesle (où est actuellement le college des Quatre-Nations), celle de S. Germain, & les murs de l'Université, jusqu'à la rue de la *Huchette*; & il enfermoit la rue *Serpente*, la rue *Poupée*, celle du *Cimetiere S. André*, l'église, le monastere des Augustins, &c. Une charte de la quarante-huitieme année du règne de *Childebert*, marque que, de son tems, ce vignoble appartenoit à *Flavius* & à *Ceraunius*, avec l'oratoire de S. Andéole, martyr, qu'on prend pour S. André, & que ce prince acheta de ces particuliers cet oratoire & ce terroir, & qu'il en fit don à l'abbaye de S. Germain, quand il la fonda. Le pere *Du-Breul* dit que *Hugues*, abbé de S. Germain, en aliéna la plus grande partie en 1179, pour la fondation de l'anniversaire de ce prince, à la charge que l'on y bâtiroit des maisons.

En 1223 & 1227, les religieux de sainte Genevieve passerent à certains particuliers des baux à cens de quelques maisons situées dans la rue de *Laas*, qui prit, peu de tems après, le nom de la rue de la *Huchette*; mais les autres parties de ce vignoble garderent toujours le nom de *Laas*, jusqu'à-peu-près vers l'an 1262 & 1263, qu'on y jetta les fondemens d'un monastere des *Francs-Sacs* (où sont aujourd'hui les Grands-Augustins,) & le college de saint Denis, qui occupoit une partie du terrein des rues *Dauphine*, d'*Anjou* & *Christine*. La rue *Poupée* avoit encore le nom de *Lias* en 1343; & *Sauval* dit que c'est de ces différens noms *Laas*, *Lias* & *Liaas*, que saint André a pris le sien, & que ce n'est que par corruption que le peuple l'appelle *S. André-des-Arcs*.

LABOUR: pays de Gascogne, dont Bayonne est la capitale. On donne communément le nom de *Basques* au peuple de ce pays. Ce nom leur vient de l'ancienne appellation de *Bascos*, d'où l'on a tiré ceux de *Vascos*, *Vascons*, & enfin *Gascons*. On croit qu'ils sont des restes de ces anciens peuples, qui, sous la premiere race de nos rois, vinrent s'établir dans le *Novempopulanie*. Ils ont une langue particuliere, qu'on croit n'approcher d'aucune de celles qu'on parle ailleurs en Europe.

Dans le royaume de Naples, en Italie, il y a une province ou canton, que l'on appelle du même nom *Labour*, (*Terra di Lavoro*;) mais par une raison fort différente, la contrée d'Italie a pris ce nom, parce que ses terres sont propres au labourage; au lieu que celle de Gascogne n'a été ainsi appellée, que parce que, dans la langue des Basques, ce nom signifie une terre déserte & inculte.

Le *Labour*, de la domination des Romains, passa sous celle des *Wisigots*, & ensuite sous celle des François. Les Sarrazins y firent quelque séjour. Après qu'ils en furent chassés, le *Labour* obéit aux ducs de Gascogne. Il suivit le sort de ce duché; mais la ville de Bayonne eut des vicomtes particuliers, depuis l'an 1060 jusqu'en 1205, que *Jean Sans-Terre*, roi d'Angleterre & duc de Guienne, réunit cette vicomté au duché de Guienne. En 1451, au mois de Septembre, *Charles VII* expulsa les Anglois de Bayonne, & réunit cette ville à son domaine. Depuis ce tems, tout le pays de *Labour* s'est signalé par une fidélité constante pour la France.

LABOUREUR: c'est un homme de campagne, qui laboure les terres pour lui ou pour autrui. Les *laboureurs* étoient en grande considération dans l'antiquité. On sçait que les Romains en ont tiré plusieurs pour en faire des dictateurs. Quand les Francs vinrent s'établir dans les Gaules, ils laisserent aux Gaulois le soin de cultiver les terres. Les *laboureurs* & les *cultivateurs* sont des gens bien utiles à l'Etat. *Louis XII* en faisoit un cas infini. Un gentilhomme, commensal de sa maison, avoit maltraité un paysan; ce prince en fut instruit, & il ordonna qu'on retranchât le pain à ce gentilhomme & qu'on ne lui servît que du vin & de la viande. L'officier s'étant plaint au roi, Sa Majesté lui demanda si le vin & les mets ne lui suffisoient pas; & sur la réponse qu'il lui fit que le pain étoit essentiel, le roi, qui s'y attendoit, lui dit alors avec sévérité: *Eh! pourquoi donc êtes-vous assez peu raisonnable, pour maltraiter ceux qui vous le mettent à la main?*

L'auteur de l'*Arbre des batailles*, chap. 100, cité par *Claude Joly* dans son précieux Traité des restitutions des graces, dit *que le privilége des gens de campagne & des laboureurs est aussi respectable que celui des religieux, prêtres ou hermites.* Ajoûtons qu'ils sont aussi utiles pour le temporel, que les autres le sont pour le spirituel. Voyez *Agriculture*, tom. j, pag. 33, & *suiv.*

LA FORCE: en Périgord, diocèse de Bordeaux, marquisat, érigé en duché par *Louis XIII*, en 1638. Ce duché s'est éteint, en 1765, par la mort du dernier duc de *La Force*.

LAGNY, en latin, *Latiniacum*: c'est une ville célèbre avec une abbaye d'hommes de l'ordre de *S. Benoît*, une commanderie de Malthe de la langue & du grand prieuré de France, dans la Brie Françoise, diocèse de Paris.

L'abbaye de *S. Pierre* de *Lagny* fut fondée dans le septieme siécle, par *S. Furcy*, gentilhomme Ecossois. L'empereur *Louis le Débonnaire* tint à *Lagny*, en 835, une assemblée & un parlement. Il y ordonna la réparation des églises qui avoient été ruinées pendant les troubles. *Yves*, légat du saint siége, y tint un concile, en 1142, où il fut question des différends qui s'étoient élevés entre l'évêque d'*Arras* & l'abbaye de *Marchiennes*. *Thibaud* le *Jeune*, comte de Champagne, donna à cette abbaye le *comté de Lagny*.

Les Anglois, en 1432, assiégerent *Lagny*; mais le secours que le roi y envoya, fit lever le siége. *Henri IV* ne fut pas aussi heureux en 1590; car cette ville fut assiégée & prise par le duc de *Parme*, sans que le maréchal d'*Aumont*, qui y marchoit avec des troupes, y pût arriver à temps; ce qui obligea le roi à s'éloigner de Paris, qu'il tenoit bloqué depuis long-tems, & qu'il avoit même réduit à la derniere extrémité.

Lagny est la patrie de *Pierre d'Orgemont*, qui, de simple conseiller au parlement de Paris, parvint à la dignité de chancelier de France sous le roi *Charles V*, & tint les sceaux avec une grande réputation, jusqu'au mois d'Octobre 1380, que son grand âge l'obligea de les remettre au roi. *Lagny* est aussi la patrie de *Geoffroy*, un de nos anciens poëtes François.

LAINE: les laines d'Espagne & d'Angleterre sont les plus estimées, & celles que les manufactures de France tirent pour la fabrique de nos draps les plus fins. Mais on commence en France à faire *parquer* les moutons, à l'exemple des Espagnols & des Anglois, pendant toute l'année, afin de parvenir à donner à nos *laines* la qualité soyeuse qui leur manque: ainsi, avec le tems, par l'attention continuelle du ministere à suivre ces vues fondamentales, on réussira à tirer de notre crû les matieres premieres; & nous ne serons plus obligés d'acheter de l'étranger, les *laines* nécessaires pour le travail de nos manufactures; ce qui augmentera la véritable richesse de la France.

LAMBALLE: c'est une ville en Bretagne, diocèse de *S. Brieux*, qui est le chef-lieu du duché de *Penthièvre*, avec un château, où sont les archives de ce duché. Le fameux *François de la Noue*, surnommé *Bras-de-fer*, fut tué au siége de *Lamballe*, en 1591.

[L A N]

Louis-Alexandre-Joseph-Stanislas de Bourbon, fils unique du duc de *Penthiévre*, porte le titre de *prince de Lamballe*. Il est né le 6 Septembre 1747.

LANDAIS : c'est une abbaye d'hommes de l'ordre de Citeaux dans le Berry, diocèse de Bourges, fondée, en 1115, par *Archambaud d'Argis* & *Etienne Musel*, gentilshommes. Elle fut d'abord occupée par des filles, auxquelles succéderent des religieux, vers l'an 1143.

LANDAU : ancienne ville, bien fortifiée, dans la basse Alsace, diocèse de Spire, qui étoit autrefois une de dix villes impériales de la préfecture de Haguenau. Elle avoit reçu cette prérogative de *Rodolphe I*, en 1291. Depuis, elle fut engagée à l'évêque de Spire, pendant deux cens ans, & ensuite jointe à la préfecture d'Alsace, par l'empereur *Charles-Quint*.

Cette ville fut cédée à la France, par le traité de Munster de 1648, & réunie ensuite plus particulièrement à la couronne, en 1680. L'empereur *Joseph*, n'étant encore que roi des Romains, la prit en 1702. Les François la reprirent en 1703, & les Impériaux en 1704. La possession en fut assurée à la France, qui l'avoit reprise en 1713, par le traité de Bade.

LANDES : (Les) c'est un pays de Gascogne, d'une étendue assez considérable, puisqu'il occupe tout le terrein situé entre Bordeaux & Bayonne. Ces *Landes*, qui sont des terres stériles, incultes, couvertes de bruyeres, sont divisées en grandes & petites. Les premieres sont entre Bordeaux & Bayonne ; les petites occupent le pays entre Bazas & le Mont-de-Marsan.

Anciennement les *Landes* de Bordeaux étoient habitées par les *Belindi* & les *Succases*. Du tems d'*Honorius*, ces peuples étoient compris dans la seconde Aquitaine. Les grandes *Landes* étoient occupées par les *Tarbelli* ; & les petites *Landes*, par les *Vassates* & les *Elusates*. Ces peuples étoient compris dans la *Novempopulanie* ; & après avoir été soumis aux Visigoths, & successivement aux François, aux ducs

P p iij

de Gaſcogne, aux ducs de Guienne, ils ſuivirent le ſort des autres habitans de Guienne. Voyez *Guienne*.

LANDÈRE : c'eſt une abbaye d'hommes de l'ordre de *S. Auguſtin*, ſituée en Champagne, dioceſe de Reims.

LANDI, ou LENDIT : ce mot vient d'*indict*, ou *indit*, qui ſignifie tems marqué ou aſſigné. Ce fut *Charlemagne* qui établit la foire du *Landi* à Aix-la-Chapelle, en 875. Elle fut tranſférée à S. Denis, proche Paris, & n'en devint que plus célèbre. On s'y rendoit de toutes les provinces de France, & même de l'Eſpagne, de l'Angleterre & de l'Italie. Avant l'établiſſement de ces foires, il n'y avoit que des marchés, où l'on trouvoit à peine les choſes les plus néceſſaires.

Nous avons dit au mot *Foire*, que celle-ci étoit fort célèbre, & qu'elle ne s'ouvroit qu'après avoir été bénie par le recteur accompagné de toute l'Univerſité. Il ne reſte plus rien de cette célébrité, ſinon que l'Univerſité & les cours ſouveraines prennent un jour de vacance pour cette foire, dont l'ouverture eſt actuellement faite par le premier huiſſier du parlement : elle duroit autrefois quinze jours ; mais les marchands n'y reſtent plus que huit à dix jours.

LANDRECIS, ou LANDRECI : ville forte en Hainaut, dont *François I* ſe rendit maître. Les troupes de l'empereur *Charles-Quint* ayant été obligées d'en lever le ſiége, en 1543. Elle fut cédée à l'empire, l'année ſuivante. Les François la reprirent, en 1637 ; les Impériaux, en 1647. *Louis XIV* la reprit, en 1655 ; elle fut cédée à la France par le traité des Pyrénées, en 1659 ; & en 1712, le prince *Eugene* fut contraint d'en lever le ſiége.

LANGRES, dans le Baſſigni en Champagne : c'eſt une ville ancienne & conſidérable, habitée par les *Lingones*, peuples vaillans, qui furent des premiers dans les Gaules, qui prirent le parti des Romains. Cette ville, ſelon *Fauchet*, fut priſe par les Vandales, qui y commirent de grands déſordres, vers l'an 406, 407 ou 408. Les murs, qu'on nommoit les *murailles de la cité*, furent conſtruites en 1487.

[L A N]

Langres avoit eu ses comtes ou vicomtes jusqu'à *Hugues III*, duc de Bourgogne. Celui-ci, en 1179, fit un échange avec son oncle *Gauthier*, qui étoit alors évêque de *Langres*. Le duc céda à l'évêque le comté de *Langres*, & l'évêque céda au duc sa part du domaine de Dijon. Ce contrat fut homologué & autorisé par *Louis VII* & *Philippe-Auguste*, son fils.

Le siége épiscopal de *Langres* fut établi dans le quatrieme siécle. L'église cathédrale est un mêlange bisarre d'antique & de gothique. On croit que le chœur, qui est d'une belle architecture, faisoit, avant l'établissement de la religion Chrétienne dans les Gaules, partie d'un temple de quelque divinité du paganisme.

LANGUE FRANÇOISE : cette *langue* n'est qu'un mêlange de trois autres langues, de la *Celtique*, de la *Latine*, de la *Tudesque* ou de la *Saxonne*. La *Celtique* est la plus ancienne des trois, & celle que parloient les naturels du pays ; car on nommoit *Gaule Celtique* les provinces qui étoient comprises entre la Méditerranée, l'Océan & la Loire. La *langue Latine* fut introduite dans les Gaules, lorsque les Romains en eurent fait la conquête. La *Tudesque*, ou *Saxonne*, y fut apportée par les Francs, les Allemands, les Goths, & autres peuples du nord. C'est du mêlange de ces trois langues, que se forma la *langue Françoise*.

La *langue Latine* fut la langue vulgaire sous la premiere race, c'est-à-dire que tout le monde la parloit. On croit qu'au commencement du régne de *Charlemagne*, ou de *Louis le Débonnaire*, elle cessa d'être langue vulgaire ; on en juge par le concile d'Arles, tenu, en 851, sous le régne de *Charles le Chauve*, qui ordonna aux ecclésiastiques de faire leurs homélies & instructions en *langue Romance*, afin que chacun pût les entendre. La *langue Romance* étoit un composé ou un mêlange de langue Celtique & Latine corrompue, & dans laquelle il s'introduisit plusieurs termes & expressions *Tudesques*. Lorsque les *Francs* se furent établis dans les Gaules, le *Tudesque* étoit la langue des *Francs*, & un *Celtique* corrompu. La langue *Celtique* ayant été anciennement la *mere langue*, la *Romance* est devenue la *langue Françoise*; langue si connue en Angleterre, pendant plusieurs siécles c'est-à-dire, depuis *Guillaume le Conquérant* jusqu'à *Edouard III*, qui défendit qu'aucun acte public fût dressé en *François*. Elle a tant fait de progrès, & s'est si bien perfectionnée, qu'on la parle dans toutes les cours de l'Europe. Lorsque *Guillaume* eut fait la conquête de l'Angleterre, il fit rédiger les loix du pays en *François*, ordonnant que dorénavant tous les procès instruits à la cour du roi, seroient plaidés en *François*. Cette ordonnance obligea les jurisdictions subalternes d'adopter le même langage. Il institua des écoles publiques, où on l'enseignoit; & tous les jeunes gens, qui se destinoient aux lettres, étoient obligés de l'apprendre. Cet usage, quoiqu'aboli par *Edouard III* après la bataille de *Poitiers*, subsista encore en partie pendant long-tems. La chancellerie d'Angleterre continua de faire usage de la *langue Françoise* dans les chartes expédiées pour des affaires, qui concernoient la France; & l'on retrouve encore aujourd'hui, dans quelques formules judiciaires, des vestiges de l'ancien *langage Normand*.

En France, dans les tribunaux, sous les rois de de la premiere race, on se servoit d'un *Latin barbare*, ou du *Tudesque*, ou de la *langue Romance*. La premiere étoit pour les sujets de nos rois, Romains d'origine, ou qui avoient adopté leurs loix & leur langue, après avoir été subjugués par les Romains. Tels étoient, en particulier, les peuples des provinces méridionales de la France & au-delà de la Loire.

La *langue Tudesque* étoit employée par les peuples du Nord de la France; & le langage *Romance* par les peuples de Paris, & les provinces voisines.

L'unité de langage ne s'introduisit dans les actes & dans les tribunaux, que vers le neuvieme siécle, & lorsque l'ignorance devint telle que les seuls clercs, ou les ecclésiastiques, qui avoient toujours conservé le *Latin barbare*, qui étoit leur langage originaire, le rendirent maîtres des actes & de l'administration de la justice. Encore dans les provinces méridionales, les actes se faisoient-ils dans le langage du pays, Auvergnat, Poitevin, Gascon, &c. On se servoit même du François dans les justices seigneuriales des comtes ou ducs.

Les *Constitutions du Châtelet*, les *Etablissemens de S. Louis*, les *anciennes Coutumes du Beauvoisis*, les *Assises de Jérusalem*, sont en François.

Depuis *Philippe le Bel*, le parlement fixé adopta la *langue Latine* dans ses arrêts; la plaidoirie & la procédure se faisoient indifféremment en Latin, ou en François. Le roi, le clergé & la noblesse parloient un *Latin barbare*; & le tiers-état, ou le peuple, François. Ce ne fut que dans le quatorzieme siecle, que le *Latin* fut constamment la langue de laquelle on se servit au parlement.

A l'égard des actes de la société, il n'y avoit point de régle certaine; & à l'exception de ceux que dressoient les moines & les autres gens d'église, ou qui s'expédioient sous le sceau royal & à la chancellerie, qui étoient ordinairement en *Latin*, chaque notaire ou greffier dressoit les actes dans la langue qu'il entendoit.

Louis XII, par l'art. 47 de l'ordonnance de 1512, avoit même ordonné que les enquêtes & informations, se fissent en langue du pays, Limosin, Poitevin, &c. Cela fut abrogé par l'article 111 de l'ordonnance de 1539 de *François I*. Cependant le *Latin* s'étoit conservé pour la publication & l'enregistrement des ordonnances, brefs, déclarations, lettres-patentes; cela fut aussi abrogé par l'article 35 de l'ordonnance de *Charles IX*, de 1563.

LANGUE-D'OYL & LANGUEDOC: dans le treizieme siecle on distinguoit le royaume de France en deux parties, l'une nommée la *Langue d'Oyl*, l'autre nommée la *Languedoc*.

Le pays nommé la *Langue d'Oyl*, ou *Pays coutumier*, comprenoit la France septentrionale. On l'appelloit *coutumier*, parce que les provinces qui la composoient étoient régies par la coutume.

La partie méridionale, appellée le *Languedoc*, suivoit le droit écrit.

La seule province du Lyonnois, quoique régie par le droit *écrit*, étoit censée de la *Langue d'Oyl* ou *Pays coutumier*. La *Garonne* faisoit la séparation de ces deux parties. Comme la Guienne & quelques provinces voisines étoient alors sous la domination Angloise, le *Languedoc* formoit la moindre portion du royaume, n'étant composé que de la province appellée aujourd'hui *Languedoc*, à laquelle il faut ajoûter le Quercy & le Rouergue.

DU-CANGE, au mot *Linguæ*, dit que ce nom de *Langue d'Oyl* tire son étymologie du mot *Oyl*, dont se servoient les habitans des provinces septentrionales, pour exprimer *oui*. C'est par cette dénomination, qu'on distinguoit cette partie du royaume des provinces méridionales où l'on employoit le terme d'*oc* dans le même sens.

Le *Languedoc* est une des grandes provinces & des plus méridionales de France. Le pays fut habité anciennement par différens peuples. *César* en fit la conquête, & la nomma *province des Gaules*. *Auguste* la nomma *province Narbonnoise*, & la divisa en cinq provinces. Sous l'empereur *Honorius*, après la mort de *Theodose*, ces provinces eurent le nom de *Septimanie*. Les successeurs d'*Arnulphe*, roi des Wisigots, étendirent leur domination dans les Aquitaines, d'où ils furent chassés par *Clovis*. *Charlemagne*, pour mieux retenir cette province dans l'obéissance, établit des comtes dans les principales villes. *Louis le Débonnaire* & *Charles le Chauve* en augmenterent le nombre; & quand *Hugues Capet* fut monté sur le trône, il gratifia de ces comtés, la plûpart des grands de sa cour, pour les récompenser des services qu'il en avoit reçus.

Le *Languedoc* se divise en haut & bas, & en deux généralités; celle de Toulouse & celle de Montpellier. La premiere comprend tous les diocèses situés dans le haut *Languedoc*. Les autres treize diocèses du bas *Languedoc* sont compris dans la généralité de Montpellier ; & il n'y a, depuis long-tems, qu'un seul & même intendant pour ces deux généralités. Voyez, pour la description entiere de cette province, le *Dictionnaire des Gaules*, tom. iv, ou la *Description de la France*.

LAON : ancienne ville du Laonois. Elle fut assiégée, en 488, par les Vandales, les Alains, les Huns, & autres nations barbares de Germanie. Du tems de la seconde race de nos rois, la ville de *Laon* portoit le titre de *comté*. Dans les neuvieme & dixieme siécles, elle devint une de plus considérables places du royaume : elle fut la demeure ordinaire des rois *Charles V*, *Louis d'Outremer*, *Clotaire*, *Louis V* & *Hugues Capet*. *S. Louis* donna ce palais aux Cordeliers : on le nomme encore la *vieille Cour du Roi*. Le siége épiscopal y fut établi vers l'an 497, par *S. Remy*, qui démembra, pour cet effet, une partie de son diocèse de *Reims*, & mit à *Laon*, pour premier évêque, *S. Genebaud*. Depuis ce saint, jusqu'à M. le cardinal *de Rochechouart*, nommé à cet évêché en 1741, on compte environ quatre-vingts évêques. On croit que ce fut *Hugues Capet* qui fit duc & pair de France *Adalberon*, évêque de cette ville, pour lui avoir livré *Charles*, duc de Lorraine, le dernier prince de la race des Carlovingiens. Depuis ce tems, l'évêque de *Laon* est duc & pair de France ; il porte la sainte ampoule au sacre de nos rois.

C'est *Louis XI*, qui accorda aux habitans de *Laon* l'exemption de la taille, dont ils jouissent. Les partisans de la Ligue se rendirent maîtres de *Laon* par surprise, & s'y maintinrent tant qu'ils purent. *Henri IV* en fit le siége, & les habitans furent obligés de lui rendre la place en 1594 ; & ce prince n'en fut pas plutôt le maître, qu'il y fit construire une citadelle à la pointe orientale de la montagne.

Il y a l'abbaye de *S. Martin* de *Laon*, qui est la seconde de l'ordre des Prémontrés ; *S. Norbert* y établit son institut. Voyez, pour les autres particularités, les *Dictionnaires géographiques*.

LANSQUENETS : mot composé de deux autres, qui sont *lans* & *knecht*, dont le dernier signifie, en Allemand, un valet, un soldat à pied. *Lans* exprime, sans doute, cette espece d'arme offensive que nous écrivons *lance*, & qui étoit autrefois fort en usage. Les *Lansquenets* étoient une infanterie Allemande, que *Charles VIII* eut dans ses armées, & qu'il ajoûta aux Suisses qu'il avoit aussi à sa solde, à l'exemple de son prédécesseur ; car l'infanterie Françoise n'étoit pas alors estimée, n'étant que le rebut de la nation. Voyez *Forces de la France*.

LANTERNES : l'établissement des *lanternes* à Paris, de même que celui du nettoyement des rues, est de l'année 1666. Quelques jours avant le dernier quartier de la lune, qui finit dans le mois de Septembre, on commence à allumer les chandelles dans les *lanternes* des rues de Paris ; & le douze de chaque lune, on cesse de les allumer pendant huit jours. Ces lumieres continuent jusqu'au premier quartier de la lune du mois d'Avril. Le nombre de ces lanternes est de cinq mille neuf cens, posées dans les mille rues, qui composent la ville de Paris, contenant environ vingt-quatre mille maisons, dont quatre mille sont à porte-cochere. Au mois de Septembre 1766, on a posé dans plusieurs rues de Paris, comme rue Dauphine, rue de la Comédie-Françoise & autres, & sur le Pont-Neuf, des réverberes, à de plus grandes distances que les lanternes ordinaires, & qui donnent une plus grande lumiere. C'est un essai qui, peut-être, aura lieu, si la dépense n'excéde pas celle des anciennes *lanternes*.

LAPIDAIRES : tailleurs de pierres précieuses, graveurs, &c. Ce corps ne le céde en antiquité, qu'à peu des autres communautés, quoiqu'en 1584 il fût encore assez informe. Ses premiers statuts furent donnés par *S. Louis*, & depuis confirmés par *Philippe de Valois*. Par l'article 17 de l'ordonnance de *Henri II*, donnée à Fontainebleau, les maîtres-jurés

& gardes de l'orfévrerie furent maintenus dans le droit de visite chez les *lapidaires*. En conséquence de l'édit donné par *Henri III*, pour ériger en jurande toutes les communautés de Paris, les maîtres & tailleurs-lapidaires eurent de nouveaux statuts.

LAPIDATION : châtiment militaire en usage chez les Romains, & dont on ne trouve qu'un seul exemple dans notre Histoire, en 570. Ce fut *Sigebert*, roi d'Austrasie, qui fit lapider, à la tête de toute l'armée, quelques mutins de ses troupes Germaniques.

LAQUAIS : sous le régne de *Henri IV*, on appelloit les garçons de paume *naquets*, du mot Allemand, *kenet*, qui veut dire *valet* ; & on conjecture, dit M. *Dreux* du *Radier*, que le mot *laquet*, qu'on écrit aujourd'hui *laquais*, vient du mot *naquet*, changeant l'*N* en *L*, comme le mot *lentille*, que bien des gens prononcent & écrivent *nentille*.

LAVAL : ville du bas Maine, considérable par son commerce de toile, qu'on croit avoir été bâtie par *Charles le Chauve*, pour arrêter les progrès des Bretons. Cette ville fut prise par escalade, en 1466, par *Talbot*, général des Anglois, & le château rendu par composition. Mais il fut pris l'année suivante par les François, sous la conduite des seigneurs du pays.

Les anciens sires de *Laval* reçurent les hommages de plus de cent quarante terres nobles ; & cette seigneurie, par conséquent, étoit une des plus considérables du pays, & c'étoit anciennement une baronnie qu'une branche de l'illustre maison de *Montmorency* avoit acquise par alliance, vers l'an 1118. *Yves*, du nom *sire de Laval*, sous *Hugues Capet*, est le premier possesseur de cette terre, dont on ait connoissance. *Guy VII* du nom, comte de *Laval*, mort sans postérité, en l'an 1547, laissa ses biens à ses deux sœurs *Catherine* & *Anne de Laval*. *Catherine*, l'aînée, épousa *Claude de Rieux*, comte de Harcourt, dont la fille *Renée de Rieux*, mariée à *Louis de S. Maur*, mourut sans enfans, en 1567. Pour *Anne*, sœur de *Catherine*, elle avoit épousé, en 1521, *François* seigneur de la Trémoille ; &

c'est par représentation de cette *Anne* de Laval que *Charles de Bretagne*, duc de la Trémoille, possède aujourd'hui la terre de *Laval*.

LAVAUR : ville avec un évêché suffragant de Toulouse, en Languedoc, dont les habitans entrerent dans le parti des Albigeois ; ce qui donna lieu aux peres du concile, qui s'y tint en 1212, de l'appeler *sedes Satanæ atque erroris hæretici primacia*.

Lavaur fut assiégée & prise par les Albigeois, par le cardinal *Henri*, évêque d'Albi, & ensuite par *Simon* de Montfort, général des Croisés, qui en disposa en faveur de *Bouchard* de Marly. *Raimond VII* la reprit sur *Amaury* de Montfort ; & quelque tems après, il la remit au roi pour dix ans, après en avoir fait détruire les fortifications. Dans les seizieme & dix-septieme siécles, elle souffrit encore beaucoup à l'occasion de la guerre de religion, qui causa de grands troubles dans la province de Languedoc.

En 1462, le roi *Louis XI* érigea *Lavaur* en comté, en faveur de *Jean de Foix-Candale* ; mais en 1483, ce comté fut réuni à la couronne ; & depuis il n'en a plus été question.

Le siége épiscopal de Lavaur, ainsi que celui de Mirepoix, n'ont été érigés que le 26 Septembre de l'an 1317. Il s'est tenu à *Lavaur* trois conciles ; le premier, en 1168 ; le second, en 1212. Il en est parlé dans le *Gallia Christiana* ; & le troisieme, en 1213. Il en est parlé dans les Collections de *Labbe* & d'*Hardouin*.

LAVEMENT DES PIEDS : le roi *Robert* nourrissoit tous les jours jusqu'à trois cens pauvres, quelquefois mille. Le jeudi-saint, il les servoit à genoux, & leur lavoit les pieds, revêtu d'un cilice ; c'est de-là qu'est venu l'usage que la piété de nos rois a consacré de laver, à pareil jour, les pieds à douze pauvres, & de les servir à table avec tous les princes & les grands seigneurs de leur cour.

LAURAGUAIS : pays avec titre de *comté*, qui a pris son nom de *Laurac*, dont Castelnaudari est la capitale. Ce pays obéissoit au comte de Carcasfonne. Il fut enfuite foumis au comte de Barcelonne & au roi d'Arragon. Ce dernier le donna en fief aux vicomtes de Beziers, qui le cédèrent au roi *S. Louis* en 1258. Cette même année, *Jacques*, roi d'Arragon, céda auffi au roi *S. Louis* tout le droit qu'il avoit fur le *Lauraguais*, qui depuis dépendit du domaine de la couronne jufqu'en 1477 ou 1478.

Au mois de Janvier de cette année, le roi *Louis XI* l'érigea en comté pour *Bernard de la Tour II* du nom, comte d'Auvergne, en échange du comté de Boulogne, dont le roi s'étoit faifi après la mort du roi *Charles le Téméraire*, duc de Bourgogne. La reine *Catherine de Médicis* hérita du comté de *Lauraguais*, qui, après fa mort, fut adjugé à la reine *Marguerite* fa fille, qui le remit par donation entre-vifs, au dauphin, depuis le roi *Louis XIII*, à condition qu'il le réuniroit inféparablement à la couronne. Le comté de *Lauraguais* eft actuellement poffédé par *Louis II de Brancas*, duc de Villars, appellé le *duc de Lauraguais*.

LAUZUN : il y a une ville de ce nom dans l'Agénois. La terre & feigneurie de *Lauzun* eft une ancienne baronnie, qui, dans le treizieme fiécle, étoit poffédée par *Nompar de Caumont*, d'une fort ancienne maifon en Guienne, dont la branche aînée, diftinguée par les furnoms de *la Force*, a eu deux maréchaux de France, & fept ducs & pairs. Ce fut en faveur d'*Antoine-Nompar de Caumont*, que la terre de *Lauzun* fut érigée en duché, par lettres du mois de Mai 1692, vérifiées au parlement, le 13 du même mois. Ce feigneur, qui fut chevalier de la Jarretiere, colonel-général des dragons, puis capitaine des Gardes du Corps, lieutenant-général des armées & gouverneur du Berry, mourut fans poftérité, le 19 Novembre 1723 ; & le duché de *Lauzun* échut à fa niéce, *Marie-Antoinette de Bautru de Nogent*, mariée au maréchal-duc de *Biron*. Le comte de *Biron*, neveu du maréchal, eft aujourd'hui qualifié duc de *Lauzun*.

LAZARE : (Saint) l'ordre militaire de *S. Lazare* fut établi par les Chrétiens occidentaux, dans le tems qu'ils tenoient la Terre-sainte. Il étoit différent des ordres des *Templiers*, des chevaliers Teutoniques & des chevaliers de S. Jean de Jérusalem. Son institut étoit de recevoir les pélerins dans les maisons fondées exprès ; de les conduire par les chemins, & de les défendre contre les Mahométans.

Les papes lui donnerent de grands priviléges, & les princes de riches possessions. *Louis VII* fit présent, en 1154 de la terre de Boigny, près d'Orléans, aux chevaliers de *S. Lazare*, qui y fixerent leur résidence, après que les Chrétiens eurent été chassés de la Terre-sainte.

Dans la suite, cet ordre tomba dans le mépris, & les chevaliers de S. Jean de Jérusalem obtinrent facilement d'*Innocent VIII*, qu'il seroit supprimé. Mais les chevaliers de *S. Lazare* de France s'en étant plaints au parlement, il y fut ordonné que cet ordre subsisteroit séparé de tout autre.

Philibert de Nerestang, gentilhomme de rare vertu, & capitaine des Gardes du Corps, conçut le dessein, après *Aymar* de Chat, chevalier de Malthe, de faire refleurir cet ordre ; & il employa si heureusement son pouvoir auprès de *Henri IV*, que ce monarque l'en fit grand-maître, l'an 1608 ; & il obtint une lettre du pape fort avantageuse pour cet ordre.

Les chevaliers, entr'autres priviléges, ont pouvoir de se marier, & de tenir des pensions sur les bénéfices consistoriaux. Cet ordre a encore été rétabli & mis dans un plus beau lustre sous le règne de *Louis XIV*. Monseigneur *le Dauphin* en est aujourd'hui le grand-maître. Cet ordre a été uni, en 1608, à N. D. du Mont-Carmel ; en 1607, par *Paul V*, à la requisition de *Henri IV*. On trouve dans *Moréri* la liste des grands-maîtres de l'ordre de *S. Lazare*, depuis 1099 jusqu'à ce jour.

LEAU : c'est une abbaye de filles de l'ordre de Citeaux, fondée en 1226 par *Isabelle*, comtesse de Chartres. *Jean de Châtillon*, comte de Blois, en augmenta les revenus par ses bienfaits, au mois de
Décembre

Décembre 1256. Son exemple fut suivi, en 1282, par *Pierre*, comte d'Alençon & de Blois, prince du sang de France.

LECTEURS : la charge de *lecteur* chez le roi, la reine, les princes & princesses, ne se donne qu'à des sçavans. Il y a eu de ces *lecteurs*, bien avant la troisieme race. Cette coutume s'étoit introduite dans les Gaules par les Romains ; & l'usage de la lecture à la table de nos rois, ou des conversations sçavantes, est très-ancien. On le voit établi sous *Charlemagne*, & il a duré jusques sous *Louis XIII*. *Charlemagne* s'entretenoit à table avec des sçavans connus, on se faisoit lire quelques bons livres, comme la Cité de Dieu de saint Augustin. On lisoit encore à la table de *François I* ; les lectures qui s'y faisoient, les matieres qu'on y traitoit, les discours qu'on y tenoit, étoient instructifs ; & il y avoit à profiter pour l'homme de lettres, comme pour l'homme d'épée ; & même l'artiste, le jardinier & le cultivateur y auroient pu acquérir de nouvelles connoissances. Voyez la vie latine de *Chastel* ou de *Castellamy*, par *Galland*, où l'on trouve des exemples frappans des conversations que *François I* avoit à table, & qui font beaucoup d'honneur à ce prince.

LECTOURE : c'est une ville forte & ancienne de l'Armagnac en Gascogne, capitale de la Lomagne. On y voit de belles inscriptions du temps des Romains, & une, entr'autres, sur le perron de la prison de l'officialité : on y lit dans celle-ci le mot *Tauropolium*, qui signifie un *sacrifice de taureau*, fait à la mere des dieux. *Philippe le Bel* acquit *Lectoure*, l'an 1300, d'*Elie Taleyrand*, comte de Périgord. Ce prince la donna ensuite à *Arnaut de Goute*, dont la petite-fille nommée *Regine*, la donna par testament à *Jean* I, comte d'Armagnac, son mari. Le siége épiscopal de cette église a été établi dans le sixieme siécle.

LÉGAT : ce nom se donne à diverses sortes de personnes. On appelle *légats* ceux que les papes envoient aux conciles généraux, pour y présider de leur part; & ceux-ci, comme tenant la place du pape & le représentant, précédent tous les autres.

On nomme aussi *légats* les vicaires apostoliques perpétuels, que le pape établit dans les royaumes ou dans les provinces éloignées de Rome. Tels ont été en France, les archevêques d'Arles & de Reims, qui portent encore le titre de *légats* nés du saint siège apostolique; en Espagne, ceux de Séville & de Tolède; en Angleterre, autrefois l'archevêque de Cantorberi; en Illyrie, ceux de Thessalonique.

Il y a encore des *légats* ou vicaires apostoliques par commission, & délégués, pour un temps, en divers lieux, pour y assembler des synodes, afin de rétablir la discipline ecclésiastique. Tels furent, en France, *Boniface*, sous les papes *Grégoire* II & III; *Hugue*, évêque de Digne, puis archevêque de Lyon, sous *Grégoire VII*, & *Urbain* II.

Enfin on donne le nom de *légat* aux ambassadeurs extraordinaires, que les papes envoient aux empereurs & aux rois. Autrefois cette légation étoit commise aux évêques; on en trouve plusieurs exemples dans l'Histoire ecclésiastique; mais aujourd'hui, comme les *cardinaux* l'ont emporté sur les *évêques*, il n'y a plus qu'eux qui soient employés sous le titre de *légats à latere*

Ce titre de *légat à latere*, signifioit autrefois seulement un homme de confiance, dont le pape se servoit, & qui étoit envoyé de sa part pour s'acquitter de quelque commission que ce fût. C'est à-peu-près dans ce sens que l'on appelloit *laterales* ou *de latere missi*, ceux que les rois de France envoyoient avec autorité dans les provinces, parce qu'ils étoient pris du nombre de leurs officiers.

Maintenant le titre de *légat à latere*, ne se donne qu'aux cardinaux qui sont envoyés par le pape, comme ambassadeurs extraordinaires, aux têtes couronnées, avec autorité & jurisdiction de légation sur plusieurs choses, dont la connoissance leur est attribuée.

En France on ne reconnoît point les *légats* que

[L E G]

les bulles de leur légation n'ayent été enregistrées au parlement. Ils y font contraints de renoncer à celles de leurs prérogatives qui font contraires aux priviléges de l'*église Gallicane*.

Le premier *légat* envoyé en France par le saint siége, fut en 742.

Par arrêt du parlement de Paris, du 14 Août 1483, il fut défendu au cardinal *Balue*, *légat du pape*, de faire porter la croix devant lui, & d'user de ses facultés. Le 17 du même mois, l'arrêt fut publié à son de trompe & cri public : le lendemain 18, le cardinal supplia le roi de lui permettre de faire porter la croix devant lui, & d'user *de quelques petites facultés*, comme de *donner confessionneux*. Le roi envoya son chancelier en demander avis à la cour de parlement, qui conclut que *non*, & que l'arrêt tiendroit. C'est ainsi qu'une heureuse harmonie entre nos rois & nos cours de parlement, conserve toujours le sacré dépôt de nos libertés de l'église Gallicane.

On nomme encore *légats* les gouverneurs de provinces de l'État ecclésiastique, tels que les États d'Avignon, de Boulogne, de Ferrare, &c.

Quand les *facultés du légat d'Avignon* s'étendent au-delà du Comtat-Vénaissin, & terres dont le pape jouit à présent, avant d'user de ses facultés dans le pays de l'obéissance du roi, il fait serment & promet par écrit de n'entreprendre aucune chose sur la jurisdiction séculiere, ni de distraire les sujets, ni d'interdire ou excommunier les officiers du roi, ni de faire aucune chose contre les libertés de l'église Gallicane, édits, coutumes, statuts & priviléges du pays. Et sous ces modifications & à la charge d'icelles, sont *ses facultés*, & celles de ses *vice-légats*, vérifiées en la cour du parlement de Dauphiné & autres respectivement pour ce qui est de leur ressort, après qu'elles ont été représentées par eux, avec placets & lettres du roi.

Anciennement, les facultés du *légat d'Avignon* étoient vérifiées aux parlemens de Toulouse, du

Grenoble & d'Aix, parce qu'elles s'étendoient sur les provinces d'Arles, d'Embrun, de Vienne & de Narbonne; mais à présent ils ne font vérifier leurs facultés qu'au parlement d'Aix, parce que leurs pouvoirs ne s'étendent que sur les évêchés de ce parlement.

LEGISTES *ou* GENS DE ROBE : l'auteur des Mœurs & des Coutumes des François, page 151, nous apprend que les lumieres & la probité des premiers *légistes*, qui eurent séance au parlement, les mirent dans une haute réputation. Ils se laissoient rarement surprendre, & rarement corrompre. Ils ne recevoient ni présens, ni visite. Un grand fond d'honneur faisoit toutes leurs richesses; leurs gages suffisoient pour leur entretien. Lorsqu'ils ne siégeoient plus au parlement, ils servoient au conseil du roi, ou étoient employés dans des commissions particulieres. Cette noble simplicité, loin d'affoiblir, augmentoit la considération qu'on avoit pour eux; la principale attention de ces dignes magistrats étoit d'expédier les parties : on vuidoit tous les procès en deux mois, pour ne point remettre les plaideurs à un autre parlement, qui souvent ne s'assembloit qu'une fois l'année. La justice étoit administrée sans frais; l'arrêt même ne coûtoit rien; le greffier étoit payé sur un fond que faisoit le souverain. *Charles VIII*, qui avoit une grande guerre avec ses voisins, se laissa persuader qu'il n'y avoit nulle injustice à faire payer aux parties l'expédition de leurs arrêts; ce qui a été continué & augmenté jusqu'à nos jours, vû la vénalité des charges.

LEGS TESTAMENTAIRES : l'abus des *legs testamentaires*, exigés par les ecclésiastiques, a duré très-long-tems à Paris & dans tout le royaume. Les prélats de France prétendoient qu'on ne devoit point enterrer en terre sainte, les Chrétiens qui mouroient sans rien laisser à l'église; & le tout fondé sur les canons d'un ancien synode, que les prêtres interprétoient à leur phantaisie. C'est ce qui obligeoit les héritiers de ceux qui venoient à mourir sans faire de testament, à prier d'être reçus à tester en leur place, afin de sauver l'honneur du défunt. Quand il arrivoit, dans ces temps-là, qu'un curé enterroit un *intestat*, l'official le citoit aussi-tôt.

Pendant la peste de 1554, qui fit de grands ravages dans Paris, une infinité de corps tout putréfiés, seroient demeurés sans sépulture, au milieu des rues, si *Desvoisins*, vicaire-général du cardinal du *Bellay*, évêque de Paris, n'eut ordonné aux curés d'enterrer les *intestats*, tant que la contagion dureroit, de peur que l'air ne vînt encore à s'infecter davantage. Les pauvres mêmes, dans ces temps de vertiges & d'ignorance, étoient privés de la sépulture, à moins qu'on ne fît des quêtes pour eux, & qu'on n'eût amassé la somme qu'il falloit pour cela.

Les évêques obligeoient encore les héritiers des personnes mortes dans leurs diocèses, à leur rendre compte de leur testament. Le premier président *Lizet*, en parlant de ces *legs testamentaires*, les appelle *jus satanicum*; mais enfin la cour, lasse & fatiguée de ces vexations, manda les curés de Paris, les officiers de l'évêque, le vicaire perpétuel de saint Germain, & autres; & cette coutume, si injurieuse à l'église, fut abolie, vers la fin du seizieme siécle. Voyez *Déconfès*.

LEMOVICES: nation ou peuple de l'Aquitanique premiere. Ils occupoient toute l'étendue de l'ancien diocèse de Limoges, renfermant celui de Tulles qui en a été distrait; tout le Limousin, & une partie considérable de la Marche, étoient habités par les *Lemovices*; *Augustoritum*, aujourd'hui Limoges, étoit leur capitale. *César*, *Strabon*, *Pline*, *Ptolomée* & tous les anciens auteurs font une mention honorable de ce peuple, autant recommandable par sa prudence que par sa bravoure. Voyez *Limoges.*.

LENS: ville en Artois, où le prince de *Condé* remporta une victoire sur les Espagnols en 1648. Elle fut cédée à la France par le Traité des Pyrénées, de 1659. M. de *Valois* a conjecturé que cette ville pourroit bien être la même chose que le *Vicus*

Helenæ, dont il est fait mention dans les historiens. *Lens* qui étoit autrefois une place forte, ne l'est plus, les fortifications ayant été démolies par ordre de *Louis* XIV.

LÉONCELLE : c'est une abbaye d'hommes de l'ordre de Cîteaux, en Dauphiné, dans le diocèse de Valence, fondée en 1137, & dont les religieux envoyés du monastere de Bonnevaux, formerent leur premier établissement. M. de *Catellan*, évêque & comte de Valence, dit, dans les Antiquités de cette église, que les donations qui furent faites à l'abbaye de *Léoncelle* par *Eustache* évêque de Valence, & par *Jean* son successeur au même évêché, & qui sont rappellées dans la ratification qu'en fit *Bernard*, autre évêque de Valence, prouvent que la fondation de ce monastere ne peut guères être moins ancienne, que l'année 1137, que nous venons de marquer, & que même elle est plus ancienne de quelques années.

LÉPROSERIE ET LÉPRE. Il y avoit sous le règne de *Louis VIII* deux mille *léproseries* dans le royaume, à qui ce prince fit des legs en mourant. La *lèpre* qui causoit alors de si grands ravages en France, fut le seul fruit que les Chrétiens rapporterent de leurs croisades. Ceux qui étoient attaqués de ce mal contagieux, étoient séparés de toute société. On les enfermoit dans des lieux écartés, loin de toute habitation, toujours cependant près des grands chemins. On les fuioit avec horreur, lorsqu'on les rencontroit. Ils ne pouvoient contracter, sans spécifier le genre de maladie dont ils étoient atteints ; sans cette précaution, leurs actes devenoient nuls. Le nombre de ces *lépreux* devint si considérable, qu'il n'y eut presque ni villes ni bourgades, qui ne se virent obligées de bâtir un hôpital pour les retirer. On nommoit ces maisons *ladreries*, parce qu'elles étoient consacrées sous l'invocation de *S. Lazare*, que le peuple, par corruption, appelloit *S. Ladre*.

Les libéralités de nos rois, celles des grands, les charités des fidéles enrichirent en très-peu de tems ces retraites ; objets tout à la fois dignes de compassion & d'horreur. Mais bientôt les *ladres*, c'est ainsi qu'on nommoit ces malheureux, devinrent plus dignes d'envie que de pitié. Le desir de s'emparer de leurs richesses, les fit accuser des plus horribles crimes, entr'autres, d'avoir empoisonné les puits, les fontaines & les rivieres. *Philippe le Long*, sur cette accusation, en fit brûler plusieurs, & confisqua leurs biens.

Insensiblement, soit un plus grand soin de la propreté, soit une suite de l'usage du linge, ou même de tous les deux ensemble, le mal diminua & s'éteignit tout-à-fait dans le royaume.

LESCAR : ville avec évêché, en Béarn, intendance d'Auch, que M. de *Marca* croit avoir été bâtie sur les ruines de *Bene-Harnum*, qui étoit la ville la plus considérable de ces contrées, & le siége de l'évêché. M. d'*Anville* dit que *Bene-Harnum* étoit plus vers le nord, & plus au couchant, c'est-à-dire à-peu-près aux environs d'*Orthès* ; quoi qu'il en soit, la ville de *Bene-Harnum* ayant été détruite par les Normands, l'an 845, il n'en fut plus question.

En 980, *Guillaume Sanchès*, duc de Gascogne, bâtit la ville de *Lescar* sur une colline, au milieu d'un bois, dans un endroit où il n'y avoit alors qu'une chapelle ; & depuis elle reçut quelques augmentations & divers embellissemens. Cette ville souffrit beaucoup, en 1569, à l'occasion des guerres de religion. Le comte de Montgommery y dépouilla les églises de tous leurs vases, & ruina tous les tombeaux des princes de *Béarn* qui étoient dans la cathédrale. Le nom de *Lescar* lui fut donné à cause de plusieurs ruisseaux, qui faisoient leurs cours en serpentant ; ce que les Gascons appellent *Lascourre*, d'où l'on a fair *Lescar*.

LESDIGUIERES : c'est un bourg en Dauphiné, diocèse de Gap, érigé en duché-pairie, en 1611, en faveur de *François de Baune*, duc de *Lesdiguieres*, connétable de France, & l'un des plus grands capinaines du dernier siècle, & en même temps, par une grace singuliere, en faveur du marquis de Créqui de Blanchefort, son gendre. Ce duché fut éteint en 1711, à la mort du vieux duc de Lesdiguieres.

Le connétable de Lesdiguieres a joué un assez beau rôle sous le régne de Henri IV; le duc de Savoie l'appelloit le *renard du Dauphiné*, parce qu'il en étoit toujours batu. Ce prince néanmoins voulut, en 1597, avoir la gloire de bâtir un fort sur les terres de France, & à la vue de l'armée Françoise.

Les officiers presserent Lesdiguieres de s'y opposer, & se plaignirent même à la cour de l'inaction de leur général: Henri IV lui en écrivit en termes assez vifs. Lesdiguieres fit cette réponse:

Votre Majesté a besoin d'une bonne forteresse à Barreaux pour tenir la garnison de Montmélian; puisque le duc de Savoie en veut faire la dépense, il faut le laisser faire; dès qu'elle sera en défense & bien fournie de canons & de munitions, je vous promets de la prendre, sans qu'il en coûte rien à votre épargne.

Le roi s'en rapporta à Lesdiguieres, qui ne tarda point à tenir sa promesse; & l'année suivante (1598) le fort de Barreaux fut pris par escalade.

LESSAY: bourg de France avec abbaye, en basse Normandie, diocèse de Coutances. L'abbaye a été fondée vers l'an 1064, par *Turstin*, surnommé *Halduc* ou *Holduc*, du consentement d'*Emme* sa femme: leur fils *Eudes*, surnommé *Au-Chapeau*, grand-maître ou sénéchal de Normandie, fit bâtir l'église de cette abbaye, & la plûpart des lieux réguliers; il confirma les donations faites par son pere, & y en ajoûta de si grandes, qu'on l'a qualifié de *fondateur* dans plusieurs actes anciens. Ce seigneur est enterré dans le chapitre, où l'on voit encore son tombeau, sur lequel il est représenté sous l'espece d'habit long.

L'église de cette abbaye est dédiée sous l'invocation de la très-sainte Trinité, & de la sainte Vierge; il s'y pratique annuellement, le jour de la

Trinité, une cérémonie singuliere, mais très-ancienne. Un laïc, revêtu d'une *aube*, par-dessus laquelle il met une *chape*, tenant à la main une maniere de bâton de pélerin & une petite clochette, & ayant sur la tête une couronne de fleurs, se place au milieu des chantres, se promene avec eux pendant la grand-messe & les vêpres, & reçoit le premier l'encens; la tradition du pays est que cette institution a été faite en mémoire du fondateur *Eudes*, qui aimoit à se trouver au chœur avec les religieux, & chantoit avec eux l'office divin.

LETTRES DE L'ALPHABET : ce sont des figures, caracteres ou traits de plume, dont un peuple est convenu, pour signifier quelque chose, & dont l'assemblage sert à exprimer les mots. Les *Egyptiens*, dit *Tacite*, se sont dits les inventeurs de l'écriture ; il est plus vraisemblable que les Phéniciens ont été leurs maîtres ; c'est ce que dit Lucain dans la Pharsale:

Phœnices primi, famæ si creditur, ausi
Mansuram rudibus vocem signare figuris.

Ce qu'a si heureusement rendu *Breheuf*, par les quatre vers suivans:

C'est de lui que nous vient cet art ingénieux,
De peindre la parole & de parler aux yeux;
Et par les traits divers de figures tracées,
Donner de la couleur & du corps aux pensées.

Chilpéric I, le neuvieme de nos rois de France, né avec un esprit vif & délicat, étoit un des plus sçavans princes de son temps ; il eut du talent pour la poësie ; & il imagina aussi des *caracteres nouveaux* pour joindre à l'*alphabet*.

Mais la maniere dont s'est exprimé *Grégoire de Tours*, à ce sujet, est fort obscure, dit M. *Dreux du Radier*. Cependant il paroît que ces lettres étoient l'*omega*, (Ω,) le *psi*, (Ψ,) le *zeta*, (z,) & le *pi*, (π,) des Grecs; il prétendit même que son *orthographe* fût suivie dans toutes les écoles, & qu'on corrigeât tous les manuscrits, d'après les lettres dont il vouloit qu'on se servît; ce qui heureusement n'a point été fait. Voici le texte de *Grégoire de Tours*, lib. v, n° 44. *Addidit autem & litteras litteris nostris, id est, ω, sicut Græci habent æ, the, vuvi, quarum caracteres subscripsimus, hi sunt, Ω, ψ, ζ, π, & misit epistolas*, &c. « Il y a certainement du désordre » dans ce texte. Peut-être *Grégoire de Tours* a-t-il » voulu dire que *Chilpéric* ajoûta à notre alphabet des » lettres doubles, tels que sont l'œ (que nous em- » ployons aujourd'hui) *the*, *vuvi*, qui est le W des » Allemands, des Anglois, &c. à l'exemple des » Grecs, qui ont leur Θ, Φ, Χ, Ψ, l'Œ ou notre » Æ, répond à l'r des Grecs; alors il se trouveroit que l'invention de *Chilpéric* a été adoptée dans la suite des tems, à l'exeption du *the*, qui feroit fort utile. *Laurent Tolpetinus*, auteur des *Origines de Transylvanie*, chapitre 9, page 73, après avoir dit, que les peuples de la Valachie, ont formé leur langue sur la langue ancienne d'Italie; telle qu'elle existoit avant que le *Dante*, *Bocace* & *Petrarque* eussent, pour ainsi dire, donné l'être à celle qui existe, prise de l'ancien *Lombard*, du *François* & des restes de la langue Latine ou Romaine, ajoûte que l'*alphabet des Valaques a quarante-une lettres; parmi ces quarante-une lettres* imitées des caracteres *Russes*, se trouvent les caracteres que *Chilpéric* vouloit introduire à l'imitation des Grecs. *Note tirée des Tablettes de France, tome j, pag. 39.*

LETTRES D'ANNOBLISSEMENT: ces *lettres* exigent deux choses; une finance pour le monarque, qui doit être indemnisé des subsides, dont la lignée du *nouveau noble* est affranchie, & une aumône pour le peuple qui se trouve surchargé par cette exemption. C'est la chambre des comptes, qui décide de toutes les deux. Le roi peut remettre l'une & l'autre; mais il le fait rarement pour l'*aumône*, parce qu'elle regarde les pauvres.

Un célebre jurisconsulte (*Loiseau*) fait une réflexion au sujet de ces *lettres d'annoblissement* : *Toutes fois*, dit-il, *à bien entendre cette abolition de roture, elle n'est qu'une effaçure, dont la marque demeure ; elle semble même plutôt une fiction, qu'une réalité. Le prince ne pouvant par effet réduire l'être au non-être* ; c'est pourquoi nous sommes si curieux en France de cacher le commencement de notre noblesse, afin de la monter à cette espece de gentillesse ou générosité immémoriale, qui seule constituoit autrefois les nobles.

Beaucoup d'auteurs ne fixent les premieres *lettres d'annoblissement* qu'au régne de Philippe le Hardi. Cependant on en trouve sous Philippe-Auguste, preuve que l'usage d'*annoblir* est antérieur au régne de Philippe le Hardi.

De tout tems il y eut dans la monarchie françoise deux ordres de citoyens ingénus ; celui des *nobles*, & celui des *hommes simplement libres*. Ils sont clairement distingués dans les amendes que la loi *Salique* impose pour la mort d'un *antrustion* & pour celle d'un *simple Franc*. La premiere est de six cens sols, la seconde de deux cens ; c'est ce qui prouve que, même sous la premiere race, tous les Francs n'étoient pas d'une condition égale : alors la naissance donnoit la *noblesse*. Il fut convenu depuis, que la possession d'un fief annobliroit à la troisieme génération.

Un monarque est seul établi de Dieu, pour être le distributeur des graces, & ce n'est qu'à lui que cette prérogative est réservée ; & la loi de l'état n'accordoit pas même cette prérogative à ceux qui jouissoient des droits régaliens. En 1280, un arrêt du parlement prononça que le comte de Flandres ne peut ni ne doit faire un noble d'un *vilain*, sans l'autorité du roi.

Un marchand que Henri IV combloit de caresses, acheta une terre & des *lettres de noblesse*. Depuis cette acquisition & ce nouveau titre, Henri IV ne le regarda plus. Le marchand lui en demanda la raiſon. Le prince lui répondit : *Je vous conſidérois ci-devant comme le premier marchand de mon royaume, & je vous regarde aujourd'hui comme le dernier des gentilshommes.* Voyez *Nobleſſe*.

LETTRE DE CACHET : c'eſt un ordre du roi, contenu dans une ſimple *lettre*, fermée de ſon cachet, ſouſcrite par un ſecrétaire d'Etat.

LETTRES D'ÉTAT : ce ſont celles que le roi donne aux ambaſſadeurs, aux officiers de guerre, & à tous ceux qui ſont abſens pour le ſervice de l'Etat. Elles portent ſurſéance de toutes les pourſuites qu'on pourroit faire en juſtice contr'eux. Elles ne s'accordent que pour ſix mois ; mais on les renouvelle tant que le prétexte dure.

Le roi *Charles VI*, averti de l'arrivée des Anglois en Flandres, en 1383, aſſembla promptement ſa nobleſſe, qui ſe rendit à ſes ordres au nombre de ſeize mille hommes en armes, qui lui demanda, en grace, que, pendant qu'elle ſeroit occupée à la guerre, on ne pût faire contre elle aucune procédure de juſtice. La demande lui fut accordée ; & c'eſt le premier exemple que l'on trouve, dans notre Hiſtoire, de l'uſage de ce qu'on appelle *Lettres d'Etat.* Voyez le pere *Daniel*, *Hiſtoire de France*, tom. ij, pag. 1668 & 1669.

LETTRES PATENTES : on appelle ainſi les *lettres* du ſceau, parce qu'elles ſont ouvertes, par oppoſition aux *lettres* de cachet, qui ſont cloſes ou cachetées du cachet du roi.

LETTRES ROYAUX : ce ſont toutes les expéditions de la grande ou petite chancellerie, qui ſont émanées de la faveur du prince. Sous *Philippe-Auguſte* & ſes prédéceſſeurs, elles étoient ſignées par les quatre grands officiers de la couronne, c'eſt-à-dire, par le ſénéchal, le bouteiller, le chambrier & le connétable. C'étoit toujours le chancelier qui les expédioit de ſa propre main : *Datâ per manum cancellarii.* Si la chancellerie ſe trouvoit vacante, on avoit grand ſoin d'exprimer cette circonſtance : *Datâ vacante cancellariâ.*

[L E U]

LETTRES DES PRINCES LÉGITIMÉS : le premier qui en obtint, fut César, *Monsieur*, fils naturel de *Henri IV* ; & ensuite, en 1602, *Henri*, évêque de Metz, puis duc de Verneuil, fils naturel du même prince & de *Henriette* de Balzac.

LEUCATE : ville ancienne en Languedoc, diocèse de Narbonne, que les Espagnols assiégerent en 1637, mais où ils furent battus par l'armée de France, commandée par le maréchal de Schomberg. C'est à cette occasion que la noblesse de Languedoc se distingua par sa bravoure & par son zèle. Depuis la conquête du Roussillon, les fortifications de *Leucate* ont été rasées ; de sorte que ce n'est plus aujourd'hui qu'un bourg sans défense.

LEUDES *ou* VASSAUX : l'auteur de l'*Esprit des Loix* dit que les *leudes* étoient ces volontaires qui, chez les *Germains*, suivoient les princes dans leurs entreprises. *Tacite* les désigne par le nom de compagnons, *comites* ; la *loi Salique*, par celui d'*hommes*, qui sont sous la foi du roi, *qui sunt in truste regis* ; les formules de *Marculfe*, par celui d'*anstrustions* du roi, du mot *trew*, qui signifie *fidele* chez les Allemands ; & chez les Anglois, *true*, *vrai* ; nos premiers historiens, par celui de *leudes*, *de fidele*, en latin, *leudes*, *fideles* ; & les suivans, par celui de *vassaux* & *sénieurs*, *vassalli*, *seniores*.

On trouve dans les loix *Salique* & *Ripuaire*, un nombre infini de dispositions pour les *Francs*, & quelques-unes seulement pour les *Antrustrions*. On y régle, dit M. de *Montesquieu*, par-tout, les biens des *Francs* ; & on ne dit rien de ceux des *Antrustrions* ; ce qui vient de ce que les biens de ceux-ci se régloient plutôt par la loi *politique*, que par la loi *civile*, & qu'ils étoient le sort d'une armée, & non le patrimoine d'une famille. Les biens réservés pour les *leudes*, furent appellés des *biens fiscaux*, *fiscalia*, des *bénéfices*, des *honneurs*, des *fiefs* dans les divers auteurs & dans les divers tems. Voyez *Anstrustion*, tom. j de cet ouvrage, pag. 84 & suiv. & le *Livre xxx*, ch. xvj de l'*Esprit des Loix*.

LEVROUX: ville avec un château dans le Berry, diocèse de Bourges, qui, si l'on en croit la légende de *S. Sylvain*, s'appelloit anciennement *Gabatum*, & prit le nom qu'elle porte aujourd'hui, à l'occasion d'un miracle que *S. Sylvain* opéra par l'intercession de *S. Martin*. Le seigneur de ce lieu étoit attaqué de la lépre; *S. Martin* l'ayant baisé, il en fut guéri à l'instant; & en mémoire de ce miracle, le peuple changea le nom de la ville & l'appella *Leprosum*, c'est-à-dire, *Locus Leprosi*.

D'autres veulent que *Levroux* ait été bâti par *Raul* de Deols, & que de *Loco-Radulplum*, ou *Locum-Radulphi*, on ait fait, par corruption, *Levraould*; mais cette seconde étymologie est encore moins soutenable que la premiere; car dans les anciens titres, chartes & auteurs, cette ville est toujours appellée *Leprosum*, ou *Lebrosum*.

Ce qui paroît de plus constant de cette ville, c'est qu'elle est ancienne. Cela est justifié par les vestiges de la grandeur Romaine, que l'on y remarque encore, tels que la place des *arènes* & l'amphithéatre. On y a souvent trouvé, en fouillant la terre, des médailles & des monnoies Romaines. Au commencement du dernier siécle, on y découvrit une lame de cuivre, sur laquelle étoit cette inscription: *Flavia Cuba, Firmiani filia, colosso Deo Marti suo hoc signum fecit Augusto*. Tout cela prouve que les Romains ont habité dans cette ville.

Au-dessus du côteau, au pied duquel est bâtie la ville de *Levroux*, on voit encore un grand château qui tombe en ruines; & au milieu est une tour d'une grosseur prodigieuse & accompagnée de deux autres. Ce château fut assiégé & pris par *Philippe-Auguste*, qui le donna à son cousin, fils de *Thibauld*, comte de Champagne.

LIBÉRALITÉ: divinité honorée chez les Romains: on la représentoit en dame Romaine, vêtue d'une longue robe. On la voit sur plusieurs médailles des empereurs. La *liberalité*, cette vertu héroïque, qui fait ressembler les hommes aux dieux, de vient prodigalité dès qu'elle est excessive & peu judicieuse ; elle consiste moins à donner beaucoup, qu'à donner à propos. En un mot, la *libéralité* est la vertu des grandes ames, comme l'amour de l'argent est le vice des ames basses.

Les *libéralités de César* furent des corruptions pour acheter le suffrage du peuple, & des récompenses pour ceux qui l'avoient servi.

Nos historiens ont fait l'éloge de la bravoure & de la magnificence de *François I*, ainsi que des grandes récompenses qu'il accordoit aux sçavans. Mais ces mêmes historiens reprochent à ce prince ses trop grandes libéralités en faveur de ses favoris, sur quoi on fit ce distique :

Sire, si vous donnez pour tous, à trois ou quatre,
Il faut donc que pour tous, vous les fassiez combattre.

On ne peut pas donner le nom de *libéralité* à la facilité extrême que *Henri III* avoit à donner ; aucun des *Valois*, à qui cette sorte de défaut étoit naturel, ne le poussa si loin que lui.

Henri IV, son successeur au trône, tint un juste milieu entre la *libéralité* & la profusion ; & s'il épargnoit ses finances, c'est qu'il ménageoit la subsistance de son peuple, & qu'il ne croyoit pas qu'il fût juste de vexer des provinces entieres, pour enrichir des particuliers. Au reste, il étoit si équitable ; & il payoit si bien, qu'on ne sçauroit dire qu'il ait jamais retenu le salaire ou la récompense de ceux qui l'avoient servi. Il donnoit tous les ans, en billets, & non en mauvais effets, plus de trois millions de livres : c'étoit beaucoup pour ce tems-là ; mais de tous nos rois il n'y en a pas eu de si libéral que *Louis XIV* envers les sçavans & les artistes tant François qu'étrangers. *Voyez Louis XIV*.

LIBERTÉ : c'est un don précieux de la nature, toujours cher à l'homme, qui sent & qui pense ; mais malheureusement trop souvent contesté, quelquefois même trop peu respecté par l'ambition de ceux qui gouvernent : cette liberté est l'état naturel de l'homme dans lequel il exerce librement tous les mouvemens de sa volonté. Elle est bien différente de la *liberté politique*, dont le sçavant auteur de l'*Esprit des loix* parle, *tom. j, liv. 11, chap. 2*; & nous y renvoyons.

Nous avons dit, dans plus d'un endroit de cet ouvrage, qu'il n'y avoit, dès les commencemens de notre monarchie, & même encore bien après, sous la troisieme race, que deux sortes de personnes, les *libres* ou *ingénus*, & les *esclaves* ou *serfs*.

Voici l'usage que la loi Salique prescrivoit pour rendre la *liberté* à un *serf*. Le maître conduisoit devant le roi son esclave, qui tenoit dans sa main un denier, comme le prix de sa *liberté*; & lui secouant la main, il faisoit tomber le denier à terre. Alors l'esclave étoit affranchi légitimement, & le roi étoit le témoin, le garant & le défenseur de la *liberté* que l'on obtenoit par cette cérémonie.

On donnoit cependant encore la *liberté* aux serfs par un acte ou par un testament; souvent on les affranchissoit dans l'église, au pied de l'autel; & on leur mettoit sur la tête l'acte d'affranchissement ou de manumission, par lequel leurs maîtres les déclaroient affranchis. L'église prenoit alors leur défense, parce qu'ils étoient spécialement sous sa protection.

On ne rendoit pas communément toute la *liberté* aux esclaves. On y mettoit, pour condition, de payer, eux & leurs descendans, un cens ou une capitation annuelle, ou de faire certaines corvées; c'est pourquoi on les nommoit *hommes de corps*. Ce n'étoit au vrai qu'une *demi-liberté*, puisqu'ils restoient soumis à plusieurs charges que l'on avoit soin de spécifier, & auxquelles ils étoient tenus par l'acte même de leur manumission.

Dans la suite des tems, cette espece de servitude ne fut plus annexée qu'aux terres; & c'est par-là que les seigneurs particuliers continuerent d'avoir des vassaux, obligés à de certaines corvées ou redevances annuelles. On nomma *vassaux* ceux qui tenoient des fiefs, & *va-vasseurs* ceux qui tenoient des arriere-fiefs.

Louis

Louis le Gros commença par affranchir les *serfs* de ses domaines, pour en donner l'exemple aux seigneurs de son royaume. Sous le règne de *S. Louis*, la *liberté* devint plus complette par le moyen des abonnemens.

Une famille, une paroisse entiere, tous les habitans d'un territoire, traitoient avec leurs seigneurs, pour se racheter de toutes charges, moyennant une rente annuelle payable en deux termes, ou une certaine somme d'argent une fois payée.

C'est ce qu'on appelloit *abonnement*. Les charges se trouvoient réduites & bornées par ce contrat. *S. Louis* & la reine *Blanche*, sa mere, s'appliquerent constamment à multiplier les *affranchissemens*, persuadés qu'une éducation convenable à des personnes libres procureroit à l'état des sujets propres à le rendre, avec le tems plus florissant. *Louis X*, par le besoin d'argent, continua cette entreprise qui avoit été commencée par son bisaïeul avec des motifs plus épurés; & prévoyant le cas où un *esclave* ne voudroit pas être affranchi, parce que la servitude n'étoit pas un état bien onéreux, il ordonna aux commissaires nommés d'en tirer une somme en forme de subside. Voyez *Esclaves* & *Serfs*.

LIBERTÉS DE L'ÉGLISE GALLICANE: quelques-uns ont confondu les *libertés Gallicanes* avec ses priviléges; la différence est cependant grande & essentielle. Le *privilége* est une dérogation au droit commun; & les *libertés de l'église Gallicane* ne sont que la conservation d'un droit autrefois universellement reçu dans toutes les églises du monde.

Depuis le commencement de l'église, jusqu'au tems de *Charlemagne*, c'est-à-dire, jusqu'au neuvieme siecle, il s'étoit tenu plusieurs conciles particuliers & quelques conciles généraux; & il y avoit une collection de canons, qui avoit lieu dans les églises de France. Depuis, on en fit d'autres; celle de *Denys le Petit*, moine Scythe, qui vivoit à Rome à la fin du cinquieme siecle, est postérieure à celle dont on vient de parler. *Denis le Petit* a inséré dans la sienne, que reçut *Charlemagne*, les canons du concile de Sardique, & les décrets des papes depuis *Sirice*, qui n'étoient pas dans la collection ancienne.

Nos *libertés* ne sont que ce qui s'observoit dans *l'église universelle*, sur-tout dans *l'église Gallicane*, suivant ces *anciens canons*, avant les prétentions de la cour de Rome. La discipline de l'église de France, dès les premiers siécles de sa fondation, étoit la possession qu'elle avoit de ne se conduire, que suivant les régles primitives de l'église. Si nous n'avons pas exactement gardé cette ancienne discipline ; si la cour de Rome, par une longue persévérance à soutenir ses prétentions, a introduit, parmi nous, des systêmes inconnus à nos peres, dans les occasions principales, le parlement, par sa religieuse & fidele résistance, sous l'autorité royale, & pour le bien public de la nation, a toujours sçu conserver à nos *saintes libertés* toute leur efficacité.

Des écrivains Ultramontains, & autres, qui ont bien voulu en ignorer les fondemens, les ont caracterisées de *rebellion* & de *libertinage* ; d'*exemptions* contraires à la régle ; de *pures graces* que nous tenons de la libéralité du saint siége. Tout au contraire, ils sont la *régle même*, l'*ordre primitif* de l'église universelle. On ne les appelle *libertés de l'église Gallicane*, que parce que l'intérêt des autres églises n'est pas commis à nos soins, & que celle de *France* a conservé des droits légitimes, dont les autres ont perdu l'usage. C'est par le moyen de ces droits sacrés, que la *France* a toujours sçu s'opposer aux entreprises de la cour de Rome, en demeurant cependant fidélement attachée au centre de l'unité ; lorsque beaucoup d'autres peuples, qui ont laissé perdre ces franchises naturelles & ces droits communs, se sont lâchement retirés & ont abandonné l'union de l'église, pour se rédimer de la servitude, à laquelle la cour de Rome vouloit les réduire.

La constitution *Unam sanctam*, du pape *Boniface VIII*, qui déclare que le pape a les deux glaives, la *puissance spirituelle*, & *la puissance temporelle*, ne nous regarde point. Nos princes ne peuvent y être sujets: cette prétention est nouvelle; les anciens canons n'ont pas donné & n'ont pu donner au pape un tel droit. C'est ce que S. *Louis* fit connoître à *Grégoire IX*, & *Philippe le Bel* à *Boniface VIII*.

Les régistres de nos parlemens sont remplis d'arrêts, que ces cours souveraines ont rendus, dans tous les tems, pour le maintien de nos *libertés*, contre les entreprises de la cour de Rome. Celui du 4 Octobre 1580, rendu par la chambre des vacations, est un des plus mémorables, tant par le motif, que par sa teneur: il proscrit la *bulle* de *Pie V*, de l'année 1564, sous le titre *Litteræ progressus*. Elle est une de celles qu'on appelle bulles *In cœnâ Domini*, parce qu'elles se lisent à Rome le jeudi-saint, & qui a fait le plus d'éclat dans le monde Chrétien.

Cette bulle déclaroit nettement, (*chap.* 21,) que tous les princes qui mettent dans leurs États de nouvelles impositions, de quelque nature qu'elles soient, ou qui augmentent les anciennes, à moins qu'ils n'en ayant obtenu l'approbation du saint siège, sont excommuniés, *ipso facto*.

Le parlement, aussi-tôt qu'il en eut connoissance, enjoignit à tous les gouverneurs de s'informer quels étoient les archevêques, évêques, ou grands-vicaires, qui avoient reçu ou cette *bulle*, ou une *copie*, sous ledit titre de *Litteræ progressus*, & quel étoit celui qui la leur avoit envoyée pour la publier; d'en empêcher la publication, si elle n'étoit pas encore faite; d'en retirer les exemplaires, & de les envoyer à la chambre; &, en cas qu'elle fut publiée, d'ajourner les archevêques, les évêques, ou leurs grands-vicaires, à comparoître devant la chambre & à répondre au requisitoire du procureur-général, & cependant de saisir leur temporel, & de le mettre sous la main du roi; de faire défenses d'empêcher l'exécution de cet arrêt, sous peine d'être punis comme ennemis de l'État, & criminels de lése-Majesté, avec ordre d'imprimer cet arrêt, & d'ajoûter foi aux copies collationnées par des notaires, comme à l'original même.

Le 18 Septembre 1641, fut aussi fait défenses par la chambre des vacations à tous archevêques, évêques, &c. de publier la constitution *Super præsentationem juris sedis apostolicæ*, venue en France, qui confirmoit la bulle *In cœnâ Domini*, sous peine d'être déclarés rebelles au roi, & criminels de lése-Majesté.

Depuis l'extinction de la Ligue, l'*église Gallicane* rentra peu-à-peu dans ses libertés par la protection de *Henri IV* & par la vigilance des parlemens, qui étoient fort attentifs à empêcher l'exécution de la bulle *In cœnâ Domini*. Mais si nos rois & leurs cours de parlement ont ainsi maintenu leurs libertés, nous n'avons pas aussi manqué d'*évêques zélés* pour la conservation de ces droits sacrés.

Angésile, archevêque de Sens, ayant obtenu du pape *Jean VIII* la primatie dans les Gaules & dans la Germanie, les évêques de France condamnerent cette entreprise au concile de Pontignon, en 876, & quoique le roi *Charles le Chauve* & les légats du pape, qui s'étoient trouvés à ce concile, pour appuyer la demande d'*Angésile*, fissent aux évêques, à trois différentes reprises, les plus pressantes instances pour les déterminer à consentir à l'établissement de cette primatie, ils demeurerent fermes dans leur premiere résolution, à l'exception de *Frotaire*, archevêque de Bordeaux, d'*Ode* de Beauvais, & de peu d'autres.

Foulques, comte d'Anjou, n'ayant pu obtenir de *Hugues*, archevêque de Tours, que ce prélat vînt faire la dédicace de l'église du monastere de Beaulieu, près de Loches, qu'il venoit de fonder, alla à Rome s'adresser au pape *Jean*, qui envoya avec lui un cardinal nommé *Pierre*, avec ordre de faire *hardiment* ce que le comte désireroit. La dédicace fut faite par le cardinal. Les *évêques des Gaules* blâmerent cet attentat, & trouverent fort indécent que le pape donnât l'exemple de violer les canons, qui défendent à un évêque de rien entreprendre dans le diocèse d'un autre, sans son consentement ; car encore que la dignité du *siège apostolique* rende le *pape* le premier de tous les *évêques*, il ne lui est permis en rien de violer les canons ; & comme chaque *évêque* est l'époux *de son église* dans laquelle il représente le Sauveur, il ne convient à aucun *évêque*, (sans exception,) de rien entreprendre dans le diocèse d'un autre.

En 1699 & 1700, les *évêques de France* & le *parlement* protesterent contre la clause *Proprio motu*, insérée dans le bref d'*Innocent XII*, à l'occasion du livre des *Maximes des saints* de M. l'archevêque de Cambrai, parce que le pape n'ayant point de jurisdiction immédiate dans les autres diocèses, il ne sçauroit être juge en premiere instance d'une cause née dans le royaume. Ce droit n'appartient qu'aux *évêques*. Ce qu'un métropolitain ne peut faire dans les églises de sa province, le pape ne le peut faire dans les autres diocèses. Le *concordat* même entre *Leon X* & *François I*, défend les appellations *immisso medio*. Voyez le *titre 2 du Concordat*.

Enfin nos rois, dans la ferveur de leur piété, & en vertu de leur puissance, ayant pris un soin particulier de régler la discipline ecclésiastique dans leur royaume, suivant les anciens canons, les *décisions de l'église*, autorisées de la puissance séculiere, sont demeurées inviolables ; & ils n'ont pas souffert toutes les innovations de la cour de Rome.

Voilà précisément ce que c'est que les *libertés Gallicanes*. Ce droit a toujours été celui de nos rois & le patrimoine de leurs états.

La perte des *libertés* de l'église d'Angleterre y a détruit la Catholicité. La France auroit pu tomber dans le même malheur, sous les pontificats de *Gregoire VII*, de *Boniface VIII*, de *Benoit XI*, de *Pie II*, de *Jules II*, de *Leon X*, d'*Innocent XI*, &c. si elle n'avoit eu pour ressource légitime & canonique l'appel au futur concile, & si elle n'avoit tenu pour maxime constante que l'excommunication injuste ne nuit qu'à celui qui la prononce. C'est à cette ressource & à cette maxime, c'est à nos *libertés* que nous devons, en France, la conservation & la pureté de la religion Catholique.

LIBISCUS: (Saint) on dit qu'il exerça l'hospitalité envers *S. Denis*; qu'il fut le premier Chrétien martyrisé dans la ville de Paris; que c'est pour cette raison que les seigneurs de la maison de *Montmorency*, qui prétendent descendre de ce martyr, prennent la qualité de *premiers barons Chrétiens*. Mais nous n'avons point d'actes authentiques de *S. Denis*, & rien n'est moins certain que ce qu'on dit de *saint Libiscus*, dont on célèbre la fête le 14 Octobre.

LIBRE: suivant *Du-Cange*, aux mots *Liberti Commendatio*, on nommoit *libre* celui qui descendoit de parens anciennement mis en liberté; ce qui n'exemptoit pas de certains tributs, si connus sous le nom de *coutumes*, que les seigneurs exigeoient pour la protection qu'ils lui accordoient, contre ses ennemis, ou, comme on parloit alors, pour le droit de recommandation. Ce droit de recommandation n'a été en usage que sous les deux premieres races.

LICES: *Sauval*, dans son *Histoire de Paris*, tom. ij, liv xij, parle des *lices* plantées pour les exercices de tournois, joûtes, &c. au palais du Louvre, à l'hôtel de S. Paul, à celui des Tournelles & autres lieux dans Paris. M. de *Sainte-Palaye*, tom. i, Mem. de l'anc. chev. dit qu'il faut chercher dans l'usage des tournois l'origine peu connue du privilége attaché aux maisons de Paris occupées par les princes du sang & les grands officiers de la couronne, au-devant desquelles on voit des barrieres; peut-être eurent-ils le droit exclusif de planter ces *lices*, comme étant les seuls qui pouvoient donner dans leurs hôtels les spectacles des *Joûtes* & des *Tournois*. Voyez ces mots.

LICQUES: c'est une abbaye d'hommes de l'ordre des Prémontrés, en Picardie, diocèse de Boulogne, fondée par *Robert*, comte de Boulogne. Il y a la maison de *Licques*, qui est une des plus considérables de France & des Pays-Bas, & qui a l'honneur d'appartenir, par femmes, à la maison-royale & à plusieurs maisons souveraines de l'Europe. Elle a donné un maréchal de France, en 1418.

LIEU-CROISSANT: c'est une abbaye d'hommes de l'ordre de *S. Benoît*, en Franche-Comté, diocèse de Besançon, fondée en 1134.

LIEU-DIEU: c'est le nom d'un prieuré & de plusieurs abbayes. *Lieu-Dieu*, prieuré d'hommes de l'ordre de *S. Benoît* & de la congrégation de Cluny, situé dans le diocèse de Bourges & dans le ressort d'Issoudun, est à la nomination du pape…. Les abbayes du nom de *Lieu-Dieu* sont au nombre de trois, une de filles, & deux d'hommes; celle de filles située dans la ville de Beaune en Bourgogne, est de l'ordre de Citeaux…. *Lieu-Dieu*, ou *Loc-Dieu*, abbaye d'hommes de l'ordre de Citeaux, en Rouergue, au diocèse de Rhodès, fut fondée en 1123. *Philippe le Bel* l'a mise sous sa protection par une chartre de l'an 1311…. L'autre abbaye d'hommes, située dans le Poitou, diocèse de Luçon, a été fondée, ou plutôt réparée par *Richard*, roi d'Angleterre, duc de Normandie & d'Aquitaine, & comte de Poitou. *Philippe*, roi de France, la prit sous sa protection, en 1332.

LIEU-NOTRE-DAME: il y a deux abbayes de filles de ce nom, de l'ordre de Citeaux; la première est située dans le Blaisois, & a été fondée, en 1250, par *Isabelle* de Blois, fille de *Thibault V*, comte de Blois, & femme de *Jean*, comte de Chartres. Les religieux reconnurent pour fondateurs les successeurs de cette *Isabelle*, &, en particulier, de *Jean* de Châtillon, comte de Blois I du nom, par l'acte de 1256…. L'autre abbaye de *Lieu-Notre-Dame* est au diocèse de Lyon, & nous ignorons par qui & en quel tems cette abbaye a été fondée.

LIEU-RESTAURE: abbaye d'hommes de l'ordre des Prémontrés, dans le Valois, à une lieue de Crepy, diocèse de Soissons, fondée ou restaurée, en 1140, par *Raoul*, comte de Vermandois.

LIEUTENANT DE ROBE LONGUE: emploi civil en France. Les affaires s'étant multipliées, les *bailifs* & les *sénéchaux* prirent des *lieutenans de robe longue* pour les soulager dans leurs fonctions. Dès le régne de *S. Louis*, ils avoient de ces *lieutenans*; mais ce n'étoit que dans la nécessité. L'an 1297, les nobles de Champagne se plaignirent que les *baillifs* de la province ne laissoient personne en leur place, pendant leur absence; & il fut réglé aux grands jours de Troyes, qu'ils laisseroient quelqu'un en leur place, lorsqu'ils seroient obligés de s'absenter. L'an 1302, *Philippe le Bel* ordonna aux *baillifs* & aux *sénéchaux* d'exercer eux-mêmes leurs offices, & ne leur permit de prendre des *lieutenans*, que lorsqu'ils seroient malades, ou qu'ils auroient besoin de conseil. Il leur enjoignit aussi, lorsqu'ils seroient obligés de s'absenter, de laisser quelqu'honnête homme du pays, capable & entendu dans les affaires. Voilà l'origine des *lieutenans* des bailliages. Au commencement, leurs offices ne duroient qu'un an, de même que ceux des *baillifs*. Mais lorsque ces derniers devinrent perpétuels, leurs *lieutenans* le devinrent aussi. Ce ne sont plus les *baillifs* qui mettent leurs *lieutenans*, c'est le roi qui les nomme. Ce sont eux qui prononcent les sentences; mais elles sont inscrites du nom du *bailli* ou du *sénéchal*. Les *baillifs* & les *sénéchaux* peuvent encore aller prendre séance au-dessus des *lieutenans* : dans l'Artois & les autres Pays-Bas, ils conservent toujours droit d'inspection sur la discipline de leur jurisdiction. Voyez l'*Etat de la France*. Piganiol de la Force, *Description de la France*, &c. tom. j, pag. 310, &c.

LIEUTENANT-GÉNÉRAL des Armées. C'est sous *Charles VII* qu'on commence à connoître cette dignité, qui est la même que nos souverains confèrent aujourd'hui aux généraux de leurs armées, différente de celle attribuée aux officiers supérieurs, désignés par une dénomination semblable; ce qui distingue ces deux grades, c'est que dans les lettres-patentes du commandant en chef de l'armée, le roi s'exprime ainsi : *Nous continuons & établissons N.... notre lieutenant-général, représentant notre personne*; & dans les autres il dit simplement : *Nous établissons & constituons N.... un de nos lieutenans-gé-*

néraux. Les *lieutenans-généraux* des armées n'ont commencé à être connus qu'en 1633. Auparavant il n'y avoit que des maréchaux de camp, & même en très-petit nombre, sous les maréchaux de France. *Melchior Mitte* de *Chevrier* est le premier pourvu des pouvoirs de *lieutenant-général*. Leur nombre s'est beaucoup augmenté sous *Louis XIV*, & encore plus sous *Louis XV*. Voyez la Liste actuelle des *lieutenans-généraux* dans l'*Etat militaire de chaque année*.

LIEUTENANS-GENERAUX DES PROVINCES: ils ont été établis pour commander en la place des gouverneurs par *Charles VI* & par *Charles VII*. *Louis XI*, en mettant un gouverneur en chaque province, en 1481, y établit aussi un lieutenant-général. Dans la suite, le nombre de ces *lieutenans-généraux* fut augmenté; & peu-à-peu il y en eut dans toutes les provinces. On les multiplia même dans chaque province.

Il y en a cinq en Bourgogne, quatre dans les gouvernemens de Champagne & d'Orléanois, trois dans ceux de Picardie & de Languedoc ; deux dans ceux de Guienne, de Poitou, de Bretagne, de Normandie & d'Auvergne; mais il n'y en a qu'un dans chacun des autres gouvernemens du royaume.

LIEUTENANT DE ROI : sous les lieutenans généraux des provinces, il y a des *lieutenans de roi*, qui ont aussi chacun leur département. Au commencement il n'y avoit de ces *lieutenans* de roi qu'en Bretagne & en Normandie. La premiere de ces provinces en avoit deux, & la derniere en avoit sept.

Par édit du mois de Février 1692, le roi en créa dans chaque province du royaume, sçavoir, treize dans le gouvernement de Guienne ; neuf dans celui de Languedoc ; six dans les gouvernemens de Picardie, d'Artois & de Bourgogne ; quatre dans les gouvernemens de Flandre, de Champagne, de Lorraine & de Luxembourg, du comté de Bourgogne, de Dauphiné, de Provence, de Poitou & d'Orléans ; trois dans le gouvernement du Maine ; deux dans les gouvernemens de l'Isle de France, d'Alsace, de Saintonge & Angoumois, d'Anjou, de Touraine, de Berry, de la Marche, du Limosin, du Bourbonnois, d'Auvergne, du Lyonnois, du Havre-de-Grace, & un seul dans les gouvernemens de Metz & Verdun, de Toul, de Foix, du Roussillon, du Béarn & Navarre, de Saumur, du Nivernois, &c.

Par le même edit, Sa Majesté créa aussi un lieutenant de roi pour le pays Nantois, aux mêmes droits, appointemens & honneurs dont jouissoient les deux autres lieutenans de roi de Bretagne.

LIEUTENANT-COLONEL AU RÉGIMENT : c'est un officier qui commande en l'absence du colonel ; & lieutenant d'une compagnie d'infanterie, dragons, &c. est un officier qui commande la compagnie en l'absence du capitaine. Voyez *l'Etat militaire de la France*, ou *l'histoire de la Milice françoise*, par le *pere Daniel*.

LIEVRE : *Froissard* nous apprend que c'étoit le nom d'un ordre de chevaliers, dont l'institution se fit de cette maniere. Les deux armées de France & d'Angleterre étant prêtes à combattre entre *Wirofosse* & la *Flamanquerie*, quelques écuyers François prierent le comte de Hainault de les faire chevaliers ; & parce qu'en même temps il parut des lievres qui coururent dans les champs, & qu'il n'y eut point de bataille, on les nomma *chevaliers du lievre*.

LIGNY : il y a plusieurs bourgs & paroisses en France de ce nom ; mais nous n'avons à parler ici que de *Ligny* dans le Barrois, qui est une ville avec un ancien titre de *comté*. Cette seigneurie appartenoit en propre aux anciens comtes de Champagne. *Thibaud* le Grand, en mariant sa fille *Agnès* avec *Renaud II*, comte de Mousson & de Bar, lui donna en dot la châtellenie ou seigneurie de *Ligny*, & c'est ainsi qu'elle fut unie au Barrois. Bientôt après, elle changea de maître ; car *Henri II*, petit-fils de *Renaud II*, & d'*Agnès*, en mariant sa fille avec *Henri*, qui fut le premier comte de Luxembourg, de la maison de Limbourg, lui donna aussi en dot la châtellenie de *Ligny*. De ce mariage vinrent deux fils, *Henri* & *Waleran*. De *Henri*, comte de Luxembourg, descendirent les comtes & les ducs de Luxembourg; de *Waleran*, qui étoit le puîné, seigneur de Ligny, descendirent en ligne directe masculine, ceux qui porterent en France le nom de *Luxembourg*, jusqu'au regne de Louis XIII.

Les comtes de Bar s'étoient réservé la seigneurie directe sur *Ligny*; ce qui excita dans la suite des guerres considérables entr'eux & les comtes de Champagne, qui prétendoient que les comtes de *Ligny* fussent leurs vassaux. S. *Louis* rendit divers jugemens, en 1267 & 1268. Mais ces différends ne furent rien moins que terminés par-là. Cependant *Henri*, comte de Bar, ayant rendu son hommage à *Philippe le Bel*, en 1301, il comprit dans son aveu & dénombrement le fief, la ville & la châtellenie de *Ligny*; ce que le roi approuva, sans que ce droit ait été contesté aux successeurs du comte.

Dans la suite, les comtés de *Ligny* & de *Luxembourg* furent possédés par un même seigneur de cette race; & *Louis*, duc de Luxembourg, connétable de France, qui en descendoit en ligne directe, eut entr'autres enfans, *Antoine*, duquel vinrent les comtes de *Brienne* & de *Ligni*. Son petit-fils, aussi nommé *Antoine*, eut deux fils, *Jean* & *François*.

Jean, qui étoit l'aîné, fut comte de Brienne & de *Ligny*; il n'eut qu'un fils nommé Charles, qui mourut sans postérité. Son oncle *François*, qui, au mois de Septembre 1576, fut créé duc de *Piney*, & au mois d'Octobre 1581, pair de France, lui succéda aux comtés de Brienne & de *Ligny*, & mourut le 30 Septembre 1613. Henri de *Luxembourg*, son fils, lui succéda dans toutes ses seigneuries, & mourut le 23 Mai 1616, ne laissant que des filles pour héritieres. L'aînée, nommée *Marguerite-Charlotte*, épousa en premieres nôces *Léon-Albert de Brantes*, frere du connétable de *Luines*, mort en 1630, dont elle eut un fils nommé *Henri-Léon*. Elle épousa en secondes nôces *Charles-Henri de Clermont-Tonnerre*, qualifié duc de *Luxembourg*, mort le 8 Juillet 1674, dont elle n'eut qu'une fille, son héritiere, nommée *Magdeleine - Charlotte-Bonne-Thérese*, qui, après la renonciation au duché de Luxembourg, faite en sa faveur, en 1660, par *Henri-Léon* d'Albert, son frere utérin, épousa, le 17 Mars 1661, *François-Henri* de Montmorenci, comte de Luxe & de Boutteville, auquel le duché de Luxembourg fut cédé, avec les comtés de Brienne & de *Ligny* à la charge par lui de porter le nom & les armes de Luxembourg. Il fut confirmé duc de Piney & pair de France, en 1662, créé duc de Beaufort & de Montmorency, en 1688; & il mourut maréchal de France, le 4 Janvier 1695. Ses descendans ont possédé le comté de *Ligny*, jusqu'en 1719, qu'il fut acquis par le duc *Léopold*, qui le réunit au Barrois.

LIGUE, dite *la sainte Union* : parti qui se forma en France, l'an 1576, pour la défense, disoit-on de la religion Catholique. *Henri III* ayant appris la mort de *Charles IX* son frere, s'étoit évadé secrettement de la Pologne, & étoit venu en France. Ce prince n'avoit que vingt-quatre ans. Il commença dès-lors à tenir une conduite propre à cacher les desseins qu'il avoit formés pour l'abaissement des chefs du parti; mais la politique raffinée n'est pas toujours la plus sûre. On prétend que pour les tromper & pour les endormir, il affecta de donner très-peu d'application aux affaires de son état, & de ne s'occuper que de dévotion & de plaisirs : en effet, on lui vit faire un mélange bizarre de dévotion & de parties de débauche; il sembloit peu s'inquiéter du gouvernement; il se rendit méprisable à sa cour & à ses sujets.

L'auteur de cette fameuse *ligue* fut le cardinal *Charles* de Lorraine, l'homme le plus ambitieux & le plus remuant de son temps; homme qui forma le dessein d'élever sa famille sur le trône des François. Cette *ligue* fut continuée & nourrie après sa mort par *Henri* duc de Guise, son neveu, qui trouva moyen, par son industrie & ses promesses, de l'augmenter & de la fortifier par l'*union* des deux autres *ligues* qui parurent en France, celle de Picardie & celle de Poitou. Celle dont le duc de Guise fut reconnu pour chef, fut appellée la *générale*, & avoit pour prétexte le soutien de la religion Catholique, & pour véritable motif l'élevation de la maison de Lorraine au trône.

Ce duc, pour porter les peuples à la révolte contre leur souverain légitime, entretenoit des émissaires dans toutes les villes, & avoit à ses gages un grand nombre de prédicateurs qui ne travailloient qu'à soulever les peuples. Les esprits étoient dans un tel mouvement sur l'article de la religion, que chaque particulier s'imaginoit être autorisé d'en prendre la défense par toutes sortes de voies: quelques-uns de ces faux zélés s'étant adressés à plusieurs curés, & particuliérement à ceux de S. Severin & de S. Benoît, ainsi qu'au docteur *Launoi*, ces trois hommes, dévoués à la *ligue*, applaudirent à leurs desseins; & après avoir beaucoup raisonné, ils convinrent de former une *ligue* particuliere, pour mettre Paris entiérement dans l'intérêt de celle qui étoit répandue dans le royaume; & ils s'associerent quelques autres personnes, dont le crédit, parmi le peuple, pouvoit leur être utile. Leur conseil fut d'abord composé de dix personnes, pour donner le mouvement à tous les autres; & ils y en ajoûterent six autres, auxquels ils distribuerent tous les quartiers de la ville, pour y gagner des partisans; & de-là cette association, qui fut appellée la *faction des seize*: on faisoit protester à tous ceux qui assistoient à leurs assemblées secrettes, qu'ils étoient prêts à tout hazarder, & même à souffrir la mort pour une telle cause.

Cette *faction* fit des progrès étonnans parmi les peuples. Dès que les chefs la virent assez nombreuse, ils en donnerent avis au duc de *Guise*, qui fut ravi d'avoir un parti dans la capitale, entiérement dévoué à ses intérêts. Dès ce moment, sa hardiesse n'eut point de bornes; il voulut contraindre le roi de faire la guerre au roi de Navarre; *Henri III* prédit que cette guerre alloit achever de ruiner le royaume: il chercha des moyens pour la différer, & commença par demander des fonds suffisans pour la soutenir; & les Parisiens qui voulurent voir commencer la guerre, fournirent deux cent mille écus.

On décrioit le roi dans les chaires; on vantoit en même temps la piété des *Guises* & leur zéle pour la foi Catholique. On allarmoit les esprits, touchant le danger où l'on étoit de voir un prince hérétique sur le trône de France, au cas qu'il arrivât quelqu'accident au roi. Dans ces circonstances, un prédicateur osa se déchaîner ouvertement contre la personne du roi. Ce prince auroit dû punir rigoureusement une telle audace, il ne le fit pas; mais le duc de *Guise* fut la victime de ses desseins audacieux; car étant devenu redoutable à *Henri III*, ce prince jura sa perte.

Le pape *Grégoire XIII* avoit mis le feu & le sang dans toute la Chrétiénté par le consentement & l'approbation, dont il avoit fomenté la *ligue*. Mais *Sixte-Quint*, son successeur, homme de grand sens, ne fut pas infatué des entreprises téméraires de cette *ligue*, qui a tant fait verser de sang à la France, & qui cependant ne commença d'avoir continuellement du dessus, qu'après la mort tragique de *Henri III*; mais l'abjuration que fit *Henri IV* de l'hérésie dans l'église de S. Denis, en 1593, porta le coup mortel à la *ligue*.

Ce prince fit son abjuration, le 25 Juillet de la même année; il parut habillé de satin bleu, avec un manteau noir par-dessus; il étoit accompagné des princes, des officiers de la couronne, des chefs de son armée & de toute sa garde; mais le pape ne lui accorda son absolution que le 25 Décembre 1595.

Le cardinal protecteur des affaires de France, & notre ambassadeur auprès du saint siége, tiennent tous les ans chapelle à Rome, dans l'église de *S. Jean de Latran*, le jour de sainte Luce, le 13 Décembre de la même année, en mémoire de l'absolution accordée à *Henri IV*. Voyez les Mémoires du temps, qui nous apprennent beaucoup plus de choses intéressantes sur la *ligue*, que ce qu'a dit *Maimbourg*.

LIGUE OFFENSIVE ET DÉFENSIVE: *Louis d'Outremer*, en 939, fournit le premier exemple d'une *ligue offensive & défensive* entre la France & l'Angleterre. Jusques-là les deux royaumes s'étoient regardés comme deux mondes séparés, qui n'étoient ni amis ni ennemis, & sans autre relation que celle du commerce.

LIGUE appellée *Sainte*: parce que le pape *Clément VII* en étoit le chef. Elle fut faite en 1526, entre ce pontife & *François I*, & tous les princes d'Italie. Le roi d'Angleterre s'en déclara le protecteur. L'objet de cette *ligue* étoit d'empêcher *Charles-Quint* de s'emparer du duché de Milan, & d'arrêter ses progrès en Italie.

LIGUE *entre les Princes protestans & Henri II, contre l'empereur, pour la défense de la liberté Germanique*: en 1551, *Maurice*, électeur de Saxe, & *Joachim*, électeur de Brandebourg, étoient fort piqués contre l'empereur, du refus qu'il avoit fait de mettre en liberté le landgrave de Hesse; & ils avoient déja pris leurs mesures pour lui faire la guerre à la premiere occasion. L'électeur de Saxe publia un manifeste, qui exposoit les motifs qui l'engageoient à prendre les armes. Le premier étoit la sûreté de la religion protestante; le second, la liberté des princes & des villes de l'empire, dont il accusoit l'empereur de violer les franchises; & le troisieme, la captivité du landgrave, son beau-pere.

Henri II, roi de France, accéda au traité fait en conséquence, sous condition qu'il prendroit en main la défense de la liberté Germanique, & qu'il fourniroit une somme chaque mois, pour les frais de la guerre; qu'il enverroit une armée dans les Pays-Bas, pour faire diversion, & qu'il se rendroit maître de Cambrai, Toul, Metz & Verdun. En même tems, ce prince publia un manifeste, où il faisoit voir que l'empereur n'avoit point cessé de le traverser par ses intrigues secrettes; & il y détailloit tous ses griefs.

Charles-Quint ne s'attendoit pas à cette tempête.

Il étoit à Infpruck, & il n'avoit point d'armée en Allemagne. Il tenta la voie de la négociation; l'électeur de Saxe, qui connoiſſoit ſon caractere, continua ſa marche: toutes les villes ſe ſoumirent à lui ſur ſon paſſage, & il y changea les magiſtrats établis par l'empereur.

Henri II de ſon côté, fit marcher une armée du côté de la Lorraine. Toul, Verdun & Metz lui ouvrirent leurs portes. L'armée françoiſe s'avança juſqu'au Rhin; mais n'ayant pu obtenir le paſſage par Strasbourg, le roi s'approcha de ſes frontieres. Les conférences ſe tinrent à Paſſaw; on n'y comprit pas les intérêts du roi de France. *Henri II* étoit alors entré dans le royaume; & à l'approche de l'armée françoiſe, les Impériaux étoient ſortis de la Champagne; mais le roi outré des ravages qu'ils y avoient faits, fit marcher ſes troupes dans le Luxembourg: elles y en exercerent, qui purent ſervir de repréſailles à ceux que les ennemis avoient fait dans cette province.

Cependant l'empereur revenu de ſon trouble, après le traité de Paſſaw, & piqué de la priſe de Toul, Verdun & Metz, ne cherchoit que les moyens de ſe venger de la France: il fit un grand armement, prit ſa marche du côté du Rhin, & ſe préſenta devant Metz, pour en faire le ſiége que *François* de Lorraine, duc de Guiſe, par ſa bonne conduite, ſon habileté & l'intrépidité de ſes ſoldats, lui fit honteuſement lever. La mémoire de cet évenement a été éterniſée par pluſieurs médailles; à l'occaſion de ce ſiége, voyez au mot *Fortune*.

LIGURES ou *Liguſtini*: nation ou peuple de la Gaule & de la Viennoiſe, ainſi que des provinces voiſines. Ils habitoient le long de la mer Méditerranée, juſqu'aux frontieres de l'Eſpagne. Il paroît que la véritable poſition des *Ligures* étoit au-delà du Var, en s'étendant depuis ce fleuve, le long de la côte, juſqu'à Gènes; c'eſt ce qui fut depuis nommé la *Ligurie*, que nous connoiſſons aujourd'hui ſous le nom de *côte de Gènes*, ou *riviere du Ponant*.

LIHONS *ou* LIONS: ville en Normandie, dioceſe de

de Rouen, voisine d'une forêt des plus considérables de la Normandie, qui contient vingt trois mille sept cent cinquante arpens, au milieu du laquelle Henri I, roi d'Angleterre & duc de Normandie, fit bâtir le château de S. Denis, où il mourut en 1135.

La ville de Lihons est la patrie d'Isaac Benserade, poëte François, un des beaux esprits du dix-huitième siècle. Il se fit connoître à la cour par ses railleries fines, innocentes & agréables. Son sonnet sur *Job*, & celui d'*Uranie*, composé par *Voiture*, partagerent la cour en deux partis, dont l'un fut appellé des *Jobelins*, & l'autre des *Uraniens*. Un grand prince étoit pour Benserade; mais madame de Longueville étoit pour Voiture; ce qui fit dire à un bel esprit :

   Le destin de Job est étrange
   D'être toujours persécuté
   Tantôt par un démon, & tantôt par un ange.

Benserade réussissoit sur-tout dans les ballets qu'il fit à la cour. Il est original en ce genre ; & personne ne s'a surpassé en cette espece de vers. Il avoit coutume d'égayer ses discours de railleries innocentes ; ce qui lui attiroit l'amitié & l'estime de tout le monde. Une demoiselle qui avoit une belle voix, mais l'haleine un peu forte, ayant chanté en sa présence, il répondit à ceux qui lui en demandoient son avis, que les *paroles & la voix étoient fort belles, mais que l'air n'en valoit rien*. Benserade fut reçu à l'académie françoise en 1674, à la place de Chapelain. Quelque temps avant sa mort, il se livra tout entier à la piété, ne prenant d'autres amusemens que celui d'orner son jardin. Il mourut le 19 Octobre 1690. Ses poësies ont été recueillies en deux volumes. Ses rondeaux sur les Métamorphoses d'Ovide, sont, de toutes ses pieces, celles qui ont eu le moins de succès.

LILLE, ville capitale de la Flandre Françoise, dont l'origine ne remonte point au-delà du septième siècle. On lit dans une Chronique Flamande, que *Jules*

César, qui fit construire Gand dans l'endroit où le Lis se joint à l'Escaut, mena ses troupes dans des lieux marécageux, environnés de bois, où il fit construire le château *du Buc*, dans le dessein de s'en faire un point d'appui contre les peuples nouvellement subjugués. Cependant on ne voit pas quel usage on fit de ce château, ni même s'il fut habité, jusqu'au régne de *Clotaire I*, roi de France. Les historiens du pays rapportent que, pour remédier aux désordres que commettoient dans les forêts de la Flandre une infinité des brigands, qui s'y étoient retirés, *Clotaire* y envoya *Lidéric*, fils du comte de Dijon, qui établit son séjour dans la forteresse *du Buc*. La sécurité que ces peuples trouvoient, sous ses auspices, aux environs de ce château, y attira des habitans, qui, dans la suite, donnerent naissance à la ville de l'*Ille*.

Dès l'an 1030, on commença à l'entourer de murailles : elle fut détruite, en 1214, par *Philippe-Auguste* : elle doit à ce désastre son premier accroissement, puisque, dès l'an 1235, on y comptoit déja quatre paroisses : elle a été aggrandie en 1617 & en 1670. Elle a long-tems appartenu aux comtes de Flandres, qui sortoient des Forestiers : elle doit sa premiere splendeur à *Baudouin V, le Débonnaire*. *Philippe le Bel* la prit en 1296. Six ans après, *Guy*, comte de Flandres, en fit le siége, & s'en mit en possession. *Philippe le Bel* se l'assura par un traité du 11 Juillet 1312. Ses successeurs la conserverent jusqu'en 1369. Elle passa successivement par les femmes dans les maisons de Bourgogne & d'Autriche, & revint ensuite à la France. *Louis XIV* la prit sur les Espagnols, le 26 Août 1667. Les alliés s'en rendirent maitres, en 1708 ; & elle fut rendue au roi par le traité fait à Utrecht le 11 Août 1713.

LILLE-BONNE : ville en Normandie, du diocèse de Rouen, qui étoit autrefois beaucoup plus considérable qu'elle n'est aujourd'hui. Il s'y est tenu deux conciles provinciaux ; l'un, en 1066, avant l'expédition de *Guillaume* le Bâtard en Angleterre ;

autre, en 1080, par ordre & en présence de ce même *Guillaume*. Ce *Guillaume*, roi d'Angleterre, en 1080, pour marquer la souveraineté de roi sur la Normandie, datoit du régne du roi de France.

LIMOSIN, ou LIMOUSIN : province considérable du royaume de France, divisée en haut & bas, dont Limoges est la capitale. *César* est le premier écrivain qui fasse mention du *Limosin*. Il nous apprend que cette province étoit une partie de la Gaule, subjuguée par les Romains, & qu'elle étoit habitée par les *Lemovices*, peuple également nombreux & plein de courage. Sous *Honorius*, ce pays étoit compris dans l'*Aquitanique premiere*.

Les Romains, pour maintenir leur autorité dans les Gaules, & pour en tirer des tributs, y tenoient des consuls, des proconsuls & d'autres officiers de différentes dénominations. Mais les Gaulois, lassés de leur domination, résolurent de s'en soustraire. *Vercingetorix*, seigneur Auvergnat, se déclara leur chef. Il forma une armée où se trouverent dix mille *Lemovices*. Sa capacité dans l'art de combattre, appuyée de son courage qu'imiterent ses troupes, lui procura d'abord quelques avantages sur celles de *César*. Mais obligé de céder à la valeur & à l'habileté de ce grand capitaine, il vint se prosterner aux pieds de ce vainqueur des Gaules.

De la domination des Romains, le Limosin passa sous celle des Wisigoths, qui néanmoins ne s'y maintinrent pas long-tems, puisqu'ils en furent chassés par *Clovis*, après la mort d'*Alaric* tué à la bataille de *Vouillé*, en 507. *Clovis*, en mourant, laissa ses états à ses quatre fils. Le *Limosin* devint le partage de *Clodomir*, roi d'Orléans, en 613. *Clotaire II*, surnommé *le Grand*, recueillit toute la succession des princes ses parens ; ce qui le rendit unique souverain de la France. *Dagobert I* en démembra l'*Aquitaine*, où le *Limosin* étoit enclavé ; & il la donna à *Charibert*, son frere, qu'il ne faut pas confondre avec un autre *Charibert*, roi de Paris, à qui l'Aquitaine avoit été également cédée plus d'un siécle auparavant. *Clotaire III* étant mort sans enfans, en 670, les habitans de l'Aquitaine se choisirent un duc.

Vers l'an 768, ce pays rentra sous la domination du roi de France; ce fut après plusieurs victoires que *Pépin le Bref* remporta sur *Waiffre*, duc d'Aquitaine, en 781. *Charlemagne* érigea l'Aquitaine en royaume; & son fils *Louis le Débonnaire* en fut le premier roi: en 855, *Charles II*, dit *le Chauve*, étant à *Limoges*, y fit sacrer roi d'Aquitaine *Charles*, son second fils. Son royaume fut supprimé après la mort de ce jeune prince; & *Charles le Chauve* y établit de nouveaux ducs.

Sous ces ducs il y eut des comtes qui tinrent en fiefs, & comme vassaux, quelques parties de l'Aquitaine. Tels furent les comtes du *Limosin*, ou de *Limoges*. Dans la suite, on donna à différens seigneurs, dont les terres étoient enclavées dans ces comtés, le titre de *vicomtes*; qualité qui fut accordée à divers seigneurs du *Limosin*, tels, par exemple, que ceux de Turenne, de Ventadour, d'Aubuisson, de Combort, &c.

Fulcherius est le premier vicomte de *Limoges* dont on ait connoissance: il vivoit en 888. En 1152, *Eléonor*, fille de *Guillaume IX*, dernier duc d'Aquitaine, ayant été répudiée par *Louis VII*, épousa *Henri II*, roi d'Angleterre, & lui porta le *Limosin*. Quoique cette province fût possédée par les rois d'Angleterre, elle fut néanmoins reconnue mouvante de la couronne de France, & nos monarques en reçurent l'hommage. *Jean Sans-Terre*, ayant usurpé le royaume d'Angleterre, fut condamné à perdre toutes les terres qu'il avoit en France; non pour son usurpation, mais pour n'avoir pas comparu à la citation des pairs de France, sur le meurtre d'*Arthus*, son neveu; & le *Limosin* entra alors, (en 1203,) sous la domination de *Philippe-Auguste*; mais il n'en devint pas alors le maître. Les Anglois s'y maintinrent jusqu'en 1224 ou environ.

Louis VIII, surnommé *le Lion*, s'assura, vers

cette même année, cette province par droit de conquête; ce fut dans la guerre qu'il eut avec *Henri II*, roi d'Angleterre, qui avoit refusé de se trouver au sacre du roi de France, quoiqu'il dût s'y rendre en sa qualité de duc de Guienne.

S. Louis céda le *Limosin* à *Henri*, roi d'Angleterre son vassal, avec d'autres provinces; & cette cession fut faite, vers l'an 1242, contre l'avis de tout le conseil de *S. Louis*.

Durant la prison du roi *Jean*, le *Limosin* fut encore cédé au roi d'Angleterre par le traité de Bretigni, de l'an 1360. *Charles V* assembla son conseil: on convint que le roi d'Angleterre avoit violé le traité de Bretigni; & le prince de Galles, son fils, fut cité à la cour des pairs, comme duc d'Aquitaine, & vassal du roi de France: ayant refusé d'y comparoître, on lui déclara la guerre; & pour punir sa félonie, tout ce qu'il avoit en France fut confisqué & réuni à la couronne, en 1370. Le *Limosin* fut alors soumis à nos rois.

Pendant ces révolutions, le *Limosin* continua d'avoir des vicomtes. Ce titre passa dans la maison de Bretagne, par l'alliance de *Marie*, fille unique & héritiere de *Guy VI*, dix-huitieme vicomte de *Limoges*, avec *Arthus II*, duc de Bretagne.

Les prétentions que les Anglois s'imaginoient avoir en France, causerent de grands troubles dans ce royaume. *Charles VII* ne fut pas heureux dans les premieres batailles qu'ils lui livrerent. Quelque tems après, il remporta sur eux de fameuses victoires. Les derniers succès qu'eurent ses armes, rendirent les ducs de Bretagne paisibles possesseurs de la vicomté de *Limoges*. *Alain* d'Albret reçut de *Françoise* de Bretagne, son épouse, la vicomté de *Limoges*; & *Jeanne* d'Albret, à qui cette vicomté fut transmise, la donna à *Henri IV*, son fils, qui la réunit à la couronne de France.

Quant à la ville de *Limoges*, qui est la capitale de cette province, elle est appellée par les anciens auteurs Latins *Lemovica*, *Lemovicum*. *Gregoire de*

Tours, *Frédégaire* & *Fortunat* la nomment *urbs Lemovicina*. Mais depuis plusieurs siécles on lui donne communément le nom de *Lemovix*. Quelques historiens ont honoré du titre de *seconde de Rome* la capitale *des Lemovices*. Tréves, Clermont, reçurent aussi le même titre ; & le poëte *Ausone* appelloit Arles, *Rome la Gauloise*, à cause des prérogatives qui distinguoient cette ville. L'époque de la fondation de *Limoges* est inconnue : ce qui suffit pour constater son ancienneté. Les Romains regardoient cette ville comme une des plus considérables de celles qu'ils avoient conquises dans les Gaules. Ils ne négligerent rien pour l'embellir & la rendre célébre. L'empereur *Trajan* la décora d'un magnifique amphithéatre, d'un capitole, de plusieurs palais, & de quantité d'autres édifices somptueux.

L'amphithéatre des Arènes, qui étoit un véritable chef-d'œuvre d'architecture, fut détruit jusqu'au rez-de-chaussée, en 1568. Il en restoit cependant encore assez, en 1713, pour en lever le plan. En 1714. M. *Boucher d'Orsay*, alors intendant de la province, acheva de le détruire, pour y bâtir la place qui portoit son nom. Voyez le *Dictionnaire des Gaules*, tome iv.

LIMOURS : c'est une ville avec un assez beau château dans le Hurepoix, diocèse de Paris, où *Henri IV* alloit souvent se délasser. La terre & seigneurie de *Limours* a été érigée en comté, par lettres du mois de Mars 1606, en faveur de *Louis* Hurault, comte de Cheverny.

LIMOUX : c'est une ville du Languedoc, diocèse de Narbonne, où le pape *Jean XXII* avoit eu dessein d'établir le siége de l'évêché, qu'il fixa ensuite à *Aleth*. Les habitans de *Limoux* prirent parti pour le comte de *Montfort* contre les Albigeois ; mais ce sentiment ne se conserva que jusqu'en 1226. Alors ils favoriserent les Albigeois, même contre la foi qu'ils avoient donnée au roi *Louis VIII* ; ce qui leur attira les censures d'un concile provincial tenu la même année à Narbonne.

LIQUEURS : nos ancêtres ne connoiſſoient point toutes celles qu'on fait aujourd'hui : l'*eau-roſe*, aujourd'hui ſi dégradée, paſſoit pour délicieuſe, ſous le régne de *Philippe le Bel*, & étoit alors la meilleure qu'on voyoit ſur les tables. Nous n'entrons pas dans un plus long détail ſur cet article ; qu'on conſulte les livres de *cuiſine & d'office* qui en traitent.

LISIEUX : c'eſt une ancienne ville de Normandie avec évêché, dont nous ne parlons que par rapport à un droit ſingulier dont jouit le chapitre. La veille & le jour de *S. Urſin*, dont la fête ſe célèbre le 11 de Juin, deux chanoines, qu'on élit au chapitre, pour être comtes, ſuivant un accord paſſé avec un évêque, montent à cheval, en ſurplis, ayant des bandoulieres de fleurs par-deſſus, & tenant des bouquets de fleurs à la main : ils ſont précédés de deux bâtoniers, de deux chapelains, de vingt-cinq hommes d'armes, qui ont caſque en tête, la cuiraſſe ſur le dos, & la hallebarde ſur l'épaule. Les officiers de la haute juſtice les ſuivent auſſi à cheval, en robes, ayant de même des bandoulieres & des bouquets de fleurs.

En cet équipage, ils vont prendre poſſeſſion des quatre portes de la ville, dont on leur préſente les clefs, & où ils laiſſent un nombre d'hommes pour les garder. Les droits de la foire, qui ſe tient le jour de *S. Urſin*, leur appartiennent, à condition qu'ils donneront à chaque chanoine, un pain & deux pots de vin. Pendant ces deux jours, les chanoines ſont comtes ; & toute juſtice, tant civile, que criminelle, leur appartient. Si, pendant ce tems-là, quelque bénéfice vient à vaquer, les deux chanoines-comtes y préſentent.

LIT DE JUSTICE : c'eſt le trône ſur lequel le roi eſt aſſis lorſqu'il va au parlement. Nos rois ne tiennent leur *lit de juſtice*, que lorſqu'ils déclarent leur majorité, ou pour d'autres affaires qui concernent leur état, & ils ſont accompagnés des ducs & pairs, grands du royaume.

Le ſire de *Joinville*, hiſtorien de *S. Louis*, nous

fait un beau portrait de la justice que ce monarque rendoit à son peuple, & qui fut toujours une de ses vertus favorites. Après avoir entendu la messe, le monarque, dit-il, alloit s'ébattre au bois de Vincennes, s'asseyoit au pied d'un chêne, & nous faisoit asseoir auprès de lui; le seigneur de Nesle, le comte de Soissons & moi, & tous ceux qui avoient affaire à lui, approchoient, sans qu'ils eussent empêchement d'aucun huissier; & puis le roi demandoit à haute voix, s'il y avoit aucun qui eût parti? Le roi écoutoit ceux qui parloient, & donnoit sa sentence selon l'équité. Quelquefois il commandoit à M. Pierre de Fontaines & à M. Geoffroy de Villettes, d'ouïr les parties & de leur faire droit. (Ces deux seigneurs étoient les plus sçavans jurisconsultes du tems.)

Aussi j'ai vu plusieurs fois, continue le sire de Joinville, que le roi venoit au jardin de Paris, habillé d'une cotte de camelot, sur-cotte de futaine, sans manches, ayant un manteau par-dessus, des sandales noires, & faisoit étendre un tapis, & puis il donnoit audience & faisoit justice à tous ceux qui venoient devant lui.

Que d'éclat réel, dit M. *Dreux de Radier*, dans ces *lits de justice*! Que de grandeur dans cette simplicité!

Dans les augustes séances du *lit de justice*, le roi est assis sous un haut dais préparé exprès. Les princes du sang & les pairs du royaume sont sur les hauts bancs; le grand-maître, le grand-chambellan; & le prévôt de Paris est aux pieds du roi, sur les degrés. Dans le parquet & sur les bas siéges sont le chancelier, les présidens & les conseillers au parlement. Ces officiers du parlement sont en robe rouge; les présidens avec leurs manteaux & leurs mortiers; & le greffier avec son épitoge, tant en été qu'en hiver. Les huissiers de la chambre sont à genoux, dans le parquet, devant le roi, tenant chacun leur masse à la main.

Il y a aussi dans le parquet plusieurs siéges pour les archevêques, évêques, ambassadeurs, chevaliers des ordres, & autres seigneurs qui n'ont pas séance sur les hauts bancs.

La déclaration de la majorité de *Charles IX* se fit au parlement de Rouen, dans un *lit de justice* que ce prince tint, le 17 d'Août 1573. Celles de *Louis XIII*, de *Louis XIV* & de *Louis XV* se sont faites au parlement de Paris. Pour la cérémonie du *lit de justice* que tient le roi, voyez l'*Introduction à la Description de la France*, par *Piganiol*, tome xiv, pag. 51; ou le *Dictionnaire des Gaules*, par l'abbé d'*Espilly*, tome iv, au mot *Lit de justice*.

LIVERDUN : petite ville dans le Toulois, diocèse de Toul, où il y avoit autrefois un château considérable, qui fut assiégé & pris, en 1473, par le maréchal de Lorraine, pour le duc de Calabre. Il étoit alors défendu par *Rolin* de Chartres, châtelain du Châtel. Le siége dura six semaines; la garnison, qui étoit de quatre cens hommes, demeura prisonnière de guerre. Les ducs de Lorraine firent détruire ce château. *Louis XIII* le rétablit. Il est à présent presque ruiné par le tems. Ce même monarque fit un traité dans le château avec *Charles IV*, duc de Lorraine. Il y avoit autrefois à *Liverdun* un chapitre considérable, dont les biens ont été réunis au séminaire de Toul; la prévôté de *Liverdun* a été pareillement réunie, en 1643, au bailliage de l'évêché de Toul.

LIVRÉES : dans les cours plénières qui se tinrent sous la seconde race & sous la troisieme, jusqu'à *Charles VII*, le roi, chaque fois, étoit obligé d'habiller ses officiers, ceux de la reine & des princes. De-là est venu le mot de *livrée*, parce qu'on livroit ces habits aux frais du roi. Cette dépense, celle de la table & des équipages, les libéralités qu'il étoit forcé de faire aux grands du royaume & au peuple, montoient à des sommes immenses. Une sage économie fit supprimer ces assemblées, plus fastueuses qu'utiles. L'usage de fournir des robes a duré long-tems : le roi encore à présent donne quelques sommes à la ville de Paris, & à la chambre des comptes, à titre de robes.

LIVRES NUMÉRAIRES : on lit dans les Essais historiques sur Paris, que la *livre numéraire* de France doit son institution à *Charlemagne*. Ce fut lui qui fit tailler dans une livre d'argent vingt piéces qu'on nomma *sols*, & dans un de ces *sols*, douze piéces qu'on nomma *deniers*; ensorte que la livre alors, comme celle d'aujourd'hui, étoit composée de deux cent quarante deniers. Les *sols* & les *deniers* ont été d'argent fin jusqu'au régne de *Philippe I*, pere de *Louis le Gros*. On y mêla un tiers de cuivre, en 1173; moitié, dix ans après; les deux tiers sous *Philippe le Bel*, & les trois quarts sous *Philippe de Valois*. Cet affoiblissement a été porté au point, que vingt sols qui, avant le régne de *Philippe I*, faisoient une livre réelle d'argent, ne renferment pas aujourd'hui le tiers d'une once.

On prétend que *Charlemagne* étoit aussi riche avec un million, que *Louis XV* avec soixante-dix: vingt-quatre livres de pain blanc coûtoient un denier, sous le régne de *Charlemagne*; ce denier étoit d'argent fin sans alliage. On peut voir, par la valeur qu'il auroit dans ce tems-ci, si le pain & les autres denrées étoient plus ou moins cheres alors qu'à présent. M. de *Sainte-Foix* croit que douze livres, du tems de *Louis le Gros*, seroient environ douze sois trente-quatre livres de ce tems-ci. Voyez *Monnoie*.

LOCHES: c'est une ville en Touraine, avec un ancien titre de *comté*, considérable par son château & ses grandes mouvances; car le comté de Montrésor en releve, de même que douze châtellenies, & plus de soixante fiefs. Elle passa aux comtes d'Anjou, par mariage, & fut réunie à la couronne, pour crime de félonie, en 1202. Le roi *Childebert*, fils de *Clovis*, fit bâtir, dans le château royal de *Loches*, une chapelle, qui fut consacrée sous l'invocation de *sainte Marie-Madelene*, & y établit, pour la desservir, quatre chapelains. En 962, *Geoffroi*, surnommé *Grisegonnelle*, comte d'Anjou & seigneur de *Loches*, fit bâtir, avec la permission du roi *Lothaire*, qui étoit à Loudun, l'église du chapitre, telle qu'elle est aujourd'hui. Elle a cela de particulier, qu'elle n'est couverte que de pierres, sans aucune charpente. Elle fut jointe à la premiere chapelle de *sainte Madeleine*. Le même comte y fonda douze canonicats, pour onze chanoines & un doyen, au nom des douze apôtres, par commandement du pape *Jean XIII*, qu'il étoit allé trouver à Rome, l'année précédente, accompagné de plusieurs seigneurs, pour obtenir la rémission de ses fautes, ainsi que pour le soulagement de l'ame de feu son pere, le comte *Foulques*.

Tous les seigneurs, qui l'avoient accompagné à Rome, donnerent de leurs biens à cette nouvelle église, pour avoir part aux prieres. En 965, *Hardouin*, archevêque de Tours, consacra l'église sous l'invocation de la *Vierge Marie*. Après ce fondateur, plusieurs de nos rois de France ont voulu être protecteurs de ce chapitre, & lui ont accordé bien des graces & bien des priviléges.

Au milieu du chœur, on voit un magnifique tombeau de marbre noir, élevé de terre de trois pieds. Au-dessus est la figure d'*Agnès Seurelle*, (*Sorelle*,) maîtresse de *Charles VII*, en marbre blanc : deux anges tiennent l'oreiller sur lequel repose sa tête, & à ses pieds sont deux agneaux. Autour de ce tombeau, on lit cette épitaphe.

Cy gît noble dame AGNES SEURELLE *, en son vivant, dame de Beauté, Rochesserie, d'Yssoudun, de Vernon-sur-Seine, pitieuse envers toutes gens, & qui largement donnoit de ses biens aux églises & aux pauvres, laquelle trépassa le neuvième jour de Février* 1449. *Priez Dieu pour l'ame d'elle. Amen.*

Cette maîtresse de *Charles VII* étoit née au village de Fromenteau, en Touraine, proche de *Loches*. Les chanoines lui accorderent cette sépulture en considération des libéralités qu'elle leur fit ; car elle leur donna deux mille écus d'or, qui furent employés à l'achat des terres de Fromenteau & de Bigorne, pour la fondation d'une messe perpétuelle, qui est appellée *des enfans de chœur*, & de quatre anniverfaires solemnels. Elle leur fit aussi présent d'une belle tapisserie, de plusieurs beaux reliquaires & ornemens, & d'une image d'argent de la *Madelene* & d'une des côtes de cette sainte.

Malgré tant de bienfaits, les chanoines oserent présenter à *Louis XI* une requête pour obtenir de lui la permission de faire ôter ce mausolée, sous prétexte, disoient-ils, qu'il les incommodoit beaucoup, pendant la célébration de l'office divin; mais *Louis XI*, loin de se prêter à leurs desirs, & quoiqu'indisposé contre la memoire d'*Agnès Saurelle*, rejetta leur proposition, en leur disant, qu'il *vouloit & prétendoit* qu'ils gardassent la promesse qu'ils avoient faite à celle qui leur avoit si libéralement fait part de ses richesses. Voyez *Sorel*, *tome iij*.

C'est dans cette même église que fut aussi enterré, devant le crucifix, sous une tombe plate, *Ludovic Sforce*, jadis duc de Milan, qui mourut au château de *Loches*, où il avoit été envoyé prisonnier.

Le château de *Loches* est si ancien, que l'on en ignore la fondation. Un capitaine y découvrit autrefois des voûtes souterreines, fermées avec une porte de fer. A l'extrémité de ces voûtes est une chambre quarrée, où ce capitaine trouva, dit-on, un géant assis sur une pierre, ayant sa tête appuyée sur ses deux mains, comme s'il eut dormi; mais aussi-tôt qu'il fut exposé à l'air, il s'en alla en poussiere, excepté la tête & quelques ossemens qui ont été conservés dans l'église de *Loches*. Auprès de ce géant, étoit un petit coffre, dans lequel, ajoûte-t-on, il y avoit une quantité de beau linge, qui fut aussi réduit en poussiére quand on y toucha.

LODÉVE: ancienne ville épiscopale du Languedoc, qui souffrit beaucoup de la part des *Goths* & des *Albigeois*, & peut-être encore davantage de la part des *Calvinistes*. Ces derniers, en 1571, y causerent une désolation générale. Elle s'est depuis très-bien rétablie. On prétend que le roi *Louis VIII*, en reconnoissance des services qu'il avoit reçus de *Pierre V*, évêque de *Lodéve*, dans la guerre des Albigeois, voulut qu'à l'avenir cette ville fût appellée *Lodève*, comme qui diroit *Ville-Louis*.

Le siége épiscopal de *Lodève* existoit dès le commencement du cinquieme siécle. *Maternus*, évêque de cette ville, souscrivit au concile d'Agde, en 506.

LODS-ET-VENTES: sous S. *Louis*, les ecclésiastiques accumuloient possessions sur possessions. Les seigneurs se plaignoient vivement, qu'ils perdoient par-là les droits de *lods* & *ventes*, de *rachats* & *reliefs*, qui ne pouvoient manquer de leur écheoir, si ces mêmes fonds étoient possedés par les laïcs. La querelle s'échauffa fortement. Le sage monarque ordonna que les ecclésiastiques seroient obligés, pour indemniser les seigneurs féodaux, de traiter avec eux, afin d'être conservés dans la jouissance des héritages, qu'il auroient acquis dans leur mouvance; ce qui autorisa les seigneurs à ne plus leur accorder cette grace, que moyennant une finance proportionnée à la perte qu'ils faisoient.

LOI: ce mot signifie, en général, toute ordonnance faite par un supérieur, & qui oblige tous ceux qui sont sous sa jurisdiction. Ce sont aussi les maximes dont les états & les peuples sont convenus, ou qu'ils ont reçues de leurs princes ou magistrats, pour vivre en paix & en société.

Rome a été, depuis *Romulus* jusqu'à *Théodose II*, c'est-à-dire plus de mille ans, sans avoir eu un corps de *loix*; mais l'an 303 de Rome, les Romains eurent la fameuse *loi* des *douze tables*, dont dix rassembloient les *loix* qui avoient été recueillés dans la *Gréce*; & les deux autres étoient composées des coutumes & du petit nombre de *loix* qu'il y avoit dans la république: ainsi il s'étoit écoulé 300 ans depuis *Romulus* jusqu'à la *loi* des *douze tables*; & il s'en écoula près de *huit cent*, depuis la *loi* des *douze tables*, jusqu'à *Théodose II*, auteur du premier code. Cependant il se fit, en 473 de Rome, une réduction des formules des *Jurisconsultes*, sous le nom de *droit civil*; mais il y a toujours eu un vuide de plus de six cens ans, où l'empire de Rome, qui a eu de si grands orateurs & qui embrassoit tout l'univers, n'a pas eu un *code* de *loix*. Les romains eurent une *loi* appellée *lex mundana*, la *loi* du monde. Par opposition au droit *canonique*, elle étoit composée du *code Théodosien* pour les Romains, & des *codes nationaux* des Barbares, suivant lesquels ces derniers étoient jugés.

La collection des *loix* des différentes nations soumises à l'*empire françois*, s'est faite sous *Dagobert I*; celles des François y sont comprises sous le titre de *loi salique*, ou *loi ripuaire*. La premiere regardoit ceux des François qui habitoient le pays qui s'étend entre la Meuse & la Loire. La seconde étoit pour ceux qui avoient leur demeure entre la Meuse & le Rhin. Dans les premiers tems de la monarchie, il n'y avoit point de registres publics pour y transcrire les *loix*, ni d'autre lieu pour les conserver en originaux, que les archives du *palais de nos rois*. Ce précieux trésor n'étoit confié qu'à leur *chancelier*, qu'on nommoit la *voix* & le *gardien de la justice*, *l'arsenal du droit*, *l'image du prince*, *l'assistant du thrône*, *le dépositaire des graces*, *l'arbitre des loix* & *le jurisconsulte de l'état*. Quand il plaisoit aux souverains de faire de nouvelles ordonnances, elles étoient adressées par le *chancelier* aux comtes ou premiers magistrats des provinces, qui en envoyoient des copies à leurs subalternes: chacun d'eux les faisoit publier à ses audiences & dans les places publiques.

Il y a un édit de *Charlemagne*, adressé au comte *Etienne* de Paris, qui en fit la promulgation dans la ville, en présence de tous les officiers, qui tous jurerent de l'observer à jamais. Ce qui s'étoit pratiqué sous les premiere & seconde races, fut encore observé sous la troisieme, pendant plus de trois siécles. Tous les édits étoient déposés dans les archives du *palais royal*, ou de nos *rois*, & de-là envoyés aux sénéchaux qui avoient succédé aux comtes, pour les faire publier à leurs audiences & dans leur jurisdiction.

Les *loix* sont & seront toujours la régle & la bousfols qui conduiront les princes qui voudront gouverner, régner sagement, & rendre les peuples heureux. Mais *Louis XI* assujétit les *loix* à son caprice, & la justice à ses volontés. Voyez *Justice*.

LOI SALIQUE : l'institution de la *loi Salique* est communément attribuée à *Pharamond* ; cette loi fut appelée *Salique*, ou du surnom du prince qui la publia, ou du nom de *Salogust*, qui la proposa, ou du mot *Salichame*, lieu où s'assemblerent les principaux de la nation, pour la diriger.

Des auteurs veulent que cette *loi* fût ainsi nommée, parce qu'elle fut faite pour les *terres Saliques*, qui étoient des *fiefs nobles*, que nos premiers rois donnerent aux *Saliens*, c'est-à-dire, aux grands seigneurs de leur *sale* ou *cour*, à condition du service militaire, sans aucune autre servitude. C'est pour cette raison qu'il fut ordonné que ces *terres Saliques* ne passeroient point aux femmes, que la délicatesse de leur sexe dispense de porter les armes.

Paul Emile, *Ménage*, *Pasquier*, *Borel* dérivent le mot *Salique* des *Saliens*, peuples François établis dans la Gaule, sous l'empire de *Julien*, & disent que ce prince leur donna ces terres, sous l'obligation de le servir en personne à la guerre, & qu'il en fit une *loi*, que les nouveaux conquérans adopterent, & nommerent *Saliques*, du nom de leurs anciens compatriotes.

Le préjugé est que cette loi ne regarde que la succession à la *couronne* & aux *terres Saliques*. L'abbé *Velly* avance, d'après d'autres historiens, que c'est une double erreur. » Elle n'a été instituée, (*dit-il*, » *tom. j, p.* 37,) ni pour la disposition du royaume, » ni précisément pour déterminer le droit des parti- » culiers aux biens féodaux.

» C'est un recueil de réglemens sur toutes sortes » de matieres. Elle prescrit des peines pour le lar- » cin, les maléfices, les violences. Elle donne des » régles de police pour les mœurs, pour le gou- » vernement, pour l'ordre de la procédure, enfin » pour le maintien de la paix & de la concorde, entre

» les différens membres de l'état. De 71 articles dont
» elle est composée, il n'en reste qu'un seul qui ait
» du rapport aux successions; voici ce qu'il porte.
» (*Tit. 62 de Alode*, art. 6.) Dans la terre *Salique*,
» aucune partie de l'héritage ne doit venir aux femel-
» les; il appartient tout entier aux mâles. » Le père
Daniel, (*tome j, p.* 10,) croit que nous n'avons de
cette loi, qu'un extrait d'un plus grand code. La
preuve en est que la loi *salique* même est citée, &
qu'il y a de certaines formules qu'on ne trouve point
dans ce qui nous reste de cette fameuse ordonnance.

Selon *Du Gange*, il y a eu deux sortes de *loix Saliques*; l'une qui étoit en vigueur, lorsque les François étoient encore payens : c'est celle que rédigerent les quatre chefs de la nation, *Wisogast, Bosogast, Salogaste* & *Widogast*; l'autre qui fut corrigée par les rois Chrétiens; c'est celle qui a été publiée par *Du Tillet, Pithou, Lindembrock*, & sur laquelle *Jérôme Bignon* a fait de sçavans commentaires. Le premier exemple de cette loi fondamentale du royaume, qui n'admet que les mâles à la couronne, est à la mort de *Childebert*, en 558, qui ne laissa que deux filles, qui furent envoyées en exil, avec *Ultrogote* leur mere, par *Clotaire*, qui réunit tout l'empire françois.

On remarque, dans le testament de *Charlemagne*, confirmé par les seigneurs François & par le pape *Léon*, que ce prince laisse à ses peuples la liberté de se choisir un maitre après la mort des princes, pourvu qu'ils soient du sang royal. *Du Haillan* décide hardiment que le *chapitre 62 du code Salique* ne peut avoir aucune application, même indirecte, à la succession au royaume, & que c'est une pure invention de *Philippe le Long*, pour exclure du trône *Jeanne de France*, fille de *Louis Hutin*.

Il n'a pas fait réflexion, lui répond l'auteur d'un *Mémoire de l'academie des belles-lettres*, que le droit commun des biens nobles étant de ne pouvoir tomber de lance en quenouille, pour nous servir d'une expression consacrée par son ancienneté, il faut certainement finement conclure qu'elle devroit être à plus forte raison la prérogative de la royauté, qui est le plus noble des biens, & la source d'où découle la noblesse de tous les autres. Ainsi le droit de *Philippe* ayant été scrupuleusement disputé dans une assemblée générale des grands, tous lui déférerent la couronne, à l'exclusion de la princesse, tant on étoit persuadé qu'il existoit, sinon une loi, du moins une coutume immémoriale, qui excluoit les femmes du trône françois; coutume, dont l'origine se confond avec celle de la monarchie, qu'Agathias appelle la *loi du pays*, qui en avoit réellement la force, de toute ancienneté, puisque *Clovis I* succéda seul à son pere *Childéric*, au préjudice de ses sœurs *Alboflede* & *Lantilde*.

Il s'éleva, sous *Philippe de Valois*, une nouvelle contestation sur le même sujet; la décision fut aussi la même: le droit d'*Edouard III*, roi d'Angleterre, ne parut pas meilleur que celui de la princesse *Jeanne*, fille de France. *Philippe de Valois* fut généralement reconnu pour le légitime successeur de *Charles le Bel*. On déclara que l'article qui régloit le droit des particuliers aux terres *Saliques*, regardoit également la succession à la couronne : il devint une loi fondamentale de l'état.

Il y a un article curieux de la *loi Salique*, (titre 22,) qui dit : *Celui qui aura serré la main d'une femme libre, sera condamné à une amende de quinze sols d'or; au double, s'il lui prenoit le bras : au quadruple, s'il lui touchoit le sein*. Les François avoient coutume de mener leurs femmes à l'armée; il étoit de la derniere importance de les mettre à l'abri de toute insulte. On ne peut que loüer & admirer la sagesse de cette disposition. Tout est prévu par cette loi, & rien n'est laissé à l'arbitrage du juge.

Nous avons dit au commencement de cet article, qu'on attribue communément à *Pharamond* la *loi Salique*, sans doute par la seule raison que cette loi qui exclue les femmes à la succession de la couronne, est aussi ancienne que la monarchie, & ne peut être que l'ouvrage de son fondateur.

Nos ambassadeurs faisant valoir à Rome cette célebre *loi* auprès de *Sixte-Quint*, en faveur du roi Henri IV, le pape répondit qu'il croiroit le droit de *Henri IV* incontestable, lorsqu'il auroit vu le texte original. *Il est surprenant*, lui répondit-on, *que votre Sainteté ne le connoisse pas; il est au dos de la donation du patrimoine de S. Pierre, faite au saint siége, par Constantin*.

On dit que la même réponse fut faite par *Jérôme Donati*, ambassadeur de la république de Venise, auprès d'*Alexandre VI*, qui lui demandoit où étoit le titre qui assuroit à Venise la possession de la *mer Adriatique*.

Le Laboureur, Histoire de la prairie, page 266, édition de 1753, *in*-12, imprimée sans raison, sous le nom de *Boulainvilliers*, tire l'étymologie de la *loi Salique* de celui de *Salius*, épithète donnée par les Romains à une certaine milice Franque, qui étoit la fleur de la noblesse des *Francs*, & qui faisoit des incursions continuelles sur la Gaule même, *Salii à saliendo*.

LOIX PÉNALES: un des grands soins de *S. Louis*, pour prévenir tout abus de la part des juges, fut de déterminer le genre de peine qu'on devoit infliger aux malfaiteurs. Alors le *fer & la potence* étoient les seuls châtimens de ceux qui avoient mérité la mort. Le supplice de la *roue*, usité dès la fondation de la monarchie, sur-tout à l'égard des personnes accusées de maléfices & de sorcellerie, paroît n'avoir pas été connu sous ce sage monarque. C'est *François I* qui l'introduisit pour les voleurs de grands chemins.

Celui qui, sous le régne de *S. Louis*, enlevoit de force l'habit ou la bourse des passans sur la voie publique, ou dans les bois, devoit *être pendu*, ensuite traîné, puis tous ses meubles confisqués au profit du *baron*, sa maison détruite de fond en comble, ses terres ravagées, ses prés brûlés, ses vignes arrachées, ses arbres dépouillés de leur écorce. On sévissoit de même contre l'assassin, l'homicide, le ravisseur, l'incendiaire, le traître & ceux qui embloient cheval ou jument.

On arrachoit les yeux à ceux qui voloient dans les églises. Les faux-monnoyeurs étoient traités avec la même rigueur. Anciennement on leur coupoit le poing; dans quelques endroits, on les faisoit bouillir. Le péché contre nature étoit puni, pour la premiere fois, par une *mutilation honteuse*; pour la seconde, par *la perte d'un membre*; pour la troisieme, *par le feu*. La femme, pour la premiere fois, perdoit la *lèvre supérieure*; pour la seconde, *l'inférieure*; & pour la troisieme, elle étoit *brûlée*.

Un premier larcin en menues choses, tel qu'une *échelle, robe*, un *soc de charrue*, ou quelques deniers, étoit châtié par la *perte d'une oreille*; au second, on avoit le *pied coupé*; au troisieme, on étoit *pendu* comme aujourd'hui. On pendoit pour vol domestique, ainsi que les complices de vol, d'assassinat & les receleurs; & ce qui paroît surprenant, on brûloit les femmes qui tenoient compagnie aux larrons & aux meurtriers. On les enfouissoit, en Anjou, pour avoir dérobé chevaux ou jumens. Tous les gens suspects, fainéans, vagabonds, n'ayant rien, ne gagnant rien, qui fréquentoient les tavernes, comme aujourd'hui, étoient arrêtés, interrogés sur leurs facultés, bannis de la ville, s'ils étoient convaincus de mauvaise vie; quelquefois même condamnés à mort, s'ils étoient coupables de quelques crimes.

Les *croisés*, les *moines*, les *clercs* qui portoient la tonsure ou l'habit clérical, ne pouvoient être jugés par les cours laïques, droit qui ouvroit la porte aux plus affreux désordres; car comme l'église ne condamne jamais à mort, les plus grands crimes n'étoient point punis; on ne l'étoit que par quelques coups de discipline; l'expérience a corrigé cet abus.

LOIX SOMPTUAIRES : les premieres qui réglent le prix des étoffes, & qui distinguent l'état & le rang des particuliers par rapport à leur habillement, furent données par *Charlemagne*, sur la fin de son regne. Ce prince *ne portoit en hiver*, dit *Eginhard*, *qu'un simple pourpoint de peau de loutre, sur une tunique de laine bordée de soie ; il mettoit sur ses épaules un sayon de couleur bleue ; & pour chaussure, il se servoit de bandes de diverses couleurs, croisées les unes sur les autres*. Nous devons à *Louis le Débonnaire*, son fils, des loix très-sages ; sa haine pour le luxe paroît dans celle qu'il fit sur les habits des ecclésiastiques & des gens de guerre. Il défendit aux uns & aux autres les robes de soie & les ornemens d'or & d'argent, & aux premiers de porter les anneaux garnis de pierres précieuses, des ceintures, couteaux ou souliers garnis de boucles d'or ou de pierreries, & d'avoir des mules, palefrois, & chevaux avec bride & frein doré ; *c'est une de nos premieres loix somptuaires*.

Philippe le Bel, en 1293, promulga une *loi somptuaire*, qui fixe la quantité des mets qu'on servira sur les tables ; le nombre de robes qu'on se donnera tous les ans ; le prix qu'il est permis de mettre aux étoffes ; l'état enfin que chacun doit tenir, selon sa naissance, ses facultés, son rang & sa profession.

On appelloit, dans ce tems, *grand mangier*, le souper qui étoit encore alors le grand repas, comme chez les Romains, où il n'étoit permis que de servir deux mets & un potage au lard, sans fraude, & au *petit mangier*, qui étoit le diner, un *mets* & un *entremets*. Les jours de jeûne, on donnoit deux potages aux harengs & deux mets, ou bien un potage & trois mets ; jamais plus de quatre plats pour les jours de jeûne, & jamais plus de trois pour les jours ordinaires. Quelle différence de nos tables avec celles de ce tems-la ! On doit être aujourd'hui surpris de cette simplicité de mœurs & de cette grande sobriété, qui étoit celle de nos rois même & de *Philippe le Bel*, le plus dépensier de tous les rois ses prédécesseurs.

Les rois d'Angleterre observoient la même étiquette dans leurs repas ; & l'on rapporte un beau trait de *Henri II*. Des moines de *Winchester* vinrent un jour se plaindre de ce que leur abbé ne leur donnoit que dix plats au lieu de treize, qu'on avoit coutume de leur servir; le monarque indigné, leur répondit : *On ne m'en sert que trois dans mon palais ; malheur à votre abbé, s'il vous en accorde plus que la sobriété n'en permet à votre roi.*

Le meilleur vin qu'on buvoit alors, étoit celui d'Orléans, qui portoit alors le titre d'*excellent* ; & c'étoit une faveur insigne que d'en recevoir en présent.

Il falloit, comme nous l'avons dit au mot *Habillement*, être duc, comte, baron, & avoir six mille livres de terre, pour se donner à soi-même & à sa femme quatre robes par an. *Nulle demoiselle, si elle n'étoit châtelaine, ou dame de deux mille livres de terre, ne pouvoit en avoir qu'une.* Le prix que l'on mettoit aux étoffes, étoit depuis dix sols *l'aune de Paris*, jusqu'à vingt-cinq sols ; & les dames de la premiere qualité avoient seules le droit d'y mettre jusqu'à trente sols, & de prendre de la toile à un sol huit deniers *l'aune*.

Enfin, pour mettre de la différence entre les états, il étoit ordonné que nulle bourgeoise n'auroit de *char*, & ne se feroit conduire le soir qu'avec une torche de cire, & ne porteroit ni vair, ni gris, ni hermine, ni or, ni argent, ni pierres précieuses, ni couronne d'or ni d'argent.

LOMAGNE : (LA) pays de France, situé entre l'Armagnac, le pays de Verdun & la Garonne, qui le sépare de l'Agénois. Sa capitale est Lectoure, & l'on trouve souvent les *vicomtes de Lomagne*, qualifiés *vicomtes de Lectoure*. La *Lomagne* a toujours fait partie du duché de Gascogne. Les premiers ducs de Gascogne y établirent des vicomtes, qui prirent long-tems la qualité de *vicomtes* de Gascogne. Ils posséderent depuis la *Lomagne* en souveraineté, & se qualifioient *vicomtes par la grace de Dieu*. On ignore d'où ils prirent le nom de *Lomagne*, qu'ils porterent depuis, & qu'ils donnerent à toute la vicomté.

On divise les vicomtés de *Lomagne* en trois races. La premiere commença à *Odoat*, qui est le plus ancien seigneur qui ait possédé la vicomté de *Lomagne* ; il vivoit en 960. La vicomté de *Lomagne* fut portée par *Philippine de Lomagne* dans la maison d'*Hélie Taleyran*, comte de Perigord, son mari, à qui elle en fit don en 1286. Le comte de Perigord céda les vicomtés de *Lomagne* & d'*Anvillars* au roi *Philippe le Bel*. Depuis 1325, la vicomté de *Lomagne* n'a point été séparée du comté d'Armagnac ; & l'une & l'autre ont été réunies au domaine de la couronne.

LONG-CHAMP : abbaye de filles, de l'ordre de sainte Claire, diocèse de Paris, sur la rive droite de la Seine, au bout du bois de Boulogne, vis-à-vis de Surenne, entre S. Cloud & Neuilly, fondée au commencement du treizieme siécle, par *Isabelle*, fille de *Louis VIII*, & sœur de *S. Louis*. L'église l'honore du titre de *bienheureuse*. Le roi lui donna bien *trente mille livres Parisis*, pour fonder ce monastere qu'elle nomma l'*Humilité de Notre-Dame*, nom qui ne lui est pas demeuré. *Bonaventure*, & quelques autres Cordeliers, composerent la régle, de concert avec la pieuse fondatrice. On appella ces saintes religieuses *des Sœurs Mineures*. La plûpart étoient venues de Reims ; bientôt elles trouverent leur institut trop austere. Elles en firent l'aveu à la princesse. *Louis VIII*, à sa priere, en écrivit au pape *Urbain IV* ; & ce que cette nouvelle régle avoit de trop dur, fut mitigé par le pontife. C'est de-là que ces religieuses & plusieurs autres de l'ordre de sainte Claire, prirent le nom d'*Urbanistes*.

LONGITUDES : on ne les a pas encore trouvées, c'est-à-dire, on n'a pas trouvé une invention qui marque l'éloignement du méridien du lieu où l'on est, jusqu'au premier méridien. Il y a de grandes récompenses promises en Angleterre & ailleurs, à celui qui fera cette découverte.

M. *Barisson* a inventé une machine propre à déterminer les *longitudes en mer*, & elle a été éprouvée par deux voyages consécutifs à la Jamaïque. Au bruit de cette découverte, faite en Angleterre, sa

Majesté très-Chrétienne fit partir MM. Cassini & de Lalande, avec nos habiles horlogers, qui avoient déja travaillé sur cet objet, pour prendre connoissance de cette machine, & nous en procurer une semblable.

LONG-PONT : dans le Valois, élection de Crépy, diocèse de Soissons. C'est une abbaye d'hommes de l'ordre de Citeaux, fondée en 1131, par *Gosselin* ou *Jossin*, évêque de Soissons : d'autres disent par *Eleonor*, comtesse de Soissons. Cette abbaye, en 1724, souffrit beaucoup d'un incendie qui ruina la plûpart des bâtimens ; mais elle a été depuis parfaitement rétablie, & c'est aujourd'hui une des belles maisons de l'ordre de Citeaux.

Il y a dans le Hurepoix, à une demi-lieue de Mont-l'Hery, un prieuré d'hommes, de l'ordre de S. Benoît, & de la congrégation de Cluny, fondé vers l'an 1065, par *Guy Troussely*, sire de Mont-l'Hery, qui, dans la suite, s'y fit lui-même religieux.

LONGWI : ville fortifiée dans le pays Messin, diocèse de Tréves. La ville-basse ou l'ancien *Longwi*, n'est, à proprement parler, qu'un village ouvert de tous côtés, & entourré de trois montagnes fort roides, au haut desquelles est la ville-haute, bâtie sur le roc par le roi *Louis XIV*, en 1682, après la paix de Nimégue, & fortifiée sur les plans du maréchal de Vauban.

La ville & le comté de *Longwi* furent possédés par les ducs de Lorraine, jusqu'à la fin du treizieme siécle. En 1276, le duc *Ferry*, troisieme du nom, divisa ce comté en sept prévôtés, dont *Longwi* étoit le chef-lieu, où recouroient les autres villes qui jouissoient de la franchise de la coutume de Beaumont, en ce qui concernoit leur gouvernement, la justice & la police. Par le traité de paix de Riswick, le roi rendit au duc de Lorraine le duché de Bar, & retint la ville, avec la prévôté de *Longwi*, conformément au traité de Nimégue, à la charge toutefois de donner au duc de Lorraine une autre prévôté en échange ; & par le traité fait à Paris, le 21 de Janvier 1618, avec le duc de Lorraine, en personne, le roi céda à ce prince, en échange des ville & prévôté de *Longwi*, les ville & prévôté de Rambervillers, &c.

LONS-LE-SAUNIER : ville en Franche-Comté, diocèse de Besançon. Selon *Gollut*, elle a pris son nom d'une auge, ou mesure d'eau salée, qui, en termes de *saunerie*, s'appelle *long*. Cette mesure contient vingt-quatre muids ; cela peut prouver qu'il se faisoit autrefois à *Lons-le-Saunier* un commerce de sel considérable. Voyez *Franche-Comté*.

LOROY : abbaye d'hommes, de l'ordre de Citeaux, dans le Berry, diocèse de Bourges, dans la principauté d'Henrichemont, fondée en 1125 ou 1135, par *Wulgrain*, archevêque de Bourges.

LORRAINE : état souverain, avec titre de duché, dont Nancy est la capitale. La *Lorraine*, telle qu'elle est aujourd'hui, n'étoit qu'une très-petite partie de l'ancienne *Lorraine*. Celle-ci comprenoit toutes les provinces situées entre le Rhin & la Meuse : elle s'étendoit même jusqu'à l'Escaut. Elle fit autrefois partie du royaume d'Austrasie, qui fut souvent le partage des cadets de la maison de France, sous les deux premieres races de nos rois.

Ce que nous appellons à présent la *Lorraine*, comprend la plus grande partie du territoire des anciens *Leuci*, & partie du territoire des *Mediomatrices* & des *Veroduni*, qui sont les diocèses de Toul, de Metz & de Verdun.

Sous *Honorius*, la *Lorraine* faisoit partie de la Belgique premiere, dont *Tréves* étoit la métropole. Lors de la décadence de l'empire Romain, jusqu'à l'établissement de la monarchie Françoise, la *Lorraine* souffrit beaucoup des courses des Barbares, qui, la plûpart, prenoient leur route vers ce pays, pour se rendre dans les provinces méridionales de l'empire Romain.

Vers le milieu du cinquieme siécle, les *Lorrains* commencerent un peu à respirer sous la domination Françoise. Ces peuples faisoient la plus noble partie du royaume d'Austrasie, qui se forma, en 511, après la mort de *Clovis le Grand*, & subsista jusqu'en 679, quoique, pendant cet intervalle, il ait été réuni plusieurs fois à la Neustrie, & ensuite séparé.

Depuis l'an 679 jusqu'en 751, que *Pépin I* réunit l'Austrasie à la Neustrie, la *Lorraine* se maintint dans l'indépendance, & fut gouvernée successivement par *Pépin d'Heristal*, mort en 714, & par *Charles Martel*, mort en 741, l'un & l'autre ducs de Brabant. *Pepin I*, *Charlemagne*, & *Louis I le Débonnaire*, furent maîtres de la *Lorraine*. Louis le Débonnaire la donna, (l'*Austrasie*,) avec le royaume d'Italie, & plusieurs autres terres, à son fils *Lothaire*, en l'associant à l'empire. On appella ces terres, en langue Tudesque, *Loterreich*; en langue Romance, *Lohierregue*, & en abrégé, *Lorraine*, c'est-à-dire le royaume de *Lothaire*. Le pays qui porte ce nom aujourd'hui, n'en est plus qu'une très-petite partie.

L'empereur *Lothaire I* posséda la *Lorraine*, ou plutôt l'Austrasie, depuis 843 jusqu'à sa mort arrivée en 855. Il eut pour successeur *Lothaire II*, son fils, qui mourut, en 869, sans enfans légitimes, & laissa vacant, par sa mort, le royaume de *Lorraine* & celui de Provence, dont il avoit hérité de son frere. Alors *Charles le Chauve* s'empara du royaume de *Lorraine*; &, l'année suivante, en 870, il en fit part à *Louis*, roi de Germanie, son frere, qui ensuite le posséda entièrement.

Après la mort de *Charles le Chauve*, ses deux fils, *Louis* & *Charles*, possédèrent en commun le royaume de *Lorraine* jusqu'à l'abdication de *Charles le Gros*. Il y a des historiens qui font succéder à *Louis le Germanique*, *Charles le Gros*, son troisieme fils, & ne nomment point les deux fils de *Charles le Chauve*.

A *Charles le Gros* succéda *Arnoul*, fils naturel de *Carloman*. *Arnoul*, en 895, donna la *Lorraine* à son fils naturel *Zwintibold*, ou *Zwintebold*, le même qui fut tué en 900. Ce fut alors que le royaume de *Lorraine* paffa fous la domination de *Louis IV*, dit *l'Enfant*. Louis IV étant mort, une partie des *Lorrains* reconnut, pour fouverain de ce royaume, *Charles V*, roi de France, légitime héritier de ce prince. L'autre partie, à l'imitation des Allemands, fe foumit à *Conrad de Franconie*, élu roi de Germanie. Ce prince & fes fucceffeurs envoyerent en *Lorraine* des gouverneurs ou ducs amovibles. Les rois de France firent gouverner de la même maniere la partie de la *Lorraine*, qui leur étoit foumife. Mais bientôt après, les empereurs Allemands fe rendirent maîtres de la partie qui obéiffoit aux rois de France, *Louis d'Outremer* n'ayant pu s'oppofer à cette entreprife.

A peine les empereurs s'étoient mis en poffeffion de la *Lorraine*, que ce pays fut dévafté par les Hongrois, qui y mirent tout à feu & à fang. Après ce malheureux événement, *Brunon* de Saxe, archevêque de Cologne, & frere de l'empereur *Othon I*, eut le gouvernement fuprême de la *Lorraine*, & prit le titre d'*archiduc*. En 959, ce prince partagea la *Lorraine* en deux gouvernemens ou duchés, fçavoir en *baffe-Lorraine* & en *haute-Lorraine*, dite la *Mofellane*.

Les peuples de la *baffe-Lorraine* étoient appellés les *Ripuarii*, & habitoient entre le Rhin, le Vaer & la Meufe, aux environs de Nuys, de Cologne, de Zulpich, de Duren, de Juliers & d'Andernach. Quelques-uns y ajoûtent encore les villes d'Aix-la-Chapelle, de Gemblours, d'Anvers, de Nimégue, de Bruxelles, & plufieurs autres.

Ce fut vers ce tems-là que les villes & évêchés de Tréves, Toul, Metz & Verdun, comprifes dans la Mofellane, fe démembrerent, en quelque forte, de cette province, & formerent, chacune féparément, autant de petits Etats indépendans des ducs de *Lorraine*, & qui releverent immédiatement de l'empire.

Charles de France, fils de *Louis d'Outremer*, fut

le premier duc de la *baſſe-Lorraine*, vers l'an 963, ou 967 ; mais il paroît qu'il n'en fut inveſti qu'environ dix ans après, par l'empereur *Othon* ; il mourut en 992. L'an 1046, l'empereur *Conrad le Salique*, donna ce duché à *Henri II*, comte de Luxembourg. A celui-ci ſuccéda *Godefroi I*, comte de Louvain, dans la maiſon duquel reſta le duché de la *baſſe-Lorraine*. Les deſcendans de *Godefroi I* prirent indifféremment le titre de *comtes de Louvain* & de *ducs de Lorraine* & de *Brabant*. Cette partie de la *Lorraine* conſerva long-tems le nom de *Lothier*, d'où ces ſouverains prirent le titre de *ducs de Lothier*.

Quant à la *haute-Lorraine*, dite *Moſellane*, elle eut des ducs bénéficiaires juſqu'en 1048, qu'*Albert*, comte de Namur, duc bénéficiaire de la *Moſellane*, étant mort, l'empereur *Henri III*, dit le *Noir*, en inveſtit *Gerard*, dit d'*Alſace*, fils d'un autre *Gerard*, & petit-fils d'*Albert*, ou *Adalbert*, qui, dès l'an 979, ſelon *D. Calmet*, portoit déja le titre de *duc de Lorraine*.

Ce même *Gerard I*, duc héréditaire de la *Moſellane*, en 1048, eſt mort en 1070. Il poſſédoit déja de grands biens vers la Saare dans le pays qui a été appellé depuis la *Lorraine Allemande* ; & il tiroit ſon origine des anciens comtes d'Alſace, dont *dom Calmet* établit la filiation depuis *Leudeſe* ou *Lutheric*, maire du palais, ſous le roi *Thierri III*, vers l'an 674.

Les premiers deſcendans de *Gerard d'Alſace* ne poſſéderent qu'une médiocre partie de la *Lorraine*, parce que les évêques de Metz, de Toul & de Verdun avoient reçu de la libéralité des premiers rois d'*Auſtraſie* & des empereurs, de très-grands domaines, pour leſquels ils rendirent ſeulement hommage aux empereurs. Les abbayes, la plûpart ſouveraines, en poſſédoient auſſi beaucoup ; & les comtes de Bar & de Champagne y avoient également des domaines conſidérables.

La *Lorraine*, à cauſe de ſa ſituation entre l'Allemagne & la France, étoit souvent le théâtre des guerres qui se faisoient entre les Allemands & les François; les maux que ces guerres causoient aux *Lorrains*, étoient augmentés par les guerres qui s'allumoient souvent entre les divers princes de cette contrée, même entre les prélats. Ceux-ci, pour se maintenir dans leurs possessions, jugerent à propos de chercher des protecteurs, connus sous le nom d'*avoués*, auxquels ils donnerent des terres en fiefs, & dont les *avoués* leur faisoient hommage. La continuation des guerres obligea ces mêmes prélats à faire des aliénations considérables en faveur de plusieurs seigneurs, qui leur fournissoient de l'argent pour les frais de la guerre.

Les descendans de *Gerard* d'Alsace profiterent des occasions, & augmenterent par-là de beaucoup le domaine de leur maison. Sa postérité régna seule, par une suite de grands princes, sur la *Lorraine*, jusqu'à *René d'Anjou*, roi de Sicile, qui, en 1431, hérita du duché par *Isabelle*, sa femme, fille du duc *Charles II*. L'année précédente, le Barrois, gouverné par des comtes & des ducs, depuis le dixieme siécle, avoit été cédé à *René* d'Anjou; c'est ainsi qu'il réunit les deux provinces, excepté toutefois le comté de Vaudemont, qui demeura aux descendans de *Gerard d'Alsace*.

Après la mort de *Nicolas* d'Anjou, en 1473, *René II*, fils de *Ferry*, comte de Vaudemont, & d'*Yolande*, fameux par ses guerres contre le duc de Bourgogne, hérita des duchés de Lorraine & de Bar, du vivant même de *René I*. Il les transmit, en 1508, au duc *Antoine*, son fils; & celui-ci au duc *François I*, en 1544. L'année suivante, *Charles III* fut duc de Lorraine. Il mérita le nom de *Grand* par ses vertus & par un régne florissant & pacifique, qui ne finit qu'en 1608. *Henri le Bon* lui succéda, & mourut en 1624, laissant ses états à sa fille *Nicole* & à *Charles IV*, son neveu.

Charles IV, en 1625, sous prétexte que la *loi*

Salique, avoit forcé en *Lorraine*, fit reconnoître *François* de Vaudemont, son père, & quelques jours après, il reprit de lui la souveraineté.

Son régne fut trop long. Il étoit bon guerrier, mais mauvais politique. Il ne tint jamais les traités qu'il fit avec la France ; elle l'en punit : ses Etats furent démembrés & dévastés. Les Suédois sur-tout les désolerent. *Charles IV* mourut en Allemagne, en 1675. Son neveu, héros célébre par ses victoires sur le Turc, hérita de lui la seule qualité de duc de *Lorraine*, & prit le nom de *Charles V*.

Léopold, son fils, eut le titre de *duc* en 1690; mais ce ne fut qu'en 1698 qu'il entra en possession réelle de ses Etats. Il s'occupa du bonheur de ses peuples, & répara les désastres de son pays, entre les deux plus grandes puissances de l'Europe. Il mourut à Luneville, en 1729.

François-Etienne de Lorraine, vint, à la fin de la même année, prendre possession des Etats de son pere; mais, appellé à de plus hautes destinées, il ne fit que se montrer à ses sujets, & laissa la régence à *Elisabeth Charlotte* d'Orléans, duchesse douairiere. Il fut grand duc de Toscane en 1737, empereur en 1745, & est mort au mois d'Août 1765.

Ce prince descendoit, au vingt-troisieme degré, en ligne masculine, de *Gerard d'Alsace*. Ce *Gerard d'Alsace* vivoit sous le régne d'*Henri I*, roi de France : c'étoit un seigneur d'une naissance très-illustre, puisqu'il étoit cousin germain de l'empereur *Henri III*. La maison de Lorraine qui l'a pour auteur, est célébre par les héros qu'elle a donnés à sa patrie, à la France & à l'Allemagne, où elle régne, (en 1767,) dans la personne de l'empereur *Joseph II*.

Des branches de *Lorraine*, établies en France, & qui ont pour auteur *Claude*, duc de *Guise II*, fils de *René*, duc de *Lorraine*, il ne reste plus que les branches d'Armagnac & de Marsan, formées par celle d'Elbeuf éteinte.

Le duc *Charles IV*, en 1662, fit *Louis XIV* héritier de ses Etats, & promit, pour sûreté de l'exécution, de lui remettre la ville de Marſal, à condition que ſes héritiers ſeroient déclarés *princes du ſang de France*.

Le traité fut vérifié au parlement, avec clauſe, qu'il n'auroit lieu que quand tous ceux qui y avoient intérêt, y auroient ſigné. Cette clauſe fit que ce traité fut ſans exécution.

Qui auroit dit à *Charles IV*, dit M. le préſident *Hénault*, que le don qu'il faiſoit alors de la *Lorraine*, ſous des conditions illuſoires, ſe réaliſeroit en 1739, ſous *Louis XV*, qui en deviendroit un jour le ſouverain, du conſentement de toute l'Europe, & qui vient de le devenir, (en 1766,) par la mort de *Staniſlas*, roi de Pologne, à qui les duchés de *Lorraine* & de *Bar* avoient été cédés, & enſuite à la France?

LOTHAIRE, fils de *Louis IV*, dit d'*Outremer*, & de *Gerberge de Saxe*, eſt le trente-deuxieme de nos rois : il naquit à Laon, en 941 ; il ſuccéda à ſon pere, âgé de treize ans, & fut ſacré & couronné à Reims, le 12 Novembre 954. Sa valeur, ſoutenue de beaucoup de prudence, retarda le projet que ſembloient avoir formé les comtes de Paris, dès le regne de *Charles V*, de détrôner les deſcendans de *Charlemagne*.

Ce monarque, aſſiſté de *Hugues le Grand*, fit la guerre en Poitou contre *Guillaume*, comte de Poitiers. Il mit le ſiége devant Poitiers, qu'il fut obligé de lever en 955 ; mais, en ſe retirant, il défit les troupes du comte, &, l'an 965, reprit Arras & Douay ; enſuite il tourna ſes armes contre *Othon II*, empereur, pour conquérir la *baſſe-Lorraine*, que ce prince avoit donnée à *Charles*, frere du roi, comme ſi cette province eut dépendu de lui.

Il l'attaqua à Aix-la-Chapelle, & le mit en fuite. *Othon*, pour ſe venger, vint, à la tête de ſoixante mille hommes, ſaccager la Champagne, & s'avança juſqu'à Paris ; mais, étant obligé de ſe retirer à cauſe de l'hiver, il perdit toute ſon arriere-garde au paſſage de la riviere d'Aiſne, & fut pouſſé juſqu'aux Ardennes, l'an 968. Alors il fit la paix avec *Lothaire*, qui lui remit la *Lorraine*, l'an 980, pour la tenir en fief de la couronne de France. Ce traité choqua tous les grands du royaume, & les aliéna même du service du roi. Quelque tems après, *Othon* mourut ; & *Lothaire* rentra en *Lorraine*, l'an 984. Voyez *Lorraine*. Ce prince mourut à Compiegne, de poison, le 2 Mars 996, âgé d'environ quarante-cinq ans, & après un régne de trente-un ans quatre mois & dix-huit jours.

LOUDUN : ancienne ville dans le Poitou, diocèse de Poitiers, qui fut détachée avec le Lodunois du Poitou, & cédée au comte d'Anjou, à la charge de l'hommage. La ville de *Loudun*, dans la suite, suivit le sort des provinces d'Anjou, de Touraine & du Maine, qui furent réunies à la couronne, en 1224.

Au mois de Février 1336, le roi *Charles V* donna la ville de *Loudun* avec toutes ses appartenances, à *Louis*, duc d'Anjou son frere, pour le dédommager de *Chantonceaux*, qu'il avoit donné au duc de Bretagne. La ville de Loudun & le *Lodunois*, furent réunis au domaine de la couronne, en 1476. *Henri III*, dans la suite, érigea le Lodunois en duché, en faveur de *Françoise* de Rohan, dame de la Garnache. Après la mort de cette dame, ce duché fut éteint.

La ville de *Loudun* est la patrie de plusieurs hommes célébres, entr'autres, de *Jean Salmon*, autrement *Macrin*, nommé l'*Horace* de son tems, mort à *Loudun*, en 1557; des freres jumeaux *Scévole* & *Louis de Sainte-Marthe*, qui ont travaillé de concert à des ouvrages, qui ont rendu leur nom immortel ; du médecin *Théophraste Renaudot*, qui, sous *Louis XIII*, obtint le privilége des Nouvelles publiques, si connues sous le nom de *Gazettes* ; d'*Ismaël Bouilland*, qui abjura le Calvinisme, dès l'âge de vingt-un ans ; qui reçut la prêtrise en 1630 ; qui publia une quantité d'ouvrages, qui le firent regarder, parmi les sçavans, comme l'un des génies les plus universels de son tems, & qui mourut fort âgé, en 1694, dans l'abbaye de S. Victor de Paris, où il s'étoit retiré ; & d'*Urbain*

Chevreau, né en 1613, & mort en 1701, fort âgé qui fit de si grands progrès dans les belles-lettres qu'il mérita un rang distingué parmi les sçavans du dix-septieme siécle. Après avoir été secrétaire des commandemens de la reine *Christine* de Suéde, il fut précepteur de M. le duc du Maine.

LOUIS : le roi régnant est le quinzieme de nos monarques qui portent ce nom.

Le premier est *Louis le Débonnaire*, fils aîné & successeur de *Charlemagne*, né en 778. Il est le vingt-cinquieme roi de France, & a régné depuis 814 jusqu'en 840. Ce roi de France & empereur d'Occident, comme son pere, auroit été un des plus heureux & des plus grands princes de la monarchie, s'il eut sçu mettre des bornes à ses scrupules & ne pas confondre la piété avec la foiblesse ; le respect dû à la religion, avec une lâche complaisance pour les ministres qui en abusent. Il mourut, le 20 Juin 840, âgé de soixante-deux ans, après un règne de trente-sept, & de vingt-sept, comme empereur.

Louis II, surnommé *le Begue*, roi d'Aquitaine, du vivant de son pere *Charles le Chauve*, & son successeur au royaume de France, fut couronné empereur à Troyes, en Champagne, le dimanche 7 Septembre 878, par le pape *Jean VIII* : il avoit été sacré roi de France à Compiegne, le 8 Décembre 877, par *Hincmar*, archevêque de Reims. Il est le vingt-septieme de nos rois, & régna depuis 877 jusqu'en 879, le 10 Avril, non sans soupçon de poison. Ce prince étoit brave, & avoit résisté, avec vigueur, aux ennemis de l'Etat & aux incursions des Normands. Ce fut une perte. Il mourut à Compiegne, en 879, âgé de trente-cinq ans un mois & dix jours, & après un règne d'un an, de six mois & de trois jours.

Louis III & *Carloman*, fils de *Louis II*, lui succéderent ; tous les deux furent braves ; tous les deux se signalerent contre les Normands. *Louis III* & *Carloman*, les vingt-huitieme & vingt-neuvieme rois de France, régnerent depuis 879 jusqu'en 884. *Louis* mourut, le 4 Août 882, d'un coup qu'il se donna en poussant son cheval, par jeu, dans une porte; & *Carloman* mourut d'un coup qu'il reçut à la jambe dans la forêt d'Iveline, le 8 Décembre 884, après un régne de cinq ans & demi.

Louis IV est appellé *Louis d'Outremer*, parce qu'il avoit été élevé en Angleterre, où *Ogive*, sa mere l'avoit fait passer avec elle, pour le soustraire aux dangers, auxquels la captivité de *Charles le Simple* l'eut exposé. Il ne tint pas à lui de relever l'éclat de sa maison & d'en retarder la décadence ; mais il mourut d'un chute de cheval, en allant de Laon à Reims, le 17 Septembre 954. Il est le trente-unieme de nos rois.

Louis V est le trente-troisieme. Il régna depuis 986 jusqu'en 987. On lui donne le nom de *faineant*; mais l'a-t-il bien mérité ? Ce prince n'a régné qu'environ quinze mois, & n'a vécu que vingt ans. Il est le dernier des rois de la race des Carlovingiens, laquelle a régné pendant deux cens trente-six ans, & a donné onze rois à la France.

Louis VI, surnommé le *Gros*, fils de *Philippe I*, est le trente-huitieme de nos rois. Il porta l'autorité royale plus loin que n'avoient fait ses aïeux depuis *Hugues Capet*. Il mourut âgé d'environ 60 ans, le premier Août 1187. L'Histoire remarque de lui ces belles paroles à *Louis VII*, son fils, en présence des plus grands seigneurs: *Mon fils, vous allez me succéder; régnez plus saintement & justement que je n'ai fait; observez la religion de vos peres; protégez l'église, les pauvres, les pupilles & les orphelins. Conservez & faites respecter les loix; aimez le bien public & la paix: la royauté est une charge que Dieu vous confie & dont vous lui rendrez compte après votre mort.* Ce prince, en se déclarant protecteur de l'église, soutint tous les droits de sa couronne.

Louis VII, surnommé *Florus*, parce que, comme le dit le *P. Menestrier*, il avoit fait sa devise d'une fleur de Lys, fut sacré, en 1131, du vivant de son pere *louis le Gros*. Il est le trente-neuvieme de nos rois. Sa piété ne fut pas plus raisonnée que sa poli-

Tome II. V u

tique. Il fit une grande faute en répudiant la plus riche héritiere de l'Europe, (*Eléonor* de Guienne,) à laquelle il rendit sa dot, quoiqu'il en eût deux filles. Il mourut, le 18 Septembre 1180, âgé de quarante-neuf ans. Le plus brillant de ses titres est d'avoir été le pere de *Philippe-Auguste*.

Louis VIII, surnommé *le Lion*, né à Paris, le 3 Septembre 1187, fils de *Philippe-Auguste* & de sa premiere femme *Isabeau* de Haynaut, est le quarante-unieme roi de France. Ce prince, né avec un tempérament très-délicat, fut ravi à la France, à la fleur de son âge, le 8 Octobre 1226. S'il ne fut point sacré du vivant de son pere, comme l'avoient été tous ses prédécesseurs depuis *Hugues Capet*, c'est que *Philippe-Auguste* crut la couronne assez affermie dans la maison régnante, pour n'avoir pas besoin de cette précaution.

Louis IX, né, le 25 Avril 1215, à Poissy, est le quarante-deuxieme de nos rois. Il monta sur le trône, en 1226 : pendant sa minorité, la reine *Blanche*, sa mere, fut régente du royaume. Ce prince, pendant tout son régne, donna des preuves de sa générosité, de sa bonté & de sa grande piété : il mit des bornes à la puissance ecclésiastique, qui, depuis plusieurs siécles, avoit considérablement empiété sur la puissance royale & sur les tribunaux de la justice laïque. Il mourut, dans sa seconde croisade, à Tunis, le 25 Août 1270, âgé de cinquante-cinq ans, & après un régne de quarante-quatre ans. Ce fut sous *Boniface VIII*, & sous le régne de *Philippe le Bel*, en 1247, que ce pieux monarque fut canonisé. La bulle, qui le met dans le catalogue des saints, est un précis de ses vertus & de ses belles actions. Elle est adressée à tous les prélats du royaume de France, & porte qu'on en célébrera la fête, tous les ans, le 25 Août.

Louis X fut surnommé *Hutin*, peut-être à cause des troubles, dont la cour & l'état furent agités pendant la courte durée de son régne. Il ne survécut qu'un an six mois & six jours à *Philippe le Bel* son pere, & mourut de poison, suivant les apparences, le 5 Juin 1316, sans postérité masculine. Il est le quarante-cinquieme de nos rois. *Charles de Valois*, son oncle, eut la principale autorité ; & il fit périr *Enguerrand* de Marigni, gentilhomme de Normandie, homme fort entendu dans les affaires, chambellan de *Philippe le Bel*, & surintendant de ses finances. *Louis Hutin* ne laissa qu'une fille qui hérita du royaume de Navarre ; car ce royaume pouvoit tomber en quenouille ; &, dans la suite, elle le porta en dot au comte d'Evreux.

Louis XI, fils de *Charles VII*, & le cinquante-troisieme de nos rois, régna depuis 1461 jusqu'à 1483. A peine ce prince fut-il monté sur le trône, qu'il se conduisit comme dans un pays de conquête. Il déposa plusieurs ministres recommandables par leur probité. Il destitua presque tous les officiers de la cour, de la justice & des finances : il maltraita toutes les créatures du roi son pere, & prit plaisir à casser tout ce qu'il avoit fait ; il chargea le peuple d'impôts, dépouilla les grands, & s'attira la haine du clergé. Il eut cependant de grandes qualités ; mais il les gâta toutes par le mauvais usage qu'il en fit. Il institua, en 1469, l'ordre de *S. Michel* : il fixa le nombre des chevaliers à trente-six. Le serment étoit de soutenir les droits de la couronne & l'autorité du roi envers tous & contre tous. C'est sous son régne que les femmes de *Beauvais* firent éclater leur courage héroïque, lors du siége de cette ville. Il établit, en 1480, les postes sur les grandes routes du royaume, pour son service & pour celui des princes étrangers. Cet établissement s'étendit à tout le royaume, & servit pour tout le monde. Jamais prince n'a tant craint la mort que *Louis XI*. Il mourut, le 30 Août 1483, âgé de soixante-un ans, & fut inhumé à Notre-Dame de Cléri, où l'on voit son mausolée.

Louis XII, successeur de *Charles VIII*, surnommé le *Pere du peuple*, forma la troisieme branche issue des *Capets*, & dite des *Valois d'Orléans*. Il étoit petit-fils de *Louis*, duc d'Orléans, assassiné, à Paris, par le duc de Bourgogne, frere du roi *Charles VI*. *Louis XII*, n'étant que duc d'Orléans, donna des preuves de sa valeur à la bataille de Saint-Quentin, où il fut fait prisonnier, combattant à pied, à la tête des Allemands. Etant devenu roi, il vécut avec beaucoup de sagesse; & dès le commencement de son régne, il diminua les impôts. Nos historiens mettent ce prince à côté de *Charlemagne*, de *S. Louis*, de *Charles V*, &, en un mot, des meilleurs rois qui ont gouverné la monarchie. En effet, il ne pensa, pendant tout son régne, qu'à faire le bien & le repos de ses sujets. Il est le cinquante-cinquieme roi de France, & régna depuis 1498 jusqu'en 1514.

Louis XIII, surnommé *le Juste*, fils aîné de *Henri IV*, naquit à Fontainebleau, le 27 Septembre 1601, & succéda à la couronne, sous la tutelle de sa mere *Marie* de Médicis, le 14 Mai 1610. Il est le soixante-troisieme de nos rois.

Chaque année du régne de ce prince est marquée par quelques avantages éclatans. Il avoit beaucoup de belles qualités; mais toutes se trouvent balancées par quelques défauts, qui leur ôtent cet éclat, qui joint à celui du rang, assure à un roi l'admiration de la postérité.

Tous les auteurs, qui ont parlé de *Louis XIII*, reconnoissent qu'il aimoit & qu'il entendoit la guerre; mais le génie puissant & vigoureux de *Richelieu* découvrit bientôt le côté foible de l'ame de *Louis XIII*; & il en sçut profiter pour prendre sur ce prince cet ascendant qui le rendit comme un second roi dans l'état.

Le cardinal *Richelieu*, (c'étoit en 1634,) sortoit de chez le roi; *Louis XIII*, qui le suivoit, s'apperçut qu'on lui rendoit beaucoup moins de respects qu'à son ministre. Celui-ci ignoroit que le roi le suivoit; mais voyant avancer quelques pages, il se rangea, afin de laisser passer *Sa Majesté*. Le roi s'arrêta, & lui dit: *Passez, passez M. le cardinal; n'êtes vous pas le maître?* Richelieu prit aussi-tôt un flambeau des mains du page, & marcha devant le roi, en lui disant : *Sire, je ne puis passer devant votre Majesté, qu'en faisant la fonction du plus humble de vos serviteurs.*

Après la cérémonie du baptême du Dauphin, (depuis *Louis XIV*,) âgé alors de quatre ans & demi, & qui eut pour parrein le cardinal *Mazarin*, & pour marreine, la princesse de *Condé*, il fut mené dans l'appartement du roi qui étoit malade ; & ce jeune prince lui dit qu'il venoit d'être baptisé :

J'en suis bien aise, mon fils, lui répondit *Louis XIII; & comment vous appellez-vous à présent ? Je m'appelle Louis XIV, mon papa*, répondit M. le Dauphin... PAS ENCORE, MON FILS, reprit le roi, *pas encore ; mais ce sera peut-être bientôt, si c'est la volonté de Dieu.*

Peu de tems après, *Louis XIII* mourut, le 14 Mai 1643, le même jour & presqu'à la même heure que son pere *Henri IV*. On disoit de lui : *Il ne dit pas tout ce qu'il pense ; il ne fait pas tout ce qu'il veut ; il ne veut pas tout ce qu'il peut.*

Louis XIV, le soixante-quatrieme de nos rois, fils aîné de *Louis XIII* & d'*Anne* d'Autriche, naquit à S. Germain-en-Laye, le 5 Septembre 1638 ; il parvint à la couronne, le 14 Mai 1643 ; il fut sacré, le 7 Juin 1654 ; & il mourut le 14 Septembre 1715.

Nous n'avons point, dans l'Histoire de notre monarchie, un régne aussi long, ni aussi rempli d'événemens, ni si fécond en grands hommes, que celui de *Louis XIV*. Sous ce régne, la France a réuni dans son sein presque tout ce que les siécles précédens n'ont eu que successivement & par parties.

Elle a vu les Condé, les Turenne, les Luxembourg, les Vendôme, les Catinat, égaler & même surpasser tout ce que l'antiquité a le plus admiré dans les héros de la Gréce & de Rome ; elle a vu des chanceliers, des magistrats dignes, non-seulement d'interpréter les loix, mais même d'être encore des législateurs ; des philosophes, dont les Platon & les Aristote se seroient fait gloire d'être disciples ; des théologiens, dont les lumieres & le nombre prodigieux d'écrits paſſeront à la poſtérité, & les arts enfin & les ſciences portés au plus haut degrés de perfection. Ceci n'eſt qu'une idée très-imparfaite de ce brillant régne, & nous ſommes fâchés de ne pouvoir pas nous étendre davantage.

Louis XV, le ſoixante-cinquieme de nos rois, né le 15 Février 1710, régne depuis le premier Septembre 1715. Il fut ſacré à Reims, le 22 Octobre 1720, par le cardinal de *Rohan* ; ſa majorité fut déclarée au parlement, le 22 Février 1723 ; il épouſa, le 5 Septembre 1725, *Marie-Charlote-Sophie-Félicité* Leczinska, fille de feu *Stanislas*, roi de Pologne. Ce prince régne avec cette gloire véritable, qui a ſa ſource dans les vertus qu'il fait paroître & qui fait le bonheur des peuples qu'il gouverne. C'eſt à ceux qui feront l'hiſtoire de ce *prince bien-aimé*, à en peindre tous les grands traits.

LOUVETIER : officier qui commande à l'équipage du roi, entretenu pour la chaſſe du loup. La charge de *grand louvetier* de France n'eſt pas ancienne. Cependant elle n'eſt pas ſi nouvelle que le prétendent quelques-uns, qui en attribuent la création à *François I*. Dès le régne de *Charles VIII*, ſuivant un compte de *Matthieu* de Beauvarlet, receveur général d'Entre-Seine & Yone pour l'année 1467, il y avoit un *grand louvetier* de France.

Le *grand louvetier* prête ſerment de fidélité entre les mains du roi, & a la ſurintendance ſur tous les officiers de la *louveterie*. Il a même des lieutenans dans quelques provinces du royaume. *Gilles le Rougeau* étoit *louvetier* de *Philippe le Bel*, en 1308. *Pierre Hannequeau*, grand louvetier, en 1467, paſſe pour le quatrieme *grand louvetier* de France. Dix ans après, *Antoine*, ſeigneur de Crevecœur, étoit auſſi *grand louvetier* de France.

Agéſilas Gaſton de Groſſolles, marquis de Flamarens, comte de Bouligneux, pourvu, en 1741, de la charge de *grand louvetier* de France, étoit le vingtieme *grand louvetier* depuis *Antoine*, seigneur de Crevecœur. Il a eu pour successeur, son neveu, le comte de Flamarens, pourvu en 1753.

LOUVRE : de l'ancien mot saxon *Louveart*, qui signifioit un château. Le *Louvre*, malgré sa situation, n'a jamais été guères en faveur : *Dagobert* y mettoit ses chiens, ses chevaux de chasse & ses piqueurs. Les *rois fainéans* y alloient assez souvent ; mais ce n'étoit qu'après leur diné, pour digérer, en se promenant en coche, dans la forêt, qui couvroit tout le côté de la riviere, dont une partie subsistoit encore du tems de *S. Louis*, puisque ce monarque, au rapport des historiens, fit bâtir l'hôpital de Quinze-Vingts, (*in luco*.) Ces rois *fainéans* revenoient le soir en bateau, & en pêchant, souper à Paris, & coucher avec leurs femmes.

Il n'est point parlé de cette maison royale sous la seconde race & sous la troisieme, jusqu'au régne de *Philippe-Auguste*, qui en fit une espece de citadelle environnée de larges fossés, & flanquée de tours. Celle appellée la *grosse tour du Louvre*, fut abbatue, en 1528, sous le régne de *François I*. Elle étoit isolée & bâtie au milieu de la cour & de tout l'édifice, dont elle achevoit de rendre les appartemens encore plus tristes & plus obscurs. C'est de cette tour, (ce donjon de la souveraineté,) que relevoient les grands feudataires de la couronne ; ils y venoient faire la prestation de foi & hommage ; & c'étoit une prison pour eux, quand ils manquoient à leur serment. *Jean* de Montfort, qui disputoit le duché de Bretagne à *Charles* de Blois, & *Charles le Mauvais*, roi de Navarre, y furent enfermés, en différens tems. Voyez *Tour du Louvre* & *Palais des rois de France*.

Le *Louvre*, après avoir été hors des murs, pendant plus de dix siécles, se trouva dans Paris, par l'enceinte commencée sous *Charles V*, en 1367, & achevée sous *Charles VI*, en 1383.

Charles V, qui ne jouissoit que d'un million d de revenu, dépensa cinquante-cinq mille livres à hausser ce palais, & à rendre les appartemens plus commodes & plus agréables ; mais ni ce prince ni ses successeurs, jusqu'à *Charles IX*, n'en firent point leur demeure ordinaire ; ils le laissoient pour les monarques étrangers, qui venoient en France. Sous le règne de *Charles VI*, *Manuel*, empereur de Constantinople, & *Sigismond*, empereur d'Allemagne, y furent logés, ainsi que *Charles-Quint*, en 1539, sous *François I*.

M. *de Saintfoix*, dans ses Essais sur Paris, remarque qu'on recevoit ces princes avec beaucoup de magnificence, & qu'on leur faisoit de grands honneurs, mais qu'à leur entrée dans Paris, on avoit toujours attention de ne leur donner que des chevaux noirs, le cheval blanc étant la monture du souverain dans ses états.

Il ne reste plus rien du vieux château de *Philippe-Auguste*, que *Charles V* avoit fait réparer ; ce que l'on y voit de plus ancien, est du règne de *François I*. *Charles IX*, *Henri III*, *Henri IV* & *Louis XIII* y demeuroient & y firent bâtir. Voyez la *Description de Paris*, par *Piganiol de la Force* ; ou celle de *Germain Brice* ; & les *Antiquités de Paris* de *Sauval*, &c.

LOYER DE MAISON : on lit dans l'Histoire de Paris, *liv. 19, n° 55*, que, sous *François I*, le total des *loyers* de toutes les maisons de cette capitale ne montoit qu'à la somme de trois cent douze mille livres : M. *de Saintfoix* ajoûte qu'aujourd'hui les Carmes Déchaussés de la rue de Vaugirard, indépendamment du vaste terrein qu'occupent leur jardin & leur couvent, jouissent de près de cent mille livres de rente, sur les maisons qu'ils ont fait bâtir dans cette rue & dans les rues adjacentes. Ils n'ont commencé à s'établir en France qu'en 1611, par une très-petite maison, que leur donna un bourgeois nommé *Nicolas Vivian*. Voyez au mot *Couvent*.

LUÇON : ville dans le Poitou, avec évêché, qui fut établi par le pape *Jean XXII*, en 1317. Avant l'établissement d'un siége épiscopal à *Luçon*, le cha-

[L U N]

pitre de *Luçon* formoit une communauté réguliere, qui avoit pour chef un abbé. Cette communauté ne fut sécularisée qu'en 1468. Le cardinal *Richelieu* étoit évêque de *Luçon*.

LUNEL, *ou* LUNELLE : ville ancienne du Languedoc, qui, dans le dixieme siécle, dit-on, étoit presque toute habitée par des Juifs. Ce qu'il y a de certain, c'est que vers l'an 1170, & avant l'an 1173, lorsque le fameux *rabbin Benjamin* se rendit à *Lunel*, il y avoit dans cette ville une fameuse synagogue, qui s'occupoit nuit & jour à l'étude de la loi. Un très-grand concours de Juifs étrangers alloit étudier la loi dans l'académie de cette ville ; & les jeunes éleves étoient nourris & vêtus aux dépens du public, chez les rabbins, qui avoient soin de leur éducation.

La ville de *Lunel*, en 1561, eut beaucoup à souffrir des troubles que les religionnaires y exciterent. Ils s'y fortifierent & s'y maintinrent assez long-tems. S'étant enfin soumis, le maréchal de *Damville* y fit construire une citadelle, en 1574, que *Louis XIII* fit démolir, en 1632.

LUNETTES, *ou* BESICLES : c'est une invention du commencement du quatorzieme siécle. L'auteur de la nouvelle Histoire de France dit qu'on ignore le nom de celui qui le premier les imagina ; on croit qu'il fut peu curieux de rendre public un si beau secret, qui, cependant, se divulgua malgré lui ; car une ancienne Chronique rapporte qu'un moine nommé *Alexandre Spina*, faisoit des *lunettes*, & en donnoit libéralement, pendant que celui qui les avoit inventées, refusoit de les communiquer. Mais M. *de Saint-foix*, dans ses *Essais historiques*, tome iv, nous apprend que *Salvino-Degli-Armati* Florentin est l'inventeur des *lunettes* ; quoi qu'il en soit, cette découverte facilita les progrès de l'astronomie, & nous donna, sur les anciens, l'avantage du télescope qui manquoit à leurs observations.

LUNEVILLE : dans le duché de Lorraine, diocèse de Toul, qui, anciennement, dit-on, n'étoit qu'une simple maison de chasse, où il y avoit une chapelle. Elle s'accrut tellement dans la suite, qu'au dixieme siécle c'étoit deja le chef-lieu d'un comté considérable, que le duc *Matthieu I* unit à la Lorraine, en 1167.

Sous le régne du duc *Léopold*, cette ville prit une face toute nouvelle ; elle excéde aujourd'hui de beaucoup ses anciens murs, dont il y a encore quelques restes. L'ancien château a été entiérement détruit : le moderne a été bâti pour le duc *Léopold*, sur les desseins de *Bauffrand*, qui les a fait graver dans son architecture. Il y a dans cette ville l'abbaye de *S. Remi*, fondée, en 999, par *Solmar* le Vieux, comte de *Luneville* : il y eut d'abord des religieux de l'ordre de *S. Benoît*, & ensuite des religieuses du même ordre, en 1034. Les chanoines reguliers de *S. Augustin* en possédent l'église depuis l'an 1135. Elle étoit anciennement hors des murs de la ville, & n'a été rétablie dans son enceinte, que depuis l'an 1135.

LUTECE : ancien nom de la premiere ville des Gaules, depuis appellée *Paris*, du nom des Parisiens, ses habitans, ou plutôt du nom d'*Isis*, la déesse, qu'on y adoroit. Voyez *Paris*. *Malingre* & le commissaire *la Marre*, disent que *César* fit entourer *Lutece* de murailles ; qu'il l'embellit de nouveaux édifices ; qu'elle fut appellée la ville de *César* ; & M. de *Saintfoix*, d'après des mémoires sur la langue Celtique, nous donne l'étymologie du nom de *Lutece*. On prétend, dit-il, que, dans la langue Celtique, *Lutto* signifioit riviere, parce qu'en effet cette ville étoit bâtie dans une isle au milieu de la Seine. Depuis *César* jusqu'à *Julien*, il n'est presque pas fait mention de *Lutece* dans l'Histoire. Ce dernier y fut proclamé *Auguste*, en 360 : il l'appelloit *sa chere Lutece*. *Valentinien I* & *Gratien* y firent quelque séjour. Il y en a qui veulent que *César* ait fait bâtir le *grand* & le *petit Châtelet* : d'autres prétendent que c'est l'empereur *Julien*. Voyez *Paris*.

LUTHÉRANISME : les premiers troubles causés par le *Lutheranisme*, furent, en 1517, à l'occasion des indulgences, que *Leon X* fit prêcher en Allemagne. *Luther* mourut en 1546, âgé de soixante-treize ans. Il porta l'habit religieux long-tems après avoir abandonné l'église, & ne le quitta qu'en 1523. *Jean Aurifabert* nous a conservé des paroles remarquables, que cet hérésiarque écrivit deux jours avant sa mort : les voici, telles qu'on les lit dans l'*Abrégé chronologique de M. le président Hénault.* « 1° Personne ne peut bien entendre les Bucoliques de *Virgile*, à moins qu'il n'ait gardé les troupeaux durant cinq ans. 2° Personne ne peut bien entendre les Géorgiques, à moins qu'il n'ait fait le métier de laboureur pendant cinq ans. 3° Personne ne peut entendre les Epîtres de *Ciceron*, c'est moi qui le dis & qui le décide, à moins qu'il n'ait eu part au gouvernement de quelque république pendant vingt ans ; (l'abbé *Mongon* a prouvé le contraire ; c'est la réflexion du sçavant auteur ci-dessus cité.) 4° Ainsi que personne ne se persuade avoir acquis assez de goût dans la lecture des saintes lettres, pour se flatter de les entendre, à moins qu'il n'ait gouverné les églises durant cent ans, avec des prophètes, tels qu'*Élie*, *Elisée*, *Jean-Baptiste*, *Jésus-Christ*, les *apôtres*, &c. »

Avec ces principes, *Luther* rejetta la tradition qui cependant explique ces mêmes livres, qu'aucun homme, dit-il, pendant sa vie, ne peut parvenir à entendre.

Les *Luthériens* commirent dans Paris un attentat contre le S. Sacrement. *François I* en fut informé ; il fit ordonner une procession par l'évêque de Paris, & voulut y assister, ayant un flambeau à la main, avec toute sa cour. Voici comme il exprime les sentimens de piété dont il étoit pénétré, dans la lettre qu'il en écrivit aux prélats.

Ne soyez pas surpris, dit-il, *que je me fasse voir aujourd'hui si différent de ce que j'avois coutume de paroître dans les autres assemblées..... Alors je me souvenois de la qualité de maître & de souverain,* dont il me convenoit de soutenir les droits & l'appareil en présence de mes sujets.

Aujourd'hui qu'il est question des intérêts du Roi des Rois, je ne me regarde que comme un sujet & un serviteur, partageant avec vous les titres & les devoirs de la dépendance qui nous attachent tous à Dieu, &c. Voyez l'*Histoire du Luthéranisme*, ou le *Dictionnaire de Moréri*, ou le *Dictionnaire des hérésies*.

LUXE : déja sous le règne de *Philippe le Bel*, & même sous ceux de plusieurs de ses prédécesseurs, les bourgeois, comme aujourd'hui, affectoient des airs de grandeur, & copioient ridiculement l'homme de cour. Ils vouloient, comme les seigneurs, avoir des voitures pour se faire traîner : des flambeaux pour s'éclairer ; des habits riches pour se faire remarquer ; des bijoux sans nombre, pour briller d'un éclat emprunté.

Philippe le Bel, par son édit donné en 1293, pour remédier à un abus doublement funeste, en ce qu'il ruinoit l'orgueilleux imitateur, & le rendoit l'objet de la risée publique, ordonna que nulle *femme bourgeoise* n'auroit *char* ; qu'elle ne se feroit point accompagner la nuit avec la torche de cire ; cela étoit également défendu à l'écuyer ou simple clerc, & à tout roturier. Un bourgeois & sa femme ne pouvoient porter *vair*, *gris*, *hermine*, *or*, *pierres précieuses*, *couronnes d'or*, ou *d'argent*. Voyez *Loix somptuaires*. Pour faire exécuter une si belle ordonnance, on eut recours aux amendes pécuniaires. Elles étoient depuis *cent livres*, pour les barons & les prélats, jusqu'à *cent sols* pour ceux qui n'avoient pas mille livres de bien. Mais cette ordonnance n'eut point son effet, ainsi que bien d'autres *loix somptuaires*, données depuis par quelques successeurs de *Philippe le Bel*.

Sous *Philippe de Valois* & *Jean*, son successeur ; tems où le royaume étoit dans un état de langueur, croiroit-on qu'on ait pu connoître le *luxe* ? A la honte de nos aïeux, on le voyoit fortir du fein de la mifere, étaler fon fafte à côté de la pareffe & de l'ignorance, & s'accroître par la calamité publique.

Charles VII, en 1437, après fon entrée dans Paris, & en avoir chaffé les Anglois, dreffa plufieurs réglemens contre le *luxe*; mais ce renouvellement des *loix fomptuaires*, eut le fort de celles qui l'avoient précédé. La loi qui prefcrivoit la qualité des étoffes, fuivant le rang & les conditions, ne fit qu'irriter le defir de l'éluder ou de la violer. On ne corrigera jamais le *luxe*, en l'attaquant directement: né de la cupidité, il lui fert d'aiguillon & d'aliment. Il appartient aux mœurs de le réprimer; & malheureufement les mœurs ne fe commandent pas.

Henri IV voyant que tous les édits de fes prédéceffeurs, portés contre le *luxe*, devenoient inutiles, il en rendit un en 1604, dans lequel, après avoir expreffément défendu à fes fujets de porter ni or ni argent fur leurs habits, il ajoûta: *Excepté pourtant aux filles de joie & aux filous, en qui nous ne prenons pas affez d'intérêt pour leur faire l'honneur de donner attention à leur conduite.*

Cet édit eut fon effet, & les filous & les filles de joie n'en porterent pas même, ayant un trop grand intérêt pour n'être pas reconnus & diftingués du public.

LUXEMBOURG: (LE PALAIS DU) bâti à Paris, en 1615, par *Jacques* Broffe, architecte de *Marie* de Médicis. Il annonce, dès l'entrée, un grand palais, & d'une grande fymmétrie. Mais ce qui mérite le plus les regards des curieux, c'eft la célebre galerie de *Rubens* compofée de vingt-quatre grands tableaux, dans lefquels ce grand peintre a tracé l'hiftoire de Marie de Medicis. (Voyez la *Defcription de Paris*.)

LUXEMBOURG: on donne ce nom à une partie du duché de Luxembourg, cédé à la France par le traité des Pyrénées, de l'an 1659. Ce traité comprend la ville & prévôté de Thionville, avec les appartenances & dépendances ; & les cinq prévôtés de Montmedy, de Chauvency, de Marville, de Damvilliers, d'Yvoi ou Carignan ; ces six prévôtés sont situées entre la Meuse & la Moselle. Elles sont toutes du gouvernement militaire, des Trois-Evêchés, d'une intendance & du parlement de Metz.

LUXEUIL : ville & district, avec une fameuse abbaye d'hommes de l'ordre de saint Benoît, en Franche-Comté, diocèse de Besançon. Il y a de très-bons bains d'eau chaude, qui sont très-anciens & très-renommés. On dit que *Jules-César* en avoit fait réparer les bâtimens qu'on avoit négligé d'entretenir ; mais en 1764, M. de la Corée, intendant de la Franche-Comté, les a fait rétablir ; & la premiere pierre en a été posée le 5 Mai 1764.

Quant à l'abbaye, elle est très-ancienne, puisqu'on assure qu'elle fut établie dès le septieme siécle, par saint *Colomban*.

LUYNES *ou* LUINES : ville avec titre de duché, en Touraine, diocèse de Tours. *Charles* d'Albert, connétable de France, fils aîné d'*Honoré*, chevalier de l'ordre du roi, mort en 1592, & petit-fils de *Léon* d'Albert, tué à Cerisolles, le 4 Avril 1544, acquit la seigneurie de Maillé, premiere baronnie de Touraine, qui fut érigée en duché-pairie, en sa faveur, sous le nom de *Luynes*, en Août 1619. Il est le quart-aïeul de *Marie-Charles-Louis* duc de Chevreuse, gouverneur de Paris, lieutenant-général des armées du roi.

LYON : grande ville, ancienne, & une des plus considérables du royaume après Paris, capitale du *Lyonnois*, avec un archevêché, dont l'archevêque est primat des Gaules, & jouit des droits de primatie.

La fondation de cette ville est si ancienne, qu'on se perd, en la cherchant, dans l'obscurité des temps. Sans s'en rapporter aux sentimens de différens auteurs sur son origine, on sçait quelle fut la célébrité du temple que soixante peuples ont fait bâtir à Lyon, en l'honneur de la ville de Rome & d'*Auguste*. Pour orner l'autel qu'ils avoient fait ériger à ce prince, chacun de ces peuples donna une statue particuliere, avec une inscription.

Caligula établit dans cette ville toutes sortes de jeux, ainsi que cette fameuse académie, qui s'assembloit devant l'autel d'*Auguste*, où les plus excellens orateurs alloient disputer le prix de l'éloquence, & se soumettoient à la rigueur des loix qu'il avoit prescrites. Il étoit porté, entr'autres choses, par ces loix, que les vaincus donneroient eux-mêmes des récompenses aux vainqueurs, & qu'ils feroient aussi leur éloge; que ceux dont les écrits auroient été trouvés fort mauvais & indignes du concours, seroient obligés de les effacer, soit avec une éponge, ou avec la langue, à moins qu'ils ne préférassent de recevoir des férules, ou d'être jettés dans la riviere voisine. C'est à quoi il semble que *Juvenal* ait voulu faire allusion dans la premiere de ses Satyres, où il fait une image de la crainte qu'il exprime ainsi, vers 43 & 44 :

> *Palleat, ut nudis pressit qui calcibus unguem,*
> *Aut Lugdunensem lector dicturus ad aram.*

Ceci fait voir, comme nous l'avons dit au mot *Académie*, qu'il y en avoit à Lyon, même avant la monarchie Françoise. Une autre réflexion que le lecteur me permettra de faire, c'est que si tous les écrivains de nos jours étoient sujets aux mêmes loix, on ne verroit que de bons ouvrages.

Quant au temple & à l'autel que soixante peuples des Gaules firent bâtir à Lyon, ils étoient à l'endroit où est à présent l'abbaye d'*Aunay*, qui a été aussi appellé *Athæneum*; nom qu'on donnoit à cette académie. *Seneque* dit que la ville de *Lyon* fut consumée dans une nuit : il n'y eut qu'une nuit entre une grande ville & une ville qui n'étoit plus : *Inter magnam urbem & nullam, nox una interfuit.* Ce sont les expressions de cet auteur. *Néron* fit rebâtir cette ville; & en moins de vingt ans, elle se trouva en état de faire tête à la ville de Vienne, qui suivoit le parti de *Galba*, contre *Vitellius*.

[LYO]

On voit à Lyon des restes des ouvrages magnifiques dont les Romains avoient décoré cette ville, qui, dès leur temps, étoit la premiere & la principale ville de la Gaule Celtique. Elle donna son nom, non-seulement à la premiere des quatre provinces Lyonnoises, dont elle fut la métropole; mais elle le donna aussi à ces quatre provinces qui n'étoient que des extensions & des subdivisions de la premiere. Dans les temps postérieurs, elle fut considérablement aggrandie, & reçut de nouveaux embellissemens. Voyez les *Dictionnaires géographiques & l'histoire de cette ville*, par *Paradin*, le *P. Menestrier*, le *P. Jean Saint-Aubin*, &c.

La province de *Lyon* étoit habitée anciennement par les seigneurs qui firent alliance avec les *Allobroges*. Le *Lyonnois*, le *Forez*, le *Beaujolois*, situés dans la portion qui avoit été réservée aux rois de France, ne relevoient du royaume de Bourgogne, que pour ce qui est au-delà de la Saone. La ville de *Lyon* fut cédée, en 955, à *Conrad*, roi de Bourgogne & d'Arles, lorsqu'il épousa *Mathilde* de France, fille de *Louis d'Outremer*. L'empereur *Frédéric*, en qualité de roi de Bourgogne, déclara par une bulle du 18 Novembre 1157, *Heraclius* de Montboissier, archevêque de *Lyon*, & ses successeurs, exarques du royaume de Bourgogne, avec tous les droits de régale sur la ville de *Lyon*, & dans son archevêché, au-delà de la Saone; ce qui causa entre l'archevêque & le comte du *Forez*, qui se qualifioit *comte de Lyon*, ces différends qui furent terminés en 1173. Le comte céda à l'archevêque & à son chapitre, le comté de *Lyon*, avec la justice; & en échange, il reçut onze cens marcs d'argent, & plusieurs terres. Depuis cet échange, les chanoines ont le titre de *comtes de Lyon*, qui leur fut confirmé dans la suite par *Philippe le Bel*.

S. *Louis*, avant son départ pour l'Afrique, avoit eu la justice de cette ville, ou, comme on parloit alors, la *cour séculiere*; mais ce n'étoit, dit le *pere Daniel*, qu'en vertu d'une transaction passée avec

avec le chapitre, & jusqu'à l'élection d'un nouvel archevêque.

Philippe le Hardi, son successeur, néanmoins ne voulut point s'en dessaisir, que feu, *Pierre de Tarantaise*, ne lui eût prêté serment de fidélité; démarche très-délicate, ajoute l'historien.

Elle fut un des titres qui fonderent le droit de la réunion du *Lyonnois* à la couronne sous le régne suivant. Cependant dans le concile général tenu à *Lyon* en 1274, *Philippe le Hardi*, après y avoir eu quelques conférences avec *Grégoire X*, y laissa des troupes sous le commandement d'*Imbert* de Beaujeu, tant pour la garde du souverain pontife, que pour la sûreté des pairs assemblés : car, dit *Nangis*, *tout ceci se passoit dans son royaume* ; ce qui sembleroit indiquer qu'alors *Lyon* étoit sous la puissance du monarque François. Ce fut *Mathilde* de France, fille de *Louis d'Outremer*, qui, en épousant, en 955, *Conrad*, roi d'Arles, lui apporta en dot, le comté de *Lyon*.

Jusqu'au régne de *Philippe le Bel*, la ville de *Lyon* s'étoit gouvernée pendant long-tems, comme une république, sous la protection des rois de France. Ce monarque la réunit à la couronne en 1310, après en avoir été séparée pendant plus de quatre cens ans ; & pour dédommager l'archevêque & le chapitre de cette ville, il publia la concession appellée *Philippine*, où, entr'autres priviléges, il est accordé, que tous les biens du chapitre seront tenus à titre de comtés ; de-là vient que les chanoines sont appellés *comtes de Lyon*. Voyez sur la ville de *Lyon*, le *Dictionnaire géographique*, & les *Histoires de cette ville*, par *Paradin*, *le pere Menestrier*, *le pere Saint-Aubin*, &c.

LYRE, bourg de France, avec abbaye, situé dans la haute Normandie, diocèse d'Evreux. L'abbaye reconnoît pour son premier fondateur, *Guillaume*, comte de Breteuil, grand sénéchal de Normandie, proche parent du duc *Guillaume le Conquérant*, qui, après la conquête du royaume d'An-

Tome II.   X x

gleterre, le fit aussi comte d'*Herford* en Angleterre. On met la fondation de cette abbaye en 1046. Elle fut bâtie dans un lieu où se trouvoit une chapelle de *S. Christophe*, presqu'abandonnée. Les religieux de la congrégation de S. Maur sont entrés dans cette maison en 1647, & en ont presqu'entiérement renouvellé les bâtimens qui étoient en très-mauvais état; c'est une solitude gracieuse. Voyez les *Mémoires manuscrits de dom Boudier*, ci-devant abbé régulier de S. Martin de Séez, & aujourd'hui supérieur général (en 1767) des Bénédictins de la congrégation de S. Maur.

LYS : c'est une belle abbaye de l'ordre de Cîteaux, située dans le diocèse de Sens, fondée par la reine *Blanche*, & par le roi S. *Louis*, son fils. On dit que cette abbaye se ressent de la magnificence royale de ses fondateurs; que l'église est d'une grande beauté; & les voûtes en sont aussi blanches que si elles venoient d'être construites. Le cœur de la reine *Blanche* y fut inhumé : le soleil où l'on expose le S. Sacrement, est un des plus magnifiques, & la reine, mere de *Louis XIV*, y a donné plus de soixante diamans pour l'enrichir. On conserve dans cette maison le cilice de S. *Louis*, roi de France, &c. Voyez la *Description de la France*.

Fin du Tome II.

TABLE
GÉNÉRALE
DES MATIERES,

QUI indique le Tome & la Page des mots, dont il est parlé dans ce Dictionnaire, mais qui n'ont point d'articles particuliers.

A

ABEILLES d'or trouvées dans le tombeau de Childéric, au mot *Sépulture*.
Abelard (Pierre) au mot *Cluny*; au mot *Paraclet*; au mot *Romans*: inventeur de la scholastique; à ce mot.
Ab intestat, au mot *Enterrement*.
Ablon, (prêche des Protestans) t. ij, p. 33.
Académies anciennes, &c. tom. j, p. 17, & suiv.
Acte sorbonique, t. iij, pag. 604.
Actes latins, t. j, p. 19.
Adouber un chevalier, t. j, p. 461.
Agrafe au mot *Fermail*.
Aiguille, aimantée, au mot *Boussole*.
Albigeois, au mot *Vaudois*.

Albret, (Jeanne d') au mot *Navarre*.
Alain (Chartier) au mot *Belles-lettres*.
Alcuin, au mot *Sçavans*.
Algébriste, au mot *Algebre*.
Allain, au mot *Collége*.
Allodes, au mot *Aleu*.
Alphabet, au mot *Lettres*, & tom. iij, page 542.
Amaral, (d') Portugais, chevalier de Rhodes; son crime & son supplice, (au mot *Rhodes*.)
Amazones, au mot *Femmes*.
Ambland, (Cerene) au mot *Collége*.
Amboise, (cardinal d') au mot *Gaillon*.
Amboise, ou conspiration d'Amboise, t. j, p. 580.
Amédée VIII, premier

X x ij

duc de Savoye, au mot *Ripaille*.

Ameublemens & vaisselle d'or & d'argent donnés à l'empereur Vinceslas, par Charles VI, & à ses officiers, t. iij, pag. 557.

Amulettes, au mot *Superstitions*, t. iij.

Anatomie ; exactitude des sculpteurs de Rome à faire voir tous les mouvemens extérieurs des muscles dans les statues qui sortoient de leur ciseau, t. iij, p. 563.

Anciennes, (chanoinesses) au mot *Maubeuge*.

André de Ghini, au mot *Collége*.

Andromaque, (thériaque d') au mot *Thériaque*.

Ange de Joyeuse, au mot *Joyeuse*.

Anguieres, (Michel) sculpteur, au mot *Val de Grace*.

Animaux ; cimiers d'animaux) leur antiquité, tom. j, pag. 483.

Anne de Bretagne ; ses obséques, t. iij, p. 207.

Année, terme inconnu aux prémiers hommes, tom. j, pag. 82.

Année climactérique, *ibid.* pag. 502.

Annoblissement, (lettres d') t. ij, p. 618.

Appane, du mot *Appanare*, au mot *Appanage*.

Appeller d'un faux jugement, au mot *Fausser*.

Arbre-sec, au mot *Enterrement*.

Arc, (Jeanne d') au mot *Pucelle d'Orléans*.

Arcenal de Rochefort, au mot *Rochefort*.

Archers, (franc-) t. ij, pag. 236.

Archers de la garde, au mot *Garde de nos rois*, tom. ij, pag. 271.

Archi-chapelain, au mot *Oratoire du roi*.

Arcouvalet, (Jean d') précepteur de Louis XI, tom. iij, pag. 545.

Ardens, (sainte Geneviève des) tom. iij, pag. 300.

Argentine, au mot *Strasbourg*.

Armure de fer battu, au mot *Uniforme*.

Arques, (journée d') tom. ij, pag. 539.

Artavelle, au mot *Rosebecq*.

Assemblée de la nation, au mot *Etats généraux*.

Assemblée du contrat, au mot *Assemblée du clergé*.

Astrée, par d'Urfé, au mot *Romans*.

Attester par serment: comment cela se faisoit autrefois, au mot *Serment*.

Aubigné & *Fontenac*, au mot *Coucher*.

Aubrac, au mot *Hospitaliers*.

Aubriot, prévôt de Paris; ce qu'il a fait, au mot *Bastille*, & au mot *Egout*.

Aubusson, au mot *Rhodes*.

Auditeurs de Rote, au mot *Rote*.

Avénement, au mot *Joyeux*.

Avignon, au mot *Vénaissin*.

Avis de Louis VI, de Louis VII, de Louis XI, de Louis XIV, en mourant, tom. iij, pag. 498.

Avocat Patelin, tom. iij, pag. 615.

Avoultre, vieux mot qui signifioit adultere, & punition de ce crime. Chez les anciens & sous les trois races de nos rois, t. j, p. 25, & suiv.

Austrigille, femme de Gontran, obtint en mourant de son époux que les deux médecins fussent tués & ensevelis avec elle, au mot *Sépulture*.

Autriche, (Anne d') au mot *Val de Grace*.

Aymérigot Tête-noire: son histoire, au mot *Brigands*.

B

BACELLE, au mot *Bachelier*.

Baile, au mot *Riche*.

Balafré, au mot *Guise*.

Ballet des sauvages, sous Charles VI, tom. j, pag. 205.

Bamboches, (théatre des) au mot *Théatre*.

Ban-cloche, (la) au mot *Beffroi*.

Banniere de S. Denis, au mot *Oriflamme*.

Barbe rousse & barbe grise, au mot *Gavi*, t. j, pag. 282.

Barlette, prédicateur, tom. iij, pag. 590.

Baron, comédien, au mot *Théatre*.

Barre de la cour, au mot *Barre*.

Bas-âge de l'homme, au mot *Enfance*.

Basochiens, au mot *Spectacles*, t. iij, p. 614.

Basques, au mot *Labour*.

Bassompierre, au mot *Favori*.

Bataille, (gage de) tom. ij, pag. 259.

X x iij

TABLE

Bateleurs, au mot *Farceur*.

Bateleurs, au mot *Jongleurs*.

Bathilde, femme de Clovis II, au mot *Chelles*.

Baume, (la sainte) au mot *sainte Magdelaine*.

Bayard, (le chevalier) aux mots *Chevalier*, *Journées des Eperons*, *Tournois*, *Rançon*, & & *sa mort*, tome iij, page 465 & suiv.

Beaufort, au mot *roi des Halles*.

Beaumanoir, au mot *Combat des trente*.

Beauté, (château de) t. iij, pag. 606.

Begue, (Louis le) t. ij, pag. 672.

Béguin, au mot *Cornette*.

Beket, (Thomas) au mot *S. Thomas du Louvre*.

Bel, surnom donné à Charles IV, le dernier de la premiere branche des Capétiens, tom. j, pag. 432.

Belleville, au mot *Turlupin*, tom. iij.

Bénit, (pain) tom. iij, pag. 261.

Benoise, t. iij, p. 207; *ibid*. pag. 566.

Benserade, au mot *Lihons*.

Bercheure, (Pierre) tom. iij, pag. 56.

Berret, paysan Béarnois au mot *Fromage*.

Berthe, femme du roi Robert) t. iij, p. 475.

Bérulle, au mot *Oratoire*.

Besicles, au mot *Lunettes*.

Bessai, (Robert de) tom iij, pag. 556.

Bible, (concordance de la) tom. j, pag. 566.

Bien-aimé, (Louis XV le) tom. ij, pag. 677.

Bienfaiteur du saint siége, au mot *Pépin*.

Bignon, (Jérôme) ce qu'il dit sur la succession à la couronne, tom. iij, pag. 631.

Bijoux, au mot *Joyaux*.

Blanc de baleine; (son usage,) t. j, p. 207.

Blanche, (la reine Blanche, mere de S. Louis, t. j, p. 203; t. ij, p. 674.

Bleus, (enfans) tom. ij, pag. 66.

Boffrand, architecte, tom. iij, pag. 624.

Bois Bourdon, sous Charles VI; son genre de mort, t. iiij, p. 569.

Bois-rozé, au mot *Fescamp*. Son aventure avec le baron de Rosni.

Boniface VIII & Philippe le Bel. Leurs différens, tome ij, page 423.

Bonnes femmes veuves de la maison de Dieu,

DES MATIERES.

au mot *Haudriettes*.
Bons enfans, au mot *Enfans*.
Bons-hommes, au mot *Minimes*, au mot *Grandmont*.
Bossuet & *Flechier*, aux mots *Oraison funebre*.
Bouchardon, au mot *Sculpture*, & *Place de Louis XV*.
Bouguer, au mot *Optique*.
Boulangers de Gonnesse, au mot *Gonnesse*.
Bourbon, (le connétable de) sa mort, t. iij, p. 488.
Bourgage, (franc-bourgage, t. ij, p. 221.
Bourgeois (francs-) t. ij, p. 278.
Boutillier de Rancé, au mot *Trappe*, t. iij.
Boylesve, (Etienne) t. iij, pag. 408.
Bramine, au mot *Echecs*.
Brancas, au mot *Villars*.
Brenneville, (combat de) tom. ij, pag. 9.
Briare, (canal de) t. j, p. 345.
Brunehaud, reine & femme de Sigebert, t. j, p. 505; au mot *Coupable*, ibid. p. 591; & au mot *Cruauté*, ibid. pag. 650.
Bruys, (l'abbé) t. iij, p. 616.

Buc, (château du) au mot *Lille*.
Buissonniere, au mot *École*.
Bussy-Rabutin, ce qu'il dit sur les bals, tom. j, pag. 206.

C

CACHAN, roi des Avarois, t. ij, pag. 49, au mot *Empalement*.
Callot, (Jacques) graveur. Sa réponse à Louis XIII, au mot *Plan*.
Calprenede, (la) auteur des Romans la Cassandre & la Cléopatre, tom. iij, p. 487.
Calvi au mot *College*, & au mot *Sorbonne*.
Calvin, au mot *Calviniste*, tom. j, p. 342.
Carat, au mot *Karat*, tome ij, page 589.
Carcado, au mot *Karcado*, tome ij, p. 589.
Carioles, au mot *Voitures*.
Caritatif, (subside) t. iij, page 628 & suiv.
Carpenton, ibid.
Carriere, place de Nancy, au mot *Statue*, tome iij, page 624.
Casaque d'ordonnance, au mot *Uniforme*.
Cassagie, au mot *Redevance*.

X x iv

Caſſin; ſa Cour ſainte tome iij, page 550.
Caticius, au mot *Thermes*.
Catinat & de Châtillon, (les maréchaux de) au mot *Tranquillité*, t. iij.
Caturcins, au mot *Uſuriers*.
Cauvin, (Calvin) au mot *Noyon*, tome iij, pag. 199.
Cenalis, (Robert) évêque d'Avranches, au mot *Yvetot*.
Cenſures, au mot *Excommunication*, tome ij, pages 120 & ſuiv.
Celtes, au mot *Gaulois*, tome ij, pag. 282.
Cerdagne, au mot *Rouſſillon*, tom. iij, p. 422.
Cerdeau, au mot *Serdeau*.
Cérémonie du ſacre de nos rois, au mot *Sacre*, tome iij, pages 501 & ſuiv.
Céſar; ce que penſoit Louis XII de ce conquérant des Gaules, & de ſes ouvrages, tome iij, page 545.
Chabannes, au mot *Revue*, tom. iij, p. 467.
Chaldéens; les premiers aſtromes & aſtrologues, tom. j, p. 144.
Champ de Mars, au mot *Aſſemblées générales*, tom. j, p. 138.
Champ du Fiſc, au mot *Fécamp*, t. j, p. 138.
Champ des armoiries, au mot *Ecu*, tom. ij, page 25.
Champeaux (Guillaume de) au mot *S. Victor*, t. iij. page 530.
Champion de la repréſentation, au mot *Repréſentation*, tome iij, page 462.
Chant Grégorien, au mot *Chant d'égliſe*, t. j, page 418. *Chant* Ambroſien, *ibid.* p. 419. *Chant* de Metz, *ibid.*
Chapelle de la tour, (S. Sauveur) tome iij, page 311.
Charenton, (prêche des Proteſtans de) tome ij, page 33.
Charles-Quint; ce qu'il dit de la fortune, à ce mot, tom. ij, pag. 217, Parallele de Charles-Quint & de François I, *ibid.* page 232.
Chartier, (Alain) t. iij, page 545.
Châſſe de ſainte Geneviève, au mot *Genevieve*, tom. ij, p. 304 & ſuiv.
Châſſe de S. Romain, au mot *Fierte*, t. ij. p. 172.
Chatelain; ce que c'étoit, aux mots *Naiſſance*, *Race*, tom. iij, p. 152.
Chaud; fer chaud, t. ij, page 146.

DES MATIERES.

Chefs de vol, au mot Fauconnier, t. ij, p. 133.
Chelles, au mot Thierri.
Cheval de combat, au mot Roussin de service, tome iij, page 434.
Chevalerie ; son origine ou sa source véritable, au mot d'Adoptions d'honneur en fils, t. j, page 22 & suiv.
Chevauchée, au mot Ost, tome iij, page 253.
Chevels ; nobles chevels, chefs-seigneurs ; leur droit, au mot Aide, tome j, page 33.
Cheveux, au mot Chevelu, tom. j, pag. 467.
Chevreuse, (le duc de) aux mots Place de Louis XV.
Chien, (ordre du) t. iij, page 238.
Childéric, son tombeau découvert à Tournay, tome iij, page 578.
Cid, de Corneille ; le cas qu'on en faisoit, tome iij, page 618.
Cir, (saint) au mot S. Cir, tom. iij, p. 507.
Civile, (François) t. iij, page 491, au mot Rouen.
Claude, (saint) t. iij, p. 508.
Cléopatre de Jodelle, & ses autres piéces, t. iij, page 616.
Clepsydre, au mot Horlogerie, tom. ij, p. 453.

Clercs de la Basoche, au mot Basoche, tome j, page 238 ; leurs priviléges, ibid.
Clercs de tabellion, au mot Notaire, tom. iij, pag. 195, & suiv.
Clercs secrétaires, au mot Secrétaires du roi.
Clisson, (Olivier) au mot Guesclin, tom. ij, page 382.
Clopinel, au mot Romans, tom. iij, p. 486.
Clos du Chardonnet, tom. iij, page 308.
Clotilde I., t. j, p. 591, au mot Coupable.
Clôture, au mot Couture, tom. j, p. 604.
Cloud, (saint) tom. iij, page 508.
Coéffure, au mot Chapeau, t. j, page 421 ; & au mot Chaperon, ibid. pag. 425 & au mot Fontange tom. ij, page 205, & suiv.
Colleman, (Jean de) tom. iij, pag. 545.
Collier à toutes bêtes, tome iij, page 244.
Colonnade du Louvre, tome j, page 110, au mot Architecte ; & les progrès de l'architecture, pag. suiv. au mot Architecture.
Combats d'animaux ; premiers spectacles des François, tome iij,

page 611.

Combats simulés, au mot *Pas d'armes*, t. iij, page 316.

Comique, (opera) t. iij, page 221.

Commensaux, au mot *Convive du roi*, t. j, page 583.

Communautés, au mot *Communes*, t. 1, p. 546.

Compagnies d'ordonnance, au mot *Gendarmerie*, t. ij, pag. 297.

Conclavistes, au mot *Conclave*, tom. j, page 565.

Condaté, au mot *Rennes*, t. iij, p. 644.

Confreres de la Paſſion, au mot *Comédie*, tome j, page 533 & 573.

Conquête du Rouſſillon, par les maréchaux de la Mothe, Schomberg & de la Meilleraie, tome iij, p. 494.

Conſeils de la régence, fous la minorité de Louis XV, tom. iij, page 567.

Conſervateur, au mot *Soudich*.

Contagion Indienne, au mot *Mal de Naples*, t. iij, page 32, & ſuiv.

Convois, au mot *Funérailles*, t. ij, p. 255,

Cordon, au mot *Cordeliers*, tom. j, page 585.

Corneille, (Pierre & Thomas) aux mots *Comédie*, *Spectacle*, & *Tragédie*, tomes j & iij, page 617.

Cos ou *Cous*, au mot *Cocu*, t. j, page 509.

Coſſe de Genet, tome iij, page 240.

Coſſé, au mot *Briſſac*, tome j, page 331.

Côteaux, (ordres des) tome iij, page 247.

Coton; ſes ſermons, tome iij, page 550.

Cotte d'armes, au mot *Uniforme*.

Cotulaques, au mot *Saint-Denis*, tom. iij, p. 509.

Coucy, (Enguerrard de) tome j, p. 643 & 444.

Coupe-Gueule & *Coupe-Gorge*, ancienne rue de Paris; ſa ſituation, tome iij, page 193.

Cour de Rome, au mot *Saint-Siége*, tome iij, page 523.

Courage, conſtance, &c. au mot *Fermeté*, t. ij, pag. 150.

Courir l'aiguillette, au mot *Aiguillette*, tome, ij, page 38; ibid. p. 144.

Couronne; ſucceſſion à la couronne, t. iij, p. 531.

Courſe du cheval de ſaint Victor, au mot *Guet de S. Lazare*, t. ij, page 388.

DES MATIERES.

Coutilliers, ou Jardiniers, au mot *Courtille*, t. j, page 599.
Cranequiniers, au mot *Suisses*, tome ij.
Crapauds, que des auteurs ont dit faussement avoir été dans [...] de Pharamond, tome j, page 8, au mot *Abeilles*.
Crapone, canal de Crapone, tome j, p. 846.
Crébillon, fils, au mot *Romans*, tom. iij, page 487.
Crillon, au mot *Colere*, tome j, page 511; au mot *Homme sans peur*, tome ij, page 437 & au mot *Jarnac*, ibid. pag. 288.
Criminels, au mot *Confesseur*, tome j, p. 571.
Croix, (Jugement de la) tom. j, p. 648, & au mot *Vengeance*.
Croix blanche, tome iij, page 664.
Croix de fer à Paris, au mot *Thermes*.
Cultivateurs, au mot *Laboureurs*, tom. ij, page 394.
Culs-de-sac, au mot *Ruelles*, t. iij, p. 493.
Cures, au mot *Cures*, tome j, page 652, & au mot *Paroisses de Paris*, t. iij, p. 295 & suiv.

D

Daguerres, t. ij, pag. 558.
Dames, (Paix des) tom. iij, page 268.
Daquin & *Balbâtre*, au mot *Orgue*.
Débonnaire, (Louis le) tome ij, page 672.
Décades de Tite-Live, tome iij, page 561.
Décret, au mot *Capitulaire*.
Décrétales, au mot *Sexte*.
Défenseurs des églises, au mot *Avoués*.
Demarate, tome iij, page 563.
Denier S. Pierre, au mot *Denier*.
Denis, (Saint-) tome iij, page 509.
Déportation & relégation, au mot *Bannir*.
Dibutade de Sicyone, premier sculpteur, t. iij, page 562.
Diete, conférences, plaids, au mot *Etats-généraux*.
Dimanche de la rose, au mot *Rose*.
Diois, au mot *Valence*.
Diseurs de bonne aventure, au mot *Bohémiens*.
Dispute au sujet d'un tapis, qui couvroit le prie-Dieu du pape Eugene III, à Sainte-Ge-

nevieve. Voy. ce mot, tome iij, page 533.

Districts, au mot *Cité*.

Divorce de Henri VIII. Cause du schisme d'Angleterre, tom. iij, pag. 557. Les sollicitations de ce prince pour engager François I à changer de religion. La fermeté du monarque François, *ibid*.

Doctrine Chrétienne, (Peres de la) t. j, page 615.

Dogues, au mot *S. Malo*.

Dominique de Gourgues : ce qu'il fit, au mot *Floride*.

Dom-Quichotte. Michel, Servante, tome iij, page 487.

Dom-Remi, au mot *Vaucouleurs*.

Dondis, appellé Me *Jehan des Orloges*, t. iij, p. 80.

Double croissant, (ordre du) tome iij, pag. 239.

Doyens ; leur origine, tome j, page 6. Leurs fonctions, *ibid*. page 557.

Droit annuel, au mot *Paulette*.

Droit de gîte, au mot *Gîte*.

Droits de sépulture, au mot *Enterrement*.

Druides. Outre le tome j, page 668, voyez tome ij, page 284, au mot *Gaulois*.

Duc, (L'architecte) au mot *Val-de-Grace*.

Du Guay-Troin, au mot *Guay-Troin*.

Du Guesclin, au mot *Guesclin*.

Dupes, (Journée des) tome ij, page 540.

Dupré, sculpteur, tom. ij, page 620.

Duret, médecin de Henri III, tome iij, page 549.

Dunois, (le comte de) au mot *Guienne*, tome ij, page 394.

Durochier (Agnès) Recluse, tom. iij, p. 442.

E.

Eaux minérales, au mot *Forges*.

Ebole, au mot *Normands*.

Ecclésiastiques exempts du service militaire, au mot *Service militaire*.

Ecclésiastiques ; leurs richesses, tome iij, page 473.

Echarpe, au mot *Uniforme*.

Eclisses, au mot *Coche*.

Ecolâtre, au mot *Séminaire*.

Ecossois, aux mots *Gendarmerie* & *Gardes du corps du roi*.

Ecrire ; art anciennement inconnu aux nobles, t. ij, page 22.

Ecrivains, (anciens) tome ij, page 23.

Ecurie du roi, au mot *Ecuyer*. (grand)

Eléonor, duchesse de Guienne, au mot *Anjou*, & au mot *Guienne*.

Eloquence poëtique; *Histoire* du milieu du treizieme siécle. Ce qu'elles étoient, au mot *Sciences*.

Emanciper, au mot *Emancipation*.

Emaux, ou métaux d'un écu, au mot *Armoiries*, & au mot *Email*.

Enclos, au mot *Clos*.

Enfans de France, au mot *Fils*, tome ij, page 173, & au mot *Filles de France*, ibid. pag. 175.

Enfans naturels, au mot *Bâtard*.

Enfans perdus, au mot *Ribauds*.

Enfans-rouges, au mot *Enfans-Dieu*.

Enfans sans-souci, tom. iij, page 614.

Ensorceler, au mot *Envoûter*.

Enterrer, où la nation des Francs, avant que d'avoir embrassé le Christianisme, & même après être devenue Chrétienne, enterroit les morts. Richesses enfermées dans les tombeaux; corps de nos rois portés, sous la troisieme race, par les plus grands seigneurs sur leurs épaules: leur pompe funebre, au mot *Sépulture*. Voy. encore *Obseques*.

Epactes, au mot *Calendrier*.

Epernon, (le duc d') au mot *Impositions*.

Eperons, (Journée des) tome j, page 538.

Epigene, Thespis, Eschyle, Sophocle, &c. premiers auteurs tragiques, au mot *Tragique*.

Epigrammes; (celles d'Agnès Sorel, par François I, tome iij, page 547.

Epitaphes. Quand on a commencé à en mettre sur les tombeaux, tome ij, page 579.

Epitaphe. Celle de Laure, par François I, tom. iij, page 547.

Epitoge. Bonnet du premier huissier du parlement, au mot *Lit de justice*.

Equestres & *pédestres*, au mot *Statues*.

Erudition, au mot *Belles-lettres*.

Espérance, (ordre de l') tome iij, page 240.

Essex, (le comte d') au mot *Villars*.

Essorillement, au mot *Oreilles*.
Etablissement des fiefs, au mot *Fief*.
Etienne de Bourgueil, au mot *Collège*, tome j, page 522.
Etienne de Boiffi, *ibid.* page 522.
Etienne, (Robert) t. iij, page 547.
Etiquette, au mot *Cérémonial*.
Etrennes diaboliques, au mot *Superstitions*, t. iij.
Etuves, au mot *Bains*.
Etuviste, au mot *Etuve*.
Evreux, (comte d') au mot *Sedan*.
Exécution testamentaire, au mot *Testament*.

F

FABIEN, (officier Allemand;) ce qu'il fit à la bataille de Ravennes, tome iij, page 442.
Fabliaux, tom. ij, p. 363.
Fainéant, (Louis le) tome ij, page 673.
Faits douteux, au mot *Vérifications*.
Fanatisme, au mot *Fanatique*, & au mot *Flagellans*.
Fantassins, au mot *Forces de la France*, tome ij, page 214.
Farines, (Journée des) tome ij, page 539.

Faveurs, au mot *Graces*.
Femmes courageuses, tome ij, page 143.
Femmes du deuxieme rang, au mot *Concubine*.
Femmes publiques, au mot *Courtisanes*.
Fermes du roi, au mot *Fermes-générales*.
Fermiers du roi. Fermiers généraux, au mot *Ferme générale*.
Ferrand, comte de Flandres, au mot *Magie*, & au mot *Tour du Louvre*.
Fêtes indécentes & ridicules, au mot *Fêtes*.
Feu S. Antoine, tome iij, page 336.
Feudataire, au mot *Foi & hommage*.
Feuillade, (le maréchal de la) au mot *Place des Victoires*.
Fichet, (Guillaume) tome iij, page 545.
Fictions, au mot *Romans*.
Fidele, au mot *Anstrutions*.
Filles de nos rois, au mot *Filles de France*.
Filles de la reine, au mot *Filles de qualité*.
Filouterie, au mot *Filou*.
Fils de S. Fiacre, au mot *Fiacre*, & au mot *Fistule*.
Financiers, au mot *Finances*.

Flatteur, au mot *Flatterie*.
Fléau de Dieu, tome ij, page 480.
Flechelle & Hugues Gueret, au mot *Gauthier-Garguille*.
Floraux, (Jeux) tome ij, page 495.
Florent Chrétien, précepteur de Henri IV, au mot *Education*.
Florus, au mot *Louis VII*.
Florus, au mot *Fleur de lys*.
Foi de Jesus-Christ, t. iij, page 258.
Foix, duc de Nemours, au mot *Gaston de Foix*.
Follet : ce que c'étoit, au mot *A-Gui-l'an-neuf*.
Fonciere & censière, (Justice) tome ij, page 585.
Fonderie, au mot *Fondeurs*.
Fonderie, (l'art de la) au mot *Sculpture*.
Fontaine-françoise, (Journée de) t. ij, p. 540.
Fonts baptismaux des enfans de France, au mot *Baptême*.
Forbannir. Faire forjurer le pays, au mot *Bannir*.
Forçats, au mot *Galere*.
Forestiers, au mot *Eaux & forêts*.
Foulques, comte d'Anjou, tome iij, page 542.
Foux de plusieurs de nos rois, au mot *Foux*, & au mot *Triboulet*, tom. iij.
Francheville, sculpteur, tome iij, page 620.
Françoise-de-Grace, au mot *Havre-de-Grace*.
Fraternité-d'armes, ou militaires, au mot *Adoption*.
Frédegonde, au mot *Empalement*.
Fronde, (partisans de la) au mot *Frondeur*.
Foudre d'Italie, (le) au mot *Gaston de Foix*.
Fourches patibulaires, au mot *Montfaucon*.
Fulfréates, c'est-à-dire entiérement-libres, au mot *Affranchi*.
Funèbre, (oraison) t. iij, page 223.
Furstemberg, (Guillaume) au mot *Intrépidité*.

G

Gaguin (Robert) au mot *Yvetot*.
Galées (au mot *Galeres*),
Galerand-Nicolas, dit de Grive, au mot *Collège*.
Gallicane, (église) t. ij, pag. 36.
Gallicane (liberté de l'église), ibid. pag. 625.
Galois & *Galoises*, au mot *Pénitens d'amour*.
Gant ou chaperon, au mot *Gages de bataille*.
Garde de l'anneau, au

mot *Anneau* & au mot *Cachet*.

Gardes des chemins, au mot *Maréchaussées*.

Garde du sceau royal, au mot *Gardes des sceaux*.

Gardien, au mot *Guet*.

Garguille, au mot *Gauthier-Garguille*.

Gascons, Wascons, au mot *Gascogne*.

Gassion, envoyé en Normandie contre les Vanupieds. Voyez ce mot.

Gaucherie, (la) précepteur de Henri IV, au mot *Education*.

Gauline, (province) au mot *France*.

Gautier, au mot *Yvetot*.

Gélose, tome ij, p. 662.

Généraux, au mot *Empereur*.

Genes, au mot *Reliquaire*.

Genois, au mot *Genes*.

Gens de main-morte, au mot *Communes*.

Gens d'église, sujets au service militaire, au mot *Guerre*.

Gentils, au mot *Ecuyer*.

Gentilshommes servans, au mot *Panetier de France*.

Gentilshommes au bec de corbin, au mot *Corbin*, tome j, page 585.

Godeau du Plessis, au mot *Collège*.

Georges Langlois, au mot *Collège*.

Gerard d'Alsace, auteur de la maison de Lorraine, au mot *Lorraine*, tome ij, page 668.

Gerard de Poissi; sa belle action, au mot *Financier*.

Gerbaut, au mot *Normands*.

Gerbert, depuis Sylvestre III, précepteur du roi Dagobert, tom. iij, pag. 543.

Gervais Chrétien, au mot *Collège*.

Gilles Aisselin, au mot *Collège*.

Gomberville, auteur des Romans de Polexandre, tome iij, page 481.

Gondole, au mot *Voiture*.

Gonfanon, au mot *Banniere*.

Gordien, au mot *Nœuds*.

Gorju, au mot *Guillot Gorju*.

Gourgues; (Dominique) ce qu'il a fait, au mot *Floride*.

Gouvernement féodal, au mot *Féodal*.

Grand, surnom donné à Clovis, tom. j, p. 506; à Charles I, (Charlemagne) ibid. pag. 431; à Henri IV, au mot *Henri IV*, à Louis XIV, au mot *Louis XIV*.

Grand œuvre, au mot *Alchymie*.

Gran-

DES MATIERES.

Grandeur d'ame, au mot *Générosité*.

Grange aux gueux, au mot *Bicêtre*.

Grecs (schisme des), t. iij, pag. 556.

Gregeois, au mot *feu Gregeois*, tom. ij, p. 160.

Greves, brassarts & cuissarts, au mot *Uniforme*.

Grisons, au mot *Suisses*.

Gros, (Louis le) tom. ij, pag. 673.

Grosse garde de Gontran, au mot *Garde de nos rois*.

Grout, au mot S. *Malo*.

Guenegaud, au mot *Théatre*.

Guespins, (Orléanois) au mot *Guespin*.

Gui, que cueilloient les druides, prêtres des Gaulois, au mot *à Gui-l'an-neuf*.

Gui de Laon, au mot *Collége*, tome j, page 517.

Gui d'Harcourt, *ibid*. p. 320.

Gui de Roye, *ib*. p. 523.

Guigne-oreille, au mot *Oreille*.

Guillaume de Saona, au mot *Collége*.

Guillaume Bonnat, au mot *Collége*, tome j, page 517.

Guillaume de Chanay, *ibid*. pag. 521.
Tome II.

Guillaume de Prat, *ibid*. pag. 525.

Guillaume, gros Guillaume, tom. ij, pag. 367.

Guillemins, au mot *Guillelmites*.

Guiton (maire de la Rochelle), au mot *Rochelle*.

Guttembert, inventeur de l'imprimerie, tome ij, pag. 503.

H

Habit-Maille, au mot *Uniforme*.

Hachette, ou Hachet, femme courageuse. Son histoire, au mot *Beauvais*.

Halle des Mathurins, au mot *Parchemin*.

Hangest, (Jean d') tom. iij, page 462.

Harangueur, au mot *Harangue*.

Hardi, (Alexandre) poëte, tome iij, page 616.

Hardie, (cotte) tome j, page 589.

Haubert, (fief de) tom. ij, au mot *Fief*, & au mot *Uniforme*.

Haudri, au mot *Haudriettes*.

Hauts-barons, au mot *Riche-homme*.

Hauts-de-chausses, au

mot *Braie*, tome j, page 321.
Haute, moyenne & basse justice, au mot *Justice*.
Héloïse, au mot *Paraclet*.
Hennins, au mot *Cornes*.
Héritage noble, ou féodal, au mot *Franc-fief*.
Hermite, (Pierre l') au mot *Croisade*.
Hildebrand, (Gregoire VII) au mot *Investiture*.
Histoire des ducs de Normandie : celle de la conquête de Constantinople. Premiers ouvrages sérieux, qui ont paru en France, au mot *Sciences*.
Historiens. Sentimens de Louis XII sur les historiens Grecs, Romains & François, tome iij, page 546.
Histrions, au mot *Spectacles* ; effacés par les Troubadours, *ib*. page 612.
Homme attaché à la glébe, homme de corps, homme de pouëste, au mot *Serf*.
Hommes apostoliques, au mot *Evêque*.
Hommes de pouëstes, au mot *Esclaves*, & au mot *Serf*.

Hoqueton, au mot *Uniforme*.
Horloge céleste, au mot *Sphere mouvante*.
Hôtel de Thermes, tom. ij, pag. 460.
de Bourgogne, *ib*.
d'Ostriche, ensuite d'Alençon, *ibid*.
du Petit-Musc, *ib*.
d'Orléans, ensuite de Soissons, *ibid*. page 465.
de Guise, pag. 466.
du Porc-Epi, page 468.
S. Paul, page 468.
des Tournelles, page 469.
Barbette, pag. 470.
Bouchage, *ibid*.
Grenelle, pag. 471.
Schomberg, *ibid*.
d'Hercule, *ibid*.
de Mesmes, 472.
de Nesle, *ibid*.
de Rambouillet, *ib*.
du Petit-Bourbon, au mot *Val-de-Grace*.
d'Argent, tome iij, page 663.
Hozier, au mot *Juge d'armes*.
Humbert, Dauphin Viennois, au mot *Dauphiné*.
Huée, au mot *Hus*.
Hutin (Louis X,) tome ij, page 674.

J

JACQUES, au mot *Jacquerie*.

Jarretiere, (ordre de la) tome iij, pages 242 & 292.

Jars, (Le chevalier) au mot *Rapports*.

Idiome françois, au mot *Langue françoise*.

Jean Cholet, au mot *Collège*, tome j, page 516.

Jean de Dormans, page 515.

Jean Huban, *ibid.* page 520.

Jean Mignon, *ibid.* page 521.

Jean de Justice, *ibid.* page 522.

Jean Bouteille, au mot *Obit de Valois*.

Jean Sans-terre, au mot *Félonie*.

Jeanne, reine de France, au mot *Collège*, tom. j, page 517.

Jeanne de Bourgogne, *ib.* page 519.

Jeanne d'Albret, mere de Henri IV, tome iij, page 163.

Jeu de piquet, au mot *Piquet*.

Jeu de paume de l'étoile, tome iij, page 665.

Ignorance du treizieme siécle, aux mots *Sciences* & *Sçavans*.

Imma, fille de Charlemagne. Ses amours avec Eginhard, tom. j, page 476.

Infanterie Dijonnoise, au mot *Spectacle*.

Institution d'un prince, tome iij, page 543.

Institution des rois-d'armes, tom. iij, p. 482.

Intermede, au mot *Entremets*.

Jodelle recompensé par Henri II, tome iij, page 548.

Joinville, historien de S. Louis, au mot *Joinville*, tome ij, page 532; & 547, au mot *Lit de justice*.

Joueurs, au mot *Jeu*.

Journée d'Ivry, au mot *Ivry*.

Joyeuse, Flamberge, Durandal, &c. au mot *Epée*, tom. ij, pag. 80.

Isabeau de Baviere, femme de Charles VI. Son caractere, au mot *Afflictions*, tome j, page 28. Son entrée dans Paris, tome ij, page 74.

Isaure, (Clémence) au mot *Jeux floraux*, t. ij, page 435, & suiv.

Isis, au mot *Paris*, page 287.

Isles d'Or, au mot *Hières*.

Isle-Adam, (l') au mot *Rhodes*.

Y y ij

Jugement de l'eau froide & chaude, tome ij, page 1.
Jugeurs, au mot *Hommes-jugeurs*.
Jument, au mot *Destriers*.
Jurisdiction du Saint-Empire, au mot *Spectacles*.
Juste, (le) Louis XIII, tome ij, page 676.
Justice, (lit de) tome ij, page 648.
Justinien, (Code) tome j, page 510.

K

KELLERS, habile fondeur, tome iij, page 345.
Konisberg, t. iij, p. 661.

L

LANGUEDOC, (canal de) au mot *Canal*.
Latere, (légats à) tom. ij, page 610.
Lemovices, au mot *Limousin*.
Leon X, au mot *Concordat*.
Lettre gracieuse écrite au grand Corneille, par Louis XIV, étant encore jeune, tome iij, page 551.
Lever du roi, au mot *Entrées*.
Lias, *Liaas*, au mot *Laas*.
Libertines, au mot *Femmes & filles*.
Lice, au mot *Champ-clos*.
Ligue de Paris. Les premiers auteurs de cette Ligue, tome iij, page 589 & suiv.
Ligue Helvétique, au mot *Suisses*, tome iij.
Lion, (le) Louis VIII, tome ij, page 674.
Liqueurs de nos anciens, tome ij, page 30.
Litieres, au mot *Voitures*.
Livre des sentences, t. iij, page 558.
Livres, au mot *Bibliotheque*.
Logement de nos rois, au mot *Palais*.
Loi Gombette, au mot *Gombette*.
Lombard, (Pierre) t. iij, page 558.
Lombards & Italiens, au mot *Finances*.
Longjumeau, (édit de) au mot *Pacification*.
Louis de Poissy (Louis IX) tome ij, page 674.
Lulli, au mot *Opéra*.
Luther, au mot *Luthéranisme & Indulgences*.

M

MACHICOTS, t. iij, page 299.
Machine de Marly, au mot *Marly*.

DES MATIERES.

Maçons (Francs-) t. ij, pag. 238 & suiv.

Madelonettes, tom. iij, pag. 234.

Magicien, au mot Magie.

Magistrature, au mot Magistrat.

Maillard, (Olivier) Cordelier, au mot Roussillon.

Main de justice, tom. iij, pag. 555.

Maison de la couche, au mot Enfans-trouvés.

Maîtrise des eaux & forets, au mot Eaux & Forêts.

Malherbe; son fils tué par de Piles, t. iij, p. 479.

Mamert (S.) instituteur des Rogations, t. iij, pag. 480.

Mangeur, (grand) t. ij, pag. 21.

Mansard, (Hardouin) au mot Place de Louis le Grand.

Marche (la) & Winville, au mot Collége.

Marchés, au mot Foire, & au mot Halles.

Marillac (Code) tom. j, pag. 510.

Markette, au mot Prélibation.

Marot. (Clément) Ses Pseaumes, t. iij, p. 420.

Marques de la royauté, au mot Sceptre.

Massacre de Vassi, au mot Vassi.

Massacre de la S. Barthelemi, au mot Barthelemi.

Massacre des François en Sicile, au mot Vêpres siciliennes.

Matthieu Paris, au mot Collége.

Maurienne, au mot Savoye.

Mautollu, au mot Maltote.

Mécontens des Pays-Bas, au mot Gueux.

Médicis, (Catherine de) tom. ij, pag. 233, à l'article François II, & au mot Médicis, t. iij.

Melgueil, au mot Maguelona, tom. ij, p. 8, & au mot Montpellier.

Memers, au mot Mamers.

Mendoza, au mot Oraison funebre.

Mercy, (religieux de la) tom. j, pag. 620.

Mérite (ordre du) t. iij, p. 247.

Messagers, au mot Couriers.

Messies, au mot Généralité, tom. ij, pag. 300.

Métairie, au mot Terres.

Mets; la quantité qu'on en servoit sur les tables, tom. ij, pag. 660.

Y y iij

Michel - Dainville, au mot *Collége*.
Mignard, dit le *Romain*, au mot *Val-de-Grace*.
Militaire, (école) t. ij, pag. 13 & suiv.
Mimes, au mot *Spectacles*.
Minorité des rois, au mot *Régence*.
Miramiones, t. j, p. 628.
Missi dominici, au mot *Envoyés*, & au mot *Mez*.
Moine, (le cardinal le) au mot *Collége*.
Moine laïc, au mot *Invalides*, t. ij & t. iij, au mot *Oblat*.
Moliere, au mot *Comédie*.
Monasteres; leur origine, au mot *Abbayes* & *Ordres religieux*.
Moncontour.(journée de) tome ij, page 539.
Monnoie de singe, t. iij, pag. 512.
Monnoie de M. de Turenne, t. iij, p. 100.
Mont S. Michel, au mot *S. Michel*.
Montagne de César, au mot *Kaysersberg*.
Montargis, (canal de) tom. j, pag. 346.
Montjoie; nom donné par nos rois aux rois-d'armes, t. iij, p. 482 & suiv.
Montoirs de pierre, au mot *Voitures*.

Montre, pendule, horloge, au mot *Horlogerie*, t. ij, p. 453 & suiv.
Moralités, au mot *Spectacle*, t. iij, p. 114.
Morins & *Nerviens*, au mot *Flandres*.
Mortier & bombe; leur inventeur, au mot *Bombe*.
Moulin des coupeaux, au mot *Coupeaux*.
Mouzon, (fiefs de) au mot *Sedan*.
Mules, au mot *Voitures*.
Mummol, (le duc) au mot *Vaisselle*.

N

*N*ACART, (Alexandre) curé de saint Sauveur de Paris, & en même tems procureur de la cour, t. j, p. 7, au mot *Abbés comtes*.
Narbonne, (collége de) t. j, p. 518.
Naumanchies, au mot *Combat sur l'eau*.
Nautre, au mot *Jardinier*.
Nicolas Coquerelle, au mot *Collége*.
Noble maison, au mot *Etoile*, & au mot *S. Ouen*.
Noblesse de Cloche, t. iij, page 180.

Noël, (ô de) tom. iij, p. 201.
Nœuds d'épaules, ou aiguillettes, au mot *Uniforme*.
Notaires; origine de ce nom. Chez les Romains, t. iij, pag. 56, ibid. pag. 567; de Secrétaires du roi, en France, avant saint Louis, & au mot *Clercs ou Notaires*, ibid. p. 564.
Notre-Dame des Vertus, au mot *Etoile*.
Notre-Dame des Bois, (sainte Opportune) t. iij, p. 309.
Nouveau monde, au mot *Découverte*.
Numéraires, (livres) tom. ij, pag. 650.

O

OBIT salé, au mot *Obit de Valois*, tom. iij, pag. 202.
Observance, (grande & petite) au mot *Cordeliers*.
Occident; (schisme d') sa durée, t. iij, p. 556.
Œconomes, aux mots *Avoué* & *Vidame*.
Ogive, mere de Louis IV, t. ij, p. 673.
Olargos, (Pierre) premier évêque de Vabres, au mot *Vabres*.
Olim, au mot *Enregistré*, t. ij, p. 70.
Opulence, au mot *Magnificence*.
Orbay, architecte du théatre de la comédie Françoise, au mot *Théatre*.
Ordonnance, (compagnie d') t. j, p. 555.
Ordre de l'éperon, au mot *Eperon*.
Origine, au mot *Noblesse*.
Orléanois, au mot *Guespin*.
Ornano, (le maréchal) au mot *Vincennes*.
Orphelines, t. j, p. 630.
Othon, Castellan, au mot *Sortilége*.
Outremer, (Louis d') tom. ij, pag. 673.
Ouvrages périodiques, au mot *Journaux Littéraires*.
Oyl, au mot *Langue d'oyl*, t. ij, p. 601.

P

PAILLE, au mot *Fouarre*.
Pairie, au mot *Pair*.
Paix, au mot *Traité de Paix*, tom. iij.
Paladins, aux mots *Chevalerie* & *Chevalier*.

Y y iv

Palais-cardinal, au mot *Palais-Royal*.
Palatins, (comtes) t. j, p. 556; du Palais, *ibid.* p. 560.
Palerme, au mot *Vêpres Siciliennes*.
Pantomimes, fous Clovis, t. iij, p. 611.
Papadie, au mot *Diaconeſſe*.
Paralytiques, au mot *Pauvre*.
Parc de Vincennes, au mot *Vincennes*.
Parjures; leur fupplice, tom. ij, pag. 10.
Partage des tréfors de Charlemagne, au mot *Terre*.
Partage du royaume, par Charlemagne, t. iij, p. 494, & fuiv. & des tréfors de fon épargne à fes enfans, au mot *Teſtament*.
Parures des femmes, au mot *Habillement*, t. ij; & au mot *Parure*, t. iij.
Pasquinades, au mot *Pasquin*.
Paſſion, (les confreres de la) au mot *Spectacles*.
Pauvres de Lyon, au mot *Vaudois*.
Pauvres maîtres, t. iij, pag. 604.
Pécule, t. iij, p. 236 & 584.
Pédage, au mot *Péage*.

Pélerins, au mot *Paſtoureaux*, t. iij, & *Pélerinages*.
Pénales, (loix) t. ij, p. 658.
Pénitens de Nazareth, tom. j, pag. 621.
Pere du peuple, (le) Louis XII, t. ij, p. 676.
Peres-pontifes, au mot *Pape*.
Pernelle, femme de Flamel, aux mots *Alchymie*, t. j; & *Flamel*, t. ij.
Perrin, (l'abbé) au mot *Opéra*.
Perspective; en quoi les fculpteurs Romains n'ont pas excellé, tom iij, pag. 563.
Pétrarque, t. iij, p. 547.
Peyrou, (place de Montpellier) au mot *Statue*.
Philippe de Luxembourg, au mot *Collége*, t. j, p. 524.
Philofophale, (pierre) tom. iij, pag. 342.
Pibrac, t. iij, p. 550.
Picard, (le chevalier) au mot *Villars*.
Picardie, (canal de) tom. j, pag. 346.
Picquigny, au mot *Chaulnes*.
Pieces d'argent données par les maris à leurs épouſes, au mot *Mariage*, t. iij, p. 55 & fuiv.

DES MATIERES.

Pierre Bertrand, au mot *Collége*, t. j, p. 520.
Pierre Boncourt, ou Bacourt, *ibid.* p. 521.
Pierre Fortet, *ibid.* page 523.
Pierre Graffin, *ib.* p. 526.
Pigalle, au mot *Sculpture*.
Pillages, au mot *Désordres*.
Pise, (Pierre de) t. iij, p. 542.
Pistoliers, au mot *Saint-Quentin*, tom. iij, pag. 527.
Places publiques de Paris, t. iij, p. 349, & suiv.
Plaids, conférences, conciles, au mot *Etats Généraux*.
Plantes, (jardin des) tom. ij, pag. 485.
Plaute, au mot *Tragi-comédie*, tom. iij.
Plessis, (du) au mot *Richelieu*.
Podestat, au mot *Echevin*.
Poëtes. Ce qu'en pensoit Charles IX, tom. iij, pag. 549.
Polygames ; leur supplice, tom. ij, pag. 10.
Pommeau de l'épée de Charlemagne, où étoit son sceau, au mot *Sceau*.
Porcelets, (Guillaume des) au mot *Vêpres Siciliennes*.
Porte-verge, au mot *Bedeau*.
Portes, (Philippe des) tom. iij, pag. 550.
Porteurs de sel, aux mots *Hanouards*, *Sel* & *Sépulture*.
Porto-Carrero, au mot *Tranchée*, t. iij.
Potence, au mot *Gibet*.
Pouesse, ou gens de corps, aux mots *Communes*, *Esclaves*, *Serfs*.
Poulaine ; auteur des souliers à la Poulaine, tom. iij, p. 610.
Poulets de la S. Martin, & poussins de Saint-Yon, au mot *Saint-Yon*, t. iij, p. 531.
Pourchot, & Gibert, au mot *Réthorique*.
Poyet, au mot *Vérité*.
Précieux sang, t. j, p. 631.
Préfet, au mot *Maire du Palais*.
Prémontrés, t. j, p. 622.
Prévôt, (l'abbé) au mot *Romans*, tom. iij.
Primatie, au mot *Primat*, tom. iij.
Primogéniture ; ses droits, au mot *Aînés*, t. j.
Prince des sots, t. iij, p. 614.
Princes du sang ; leur rang, t. iij, p. 437.

Prisonniers de guerre, au mot *Rançon*, t. iij.

Prix des robes de nos ancêtres, au mot *Robes*, tom. iij.

Profession des armes, désignée par l'épée, & noms que les anciens chevaliers donnoient à leurs épées, t. ij, p. 80 & suiv.

Professeurs. La considération de Louis XII pour eux, t. iij, p. 546.

Projets de la place de Louis XV par différens habiles architectes, t. iij, page 360.

Promotion des papes, des évêques, des présidens, conseillers, &c. au mot *Election*, t. ij.

Propres, revenus, au mot *Biens*, t. j.

Providence, (filles de la) tom. j, pag. 631.

Q

Qualité (filles de) t. ij, pag. 177.

Quatrain de mademoiselle Scudéri, tom. iij, page, 553.

Quatre-Nations, au mot *Collége*, tom. j.

Queulx, au mot *Grand-Queulx*, tom. ij.

Quinault, au mot *Opéra*.

R

Racine, aux mots *Comédie*, *Tragédie*, *Spectacles*, tome j & tome iij.

Raoul d'Harcourt, au mot *Collége*.

Raoul, chef des Normands, au mot *Normands*.

Rave, présent fait à Louis XI, tom. iij, pag. 400.

Rebec, (retraite de) t. iij, pag. 465.

Rébus, au mot *Devise*, tom. j.

Reconquis, au mot *Pays*, tom. iij.

Régens & *Régentes* du royaume, tom. iij, au mot *Régence*.

Reines, nourrices de leurs enfans, au mot *Nourrice*, tom. iij.

Réjouissances, au mot *Festins*, tom. ij.

Religieux laïcs, au mot *Oblats*, tom. iij.

Religion & gouvernement des Gaulois, au mot *Gaulois*, tom. ij.

Reliques de la sainte chapelle, au mot *Sainte-Chapelle*, tom. iij.

Renaudot, au mot *Gazette*, tom. ij.

Repas, au mot *Festin*, tom. ij.

Résidence des évêques, ordonnée par Louis XI, tom. iij.

Respect prescrit au sexe par la loi Salique, t. ij.

Restaurateur des lettres, nom donné à Charlemagne & à François I, tom. iij, au mot *Sçavans* & *Sciences*.

Retz (cardinal de) au mot *Frondeurs*, tom. ij.

Révolte de la Rochelle, tom. iij.

Robe, au mot *Garderobe*, tom. ij.

Robert du Gast, au mot *Collége*, tom j.

Robert d'Arbrissel, au mot *Fontevrault*, tom. ij.

Rocheblond (la) t. iij, chef du parti des seize.

Roi des Merciers, au mot *Commerce*, t. j.

Rois fainéans, au mot *Faineant*, tom. ij.

Roitier le pere, habile graveur, au mot *Gravure*, tom. ij, & t. iij, au mot *Statues*, p. 625.

Roland, (chanson de) au mot *Bravoure*, t. j.

Romains, (rois des) t. iij.

Rompue (paille) t. iij, pag. 261.

Ronsard, vers de Charles IX à ce poëte, t. iij, page 548 & suiv.

Roscelin, Gilbert de la Poirée, & Abelard, inventeurs de la scholastique, au mot *Scholastique*.

Rosier des guerres, t. iij, pag. 545.

Rosni, duc de Sulli, surintendant des finances sous Henri IV, au mot *Finances*, tom. ij; & au mot *Sulli* & au mot *Barthelemi* (la S.)

Rothe, idole, au mot *Rouen*, tom. iij.

Rouges (enfans) tom. ij, pag. 65.

Rouleaux, au mot *Enrégistré*, tom. ij.

Royal, (le college) au mot *College*.

Ruban, au mot *Fontanges*, tom. ij.

S

Sac de cuir, qui servoit à mettre les criminels condamnés à être noyés, t. iij, pag. 569.

Sachettes, (sœurs) tom. j, pag. 631.

Sacs, (freres) tom. ij, pag. 251.

Sage, surnom donné à Charles V, tom. j, pag. 432.

Saint Honorat, au mot *Isle de Lerins*, tom. ij.

Saint-Jean de Jerusalem,

au mot *Malte*, tom. iij.

Saint-Louis, (ordre de) tom. iij, pag. 246.

Saint-Martin, (chape de) tom. j, pag. 421.

Saint-Sacrement, (filles du) tom. j, pag. 631.

Saint-Chaumont, (dames de) ibid. pag. 634.

Saint-Urfin, au mot *Lisieux*, tom. ij.

Saint-Waast, au mot *Collége*, tom. j, p. 519.

Sainte-Anastase, tom. ij, 447.

Sainte-Pélagie, tom. ij, pag. 447.

Sainte-Placide, tom. j, pag. 631.

Sainte-Théodore, ib. 632.

Sainte-Valere, ibid.

Sainte-Marie, p. 633.

Sainte-Anne, p. 634.

Sainte-Union, au mot *Ligue*, tom. ij.

Sainteté, ceux à qui on donnoit anciennement ce titre, tom. iij, p. 335.

Saladine, au mot *Uniforme*.

Salique, (loi) tom. ij, pag. 655 & suiv.

Saly, (sculpteur) tom iij, pag. 623.

Salpêtriere, au mot *Hôpital général*, tom. ij.

Salutaris Hostia, (O) tom. iij, pag. 201.

Sancerre, (le comte de) au mot *Saint-Dizier*, t. iij,

Sanction, au mot *Eglise Gallicane*, tom. ij; au mot *Pragmatique*, t. iij.

Sandales, galoches & sabots, au mot *Chaussure*, tom. j.

Sans-souci, (enfans) t. ij, pag. 57; & au mot *Spectacle*, tom. iij.

Sans-Terre, (Jean) t. ij, pag. 89; & t. iij, p. 194.

Sarrasins, au mot *Martel*, tom. iij.

Sarrasinois, au mot *Haute-lisse*, tom. ij.

Saussoy, au mot *Vin émétique*.

Sayon, au mot *Uniforme*.

Scalambre, (Philippe) au mot *Vêpres Siciliennes*.

Scaramouche, au mot *Fiurilli*, tom. ij.

Sçavans considérés de Louis XIV, tom. iij, pag. 551.

Sçavantes du siécle passé, qui tenoient chez elles des especes d'académies, ou assemblées d'hommes sçavans, t. j, pag. 11 & 12, au mot *Académie*.

Sceau, jusqu'à quand il a tenu lieu de signature, au mot *Sceau*; & ceux de nos rois qui ont tenu le sceau, ibid. Combien de sortes de sceaux, ib. & sceau particulier pour le Dauphiné, ibid.

DES MATIERES.

Sceaux, au mot *Garde des sceaux*, tom. ij.
Scot, au mot *Sot*.
Scuderi, (mademoiselle) au mot *Havre de Grace*, tom. ij, pag. 417; & au mot *Romans*, tom. iij, pag. 487.
Sculpteurs François sont du moins égaux aux anciens, tom. iij, p. 564.
Séance des vacations, au mot *Vacations*.
Secrétaires d'état; ce qu'ils étoient dans leur origine, tom. iij, p. 566.
Sédécias, médecin Juif, empoisonneur de Charles le Chauve, tom. j, pag. 431.
Seigneurs, (grands) & les nobles de campagne, à qui les comparoit Louis XII, tom. iij, pag. 546.
Sépulture des rois de France, au mot *Saint Denis*, tom. iij, p. 509, & suiv.
Sergens d'armes, au mot *Garde de nos rois*, t. ij, & au mot *Sergens*, t. iij.
Sermonaires, (anciens) au mot *Sermons*.
Serviteur, au mot *Sergent*.
Sexe, très-considéré dans l'ancienne chevalerie; & pourquoi, tom. iij, pag. 593 & suiv.
Sforce, (Louis) duc de Milan; son caractere, au mot *Cage de fer*, t. j.
Siége, (le saint) tom. iij, pag. 529.
Signe, au mot *Enseigne*, tom. ij.
Silberthal, au mot *Strasbourg*.
Simple, nom donné à Charles VI, t. j, p. 432.
Sobriquets donnés à plusieurs villes du royaume, au mot *Sobriquet*.
Sociétés d'agriculture, t. j, au mot *Agriculture*.
Sœurs mineures, au mot *Longchamp*, tom. ij.
Solde, au mot paie des troupes, tom. iij.
Somptuaires, (loix) t. ij, pag. 659, & au mot *Parure*, tom. iij.
Sophismes: leur commencement en France, au mot *Sciences*.
Sorbon, (Robert) au mot *Collège*, tom. j, au mot *Habillement*, tom. ij, & au mot *Sorbonne*, tom. iij.
Sorciers, au mot *Sortilège*.
Spudart, au mot *Soudich*.
Souhaits, au mot *Eternuement*, tom. ij.
Spinola, au mot *Thomasine*.
Stellionataires, au mot *Banqueroutiers*, tom. j.
Sully, au mot *Ivri*, t. ij, pag. 573.

Sureté publique, sous Raoul, duc de Normandie, au mot *Vol*.

T

TABLE ronde, au mot *Preux*, tom. iij, p. 406 & 643.
Table de marbre, au mot *Théatre*, t. iij, p. 662.
Talbot, général des Anglois, t. ij, p. 394.
Taupins, francs archers, tom. j, pag. 105.
Teutons, t. iij, p. 363.
Terriers, au mot *Garenne*, tom. ij, pag. 276.
Temple d'honneur, au mot *Chevalerie*, t., p. 445.
Teutoniques, au mot *Chevaliers Teutoniques*, tom. j, pag. 463.
Théodosien, au mot *Code*, tom. j, pag. 510.
Théologal, au mot *Séminaires*.
Théophile (abbé) au mot *Impromptu*, tom. ij, pag. 514.
Thibaut de Champagne, chansonnier de la reine Blanche, aux mots *Chanson* & *Poëte*.
Thoiras, (le maréchal) au mot *Isle-de-Rhé*, t. ij, p. 554.
Tiberts, anciens bouchers de Paris, t. iij, p. 536. au mot *Saints Yons*.
Tite-Live, Salluste, Lucain, commentaires de César, traduits pour la premiere fois, t. iij, p. 561.
Titon du Tillet, son Parnasse François, t. iij, p. 294.
Titres des empereurs & des rois, &c, au mot *Majesté*, tom. iij, p. 11 & suiv.
Toison d'or, (ordre de la) tom. iij, pag. 241.
Tombeaux des rois de la premiere race, t. iij, p. 579.
Celui de Charlemagne, t. iij, p. 579.
Tonsure, au mot *Clerc*, t. j, p. 498.
Toupets, au mot *Fontanges*, t. ij, p. 203.
Tour de l'ancienne enceinte de Paris, tom. ij, pag. 52 & suiv.
Tournois; gros Tournois, t. ij, p. 368.
Trabant, au mot *Drabant*, t. j, p. 758.
Traduction (la plus ancienne) t. iij, p. 56.
Trahison, au mot *Traître*, tom. iij.
Tranchée des dames, au mot *Marseille*.
Tréguier, au mot *Collége*, t. j, p. 523.
Trésor de la Sainte-Chapelle, au mot *Sainte Chapelle*.

Tribut, au mot *Gabelle*, t. ij, p. 257.

Tricotage de fer, au mot *Uniforme*.

Trois-Evêques, au mot *Collège de Cambrai*, t. j, p. 521.

Troupe-Dauphin, au mot *Théatre*.

Troupes de France, au mot *Forces de la France*, tome ij, page 209 & suiv.

Trouvés (enfans) tom. ij, p. 58, 59 & suiv.

Tuyaux des fontaines de Paris, au mot *Subsides*, t. iij, p. 630.

V

Vain, au mot *Titres chimériques*, t. iij.

Vaisseaux, au mot *Marine*, t. iij, p. 60, & suiv. Salut des vaisseaux, ibid. p. 438.

Val-Profond, au mot *Val-de-Grace*.

Vald, (Pierre) chef des Vaudois, au mot *Vaudois*.

Valentinois, au mot *Valence*.

Valet de chambre du roi, au mot *Valet*.

Valliere, au mot *Vaujour*.

Valois. Philippe VI, tige de la branche royale des Valois, & Charles VIII, le dernier, t. j, p. 435.

Valois, (Marguerite de) tom. iij, pag. 552.

Varlet & damoiseau, au mot *Page*, t. iij.

Vaucanson, au mot *Manufacture*, t. iij, & *Tapisserie*.

Vaudois, & Henriciens, au mot *Albigeois*, tom. j.

Vautrude (sainte) princesse, du sang du roi Dagobert, fondatrice des chanoinesses de Mons, t. iij, p. 534.

Vauvert, maison de saint Louis, au mot *Chartreux*, tom. j.

Vendôme ; les ducs de ce nom, au mot *Vendômois*.

Venette, (Jean) au mot *Romans*, tom. iij.

Verbe incarné, (communauté du) tom. j.

Vespérie, Expectative ; Aulique, au mot *Paranymphes*, tom. iij.

Vêtement des François, au mot *Habillement*, t. ij ; & aux mots *Luxe*, *Modes*, *Coëffure*, *Fontange*, *Chaussure*, &c. *Souliers*, &c.

Vézelay, au mot *Sainte Magdelaine*, t. iij.

Vicaire épiscopal, au mot *Archiprêtre*, t. j.

TABLE DES MATIERES.

Victorieux, surnom donné à Charles VII, t. j.
Victum & vestitum, t. ij.
Villaret, (Foulques) au mot *Rhodes*, t. iij.
Villes des Gaules, où il y avoit des académies dans le quatrieme siécle; au mot *Sciences*.
Villenage, au mot *Villain*.
Villeroi & Jeannin, sous Henri IV, tome ij, page. 82.
Vinceslas, empereur; sa réception en France, sous Charles VI, t. iij, p. 556.
Vins, (de) au mot *Rochelle*, t. iij, p. 478.
Violence d'Amalon, comte de Champagne, t. ij, p. 69, au mot *Enlevement*.
Visions, au mot *Songe*.
Viviers en Brie, au mot *Vincennes*.
Union fraternelle, au mot *Concorde*, t. j.
Union chrétienne, (filles de l') tom. j.
Voie publique, au mot *Chemin*, t. j.
Voiture, au mot *Coche*, tom. j.
Volume ou rouleau, au mot *Enregistrer*, t. ij.
Vossius, sçavant Hollandois, consideré de Louis XIV, & récompensé par ce prince, tom. iij, p. 551.
Usurpateur, au mot *Terre*.

W

Waast, (S.) abbaye, au mot *S. Waast*, tom. iij.
Wascons, au mot *Gascogne*, tom. ij.

Y

Yves de Vergi, au au mot *Collége*, tom. j.

Fin de la Table générale.

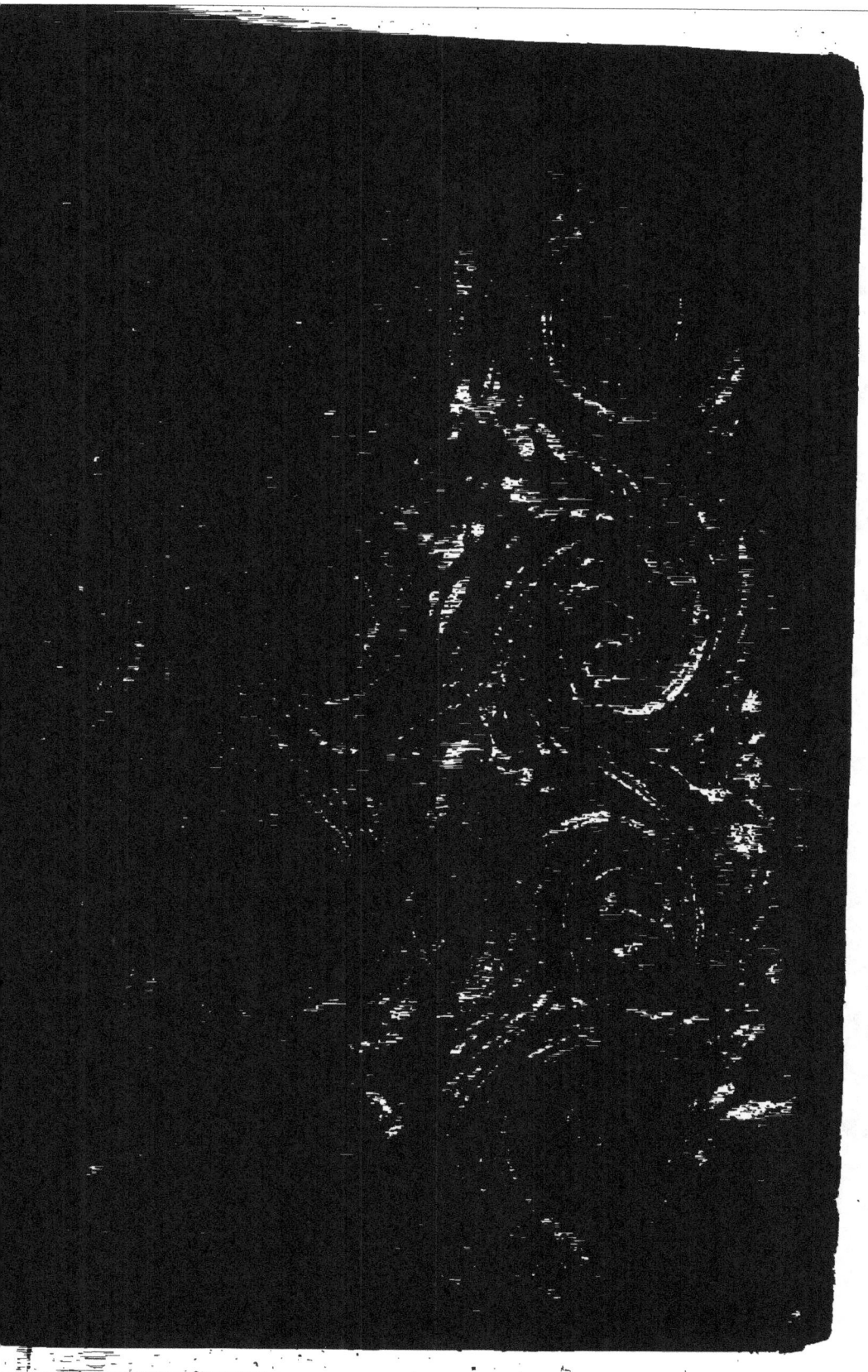

www.ingramcontent.com/pod-product-compliance
Lightning Source LLC
Chambersburg PA
CBHW071704300426
44115CB00010B/1300